Advertising Creativity in the Digital Age

디지털
시대의
광고 크리에이티브
신론

김병희 | 오현숙 | 류진한 | 이희복
최은섭 | 박인성 | 김정우 | 윤일기
최승희 | 정상수 | 전훈철 | 변혜민
전종우 | 박하영 | 김유나 | 김신엽
공저

학지사

'뉴 칼라' 크리에이터를 기다리며

디지털 시대의 핵심 과제는 디지털 경제의 바탕인 디지털 영토를 확장하는 데 있다. 디지털 영토는 디지털 테크(기술) 영역, 디지털 플랫폼(유통) 영역, 디지털 콘텐츠(내용) 창작이라는 세 영역으로 구성된다. 광고 크리에이티브는 디지털 콘텐츠 창작의 핵심 축이다. 상품이나 브랜드를 널리 알리고 판매를 유도하기 위한 마케팅 커뮤니케이션 수단이 광고지만, 디지털 시대의 광고 현상을 이것만으로 설명하기는 어렵다. 네크워크 기술은 미디어 환경을 변화시켰고, 미디어 환경의 변화는 광고의 생태계를 바꿨다. 광고의 기능도 '미디어를 통한 메시지의 전달'이라는 전통적인 관점에서 '콘텐츠를 매개로 플랫폼에서의 만남'이라는 새로운 관점으로 변했다. 그렇다면 광고 크리에이티브도 기존의 4대 매체 위주가 아닌 디지털 미디어를 기반으로 새로운 방향성을 모색해야 한다.

앞으로 광고가 어떻게 변하게 될까? 광고의 본질도 '널리 알리는 목적'에서 '폭넓게 모이게 하는 목적'으로 변하고 있다. 정치·경제·사회·문화 전반에 영향을 미치고 있는 메타버스는 광고 영역에도 현실과 비현실이 공존하는 생활형 가상 세계를 제시하며 광고 크리에이티브에 날개를 달아 주었다. 제4차 산업혁명의 핵심 기술인 인공지능과 빅데이터의 도움으로 광고 메시지를 개인 맞춤형으로 정교화할 수 있어, 소비자 여정(consumer journey)을 고려하는 문제가 광고 크리에이티브에서도 화두로 떠올랐다. 가상현실(VR), 증강현실(AR), 혼합현실(MR), 홀로그램 기술은 물론 디지털 사이니지나 웨어러블 디바이스 같은 스마트 미디어를 활용한 광고는 소비자의 경험 영역을 계속 확장해 가고 있다.

미래의 광고산업은 우리가 지금껏 경험한 바와 비교할 수 없을 정도로 파격적으로 변할 것이다. 공급자와 수요자를 직접 연결하는 블록체인 기술이 적용되면 광고산업의 기반 자체가 완전히 재편될 수 있다. 그 근간은 인공지능을 비롯한 광고 기술이다. 광고매체 효과의 극대화, 마케팅 분석, 판촉 활동을 위해 활용되던 인공지능은 이제 광고 크리에이티브의 활성화에도 기여한다. 일본의 광고회사 덴츠(電通)에서 개발한 인공지능 카피라이터 '아이코'는 블로그와 뉴스 사이트에서 방대한 신문광고 자료를 학습한 후 멋진 광고 카피를 써냈다. 인공지능 알고리즘을 활용하는 아이디어 발상의 가능성을 보여 준 대사건이었는데 인간의 달 착륙에 비견할 만했다. 이제, 인공지능은 인간만이 가능하다고 생각해 오던 상상력의 영역까지도 넘보고 있다.

창의적인 광고물은 사람만이 만들 수 있다고 생각했지만, 인공지능은 광고인들의 생각을 바꿔 버렸다. 기계학습 기술은 소비자의 특성과 관심사를 분석해 광고 유형, 광고 매체, 게재 위치, 노출 범위를 결정함으로써 광고 크리에이티브의 효율성을 높일 수 있다. 광고 크리에이티브에서 인공지능을 활용하는 목적은 크리에이티브의 최적화를 위해서다. 소비자의 특성에 적합한 최적의 광고 아이디어를 도출하는 데 있어서 인공지능이 기여할 부분이 많기 때문이다. 인간이 인공지능에게 지배당할 것인지 아니면 함께 공존할 것인지에 대한 논쟁은 이제 무의미해졌다. 사람이 해내기 어렵거나 시간이 많이 필요한 작업을 인공지능에게 맡기면 업무에서의 생산성을 높일 수 있다. IBM의 최고경영자인 지니 로메티는 인공지능 시대에는 블루칼라도 화이트칼라도 아닌 '뉴 칼라(New Collar)' 계층이 떠오른다고 했다. 뉴 칼라란 인공지능을 이해하고 관리하고 활용할 줄 아는 사람이다. 다시 말해서, 인공지능을 활용하는 사람만이 앞으로 나아갈 수 있다는 뜻인데, 광고의 미래는 소비자의 체험과 브랜드를 결합시키는 인공지능 기술에 의해 좌우될 것이다.

그동안 여러 종류의 광고 크리에이티브 개론서가 나왔다. 모든 책은 나름의 목적에 따라 집필된 것이리라. 따라서 개론서마다 나름대로의 가치가 있었고 광고를 공부하는 학생들에게 그동안 많은 도움이 되었던 것도 사실이다. 그러나 디지털 미디어 시대의 광고 현상을 충분히 반영하지 못하거나 기존의 4대 매체 환경에서의 광고 지식만을 소개하는 책이 아직도 있어서 아쉬움이 많았다. 가르치는 교수 입장에서도 배우는 학생들 입장에서도 안타까운 현실이었다. 디지털 시대에 접어들어 광고 생태계가 훨씬 더 복잡해진 상황에서 기존에 나온 광고 크리에이티브 개론서만으로는 디지털 시대의 광고 창작을 능수능란하게 수행하기 어렵다.

이런 문제의식을 바탕으로 감히 『디지털 시대의 광고 크리에이티브 신론』이라는 제목의 책을 써서 세상에 내보낸다. 이 책은 2021년에 펴낸 『디지털 시대의 광고학신론』의 자매편이다. 개론이 아닌 '신론(新論)'이라 이름 붙인 이유는 기존의 교과서와는 전혀 다른 정보를 전달하고 새로운 논의를 전개하겠다는 의지의 표현이었다. 고(故) 이기백 교수의 『한국사신론(韓國史新論)』(일조각, 1967)은 신론이라는 이름의 교과서를 대표한다. 이 책은 한국사의 자생적 발전을 애써 부정한 식민사관의 허구성을 체계적으로 비판하고 민족주의 사관의 한계점도 성공적으로 극복한 베스트셀러다. 초판이 나온 이후 개정판(1976), 신수정판(1990), 한글판(1999)이 계속 출판되었고, 지금도 팔리고 있는 스테디셀러이기도 하다. 명확한 역사인식을 바탕으로 쓰였다는 점에서도 이 책은 훌륭하지만, 보편주의 관점에서 한국사에 접근했다는 사실이 더 중요하다.

디지털 시대의 광고 크리에이티브에 관심을 가진 사람이라면 누구나 급변하는 광고 환경 때문에 고민에 빠질 수밖에 없다. 우리가 광고 크리에이티브 교과서를 쓰면서 개론이 아닌 신론이라는 제목을 굳이 고집한 데는 기존의 교과서들이 지닌 한계를 넘어서자는 의욕도 있었지만, 한국 광고의 특수성에 국한되지 않고 세계적인 보편주의 관점에서 한국 광고를 바라보자는 뜻이 강했다. 이런 의욕과 문제의식을 바탕으로 16명이 뜻을 모아 집필한 『디지털 시대의 광고 크리에이티브 신론』을 이제 세상에 내보낸다. 모두 16개의 장으로 구성된 이 책의 내용은 다음과 같다.

먼저, '광고 크리에이티브의 기반'에 대해 살펴본 제1부에서는 광고 창의성의 개념과 크리에이티브 철학, 크리에이티브를 위한 광고 전략의 수립, 크리에이티브 브리프와 콘셉트 도출, 광고 크리에이티브의 기본 전략에 대해 안내했다.

제1장 '광고 창의성의 개념과 크리에이티브 철학'(김병희)에서는 광고 환경이 급변하고 광고 기술이 발전함에 따라 광고 크리에이티브의 내용과 형식이 획기적으로 달라지더라도 광고 창의성의 개념과 크리에이티브 철학을 망각한다면 모래 위에 집짓기나 마찬가지라고 주장했다. 이 장에서는 마케팅 커뮤니케이션의 진화와 광고산업의 환경 변화, 광고를 보는 새로운 관점, 광고 크리에이티브의 환경 변화, 광고 창의성의 개념, 광고 창의성의 평가준거, 디지털 광고 크리에이티브의 유형, 외국 광고인과 한국 광고인의 광고 크리에이티브 철학에 대해 다양한 맥락에서 고찰했다.

제2장 '크리에이티브를 위한 광고 전략 수립'(오현숙)에서는 디지털 미디어 시대에 온라인과 오프라인을 아우르는 일관된 콘셉트가 더더욱 중요해졌으며, 시대가 변하더라도 광고 전략을 수립하는 기본 원칙은 변함없이 유지해야 하지만, 디지털 시대의 소비자와 미디어 환경 변화를 이해하고 이를 광고 전략에 적극 반영하려는 노력이 필요하다고 강조했다. 이 장에서는 크리에이티브에서 전략의 중요성, 광고 전략의 수립 과정과 단계별 분석 방법, 디지털 시대에 광고 전략을 수립할 때 고려해야 하는 소비자 행동, 소비자 의사 결정의 여정, 3H 콘텐츠 전략에 대해 탐색했다.

제3장 '크리에이티브 브리프와 콘셉트 도출'(류진한)에서는 브랜드에 필요한 해답을 찾는 과정이 정해진 정답을 찾는 일보다 어렵다고 하며, 변화의 중심에서 움직이는 광고 크리에이티브에 대한 해답은 창의성의 무기를 작동시켜야 찾아낼 수 있다고 설명했다. 이 장에서는 브리프는 형식에 관련된 부분이자 방향성 도출을 위한 시스템이며 콘셉트는 내용에 관련된 부분이자 브리프의 최종 목적지라 정의하고, 전통적인 4대 매체 시대에도 있었던 브리프와 콘셉트란 말이 비록 참신한 용어는 아닐지라도 브리프와 콘셉트를 창의적으로 도출해야 하는 이유를 다각도로 논의했다.

제4장 '광고 크리에이티브의 기본 전략'(이희복)에서는 혁신적인 크리에이티브 사례가 등장하는 디지털 시대에 전통적인 광고 전략과 크리에이티브 전략이 어떻게 달라져야 하는지 다각도로 검토했다. 이 장에서는 소비자의 마음을 움직이는 데 있어서 마케팅 커뮤니케이션의 핵심 기능을 하는 크리에이티브의 정의와 개념, 그리고 광고 크리에이티브의 기본 전략에 대해 살펴보고, 해외 유수의 광고회사에서 채택해서 활용하고 있는 T플랜 전략, ROI 전략, 그리드 전략, 넛지 전략, 스토리텔링 전략을 소개하는 동시에 프레이저가 제시한 크리에이티브의 전략 일곱 가지를 소개했다.

다음으로 '광고 크리에이티브의 전개'에 대해 살펴본 제2부에서는 창의적인 아이디어 발상법, 광고물 창작 과정의 이해, 카피라이팅의 기본 원리, 디자인의 기본 원리에 대해 설명했다.

제5장 '창의적인 아이디어 발상법'(최은섭)에서는 디지털 기술의 진보와 진화에 따라 사람과 기술의 역할이 뒤바뀌는 순간이 올 수도 있다고 진단하며 광고 창작 분야에서도 아이디어 발상의 새로운 패러다임이 전개되리라고 예상했다. 이 장에서는 광고 실무 현장에서 다년간 쌓아 온 경험과 연구를 토대로 완성된 다양한 아이디어 발상법을 소개하며, 목적과 방향 및 필요에 따라 선택해서 활용하기를 권고했다. 창의적인 아이

디어 발상을 하려면 무엇보다 다양한 경험과 감성을 키워야 한다며 다양한 아이디어 발상법과 구체적인 실행 포인트를 광고 실무의 맥락에서 짚어 보았다.

제6장 '광고물 창작 과정의 이해'(박인성)에서는 애매하고 모호한 추상적인 개념을 분명하고 명확한 개념으로 설계하고 계획해 나가는 것이 광고물 창작 과정이라고 설명하며, 광고물이 세상에 나오기까지의 과정을 상세히 안내했다. 이 장에서는 TV 광고의 창작 과정, 인쇄 광고의 창작 과정, 디지털 광고의 창작 과정, 광고 창작 환경의 변화에 대해 두루 살펴보는 동시에, 스마트 미디어 애플리케이션 광고, 모바일 웹페이지 광고, 모바일 쿠폰 광고, 문자 메시지 광고, QR코드 광고, LBS 광고, 증강현실 광고, 모바일 플랫폼 광고의 창작 과정에 대해서도 이해하기를 권고했다.

제7장 '카피라이팅의 기본 원리'(김정우)에서는 카피라이터라는 직업이 끊임없이 훈련하고 공부를 계속해야 하는 특성이 있다며 카피라이터의 업무 영역을 '생각하기'와 '쓰기'로 크게 구분했는데, 광고 전략을 수립하고 광고 콘셉트를 도출하고 광고 아이디어를 만드는 과정이 '생각하기'라면, 정리된 아이디어를 간명하고 빛나는 카피로 써내는 과정이 '쓰기'라고 정의했다. 이 장에서는 카피라이팅과 연관된 기본 개념들, 카피라이터의 역할, 카피라이터의 기본 마인드, 카피라이터의 기본적인 기술에 대한 다양한 관점을 소개하며 카피를 잘 쓰기 위한 노력의 중요성을 강조했다.

제8장 '디자인의 기본 원리'(윤일기)에서는 광고 디자인을 태권도의 기본 품새에 비유하며 기본에 충실한 원리를 적용하면 어떤 디자인 상황에서도 활용할 수 있고, 광고물에 집중하게 하며 구매의욕을 자극한다고 주장했다. 이 장에서는 통일성, 균형, 강조 같은 레이아웃 차원의 디자인 원리는 물론 선, 텍스처, 컬러, 조명 같은 디자인 요소로서의 조형 원리에 대해 설명하고, 인쇄 광고의 평면 디자인이나 영상 광고의 4차원 영상 디자인에도 기본 원리가 통용된다고 하며 광고 창작자와 기획자 모두에게 메시지의 시각화에 대한 가이드라인과 체크리스트로 활용되기를 기대했다.

나아가 '매체별 광고 창작의 세계'에 대해 살펴본 제3부에서는 인쇄 광고의 창작, 영상 광고의 창작, 디지털 광고의 창작, BTL 광고의 창작, 브랜디드 콘텐츠의 창작에 대해 조명했다.

제9장 '인쇄 광고의 창작'(최승희)에서는 디지털 미디어 환경에서 인쇄 광고의 활용 빈도가 감소할지라도, 통합 미디어 캠페인에서 키 비주얼과 핵심 메시지가 인쇄 매체에서 먼저 정립되어 여러 매체로 확장되며 메시지의 시각적 주목도와 함축성이 크기

때문에 인쇄 광고는 여전히 중요하다고 강조했다. 이 장에서는 인쇄 광고가 언어적·시각적 요소를 바탕으로 소비자의 구매 행동에 영향을 미친다고 설명하며, 창의적인 인쇄 광고의 특성, 인쇄 광고의 표현 유형, 인쇄 광고의 구성 요소, 다양한 아이디어 발상법을 적용해 인쇄 광고를 창작하는 과정을 생생하게 탐구했다.

제10장 '영상 광고의 창작'(정상수)에서는 스토리텔링의 기술을 체득하는 것이 영상 광고 창작의 핵심이라고 설명하고, 머리로 아는 것보다 실제 경험을 통해 자연스럽게 스토리를 전달하는 방법을 터득하는 것이 중요하다고 했다. 이 장에서는 누구나 손에 카메라를 하나씩 들고 사는 영상 시대에 효과적인 영상 광고를 만드는 과정과 방법을 알려 주며 효과적인 영상 광고를 창작하려면 당연하고 익숙한 것들과 결별하라고 권고했는데, 영상 광고의 개념, 영상 광고의 스토리텔링 방법, 로직에서 매직으로의 전환, 영상 광고의 창작 비결에 대한 흥미진진한 정보를 제공했다.

제11장 '디지털 광고의 창작'(전훈철)에서는 기존의 광고 크리에이티브에서 중시해 온 '무엇을 말할 것인가'와 '어떻게 말할 것인가'를 넘어 디지털 광고에서는 '어떻게 보여 줄 것인가(how to show)'와 '어떻게 만져지게 할 것인가(how to be tangible)'의 문제가 중요하다고 했다. 이 장에서는 전통적인 광고 창작과 같거나 다른 디지털 광고 창작의 특성, 디지털 광고 창작의 새로운 요소, 소비자 행동 모델의 다변화에 적합한 디지털 크리에이티브의 기능에 대해 사례를 들어 설명하고, 광고 기술을 직접 경험하되 기술에 종속되지 말고 좋은 콘셉트를 찾아내기를 권고했다.

제12장 'BTL 광고의 창작'(변혜민)에서는 미디어가 세분화됨에 따라 전통 매체의 광고 효과가 감소하고 광고를 회피하는 소비자가 증가하는 상황에서, BTL 광고를 활용하면 통합적 마케팅 커뮤니케이션을 통해 광고 효과를 높일 수 있다고 설명했다. 이 장에서는 BTL 광고의 과거와 현재, 그리고 미래 전망, 옥외 광고가 직면하고 있는 위기 상황, 법령 개정에 따른 옥외 광고의 긍정적 변화, 디지털 사이니지의 성공 요인, BTL 광고에 인공지능을 비롯한 신기술을 적용하는 방법, 프로모션 광고 기법의 창의적인 활용 현황, BTL 광고의 결합 효과를 다양한 맥락에서 검토했다.

제13장 '브랜디드 콘텐츠의 창작'(전종우)에서는 광고를 살짝 포함한 콘텐츠가 아니라 기업에서 제품이나 서비스를 알리기 위한 목적에서 제작한 상업적 콘텐츠가 브랜디드 콘텐츠이며 순수한 광고와 다른 것이라고 설명했다. 이 장에서는 메시지에 대한 설득 지식, 콘텐츠의 유희성, 제작에 있어서 스토리텔링에 대한 이해가 선행되어야 브랜디드 콘텐츠를 제대로 만들 수 있다고 했다. 또한 기존의 콘텐츠를 활용해 새 콘텐츠를

만드는 경우와 새 콘텐츠를 창작하는 경우, 그리고 콘텐츠의 물리적 특성에 따라 아날로그 콘텐츠와 디지털 콘텐츠로 브랜디드 콘텐츠를 분류했다.

마지막으로, '통합 캠페인과 광고 기술'에 대해 살펴본 제4부에서는 디지털 기반의 통합 브랜드 캠페인의 창작과 전개, 브랜드 유니버스와 크리에이티브의 창작과 전개, 광고 기술과 크리에이티브의 미래에 대해 전망했다.

제14장 '디지털 기반 통합 브랜드 캠페인의 창작과 전개'(박하영)에서는 통합적 마케팅 커뮤니케이션(IMC)이 타깃 시장에 대한 커뮤니케이션을 과제의 목적으로 삼고 평가 기준을 단기적으로 설정하는 데 비해, 통합적 브랜드 커뮤니케이션(IBC)은 브랜드 관리까지 확장시켜 장기 캠페인을 기획하고 평가한다는 맥락을 소개했다. 이 장에서는 브랜드 캠페인의 변화, 통합 브랜드 캠페인과 미디어 환경, 디지털 기반의 통합적 브랜드 캠페인의 다양한 사례를 소개하며, 디지털 기반의 통합 브랜드 캠페인의 창작과 전개 과정에 필요한 시장의 개인화 전략 네 가지에 대해 설명했다.

제15장 '브랜드 유니버스와 크리에이티브의 창작과 전개'(김유나)에서는 미디어와 메시지에 대한 논의가 디지털 공간에서의 플랫폼과 콘텐츠라는 이슈로 진화한 디지털 시대에는 비즈니스가 플랫폼 구조로 이동하고, 광고 전략은 데이터 분석으로 대체되고, 광고 크리에이티브는 기상천외한 창의성이 점점 더 필요해졌다고 진단했다. 이 장에서는 디지털 공간에서 브랜드가 살아남는 데 필요한 디지털 생태계의 본질, 플랫폼 비즈니스의 실체, 브랜드 플랫폼을 구축하고 운영하는 방안을 크리에이티브의 관점에서 고찰하고, 콘텐츠 전략 수립에 필요한 다섯 가지 가이드라인을 제시했다.

제16장 '광고 기술과 크리에이티브의 미래'(김신엽)에서는 우리 시대가 디지털 기술에 따라 소비자의 반응이 지속적으로 변하는 동태적 과정이며, 메타버스로 대표되는 브랜드 경험의 새로운 공간을 구축하는 시기이자, 인공지능을 통해 크리에이티브 혁신을 도모하는 혁명의 시대라고 진단했다. 이 장에서는 커뮤니케이션과 기술이 결합되어 새로운 담론 양식을 창조한다고 강조하며, 기술과 결합한 광고의 변화, 인공지능에 대비하는 인간의 고유정신, 스토리텔링의 가치, 브랜드의 세계를 구축할 서사 전략으로서의 광고의 미래를 제시하며 미래는 이미 도착해 있다고 역설했다.

한국광고학회에서 기획했던 『광고지성총서』 10권(2020)과 『디지털 시대의 광고학 신론』(2021)에 이어, 또다시 학지사의 신세를 지게 됐다. 출판 여건이 어려운데도 이 책을 기꺼이 출판해 주신 학지사의 김진환 사장님과 최임배 부사장님, 원고를 검토해 더 좋은 책으로 만들어 준 편집부의 김순호 이사님과 정은혜 과장님께도 고맙다는 인사를 전한다. 그리고 바쁜 와중에도 이 책의 집필에 참여해 주신 16명의 필자님과도 출판의 기쁨을 함께 나누고 싶다. 기획에서부터 원고 마감에 이르기까지 결코 충분하지 않은 시간이었지만, 필자들께서는 꼭 필요한 알짜 지식만을 엄선해 공들여 원고를 써 주셨다. 진심으로 감사하다는 인사만으로는 고마운 마음을 다 전할 수 없다.

신론(新論)이란 새로운 주장이나 새로운 논의를 뜻하지만, 사회과학의 모든 분야가 그렇듯이 하늘 아래 새로운 것이란 없다. 기존의 지식을 바탕으로 새로운 논의를 전개할 뿐이다. 따라서 이 책에서도 기존의 광고 크리에이티브 교과서에 있는 내용도 당연히 포함될 수밖에 없다. 그렇지만 디지털 시대의 광고 크리에이티브에 관한 지식을 충실히 반영했기에 새로운 논의라고 감히 주장할 수 있으리라. 이 책이 모름지기 광고 크리에이티브 개론서의 정본이 되기를 기대하며, 광고 환경이 바뀔 때마다 계속 수정·보완할 것을 약속드린다. 초판에 이어 개정판과 신수정판이 계속 발간되어 역사학계의 『한국사신론』 같은 책으로 성장하기를 바라며, 이 책이 목마른 독자들에게 광고 크리에이티브 공부의 마중물이 되었으면 싶다. 한국 광고의 미래를 책임질 '뉴 칼라' 크리에이터를 기다린다.

2022년 3월
필자들을 대신하여 김병희

차례

제3부

매체별 광고 창작의 세계

제**1**부

광고 크리에이티브의 기반

제1장

광고 창의성의 개념과 크리에이티브 철학

김병희
(서원대학교 광고홍보학과 교수)

광고 크리에이티브란 무엇일까? 전통 미디어와 새로운 미디어가 충돌하고 융합되며 광고의 개념과 범위도 달라지고 있는 상황에서, 광고의 본질이 '널리 알리는 목적'에서 '폭넓게 모이게 하는 목적'으로 변하고 있다. 디지털 시대에 소비자행동도 갈수록 복잡한 양상으로 전개되고 있다. 광고 크리에이티브 환경도 급변해, 디지털 광고 기술에 따라 광고의 내용과 형태도 획기적으로 달라지고 있다. 네트워크 기술은 미디어 환경을 바꿨고 미디어 환경의 변화는 광고의 생태계를 바꿨다. 광고의 기능도 '미디어를 통한 메시지의 전달'이라는 전통적인 관점에서 '콘텐츠를 매개로 플랫폼에서의 만남'이라는 새로운 관점으로 변했다.

환경이 아무리 달라져도 광고 창의성의 개념과 크리에이티브 철학을 망각한다면 모래 위에 집을 짓는 것과 같다. 광고 창의성과 크리에이티브 철학을 자동차에 비유하자면 광고 크리에이티브를 지탱하고 이끌어 가는 자동차 앞바퀴의 전륜 구동축과 같기 때문이다. 이 장에서는 마케팅 커뮤니케이션의 진화와 광고산업의 환경 변화, 광고를 보는 새로운 관점, 광고 크리에이티브의 환경 변화, 광고 창의성의 개념, 광고 창의성의 평가준거, 디지털 광고 크리에이티브의 유형, 그리고 외국 광고인과 한국 광고인의 크리에이티브 철학에 대해 살펴본다.

1. 광고산업과 크리에이티브의 변화

1) 마케팅 커뮤니케이션의 진화와 광고산업의 환경 변화

급변하는 미디어 기술은 광고 크리에이티브에 영향을 미친다. 광고에 영향을 미치는 핵심 기술은 디지털이다. 광고계에서는 모바일 광고, 스마트 광고, 온라인 광고, 디지털 광고라는 용어를 혼용하고 있는데, 각각 뜻이 다르다. 모바일은 기기의 특성을, 스마트는 기술적 특성을, 온라인은 네트워크의 특성을, 디지털은 1과 0이라는 이진수 숫자열의 특성을 나타낸다(김병희, 2021a, 2021b). 네트워크를 기반으로 하는 온라인 광고는 모바일 광고와 스마트 광고를 포괄하지만, 디지털 광고의 하위 개념에 속한다. 이제, 서버를 통해 N스크린 광고를 실시간으로 내보내고, 여러 스크린에 다양한 광고를 동시에 송출할 수도 있다. [그림 1-1]에서 디지털 시대의 광고의 개념과 범위를 살펴보자.

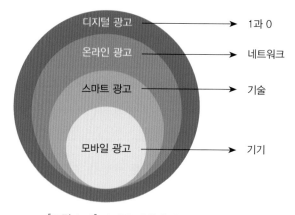

[그림 1-1] **디지털 시대의 광고의 개념과 범위**

미디어 기술이 발달함에 따라 마케팅 커뮤니케이션의 패러다임도 진화를 거듭했다. 광고업계에서는 빅데이터, 인공지능, 사물인터넷이라는 제4차 산업혁명의 핵심 기술을 바탕으로 데이터 기반의 마케팅 커뮤니케이션 활동을 전개하고 있다. 데이터가 주도하는 마케팅 커뮤니케이션 활동은 크게 두 방향에서 진화하고 있다(김유나, 2020).

첫째, 구매와 소비의 이분화 추세다. 빅데이터는 소비자의 행동 동선(動線)에 따라 '구매 관점의 데이터'와 '소비 관점의 데이터'로 구분한다. 빅데이터 분석 방법만 알면 소비자행동에서 구매의 맥락과 소비의 맥락을 손쉽게 파악할 수 있다. 구매의 맥락이란 검색, 쇼핑, 로그, 구매 데이터를 바탕으로 소비자의 여정(consumer journey)을 파악하는 일이다. 소비의 맥락이란 소셜, 리뷰, 앱, 유튜브 데이터를 바탕으로 소비자의 라이프 스타일을 파악하는 일이다. 여기에 환경의 맥락까지 고려한다면 소비자의 생활 동선과 상황 정보까지 관리할 수 있는 데이터 플랫폼이 완성된다.

둘째, 개인화 마케팅과 브랜드 마케팅의 추세다. 개인화 마케팅은 온라인이나 모바일 쇼핑몰의 고객행동 패턴을 분석해 구매 가능성이 소비자 개개인의 특성을 분석해, 최적화된 메시지를 전달하는 맞춤형의 마케팅 기법이다. 광고업계에서는 웹, 앱, 소셜미디어를 비롯한 온라인과 오프라인 채널을 모두 활용해 퍼포먼스 마케팅을 시도함으로써 이용자를 확보한다. 퍼포먼스 마케팅은 전통 마케팅에서 부족한 부분을 보완함으로써 기대하는 소비자행동을 보다 정교하게 설계한다. 광고업계에서는 클릭, 다운로드, 결제 같은 소비자행동을 구체적으로 유도함으로써 효율을 극대화한다.

광고산업 환경도 급변하고 있다. 정보통신기술(ICT)은 플랫폼의 다각화를 유도하면서 광고산업에도 결정적인 영향을 미쳤다. 광고 기술(ad tech)은 광고 형태와 기법을 획기적으로 변화시켰다. 가상현실(VR), 증강현실(AR), 혼합현실(MR) 기술은 소비자가 직접 겪어 보고 느끼게 하는 경험 마케팅에 적용되는데, 체험을 중시하는 디지털 시대의 광고 크리에이티브에도 영향을 미치고 있다(김병희, 2021a, 2021b).

개인 맞춤형 광고도 급성장했다. 개인 맞춤형 광고는 이용자의 온라인 검색 기록과 브라우징 정보를 종합한 개인정보를 일정 기간 수집해서 만든 행동 프로파일을 바탕으로 개인별로 최적화시킨 광고 기법이다. 개인 맞춤형 광고에서는 같은 인구통계적 특성을 지닌 소비자일지라도 각자의 취향과 관심사에 맞춰 광고 메시지를 제공해야 하므로, 전통적인 광고 크리에이티브 기법을 넘어서는 새로운 상상력이 필요하다.

온라인 동영상 제공서비스(Over The Top: OTT) 광고도 급성장했다. 동영상을 케이블 없이 보내는 스트리밍 서비스가 시작되자, 사람들은 동영상 콘텐츠를 저가에 즐길 수 있게 되었다. OTT 서비스는 수익 모델에 따라 구독료를 추구하는 구독형(넷플릭스형)과 광고료를 추구하는 광고형(유튜브형)으로 구분한다. OTT 광고는 텔레비전 광고와 유사해 보이지만, OTT 플랫폼의 스트리밍 미디어에 광고가 노출된다는 점에서 결정적 차이가 있다. OTT 광고는 길이를 자유롭게 늘려 삽입할 수 있고 가구별 맞춤형 메시지를 전달할 수 있기 때문에 새로운 크리에이티브 통찰력을 필요로 한다.

모바일 디바이스에서 모든 것이 연결되는 트랜스 미디어 환경이 조성되자 다중채널 네트워크(Multi-Channel Networks: MCNs)도 활성화되었다. 다중채널 네트워크란 전통 미디어에서의 콘텐츠 제작과는 달리 디지털 시대의 개인 창작자가 작가, 연기자, 프로듀서, 마케팅 기획자 같은 여러 역할을 수행하는 상황에서 개인의 창작 과정을 지원하면서 손수 창작물의 체계화와 상업화를 지향하는 서비스다. 유튜버가 올린 콘텐츠가 유튜브에서 인기를 끌자 광고할 기회도 늘어났다.

소비자들은 메시지 형태에 관계없이 자신이 흥미를 느끼는 메시지에 능동적으로 접촉하며 자신만의 욕구를 충족한다. 능동적 소비자나 적극적 공중은 광고산업의 패러다임을 바꿨으며, 그들이 있었기에 소셜 미디어(SNS)나 1인 미디어도 급격히 성장했다. 소셜 미디어와 1인 미디어의 성장은 광고 크리에이티브의 변화에도 영향을 미쳤다. 소셜 미디어와 1인 미디어 환경에서 개인들은 생비자(Prosumer, 생산자+소비자)로서 광고 캠페인에 참여하기 시작했다.

전통적인 광고가 메시지를 강제 노출하는 형식이었다면, 네이티브 광고나 브랜드 저널리즘에서는 광고 메시지와 PR 메시지의 경계 없이 서로 섞이며 융합되는 형태로 바뀌기 시작했다. 콘텐츠와 광고PR 메시지가 버무려진 혼종 콘텐츠도 다수 등장했는데, 브랜디드 콘텐츠(branded contents)가 대표적이다. 기업에서는 콘텐츠와 광고를 물리적으로 결합시키는 데에서 나아가 기사나 프로그램 같은 콘텐츠를 직접 제작해 브랜드 메시지를 전달하고 있다. 여기에도 광고 창작자들의 상상력이 필요하다.

2) 광고를 보는 새로운 관점

광고가 노출되는 매체에 따라 텔레비전 광고, 라디오 광고, 신문 광고, 잡지 광고, 온라인(디지털) 광고, 옥외 광고, 판매촉진 광고, 협찬 광고라는 여덟 가지 유형으로 구분할 수 있다. 텔레비전 광고에는 TV 광고[지상파TV, 지상파 데이터TV, IPTV(어드레서블TV), 디지털위성방송(DSR), 디지털멀티미디어방송(DMB)과 케이블TV 광고(종합편성채널, 기타 케이블TV)]가 있다. 그리고 라디오 광고, 신문 광고와 인터넷신문 광고, 잡지 광고와 인터넷잡지 광고가 있다. 온라인 광고에는 유선 인터넷, 모바일, 소셜 미디어 광고가 있고, OOH(옥외) 광고에는 전통적인 옥외 매체, 디지털 사이니지(Digital Signage), 교통 광고, 극장 광고가 있다. 판매촉진 영역에는 직접우편광고물(DM), 구매시점광고물(POP), 전시, 이벤트가 있고, 협찬 영역에는 제품배치(PPL) 등이 있다(김병희, 2021b).

그러나 노출되는 매체에 따라 여덟 가지 유형으로 광고를 구분하면 디지털 시대의 광고 현상을 포괄적으로 설명하지 못한다. 미디어 환경이 디지털 기반으로 바뀐 상황에서는 몇 가지 전제를 고려해야 한다. 즉, 거의 모든 매체가 디지털화되고, 광고 서버를 통한 N스크린 광고 송출이 가능해지며, 광고 플랫폼을 통한 광고의 유통이 가능해지고, 유무선 구분 없이 동일한 접속 환경이 구현되었다는 전제다. 하나의 매체에서 여러 스크린으로 다양한 광고 형식을 송출할 수도 있다. 광고, PR, 콘텐츠의 경계가 무너지고 애매해지는 혼종 전략이 보편화되었다는 사실도 중요하다.

결국, 스크린 크기나 송출 방식 또는 광고 형식 중에서 어떤 관점에서 광고를 보느냐에 따라 광고의 개념을 정립하는 방향이 달라진다고 하겠다([그림 1-2] 참조). 즉, 소비자와의 접점에서 스크린의 크기가 어느 정도 되느냐에 따라(스마트폰에서 전광판까지), 소비자들이 광고에 대해 어떻게 행동하느냐에 따라(노출형 및 검색형), 소비자가 광고 콘텐츠를 수용하는 형식이 무엇이냐에 따라(텍스트, 이미지, 동영상) 광고를 보는 관점도 달라진다는 뜻이다(김병희, 2021a, 2021b).

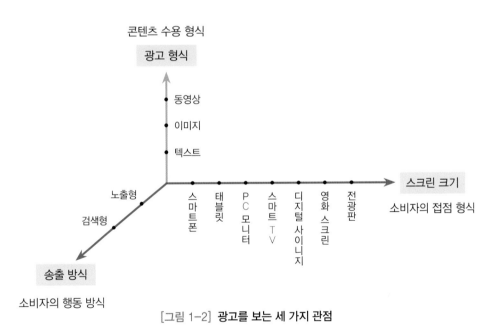

[그림 1-2] **광고를 보는 세 가지 관점**

디지털 시대에 가장 주목받는 광고 영역인 온라인 광고만 해도 [그림 1-3]에 제시한 네 가지 방향에서 어떤 관점을 강조하느냐에 따라 온라인 광고의 체계나 범위는 물론 광고의 정의가 달라질 수 있다. 소비자가 보는 광고 콘텐츠의 형식이 무엇인지, 소비자들이 광고에 어떻게 반응하는지, 소비자와 광고의 접점인 스크린의 크기나 형태가 어떠한지, 광고비를 산정하는 과금(課金) 체계는 무엇인지에 따라 온라인 광고의 개념과

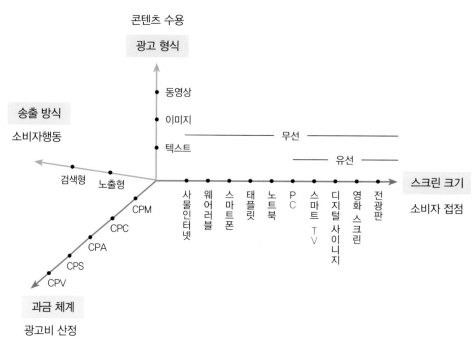

콘텐츠 수용

광고 형식

송출 방식

소비자행동

- 동영상
- 이미지
- 텍스트

무선

유선

검색형 노출형

CPM

CPC

CPA

CPS

CPV

과금 체계

광고비 산정

사물인터넷 웨어러블 스마트폰 태블릿 노트북 PC 스마트TV 디지털 사이니지 영화 스크린 전광판

스크린 크기

소비자 접점

[그림 1-3] **온라인 광고의 체계**

범위가 달라질 수 있다(김병희, 2021b).

먼저, 소비자들이 보는 콘텐츠 형식에 따라 온라인 광고를 텍스트 광고, 이미지 광고, 동영상 광고로 분류할 수 있다. 소비자들이 광고에 어떻게 반응하느냐에 따라서도 온라인 광고를 노출형과 검색형으로 분류할 수 있다. 노출형 광고는 일방향으로 이용자에게 정보를 전달하는 광고인데, 미디어렙 광고, 매체 자체의 판매광고, 애드네트워크 광고 등이 있다. 검색형 광고는 이용자가 직접 입력한 키워드에 대한 광고로, 검색광고 플랫폼에서 판매하는 여러 형태의 광고 상품들이다. 다음으로 스크린의 크기와 형태에 따라 사물인터넷(IoT), 웨어러블, 스마트폰, 태블릿, 노트북, PC, 스마트 TV, 디지털 사이니지, 영화 스크린, 전광판 광고로 분류할 수 있다. 마지막으로, 광고비를 산정하는 과금 체계에 따라 온라인 광고를 CPM, CPC, CPA, CPS, CPV 광고[1]로 분류할 수 있다(김병희, 2021a, 2021b).

---

1) 여러 과금 체계에서 1,000명에게 광고를 노출하는 데 사용된 비용을 의미하는 CPM(Cost Per Mille, 광고 단가 ÷ 광고 노출 횟수×1,000) 방식이나, 광고를 클릭한 횟수당 비용을 의미하는 CPC(Cost Per Click, 비용 ÷ 클릭) 방식이 가장 널리 쓰이고 있다. 광고주가 특정 웹 페이지에 정보를 제공했을 때, 방문자가 접속해 회원가입이나 이벤트에 참여했을 때 과금하는 CPA(Cost Per Action, 비용 ÷ 실행) 방식도 있다. 방문자가 접속해 상품이나 브랜드를 구매했을 때 구매 금액에 따라 약정한 광고비를 지불하는 CPS(Cost Per Sale, 비용 ÷ 판매) 방식과 방문자가 접속해 광고 동영상을 실제로 시청했을 때만 과금하는 CPV(Cost Per View, 비용 ÷ 실 시청) 방식은 광고의 실효적 효과를 중시하는 과금 체계다.

앞으로 광고 크리에이티브는 콘텐츠의 형태로 소비되며 소비자와의 양방향 소통을 지향할 수밖에 없다. 예컨대, 인공지능 광고, OTT 광고, 가상현실(VR) 광고, 증강현실(AR) 광고, 융합현실(MR) 광고, 디지털 사이니지 같은 여러 분야로 광고의 영역을 확장시키고, 위치 기반 서비스(Location Based Service: LBS)나 근거리 무선 통신(Near Field Communication: NFC) 기술과 연계해야 한다. 소비자에게 물리적 혜택을 제공하고 심리적 만족감을 경험하게 하는 광고 크리에이티브에서 새로운 지평선이 열리고 있다.

3) 광고 크리에이티브의 환경 변화

창의적인 광고물은 사람만이 만들 수 있다고 생각했지만, 인공지능(Artificial Intelligence: AI)은 광고인들의 생각을 바꿔 버렸다. 기계학습(machine learning) 기술이 발전하며 인공지능 광고도 발전을 거듭하고 있다. 기계학습은 컴퓨터 알고리즘이 소비자 특성과 관심사를 분석해 광고 유형, 광고 매체, 게재 위치, 노출 범위를 결정함으로써 광고 크리에이티브의 효율성을 높일 수 있다. 광고 크리에이티브에서 인공지능을 활용하는 목적은 크리에이티브의 최적화를 위해서다. 소비자 특성에 적합한 최적의 광고 아이디어를 도출하는 데 인공지능이 크게 기여한다.

광고회사 맥켄(McCann)의 도쿄 지사는 인공지능 크리에이티브 디렉터 베타(AI-CD β)를 개발했다. 2016년 4월 1일, 광고회사 맥켄의 도쿄 지사에 크리에이티브 디렉터로 입사(?)한 'AI-CD β'는 10년 동안의 광고상 수상작과 수많은 광고물을 분석해 정해진 규칙대로 데이터를 저장했다([그림 1-4] 참조). 광고 목표와 메시지 전략에 따라 데이터베이스에서 수시로 아이디어를 꺼내 크리에이티브 방향을 제시하는 능력까지 갖췄다(宣

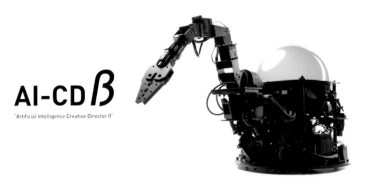

[그림 1-4] 세계 최초의 'AI-CD β'

伝会議ブレーン編集部, 2017. 9. 14.). 아이디어를 평가할 때 경험에 비춰 딱 보면 안다는 암묵지(暗默知)가 과거에는 통했지만, 인공지능 CD가 등장한 이후에는 아이디어 발상이나 평가 과정에서 암묵지가 통하지 않고 객관적인 평가가 더 중요해졌다.

일본의 광고회사 덴츠(電通)에서는 2017년 5월에 인공지능 카피라이터 AICO를 선보였다. 아이코는 'AI Copywriter'의 약자로 일본어로는 '귀여운 여자아이'라는 뜻도 있다. 일본의 한 신문사가 광고를 의뢰하자, AICO는 블로그와 뉴스 사이트에서 신문 광고에 대해 방대한 자료를 학습한 후 멋진 광고 카피를 써냈다. 2018년 12월에는 디지털 분야에 특화된 카피라이터 다이렉트 아이코(Direct AICO)를, 2019년 5월에는 덴츠의 자회사인 덴츠디지털에서 '어드밴스트 크리에이티브 메이커'를 개발했다. 인공지능이 광고 샘플을 대량으로 만들어 광고 효과가 높을 아이디어를 판정해서 최종 노출하는 배너 광고 제작 시스템이다.

중국 알리바바(阿里巴巴) 그룹 산하의 디지털 마케팅과 광고 플랫폼인 알리마마(阿里妈妈)에서는 2018년에 1초에 2만 줄의 광고 카피를 쓰는 인공지능 카피라이터를 개발하는 데 성공했다. 제품 페이지에 링크를 삽입하고 카피의 어조를 선택한 다음 버튼을 누르면, AI 카피라이터가 순식간에 수만 개의 카피를 쏟아낸다. 경이로울 정도로 많은 물량인데 사람은 그중에서 최적의 카피를 골라 쓰면 된다.

인공지능은 카피라이팅을 넘어서 동영상 광고 제작에도 활용되고 있다. 버거킹은 인공지능을 활용해서 만든 광고 '로봇 에이전시(Agency of Robot: AOR)' 편(2018)을 선보였다. 이 광고는 인공지능의 기계학습 기술을 광고 크리에이티브 창작에 적용한 미국 최초의 사례다. 방대한 분량의 패스트푸드 광고와 보고서를 기계학습으로 분석해, 인공지능이 여러 개의 텔레비전 광고물을 제작했다(함창대, 2018. 11. 5.). "이 광고는 인공지능에 의해 창작됐습니다(This ad was created by artificial intelligence)."라는 카피로 시작되는 광고에서는 신선한 식재료를 보여 주며 패스트푸드 광고의 가능성을 보여 주었다. 그러나 광고 창의성 수준이 매우 높지는 않았다.

더 나아가 IBM의 인공지능인 왓슨(Watson)과 기술협력사인 비주얼 보이스(Visual Voice)가 공동으로 만든 렉서스 광고 '직관적 주행' 편(2018)은 광고 크리에이티브의 혁신적인 제작 과정을 보여 주었다([그림 1-5] 참조). 이 광고는 인공지능이 카피라이터와 크리에이티브 디렉터의 역할을 맡고, 사람 감독(케빈 맥도널드)이 스토리보드대로 촬영해 광고물을 완성했다. 인간과 인공지능의 협업을 완벽히 구현하며 인공지능을 활용한 광고 창작의 바람직한 미래상을 보여 준 것이다.

[그림 1-5] 인공지능이 만든 렉서스 광고 '직관적 주행' 편

창작 과정에서 IBM의 왓슨은 칸 창의성 페스티벌(Cannes Lions)에서 수상한 지난 15년간의 광고물에서 비주얼, 오디오, 카피, 스토리의 전개 형식을 모두 분석하고, 분석한 결과에 따라 수천 가지의 크리에이티브 요소를 추출했다. 그리고 인공지능의 심층학습(deep learning) 기술을 활용해 소비자들이 어떤 요소 때문에 인지적·감정적·경험적으로 반응하는지 분석한 다음 광고를 만들었다(남고은, 2021; Blain, 2018. 11. 20.). 분석 결과를 바탕으로 비주얼 보이스가 개발한 인공지능 알고리즘이 실제 TV 광고의 스토리 라인을 도출하고 스토리보드를 그렸다. 심지어 어떤 장면에서 시작하고 조명을 제품에 어떻게 비추며 이야기를 어떻게 전개할 것인지에 대해서도 인공지능이 상세히 설명한 것이다. 이 결과를 사람 감독이 그대로 촬영해서 완성한 것이 렉서스 광고 '직관적 주행' 편이었다.

창의성이 중요한 광고 크리에이티브 영역에서 인간이 인공지능에게 지배당할 것인지, 아니면 함께 공존할 것인지에 대한 논쟁은 이제 무의미해졌다. IBM의 최고경영자인 지니 로메티(Virginia Marie Rometty)는 인공지능 시대에는 블루칼라도 화이트칼라도 아닌 '뉴 칼라(New Collar)' 계층이 떠오른다고 했다. 뉴 칼라란 인공지능을 이해하고 관리하고 활용할 줄 아는 사람이다. 다시 말해서, 인공지능을 활용하는 사람만이 앞으로 더 나아갈 수 있다는 뜻이다. 일상생활에서도 그렇지만 광고 분야에서도 인공지능의 위력을 결코 도외시할 수 없게 되었다(김병희, 2021a).

인공지능은 아이디어가 생명인 광고 크리에이티브 분야에도 결정적인 영향을 미칠 것이다. 인공지능은 아이디어 발상에 기여하고 스토리텔링의 타당성을 향상시킨다. 빅데이터를 분석해 광고 콘셉트를 더 신속히 결정하도록 도와주고, 광고 창작자들이 빠지기 쉬운 주관성의 유혹을 객관적인 자료로 보완할 때도 인공지능이 도움이 된다. 따라서 인공지능을 위협적인 기계로만 인식할 필요는 없다. 사람이 해내기 어렵거나 시간이 많이 필요한 작업을 인공지능에게 맡기면 광고 업무의 생산성도 향상된다. 인간의 상상력을 전제하지 않고 인공지능만 신뢰하는 것은 오만이며, 인간의 상상력만 신뢰하고 인공지능을 활용하지 않는 것은 태만이다. 오만과 태만 사이에서, 광고 창작자들이 현명한 판단력과 통찰력을 갖춰야 한다.

2. 광고 창의성의 개념과 평가 척도

1) 광고 창의성의 개념

광고에서 가장 중요하고 재미있는 주제 가운데 하나가 창의성이다. 일찍이 오길비(Ogilvy, 1983)가 "팔리지 않는 광고는 창의적이지 않다."라고 말했듯이, 광고 창의성은 브랜드 커뮤니케이션에 영향을 미치는 주요 요인의 하나다. 그리고 광고 효과는 광고 표현의 창의성 수준에 따라 달라질 수 있다.

창의성은 독특하고(novel) 적합한(appropriate) 것으로 인정받는 아이디어나 상품을 창출하는 개인의 능력으로 정의할 수 있다. 그러나 광고에서의 창의성은 전혀 새로운 그 무엇을 창출하는 것이 아니라 낡은 요소들을 새롭게 조합해 사물 사이의 관련성을 제시하는 과학적인 능력이다. 창의적인 사람들은 새로운 것을 창조하지 않고 자신의 마음에 이미 존재하는 생각들을 새롭게 조합할 뿐이다. 이는 연상 과정이 광고 창의성에 직접 관련된다는 관점이다.

연상 과정이라는 관점과 달리 경쟁 관계에서 문제 해결책을 제시하거나 상호작용 시스템을 마련하는 것이 창의성이라는 관점도 있다. 이때의 광고 창의성은 당면한 문제에 대한 해결책을 마련하고 창의적인 아이디어를 찾는 것이다. 그동안 이루어진 연구 성과를 종합하면 광고 창의성의 개념은 연상 과정, 문제 해결책 제시, 상호작용 시스템 같은 세 가지 관점에 따라 그 지향점이 달라질 수밖에 없다(김병희, 2014).

첫째, 연상 과정이 창의성의 발현에 직접 관련된다는 관점을 보면, 광고 창의성이란 판매 아이디어 창출을 위해 다른 것과 연결하는 능력이며, 낡은 요소들을 새롭게 조합하는 감각적 솜씨다. 또한 관련성이 없어 보이는 요소들을 새로운 의미로 연결하되 상관성과 신뢰성 및 호감을 유발하는 재능이며, 익숙한 사물이나 개념을 새롭게 해석해 상호 관련성을 제시하는 과학적인 능력이다.

둘째, 연상 과정과는 달리 창의성을 당면한 문제에 대한 해결책을 제시하는 것이라고 간주하는 관점을 보자. 일반적인 창의성은 참신하고 적절하게 결과를 창출하는 능력이나 상호작용 과정을 의미한다. 그에 비해 광고 창의성은 경쟁 브랜드보다 뛰어난 소비자 혜택을 독특한 방법으로 제시하는 솜씨는 물론 문제점에 대한 해결책을 제시하고 이를 창의적으로 표현하는 아이디어나 방법이다.

셋째, 광고 창의성을 상호작용 시스템의 과정으로 관점에서는 창의성을 선천적인 통찰력이 아닌 사회 체계를 기반으로 하는 지적 노력의 결과로 간주한다. 따라서 창의성은 개인의 행동이나 의식적인 결과가 아닌 특정 분야나 사회적 단체, 아이디어나 콘텐츠를 발산하는 문화적 영역, 그 영역에서 변화를 주도하는 개인이라는 세 가지가 상호작용하는 사회적 시스템에서 발현된다는 것이다.

디지털 시대가 열리자 광고 창의성 문제가 더 중요해졌다. 광고주들은 인공지능(AI)을 활용해 풍부한 정보를 손쉽게 활용할 수 있다. 광고 기술과 통찰력이 융합되면서 광고 크리에이티브는 이전에는 없던 진화 과정을 거치고 있다. 광고 기술에 따라 광고산업이 진화를 거듭할지라도, 광고 창의성의 수준은 캠페인의 성패를 좌우하는 가장 중요한 요소다(Sahajpaul, 2021. 5. 11.).

광고 크리에이티브가 중요하지만 어떻게 해야 놀라운 광고를 만들 수 있을까? 온라인 동영상 광고를 제대로 만들려면 어떻게 해야 할까? 구글은 이런 궁금증을 해결하기 위해 전 세계의 11개 업종을 대상으로 '건너뛸 수 있는' 트루뷰(TrueView) 광고 수천 개를 분석했다. 이야기 구조, 시각적 요소, 오디오, 광고 모델 같은 크리에이티브 요소가 브랜드 활동에 어떤 영향을 미치는지 분석한 결과, 효과적인 광고 크리에이티브를 창작할 수 있는 ABCD 원칙이 제시되었다. 소비자 여정(consumer journey)의 각 단계에서 창의적이고 효과적인 동영상 광고를 만드는 과정은 [그림 1−6]과 같다(Haller, 2019. 9.).

광고 효과를 높일 수 있는 방법은 관심유도(A: Attract), 브랜드 소개(B: Brand), 연결고리 형성(C: Connect), 행동 유발(D: Direct)로 정리할 수 있다. 이러한 ABCD 원칙은 모든 경우에 천편일률적으로 적용되지는 않지만, 유튜브에 적합한 광고를 만들고자 할 때

| 관심유도 | 브랜드 소개 | 연결고리 형성 | 행동 유발 |
| (Attract) | (Brand) | (Connect) | (Direct) |

[그림 1-6] 소비자 여정의 단계별 동영상 광고의 효과 과정

기본 원리로 참고하면 유용하다. 이 원칙은 온라인 동영상 광고 이외의 분야에도 적용될 수 있다. ABCD 원칙은 디지털 시대의 광고 크리에이티브를 이해하려고 할 때 많은 도움이 될 것이다.

2) 광고 창의성의 평가준거

오랫동안의 창의성 연구를 종합한 결과 독창성(originality)과 유용성(usefulness)이 창의성을 구성하는 중요한 두 가지 요인으로 밝혀졌다(김병희, 2014; Mayer, 1999). 그동안 광고업계와 광고학계에서는 광고 창의성을 평가하는 준거를 제시해 왔는데, 광고업계에서는 과학적 엄밀성보다 사용의 편리함을 추구했다. 광고학계에서는 평가 척도의 신뢰도와 타당도를 고려했으나 나름대로의 한계도 있었다. 어떤 광고가 소비자의 반응을 유도했는지 알아보려는 노력은 광고업계에서 먼저 시작했다. 광고물을 보고 창의성의 수준을 직관적으로 평가하려는 관행을 극복하고 객관적이고 과학적으로 평가하려고 한 것이다.

일찍이 광고회사 디디비니드햄(DDBNeedham)은 상관성(Relevance)과 독창성(Originality) 및 충격성(Impact)의 두문자를 합친 ROI가 광고 창의성을 평가하는 가장 중요한 준거라고 했다. 광고회사 영 앤 루비컴(Young & Rubicam)은 단순성(Simplicity), 신뢰성(Credibility), 독창성(Originality), 상관성(Relevance), 공감성(Empathy)의 두문자를 합친 스코어(SCORE)에 따라 광고 창의성을 평가했다.

한편, 광고학계에서도 창의적인 광고와 창의적이지 않은 광고를 평가할 방법을 고민해 왔다. 광고학자 마라(Marra, 1990)는 창의적인 광고 아이디어의 요체를 두루 검토하고 애드놈스(ADNORMS)라는 개념을 제시했다. 그는 창의적인 광고가 소비자의 주목을 끌고 브랜드 상기도를 높인다고 보고, 적용성(Adaptability), 영속성(Durability),

새로움(Newness), 단일성(Oneness), 상관성(Relevance), 기억성(Memorability), 단순성 (Simplicity)을 광고 창의성의 평가 기준으로 제시했다. 적용성이란 텔레비전 광고를 비롯해 어떤 매체에서도 살짝 바꿔서 활용할 수 있는 정도이고, 영속성은 카피나 비주얼이 말보로 담배의 카우보이 상징처럼 장기간 지속적으로 쓸 수 있는지의 정도다. 새로움은 뜻밖의 아이디어로 주목을 끄는 기발한 표현 요소이며, 단일성은 여럿이 아닌 하나로 전달하는 집약된 표현 주제다. 상관성은 광고 메시지가 상품과 관련되는 정도이고, 기억성은 기억할 만한 요소가 있는지의 정도이며, 단순성은 쉽게 이해할 수 있는 단순명쾌한 아이디어를 의미한다.

광고 창의성 평가에 대한 연구가 더 진행되어 광고 창의성을 독창성(Originality)과 의미성(Meaningfulness) 및 개조성(Reformulation)과 압축성(Condensation)이라는 네 가지 요인으로 평가해야 한다는 연구 결과가 발표되었다(Haberland & Dacin, 1992). 그리고 광고 창의성을 독창성(Originality)과 적합성(Appropriateness)이라는 두 가지 요인으로만 평가해야 한다거나(Altsech, 1996), 광고 창의성을 새로움(Novelty)과 해결성 (Resolution) 및 정교성−통합성(Elaboration-Synthesis)이라는 세 가지 요인으로 평가해야 한다는 주장도 제시되었다(White & Smith, 2001). 이상의 세 연구가 학계에서 가장 주목을 받았다.

한편, 우리나라에서도 국내외의 여러 연구에 나타난 광고 창의성의 평가 요인들을 종합적으로 분석한 연구 결과가 발표되었다. 연구 결과, '독창성'이 광고 창의성의 가장 중요한 평가 요인이었고(21회), 그다음으로 '단순성'(9회)이 중요한 요인으로 나타났다. 이어서 '해결성'과 '상관성' 및 '정교성'이 각 8회, '적용성'과 '공감성'이 각 5회, '산만함'과 '의미성' 및 '적합성'이 각 4회, '놀라움'이 3회, '오락성'과 '기억성'이 각 2회 순으로 중요한 광고 창의성 평가 요인으로 나타났다(김병희, 한상필, 2006).

광고 창의성 평가에 관한 선행연구를 종합하고 인쇄 광고와 영상 광고의 창의성 수준을 평가하는 척도개발 연구도 이루어졌다. 인쇄 광고의 창의성은 독창성, 적합성, 명료성, 상관성이라는 네 가지 요인에 따라 평가해야 하고, 영상 광고의 창의성은 독창성, 정교성, 상관성, 조화성, 적합성이라는 다섯 가지 요인에 따라 평가해야 한다는 내용이다. 영상 광고와 인쇄 광고에서 중복된 요인은 독창성, 정교성, 상관성, 조화성, 적합성, 명료성이라는 여섯 가지 요인이었다(김병희, 한상필, 2006, 2008; Kim, Han, & Yoon, 2010). 인쇄 광고와 영상 광고의 창의성 평가 척도는 〈표 1−1〉에 제시했으며, 각 평가 요인에 대해 설명하면 다음과 같다.

〈표 1-1〉 광고 창의성의 평가척도

인쇄 광고의 창의성		영상 광고의 창의성	
독창성	뜻밖이다	독창성	개성적이다
	혁신직이다		독특하다
	개성적이다		재미있다
	독특하다		고급스럽다
적합성	표현이 제품과 어울리다	정교성	배경이 멋있다
	부적절하다*		세련되다
	만족스럽다	상관성	제품(서비스)의 특성을 알았다
	못 만들었다*		제품(서비스)의 혜택이 있다
명료성	이해하기 쉽다		내용을 즉각 알았다
	분명하다	조화성	소리가 잘 들린다
	간결하다		음향 효과가 절묘하다
	내용을 즉각 알았다		영상과 배경 음악이 어울린다
상관성	구체적인 정보가 있다	적합성	부자연스럽다*
	제품의 혜택이 있다		못 만들었다*
	제품의 특성을 알았다		표현이 제품(서비스)과 어울린다

주)표시(*)는 불성실한 응답을 방지하기 위한 역채점 항목(reverse-scored item)이므로, 학생들은 '적절하다' '잘 만들었다' '자연스럽다'로 이해하면 된다.

- 독창성(Originality): 독창성은 광고 내용이 얼마나 뜻밖이고 혁신적이고 개성적이며 독특한지, 그리고 광고 내용이 얼마나 재미있는지를 의미하는 광고 창의성의 평가 요인이다. 광고 창의성의 구성 요인 중에서 독창성이 가장 중요한데, 이는 새로움과 유사한 개념이다. 완성된 광고물에 나머지 다섯 가지 요인이 반영되었다 하더라도 독창성이 없다면 창의적인 광고라고 할 수 없다.

- 적합성(Appropriateness): 적합성은 광고 메시지가 상품과 얼마나 잘 어울리고 적절한지, 그리고 광고물을 얼마나 만족스럽고 정교하게 만들었는지를 나타내는 요인이다. 광고 창의성을 담보하는 조건의 하나인 적합성은 광고 표현의 완성도를 결정하는 데 상당한 영향을 미친다. 광고 메시지가 브랜드의 특성과 얼마나 잘 어울리는지도 적합성의 수준에 따라 달라진다.

- 명료성(Clarity): 명료성은 광고 내용이 얼마나 이해하기 쉽고 분명한지, 그리고 누구나 즉각 알 수 있을 정도로 얼마나 간단명료한지 구별하는 요인이다. 언뜻 봤을 때 단순성과 유사해 보일 수도 있는 것이 명료성이다. 그러나 단순하게 표현하는

것을 넘어서 누구나 쉽게 이해할 수 있도록 정확하고 분명한 메시지 전달을 강조한다는 점에서 단순성보다 상위 개념이다.

- 상관성(Relevance): 상관성은 광고 내용에 상품에 대한 구체적인 정보나 혜택 또는 특성이 얼마나 구현되었는지를 나타내는 요인으로, 광고 메시지가 상품의 구체적인 특성과 어느 정도나 관련되어 있는지를 의미한다. 광고 메시지와 상품과의 구체적인 관련성에 대해 평가한다는 점에서, 상관성은 일반적인 창의성과 광고 창의성을 구분하는 결정적 근거라고 할 수 있다.

- 정교성(Elaboration): 정교성은 영상광고를 평가할 때 광고 내용이 얼마나 고급스럽고 배경이 멋있는지, 그리고 영상미가 얼마나 세련되고 뛰어난지를 나타내는 요인이다. 소비자는 조악한 광고보다 공들여 만든 정교한 광고를 좋아한다. 광고 창의성을 평가할 때는 영상 광고에만 적용되지만, 아이디어 발상 때는 인쇄 광고에도 정교성을 고려한다면 유용할 것이다.

- 조화성(Organization): 조화성은 영상광고를 평가할 때 소리가 잘 들리는지, 음향 효과가 절묘한지, 영상과 배경 음악이 어울리는지 판별하는 요인이다. 광고 메시지를 구성하는 모든 요소의 조화 여부를 판단할 수 있다. 광고 창의성을 평가할 때는 영상광고에만 적용되지만, 아이디어 발상 때는 인쇄 광고에도 조화성을 고려한다면 창의성 수준이 향상될 것이다.

3) 디지털 광고 크리에이티브의 세 가지 유형

디지털 광고의 창의성은 최근에 극적인 변화를 거치며 발전하고 있다. 직접 마케팅 목적으로 디지털 광고를 거의 독점적으로 사용하던 시대는 지났다. 오늘날 마케터는 구매 유입 경로 전반에 걸쳐 전략적 목표를 달성하기 위해 디지털 광고를 성공적으로 활용하고 있다. 디지털 광고 크리에이티브는 [그림 1-7]에 제시한 바와 같이 인지

콘셉트 광고 콘텐츠 광고 커머스 광고

[그림 1-7] 디지털 광고 크리에이티브의 유형

도와 관심을 유도하는 콘셉트 광고(concept ads), 관심을 욕망으로 바꾸는 콘텐츠 광고(content ads), 그리고 욕망을 실질적인 구매행동으로 연결하는 커머스 광고(commerce ads)라는 세 가지 유형으로 구분할 수 있다(Minnium, 2015. 2. 25.).

첫째, 콘셉트 광고는 유입 경로의 상단에 위치한다. [그림 1-8]에서 볼 수 있듯이, 이 광고는 브랜드 인지도를 제고하고 구매의도를 높이기 위해 제작한다. 광고를 만들 때는 콘셉트의 설정이 가장 중요한데, 전통적인 관점에서 콘셉트를 도출해 광고를 만드는 기존의 광고 유형도 모두 여기에 해당된다. 광고주들은 소비자의 새로운 욕구와 수요를 창출하기 위해 콘셉트 광고를 계속 선호하고 있다. 디지털 동영상 광고를 비롯한 여러 미디어 광고에서 콘셉트 광고가 두루 활용되고 있다. 인지도 제고, 브랜드 선호도 제고, 구매 의도, 브랜드에 대한 태도를 높이기 위해 콘셉트 광고를 만든다.

[그림 1-8] **콘셉트 광고의 예**

둘째, 콘텐츠 광고는 제품과 브랜드에 대한 소비자의 이해를 높이기 위해 중간에 유입 경로를 연결하기 위한 목적에서 만드는 경우가 많다. 이 광고는 소비자가 참여할 수 있는 고품질의 콘텐츠를 제공함으로써 유입 경로를 연결하는 목적을 달성한다. 예를 들어, 공유하거나 댓글을 달 수 있는 장치를 광고물에 설정해 둔다. [그림 1-9]에서 볼 수 있듯이, 콘텐츠 광고는 수직적인 광고 형식이나 스트리밍 방식으로 제공되는 경우가 많다. 네이티브 광고는 콘텐츠 광고의 대표적인 형태이지만, 콘셉트 광고와 상거래 광고 같은 다른 유형을 대체하는 광고가 아니라 별도로 추가되는 광고다.

[그림 1-9] **콘텐츠 광고의 예**

　셋째, 커머스 광고는 소비자를 계속 따라다니는 디스플레이 형태로 제시되며, [그림 1-10]에서처럼 카피나 비주얼의 창의성 수준이 매우 뛰어나지는 않다. 소비자들에게 사실적인 정보를 제공함으로써 상거래가 바로 이루어지게 하는 데 치중하기 때문이다. 커머스 광고는 보통 단일 유입 경로를 통해 연결되어야 하기 때문에 디자인을 할 때도 간단명료하게 해야 하며, 클릭의 빈도수를 높이도록 고려해야 한다. 커머스 광고와 유사한 개념으로 라이브 스트리밍(live streaming)과 전자상거래를 합친 라이브 커머스(live commerce)가 있는데, 실시간 동영상 스트리밍으로 거래가 이루어진다.

[그림 1-10] **커머스 광고의 예**

3. 광고 크리에이티브 철학

창의적인 광고물을 만들려면 무엇을 어떻게 해야 할 것인가? 디지털 시대라 할지라도 디지털의 맥락만 중시한다면 사상누각과 같다. '광고 크리에이티브란 도대체 무엇인가'라는 본질적 질문을 해 봐야 한다. 이때 저명한 광고인들이 어떤 생각으로 광고를 만들었는지 살펴보면 도움이 될 것이다. 창의적인 광고는 새로운 유행을 만드는 트렌드세터(trendsetter)의 기능도 수행한다. 광고 크리에이티브 철학을 살펴보면 디지털 시대에도 변하지 않는 가치를 발견할 수 있다. 광고 크리에이티브 철학은 광고산업을 지탱하는 정신적 지주나 마찬가지다. 외국을 대표하는 광고인 4명과 한국을 대표하는 광고인 4명이 생각하는 광고 크리에이티브 철학에 대해 살펴보자.

1) 외국 광고인의 광고 크리에이티브 철학

근대 광고는 1800년대 이후 미국을 중심으로 발전했다. 근대 광고의 발전 과정에서 창의적인 광고 창작은 광고인들의 꿈과 이상향이었다. 그동안 광고학계와 광고업계에서 논의된 광고 크리에이티브 철학을 종합하면, 대체로 '광고=과학' 또는 '광고=예술'이라는 두 관점이 평행선을 달리고 있다. 광고인의 성향이나 업무 스타일에 따라 두 가지 관점은 지지를 받거나 비판을 받아 왔다. 팽팽한 긴장 관계를 유지하며 광고 크리에이티브 철학의 양대 산맥을 형성해 온 두 가지 관점은 디지털 시대에도 여전히 광고인들 사이에서 논쟁의 중심에 서고 있다.

광고의 종주국인 미국에서도 광고 창작이 전문가의 영역이라는 인식이 싹튼 것은 1890년대부터였다. 광고업이 초창기였던 탓에 광고인들의 생생한 경험에서 우러나온 이런저런 생각들은 중요한 광고 크리에이티브 철학으로 자리 잡았다. 모든 분야의 초창기에 보편적으로 나타나는 현상이지만 선구자들이 경험하면서 체득한 생각들은 그 시대의 후배 광고인들에게 강력한 영향을 미쳤다. 현재까지도 세계 광고계에 지대한 영향을 미치고 있는 미국을 대표하는 광고인 4명과 그들이 생각했던 광고 크리에이티브 철학을 소개하면 다음과 같다(김병희, 2020).

(1) 로서 리브스

현대 미국 광고는 로서 리브스(Rosser Reeves, 1911~1982)가 광고 메시지 구성에 있어서의 과학적 접근 방법을 제시함으로써 비약적으로 발전했다([그림 1-11] 참조). 리브스는『광고의 실체(Reality in Advertising)』(1961)에서 고유판매제안(Unique Selling Proposition: USP)이라는 과학적인 광고 크리에이티브 개념을 제시했다. 그가 제시한 광고 크리에이티브 개념은 이전에 막연한 느낌만으로 아이디어 발상을 해오던 광고 창작자들의 습관을 바꾸고, 광고 크리에이티브에 더욱 효과를 발휘할 수 있는 판매 메시지를 개발하도록 구체적인 근거를 제시했다.

[그림 1-11] **로서 리브스**

그는 각각의 상품에서 '고유판매제안'을 도출하기 위해서는 세 가지 사항을 고려해야 한다고 강조했다. 즉, 광고 상품을 사용하면 특별한 혜택을 얻을 수 있다는 점을 제안해야 하고, 그 제안은 경쟁사가 따라 할 수 없고 제안하기 어려운 단일 메시지여야 하며, 그 제안은 수백만 소비자를 움직일 수 있을 만큼 강력해야 한다는 것이었다(Reeves, 1961). 그의 크리에이티브 철학인 '고유판매제안'은 주먹구구식의 주관적인 느낌으로 광고를 만들어 오던 관행에 경종을 울리며 광고 크리에이티브에 있어서 과학적 접근의 필요성을 환기했다는 사실에 의의가 있다.

리브스는 그만의 광고 크리에이티브 철학을 바탕으로, "엠앤엠(M&M) 초콜릿은 손에서 녹지 않고, 입에서 녹습니다(M&M's melt in your mouth, not in your hands)." 또는 "콜게이트 치약은 이를 닦듯 당신의 숨결까지 닦아 줍니다(Colgate cleans your breath as it cleans your teeth)." 같은 창의적인 광고물을 만들었다. 이 광고들은 처음에 노출된 이후 장기간에 걸쳐 활용되었고, 상품 판매에 크게 기여했다는 평가를 받았다.

(2) 데이비드 오길비

1960년대는 미국에서 광고 크리에이티브의 혁명기였다. 데이비드 오길비(David MacKenzie Ogilvy, 1911~1999)는 옥스퍼드 대학교에 들어갔지만 대학생활에 별로 흥미를 느끼지 못해 자퇴했다([그림 1-12] 참조). 오길비 앤 매더(Ogilvy & Mather)를 창립해 오늘날 세계적인 광고회사로 키워 낸 그는『어느 광고인의 고백(Confessions of an Advertising Man)』(1963)과『오길비의 광고(Ogilvy on Advertising)』(1983) 같은 저서에서 브랜드 이미지 전략을 체계적으로 정리했다. 그는 모든 광고물이 브랜드 이미지 구축에 기여하는 장

[그림 1-12] **데이비드 오길비**

기간의 투자라고 인식했다(Ogilvy, 1983).

그는 30여 년에 걸친 광고물 평가 조사를 바탕으로 효과적인 광고 창작을 위한 다섯 가지 원칙을 제시했다. 즉, 가능하면 상품을 크게 제시하고, 수용자를 혼란시키는 부정적 헤드라인은 쓰지 말고, 헤드라인에 브랜드명을 넣고 로고 처리를 강하게 하고, 신상품일 경우 뉴스성을 최대한 보장하고, 가급적 상품 사용자를 제시하라고 했다. 그는 자신이 정립한 광고 크리에이티브 원칙과 헤드라인 쓰는 방법을 고수하며 불후의 명작 광고들을 창작했다. 그는 해서웨이 셔츠나 롤스로이스 자동차 같은 고급품 광고에서 능력을 발휘했다.

오길비의 광고 크리에이티브 철학은 '무엇을 말할 것인가(what to say)'를 찾는 것'이다. 그는 말로 설명할 수 없는 아이디어를 비과학적이라고 비판했다. 광고물의 완성도나 광고 창작자의 솜씨는 메시지를 정확하게 전달하는 것보다 중요하지 않은 부차적인 문제였다. 그가 제시한 효과적인 광고 창작을 위한 다섯 가지 원칙은 당시에는 유용했을지라도, 디지털 시대에는 부적절한 측면도 있을 수 있으니 참고는 하되 금과옥조로 여길 필요는 없다. 다만, 예술성이 아닌 과학성을 추구한 그의 광고 크리에이티브 철학은 후배 광고인들에게 엄청난 영향을 미쳤음을 기억해야 한다.

(3) 윌리엄 번벅

[그림 1-13] **윌리엄 번벅**

오길비가 광고는 과학이라는 입장을 천명했다면, 윌리엄 번벅(William Bernbach, 1911~1982)은 광고가 예술이라는 입장을 견지했다([그림 1-13] 참조). 그는 광고가 과학이라는 오길비의 믿음에 반대했으며, 효과적인 광고 창작에 있어서 과학적 객관성이 아닌 예술적 직관과 재능이 필요하다고 했다. 그는 오길비와는 전혀 다른 관점에서 광고 창의성을 이해했다. 놀라움은 언제나 상품에 내재하며, 광고에서의 법칙이란 광고 창작자가 타파해야 할 무엇이기에 광고는 절대로 공식에 따라서 창작할 수 없다고 했다.

그는 광고 창작자들이 광고가 과학이라는 믿음을 가장 먼저 타파하기를 권고했다. 오길비가 광고 표현에 있어서 '무엇을 말할 것인가'를 강조했다면 번벅은 이와 상반되는 접근 방법인 '어떻게 말할 것인가'를 중시했다. 그의 광고 크리에이티브 철학은 메시지를 공들여 표현하는 '창작솜씨(execution)'다. 광고의 핵심 메시지를 결정하는 것만으로는 부족하며, 공들여 표현하는 창작솜씨가 메시지의 내용 이상으로 중요하다고 했다. 번벅은 창작솜씨를 광고 크리에이티브에 있어서 가장 중요한 덕목으로 간주했다.

그는 광고학 교과서에 반드시 인용되는 "불량품(Lemon)" "작은 것을 생각하세요(Think Small)" 같은 폭스바겐(Volkswagen) 비틀 캠페인 및 "에이비스는 2등일 뿐입니다(Avis is only No.2)" 같은 전설적인 광고 캠페인을 전개했다. 결국 그의 광고 크리에이티브 철학은 '어떻게 말할 것인가(how to say)'를 찾는 것으로 귀결된다. 그는 오길비가 주장했던 '무엇을 말할 것인가'에 비해 같은 메시지라도 어떻게 표현하느냐가 더 중요하다는 신념을 평생토록 견지했다. 오길비가 광고를 과학적 입장에서 접근했다면 그는 예술적 표현을 더 강조했던 셈이다.

(4) 레오 버넷

1960년대 미국 광고를 한 단계 비약시킨 레오 버넷(Leo Burnett, 1891~1971)은 상품 자체에 들어 있는 고유한 이야기를 찾아내 이를 드러내야 한다고 주장했다([그림 1-14] 참조). 그는 모든 상품에는 고유하고 독특한 드라마가 내재한다고 주장했는데, 그의 광고 크리에이티브 철학은 '상품에 내재하는 드라마(inherent drama)의 발견'이다. 그의 크리에이티브 철학은 오길비나 번벅의 철학과는 상이한 맥락에서 광고인들의 주목을 받았다. 모든 상품에는 그 상품만이 가질 수 있는 극적인 요소가 내재한다는 그의 철학은 이미지 광고의 성립에 대한 이론적 근거를 제시했기 때문이다.

[그림 1-14] 레오 버넷

그가 제시한 내재적 드라마의 개념은 광고 창작자들에게 상품의 이미지라는 것이 어떻게 정해진 고정적인 형상이 아니라 변화하는 속성을 지니고 있으며, 그렇기 때문에 내재적 드라마는 발견하는 자의 몫이라는 생각을 갖도록 했다. 그의 광고 크리에이티브 철학은 브랜드 개성, 브랜드 에센스, 브랜드 자산을 형성하는 데 있어서도 광고 이미지가 영향을 미친다는 이론적 근거를 제공했다. 그의 광고 창작 스타일을 보통 상식적인 솜씨(common touch)라고 부르는데, 이는 시카고를 중심으로 하는 중서부 지역의 미국적 정서를 드러내는 데 손색이 없었다.

그가 생각하는 광고 크리에이티브는 상품을 살아 있는 생명체처럼 표현하여 독특한 드라마를 연출하는 것으로 요약할 수 있다. 독특한 드라마는 표현에 대한 예리한 직관력으로 기존의 요소를 다시 조합해 새로운 것으로 만들어 내는 광고 창작자의 능력에서 나온다고 할 수 있다. 그는 자신의 광고 크리에이티브 철학을 바탕으로 40여 년 이상 동일한 광고 콘셉트를 유지한 말보로 담배의 광고 캠페인에 깊이 관여했다. 그는 상품의 이미지를 구축할 수 있는 드라마를 찾아 두고두고 반복해야 브랜드 이미지가 장기간에 걸쳐 구축된다는 광고 크리에이티브 철학을 평생토록 고수했다.

2) 한국 광고인의 광고 크리에이티브 철학

앞에서 살펴본 외국 광고인이 생각하는 크리에이티브 철학은 '광고=과학' 또는 '광고=예술'이라는 두 가지 관점이었다. 광고가 예술인가 과학인가 하는 논쟁만으로는 우리 광고를 창작하는 데 있어서 별 도움이 되지 않는다. 그동안 출판된 광고 크리에이티브 관련 교과서에서는 외국 광고인의 광고 철학을 주로 소개한 데 반해, 우리나라의 광고 창작자들을 소개하는 내용은 거의 없었다. 우리나라 광고인이 우리나라 소비자를 대상으로 우리 상품에 대한 광고를 창작하고 있는 현실에 주목해 우리나라 광고인들이 생각하는 크리에이티브 철학을 살펴볼 필요가 있다.

국내 최초의 광고인 세창양행의 '고백' 광고(1886) 이후, 우리나라 광고도 비약적인 발전을 거듭한 상태에서 언제까지 외국 광고인의 크리에이티브 철학에만 기대어 우리 광고를 창작할 것인가? 우리가 미국이 아닌 한국에서 광고를 공부하고 한국에서 한국의 소비자를 대상으로 광고를 노출하는 이상, 우리의 광고 크리에이티브 철학을 반드시 이해할 필요가 있다. 미국의 소비자와 한국의 소비자가 다르듯, 광고 표현에 있어서도 문화적 차이가 있을 수밖에 없다. 오랫동안 광고 현장에서 종횡무진 누벼 온 선배 광고인들의 광고 크리에이티브 철학을 소개하면 다음과 같다(김병희, 2020).

(1) 김태형

한국을 대표하는 카피라이터이자 카피라이터 1세대인 김태형(1936~, 본명 김태윤)은 한국 광고계에서 인정하는 원로 카피라이터다([그림 1-15] 참조). 그는 일찍이 한국 최초의 카피 작품집인 『김태윤 작품집: 광고문안(廣告文案)』(1971)을 출간함으로써 카피의 작품화를 시도한 바 있었다. 그는 1989년에 자신의 광고 크리에이티브 철학이 '생활의 제안'이라고 천명했다. 그는 광고 크리에이티브란 대단한 그 무엇이 아니라 유희정신을 바탕으로 새로운 생활을 제안하는 것이라고 인식했다.

[그림 1-15] 김태형(2006)

광고 창작자를 건축가와 동일한 존재로 생각했던 그는 광고 표현물에서 과학과 예술의 조화를 지속적으로 모색했다. 건축에서는 건축물 본래의 기능인 '살기 좋음'과 '튼튼함'이 중요하지만 그것만으로는 안 되고 주변 환경과의 조화나 타인에게도 즐거움을 주는 것이 중요하듯이, 광고에서도 상품 판매의 기능을 수행하면서도 즐거움을 주는 광고가 좋은 광고라고 생각했다. 그는 장난스럽게 아이디어 발상을 하는 과정에서 반드시 상품을 '파는' 광고를 만들어야 한다고 생각했다.

그가 생각하는 생활의 제안이란 광고에서 더욱 창조적이고 재미있게 살아가는 방법을 구체적으로 제안해야 한다는 뜻이다. 소비자들이 소유의 문제가 아닌 생활의 문제를 중시하는 시대가 올 것이라고 정확히 예측한 탁월한 견해였다. 그는 다르게 하고, 재미있게 하고, 새로운 접근법을 찾고, 단순화하고, 믿음을 사야 한다는 다섯 가지 창작 원칙을 되새기면서 광고를 창작했다. 그는 정서적 공감을 유발하는 광고 메시지를 제시했을 때 소비자들이 비로소 '생활의 제안'을 수용하게 된다는 믿음을 평생토록 고수했다.

(2) 윤석태

광고 감독 윤석태(1938~)는 1969년 4월 만보사에 입사하여 그해 12월 코카콜라 광고 창작 업무를 총괄하고, 1970년 2월 우리나라 최초의 스틸 커머셜 해변 작품의 연출을 맡으면서 처음 텔레비전 광고와 인연을 맺었다([그림 1-16] 참조). 한국을 대표하는 광고 감독 1세대인 윤석태가 31년 동안 연출한 광고물은 모두 663편이며, 편집 편수로는 2,014편에 이른다.

[그림 1-16] 윤석태(2005)

그가 제시한 광고 창작 방법론은 다음과 같이 네 가지로 요약할 수 있다. 첫째, 연관된 소재를 찾아라. 자동차의 속도감을 촬영할 때는 자동차만 찍기보다 다람쥐가 놀라 뛰어가는 장면을 필름에 담는 것도 상품에 연관성을 부여하는 방법이라는 뜻이다. 둘째, 생명력을 불어넣어라. 그는 상품에 생명을 불어넣는 것이 영상 미학의 핵심이라고 인식했다. 셋째, 메시지를 하나로 집약시켜라. 내용도 집약시키고, 이야기도 집약시키고, 카피와 영상도 집약시켜 표현해야 한다는 뜻이다. 넷째, 차이가 나도록 식별하라. 다른 회사의 브랜드와는 차이가 나도록 스토리와 분위기를 구별하라는 뜻이다.

광고 영상을 '이유 있는 커뮤니케이션'이라고 주장한 그의 생각을 뒤집어 보면 이유가 없으면 소통되지 않는 그저 그런 영상에 불과하다는 뜻이다. 카메라 앵글도 이유가 있어야 하고, 광고 상품과 모델은 물론 배경과 소품도 나름대로의 존재 이유가 있어야 소통에 성공한다는 뜻이다. 그는 광고에서 영상과 카피가 각각 변화무쌍하게 움직이면서도 어느 순간에 절묘하게 호흡을 맞추는 것이 가장 중요하다고 했다. 그의 광고 크리에이티브 철학은 '호흡 조절'이다. 그는 영상과 카피의 '호흡 조절'이라는 자신의 크리에이티브 철학을 바탕으로 한국적 커뮤니케이션의 전형성을 확립하려고 노력했다.

(3) 이강우

우리나라 광고계에서 CM플래너 1호인 이강우(1941~)는 오랜 세월 TV-CM 제작에 참여했으나, 직접 제작에 참여하는 광고 감독은 아니었고 기획을 총괄하는 CM플래너 역할을 수행했다([그림 1-17] 참조). 그가 광고 창작에서 가장 중요하게 생각한 원칙은 광고 표현에 있어서의 '반보주의'였다. 너무 앞서가면 소비자는 자기 이야기가 아닌가 싶어 쉽게 포기하고, 너무 뒤처지면 도외시하니까, 반보 정도 앞서가며 알게 모르게 소비자를 유인하는 기교가 있어야 한다는 뜻이다.

[그림 1-17] 이강우(2004)

그는 영상 광고가 텔레비전만을 위한 것이 아니며, 다양하게 전개되는 미디어 환경에 적절히 대응하고 미디어의 전환기에 어떻게 방향을 잡느냐에 따라 우리나라 영상 광고의 미래가 결정된다고 확신했다. 그가 영상 광고의 미래를 진단한 배경에는 광고 창작자들이 소비자의 일상생활과 미디어 테크놀로지의 발전을 동시에 고려했을 때 소비자가 공감할 수 있는 광고가 탄생한다는 평소의 지론이 반영되어 있다. 이 또한 대중이 수용할 만한 반보주의를 고려하는 생각이다.

카피를 많이 썼지만 그를 카피라이터라고 부르지 않는다. 수많은 콘티를 직접 그렸지만 직접 카메라를 잡지 않았기에 그를 광고 감독이라고 부를 수도 없다. 그는 우리나라 CM플래너 1호라는 직함을 스스로 개척했다. 그가 생각하는 광고 크리에이티브 철학은 '상품의 본질을 찾는 안목'이다. 그는 창의성을 수사(修辭)의 맥락이나 외적 치장으로만 보는 관점을 단호히 거부하며, 상품의 본질을 찾아내는 안목이야말로 광고 창의성의 핵심이라고 인식했다. 그는 자신의 광고 철학인 '상품의 본질을 찾는 안목'을 바탕으로 정답에 가까운 그 무엇을 찾기 위하여 평생을 광고 창작에 몰두했다.

(4) 박우덕

디자이너로 광고계에 입문한 이후 웰콤을 창립하여 한국의 대표적인 독립광고회사로 성장시킨 박우덕(1951~)은 광고로 할 수 있는 브랜드에 대한 사랑을 특히 강조했다([그림 1-18] 참소). 해태제과에 입사해 광고 인생을 시작한 그는 코래드를 거쳐 1987년 3월에 웰콤을 창립해 주목할 만한 독립광고회사로 키워 냈다. 그는 어떤 법칙을 가지고 문제해결에 접근하기보다 사람들의 잠재의식을 일깨우는 아이디어를 찾으려고 시도하는 것이 아이디어 발상 과정이라고 인식했다.

[그림 1-18] **박우덕(2004)**

그는 좋은 광고를 만드는 기본 원리가 우리의 과거와 생활 속에 이미 다 들어 있다고 인식했다. 책을 보는 것도 좋겠지만 우리의 생활 속에서 콘셉트를 찾아내 광고 표현으로 연결하는 좋은 광고를 만드는 훈련이 필요하다고 주장했다. 그는 어떠한 상황에서도 정답은 하나라는 신념을 바탕으로 광고 표현이 더하기의 법칙이 아니라 빼기의 법칙이라고 생각했다. 즉, 광고 표현에 있어서도 군살 빼기가 설득의 요체라는 뜻이다. 별도로 아이디어 발상을 하지 말고 주변에 아이디어 소재가 널려 있으므로 아이디어를 주워 담는 것이 중요하다는 것이다.

박우덕이 생각하는 광고 크리에이티브 철학은 '브랜드에 대한 사랑의 방정식'이다. 수많은 소비자의 사랑을 얻기란 쉽지 않다. 하지만 그는 정답은 분명히 존재한다는 믿음을 가지고 어떻게 하면 광고하는 브랜드를 더 사랑하게 하고 더 존경하게 할지를 고민하며, 마치 수학의 방정식 문제를 풀듯이 브랜드에 대한 사랑의 방정식을 풀어야 한다고 판단했다. 브랜드를 사랑하고 존경하게 하는 방법을 찾는 과정을 중시한 그는 숱한 명작 광고들을 만들어 우리나라 광고 크리에이티브의 지평을 넓혔다.

4. 마무리

지금까지 마케팅 커뮤니케이션의 진화와 광고산업의 환경 변화, 광고를 보는 새로운 관점, 광고 크리에이티브의 환경 변화, 광고 창의성의 개념, 광고 창의성의 평가준거, 디지털 광고 크리에이티브의 유형, 외국 광고인의 광고 크리에이티브 철학, 그리고 한국 광고인의 광고 크리에이티브 철학에 대해 살펴보았다.

모바일은 기기의 특성을, 스마트는 기술적 특성을, 온라인은 네트워크의 특성을, 디지털은 1과 0이라는 이진수 숫자열의 특성을 나타낸다는 미디어 개념을 숙지할 필요가 있다. 온라인 광고의 유형도 소비자들이 보는 콘텐츠 형식에 따라 텍스트 광고, 이미지 광고, 동영상 광고로, 소비자들이 광고에 어떻게 반응하느냐에 따라 노출형과 검색형으로 분류할 수 있다. 그리고 스크린의 크기와 형태에 따라 사물인터넷(IoT), 웨어러블, 스마트폰, 태블릿, 노트북, PC, 스마트 TV, 디지털 사이니지, 영화 스크린, 전광판 광고로, 광고비를 산정하는 과금 체계에 따라서도 CPM, CPC, CPA, CPS, CPV 광고로 분류할 수 있다.

광고 창의성의 개념은 연상 과정, 문제 해결책 제시, 상호작용 시스템이라는 세 가지 관점에 따라 구분할 수 있다. 소비자 여정의 각 단계에서 관심유도(A), 브랜드 소개(B), 연결고리 형성(C), 행동 유발(D)의 과정을 거치면 더욱 창의적이고 효과적인 동영상 광고를 만들 수 있다. 광고 창의성의 수준은 독창성, 정교성, 상관성, 조화성, 적합성, 명료성이라는 여섯 가지 요인에 따라 평가할 수 있다. 그리고 디지털 광고 크리에이티브는 콘셉트 광고, 콘텐츠 광고, 커머스 광고라는 세 가지 유형으로 구분할 수 있다.

광고 크리에이티브 철학은 디지털 시대에도 여전히 중요하다. 시간의 흐름에 관계없이 모든 광고물 창작에 적용되는 금과옥조(金科玉條)이기 때문이다. 로서 리브스의 '고유판매제안', 데이비드 오길비의 '무엇을 말할 것인가를 찾기', 윌리엄 번벅의 메시지를 공들여 표현하는 '창작솜씨', 레오 버넷의 '상품에 내재하는 드라마의 발견' 같은 철학도 중요하지만 외국의 광고 크리에이티브 철학에만 의존할 필요는 없다. 김태형의 '생활의 제안', 윤석태의 '호흡 조절', 이강우의 '상품의 본질을 찾는 안목', 박우덕의 '브랜드에 대한 사랑의 방정식' 같은 우리나라의 광고 크리에이티브 철학도 소중한 자산이다.

이 장에서 설명한 광고 창의성의 개념과 크리에이티브 철학이 광고 크리에이티브의 기반을 다지는 중요한 밑절미가 되기를 바란다. 광고 콘셉트에서 구체적인 크리에이티브로 전환해야 하고, 크리에이티브 브리프를 바탕으로 콘셉트를 도출할 수 있어야 하며, 광고 크리에이티브 전략을 적용해야 한다. 보다 구체적으로 광고 크리에이티브를 전개하려면 창의적인 아이디어 발상법과 광고물 창작 과정을 이해해야 하며, 카피라이팅의 기본 원리와 디자인의 기본 원리도 배우고 익혀야 한다.

미디어에 따라서도 광고 창작의 결이 조금씩 다르다. 인쇄 광고, 영상 광고, 디지털 광고, BTL 광고, 브랜디드 콘텐츠의 창작 방법을 제대로 이해해야 하는 이유도 그 때문이다. 광고 캠페인을 통합적 관점에서 전개하는 것이 무엇보다 중요하기 때문에 통합 캠페인과 광고 기술에 대한 전문적인 지식도 축적해야 한다. 디지털 기반의 통합 브랜드 캠페인을 어떻게 기획하고 전개할 것인지, 브랜드 유니버스라는 큰 그림에서 광고 크리에이티브를 어떻게 만들고 전개할 것인지, 광고 기술에 따라 변화될 광고 크리에이티브의 미래도 탐구해야 한다.

똑똑똑! 이제, 광고 크리에이티브의 문을 힘차게 두드려 보자. 이 책을 읽는 예비 광고인들이 앞으로 우리나라 광고계를 이끌어 갈 '호모 크리에이터(Homo Creator)'가 되기를 기대한다.

참고문헌

김병희(2014). 광고 창의성과 크리에이티브에 관한 연구 동향과 전망. 광고학연구, 25(8), 71-103.

김병희(2020). 광고 크리에이티브 철학. 강승구, 한은경, 류진한, 김병희, 박재항, 마정미, 김주영, 김영욱, 윤태일, 박기철 공저, 광고 지성과 철학의 지평선: 한국광고학회 광고지성총서 10(pp. 77-108). 서울: 학지사.

김병희(2021a). 디지털 시대의 광고 마케팅 기상도. 서울: 학지사.

김병희(2021b). 광고의 정의와 유형. 김병희, 마정미, 김봉철, 김영찬, 유현재, 유승엽, 최세정, 송기인, 소현진, 유승철, 남고은, 김여정, 한규훈, 정윤재, 윤태일, 정승혜 공저, 디지털 시대의 광고학신론(pp. 19-48). 서울: 학지사.

김병희, 한상필(2006). 광고 창의성 측정을 위한 척도개발과 타당성 검증. 광고학연구, 17(2), 7-41.

김병희, 한상필(2008). 텔레비전 광고의 창의성 척도개발과 타당화. 광고학연구, 19(2), 7-42.

김유나(2020). 빅데이터와 광고. 김현정, 최익성, 김미경, 김유나, 박현, 김신엽, 김지윤, 유인하, 이성미, 신일기, 오창일 공저, 스마트 광고 기술을 넘어서: 한국광고학회 광고지성총서 8(pp. 111-141). 서울: 학지사.

남고은(2021). 광고 창작 과정과 크리에이티브 전략. 김병희, 마정미, 김봉철, 김영찬, 유현재, 유승엽, 최세정, 송기인, 소현진, 유승철, 남고은, 김여정, 한규훈, 정윤재, 윤태일, 정승혜 공저, 디지털 시대의 광고학신론(pp. 347-375). 서울: 학지사.

함창대(2018. 11. 5.). 버거킹 캠페인 사례로 보는 2등의 도전 전략. HS Adzine. https://blog.hsad.co.kr/2646

宣伝会議ブレーン編集部 (2017. 9. 14.). "'クロレッツ ミントタブ'のCMをAIと人間で制作してみたら: 世界初の人工知能クリエイティブディレクター'AI-CD β'." AdverTimes(アドタイ). https://www.advertimes.com/20170914/article257453/2/

Altsech, M. B. (1996). *The assessment of creativity in advertising and the effectiveness of creative advertisements*. Unpublished Doctoral Dissertation. Pennsylvania State University.

Blain, L. (2018. 11. 20.). "Lexus' new AI-written TV ad, and the rise of emotionally manipulative algorithms." *New Atlas*. https://newatlas.com/lexus-ai-tv-commercial/57310/

Haberland, G. S., & Dacin, P. A. (1992). The development of a measure to viewers' judgments of the creativity of an advertisement: A preliminary study. *Advances in Consumer Research*, *19*(1), 817-825.

Haller, M. (2019. 9.). *How to create an effective video ad for every stage of the customer journey*. https://www.thinkwithgoogle.com/future-of-marketing/creativity/youtube-video-ad-creative/

Kim, B. H., Han, S., & Yoon, S. (2010). Advertising creativity in Korea: Scale development and validation. *Journal of Advertising*, *39*(2), 93-108.

Marra, J. L. (1990). *Advertising creativity: Techniques for generating ideas* (pp. 52-63). Englewood Cliffs, NJ: Prentice Hall.

Mayer, R. E. (1999). *Fifty years of creativity research*. Cambridge: Cambridge University Press.

Minnium, P. (2015. 2. 25.). *The 3 ad creative types digital marketers need to master*. https://martech.org/3-types-digital-ads-marketers-need-master/

Ogilvy, D. (1983). *Ogilvy on advertising*. New York: Crown Publishing.

Sahajpaul, R. (2021. 5. 11.). Data-driven creative is the future of digital advertising. *Campaign*. https://www.campaignindia.in/article/opinion-data-driven-creative-is-the-future-of-digital-advertising/469530

White, A., & Smith, B. L. (2001). Assessing advertising creativity using the creative product semantic scale. *Journal of Advertising Research*, *41*(6), 27-34.

오현숙
(평택대학교 광고홍보학과 교수)

제2장

크리에이티브를 위한 광고 전략 수립

여러분이 X 브랜드의 차기 광고 캠페인 제작을 위한 경쟁 프레젠테이션에 참여한다고 가정해 보자. 남보다 뛰어나고 차별화된 크리에이티브로 광고주를 사로잡고 싶은 마음이 굴뚝같을 것이다. 그렇다면 경쟁 프레젠테이션에서 이기기 위해 가장 먼저 해야 할 일은 무엇일까? 모든 팀원이 모여서 크리에이티브 아이디어 회의부터 시작할 것인가? 물론 번뜩이는 아이디어가 나올 수도 있다. 하지만 광고주나 제품에 대한 철저한 분석 없이 훌륭한 크리에이티브를 만들기는 쉽지 않다. 크리에이티브를 제작하기 위해서는 그 기업이 처한 시장상황이 어떤지, 제품의 특성은 무엇인지, 제품의 사용자는 누구이며 어떤 특성을 가지고 있는지, 그리고 경쟁자는 누구인지 등을 먼저 알아야 하기 때문이다. 그리고 이것을 바탕으로 광고 전략을 수립하고 이에 따라 크리에이티브 콘셉트를 도출해야 한다. 특히 디지털 미디어 환경에서는 온라인과 오프라인을 아우르는 일관된 콘셉트의 중요성이 더욱 커지고 있다. 콘셉트가 통일되지 않는다면 소비자들은 TV 광고에서 보이는 브랜드와 인스타그램에서 노출되는 브랜드를 동일한 이미지로 인지하기 어려울 수도 있다.

이 장에서는 크리에이티브 제작을 위해 선행되어야 하는 광고 캠페인 전략 수립 과정에 대해 살펴보고자 한다. 우선 크리에이티브 제작에서 왜 전략적 마인드가 중요한지 알아보고, 상황 분석에서 콘셉트 도출까지 광고 전략 수립 과정을 각 단계별로 살펴볼 것이다. 그리고 마지막으로 디지털 시대의 광고 전략 수립에 도움이 될 수 있는 소비자와 미디어의 변화에 대해 알아보자.

1. 크리에이티브에서 전략의 중요성

훌륭한 크리에이티브는 훌륭한 전략에서 비롯된다. 너무나 당연한 이야기지만 실제 현업이나 학생들의 크리에이티브 작업 시 간과되기 쉬운 부분이기도 하다. 수업 시간에 학생들이 광고 캠페인 과제를 수행하기 위해 회의하는 모습을 지켜보면 크리에이티브의 근간이 되는 전략을 수립하기보다 단편적인 아이디어를 먼저 제시하는 것을 쉽게 볼 수 있다. "너 아이디어 가져왔어?" "빨리 아이디어 내자."와 같이 광고의 기본이 되는 전략 수립을 위한 문제점을 파악하기보다 단편적인 아이디어 내기에 몰입해 있는 것을 볼 수 있다. 물론 번뜩이고 참신한 아이디어가 나올 수도 있다. 하지만 좋은 아이디어일지라도 그것이 전략에 기반을 두고 있지 않다면 크리에이티브 아이디어는 단순한 아이디어에 그칠지도 모른다.

디지털 기술의 혁신으로 광고에도 AR과 VR 같은 최첨단 기술이 접목되고, 다양한 디지털 미디어나 소셜 미디어의 등장으로 광고산업 환경이 그 어느 때보다 빠르게 변화하고 있다. 하지만 아무리 광고 환경이 변화한다고 해도 훌륭한 광고는 훌륭한 전략에서 나온다는 기본 원칙은 변함이 없다. 크리에이티브 디렉터인 진 로바리(Jean Robarie)는 크리에이티브와 전략의 관계를 다음과 같이 설명했다.

> "전략이라는 회전문을 돌리지 않는다면 크리에이티브는 아무런 가치도 없다. 크리에이티브와 전략은 광고에 있어 상호보완적이며 필수적인 요소다."

또한 오길비는 광고 전략을 "우리가 A 지점으로부터 B 지점으로 갈 수 있는 길을 보여 주는 일종의 도로지도"라고 하였는데, 이는 전략이 광고 캠페인에 참여하는 모든 사람을 한 방향으로 나아가게 하는 지도와 같은 역할을 해야 함을 강조한 것이다(이성구, 1999).

전략은 본래 군사 용어에서 비롯되었다. 전쟁에서 이기기 위해서 도시를 점령하는 전략을 수립했다면 이 전략을 달성하기 위해 항로를 차단하고 탱크를 진격시키는 것이 전술에 해당한다. 즉, 전술은 전략을 수행하기 위한 수단이다. 이를 광고에 대입시킨다면 전략은 광고 목표를 달성하기 위한 개괄적인 큰 그림에 해당하며, 전술은 이를 실행하기 위한 구체적인 방법에 해당한다. 광고 전략이 '무엇을 말할 것인가(what to say)'의 문제라면 광고 전술은 '어떻게 말할 것인가(how to say)'의 문제다. 전략은 콘셉트나 빅아이디어 또는 캠페인의 전체적인 개요가 될 것이고 전술은 이 전략을 펼치기 위한 구체적인 매체별 아이디어, 레이아웃, 디자인, 카피 등에 해당된다. 결국 광고 콘셉트가 전략에 기본을 두고 있다면 그 결과물인 크리에이티브는 전술에 해당하는 것이다.

우리가 전략에 집중해야 하는 이유는 무엇을 말할 것인가를 결정하지 않은 채 아무리 화려한 언변으로 소비자들을 설득하려고 해 봐야 그것은 공허할 수밖에 없기 때문이다. 전략 지향적이 되었을 때, 소비자들을 설득할 수 있는 크리에이티브가 나올 수 있다. 특히 데이터 중심의 광고 집행이 이루어지고 있는 디지털 시대에는 과학적 분석에 근거한 전략이 더욱 중요해지고 있다. 크리에이터의 경험이나 직관에 의해 창조되는 크리에이티브는 그 자체로 좋은 평가를 받을 수는 있으나, 이 크리에이티브가 전략적 측면에서 광고 목표를 달성하는 데 기여했는가는 다른 문제다. 일례로 세계 유수의 광고제에서 크리에이티브로 수상을 한 광고가 실제로 제품의 매출 달성에 모두 기여를 하는 것은 아니다. 칸 국제 광고제(Canne Lions)에서 수상을 한 광고가 효과성을 중심으로 광고를 평가하는 에피 어워드(Effie Award)[1]에서는 수상을 하지 못할 수도 있다. 따라서 우리는 전략에 기반을 둔 광고 크리에이티브를 창출할 때 더욱 효과적인 광고 캠페인을 집행할 수 있다.

2. 광고 전략 수립하기

광고 전략이란 "시장조사, 광고기획, 제작, 매체, 프로모션 등 광고의 전 분야, 전 과정에서 효과적인 의사결정을 통해 가능한 모든 대안을 선정하여 비교하고 그중에 최상의 방법을 선택하는 논리적·과학적 접근방법"이라고 정의할 수 있다(Wells, Burnett, & Moriarty, 1992). 이 정의에서 보듯이 광고 전략 또는 광고 캠페인 전략은 개별적인 광고

---

1) 에피 어워드는 1968년 미국에서 설립되어 50년의 역사를 갖고 있는 상으로 독창성을 위주로 캠페인을 평가하는 기존의 크리에이티브 어워드와 차별화하여 마케팅 커뮤니케이션 캠페인이 마케팅 목표 달성에 얼마나 기여하였는지에 관한 '캠페인의 결과(Effectiveness)'를 기준으로 캠페인을 평가하는 상이다.

크리에이티브뿐만 아니라, 이를 집행하기 위한 매체전략이나 기타 프로모션 전략들도 포함한다. 하지만 여기서는 이 책의 목적에 맞게 전체 광고 캠페인 전략 중 크리에이티브 전략을 중심으로 살펴보도록 하겠다.

[그림 2-1]은 일반적인 광고 캠페인 전략 수립의 단계별 과정을 보여 주고 있다. 우선 상황 분석을 통해 다양한 분야의 자료를 분석하고, 이를 통해 기업 또는 브랜드의 문제점을 찾아내야 한다. 그리고 이 문제점에서 기회 요인을 발견하고 광고 목표와 목표 수용자를 결정한 후 문제를 해결하기 위한 솔루션(solution), 즉 광고 콘셉트를 찾아야 한다. 즉, 광고 전략은 문제점 해결을 위해 어떤 수용자에게 어떤 메시지(콘셉트)를 전달할 것인가를 결정하는 과정이라고 할 수 있다. 이렇게 도출된 광고 콘셉트를 '어떻게(how-to)' 효과적으로 소비자들에게 전달할 것인가가 바로 크리에이티브 전략에 해당한다. 이제 광고 전략 수립 방법을 각 단계별로 구체적으로 살펴보도록 하자.

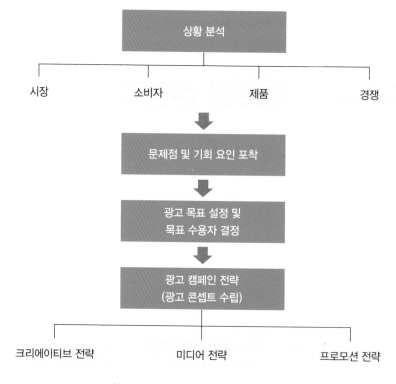

[그림 2-1] **광고 캠페인 전략 수립 과정**

1) 상황 분석

모든 광고 전략 수립은 상황 분석에서 시작한다. 상황 분석에는 시장 분석, 소비자 분석, 제품 분석, 경쟁 분석이 포함된다. 기업이나 브랜드가 처한 거시적인 시장환경 분석에서 시작해서, 소비자 분석, 제품 분석과 경쟁 분석 등으로 이어지게 된다. 상황 분석은 주로 광고회사의 AE(Account Executive)나 AP(Account Planner)가 담당하지만 크리에이티브 담당자도 직접 상황 분석을 해 보는 것이 좋다. 단순히 AE가 써 주는 크리에이티브 브리프 한 장에 의지하지 말고, 직접 시장 상황을 이해하고 소비자 분석을 통해 인사이트를 얻는 방법을 익혀야 한다.

상황 분석을 위해서는 우선 다양한 영역의 방대한 자료를 수집해야 하는데, 자료를 수집하는 방법은 크게 1차 조사(primary research)와 2차 조사(secondary research)로 구분할 수 있다. 1차 조사란 특정 문제를 해결하기 위해 새로운 자료를 수집하는 것을 말하며, 2차 조사란 기존 자료를 다시 수집, 분석하는 것을 말한다. 1차 조사는 서베이, 내용분석과 같은 양적조사와 심층인터뷰, FGI(Focus Group Interview), 에스노그라피(ethnography) 같은 질적 연구를 포함한다(이명천, 김요한, 2005). 1차 조사 자료는 소비자에 대한 인사이트를 얻고 전략을 개발하는 데 중요한 역할을 한다. 2차 조사 자료는 인터넷 검색만으로도 다양한 정보를 얻을 수 있으나, 자료의 신뢰성과 전문성을 확인할 필요가 있다. 좀 더 전문적인 통계 자료 등을 원한다면 리서치 회사나 정부 기관의 전문 자료를 검색하는 것이 필요하다. 또한 기업이 운영하는 온드 미디어(owned media)에 올라온 프레스 릴리스(press release) 자료나 콘텐츠들을 분석하는 것도 기업이나 브랜드에 대한 기본적인 이해도를 높이는 데 도움이 된다. 자료수집이 끝났다면 상황 분석 절차에 대해 구체적으로 살펴보자.

(1) 시장 분석(기업 분석)

기업이 속해 있는 시장의 내·외부적인 요인들을 체계적으로 분석하는 것이 상황 분석의 첫걸음이다. 시장 분석은 크게 기업의 내부적인 요인과 외부적인 요인으로 구분할 수 있다. 우선 기업의 현재 위치를 파악하기 위해서는 기업의 내부 요인을 먼저 살펴봐야 한다. 현재 시장 내 점유율은 어떤지, 매출과 이익은 증가하고 있는지 아니면 감소하고 있는지를 파악해야 한다. 특히 최근 몇 년간의 매출이나 영업 이익의 추세를 파악하는 것이 중요한데, 매출이 감소하고 있다면 이는 기업에 어떤 문제가 있음을 시사한다. 매출 감소가 기업 또는 제품 자체의 문제인지 아니면 기업 외부 환경의 영향 때문인지를 면밀하게 분석해 볼 필요가 있다. 이 외에도 기업 내부적으로 살펴볼 요인은 기업 목표, 기업 문화, 기업의 성장 과정 등이 있다. 이는 기업의 당면한 문제점을 파악하는 데 도움이 된다.

기업 문화의 경우 광고 크리에이티브에도 간접적 영향을 미칠 수 있다. 기업문화가 보수적인지 아니면 새로운 도전을 받아들이는 진취적인 문화인지에 따라 광고 크리에이티브의 방향이 달라질 수 있기 때문이다. 배달앱 '배달의민족'으로 잘 알려진 '우아한 형제'는 사업 초기 파격적이고 참신한 광고 크리에이티브로 많은 사람의 주목을 받으며, 배달앱 시장에서 1위를 달성할 수 있었다([그림 2-2] 참조). 광고회사 HS Ad에서 제작하여 2014년 대한민국광고대상을 수상하기도 한 이 광고가 등장할 수 있는 배경에는 새로운 도전을 시도하는 젊은 기업 문화가 큰 역할을 했다고 볼 수 있다. 광고회사에서 아무리 훌륭한 크리에이티브를 제시해도 광고주가 이를 수락하지 않으면 광고는 집행될 수 없다. 훌륭한 크리에이티브는 훌륭한 광고주에게서 나온다.

[그림 2-2] 배달의 민족 광고 "우리가 어떤 민족입니까"

기업을 둘러싸고 있는 정치적 · 경제적 · 사회적 · 문화적 요인들도 기업의 내부적인 요인 못지않게 시장 분석에서 중요하다. 주로 살펴봐야 할 기업의 외부 요인들은 다음과 같다.

• 경제 현황: 불경기인가? 호황기인가? 세계적인 경기 흐름은 어떠한가?

- 기업의 성장과 관련된 정치적 · 사회적 · 문화적 요인은 무엇인가?
- 새로운 기술의 등장으로 인한 사회 변화는 무엇인가?
- 관련 법규 또는 규제의 변화가 있는가?

이러한 거시적인 요인들은 광고와 직접적인 관련이 없어 보이지만, 환경의 변화가 제품의 필요와 가치는 물론 소비자의 욕구와 제품 구매 동기에 영향을 미칠 수 있으므로 주의 깊게 살펴봐야 한다(천현숙, 2012).

(2) 소비자 분석

디지털 시대에 효과적인 광고 커뮤니케이션 전략 수립을 위해 우리가 가장 주목해야 할 대상은 소비자다. 모든 광고 전략은 소비자 분석에서 나온다고 해도 과언이 아니다. 갈수록 똑똑해지고 있는 소비자들을 설득하기 위해서 우리의 소비자가 누구인지 또 어떤 특성을 가지고 있는가를 파악하는 것이 필요하다. 인터넷과 디지털 미디어의 발달로 소비자들은 그 어느 때보다 많은 정보를 손쉽게 접할 수 있게 되었다. 그들은 클릭 몇 번으로 구매하고자 하는 제품의 가격 비교부터 구매 후기까지 모든 정보를 다 알 수 있다. 따라서 이런 스마트한 소비자들에게 광고를 하기 위해서는 소비자들을 제대로 이해하는 것이 중요하다.

또한 효과적인 크리에이티브를 제작하기 위해서는 광고주의 입장이 아닌 소비자의 입장에서 메시지를 전달하는 것이 중요한데, 이를 위해서도 소비자 분석은 필수적이다. 광고 전략 수립 시 FGI와 같은 소비자 대상 조사를 종종 하게 되는데, 제작 담당자들은 이런 조사에 직접 참여하여 소비자들의 니즈를 파악하고 그들의 언어로 크리에이티브를 표현하는 것이 필요하다.

소비자 분석의 목표는 소비자들의 특성을 구체화하는 것에 있다. 이러한 특성들은 시장을 세분화할 때 유용하며, 목표 소비자를 구체화하는 데 도움이 된다. 또한 미디어 전략을 결정할 때도 소비자 분석은 필수적이다. 일반적으로 소비자 집단을 구분하는 기준은 인구통계적 · 심리통계적 기준이 주로 이용되며, 소비자의 제품/브랜드 사용 정도, 브랜드 충성도 등도 고려 대상이 된다(Parente & Strausbaugh-Hutchinson, 2015).

① 인구통계적 기준

인구통계적(demographic) 기준은 소비자의 나이, 성별, 수입, 직업, 거주지역, 학력, 종교, 결혼 여부, 가족구성 등과 같은 변인들에 의해 구분된다. 예를 들어, 목표 소비자를 '30대 남자' '40~50대 여자'와 같이 설정한다면 이는 나이와 성별을 이용한 인구통계적 기준으로 소비자를 구분하는 것이다. 이 외에 수입, 학력, 결혼 여부 등도 소비자의 성격을 좀 더 구체화하는 데 도움을 줄 수 있다. 하지만 앞에서 열거한 변인들을 모두 다 고려해야 할 필요는 없다. 광고하고자 하는 제품의 성격에 따라 어떤 인구통계적 기준이 필요한가를 고려해야 하며, 무조건 많은 인구통계적 변인으로 소비자 집단을 구분하려는 시도는 오히려 목표 소비자를 규정하기 어렵게 만들 수도 있다(신기혁, 2006). 인구통계적 기준은 목표 소비자를 묘사하거나 정의할 때 가장 보편적으로 많이 쓰이는 방식이지만, 제품에 따라 핵심 타깃 소비자와 일반 소비자의 차이점을 충분히 반영하지 못하는 경우도 있다(Parente, 2004). 연령, 성별, 교육 수준이 유사하다고 해도 그들이 제품을 구입하는 동기나 이유는 다를 수 있기 때문이다. 따라서 소비자에 대한 충분한 인사이트를 얻기 위해서는 소비자의 심리적 요인과 라이프 스타일 등을 추가적으로 고려해야 한다.

② 심리통계적 기준

심리통계적(psychographic) 기준은 개성, 동기, 태도 등 심리적 요인과 라이프 스타일, 행동, 일상 생활방식 등과 같은 사회적 요인에 대한 정보를 포함한다. 앞에서 언급했던 것처럼 인구통계적으로 유사한 소비자 집단도 특정 제품을 구입하는 동기나 이유는 상이할 수 있다. 동일한 제품을 구입하더라도 어떤 소비자는 개인의 욕구와 필요를 충족시켜 주는 이유로, 또 다른 소비자는 단순히 호기심과 흥미를 느끼기 때문에 제품을 구매할 수 있다. 반대로, 인구통계적으로 상이한 소비자도 동일한 심리적 특성을 가질 수도 있다(천현숙, 2012). 예를 들면, 에베레스트를 등반하는 여행 상품을 판매한다고 할 때 나이나 성별에 관계없이 모험심과 도전 정신 또는 자아실현 욕구가 강한 소비자를 목표 소비자로 삼을 수 있다. 이런 경우는 인구통계적 특성보다 소비자들의 심리적 특성으로 분류하는 것이 효과적이다.

양적 조사 방법을 통해 상대적으로 쉽게 얻을 수 있는 인구통계적 정보와 달리 소비자들의 심리적·사회적 요인을 다루는 심리통계적 자료는 주로 질적 연구방법을 통해서 얻을 수 있다. 대표적인 조사방법은 FGI, 심층 인터뷰, 에스노그라피(ethnography)

등이 있다. 예를 들어, 소비자 조사에서 많이 이용되는 FGI는 소비자들의 제품 구매 동기, 가치관, 라이프 스타일 등 다양한 질적 정보를 제공한다. 또한 온라인상의 커뮤니티나 블로그, 카페, SNS 등에서 소비자들이 직접 생산해 내는 콘텐츠를 살펴보는 것도 소비자들의 심리적 특성이나 라이프 스타일을 분석하는 좋은 방법이 될 수 있다. 소비자들이 자발적으로 생산한 이런 자료들은 조사 목적하에 이루어진 것이 아니기 때문에 소비자들의 평소 진솔한 모습을 알 수 있다는 측면에서 유용하다(Parente & Strausbaugh-Hutchinson, 2015).

③ 제품/브랜드 사용 정도

제품 사용 정도는 소비자의 향후 구매행동을 예측하는 데 유용한 정보다. 일반적으로 제품 사용 정도는 다량 사용자(heavy users), 보통 사용자(medium users), 소량 사용자(light users)로 나뉜다(Parente & Strausbaugh-Hutchinson, 2015). 광고 전략은 목표 수용자를 다량 사용자로 할 것인지, 소량 사용자로 할 것인지에 따라 달라질 것이다. 일반적으로 광고주는 다량 사용자를 타깃으로 삼기를 원하는데, 라면을 1주일에 1회 먹는 사람과 5회 이상 먹는 사람의 제품 구매 정도는 다를 것이기 때문이다.

④ 브랜드 충성도

브랜드 충성도(brand loyalty)는 구매행위와 밀접한 관련이 있기 때문에, 소비자들이 일정 기간 동안 특정 브랜드를 반복해서 구매하는지, 반복해서 구매한다면 가격 할인을 받았는지 등을 조사해서 브랜드에 대한 충성도를 파악할 수 있다. 특정 브랜드 충성도가 높은 소비자에게는 단순한 가격 할인이나 판매촉진보다 브랜드에 대한 신뢰를 제공하는 것이 더 필요할 것이다. 광고회사 레오 버넷은 브랜드 충성도를 다음과 같이 네 가지로 구분했다(Parente, 2004).

- 장기 브랜드 충성자(long loyals): 하나의 브랜드를 장기간 사용하는 소비자로, 구매 상황이 고관여인 경우에 나타난다.
- 브랜드 간 순환자(rotaters): 가격 이외의 다른 여러 가지 요인에 따라 브랜드를 순환하면서 사용하는 소비자를 말한다. 화장품 중 파운데이션 제품은 '파데 유목민'이라는 용어가 나올 정도로 브랜드 간 순환이 심한 제품 중 하나다.
- 특별 판매 민감자(dealer sensitive): 세일 행사나 1+1 행사 등 특별 판매 여부에 따

라 선호하는 브랜드를 바꾸는 소비자를 말한다.

- 가격 민감자(price sensitive): 브랜드와 무관하게 가장 저렴한 것을 구매하려는 소비자를 말한다.

(3) 제품 분석

제품 분석은 내가 광고하고자 하는 제품이 무엇인가를 정확히 아는 것이다. 제품에 대해 확실하게 알아야 이 제품이 경쟁 제품과 비교하여 어떤 점이 더 좋은지, 소비자들에게 제품의 어떤 점을 부각시킬 수 있을지를 결정할 수 있다(천현숙, 2012). 제품 분석의 대상은 크게 물리적 특성과 심리적 특성으로 나눌 수 있다(Parente & Strausbaugh-Hutchinson, 2015). 이 중 물리적 특성은 주로 제품의 외양, 디자인, 색상과 같은 외형적 특성과 성능, 사용 용도와 같은 기능적 특성 등을 포함한다. 외형적 특성은 제품의 다양한 속성을 포함하며, 기능적 특성은 소비자들에게 구체적으로 어떤 혜택을 줄 수 있는가를 말한다. 기능적 특성은 엄밀히 말하면 물리적 특성과 심리적 특성을 모두 가지고 있지만(심리적 혜택을 제공할 수도 있으므로) 편의상 물리적 특성으로 분류한다.

크리에이티브 제작 시 소비자들에게 제품의 속성을 강조할 것인지 기능을 강조할 것인지를 고민해 봐야 하는데, 일반적으로 제품의 속성보다 기능에 중점을 두고 커뮤니케이션 할 때 소비자의 이해도가 높아진다. 예를 들면, 화장품 광고를 할 때 어려운 화장품의 성분(속성)을 강조하기보다 그 화장품을 사용함으로써 소비자가 누릴 수 있는 혜택(기능)을 강조하는 것이 더 좋다. 보습에 좋은 특정 성분을 직접 강조하기보다 그걸 바르면 '촉촉한 피부'를 가질 수 있다는 궁극적 혜택에 더 초점을 맞추는 것이 좋다. 소비자들은 그 제품의 속성 자체보다 그 제품이 소비자에게 무엇을 해 줄 수 있는지에 더 관심이 많다.

심리적 특성은 소비자들이 지각하는 제품 또는 브랜드의 이미지, 개성, 평판 등을 포함한다. "마케팅은 제품의 싸움이 아니라 인식의 싸움이다."라는 주장(Ries & Trout, 1993)처럼 소비자들이 자사 제품을 어떻게 생각하고 느끼는가를 파악하는 것이 중요하다. 즉, 소비자들이 생각하는 제품의 브랜드 이미지가 무엇인가를 파악할 필요가 있다. 브랜드 이미지는 이름, 심벌, 슬로건, 브랜드와 관련된 다양한 연상으로 이루어지는데, 소비자들의 마음속에 브랜드 이미지가 어떻게 자리 잡고 있는가를 알아야 한다. 또한 브랜드는 사람처럼 각기 다른 개성(personality)을 가지고 있는데, 소비자들이 지각하는 브랜드 개성을 파악할 필요가 있다. 브랜드 성격이 유쾌한지, 차가운지, 점잖은지 등을 알아야 하며, 소비자가 지각하고 있는 브랜드 개성이 기업에서 추구하고자 하는 방향과 일치하는가를 살펴봐야 한다. 심리적 특성은 특히 성숙기 시장에서 유용한데, 제품의 물리적 특성에서 차별화 요소를 찾기 어려울 때 브랜드에서 연상되는 이미지나 개성, 가치관을 통해 차별화 전략을 시도하는 것이 좋다.

〈표 2-1〉 제품 분석 대상

물리적 특성	심리적 특성
• 외형적 특성: 제품의 속성(디자인, 색상, 품질, 포장, 서비스, 보증 등) • 기능적 특성: 성능, 용도, 편리성 등	• 브랜드 이미지 • 브랜드 개성 • 브랜드 평판

(4) 경쟁 분석

경쟁 분석은 동일 시장 내에서 자사 제품의 경쟁자가 누구인지를 파악하여 자사의 시장 내 위치를 파악하는 과정이다. 경쟁 분석을 하는 이유는 동일 범주 내의 제품들과 비교해서 자사의 상대적인 강점과 약점을 알 수 있기 때문이다. 경쟁 분석을 위해서는 우선 경쟁자의 범위를 설정하는 것이 필요한데, 직접적 경쟁과 간접적 경쟁 모두를 파악해야 한다. 탄산음료 시장에서 코카콜라의 직접적 경쟁자는 펩시콜라이지만, 스프라이트와 같은 탄산음료도 간접적 경쟁자가 될 수 있다. 주류 시장에서도 마찬가지로 맥주의 직접적 경쟁자는 타 브랜드 맥주이지만 간접적 경쟁자는 소주나 와인 같은 다른 주류가 될 수 있다.

광고하고자 하는 제품의 광고 목표에 따라 경쟁사의 범위가 결정된다. 세븐업(7Up)의 '언콜라(uncola)' 마케팅은 경쟁사를 직접적 경쟁자에서 간접적 경쟁자로 확대함으로써 성공한 유명한 사례다. 미국 내 레몬·라임 탄산수 시장에서 1등을 차지하고 있던 세븐업은 시장 확대를 위해 경쟁사를 스프라이트 같은 기존 탄산음료가 아닌 콜라로 확장한 것이다(Ries & Trout, 1993). 이처럼 광고 목표가 시장 확대에 있는지, 아니면 기존 시장에서 인지도나 시장 점유율을 높이는 것인지에 따라 경쟁사 설정 범위는 달라진다.

경쟁사의 범위가 결정되면 경쟁사들의 매출 및 시장 점유율을 파악하고, 가격과 유통, 브랜드 파워 등에 대해 살펴봐야 한다. 경쟁사와의 분석을 통해 자사의 강점과 약점을 파악해서 시장 내에서 자사 제품이 차지하고 있는 위치를 아는 것이 필요하다. 이러한 경쟁사와의 비교는 브랜드 포지셔닝의 기초가 된다. 브랜드 포지셔닝은 주로 지각도(peceptual map)를 이용해 표시하는데, 지각도는 포지셔닝 맵(positioning map)이라고도 한다. 지각도는 한 제품이 소비자 마음속에 어떤 위치를 차지하고 있는가를 이해하는 데 도움이 된다. 지각도에서는 가로축과 세로축 2개 차원을 기준으로 경쟁 관계에 있는 제품 또는 브랜드를 비교 평가하여 나타낸다. 예를 들어, 주류 시장의 지각도를 그린다면 가격과 전통성의 차원에서 비교할 수도 있고([그림 2-3] 참조), 또는 도수와 고급성의 차원으로 구분할 수도 있다. 지각도의 기준은 분석의 목적에 따라 달라질 수 있다.

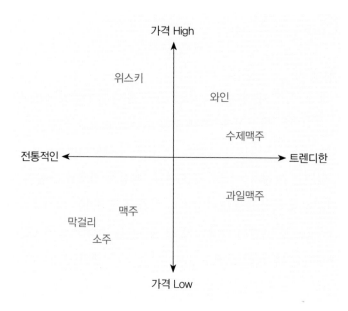

[그림 2-3] **주류 시장 지각도 예시**

경쟁 분석에는 경쟁사들의 광고 커뮤니케이션 전략 및 활동 내용도 포함되어야 한다. 커뮤니케이션 분석은 특히 크리에이티브와 밀접한 관련이 있기 때문에 상세히 분석할 필요가 있다. 경쟁사의 광고비 지출을 포함한 미디어 분석이 이루어져야 하며, 각미디어별 크리에이티브의 메시지나 소구 전략 등도 함께 분석해야 한다. 커뮤니케이션전략 분석에 포함되어야 하는 내용을 미디어 분석과 메시지 분석으로 나누어 살펴보면다음과 같다.

① 미디어 분석: 광고비 및 미디어 믹스 분석
경쟁사의 미디어 분석을 위해서는 우선 경쟁사가 얼마나 많은 광고비를 집행하고

있는지 살펴봐야 한다. 광고비 분석은 제품 범주 전체의 광고비와 경쟁사들이 시장에서 지출하고 있는 광고비 분석을 통해 상대적 광고 노출량(Share of Voice: SOV)을 살펴보는 것이다. 광고비 분석은 시장 내에서 우리가 어느 정도의 목소리를 내야 소비자에게 메시지가 전달될 수 있는가를 파악하는 동시에 효과적인 미디어 전략을 수립하는 근간을 제공한다. 미디어 믹스(media mix)의 파악도 중요하다. 미디어 믹스란 한정된 광고비 내에서 어떤 미디어에 얼마를 배분할 것인가를 결정하는 것이다. 경쟁사의 미디어 믹스와 각 미디어의 예산 비중을 살펴보면, 경쟁사가 어떤 미디어 전략을 사용하고 있는가를 파악할 수 있다. 즉, 경쟁사가 전통 미디어를 많이 이용하고 있는지 아니면 SNS나 유튜브 같은 디지털 미디어를 많이 이용하는지에 따라 우리의 미디어 전략도 달라지고, 이는 크리에이티브에도 영향을 미치게 된다. 또한 광고비 지출의 월별, 계절별 증감 등도 함께 파악해야 한다.

광고 커뮤니케이션 이외에 이벤트나 프로모션 같은 판촉 활동도 함께 파악하는 것이 좋다. 판촉활동에는 마케팅 PR 활동, 가격 할인, POP(point-of-purchase), 이벤트, 쿠폰, 인센티브, 퍼블리시티 등이 포함된다. 광고비와 달리 구체적인 판촉 비용을 살펴보는 것은 쉽지 않지만, 경쟁사의 소셜 미디어나 공식 홈페이지 등에 게시된 자사의 마케팅 활동이나 이벤트 등을 통해 유추해 볼 수 있을 것이다.

② 메시지 분석: 광고 크리에이티브 분석

광고물 분석을 통해 경쟁사 광고 전략의 많은 부분을 알아낼 수 있다. 집행되었던 광고를 분석하면 목표 수용자, 광고 콘셉트, 모델 전략 등을 파악할 수 있으며, 이를 통해 경쟁사가 추구하는 광고 전략 방향과 광고 목표를 추측할 수 있다. 최근에는 동일 콘셉트로 다양한 미디어 또는 채널을 통해 광고를 집행하기 때문에 미디어별 크리에이티브 전략을 파악하는 것도 중요하다.

TV 광고나 디지털 광고처럼 광고비를 집행하는 미디어의 메시지 분석도 중요하지만, 메타, 인스타그램, 유튜브같이 기업에서 직접 운영하는 SNS 채널 분석도 함께 진행하는 것이 필요하다. 엄밀히 말해서 SNS 채널은 광고는 아니지만 기업의 커뮤니케이션 전략을 파악하는 데 중요한 부분이기 때문에 메시지 분석에 함께 포함시키는 것이 좋다.

2) 문제점 및 기회 요인

상황 분석을 위한 기업 분석, 소비자 분석, 제품 분석, 경쟁 분석이 모두 끝나면 자료 들을 취합하여 체계적으로 분석을 해야 한다. 자료를 분석하는 방법 중 가장 많이 사용되는 방법은 SWOT 분석과 문제점-기회(problem & opportunities)에 의한 방법이다 (유종숙, 2009). SWOT은 강점(Strengths), 약점(Weaknesses), 기회(Opportunites), 위협 (Threats)의 머리글자에서 따온 것으로, 분석한 자료들을 바탕으로 기업의 강점과 약점, 그리고 외부 환경으로 인한 기회 요인과 위협 요인을 각각 분석하는 것이다. 하지만 이 분석 방법은 브랜드나 제품보다 기업 중심적이기 쉽다는 단점이 있다. 따라서 크리에 이티브 전략 수립을 위한 상황 분석에서는 자사 브랜드의 문제점을 정의하고 여기서 기회 요인을 발견하는 문제점-기회 방법이 더 적절하다고 할 수 있다.

문제점과 기회 요인을 발견하기 위해서는 앞의 상황 분석에서 언급했던 시장·소비 자·제품·경쟁 분석 결과가 개별적으로 기술되는 것이 아니라 하나의 문제점이나 기 회 요인으로 모아져야 한다(송기인, 2021). 그래야만 하나의 단일한 방향으로 전략이 수 립될 수 있다. 간혹 학생들의 기획서를 보면 상황 분석의 각기 다른 부분에서 주장하는 내용이 상충하는 경우가 있는데, 이런 경우는 기획서를 한 방향으로 전개하는 데 문제 가 발생할 수 있기 때문에 주의해야 한다.

(1) 문제점 정의하기

문제점-기회 방법은 광고하고자 하는 제품의 문제점을 정의하고 거기서 기회 요인 을 발견하여 궁극적으로 그 문제의 해결책을 제시하는 것을 말한다. 일반적으로 문제 점은 과거, 현재 또는 미래에 목적을 달성하는 데 방해가 되는 장벽이나 상황을 말한다 (Parente & Strausbaugh-Hutchinson, 2015). 문제점을 어떻게 정의하느냐에 따라 그 문제 를 해결할 수도 있고 그렇지 않을 수도 있다. 전략 수립 시 고수들은 문제 정의에 더 많 은 시간을 투자하지만, 하수들은 해결책을 제시하기 급급하다. 문제가 제대로 정의된 다면 해결책은 자동으로 따라올 수도 있다(남충식, 2014).

그만큼 문제 정의가 중요한데, 앞에서 설명했던 다양한 상황 분석은 결국 이 문제점 을 정의하기 위해 필요한 과정이다. 모든 광고주는 해결해야 할 문제를 가지고 있다. 광고주들은 문제를 단순히 다음 분기에 제품을 더 많이 파는 것이라고 이야기할지 모 르지만 그것은 진짜 문제가 아니다. 문제는 제품을 더 많이 파는 것을 어렵게 하는 것이다(Altstiel, Grow, & Jennings, 2019). 문제를 진단할 때는 현상을 보지 말고 그 이면의 진짜 원인이 무엇인지를 알아내는 것이 중요하다. 우리가 잘 아는 토끼와 거북이 경주 이야기에서 토끼가 거북이에게 진 이유는 무엇일까? 우리는 토끼가 낮잠을 잤기 때문이라고 대답할 것이다. 하지만 토끼가 경주에서 진 진짜 이유는 토끼의 자만심이다. 토끼가 낮잠을 잔 것은 겉으로 드러난 문제의 현상이고, 진짜 문제는 자만심인 것이다(남충식, 2014). 따라서 우리는 광고주 또는 제품이 처한 문제의 파악을 위해 문제의 현상이 아닌 문제의 본질을 파악하는 통찰력을 기르는 것이 필요하다.

문제는 현재형, 개선형, 진화형 문제로 나누어 볼 수도 있다. 현재형 문제는 안전사고, 과잉 재고, 매출 하락과 같이 눈에 빤히 보이고 빨리 수습해야 하는 문제다. 개선형 문제는 발생하지는 않았지만 더 좋게 개선 가능한 문제들로 브랜드 인지도나 생산성을 향상시키는 것이다. 마지막으로, 진화형 문제는 신규 사업이나 블루오션 전략처럼 미래 시점에 어떻게 해야 할 것인가를 고민하는 문제다. 따라서 우리는 현재의 당면한 문제를 해결할 것인지 아니면 브랜드의 성장을 위한 진화형 문제를 고민할 것인지 생각해 봐야 한다. "문제를 해결하는 첫걸음은 문제가 있다는 걸 인식하는 것"이라는 말처럼 문제를 제대로 파악한다면 거기서 기회 요인을 찾아낼 수 있다(남충식, 2014).

(2) 기회 요인 발견하기

문제를 제대로 정의했다면 우리는 여기서 문제를 해결할 수 있는 기회 요인을 찾아내야 한다. 기회 요인은 잠재적으로 기업에 마케팅 이점을 줄 수 있는 상황이나 환경을 말한다(Parente, 2004). 문제를 기회 요인으로 바꾸는 것은 앞에서 언급했듯이 문제를 어떻게 정의하고 상황을 바라보느냐에 따라 달라진다. 예를 들어, 암앤해머(Arm & Hammer)의 베이킹 소다는 매출이 줄어드는 원인이 가정에서 제빵용으로 사용되는 데 한계가 있다는 문제를 파악하고 이를 해결하기 위해 탈취제나 세제로 사용하는 해결책을 제시했다. 베이킹 소다의 매출 감소를 가정에서 제빵 수요가 줄어들었다는 것으로 한정했다면 이러한 해결책은 나오지 못했을 것이다. 또한 하인즈 케첩의 진한 농도는 케첩이 잘 나오지 않는다는 문제점으로 보일 수 있지만, 농도가 진한 만큼 제대로 만든 케첩이라는 기회 요인으로 활용할 수도 있다.

기회 요인을 발견하는 방법은 여러 가지가 있지만 주로 매출 증가를 위한 방안에 초점을 맞추게 된다. 매출을 증가시키는 기본적인 네 가지 방법은 다음과 같다(Parente & Strausbaugh-Hutchinson, 2015).

- 현재 이용자 유지하기: 소비자에게 현재의 구매가 올바르다는 확신을 전달함으로써 현재 이용자를 유지하는 것이다. 제품을 한 번 구매한 경험이 있는 소비자에게 다시 재구매하도록 하는 것은 비교적 쉽지만, 문제는 경쟁사에서 끊임없이 소비자를 빼앗아 가려고 한다는 것이다. 따라서 소비자들에게 현재의 선택이 옳다는 것을 계속 확신시켜 줄 필요가 있다. 이를 위해 많은 기업은 현재의 고객에게 마일리지나 포인트 같은 보상을 주는 프로그램을 실행하고 있으며, 이는 소비자들의 구매행동을 강화하는 데 도움이 된다. 또한 광고에서도 소비자 선택을 강화하는 지지 증거를 제공할 수 있는데, '백만인이 쓰는 카드' 또는 '이미 많은 분이 선택했습니다'와 같은 콘셉트가 이에 해당한다.

- 현재 이용자의 사용량 늘리기: 다량 소비자(heavy users)가 전체 매출의 4분의 3 정도를 차지한다는 조사 결과가 있듯이, 현재 소비자들의 사용량을 늘리는 것 또한 매출을 증가시킬 수 있는 방법이다. 사용량을 늘리기 위해서는 사용 빈도를 늘리는 방법을 찾거나, 1+1 판매 방식 등이 이용된다.

- 제품의 새로운 사용법 찾기: 판매를 늘리는 또 다른 방법은 기존 제품의 용도를 확장시키는 것이다. 대표적으로 식음료 브랜드에서 많이 사용하는 방법인데, 다양한 레시피를 소비자들에게 전달함으로써 제품의 사용처를 확장시키는 전략이 있다. 필라델피아 크림치즈는 베이글 외에 크림치즈와 어울리는 식재료나 요리법을 알리려고 노력하고 있으며, 동원참치에서는 '참치 레시피 오조오억개'라는 콘셉트로 참치를 이용한 다양한 레시피를 보여 주었다(그림 2-4) 참조).

- 새로운 이용자 찾기: 새로운 소비자를 발굴해 내는 것은 쉽지 않다. 새로운 소비자를 찾기 위해서는 기존 고객의 인구통계적 · 심리통계적 특성을 통해 유추하거나 경쟁사의 소비자를 설득해야만 한다.

[그림 2-4] 제품의 새로운 사용법 찾기-동원참치(좌), 필라델피아 크림치즈(우)

3) 광고 목표 설정

문제점을 정의하고 기회 요인을 찾았다면 이를 토대로 광고 목표를 설정해야 한다. 광고 목표는 커뮤니케이션 전략의 핵심이자 광고 캠페인을 이끌어 가는 이정표 역할을 한다. 광고 목표를 설정해야 광고 커뮤니케이션 전략의 나머지 구성 요소와 크리에이티브 전략도 구체화할 수 있다. 광고 목표는 단독으로 설정되기보다 광고의 상위 개념인 마케팅 목표를 달성하는 데 도움이 될 수 있도록 설정해야 한다. 예를 들어, 기업의 마케팅 목표가 매출 30% 증가라면 이러한 마케팅 목표를 달성하기 위한 구체적인 광고 목표를 제시해야 한다. 목표의 위계는 [그림 2-5]의 예시와 같다. 마케팅 목표가 주로 기업의 판매와 관련된 것이라면 광고 목표는 구체적인 목표 수용자를 대상으로 달성하고자 하는 커뮤니케이션 효과를 말한다. 광고에서 커뮤니케이션 효과란 제품 판매라는 기업의 목표를 달성하기 위해서 그 이전에 소비자의 마음속에 어떤 정신적 영향을 불러일으키는 역할을 의미한다. 이는 브랜드 인지도를 높이는 것일 수도 있고, 소비자 태도를 변화시키는 것이 될 수도 있다. 이 외에도 광고 목표로 주로 사용되는 것은 회상, 이해, 지각, 선호, 구매의도, 신뢰도, 시험 구매, 반복 구매, 브랜드 충성도 등이다 (Parente & Strausbaugh-Hutchinson, 2015).

광고 목표는 주로 당위적인 명제의 형태로 설정된다. 원하는 커뮤니케이션 효과에 '확립하다, 유지하다, 증가시키다'와 같이 효과를 나타낼 수 있는 행동 언어를 사용한다. '브랜드 인지도 20% 증가시키기' 또는 '광고 회상도 80% 확립하기' 등이 광고 목표로 이용될 수 있다. 이러한 광고 목표는 구체적이고(specific), 효과를 측정할 수 있어야 하며(measurable), 도달할 수 있는 범위 내에서(achievable) 설정해야 한다(Altstiel, Grow, & Jennings, 2019). 간혹 광고 목표를 'X 브랜드 인지도 강화하기'와 같이 두루뭉술하게 서술하는 경우를 볼 수 있는데, 명확하지 않은 광고 목표는 광고 캠페인에 참여하고 있는 많은 구성원에게 구체적 지침을 내리기 어렵게 한다. 또한 광고 목표는 정해진 예산 범위 내에서 실행 가능해야 하며, 구체적으로 그 효과를 측정할 수 있어야 한다. 따라서 광고 목표는 가급적 수치로 명확하게 제시하는 것이 좋다.

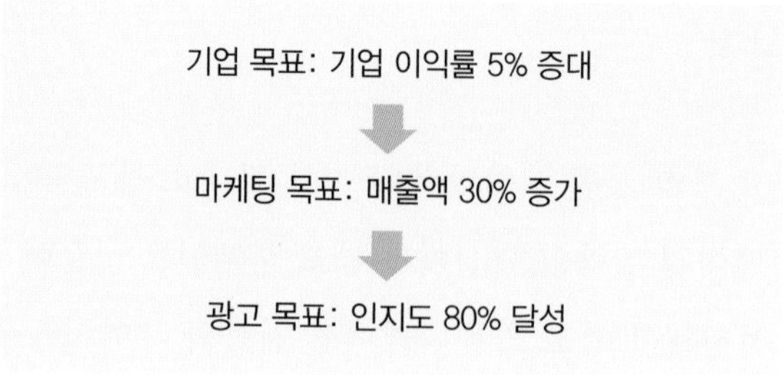

기업 목표: 기업 이익률 5% 증대

마케팅 목표: 매출액 30% 증가

광고 목표: 인지도 80% 달성

[그림 2-5] 광고 목표 작성 예시

4) 목표 수용자 결정

광고 목표를 설정하고 나면 구체적인 목표 수용자(target audience)를 결정해야 한다. 목표 수용자는 커뮤니케이션 차원에서 메시지를 전달해야 할 대상을 말한다. 마케팅적 관점에서 제품을 판매할 목표 시장(target market)을 결정한다면, 커뮤니케이션 전략을 수립하기 위해서는 '누구에게 자사 제품을 소구할 것인가'를 생각해 봐야 한다(유종숙, 2009). 동일한 광고 콘셉트라도 목표 수용자에 따라 크리에이티브 표현은 달라질 수 있기 때문에 목표 수용자 결정은 광고 전략 수립에 중요한 의미를 갖는다.

목표 수용자는 상황 분석에서 이루어졌던 소비자 분석 자료를 활용하여 결정할 수 있는데, 광고를 통해서 핵심적으로 설득시켜야 할 대상이 누구인지를 파악하는 것이 중요하다. 일반적으로 제품의 사용자가 광고의 목표 수용자가 되지만 모든 경우에 해당하는 것은 아니다. 따라서 목표 수용자를 결정할 때 제품의 실제 소비자와 광고의 목표 수용자가 동일한가를 확인하는 것이 필요하다. 어린이 관련 제품의 경우 그 제품을 직접 사용하는 것은 아이들이지만 제품을 구매하는 것은 부모이고, 비누나 화장지 같은 생활용품은 가족 모두가 사용하지만 구매자는 주부인 경우가 많다. 이런 경우 어떤 집단의 소비자를 광고의 목표 수용자로 할 것인지를 전략적으로 결정해야 한다. 예를 들어, 어린이 장난감의 경우 직접 사용자인 어린이를 목표 수용자로 삼는 것이(부모를 졸라서 사달라고 할 수 있으므로), 어린이 학습 교재라면 부모를 목표 수용자로 삼는 것이 효과적일 수 있다.

목표 수용자는 인구통계적 기준과 심리통계적 기준을 이용해서 구분할 수 있다. 하지만 단순히 인구통계적 정보만을 이용하여 소비자를 구분하는 것은 너무 포괄적이며 추상적일 수 있다. 예를 들어, 목표 수용자를 '25~35세 여성 직장인'으로 정의할 경우 이 집단에는 서로 다른 심리적·사회적 특성을 가진 25~35세 여성 직장인 소비자가 모두 포함되기 때문이다. 따라서 목표 수용자를 결정할 때는 대상의 정확한 라이프 스타일이 고려되어야 하고, 그들의 심리적 요인들도 반영되어야 한다.

목표 수용자를 정의하는 중요한 이유 중 하나는 크리에이티브 제작 시 제작팀들이 목표 수용자의 이미지를 구체적으로 떠올려 소비자가 공감할 수 있는 크리에이티브를 제작하도록 하는 데 있다. 소비자의 구체적인 이미지를 떠올리도록 하기 위해서 단순히 목표 소비자를 추상적 집단으로 정의하기보다 한 사람의 구체적인 소비자가 연상될 수 있도록 '타깃 프로파일(target profile)'을 작성해야 한다. 타깃 프로파일은 말 그대로 한 사람의 프로파일을 보여 주듯이 목표 수용자의 특성을 기술하거나 묘사하는 것을 말한다(송기인, 2021). 타깃 프로파일에는 인구통계적 정보뿐만 아니라, 라이프 스타일과 심리적 요인, 소비자행동 요인들이 자세히 묘사되어야 하며, 묘사되는 개인은 목표 수용자를 대표할 수 있어야 한다.

5) 광고 전략과 콘셉트

(1) 광고 콘셉트 도출

광고 콘셉트란 "광고 영역에서 광고를 제작하게 될 핵심적인 메시지가 무엇인지를 명시하는 것"을 말하는데, 커뮤니케이션 전략의 핵심 요소이자 광고 제작의 핵심 메시지다(송기인, 2021). 광고 전략의 핵심은 결국 소비자들에게 '무엇을 말할 것인가(what to say)'를 결정하는 것인데, 이를 집약적으로 나타내는 것이 바로 광고 콘셉트라고 할 수 있다.

우선 광고 콘셉트를 이해하기 위해서는 콘셉트의 의미를 살펴볼 필요가 있다. 콘셉트라는 단어의 어원을 살펴보면 'con'과 'cept'가 결합된 단어다. 'con'은 '여럿을 하나로'라는 의미의 접두사이고, 'cept'는 '잡다'라는 의미가 있다. 콘셉트에는 '잡다'라는 의미와 여럿을 하나로 묶는다는 의미가 담겨 있고, 결국 콘셉트는 "여럿을 붙잡아 하나로 꿴 것"이다(김근배, 2014). 따라서 콘셉트는 광고 캠페인 전체를 관통할 수 있는 하나의 '단일 메시지' 또는 '단일 집약적 제안(single minded proposition)'이라고 할 수 있다. 이러한 콘셉트는 광고 기획을 하나의 관점에서 이해할 수 있게 하고, 크리에이티브 팀에게 광고 제작의 방향을 알려 주는 지침서의 역할을 한다(송기인, 2021). 또한 광고 캠페인의 핵심 아이디어인 광고 콘셉트는 이후의 크리에이티브 전략과 미디어 전략, 프로모션 전략의 방향에도 영향을 미친다.

콘셉트를 도출하는 구체적 과정은 제3장에서 자세히 다루겠지만, 콘셉트 도출은 기본적으로 문제의 본질을 찾아내어 그것을 해결할 수 있는 답을 제시하는 과정이라고 할 수 있다. 답을 찾는 과정에서 여러 해결책이 나올 수 있지만, 여러 대안 중에서 가장 최선이라고 생각되는 한 가지 답을 선택해야만 한다. 콘셉트는 단일 집약적이어야 하기 때문이다. 모든 것을 말하고자 하면 아무것도 기억에 남지 않는다. 한 가지에 집중해서 이야기할 때 소비자들은 그것을 잘 기억한다. 우리가 볼보(Volvo) 자동차를 떠올렸을 때 '안전'이라는 단어가 생각나고 초코파이를 떠올렸을 때 '정(情)'이라는 단어가 생각나는 이유는 광고 메시지에서 통일성 있는 하나의 콘셉트를 전달해 왔기 때문이다. 이때 얘기하고자 하는 하나의 단일한 메시지는 경쟁사와 차별화되면서도 소비자에게 물질적 또는 정신적 가치를 제공할 수 있어야 한다.

(2) 광고 콘셉트의 크리에이티브 적용

광고 콘셉트가 광고의 헤드라인이나 카피로 직접 사용되는 경우도 있지만, 일반적으로 광고 콘셉트를 그대로 크리에이티브에 사용하는 경우는 많지 않다. 그 이유는 광고 콘셉트는 메시지 중심(what to say)이고 크리에이티브 콘셉트는 이 메시지를 전달하는 방식(how to say)에 더 초점을 맞추기 때문이다. 예를 들어, 오뚜기 진짬뽕이 출시되었을 때, 광고 콘셉트는 "진짜 짬뽕, 진짬뽕"이었다. 크리에이터들은 진짜 짬뽕이라는 광고 콘셉트를 어떻게 효과적으로 전달할 것인지 고민하다 "어디서 시켰어?"라는 크리에이티브 콘셉트를 찾아냈다. 이 콘셉트에 따라 진짜 짬뽕처럼 맛있기 때문에 모델인 황정민이 중국집에서 직접 시킨 짬뽕으로 오해했다는 내용으로 광고를 제작했다. 이처럼 크리에이티브 콘셉트는 광고 콘셉트를 기본으로 어떻게 효과적으로 소비자들에게 메시지를 전달할 것인가에 더 초점을 맞춰야 한다.

온라인과 오프라인 미디어를 다양하게 이용하는 시대에는 하나의 광고 콘셉트를 다양한 미디어의 크리에이티브에 일관성 있게 적용하는 것이 중요하다. 사실 현재의 디지털 미디어 상황에서 광고 콘셉트는 다양한 커뮤니케이션 전략 수행을 아우르는 캠페

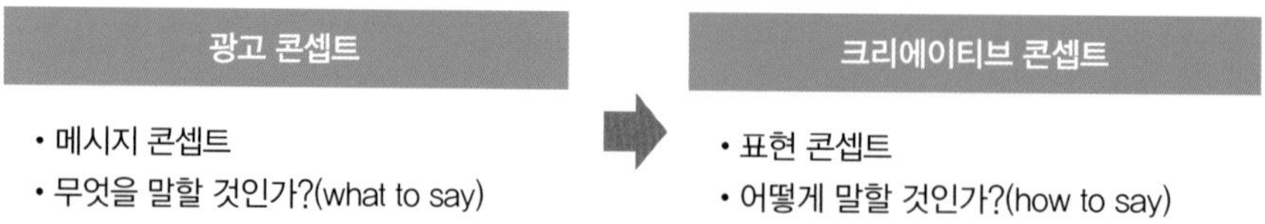

광고 콘셉트	크리에이티브 콘셉트
• 메시지 콘셉트 • 무엇을 말할 것인가?(what to say)	• 표현 콘셉트 • 어떻게 말할 것인가?(how to say)

[그림 2-6] 광고 콘셉트와 크리에이티브 콘셉트의 비교

인 아이디어 또는 빅아이디어라고 부르는 것이 더 적절할 것이다. [그림 2-7]에서 보는 바와 같이 통합적 마케팅 커뮤니케이션 전략을 수행하는 경우, 캠페인 아이디어 또는 콘셉트는 서로 다른 과제를 해결하기 위한 실행 계획에 각각 적용될 수 있어야 한다. 즉, 동일한 콘셉트에 따라 TV 광고, 인플루언서를 활용한 다양한 디지털 마케팅 전략, 그리고 인터넷 디스플레이 광고가 집행되어야 한다.

[그림 2-7] **캠페인 아이디어의 실행 예시**

이런 경우 소비자는 각기 다른 채널을 통해 서로 다른 크리에이티브물을 접하게 된다. 각각의 크리에이티브는 각 미디어 특색과 메시지 전달자가 빅모델이냐 인플루언서냐의 차이에 따라 크리에이티브 전략과 톤앤매너(tone and manner)를 달리 할 수는 있으나, 결국 소비자 입장에서 봤을 때 하나의 단일한 메시지가 전달되어야 한다. 광고 콘셉트 또는 빅아이디어라는 명칭의 차이는 있지만 결국 우리가 광고 전략 수립에서 명심해야 할 것은 소비자에게 한 목소리로 우리가 원하는 메시지를 전달해야 한다는 것이다.

3. 디지털 시대의 광고 전략

지금까지 크리에이티브의 토대가 되는 기본적인 광고 전략 수립 과정을 단계별로 살펴보았다. 시대가 변화해도 기본적인 광고 전략 수립의 원칙에는 큰 변함이 없으나, 디지털 시대의 소비자 변화와 미디어 환경 변화를 이해하고 이를 광고 전략에 적극 반영하려는 노력이 필요하다. 이 절에서는 디지털 시대 광고 전략 수립 시 도움이 될 만한 소비자행동 모델의 변화, 소비자 의사결정 여정, 그리고 3H 콘텐츠 전략에 대해 살펴보도록 하자.

1) AIDMA에서 AISAS로

광고 캠페인 전략을 수립하고 콘셉트를 도출하는 상황 분석 과정에서 우리는 다양한 자료를 수집하고 분석해야 하지만, 그중에서도 소비자에 대한 이해는 크리에이티브 콘셉트 도출에 없어서는 안 되는 과정이다. 특히 소비자들의 구매행동을 이해하는 것이 필요하다. 소비자들의 제품 구매 과정을 이해하고 크리에이티브를 제작하는 것과 그렇지 않은 것에는 차이가 있다. AIDMA(아이드마) 또는 AIDA(아이다)로 불리는 전통적인 소비자행동 모델에서는 소비자의 구매 과정을 선형적인 과정으로 설명하고 있다. AIDMA는 Attention(주목)−Interest(흥미)−Desire(욕구)−Memory(기억)−Action(구매)의 머리글자를 딴 명칭으로, 소비자들이 광고에 노출된 후 구매에 이르기까지 일련의 과정을 위계적 단계를 통해 설명하고 있다. 이 모델에서는 소비자가 주목, 흥미, 욕구, 기억의 단계를 거쳐야 구매행동에 도달할 수 있다고 보았다(소현진, 2021). 따라서 AIDMA 모델에 근거한 광고 전략에서는 소비자의 주목을 끌어 브랜드 인지도를 높이는 활동에 집중해 왔다.

하지만 인터넷과 디지털 미디어의 발달로 소비자행동이 변화하고 있다. [그림 2−8]에서 보는 바와 같이 AIDMA는 AISAS(Attention-Interest-Search-Action-Share)로 변화하였는데, 정보 검색에 능동적인 소비자들은 어떤 대상에 관심이 생기면 블로그, SNS, 구매 후기 등을 검색하고 이에 따라 구매 결정을 하게 된다. 그리고 구매행동은 단순히 구매행동으로 끝나는 것이 아니라 소셜 미디어에 사진을 공유하고 제품 사용 후기를 올리는 것처럼 타인과 자신의 구매 경험을 공유한다. AIDMA 모델이 위계적 단계를 거치는 모델이라면 AISAS는 검색−구매−공유의 단계가 서로 순환하는 모델이며, 각 단계가 항상 순차적으로 일어나지는 않는다(소현진, 2021).

AISAS 모델의 가장 큰 특징은 검색과 공유에 있다. 이러한 특징은 과거 전통 미디어에서 인지도 확보에 주력했던 크리에이티브 관점을 변화시켰다. 단순히 일방향적 정보를 전달하기보다 소비자들이 스스로 찾아보고 공유하게 하는 크리에이티브 또는 아이디어가 관심을 받고 있다. 소비자들의 검색과 공유 과정에 브랜드 또는 제품을 자연스럽게 노출시키기 위해, 검색 시 소비자들을 효과적으로 유입시키는 방법이나 자발적 공유를 늘릴 수 있는 다양한 방법이 시도되고 있다. 최근 인기를 얻고 있는 체험 마케팅도 AISAS 행동 모델 관점에서 본다면 소비자에게 공유할 '이야깃거리'를 제공하고, 이를 각자의 SNS에 올려 공유하도록 하는 방식이라고 할 수 있다. 실제 체험 마케

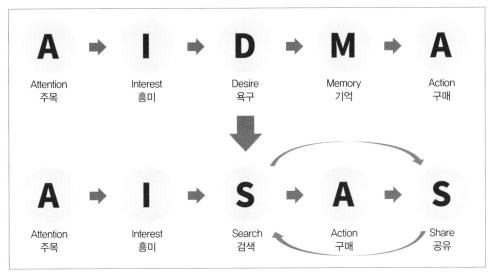

[그림 2-8] AIDMA 모델에서 AISAS 모델로의 변화

텅 현장에서는 소비자들의 참여 후기나 인스타그램 인증을 유도하는 이벤트를 많이
진행하고 있다.

2) 소비자 의사결정 여정

그동안 소비자의 의사결정 과정은 '깔때기(funnel)' 모양으로 설명되어 왔다. 이 깔때
기 모델에서는 소비자들이 인지-친숙-고려-구매-충성도 형성이라는 정해진 순서
에 따라 수많은 브랜드 중에서 고려 대상의 범위를 점점 줄여 나가 최종적으로 하나의
브랜드를 선택하게 된다고 보았다(Court, Elzinga, Mulder, & Vetvik, 2009). 하지만 디지
털 시대 소비자들의 구매행동은 더 이상 이러한 '깔때기' 모양의 모델로 설명이 어려워
지고 있다. 소비자들은 인터넷, 스마트폰, 다양한 플랫폼과 애플리케이션의 발달로 인
해 다양한 미디어 채널을 이용할 수 있게 되었으며, 이를 통해 수많은 정보에 손쉽게 접
근할 수 있는 능력을 갖게 되었다. 소비자들은 더 이상 수동적인 정보 수용자가 아니라
본인의 필요에 따라 다양한 정보를 검색하고 이를 통해 의사결정을 하는 능동적 소비
자가 되었다.

유명 컨설팅 회사인 맥킨지(McKinsey)에서는 이러한 능동적 소비자의 구매 과정
을 '소비자 의사결정 여정(Consumer Decision Journey: CDJ)'으로 설명하고 있다(Court,
Elzinga, Mulder, & Vetvik, 2009). [그림 2-9]에서 보는 것처럼, 소비자의 의사결정 여정

071

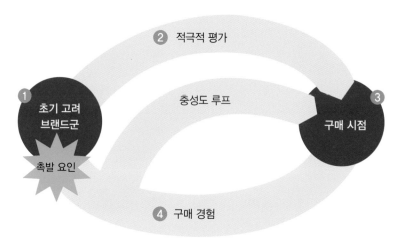

[그림 2-9] 소비자 의사결정 여정

은 기존의 '깔때기' 모델과 달리 순환적으로 이루어진다. 모델에 따르면 소비자들은 다양한 접점을 통해 최근 노출된 브랜드나 기존에 알고 있던 브랜드를 초기 고려군에 포함시키고, 그중에서 적극적인 평가를 통해 자신의 바람(wants)에 부합하는 브랜드를 추가하거나 삭제한다. 그리고 이에 따라 구매 시점에서 자신이 선택한 브랜드를 구매하게 된다. 구매 후 소비자는 자신의 구매 경험에 따라 기대를 형성하게 되고, 이는 다음 의사결정 여정에 영향을 미치게 된다.

소비자 의사결정 여정의 핵심은 이러한 구매 과정에서 소비자와 브랜드 간의 다양한 '접점'을 파악하는 데 있다. 소비자와 브랜드 간의 접점은 수없이 발생한다. TV 광고, 옥외 광고, 매장 등의 오프라인 상황에서뿐만 아니라 온라인상에서도 무수히 많은 접점이 발생할 수 있다. 포털의 배너 광고, 동영상 광고, 검색 광고, 기업의 홈페이지, 메타, 인스타그램 등에서 브랜드 관련 정보를 접하게 된다. 서로 다른 브랜드 접점에서 소비자는 상이한 경험을 하게 되는데, 이러한 각 접점에서 어떻게 소비자의 관심을 끌고 우리 브랜드를 구매 대상군에 넣게 할까를 고민하는 것이 이 전략의 핵심이라고 할 수 있다. 따라서 소비자들이 접하는 다양한 채널을 포함하는 마케팅 커뮤니케이션 전략을 수립하여 그 접점에서 소비자에게 영향력을 행사하도록 하는 것이 필요하다. 다양한 접점별로 어떤 메시지를 전달할지 또는 어떤 크리에이티브 아이디어를 낼지를 고민해 봐야 한다. 물론 콘셉트는 동일해야 한다. 기본적인 콘셉트하에서 소비자 의사결정 여정에 부합하는 적절한 크리에이티브 콘텐츠를 제공해야 하는 것이다.

3) 3H 콘텐츠 전략

디지털 시대에 소비자 의사결정 여정이 다차원적이 됨에 따라 소비자 여정의 브랜드 접점에서 적절한 콘텐츠를 제공하는 것이 중요해지고 있다. 하나의 TV 광고 또는 하나의 바이럴 영상만으로 소비자를 사로잡기에는 광고 혼잡도가 너무 심하고 소비자들이 접하는 채널이 다양하다. 따라서 소비자 의사결정 여정의 각 단계에 맞는 콘텐츠 전략을 수립하는 것이 필요하다.

최근 3H 콘텐츠 전략이 주목받고 있다. 3H란 히어로(Hero), 허브(Hub), 헬프(Help)를 말하며, 이 전략은 다양한 수준의 콘텐츠를 유형화하고 어떤 콘텐츠에 우선순위를 부여할지 결정하는 것을 도와준다(Thundertech, 2021, April). 본래는 유튜브(YouTube)의 콘텐츠 전략으로 알려졌지만, 온 · 오프라인을 통합한 광고 캠페인 전략 수립에도 적용 가능하다. [그림 2-10]은 3H의 각 요소에 대해 설명하고 있다. 우선 히어로 콘텐츠는 브랜드 인지도와 인게이지먼트를 높이기 위해서 사용되는데, 주로 신제품 런칭이나 주요 이벤트 시기에 맞춰 집행된다. 완성도를 요구하는 퀄리티 높은 영상이 사용되며, 소비자의 관심을 끌 수 있는 크리에이티브와 톤앤매너(tone and manner)가 중요하다. 히어로 콘텐츠에 사용되는 채널은 TV 광고, 디지털 영상이나 디스플레이 광고, OOH(out-of-home) 광고, PR 활동 등이다. 히어로 콘텐츠는 빅모델 전략 등을 통해 소비자들에게 화제성을 불러일으키고 브랜드에 대한 동경심을 갖게 한다.

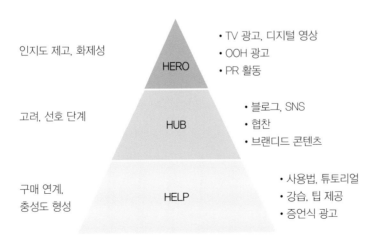

[그림 2-10] **3H 콘텐츠 전략**

허브 콘텐츠는 브랜드에 보다 관심이 많은 고객들에게 정기적으로 노출되는 콘텐츠다. 예를 들면, 매주 블로그를 업로드하거나 유튜브에 정기적 에피소드를 업로드하는 방식이다. 자발적으로 채널을 구독하고 관심을 보이는 사람을 대상으로 하기 때문에 제품 정보 제공이나 브랜드 콘셉트 전달에 용이하다. 타깃의 공감도를 높일 수 있는 브랜드 홍보대사 활동이나 고객의 직간접 참여를 유도하는 프로모션 활동이 전개된다.

헬프 콘텐츠는 고객의 구매연계와 충성도 형성을 목적으로 제공되는 콘텐츠인데 관심 있는 소비자가 구매 의사결정을 위해 검색 시 찾아보는 '풀(pull)' 콘텐츠다. 말 그대로 소비자의 의사결정을 직접적으로 도와주는 역할을 한다. 제품 사용 방법, 테스티모니얼 광고 등 고객이 제기한 의문에 대해 답변을 해 주면서 브랜드를 자연스럽게 노출시킬 수 있다는 장점이 있다.

성공적인 3H 전략의 대표적 사례로 나이키를 들 수 있다. 나이키는 브라질 월드컵 기간 동안 #riskeverything 캠페인을 진행하면서 히어로, 허브, 헬프 콘텐츠를 효과적으로 운영하여 채널 구독자를 180만 명 이상 확보함으로써 유튜브상에서 구독자 수 6위, 조회수 9위의 브랜드로 자리매김했다(Gahan, 2014. 10. 6.). 나이키는 우선 호날두(Christiano Ronaldo)와 네이마르(Neymar)를 비롯한 유명 축구 선수가 등장하는 'Winner Stays'라는 히어로 콘텐츠를 제작하여, 소비자들의 이목을 집중시키고 브랜드 선호도를 높이는 역할을 하도록 했다. 그리고 히어로 콘텐츠를 통해 유입된 나이키 팬들과 구독자들이 채널을 재방문하여 콘텐츠를 계속 즐기도록 유인하기 위해, #AskZlatan이라는 제목의 허브 콘텐츠를 제작했다. 31편으로 제작된 이 시리즈는 스웨덴의 축구 스타즐라탄(Zlatan Ibrahimović)이 출연하여 축구에 대한 조언을 1분 정도로 제공하는 짧은 영상으로 구성되었다. 헬프 콘텐츠로는 '나이키 아카데미' 시리즈가 대표적이다. 이 시리즈는 축구 선수들이 어떻게 하면 기술을 향상시킬 수 있는지 알려 주는 트레이닝 영상들로 구성되어 있다. 예를 들어, 나이키 아카데미에서 제작한 'Shot Stopping' 영상은 나이키 축구 아카데미에 참여한 골키퍼들의 훈련 과정을 생생히 보여 준다. 이를 통해 나이키는 비디오 검색을 통해 솔루션을 찾고 있는 소비자들에게 구체적 해결책을 제시하고자 했다([그림 2-11] 참조).

3H 전략은 나이키처럼 유튜브와 같은 디지털 플랫폼에서만 이용되는 것이 아니라 다양한 온·오프라인 미디어를 아우르는 전략으로도 이용될 수 있다. 예를 들어, 화장품 브랜드에서는 히어로 콘텐츠로 빅모델을 활용하여 TV 광고를 집행함으로써 브랜드 인지도를 높이고, 허브 콘텐츠에서는 인플루언서를 활용하는 디지털 콘텐츠를 통해

히어로 콘텐츠

허브 콘텐츠

헬프 콘텐츠

[그림 2-11] 나이키의 3H 콘텐츠 전략 사례

소비자들의 친근감을 높일 수 있다. 그리고 헬프 콘텐츠에서는 다양한 메이크업 방법이나 제품 사용 관련 정보를 제공함으로써 직접 구매로 연결되도록 할 수 있다. 이처럼 3H 콘텐츠 전략은 온라인과 오프라인을 통합하는 캠페인을 수행하는 데 있어 참고할 만한 효과적 전략이 될 것이다.

4. 마무리

제2장에서는 크리에이브에서 전략의 중요성, 광고 전략 수립 과정 및 각 단계별 분석 방법, 그리고 디지털 시대 광고 전략 수립 시 고려해야 하는 소비자행동, 소비자 의사 결정 여정, 3H 콘텐츠 전략에 대해 살펴보았다.

크리에이티브는 광고 전략에 바탕을 두어야 한다. "물건을 팔지 못하는 것은 크리에이티브가 아니다."(Ogilvy, 1987)라는 말처럼, 전략이 없는 크리에이티브는 제품 판매라는 광고주의 최종 목표를 달성하는 데 기여하기 어렵다. 광고가 전략이라면 크리에이티브는 전술에 해당한다. 광고 전략은 '무엇을 말할 것인가(what to say)'의 문제로 광고 캠페인의 전체적인 개요 또는 빅아이디어를 말하고, 크리에이티브는 '어떻게 말할 것인가(how to say)'의 문제로 전략을 수행하기 위한 구체적인 매체별 아이디어, 디자인, 카피 등을 말한다.

광고 전략을 수립하는 과정은 상황 분석을 통해 다양한 분야의 자료를 분석하고, 이를 통해 기업 또는 브랜드의 문제점을 찾아내는 것이다. 그리고 이 문제점에서 기회 요인을 발견하고 문제를 해결하기 위한 해결책을 찾는 것이 전략의 핵심이라고 할 수 있다. 상황 분석에는 시장 분석, 소비자 분석, 제품 분석, 경쟁 분석이 포함된다. 시장 분석은 기업의 내·외부적인 요인들을 분석하여 기업이 당면한 문제점 또는 기회 요인을 파악하는 과정이다. 소비자 분석은 우리 소비자가 누구인지 또 그들은 어떤 특성을 가지고 있는가를 알아보는 과정이다. 소비자 집단을 구분하는 기준은 인구통계적·심리통계적 기준이 일반적으로 사용되며, 이 외에도 제품의 사용 정도, 브랜드 충성도 등이 이용된다. 제품 분석은 광고하고자 하는 제품의 특성을 정확히 파악하는 것이다. 제품의 특성은 물리적 특성과 심리적 특성으로 구분할 수 있는데, 물리적 특성은 외형적 특성과 기능적 특성을 포함하고, 심리적 특성은 브랜드 이미지, 브랜드 개성, 브랜드 평판 등을 포함한다. 마지막으로, 경쟁 분석은 동일 시장 내에서 자사 제품의 경쟁자를 설정하여 자사의 시장 내 위치를 파악하는 과정이다. 시장 내 위치는 지각도 또는 포지셔닝 맵을 이용하여 표시할 수 있다. 경쟁 분석에는 경쟁사의 커뮤니케이션 전략 분석도 포함되어야 하는데, 경쟁사가 집행하고 있는 광고의 매체 분석과 메시지 분석을 함께 실시해야 한다.

상황 분석을 통해 수집된 자료들은 문제점과 기회 요인을 발견하기 위해 체계적이고 조직적으로 하나로 모아져야 한다. 문제점을 정의할 때는 겉으로 드러나는 현상이 아닌 문제의 본질을 꿰뚫어 보는 통찰력이 필요하고, 문제가 제대로 정의될 때 올바른 해결책이 나올 수 있다. 광고 목표는 마케팅 목표를 달성하는 데 도움이 될 수 있도록 설정해야 하며, 가급적 수치로 명확하게 제시하는 것이 좋다. 목표 수용자는 광고에서 직접적으로 커뮤니케이션할 대상을 말하며, 목표 수용자를 결정할 때는 단순히 인구통계적 정보만을 이용하지 말고 그들의 심리적 요인과 라이프 스타일 같은 심리통계적 정보도 함께 고려해야 한다. 크리에이티브 제작에 영감을 주기 위해서는 타깃 프로파일을 작성하는 것이 좋다. 광고 콘셉트는 '광고를 제작하게 될 핵심적인 메시지가 무엇인지를 명시하는 것'을 말하는데, 커뮤니케이션 전략의 핵심 요소이자 광고 제작의 핵심 메시지다. 광고 콘셉트는 크리에이티브 콘셉트와 구분되어야 하는데, 광고 콘셉트가 메시지 콘셉트라면 크리에이티브 콘셉트는 이 메시지를 전달하는 표현 콘셉트라고 할 수 있다.

시대가 변화해도 기본적인 광고 전략 수립의 원칙에는 큰 변함이 없으나 디지털 시대의 소비자 변화와 미디어 환경 변화를 이해하고 이를 광고 전략에 적극 반영하려는 노력이 필요하다. AISAS 모델에서 설명하는 것처럼 구매 과정에서 소비자들의 검색과 공유 행동을 유발할 수 있는 전략이 필요하며, 소비자 의사결정 여정에 따른 다양한 미디어 접점을 파악하고 여기서 소비자들에게 다양한 브랜드 경험을 제공하는 것이 중요하다. 또한 3H 콘텐츠 전략에서는 광고 목적에 따라 서로 다른 수준의 콘텐츠를 유형화하여 단계별 목적에 맞는 콘텐츠를 제공해야 함을 강조하고 있다. 이처럼 급변하고 있는 미디어 환경과 소비자들의 행동을 정확히 이해해야만 소비자의 마음을 사로잡고 시장에서 성공하는 광고 전략을 수립할 수 있다.

참고문헌

김근배(2014). 끌리는 콘셉트의 법칙. 서울: 중앙북스.

남충식(2014). 기획은 2형식이다. 경기: 휴먼큐브.

소현진(2021). 광고 전략 모델과 애드 브리프 작성. 김병희, 마정미, 김봉철, 김영찬, 유현재, 유승엽, 최세정, 송기인, 소현진, 유승철, 남고은, 김여정, 한규훈, 정윤재, 윤태일, 정승혜 공저, 디지털 시대의 광고학신론(pp. 289-316). 서울: 학지사.

송기인(2021). 광고 기획 과정과 실행. 김병희, 마정미, 김봉철, 김영찬, 유현재, 유승엽, 최세정, 송기인, 소현진, 유승철, 남고은, 김여정, 한규훈, 정윤재, 윤태일, 정승혜 공저, 디지털 시대의 광고학신론(pp. 253-287). 서울: 학지사.

신기혁(2006). 쉽고 빠른 광고기획. 서울: 커뮤니케이션북스.

유종숙(2009). 광고 기획의 기술. 서울: 커뮤니케이션북스.

이명천, 김요한(2005). 광고연구 방법론. 서울: 커뮤니케이션북스.

이성구(1999). 광고 크리에이티브론. 경기: 나남.

이희준(2020). 디지털 시대의 광고 인사이트. 윤일기, 남고은, 김규철, 이희준, 구승희, 이선구, 최승희, 이경아, 한규훈, 김소연, 황보현우 공저, 디지털 시대의 광고 크리에이티브: 한국광고학회 광고지성총서 6(pp. 79-107). 서울: 학지사.

천현숙(2012). 광고 크리에이티브의 원리와 공식. 서울: 커뮤니케이션북스.

Altstiel, T., Grow, J. M., & Jennings, M. (2019). *Advertising creative: Strategy, copy and design* (5th ed.). Thousand Oaks, CA: Sage. https://us.sagepub.com/sites/default/files/upm-assets/98241_book_item_98241.pdf

Court, D., Elzinga, D., Mulder, S., & Vetvik, O. J. (2009). The Consumer decision Journey. *McKinsey Quarterly*, *3*, 1-11. https://www.mckinsey.com/business-functions/marketing-and-sales/our-insights/the-consumer-decision-journey#

Gahan, B. (2014. 10. 6.). Nike's secret to success on YouTube: It's not the viral video. *Observer*. https://observer.com/2014/10/nikes-secret-to-success-on-youtube-its-not-the-viral-video/

Ogilvy, D. (1987). *Confessions of an advertising man*. 강두필 역(2012). 나는 광고로 세상을 움직였다: 데이비드 오길비의 비즈니스 철학과 경영 이야기. 경기: 다산북스.

Parente, D. (2004). *Advertising campaign strategy: A guide to marketing communication plans* (3rd ed.). OH: South-Western.

Parente, D. E., & Straubaugh-Hutchinson, K. L. (2015). *Advertising campaign strategy: A guide to marketing communication plans* (5th ed.). 조병량, 한상필, 이형석 공역(2017). 광

고 캠페인 전략(5판). 서울: 한경사.

Ries, A., & Trout, J. (1993). *The immutable laws of marketing.* 이수정 역(2008). 마케팅 불변의 법칙. 서울: 비지니스맵.

Thundertech (2021, April). *Hero, hub, help: Get started with a video content marketing strategy.* https://www.thundertech.com/blog-news/january-2019/hero,-hub,-help-get-started-with-a-video-content-marketing-strategy

Wells, W., Burnett, J., & Moriarty, S. E. (1992). *Advertising: Principle and practice.* Englewood Cliffs, NJ: Prentice-Hall.

제3장

크리에이티브 브리프와 콘셉트 도출

류진한
(계명대학교 언론광고학부 교수)

광고는 '변화'라는 키워드를 가장 빠르고 적극적으로 흡수하고 있는 산업 가운데 하나다. 그것이 계획된 일상처럼 자의적인 것이든 갑자기 밀려드는 파도처럼 타의적인 것이든 간에 오늘날 세계의 광고 시장은 속도와 규모 면에서 엄청난 변화의 중심에 있다. 그런데 광고는 무엇이고 누구를 대상으로 하는 것인가? 광고는 기업의 것만도 아니고, 브랜드나 제품의 것만도 아니다. 광고는 기업이 생산하는 브랜드나 제품 또는 서비스를 궁극적으로 소비자에게 알리고 설득하기 위한 수단이다. 그리고 광고를 통한 구매는 소비자가 필요로 하는 다양한 욕구를 충족시켜 주는 역할을 한다. 즉, 광고는 '커뮤니케이션'이라고 하는 상호작용을 전제로 한다. 그런 관점에서 보면 오늘날 광고의 변화는 '소비자 욕구의 변화'에서 그 출발점을 찾을 수 있다고 해도 과언이 아니다.

이 장에서는 이러한 변화의 중심에서 움직이고 있는 광고 크리에이티브의 범주 가운데 '브리프와 콘셉트'를 중심으로 살펴보고자 한다. 사실, '브리프와 콘셉트'는 전통적인 4대 매체 중심의 광고 시장에서 디지털을 필두로 하는 매체의 변화와 성장 시기에 새롭고 신선한 키워드는 아니다. 브리프는 형식에 관한 부분이고, 콘셉트는 내용에 관한 부분이다. 브리프는 방향성 도출을 위한 시스템이고, 콘셉트는 브리프의 최종 목적지다. 따라서 이 장에서는 '콘셉트가 왜 창의적이어야 하는가?'에 관한 생각과 논리를 정리하고자 한다.

1. 디지털 시대의 창의성과 콘셉트

일반적으로 창의성은 광고 크리에이티브에 국한된 부분이고, 콘셉트 도출과 같은 기획 분야에서는 많이 언급되고 있지 않은 것이 사실이지만, 거꾸로 생각하면 그러한 고정관념이 강력한 카피라이팅이나 비주얼 아이디어의 경쟁력을 더욱 끌어올리지 못하는 가장 근본적인 원인이 되고 있었음을 인지하는 전문가들은 아쉽게도 많지 않다. 크리에이터가 만들어 내는 크리에이티브가 창의적이어야 하는 것은 당연한 논리다. 그러나 이제는 창의적인 크리에이터 한 사람의 힘으로 캠페인의 효과를 기대하기는 어려운 시대에 살고 있다. 크리에이터의 창의성을 의무적으로 기대하기 이전에 창의적인 전략가의 능동적인 노력이 필요하고, 창의적인 마케터의 차별화된 시각이 필요하다. 모두가 보고 인지하는 시장의 현상이나 제품이 가지고 있는 장단점을 새로운 관점과 창의적 시각으로 바라보고 해석하는 능력이 필요하다. 창의적인 관점으로 시장을 바라보고, 창의적인 전략이 바탕이 된 콘셉트를 넘겨받은 크리에이터의 크리에이티브는 그렇지 않은 크리에이티브에 비해 얼마나 더 창의적이고 강력할까? 상상만 해도 즐겁고 행복하지 않은가?

특히 온라인과 모바일과 스마트 미디어를 기반으로 하는 디지털 시대의 한 가운데에서 거론하는 콘셉트와 창의성은 그 이전의 그것들과 다른가? 다르지 않은가? 만약에 다르다면 어떻게 달라야 하는가? 미디어의 변화는 '무엇을 할 것인가(what to do)'보다 '어떻게 할 것인가(how to do)'에 대한 화두에 가깝다. 그럼에도 불구하고 디지털 미디어의 개인화와 실시간화는 소비자들에 대한 보다 세밀한 연구와 파악을 바탕으로 한 타깃팅을 필요로 한다. 때문에 결국은 '무엇을 할 것인가(what to do)'와 무관하지 않다. 중요한 것은 세분화된 매체에 따라 메시지의 콘셉트가 동일해야 하는가? 달라도 되는 것인가? 즉, 콘셉트 일관성에 관한 부분이다.

1) 창의성이란 무엇인가

영국의 광고회사 비비에이치(Bartle Bogle Hegarty)의 창업자이자 현역 최고의 크리에이터 존 헤가티(John Hegarty)는 저서 『지그할 때, 재그하라!: 헤가티의 49가지 창의적 생각법(Hegarty on Creativity: There Are No Rules)』에서 창의성을 '자아의 표현'이라고 표현했다. 이것은 "우리 모두는 창의적이다."라는 그의 믿음에서 시작한 정의다.

창의성(creativity)은 피카소나 에디슨이나 모차르트나 아인슈타인이나 백남준이나 클림트 같은 예술적 과학적 성과를 지닌 천재들의 전유물이 아니다. 창의성은 우리의 일상 속에서 어려운 것을 쉽게 바꾸고, 불편한 것을 편하게 만들고자 하는 다양한 생각의 실천의 일환이다. 따라서 창의성은 광고나 영화 또는 음악을 만드는 사람들의 전문적인 작업에서만 필요한 것이 아니라, 면접관의 갑작스런 질문에 순발력 있는 답변이 필요할 때, 옷을 고르거나 헤어스타일을 바꾸고 싶을 때, 갑자기 길을 잃어 새로운 길을 찾고자 할 때, 여자 친구나 남자 친구의 생일 선물을 고를 때, 그리고 인생의 가장 중요한 고백의 키워드를 준비할 때도 매우 필요하고 유용한 준비물이다.

마이클 미칼코(Michael Michalko)는 저서 『창의적 자유인(Thinkertoys)』에서 "관점(perspective)을 바꿈으로써 자신의 생각의 가능성을 확장하면 과거에는 볼 수 없었던 것을 볼 수 있게 된다. 이것이 바로 창의적 관점에 대한 요약이다."라고 창의성과 관점에 관하여 언급하고 있다.

아이디어의 개념은 그리스 철학자 플라톤(Platon)에서 비롯된다. 플라톤이 강조한 아이디어(idea)는 '이데아(idea)'라고 불리는 것인데, '보다' 또는 '알다'라는 뜻을 가진 '아이디인(idein)'에서 파생된 '이데아(idea)'의 개념은 원래 보이는 것, 모양, 모습, 물건의 형식이나 종류를 뜻하는 것이었다. 그러나 플라톤이 이데아를 육안의 눈이 아닌 영혼의 눈으로 볼 수 있는 형상이며, 끊임없이 변하는 감각세계의 사물과는 구별되어야 한다고 하면서 새로운 의미를 부여한 것이다. 플라톤은 인간의 마음(mind)과 육체(body)는 다른 것으로 만들어졌으며, 이 중에서는 마음이 중요하고, 마음을 구성하는 아이디어야말로 실제를 위한 참다운 기초라고 규정했다. 그러나 우리가 일상적으로 이야기하는 아이디어는 '문득 머리에 떠오르는 좋은 생각' 또는 '어떤 문제를 해결하거나 상황을 개선하기 위한 새롭고 신선한 발상'을 이야기한다.

제임스 웹 영(James Webb Young)은 창의적인 아이디어에 대해서 "아이디어는 기존의 낡은 요소들의 새로운 배합에서 나오는 것이며, 사물들 간의 상관관계를 볼 수 있어야 탄생되는 것이다."라고 정의했다. 아서 쾨스틀러(Arthur Koestler)는 아이디어와 창의성을 "아이디어는 기초 없이 머리에 떠오르는 것이 아니라 기존의 여러 가지 생각을 바탕으로 그것을 결합시키는 데서 나온다. 즉, 창의성이란 기존의 발상, 테크닉, 재료들을 섞어서 새로 융합하는 데서 탄생하는 것이다."라고 정의했다. 루이스 언스트(Louis Ernst)는 아이디어에 관하여 "이 세상에 없던 것을 창조하는 이는 하나님뿐이다. 아이디어는 우리가 알고 있는 두 가지 잘 짝지어지지 않은 일반적인 사항을 독자적인 매개로 결합하여 제3의 새로운 무엇으로 만드는 것이다."라고 말하고 있다.

광고의 관점에서 보는 아이디어 또는 창의성은 기존에 존재하는 관점이나 생각, 경험 등을 바탕으로 서로를 결합시키고 발전시킨 '새로운 창출의 결과물'을 말하는 것이다. 즉, 아이디어는 '무(無)'에서 태어나는 것이 아니라, 기존에 존재하는 '유(有)'에서 태어나는 '새로운 유(有)'인 것이다. 또한 광고에서 이러한 아이디어는 비단 크리에이티브 부분에서뿐만 아니라, 광고의 마케팅을 바라보고 해석하는 일이나 경쟁력 있는 콘셉트를 도출하는 관점에서도 꼭 필요한 부분이라고 강조하고 싶다.

2) 콘셉트란 무엇인가

콘셉트(concept)는 광고 캠페인이 가야 할 방향성을 제안하는 일이다. 명확한 목적지를 결정하고 내비게이션을 켜는 일이며, 골프 라운딩에서 첫 티샷을 할 때 자신이 친 공을 떨어뜨리고자 하는 목표 지점을 향해 정확하게 에이밍(aiming)을 하는 일이다. 사실 광고의 기본 전략이나 브리프를 작성하는 일도 결국은 경쟁력 있는 콘셉트를 찾아내기 위한 과정이라고 해도 과언이 아니다. 목적지가 명확하게 정해지면 그 목적지까지 무엇을 타고 어떻게 갈 것인지를 결정하기가 훨씬 수월하다.

콘셉트는 제품이나 서비스가 소비자나 고객에게 전달하고자 하는 가장 핵심적인 메시지의 방향성을 결정하는 일인데, 이를 위해서는 타깃의 설정 및 그들의 필요(wants)와 욕구(needs), USP(Unique Selling Proposition)와 SMP(Single Minded Proposition), 브랜드 포지셔닝(brand positioning), 활용 매체의 특성, 시장 환경과 트렌드, 해당 기간의 사회적 이슈 등이 사전에 검토된 것이라면 더욱 경쟁력이 있다.

콘셉트는 그 내용적 관점에서 보면 크게 세 가지를 염두에 두고 탄생한다. 첫째는 당연히 제품이나 브랜드 관점이다. 콘셉트는 제품이나 브랜드가 가지고 있는 특징이나 장점을 도출하는 데서 시작된다. 그것이 생산자적 입장이라면 USP가 될 것이고, 소비자적 입장이라면 SMP가 될 것이다. 때로는 브랜드 이미지(brand image)가 될 수도 있다. 둘째는 고객이나 소비자 관점이다. '가장 좋은 제품은 소비자가 필요로 하는 제품이다.'라는 정의는 매우 설득력이 있다. 결국 그 제품이 얼마나 좋은 제품이고 그 콘셉트가 얼마나 경쟁력 있는 콘셉트인지는 그 제품이나 콘셉트가 소비자나 구매자에게 얼마나 매력적인 약속을 제시하거나 가치를 지니고 있느냐로 결정된다고 해도 과언이 아니다. 셋째는 경쟁적 관점이다. 이것은 뒤에서 언급하게 될 '우리가 왜 창의적이어야 하는가?'라는 매우 근원적인 질문과 연결된다. 제품 관점이나 소비자 관점에서 도출되는 콘셉트들의 대안 가운데 자사 제품만이 가지고 있고, 우리 브랜드만이 약속할 수 있는 '대체 불가능한 콘셉트'를 찾아내는 일이 내용적 관점에서 중요한 부분이다. 어떤 광고인은 광고를 '경쟁우위 화법'으로 규정하기도 했다. 결국 광고는 자사의 제품을 타사의 제품보다 매력 있고 경쟁력 있게 포지셔닝(positioning) 하는 작업이다.

- 제품이나 브랜드 관점
- 고객이나 소비자 관점
- 경쟁적 관점

콘셉트를 나누는 또 다른 접근은 광고를 구성하는 단계 또는 주체를 중심으로 나누는 방법이다. 이는 크게 제품 콘셉트(product concept)와 광고 콘셉트(advertising concept), 그리고 크리에이티브 콘셉트(creative concept)로 나누어 설명할 수 있다. 제품 콘셉트는 브랜드나 제품이 가지고 있는 강력하고 차별화된 장점을 파악하여 그 가치를 한 마디로 요약하여 제시하는 것이다. 이는 무엇을 말할 것인가(what to say)에 대한 부분이며, 단순히 기술력이나 물리적 특성뿐 아니라 현재 시장 상황에서 소비자를 움직일 수 있을 만한 포인트를 찾아내는 일이다. 광고 콘셉트는 제품 콘셉트를 근간으로 하여 광고에서 다루고자 하는 고객가치를 찾는 일이다. 이 역시도 무엇을 말할 것인가에 관한 부분이며, 문제의 해결 방법을 찾는 것이라기보다 어쩌면 문제의 발견에 가까운 작업이다. 콘셉트 구성 단계의 마지막 단계가 바로 크리에이티브 콘셉트를 도출하는 작업이다. 윌리엄 웰스(William Wells)는 크리에이티브 콘셉트를 "빅 아이디어(big idea)이며, 독창적이고 극적인 셀링 포인트(selling point)를 도출하여 제시하는 일이다."라고 표현하고 있다. 이는 어떻게 말할 것인가(how to say)에 관한 부분이다. 결국, 제품 콘셉트나 광고 콘셉트를 통해 만들어지는 궁극적인 결과물은 크리에이티브 콘셉트이며, 소비자에게 노출되는 표현물이 크리에이티브이기 때문에 크리에이티브 콘셉트를 도출하는 일은 광고 기획 과정의 최종 마무리라고 해도 과언이 아니다.

〈표 3-1〉 **콘셉트 표현 구분**

구분	제품 콘셉트	광고 콘셉트	표현 콘셉트
가치	제품(브랜드)	소비자	커뮤니케이션
개념	제품의 핵심 특성	소비자 약속 제시	크리에이티브
방향	무엇을 말할 것인가	무엇을 말할 것인가	어떻게 말할 것인가
사례	빠른 배송	총알 배송	클릭, 퐁, 딩동

3) 콘셉트에 창의성은 필요한가

인류에게 창의성이 필요해진 시초는 두 가지로 요약하여 정리할 수 있다. 그 하나는 '불편함(discomfort)으로부터의 탈출'이고, 다른 하나는 '경쟁(competition) 구도의 탄생'이다.

인간은 불편하거나 불행할 때 보다 편리하거나 행복해질 수 있는 방법을 스스로 적극적으로, 그리고 본능적으로 찾기 마련이다. 멀리 있는 청중들에게까지 자신의 메시지를 전달하기 위해 메가폰이 필요했고, 전쟁에서 적의 창을 막기 위해 방패가 필요했다. 먼 거리를 힘을 적게 들이고 빠르게 이동하기 위해 말을 타기 시작했고, 더 멀리 더 빨리 이동하기 위해 자동차와 비행기를 발명했다. 추운 곳에서는 추위를 막는 방법을, 더운 곳에서는 더위를 피하는 방법을 찾는 일들은 아마도 인간을 행복하게 하는 일이었을 것이다. 드론(drone)이 물건과 사람을 이동시키는 세상, 스마트폰 하나로 검색과 쇼핑과 구매와 결제가 가능한 세상, 파파고(papago)가 세계 각국의 언어에서 오는 소통의 불편함을 편리하게 해소해 주는 세상에서 우리가 살 수 있는 시작은 '불편함으로부터 벗어나고자 하는 욕구'가 '창의적 아이디어의 필요'를 강력하게 자극했기 때문이다. 이렇듯 창의성은 개인이나 사회가 가지고 있는 능력, 방법, 결과를 한 단계 업그레이드시키는 역할을 반복적이고 지속적으로 해 왔다. 그리고 현대의 인간은 아직도 수많은 불편함 때문에 수많은 창의성을 필요로 하고 있다.

그럼에도 불구하고 만약 이 지구상에 아직까지 아담(Adam)과 이브(Eve)라는 두 사람만 살고 있다면 창의성이라고 하는 것이 지금처럼 크게 필요하거나 발달하지 않았을 것이다. 다소의 불편함을 개선하기 위한 창의성은 필요하지만, 상대적으로 더 좋아지거나 발전하고자 하는 '경쟁적 창의성'의 필요가 부재하기 때문이다. 지구상에 휴대폰을 만드는 회사가 하나이고, 컴퓨터를 만드는 회사가 하나이고, 자동차를 만드는 회사가 하나이고, 대학이 하나라면 그래서 경쟁할 필요가 없다면 창의적 사고의 필요성이 지금처럼 화두가 되지는 않았을 것이다. 우리는 취업을 위해 자신의 경쟁력을 배가시킬 뿐 아니라 동료들보다 더 창의적인 사고와 행동으로 자신의 스펙을 개발하고 자기소개서와 면접을 준비해야 한다. 취업을 하여 원

하는 기업에서 원하는 업무를 하더라도 선후배들보다 경쟁적 우위를 차지하기 위해 노력해야 한다. 그리고 그 창의적인 노력들은 창업을 하더라도, 프리랜서로 일을 하더라도 이제는 선택의 요소가 아닌 '생존을 위한 필수' 덕목이 되어 버린 시대에서 우리는 살고 있다.

인류에게 창의성은 '불편함(discomfort)'에서 탈출하도록 돕고, '경쟁(competition) 구도'에서 상대적 경쟁력을 소유하도록 하는 필수품이다.

4) 창의적인 콘셉트 도출 방법

(1) 사전지식과 자기감시 수준에 따른 콘셉트 도출

사전지식(prior knowledge)과 자기감시(self-monitoring) 수준은 소비자가 광고 정보를 처리하는 과정에 유의미한 영향을 미친다(류진한, 2011). 특히 그 제품이나 브랜드가 신제품일 경우에는 더욱 큰 의미가 있다. 시장 환경의 다변화와 기술의 발달, 경쟁의 심화, 그리고 소비자 니즈의 다양화 및 세분화 등으로 인해 제품의 수명은 갈수록 짧아지고 제품의 개발과 출시에 소요되는 비용은 높아지고 있다. 이는 신제품이 시장에 진입해서 성공적으로 살아남을 확률이 갈수록 낮아지고 있다는 것을 의미한다. 최근 소비자들은 신제품에 대한 정보탐색의 욕구와 방법에 있어서 과거와는 매우 다른 양상을

보이고 있다. 이는 광고 정보의 과부하나 제품 간의 품질 균등화로 인한 속성 차별화의 어려움 때문이기도 하지만 검색을 통한 비교 검토가 손쉬워진 디지털 환경의 발전에 기인하기도 한다.

소비자의 정보추구 성향이나 정보처리 과정은 매우 빠르고 능동적으로 변하고 있다. 따라서 동일한 제품의 광고를 동일한 매체에 집행한다고 해도 다양한 소비자의 환경과 성향에 따라 다르게 접근해야 함은 두말할 나위가 없고, 그 효과 역시 다를 것이다(간형식, 김종필, 2007). 이 가운데 우리가 광고를 통해 소비자에게 어떤 내용의 메시지를 전달할 것인지를 가늠하는 중요한 전략 가운데 하나가 콘셉트 전략이고, 그 콘셉트를 설정하는 데 예비 소비자들의 사전지식과 자기감시 수준을 파악하는 일은 핵심적인 절차다. 굳이 광고 이론을 거론하지 않더라도 우리가 생활 속에서 구매하고 소비하는 다양한 행위 속에서 그 예는 쉽게 찾을 수 있다. 가장 손쉬운 예로 자동차 산업의 변화와 제품에 대한 인식을 들 수 있다. 이제 오일(oil)을 연료로 하거나 전적으로 수동 운전에 의지하는 자동차는 시장 수명이 얼마 남아 있지 않다. 전기나 수소를 연료로 하여 달리는 자동차를 거리에서 보는 일은 어렵지 않다. 어떻게 보면 자동차는 현재 시장에서 새로운 제품군에 있으면서 가장 광범위한 소비층을 가진 제품이다. 그런데 전기차나 수소차를 대하는 소비자층은 어떠한가? 일반적으로 남들보다 먼저 신제품을 경험해야 하는 소비 성향을 가진 얼리 어답터(early adopter) 안에서도 제품에 대한 정보를 가지고 있는 소비자와 그렇지 않은 소비자, 그리고 그 정보의 양과 질에 따라서 어쩌면 전혀 다른 소비자로 봐도 무방할 정도로 다른 정보처리 과정과 소비 행태를 가진다. 사전지식의 수준 차이에서 보면 하나의 소비자군으로 묶기에는 무리가 있다. 이미 해당 제품군을 사용해 본 경험이 있는 소비자라면 더할 나위 없다. 또한 소위 말하는 개념소비를 지향하는 소비층에게는 자기감시 수준이 매우 중요한 변수가 된다.

사전지식이란 소비자가 제품과 관련하여 가지고 있는 정보, 경험, 친숙성의 정도를 말한다. 그리고 이러한 사전지식은 정보탐색 및 정보처리와 같은 소비자행동을 이해하는 데 있어서 중요한 도구로 인정받고 있다. 일반적으로 사전지식은 객관적 지식(objective prior knowledge)과 주관적 지식(subjective prior knowledge), 그리고 경험에 근거한 사전지식(experience-based prior knowledge)으로 나눌 수 있다. 이와 관련하여 Alba와 Hutchinson(1987)은 지식은 '친숙도'와 '전문성'이라는 두 가지 중요한 차원을 가지고 있다고 제시하면서, 능력과 경험이 상대적으로 많은 사람은 '전문가'로, 능력과 경험이 상대적으로 적은 사람은 '초보자'로 분류했다. 그들은 친숙도를 '소비자에게 축적되어 있는 제품 관련 경험(product related experience)의 양'으로, 전문성을 '제품과 관련한 과업을 성공적으로 수행할 수 있는 능력'이라고 정의하고 있다.

〈표 3-2〉 연구자별 지식의 의미와 구성 요소

연구자	지식의 의미	구성 요소
Bettman & Park (1980)	경험적으로 기억에 저장된 지식	경험과 지식을 분리
Beattie (1983)	기억에 저장된 제품군과 특정 상품에 대한 정보	능력
Johnson & Russo (1984)	친숙성은 주관적 지식과 경험을 반영	친숙성을 지식과 동일시
Brucks (1985)	기억에 저장된 정보의 양과 제품 지식에 관한 인식	주관적 지식 객관적 지식
Alba & Hutchinson (1987)	소비자가 축적한 제품 관련 경험과 업무를 수행할 능력	친숙성 전문성
Flynn & Goldsmith (1999)	기억 속에 저장된 소비자의 지각	주관적 지식
Sujan (1985)	초심자에 비해 전문가가 의사소통에 더 많은 반응을 나타냄	전문가(고지식 수준) 초심자(저지식 수준)

자기감시는 상황에 따라 얼마나 타인에게 인정받기 위해 자신을 표현하는 행동이 달라지는가에 대한 것이다. 자신의 구매행동의 사회적 적절성 여부를 가리기 위한 상황적 단서에 따라 자신을 관찰하고 통제하며 관리하려는 경향이다(Snyder, 1974, 1979). 이러한 자기감시 수준은 개인이 제품을 구매하는 이유와 이와 관련한 시장 행위를 이해하는 데 중요한 단서가 된다. 스나이더(Snyder)는 개인이 사회활동과 대인관계에서 그들이 처한 상황에 잘 적응하거나 잘 적응하고 있는 것처럼 보이려고 할 때, 또는 타인에게 인정받고 싶어 할 때, 자신의 이미지와 연상을 조작하여 표현하려는 행위를 자기감시라는 심리적 개념으로 제시한 것이다. 그는 자기감시의 기능을 다섯 가지로 나누어 설명하고 있다. 첫째는 개인의 진실한 정서상태의 표현을 더 정확하게 할 수 있도록 하며, 둘째는 실질적인 정서적 경험과 일치할 필요가 없는 임의적인 정서 상태를 정확하게 전달하게 해 주고, 셋째는 부적절한 정서 상태를 감추어 무반응과 무표현으로 나타내며, 넷째로 적절한 정서 상태를 경험하고 있는 것처럼 나타내 주기도 하고, 다섯째는 정서적 경험이 없지만 무반응이 적절하지 못하다고 판단될 때 정서를 경험하고 있는 것처럼 나타나게 해 주는 기능을 한다는 것이다.

- 개인의 진실한 정서상태의 표현을 더 정확하게 할 수 있도록 함
- 실질적인 정서적 경험과 일치할 필요가 없는 임의적인 정서 상태를 정확하게 전달함
- 부적절한 정서 상태를 감추어 무반응과 무표현으로 나타냄
- 적절한 정서 상태를 경험하고 있는 것처럼 나타냄
- 정서적 경험이 없지만 무반응이 적절하지 못하다고 판단될 때 정서를 경험하고 있는 것처럼 나타나게 함

한상필(1999)은 자기감시를 자기검색으로 표현하고, "자신의 표현적 행동(expression behavior)에 사회적 적절성 여부를 가리기 위해 상황적인 단서에 따라 자기를 관찰하고 통제하며 관리하려는 성향"이라고 정의하면서 사회적 상황과 대인관계적 맥락에서 개인의 행동을 이해하는 데 좋은 개념일 뿐 아니라 속성 광고와 이미지 광고의 효과를 연구하는 데에도 적절한 개념이라고 이야기한 바 있다. 특히 혁신층에 노출하는 것은 신제품 광고의 경우 자기감시 수준이 브랜드태도나 구매의도에 미치는 영향에 있어서 일반제품의 경우 못지않게 의미 있는 역할을 할 것으로 기대했다.

이러한 자기감시가 소비자연구 및 광고심리학 연구 영역에서 활발한 변수의 역할을 하고 있는 이유는 충분한 이론적 배경을 가지고 있을 뿐 아니라, 태도, 설득, 정보처리, 평가 및 판단 등 소비자행동의 여러 영역에서 조절변수의 역할을 할 수 있다고 판단되기 때문이다. 자기감시 이론의 주요 관심사는 크게 두 가지로 볼 수 있다. 첫째는 사람들이 자신의 사회활동과 대인관계에서 타인에게 비치는 자신의 이미지와 인상을 어느 정도까지 통제하려고 하는가에 관한 것이고, 둘째는 대인관계에서 이러한 전략을 사용하게 되면 어떤 결과를 갖게 되는가에 관한 것이다. 이러한 자기감시 이론은 자기감시 수준의 고저에 따라 자기감시 수준이 높은 사람(high self-monitoring)과 자기감시 수준이 낮은 사람(low self-monitoring)으로 분류하고 각각의 특징을 〈표 3-3〉과 같이 설명하고 있다.

아커(Aaker, 1999)는 자기감시 수준이 높은 사람들은 상표 성격이 그들에게 상징하는 바에 민감하게 반응한다고 했다. 자기감시 수준이 낮은 사람은 자신의 내적 단서에 강하게 영향을 받기 때문에 자신이 추론한 결론에 더 의존하지만, 자기감시 수준이 높은 사람은 외적 상황 단서에 더 강하게 의존하기 때문에 자신이 추론한 결론에 덜 의존한다고 했다. 브라운과 칼덴버그(Browne & Kaldenberg, 1997)는 자기감시는 물질주의와

〈표 3-3〉자기감시 수준에 따른 소비자 특성 분류

자기감시 수준이 높은 소비자 (high self-monitoring)	자기감시 수준이 낮은 소비자 (low self-monitoring)
• 행동에 대한 상황이나 대인관계 측면에 관한 적절성에 관심이 많다. • 자신의 표출행동과 자기표현에 대한 타인의 반응에 민감하다. • 자신의 언어적 및 비언어적 자기제시의 감시 수단으로 상황 단서를 사용한다.	• 자기제시의 상황적 적절성에 관한 사회적 정보에 민감하지 않다. • 자기표현의 기술이 다양하지 못하다. • 자기제시와 표현행동을 자신의 정서와 태도에 의해 통제한다. • 상대에 대한 행동이 일관적이다.

정(正)의 관계를 가지며, 자기감시 수준이 높은 사람은 낮은 사람들에 비해 가시적 제품에 보다 높게 관여되고 상표 의식적이며 패션 의식적임을 발견했다. 스나이더와 에트리지(Snyder & Attridge, 1988)는 실물 크기의 광고 모형을 만들어 그림 메시지와 언어 메시지를 각각 이미지 지향적인 것과 제품 지향적인 것으로 나누어 제시하였을 때 자기감시 수준이 높은 사람들은 이미지 지향적인 광고에, 자기감시 수준이 낮은 사람들은 제품 지향적인 광고에 호의적인 평가를 했으며, 특히 각각의 점수가 높을수록 이런 경향이 더 뚜렷하게 나타난다고 판단했다.

오늘날의 소비자들은 제품을 구매하고 소비할 때 기능적 효용이나 상업적 가치 못지않게 개인의 개성이나 특성을 잘 나타낼 수 있는, 즉 제품이나 브랜드가 가지고 있는 상징적 의미와 가치를 점점 더 중요하게 생각하는 경향이 있다. 이제는 제품이나 브랜드도 개인의 이미지나 메시지를 상대나 대중에게 표현하는 커뮤니케이션의 도구가 되는 것이다. 이러한 관점에서 보면 특정한 제품, 특히 고관여 제품이나 패션 제품의 경우 개인별 자기감시 수준에 따라 콘셉트 도출의 방향성이 크게 달라져야 함을 알 수 있다. 이는 단순히 그 제품의 물리적 특성이나 상징적 가치 가운데 어떤 부분을 강조할 것인가의 고민을 넘어 본인의 의사 못지않게 타인의 시선이나 인식을 얼마만큼 반영할 것

[그림 3-1] **자기감시 수준에 따른 구매가치 변화(저감시 ➔ 고감시)**

인가에 대한 고민이 필요한 부분이다.

개인이 소비를 자신의 개성과 이미지의 표현 도구로 활용하고, 이를 통해 상호 커뮤니케이션 할 뿐만 아니라, 그 과정에서 얻어지는 다양한 흥미와 재미까지 구매하고 소비한다는 점에서 요즘 그들의 소비와 관련한 많은 마케팅 신생어도 탄생하고 있다.

- 가심비: 가격에 '마음 심(心)'을 더한 말로, 가격 대비 심리적인 만족감을 중시하는 소비 형태를 말한다. 가격 대비 성능을 중시하는 '가성비'에서 파생된 말로, 가성비의 경우 가격이 싼 것을 고르는 경우가 많지만, 가심비의 경우 조금 비싸더라도 자신의 만족을 충족시킬 만한 것을 구매한다는 특징이 있다

- 나심비: 제품이나 서비스를 구매하는 의사결정 과정에서 가격과 상관없이 소비자 본인이 만족하면 소비하는 형태를 말한다. 나심비는 '나의 심리적인 만족의 비율'의 줄임말이면서 '나' '심리' '가성비'의 합성어이기도 하다. 가격 대비 성능을 중시하는 가성비와 가격 대비 심리적인 만족을 추구하는 가심비와 달리 제품이나 서비스의 가격이 얼마인지는 중요하지 않고, 소비자가 소비를 통해 얻게 되는 만족감에 초점을 맞춘다. 나심비가 젊은 층의 소비 성향으로 부상한 것은 1인 가구의 확대와 욜로족의 증가 등 개성을 중시하는 사회적 분위기가 조성되면서 자기 자신이 만족할 수 있는 소비를 추구하는 사람들이 증가한 데 따른 것이다.

- 가잼비: 가격에 '재미(잼)'를 더한 말로 '가격 대비 재미(잼)의 비율'을 줄여 부르는 말이다. 어떤 품목이나 상품에 지불한 가격에 대비해 느낄 수 있는 재미의 정도를 뜻한다.

- 펀슈머(funsumer): '재미(fun)'와 '소비자(consumer)'를 결합한 말로, 물건을 구매할 때 상품에 대한 재미를 소비하는 경험을 중시하는 소비자를 의미한다. 이는 상품의 종류가 많아지고 개인의 취향이 존중되면서 자리 잡은 소비자 트렌드다. 펀슈머들은 단순히 제품을 구매하고 소비하는 것뿐만 아니라 자발적으로 자신의 소비 경험을 재생산하는 것이 특징이다. 이러한 경험은 주로 SNS 채널을 통해 짧은 기간 내에도 빠르게 공유되어 소비업계에 큰 파급력을 미친다. 이에 소비업계에서는 펀슈머를 사로잡기 위한 다양한 마케팅 전략을 펼치고 있다.

- 하비슈머(habbysumer): '취미(habby)'와 '소비자(consumer)'의 합성어로, 퇴근 후 자신의 삶을 즐기기 위한 다양한 취미활동을 위해 소비하는 사람들을 뜻한다. 즉, 이들은 가격 대비 마음의 만족을 추구하는 소비 형태인 가심비(價心比)에서 한 발 더

나아가 자신의 경험에 가치를 둔다. 하비슈머는 1인 가구의 증가로 집이 주거를 위한 공간에서 문화를 즐길 수 있는 공간으로까지 확대되며 나타난 현상으로, 이들은 퇴근 후나 주말 같이 온전한 자신의 시간에 그림을 그리거나 자수를 놓고, 악기 연습 등의 취미활동을 하면서 만족을 느낀다.

• 프로슈머(prosumer): 앨빈 토플러(Alvin Toffler) 등의 미래 학자들이 예견한 기업의 '생산자(producer)'와 '소비자(consumer)'를 합성한 말이다. 소비자가 소비는 물론 제품개발, 유통과정에까지 직접 참여하는 '생산적 소비자'로 거듭나는 것을 의미한다. 기업들이 신제품을 개발할 때 일방적으로 기획·생산하여 소비자 욕구를 파악하는 단계에서 최근에는 고객 만족을 강조하고 있다. 프로슈머 마케팅 개념은 이 단계를 뛰어넘어 소비자가 직접 상품의 개발을 요구하며 아이디어를 제안하고 기업이 이를 수용해 신제품을 개발하는 것으로 고객 만족을 최대화하는 전략이다. 디지털 시대의 프로슈머는 아날로그 시대의 프로슈머보다 훨씬 적극적이다. 아날로그 시대의 프로슈머는 제품평가를 통해 생산 과정에 의견을 반영하거나 타깃 마케팅의 대상이 되는 등 간접적인 영향력을 행사하는 데 그쳤다. 반면에 디지털 시대의 프로슈머는 보다 직접적이고 때로는 과격한 방법으로 자신의 의견을 반영한다. 인터넷을 통해 활발하게 의견을 개진하고 불매운동이나 사이버 시위도 서슴지 않는다.

(2) 디지털 시대의 콘셉트 도출

① 구매 행태에 다른 콘셉트 도출

스마트폰이 보편화되어 소비자가 시간과 장소에 구애받지 않고 스마트 쇼핑이 가능해지면서 O2O 서비스 플랫폼은 더욱 발전하고 있다. 김병희는 그의 저서 『디지털 시대의 광고마케팅 기상도』에서 소비자의 구매 행태를 다음과 같이 세 가지로 나누고 있다. 첫째, 오프라인 매장에서 상품 정보를 탐색하고 컴퓨터나 스마트폰을 통해 가격이 저렴한 온라인 사이트에서 구매하는 '쇼루밍(showrooming)' 구매다. 둘째, 온라인에서 상품 정보와 가격을 비교한 다음 오프라인 매장에서 써 보고 만져 보고 나서 구매하는 '웹루밍(webrooming)' 구매다. 셋째, 모바일을 이용해서 상품이나 서비스를 구매하는 '모루밍(morooming)' 또는 '앱루밍(approoming)' 구매다.

소비자의 구매심리 단계를 나누는 이론은 AIDMA(Attention, Interest, Desire, Memory,

쇼루밍 (showrooming)	웹루밍 (webrooming)	앱루밍 (approoming)
오프라인 검색	온라인 검색	모바일 앱 검색
온라인 구매	오프라인 구매	모바일 앱 결제

[그림 3-2] **디지털 시대의 구매 과정(쇼루밍, 웹루밍, 앱루밍)**

Action)나 AIDCA(Attention, Interest, Desire, Conviction, Action)에 이어, SNS의 활성화로 브랜드나 제품에 대한 구매나 체험을 고객 스스로 알리고 확산하는 AISAS(Attention, Interest, Search, Action, Share)로 진화되었고, 최근에는 소비자 스스로 검색(Search)과 구매(Action) 단계 사이에 비교(Comparison)와 검토(Examination) 단계를 세분화하는 AISCEAS까지 발전되어 오고 있다. AISAS의 핵심은 구매 행위 전후의 단계에서 소비자가 적극적으로 검색과 공유 단계에 관여한다는 것이다. 이는 기업이 더 이상 일방적으로 전달하는 콘셉트의 광고 메시지가 효율성을 갖기 힘들며, 좀 더 많은 고객에게 보다 효율적인 광고 메시지를 전달하기 위해서는 SNS와 검색 플랫폼의 활용 단계에 고객이 긍정적인 반응을 할 수 있도록 유도하는 전략과 크리에이티브가 필요하다는 것이다.

특히 AISCEAS는 소비자가 검색의 가치를 단순히 제품에 대한 1차원적인 정보를 얻기 위함이 아니라, 다른 제품과 비교하고 다양한 관점에서의 가성비를 검토하는 도구로서 적극적으로 활용하기 시작했다는 데 그 의미가 있다. 즉, 쇼핑, 여행, 숙박 등 다양한 제품군에서 폭넓은 비교 검토가 가능한 애플리케이션이 등장하고, 소비자들은 이를 활용하여 가격은 물론 인기순위까지 구매에 반영할 수 있게 되었다.

우리가 소비자의 구매 태도나 행동을 연구하고 그 변화와 발전을 탐구하는 이유는 결국 광고 메시지 효율성을 극대화하기 위함이고, 궁극적으로는 판매에 기여하고자 함이다. 이제 단순히 USP나 SMP에 근거한 브랜드나 제품의 콘셉트를 도출하고, 이를 크

[그림 3-3] **소비자 구매 단계**

리에이티브에 반영하는 것만으로는 충분하지 못하다. 매우 다양하고 세분화되어 가는 구매 단계 가운데 어느 단계에서 어떤 메시지가 역할을 해 주기를 원하는지 구체적으로 계획하고 결정해야 한다. 물론, 단계에 따라 같은 제품의 콘셉트도 달라질 수 있다.

② 마케팅 요소에 따른 콘셉트 도출

노스캐롤라이나 대학교의 로버트 라우터 본(Robert Lauter Bone) 교수는 4P(Product, Price, Place, Promotion)를 버릴 것을 제안한다. 이제는 시장의 변화를 반영한 4C(Consumer, Cost, Convenience, Communication)로의 전환을 주장한 것이다. 이제 광고는 기존의 마케팅 중심의 4P의 개념을 넘어 커뮤니케이션 중심의 4C, 스마트 커뮤니케이션 시대의 4S로 진화하고 있다(김병희, 소현진, 이희복, 2015). 매스 미디어가 시장 환경을 지배하던 시대의 마케터는 4P를 어떻게 믹스할 것인가를 고민했다. 그러나 어느 순간부터 생산자나 마케터에게 실려 있던 힘의 중심이 소비자 쪽으로 이동하면서 4C가 주목받기 시작했다. 즉, 제품(Product)보다 소비자(Consumer)의 인식이나 요구가 중요해지기 시작했고, 가격(Price)보다 비용(Cost) 관점에서의 접근이 필요해졌고, 단순히 판매를 위한 장소(Place) 역할보다 고객의 편의성(Convenience) 중심의 접근이 필요해졌고, 광고는 이를 위한 단순한 판촉(Promotion)의 역할보다 고객과의 폭넓은 소통(Communication)의 도구로 활용되기를 원하는 시대로 변화한 것이다. 그리고 4C는 생산과 소비의 많은 매체가 스마트해지면서 자연스럽게 4S(Smart, Share, Social, Story)

의 시대로 발전하고 있다.

〈표 3-4〉 마케팅 요소의 변화

구분		4P	4C	4S
마케팅 요소		Product	Consumer	Smart
		Price	Cost	Share
		Place	Convenience	Social
		Promotion	Communication	Story
매체		Mass Media	Interest Media	Social Media

　　태어날 때부터 '디지털 네이티브(digital natives)'인 소비자들이 늘어 가고 있다. 따라서 그들의 소비가 날이 갈수록 스마트해지는 현상은 매우 자연스러운 변화다. 이러한 스마트 환경의 변화를 이해하고 활용하는 능력은 광고인이 지녀야 할 필수 자질이 되었다. 스마트 환경이 가져다준 의미 있는 소비자 행태의 변화는 '검색'과 '구매'가 동시에 가능하다는 점과 제품이나 서비스를 구매 또는 경험해 본 후 그 느낌이나 생각을 '공유'할 수 있게 되었다는 것이다. 제이콥 닐슨(Jakob Nielson)은 소셜 미디어에서 '1 대 9 대 90의 법칙'이라는 재미있는 법칙을 발견했다. 1%의 사람이 콘텐츠를 창출하면, 9%의 사람들이 해당 콘텐츠를 재전송하거나 댓글을 달아서 90%의 사람들이 볼 수 있도록 한다는 것이다. 이는 소셜 미디어를 적극적으로 활용하는 스마트 소비자들의 엄청난 파워를 느끼게 하는 부분의 핵심이다.

　　매체가 다르면 콘셉트도 달라야 한다. 매체는 콘셉트를 담아서 소비자 앞에까지 나르는 그릇이고, 그런데 '4P에서 4C로', 그리고 '4C에서 4S로' 가는 마케팅 요소의 변화는 단순히 '매스 미디어(mass media)에서 관심 미디어(interest media)로', 그리고 '관심 미디어(interest media)에서 소셜 미디어(social media)로' 변화하는 매체의 발전 그 이상의 의미를 갖는다. 소비자들의 관점과 욕구 및 라이프 스타일의 변화이기 때문이다. 그렇다면 이러한 마케팅 요소의 변화는 광고 콘셉트를 도출하는 데 어떤 영향을 주는가? 마케팅 요소의 변화는 소비자의 관점과 욕구의 변화를 반영한 것이고, 소비자의 관점과 욕구는 광고 콘셉트를 도출하기 위한 가장 핵심적인 근원이기 때문에 디지털 시대의 콘셉트 도출은 정도의 차이는 있어도 변화가 불가피하다. 앞의 〈표 3-4〉를 기준으로 하여 몇 가지를 정리해 보면 다음과 같다.

- 소비자의 스마트해진 구매 행위와 라이프 스타일을 반영해야 한다.
- 단순한 편리함보다 사회적·개인적으로 사귐(소속감 등)의 감정이 느껴져야 한다.
- 브랜드 스토리는 물론, 브랜드와 소비자 사이에 이야깃거리가 형성되어야 한다.
- 이러한 모든 경험과 감정을 공유한다는 것을 명심하라.

디지털 시대의 콘셉트 도출은 과거의 그것과는 달라야 한다. 이것은 광고를 기획하거나 제작하는 본인이 디지털형 인간(Digital Sapience)인가, 아날로그적 감성을 추구하는 인간(Analogue Sapience)인가 하는 취향의 문제와는 다른 문제다. 광고는 취미활동이 아니고, 최소한 클라이언트의 예산을 통해 집행되는 마케팅 활동이며, 예산대비 성과의 효율성을 통해 평가되기 때문이다. 아쉬운 것은 국내 디지털 광고가 이미 전통적인 4대 매체 이상의 시장 규모와 역할을 차지하고 있음에도 불구하고 디지털 광고 시장이나 광고 전략에 최적화된 전략이나 콘셉트 도출 방법을 마련하여 적용하고 있는 회사를 찾기 쉽지 않다는 것이다.

③ 타깃에 따른 콘셉트 도출

광고 전략을 실행하기 위한 미디어가 매스 미디어에서 소셜 미디어로 바뀌고 있다. 이는 단순한 미디어 환경의 변화가 아닌, 소비자의 미디어 활용의 변화로 이해하는 것이 옳다. 즉, 소비자들이 미디어에 접근하는 태도의 변화이며, 미디어를 활용하는 스타일의 변화를 말하는 것이기 때문이다. 타깃의 태도나 행동의 변화는 콘셉트의 변화를 이끌어 내는 것은 당연한 순서다. 이러한 소셜 미디어 환경의 변화를 소셜 미디어 이용자의 관점에서 고찰한 홍문기와 최익성(2015)의 『소셜 미디어 이용자와 광고 PR·전략』은 매우 흥미로워 필자의 의견을 다소 첨언하여 소개하고자 한다. 저자들은 현대의 소셜 미디어 이용자를 다음의 열 가지 기준으로 분류했다.

ⓐ 합리성: 생각하는 사람들

소셜 미디어를 이용하는 사람들은 무엇이 필요하고 이를 위해 어떻게 해야 하는지를 고민한다. 어떤 것이 더 싼지, 더 재미있는지, 더 빠른지, 더 중요한지 등. 이들은 인터넷 비교 사이트, 블로그 댓글, SNS 코멘트 등을 살펴보며 이성적이고 합리적인 판단을 하기 위해 시간과 노력을 투자한다. 좀 더 편하고 자유롭게, 더 많은 것을 누리기 위해 정보를 선택하고 피드백을 하면서 자신이 원하는 것을 얻기 위해 머리를 쓴다. 그래서

'소셜 미디어 이용자들은 합리적'이다.

ⓑ 능동성: 저지르는 사람들

합리적 가격으로 원하는 시점에 원하는 것을 얻기 위해 소셜 미디어 이용자들은 일을 저지르고 벌인다. 따라서 소셜 미디어 이용자들을 대상으로 광고와 PR 전략을 수립하기 위해서는 제품이나 서비스가 만들어지기 이전부터 미디어 이용자들을 적극적으로 개입시켜 개성 있는 스타일을 주도적으로 창출하거나 원래의 용도와는 다른 목적으로 제품과 서비스를 이용할 수 있는 환경을 마련할 필요가 있다. 그래서 '소셜 미디어 이용자들은 능동적'이다.

ⓒ 창의성: 만들어 내는 사람들

활발한 정보교류와 SNS 같은 개인 미디어의 활성화로 소셜 미디어 이용자들은 새로운 가치를 창조하고 트렌드를 만들어 낸다. 창의적인 소셜 미디어 이용자들은 다른 가치관과 생활 방식을 바탕으로 다른 삶의 방식을 창조해 내고 있다. 새로운 커뮤니케이션 기술과 최첨단 디지털 기기를 쉽게 이용하는 이들은 자신만의 생활과 문화를 창의적으로 만들어 공유하며 관심 분야에 대한 새로운 세상을 만들어 간다. 그래서 '소셜 미디어 이용자들은 창의적'이다.

ⓓ 개인성: 특색 있는 사람들

소셜 미디어 이용자들은 개인화 경향을 보인다. 이들은 세상의 중심을 자신에게 두고 개성을 중시하며, 남들과 다른 그 무엇을 추구하고 있다. 특히 스마트 관련 기술의 발전과 더불어 N 스크린(N-Screen), 클라우드 컴퓨팅(Clouding Computing), 사물 인터넷(Internet of Things: IoT), 웨어러블 디바이스(wearable devices) 등 미디어 유형이 다양해지면서 이들의 차별화된 개성이 더욱 부각되고 있다. 이들은 개인화를 통한 정체성 확인과 개인화된 서비스를 통해 타인을 위한 삶이 아닌 자신의 몸과 정신의 건강을 중시하는 개인화된 삶을 영위하려고 한다. 그래서 '소셜 미디어 이용자들은 개인적'이다.

ⓔ 다양성: 제각각인 사람들

소셜 미디어 이용자들은 제각각이다. 다양한 메시지가 인터넷, 모바일, SNS와 같은 새로운 미디어를 활용해 생산 및 유통되면서 여러 가지 분야에서 전문성을 발휘하는 멀티 스페셜리스트들이다. 이들은 소셜 커뮤니케이션 과정에서 제품과 서비스에 대해 다양한 평가 요소를 정립시켜 그들의 다양한 구미에 맞는 다양한 평판을 만들어 낸다. 소셜 미디어 이용자들의 다양성에 대한 발 빠른 대응은 새로운 제품과 서비스는 물론 새로운 직종을 만들어 내기도 한다. 그래서 '소셜 미디어 이용자들은 멀티플'이다.

ⓕ 정보 탐색성: 찾고 비교하는 사람들

소셜 미디어 이용자들은 각종 루트를 통해 정보를 찾아다닌다. 상품이나 서비스를 구매하기에 앞서 이용 후기, 상품평을 보고 가격을 비교하거나 소셜 네트워크를 이용해 상품의 품질, 특성, 구매 방법, 구매 장소, 사용 방법 등의 정보를 찾아서 여기저기 돌아다닌다. 이들은 스스로 찾은 정보를 소셜 미디어 네트워크를 이용해 멤버들과 공유하는 것은 물론 서로 유통시켜 확산을 주도한다. 필요한 정보를 얻기 위해 정보를 탐색하고 그렇게 얻은 정보를 다시 확산시킨다. 그래서 '소셜 미디어 이용자들은 정보 사냥꾼'이다.

ⓖ 상호 작용성: 서로 소통하는 사람들

소셜 미디어 이용자들의 상호작용적 참여와 커뮤니케이션은 똑똑하고 실속 있는 온라인 소비를 가능하게 했다. 소셜 미디어를 이용한 정보의 습득, 업무 수행, 여가 활동, 사회적 관계 형성 등은 상호 공감대 형성을 가능하게 했다. 소셜 미디어를 이용해 콘텐츠를 유통하고 소비하는 지금, 소셜 미디어 이용자들은 웹에서 현실과 가상을 넘나드는 새로운 방식의 인적 네트워크를 구축하며 정보를 공유하고 의사소통을 도와주는 상호작용적 서비스를 즐기고 있다. 그래서 '소셜 미디어 이용자들은 커뮤니케이터'다.

ⓗ 관계 형성: 연결하는 사람들

소셜 미디어 이용자들은 서로 이어져 있다. 삶의 질을 높이고 상호 신뢰를 높이는 커뮤니케이션 수단으로 소셜 미디어를 활용하는 이들은 개인적 인간관계를 서로 연결시켜 서로의 관계를 발전시켜 나가고 있다. 때문에 이들은 기업이나 조직의 입장에서 장기적 자산으로서 잠재적 이익을 창출해 주는 원동력이 된다. 소셜 네트워크 기반의 관계 전략은 광고와 PR 전략의 패러다임을 바꾸고 있다. 그래서 '소셜 미디어 이용자들은 관계 형성자'다.

ⓙ 네트워킹: 인연 맺는 사람들

소셜 미디어 이용자들은 사람과 사람을 연결해 주는 커넥티드 디바이스를 이용해 커뮤니케이션을 한다. 서로를 알아 가면서 높은 수용도를 바탕으로 새로운 사회적 네트워크를 형성한 이들은 이제 더 이상 무관하지 않다. 기업과 조직들은 이들이 맺은 서로의 관계에 끼어들어 새로운 광고와 PR 전략을 마련하고자 한다. 그래서 '소셜 미디어 이용자들은 네트워커'다.

ⓙ 스토리텔링: 이야기하는 사람들

소셜 미디어 이용자들은 새로운 스토리를 만들어 낸다. 이들의 이러한 특성은 브랜드 메시지가 담겨 있는 스토리 제작, 바이럴 콘텐츠의 확산, SNS 드라마나 웹 소설 등의 콘텐츠를 개발하는 등 새로운 차원의 감성 서비스 제공으로 이어지고 있다. 수없이 쏟아져 나오는 정보의 홍수 때문에 재미와 감동을 줄 수 있는 콘텐츠가 스토리와 함께 소셜 미디어 이용자들 사이에서 유통되고 있다. 그래서 '소셜 미디어 이용자들은 이야기꾼'이다.

2. 크리에이티브 브리프 작성

1) 개요와 개념

콘셉트가 음식이라면 브리프는 그 음식을 담는 그릇이다. 글로벌 광고회사 사치앤사치(Saatchi & Saatchi)에서 시작된 브리프(The Brief)는 광고 기획자가 작성하는 광고 전략의 한 양식이며, 크리에이터나 클라이언트에게 오리엔테이션이나 프레젠테이션하기 위한 하나의 '요약된 지침서'다. 브리프는 두꺼운 광고기획서의 내용을 단 한 장의 양식으로 요약하여 정리하고 전달하는 역할을 한다. 대부분의 광고 브리프는 AE가 작성하고 크리에이티브 브리프는 크리에이티브 디렉터가 작성하는 것이 일반적이지만, 요즘처럼 업무와 역할의 경계가 중요하지 않은 광고 환경에서는 광고 브리프나 크리에이티브 브리프라 하더라도 광고 캠페인의 전체를 총괄하는 캠페인 디렉터(campaign director)의 역할을 하는 사람이 작성하여 진행하는 것이 효율적이다.

2) 브리프 작성 과정

광고주가 광고회사에 자사의 광고 캠페인을 의뢰하는 경우 가장 먼저 광고할 브랜드나 제품에 대한 오리엔테이션(orientation)을 실시한다. 이때 광고회사의 AE나 캠페인 디렉터는 필히 참석하여 설명을 듣고, 회의를 통해 광고회사 내부의 파트너들에게 내부 오리엔테이션을 하기 위한 광고 브리프나 크리에이티브 브리프 작성을 준비해야 한다. 내부적인 회의를 거쳐 작성된 브리프는 광고주 담당자와 공유 후 이견이 없는 상태에서 내부 회의를 진행하는 것이 좋다. 기본적인 브리프 작성의 진행 과정은 다음과 같다.

- 1단계: 광고주 오리엔테이션
- 2단계: 소비자 입장과 광고주 입장에서 정리
- 3단계: 초안 작성
- 4단계: 해당 팀과 회의(매체, 제작팀 등)
- 5단계: 1차 브리프 완성
- 6단계: 광고주와 협의(수정 보완)
- 7단계: 최종 브리프 완성

3) 브리프 작성 접근법

(1) 객관적으로 작성하라

브리프는 광고기획자의 주관적 의견이 아닌, 광고주의 오리엔테이션을 받은 결과를 소비자와 광고주 사이의 균형 잡힌 입장에서 사실 중심으로 객관적으로 작성되어야 한다. 물론, 키워드나 광고 콘셉트를 제안하는 부분에 있어서는 기획자가 생각하는 전략의 방향을 명확하게 전달할 필요가 있으나, 이 역시도 주관적인 사고가 아닌 사실과 증거에서 비롯된 논리의 결과이어야 한다.

(2) 비판적으로 작성하라

올바른 광고 기획은 비판적 시각에서 작성되는 경우가 많다. 광고주가 오리엔테이션한 내용을 무조건 브리프에 반영할 필요는 없다. 때로는 광고주도 자사의 브랜드에 매몰되어 객관적인 판단을 하지 못하는 경우도 있을 수 있기 때문이다. 따라서 기획자는 광고주에게 전달받은 사실들을 다시 한번 검토하고 점검하는 과정을 거쳐야 한다. 때로는 과거에 성공했거나 실패했던 실적도 처음부터 다시 살펴볼 필요가 있다.

(3) 분석적으로 작성하라

브리프에 제시되는 내용들은 다각적인 분석을 거친 자료이어야 함은 두말할 필요가 없다. 이를 위해서 많은 사전조사가 필수적이다. 자사 제품의 분석뿐 아니라, 거시적·미시적 시장 환경이나 경쟁사 제품에 대한 분석도 선행되어야 한다. 또한 치밀한 소비자 분석을 거친 브리프가 더욱 경쟁력이 있는 것은 당연한 일이다.

(4) 창의적으로 작성하라

브리프에 사용되는 모든 데이터는 사실에 근거한 것이고, 이를 기반으로 브리프가 작성되었기 때문에 브리프의 내용은 명확하고 정확해야 한다. 모호하거나 의심이 갈 만한 내용으로 정리된 브리프는 진행 과정에서 많은 혼선과 오류를 유발하기 때문이다. 그렇다고 해서 브리프 작성에 창의성이 배제되어야 한다는 말은 아니다. 명확하면서도 창의적인 접근을 하는 브리프는 더욱 창의적인 광고 제작물을 만드는 데 큰 역할을 한다.

4) 브리프 작성 방법

성공하는 캠페인의 대부분은 잘 작성된 브리프에서 시작된다. 단발적인 광고물을 제작하는 경우는 물론이고, 장기적인 캠페인을 앞둔 상황이라면 더욱 그렇다. 브리프 작성에 필요한 요소들을 살펴보면 다음과 같다.

① 배경(Background): 시장 상황, 소비자 상황, 경쟁 상황, 슬로건 기획의도 등 광고 제작에 필요한 광고주 및 광고 제품과 관련한 상황에 대하여 빠짐없이 기술하라.

② 브랜드 설명(Brand Description): 모든 광고의 기본은 제품에 대한 연구에서 시작한다. 제작하고자 하는 브랜드(제품)에 대한 기능적 속성, 콘셉트, 유통, 역사 속에서 시장을 움직일 만한 차별화된 포인트가 무엇인지를 찾아내어 기술하라.

③ 문제점 및 기회(Problem & Opportunity): 브랜드나 제품이 가지고 있는 기회 요인

은 물론 문제점에서도 좋은 탈출구를 찾을 수 있다. 브랜드나 제품이 가지고 있는 문제점과 기회를 경쟁적 관점에서 냉정하게 판단하여 기술하라.

④ 캠페인 목표(Campaign Object): 광고를 통해 달성하고자 하는 구체적인 목표를 설정하라. 그 목표는 실현 가능한 것이어야 하며, 가능한 한 해석의 오해가 없도록 명확하게 기술하는 것이 중요하다.

⑤ 캠페인 타깃(Campaign Target): 광고의 타깃을 설정하는 일은 매우 중요하다. 광고를 통해 메시지를 전달하고자 하는 핵심 타깃을 최대한 좁혀 설정하고, 그들의 인구통계학적 및 심리적 특성을 가능한 한 자세하게 기술하라.

⑥ 캠페인 콘셉트(Creative Concept): 앞의 내용들을 종합적으로 참고하고 분석하여 광고 목표를 달성하기 위한 핵심 메시지가 무엇인지를 '짧은 한 문장'으로 명확하고 간략하게 기술하라. 콘셉트는 작성하는 회사에 따라 '핵심 인사이트(key insight)'로 정리하기도 하며, 브리프에 포함되는 다양한 요소 가운데 가장 핵심이 되는 부분이다.

⑦ 혜택과 보상(Support & Reward): 우리가 만든 광고가 소비자에게 노출되었을 때 제공되는 혜택과 보상은 무엇인가? 광고를 통해 브랜드나 제품이 줄 수 있는 혜택과 보상을 구체적이고 매력적으로 기술하라.

⑧ 기대행동(Desire Action): 당신은 소비자가 광고를 접했을 때 어떤 반응과 행동을 상상하는가? 당신이 기대하는 모습이 구체적이고 생생할수록 좋은 광고가 탄생할 가능성은 점점 더 높아진다.

⑨ 브랜드 개성(Brand Personality): 어떤 스타일과 분위기의 광고가 광고 목표를 달성하는 데 효과적인가? 또 이번 광고를 통해 표현하고자 하는 톤앤무드(Tone & Mood)는 어떠한지를 고민하여 기술하라.

⑩ 필요사항(Requirement): 광고를 제작할 때 크리에이터가 꼭 엄수해야 하는 필수사항을 체크하여 기술하라.

⑪ 일정(Timing): 제작 및 진행 일정을 기록하고 협의된 일정에 문제가 없도록 진행한다.

⑫ 왜(Why): ①~⑪까지의 모든 항목에 대한 근원적인 궁금증을 가지고 이에 대한 명확한 해답을 찾아 이해한다. 광고 전략의 각 단계에서 '왜?'라는 의문을 가지는 것은 매우 통찰력 있는 전략이나 브리프를 작성하는 데 많은 도움을 준다.

- Client:
- Brand or Product:
- Planning Team:
- Creative Team:
- Date:

① Background

② Brand(Product) Description

③ Problem & Opportunity

④ Campaign Object

⑤ Campaign Target

⑥ Creative Concept

⑦ Support & Reward

⑧ Desire Action

⑨ Brand Personality

⑩ Requirement

⑪ Timing

⑫ Why(①~⑪)

[그림 3-4] 크리에이티브 브리프 양식

5) 왜(why)에 대한 성찰

앞의 브리프에 대한 설명이나 양식을 보면 우리가 기존에 보던 요소 이외의 것이 하나 있다. 바로 '왜(why)'에 대한 언급이다. 이는 필자가 오길비(David Ogilvy)가 주장하는 '무엇을 말할 것인가(what to say)'나 번벅(William Bernbach)이 주장하는 '어떻게 말할 것인가(how to say)'와는 다른 관점에서 광고 크리에이티브의 솔루션이 되는 화두를 다양한 연구를 통해 제안하는 이론이다.

'왜(why)'라는 화두는 지금까지의 '무엇(what)'과 '어떻게(how)'의 난제를 풀어 주는 새로운 솔루션이 될 수 있다. 그리고 IMC 개념에서 한층 더 새롭고 복잡하고 다양해지고 있는 요즘의 뉴 멀티미디어 환경 속에서 개별적 광고 간의 통합적 메시지를 전달해 주는 데 더욱 중요한 의미를 갖는다. 현대 사회와 같이 미디어별 고객 접점이 다양화되는 환경에서는 실제로 집행되는 미디어별 커뮤니케이션 활동 역시 매우 다양해지기 때문에 이를 통합하여 관리 · 운영하는 일은 더욱 어려운 일일뿐 아니라 그 중요성 역시 더욱 커지고 있다는 것이다. 이러한 차원에서의 광고 커뮤니케이션은 '전략'과 '표현'의 문제 이전에 '커뮤니케이션 전반의 목적', 즉 '왜, 당신이 지금 이 광고를 해야 하는가?'에 대한 의문과 해답이 캠페인의 전반에 깊이 있게 견지되어야 한다. 모바일이나 소셜 미디어를 통해 고객과의 실시간 커뮤니케이션이 가능해짐에 따라 순발력 있는 통합적 커뮤니케이션 관리의 필요성은 더욱 강화되는데, 이에 메시지의 근본적 질문에 대한 명확한 해답이 핵심적인 역할을 하게 된다.

'왜(why)'를 이해하기 위한 가장 기본이 되는 모델은 'Why Fan Model'이다.

이 모델은 오길비가 주장하는 '무엇을 말할 것인가(what to say)?'와 번벅이 주장하는 '어떻게 말할 것인가(how to say)'에 지속적인 'Why'를 던지는 것이다. 그리고 그 끊임없는 질문들을 통해서 보다 안전하고 탄탄한 캠페인의 토대를 마련하고자 하는 것이다. 전제는 '무엇을 말할 것인가'와 '어떻게 말할 것인가'의 무용론을 말하는 것이 아니라, 그 둘의 논의를 더욱 빛내기 위한 새로운 해결책을 제안하는 것이다.

지금까지 수많은 캠페인을 진행하면서 성공과 실패의 롤러코스터를 수없이 맛보았다. 또한 치열한 탄피를 쏟아 내는 경쟁 프레젠테이션이라는 것을 수없이 맡아 진행하면서 그 해결의 방법이 또는 해결하지 못한 이유가 다름 아닌 '왜(why)'임을 절감한다. 그때는 이해하지 못했던 대부분의 실패작은 '근원적인 이유'에 대한 깊이 있는 성찰이 부족했던 경우가 태반이다. 돌아보면 매우 안타까울 뿐이다. 거꾸로 수많은 기획서와

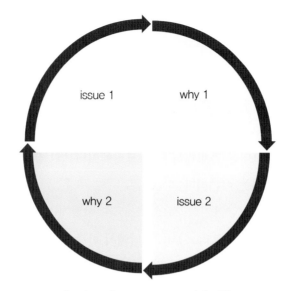

[그림 3-5] Why Fan Model(기본형)

수많은 크리에이티브 시안으로도 막지 못했던 클라이언트의 눈높이를 '왜(why)에 대한 이해' 하나로 충분히 뛰어 넘었던 기분 좋은 추억들도 적지 않다. 그 재미는 느껴 보지 못한 사람들은 모를 것이다.

클라이언트를 만나면서, 전략을 수립하면서, 브리프를 쓰면서, 소비자 조사를 하면서, 미디어 플랜을 세우면서, 그리고 아이데이션을 하면서 '왜(why)'에 대한 집요함을 놓치지 말라. 이것이 바로 '광고를 아는 사람'과 '광고를 이해하는 사람'의 차이를 만드는 일이기 때문이다.

이러한 'Why Fan Model'은 지금까지 가지고 있었던 우리들의 광고적 사고에 두 가지 효용가치를 제공한다.

첫째, '왜(why)'는 우리가 해결해야 할 문제를 지속적으로 좁혀 줌으로써 자칫 우리가 광고를 통해 해결해야 할 문제가 수십 가지가 넘는 상황을 깔끔하게 하나로 정리해 주는 힘이 있다. 즉, 커뮤니케이션의 피가 잘 안 통하는 근원적인 맥을 찾아 마케팅의 합병증의 원인이 되었던 병의 핵심을 찾아 치료할 수 있게 만들어 주는 것이다. 이것이 바로 'Why Fan Model'의 '집중 역할(focus role)'이다.

즉, 기초적인 'what.1'과 'how.1'에 대한 고민에 이은 'why.1'은 더욱 폭이 좁아진 'what.2'와 'how.2'를 제공하고, 이어지는 'why.2'는 더 집중된 논제인 'what.3'와 'how.3'를 제공한다. 이렇듯 지속적인 'why?'의 반복을 경험하다 보면 광고 캠페인을 통해 해결해야 하는 근본적인 문제점을 발견하게 되고, 그 해결 방법을 찾는 과정에서

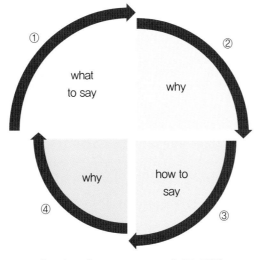

[그림 3-6] Why Fan Model(집중 역할)

광고가 해결해야 하는 핵심적인 과제가 무엇인지를 인지하게 되는 '집중된 시야'를 갖게 되는 것이다.

둘째, '왜(why)'는 작게는 하나의 제품, 크게는 브랜드와 기업에 대한 부단한 성찰을 통해 광고를 보는 시야를 넓혀 주는 힘을 발휘한다. 즉, 카피를 보던 눈에서 크리에이티브를 보는 눈으로, 크리에이티브를 보던 눈에서 캠페인을 보는 눈으로, 캠페인을 보던 눈에서 전체적인 마케팅의 흐름을 보는 눈으로 성장시키는 역할을 하는 것이다. 이것이 바로 'Why Fan Model'의 '확장 역할(expansion role)'이다.

즉, 카피 전략이나 크리에이티브 전략, 또는 캠페인 전략에서 도출된 솔루션에 '왜

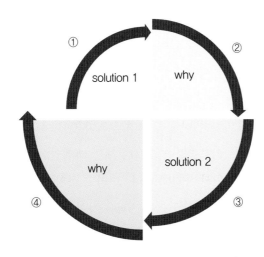

[그림 3-7] Why Fan Model(확장 역할)

(why)'라는 질문을 반복하는 것이다. 이렇듯 지속적인 '왜(why)'의 반복을 경험하다 보면 광고 캠페인의 역할로 인한 다양한 해결 방법을 찾는 과정에서 광고 캠페인을 보는 '확장된 시야'를 갖게 된다.

6) 브리프의 활용

일정이 바쁘다고 광고 전략이나 브리프 없이 크리에이티브 작업을 진행하는 것은 가야 할 목적지나 방법을 모르는 상태에서 내비게이션을 켜지 않고 출발하는 여행과 다르지 않다. 무작정 출발한 길이 올바르고 빠른 길이라면 다행이지만, 잘못된 방향의 길이라면 그 방향을 돌리는 데 많은 시간과 비용이 발생한다. 또한 브리프는 캠페인을 시작하는 파트너들끼리 의견과 관점을 공유할 때, 수시로 팀원들이 모여 아이데이션을 실시할 때, 수많은 아이디어 가운데 빅 아이디어를 선택할 때, 광고주에게 설득력 있는 프레젠테이션을 실시할 때 등 광고 캠페인의 각 단계에서 매우 유용하게 활용된다.

앞부분에도 짧게 언급했지만, 디지털 광고가 활성화되고 실질적으로 소비자가 만나는 많은 광고 크리에이티브 가운데 무시할 수 없는 매체량을 디지털 광고가 차지하고 있는 상황에서 '디지털 광고 브리프'나 '디지털 크리에이티브 브리프'라고 지칭되는 세분화된 시스템이나 양식을 실제 업무에 활용하는 회사를 찾기 쉽지 않다는 것은 매우 아쉬운 부분이다. 국내 디지털 광고업계를 이끌어 가고 있는 메이저 회사의 경우에도 자사만의 통일된 양식을 마련하여 활용하기보다 조직의 팀장이나 본부장이 자신의 경력이나 경험에서 활용하던 양식을 수정·보완하여 사용하는 경우가 많았다. 이러한 상황은 지금까지 국내에서 디지털 광고가 성장하고 발전해 온 배경과 무관하지 않다. 우선, 지금도 디지털 광고는 그 전략과 실행을 위해 주어지는 시간적 여유가 상대적으로 많지 않다. 그만큼 디지털 시장은 빠르게 움직이고, 디지털 크리에이티브 또한 촉각을 다투는 일정 속에서 진행되어 왔고 지금도 그러하다. 또 하나의 이유는 디지털 광고는 상대적으로 매체 전략이 차지하는 비중이 많거나 크다는 것이다. 따라서 광고의 기획 전략이나 크리에이티브 전략을 수립하는 일보다 해당 캠페인을 어떤 매체에 어떻게 접목시킬 것인가에 대한 전략이 우선시되어 왔다. 그리고 소위 종합광고회사라고 이야기하는 조직에 비하면 일반적으로 중소규모의 조직을 가지고 운영하는 회사가 많기 때문에 크리에이티브 테마(creative theme)나 콘셉트를 수립하는 일은 물론 제작 실행에 이르기까지 '디지털 AE'라고 하는 인력이 만능으로 해결하는 경우가 많은 것도 현실이다.

또한 그 매체가 영상인지, 바이럴인지, 브랜딩인지, 이벤트인지에 따라 해결해야 할 문제가 다르고 협업해야 하는 파트너가 다르기 때문에 브리프를 통해 하나의 콘셉트를 설정하고, 하나의 콘셉트가 제시하는 길을 향해 일관된 크리에이티브를 실행하기가 말처럼 쉬운 것도 아니다. 그러나 그럼에도 불구하고 보다 효율적이고 가성비 있는 광고 업무를 위해서는 디지털 환경을 충분히 이해하고 디지털 업무에 최적화된 '디지털 브리프(Digital Brief)'의 필요성은 충분히 있다고 판단된다.

한 장의 브리프를 잘 작성하는 일은 100쪽이 넘는 기획서 한 권을 작성하는 일보다 어렵고 힘들다. 이는 마케팅과 크리에이티브 및 매체 전략을 아우르는 광고 캠페인 전략의 전체를 한 장의 브리프에 명확하고 설득력 있게 요약하여 작성하고 전달해야 하기 때문이다. 현업에 있을 때 캠페인이나 프레젠테이션을 준비하면서, 대학에서 학생들의 기획서 작성이나 공모전 준비를 지도하면서 최소한 회의 전, 회의 중, 회의 후에 '브리프, 1일 3독'의 중요성을 강조해 왔다. 이는 우리가 지금 서울에서 부산을 가는 데 수시로 도로 환경을 체크하면서 제대로 된 방향이나 방법으로 잘 가고 있는지를 확인하는 일보다 만 배는 중요한 일이기 때문이다.

3. 마무리

미디어는 툴(tool)이고, 콘셉트는 콘텐츠(contents)다. 매스 미디어, 디지털 미디어, 스마트 미디어, 크로스 미디어. 지금까지 모든 세상에는 언제나 '뉴 미디어(new media)'라고 지칭되는 것들이 있었다. 즉, 뉴 미디어는 각 시대마다 언제나 있었다는 것이다. 어떻게 보면 '뉴 미디어'라는 것은 '새로운 미디어'라는 해석보다 '그 시대의 미디어'라고 이해하는 것이 맞을지도 모른다. 결국, 미디어는 변화하는 과정에 있는 소통의 도구다. 그럼에도 불구하고 현재 시점의 디지털 미디어를 단순한 '시대의 변화'로만 여길 수 없는 것은 그 변화의 폭과 속도가 매우 광범위하고 빠르기 때문이다. 소비자가 알아야 하는 정보가 너무 많아진 세상에서 우리는 살고 있다. 그렇다고 그 방대한 양의 정보가 우리 생활에 불필요한 정보들이라면 외면하겠지만 들여다보면 그렇지도 않다. 이 많은 정보의 보고 속에서 소비자는 어떻게 살아남는가? 매체가 소비자를 대신해서 그 정보들을 검색하고, 비교하고, 골라 준다. 소비자는 그 대안들 가운데 하나를 선택하기만 하면 된다. 그렇다면 디지털 시대의 광고 커뮤니케이션에서 콘셉트는 불필요한 것인가, 아니면 콘셉트의 필요성은 어디에 있는가? 정보량이 많을수록 콤팩트한 콘셉트가 필요하다. 거꾸로, 우리가 지금 정보가 하나인 시대에 살고 있다면 콘셉트는 필요 없을 수도 있다. 정보가 콘셉트이기 때문이다.

매체는 기술에 의존하지만, 콘셉트는 사고에 기인한다. 그래서 창의성이 필요하다. 창의적인 콘셉트는 빅데이터에서 나올 수 있는 것이 아니다. 만약 전적으로 데이터가 만들어 낸 콘셉트가 있다면 그 콘셉트가 경쟁력을 지닐 가능성은 낮다. 데이터는 공유의 대상이고 창의성은 사유의 대상이기 때문이다. 콘셉트는 정답 찾기가 아니라 해답 찾기의 작업이다. 정답은 하나지만 해답은 여러 개가 존재한다. 얼핏 보면 정답을 찾는 일이 어려워 보이지만, 사실은 해답을 찾는 일이 더 어렵다. 다시 말하지만, 정답은 하나지만 해답은 하나가 아니기 때문이다. 가장 적합하고 효율적이고 강력한 해답을 찾는 일, 때로는 빠른 해답, 때로는 가성비 있는 해답, 때로는 강력하거나 차별화된 해답이 필요하다. 브랜드 상황이 필요로 하는 해답을 찾고 선택하는 일은 정해진 정답을 찾는 일보다 어렵다. 그 사이에는 '창의성'이라는 무기를 작동시켜야 하기 때문이다.

참고문헌

간형식, 김종필(2007). 소비자의 사전지식의 광고 메시지 유형과 제품유형에 대한 소비자의 제품 태도에 미치는 영향. 상품학연구, 25(3), 53-60.

김병희(2021a). 디지털 시대의 광고마케팅 기상도. 서울: 학지사.

김병희(2021b). 디지털 시대의 광고학신론. 서울: 학지사.

김병희, 소현진, 이희복(2015). 소셜 미디어 시대의 광고. 서울: 커뮤니케이션북스.

류진한(2011). 신제품광고의 소구유형에 따른 광고 정보처리 과정에 관한 연구: 자기감시와 사전 지식 수준에 따른 영향력 차이 중심. 한양대학교 대학원 박사학위 논문, 4-38.

류진한(2012). 슬로건 창작의 기술: 멀티미디어 시대를 이기는 솔루션. 서울: 한경사.

류진한(2021). 창의적 콘셉트와 파워풀 라이팅. 대구: 계명대학교출판부.

류진한, 오혜영(2017). 소비자를 움직이는 광고 광고를 움직이는 소비자. 부산: 빅북.

류진한, 이시훈(2014). 광고홍보학 캡스톤디자인. 대구: 계명대학교출판부.

류진한, 허정무, 김현정(2016). 광고 크리에이터 성공백서. 서울: 한경사.

윤일기, 남고은, 김규철, 이희준, 구승회, 이선구, 최승희, 이경아, 한규훈, 김소연, 황보 현우 (2020). 디지털 시대의 광고 크리에이티브: 한국광고학회 광고지성총서 6. 서울: 학지사.

한상필(1999). 광고 소구유형, 소비자 특성, 제품특성이 광고효과에 미치는 영향. 광고학연구,

10(1), 223–242.

홍문기, 최익성(2015). 소셜 미디어 이용자와 광고 · PR 전략. 서울: 커뮤니케이션북스.

Aaker, J. L. (1999). The malleable self: The roll of self-expression in persuasion. *Journal of Marketing Research*, *36*, 45–57.

Alba, J. W., & Hutchinson, J. W. (1987). Dimensions of consumer expertise. *Journal of Consumer Research*, *13*(4), 411–454. http://doi.org/10.1086/209080

Browne, A. B., & Kaldenberg, D. (1997). Conceptualizing self-monitoring: Links to materialism and product involvement. *Journal of Consumer Marketing*, *14*(1), 31–44.

Chipchase, J., & Steinhardt, S. (2013). *Hidden in plain sight: How to create extraordinary products for.* 야나 마키에이라 역(2019). 관찰의 힘: 평범한 일상 속에서 미래를 보다. 서울: 위너스북.

Drucker, P. F. (Ed.) (2017). *The five most important questions you will ever ask about your organization: An inspiring tool for organizations and the people who lead them.* 유정식 역(2017). 세계 최고 리더들의 인생을 바꾼 피터 드러커의 최고의 질문. 경기: 다산북스.

Hegarty, J. (2014). *Hegarty on creativity: There are no rules.* 장혜영 역(2016). 지그할 때, 재그하라!: 헤가티의 49가지 창의적 생각법. 서울: 맥스미디어.

Snyder, M. (1974). Self-monitoring of expressive behavior. *Journal of Personality and Social Psychology*, *30*(4), 526–537.

Snyder, M. (1979). Self-monitoring processes. *Advance in Experimental Social Psychology*, *12*, 231–243.

Snyder, M., & Attridge, M. D. (1988). *Reaction to advertising for fragrances.* Unpublished Research, University of Minnesota.

광고 크리에이티브의 기본 전략

이희복
(상지대학교 미디어영상광고학과 교수)

이 장에서는 마케팅 커뮤니케이션에서 사람의 마음을 움직이는 데 필요한 핵심적인 역할을 하는 크리에이티브의 기본 전략을 살펴보고자 한다. 전통적인 광고 전략 및 크리에이티브 전략과 디지털 시대의 그것은 어떻게 달라야 하는지에 대한 고민에서 시작하여 해답을 찾고자 했다. 이를 위해 해외 유수의 광고회사에서 채택한 전통적인 광고 전략을 알아보았다. 대표적으로 T플랜, ROI, 그리드 전략과 넛지, 스토리텔링 전략도 함께 소개했다. 아울러 크리에이티브의 정의, 개념, 프레이저의 일곱 가지 크리에이티브 전략을 알아보았다.

최근의 디지털 캠페인 전략은 숏폼을 중심으로 한 짧은 영상이 주를 이루고 있다. 변화하는 미디어와 MZ세대의 콘텐츠 소비는 새로운 크리에이티브 전략의 등장을 요구하고 있다. 여기서는 디지털 광고의 크리에이티브, 디지털 캠페인 크리에이티브 사례를 다루어 시사점을 도출했다. 마지막으로, AIDA와 AARRR 모델을 소개하여 디지털 시대의 광고 크리에이티브 기본 전략은 어떠해야 하는지를 살펴봄으로써 맺음말에 갈음하고자 했다.

1. 광고 전략

1) 전통적인 광고회사의 광고 전략

광고는 전쟁과 매우 유사하다. 광고를 영어로 '어드버타이징(advertising)'이라고 하지만, 실무에서는 '캠페인(campaign)'을 더 많이 사용한다. 캠페인은 일차적으로는 사회적·정치적 활동, 즉 선거운동과 유세를 말하지만, 때로는 군사 용어로서 일련의 전술 행동, 전투, 작전 등을 의미한다. 요컨대 광고는 캠페인, 즉 '전쟁'이다. 일정 기간 동안 총력전을 펼친다는 의미에서, 또 오늘날 브랜드들이 국경 없는 무한경쟁에서 이기는 기업만이 살아남는 현실을 볼 때 광고는 캠페인과 같은 의미로 이해된다. 과거에서 현재에 이르기까지 인류는 전쟁에서 승리하기 위해 다양한 전략과 전술을 개발해 왔다. 광고 전략은 마케팅 커뮤니케이션 활동으로 오랫동안 광고 현장에서 검증된 방법이며, 광고기획의 한 모델이다. 광고의 역사가 앞선 미국과 유럽의 광고회사들은 오랜 시행착오 끝에 회사마다 독특한 광고 전략을 개발해 차별화했다. 광고의 업무 흐름을 원활하게 하려고 공동으로 사용한 서식에서 출발해 보완하고 체계화하여 과학적인 전략으로 거듭나게 되었다.

디지털 테크놀로지 시대에는 누구나 정보를 쉽게 접근할 수 있어 누가 더 적합하게 활용하느냐에 따라 상대를 설득하는 능력이 좌우된다. 상황과 대상에 적합한 설득 전략과 메시지를 활용하는 능력이 더 핵심적인 기술이 되었다(김영석, 2019). 광고에서도 이런 점이 반영될 때 디지털 시대의 전략으로 발전할 수 있다.

광고회사의 전략은 〈표 4-1〉에 나타난 것처럼 여섯 가지로 나누어 살펴볼 수 있다. 광고회사 사치앤사치(Saatchi & Saatchi)의 브리프(The Brief), 제이월터톰슨(J. Walter Thompson)의 티플랜(T Plan), 디디비니드햄(DDB Needham)의 R.O.I 스프링보드(Springboard), 에프씨비(FCB, Foote, Cone & Belding)의 그리드(Grid), 린타스(Lintas)의 링크플랜(Link Plan), 오길비앤매더(Ogilvy & Mather)의 식스키 스텝(Six Key Step)이 그것이다. 각 회사는 오랜 시간 동안 더 나은 광고를 만들기 위한 자기만의 전략을 발전시켜 왔다. 독특한 광고 전략으로 다른 회사와 차별화하고, 더 나은 경쟁력으로 캠페인을 성공으로 이끌었다. 그러나 오늘날 광고 전략이나 모델은 대부분의 회사가 비슷한 수준으로 평준화되었다. 특히 브리프 모델은 많은 광고회사에서 가장 널리 활용되고 있다. 각 회사의 경영철학이나 광고에 대한 가치관이 서로 다르고 전략의 이름은 달랐지만, 대부분은 사치앤사치의 브리프 모델과 그 내용이 유사하다.

〈표 4-1〉 세계 주요 광고회사의 광고 전략

회사	광고 전략
제이월터톰슨(J. Walter Thompson)	T Plan
디디비니드햄(DDB Needham)	R.O.I Springboard
에프씨비(Foote, Cone & Belding)	Grid Model
린타스(Lintas)	Link Plan
오길비앤매더(Ogilvy & Mather)	Six Key Step
사치앤사치(Saatchi & Saatchi)	The Brief

(1) 티플랜

제이월터톰슨(J. Walter Thompson)의 티플랜(T Plan)은 광고 전략 기획 과정의 여러 필수 항목 가운데에서 광고 목표, 메시지 전략, 매체 전략, 목표 소비자 등 광고의 목표 공중에 대한 분석을 특징으로 한다. 티플랜(T Plan)의 T는 타깃(target), 목표공중을 말하며, 다른 모델들이 광고주가 소비자에게 전달할 핵심 메시지를 토대로 광고를 만드는 것을 가정하는 데 비해 티플랜은 소비자로부터 특정 반응을 얻어 내기 위한 광고를 강조하고 있다. 티플랜의 핵심은 누구를 소구 대상으로 선택할 것이며, 소구 대상이 광고 브랜드를 구매하도록 무엇을 마음에 남겨야 하는가를 찾아내는 것을 주요 내용으로 한다.

(2) R.O.I

디디비 니드햄(DDB Needham)의 R.O.I 스프링보드(Springboard)는 광고 전략에서 적절성(Relevance), 독창성(Originality), 영향력(Impact)을 강조한다. 이 세 가지 요소를 갖춘 광고라야 광고주에게 광고비용 투자에 대한 확실한 수익, 즉 투자대비회수(Return On Investment)를 가져다주기 때문이다. 적절성이란 메시지 뒷받침이 제품 특성과 콘셉트, 소비자의 특성에 적절하게 맞고, 광고 집행이 의도하는 소비자 반응을 적절하게 고려해야 한다는 것이다. 독창성은 소비자 욕구에 초점을 맞추면서도 경쟁자가 쉽게 모방할 수 없는 제안과 뒷받침이다. 영향력은 특히 매체 집행이 목표 소비자의 빈틈을 노릴 수 있게 강력해야 한다는 것이다.

(3) 그리드 모델

에프씨비(FCB)의 그리드 모델(Grid Model)은 제품에 대한 소비자의 관여 정도에 따라 소비자의 정보 요구량, 정보처리 유형 등을 포함한 의사결정 과정이 다양해진다고 설명한다. 그리드는 관여뿐 아니라 제품이 이성적 또는 감성적 제품으로 분류되는가에 따라 나뉜다. 그리드 모델을 보면 고관여/저관여, 이성/감성을 축으로 하는 4개의 분면으로 이루어진 전략적 사고의 틀로서 각각의 창에 적합한 광고 표현 전략을 수립했다. 이렇게 만들어진 4개 분면에 따라 적합한 광고 전략을 수립하여 효과적인 광고를 만드는 것이 그리드 모델의 핵심이다. 상황 분석 과정이나 광고 전략 과정에서 모두 사용되며, 상황 분석을 토대로 광고 전략을 펼친다.

〈표 4-2〉 **그리드 모델**

	이성	감성
관여도 고	고관여/이성	고관여/감성
관여도 저	저관여/이성	저관여/감성

	이성	감성
고관여	1. 정보(생각하는 소비자) • 모델: Learn-Feel-Do • 조사: 회상, 진단 • 매체: 많은 정보, 재확인 가능 매체 • 크리에이티브: 구체적인 정보 증명(자동차, 집, 가구, 신제품)	2. 감성(느끼는 소비자) • 모델: Feel-Learn-Do • 조사: 태도 변화, 감성적 출발 효과 • 매체: 큰 지면, 이미지 전달 매체 • 크리에이티브: 제작물의 임팩트(보석, 화장품, 패션, 의류 등)
저관여	3. 습관 형성(행동하는 소비자) • 모델: Do-Learn-Feel • 조사: 판매, 로열티 • 매체: 작은 규격으로 빈도 증대 • 크리에이티브: 상기(식료품, 일회용 포장제품의 대부분)	4. 자기만족(반응형 소비자) • 모델: Do-Feel-Learn • 조사: 판매 • 매체: 빌보드, 신문, POS • 크리에이티브: 주목(담배, 술, 캔디, 영화, 청량음료)

실제로는 1과 3분면 사이, 즉 학습–행동–감성(Learn-Do-Feel)에 해당하는 제품도 있고, 2와 4분면 사이, 즉 감성–행동–학습(Feel-Do-Learn)에 해당하는 공간도 있다. 그리드 모델의 또 다른 특징은 기존 모델이 주로 선형인 데 비해 그리드 모델은 중복적인 원형 모델이라는 점이다. 원형 모델은 제품을 강조할 것인가, 브랜드 이미지를 강조할 것인가에 따라서 어느 한 요소의 선택, 또는 양자의 혼합을 적절하게 결정해야 한다.

그리드 모델의 적합한 활용 방법은, 첫째, 제품이 매우 뚜렷한 특징이 있어 새로움이 돋보이고 이러한 특징이 제품명과 잘 어울린다면 전략은 학습(Learn)에 초점을 두어야 한다. 둘째, 위와 같은 새로움 없이 소비자에게 무형의 정서적 감정을 통해 브랜드의 차별성을 강조하려면 전략은 감성(Feel)에 초점을 두어야 한다. 셋째, 브랜드가 오래되었고 이미 소비자의 마음속에 안정된 위치를 차지했을 경우, 전략은 행동(Do)에 초점을 맞춰야 한다. 그리드 모델은 광고 전략의 입안 과정과 표현 전략에 중점을 두고 개발되었지만 활용은 광범위한 전략적 영역에서 골고루 가능하다. 이 모델은 고객의 생각과 시장 계획의 가교 역할을 하며, 광고회사와 광고주 사이에 필요한 언어와 시각, 이해를 제공한다. 그리드 모델은 날카롭게 요점을 파악하며 강력한 크리에이티브를 만드는 뛰어난 수단이다.

이상 3개 회사의 전략과 모델을 살펴보았다. 광고 캠페인 전략을 수립할 때 IMC 대신 콘텐츠 마케팅의 활용이 강조되고 있다. 이른바 ICMC(Integrated Contents Marketing Communication) 전략 차원의 다양한 문화 요소와 광고 콘텐츠 융합으로 브랜드의 메시지를 콘텐츠에 녹이는 노력이 중요하게 되었다(유종숙, 2018). 광고 전략은 시대와 상황, 소비자에 맞춰 계속 진화해 오고 있다. 100년 이상의 시간 동안 시행착오를 거친 서구의 광고 전략들이 급변하는 국내 상황에 계속 유효한 것인지에 대한 의문과 함께 변하지 않는 설득 전략에 대한 관심이 주목되고 있다. 분명한 것은 변화는 빠르고 그 요구는 더욱 거세진다는 점이다.

2) 최근의 광고 전략

(1) 넛지 전략

넛지(Nudge)는 미국의 행동경제학자 리처드 탈러(Richard H. Thaler)와 법률학자 캐스 선스타인(Cass R. Sunstein)이 쓴 『넛지: 똑똑한 선택을 이끄는 힘(Nudge: Improving Decisions about Health, Wealth, and Happiness)』(2008)에 나오는 이론으로 '팔꿈치로 슬쩍 찌르다.' '주의를 환기시키다.'라는 뜻이다. 두 저자는 넛지의 뜻을 "타인의 선택을 유도하는 부드러운 개입"이라고 재정의하고 자유주의적 개입주의라는 이론으로 선택적 설계자가 사람들의 결정에 배경이 되는 '상황과 맥락'을 만든다는 주장이다. 사소하고 작은 요소라도 사람들의 행동에 커다란 영향을 미칠 수 있다고 보았다. 다만, 그 원조는 PR에서 찾아볼 수 있다. 에드워드 버네이즈(Edward Bernays)가 강조한 '간접적 수단의 매력'과 같은 개념으로 제품이나 서비스를 알릴 때 직접 선전하는 대신 이벤트를 만들어 행동 양식을 판매하는 방법이 바로 넛지와 통한다. 넛지를 행동경제학으로 볼 수 있지만 핵심은 커뮤니케이션이고 PR이다. 광고와 PR 전문가들이 정부 부처, 공공기관, 시민단체의 정책을 홍보할 때도 활용이 가능하다(강준만, 2019).

(2) 스토리텔링 전략

덴마크의 광고회사 사치앤사치(Saatchi & Saatchi)의 공동 창업자인 클라우스 포그(Klaus Fog)는 저서 『브랜드전략으로서 스토리텔링[Storytelling: Branding in Practice (2nd ed.)]』(2010)에서 '메시지, 갈등, 등장인물, 줄거리' 네 가지 요소(four elements of storytelling)가 스토리텔링을 이룬다고 했다. 미국 보스턴 대학교의 우드사이드 아키(Woodside Arch) 교수는 저널 『심리와 마케팅(Psychology & Marketing)』에 실린 논문에서 스토리텔링은 "의도 또는 의도하지 않은, 브랜드와 소비자와의 대화를 포함한 실행"이라고 했다. 브랜드를 중요하게 생각하는 마케팅 커뮤니케이션에서 브랜드와 소비자를 연결하는 스토리텔링이야말로 효과적인 광고를 만드는 가장 쉽고 빠른 방법이다. 교육, 관광, 헬스케어, 문학, 영상, 게임 등에서 자주 등장하는 스토리텔링은 인문학에서 시작한 것으로 알려졌지만 실제로는 미디어와 커뮤니케이션, 방송과 광고에서 더 먼저 사용되었다. 특히 마케팅 커뮤니케이션 분야에서 많은 기업이 스토리텔링을 활용한 마케팅으로 성공 전략을 이어 가고 있다.

디지털 광고 환경에서 소비자의 몰입을 불러일으키기 위해서라면 반드시 스토리텔링 사고와 접근이 필요하다. 스토리텔링이 성공하려면 소비자에게 기억되는 이야기가 전달되어 공감을 일으켜야 한다. 그래서 이 과정을 요약하면 '스토리텔링의 3C(concept, communication, conviction)'다. 독특한 자신만의 콘셉트로 소비자와 소통하여 믿음을 주어야 한다. 스토리텔링 광고라 부를 수 있을 정도로 독자적이며 지속적인 장르로 자리할지는 좀 더 지켜봐야겠다. 다만, USP, 이미지, 포지셔닝 등의 광고 전략이 만들어진 것처럼 스토리텔링 광고 전략에 대한 관심과 개발 노력은 계속 이어질 것이다(이희복, 2020).

2. 크리에이티브 전략

1) 크리에이티브란

크리에이티브(creative)란 무엇일까? 광고에서뿐만 아니라 생활 속에서도 '크리에이티브'란 말이 많이 사용된다. 크리에이티브는 우리말로는 '창조적인' '독창적인'의 뜻을 가지나, 광고 현업에서는 '광고 제작'과 같은 의미로 쓰인다. 그 밖에도 광고를 제작하는 과정이나 광고를 만드는 사람들, 또는 광고의 표현 등으로 널리 사용된다. 회사에 따라서는 부서의 이름이나 광고 제작물을 이른다. 이렇게 다양한 뜻을 가진 크리에이티브에 대해서 알아보자.

[그림 4-1] **왼쪽부터 레오나르도 다빈치, 라파엘로, 미켈란젤로**

사전에서 '창조적인, 창조력 있는, 창작적인, 독창적인'이라는 의미를 가진 형용사 '크리에이티브(creative)'의 명사형은 '크리에이티비티(creativity)'다. 영어에서는 creativity, creativeness, creative thinking, creation, originality, invention, imagination, insight 등의 의미를 포함하고 있다. 라틴어 creare(to create, make)에 어원을 두고 있으며 고대 그리스로부터 유래되었다. 당시에는 천재성의 개념으로서 창조적 재능의 의미로 사용되었다고 한다. 기독교가 지배하던 중세에는 종교적 해석을 중심으로 예술은 창조성의 영역이 아니라 공예라는 견해가 지배적이었고, 르네상스 시대에 와서 창의성에 대한 감각과 독창성에 대한 논의가 본격화되었다. 레오나르도 다빈치, 라파엘로, 미켈란젤로와 같은 대표적인 예술가들이 활동하던 시기다. 18세기 계몽

주의 시대에 이르러 창조의 개념이 예술 이론에 등장하였고, 이것이 상상력과 연결되어 과학, 심리학, 비즈니스 영역으로 확대되었다.

우리나라의 경우 '창의성'은 독창성, 또는 상상력 이외의 발명, 혁신, 통찰력, 창의적 사고, 직관, 새로움과 같은 의미로 쓰인다. 이처럼 크리에이티브라는 용어는 다양한 의미로 명확하게 정의하기 어렵지만 광고 크리에이티브는 '소비자의 시선을 끌 만큼 참신하고 적절하게 결과를 창출하는 능력'이다. 광고에서 창의적 활동은 주관적이고 비과학적인 특징을 포함하지만 좋은 광고물을 만들기 위한 보편적인 요소다. 크리에이티브의 중요성은, 첫째, 설득커뮤니케이션의 도구로서 광고 크리에이티브의 역할이 강조된다. 둘째, 정보제공의 도구로서 광고 크리에이티브가 중요하다. 셋째, 관계 형성의 도구로서 크리에이티브가 강조된다. 디지털 시대를 맞으면서 혁신적인 크리에이티브의 사례가 캠페인으로 등장하고 있다. 크리에이터가 알아야 할 분야는 넓지만 변화를 주도하고 문제를 해결할 수 있는 크리에이티브가 그 어느 때보다 중요한 시대를 맞고 있다(남고은, 2020).

2) 크리에이티브의 다양한 개념

크리에이티브와 관련된 단어 하나를 살펴보자. 대문자로 시작하는 크리에이터 (Creator)는 조물주(造物主), 즉 세상을 만든 창조자다. 광고회사에서는 광고를 만드는 일에 참여하는 카피라이터, 디자이너, CM플래너, 크리에이티브 디렉터(CD) 등을 크리에이터라고 한다. 이때는 대문자가 아닌 소문자로 시작하는 creator로 쓴다. 광고를 만드는 사람들은 '유(有)에서 새로운 유(有)를 창조'하는 작은 조물주다. 크리에이티브를 무(無)에서 유를 창조하는 것으로 생각하기 쉽지만, 크리에이티브는 세상에 있던 것을 새로운 창조물로 다시 만들어 내는 재창조의 과정이다. 광고 크리에이티브는 광고 제작과 같은 말로 쓰이지만 여러 가지 뜻이 있다.

광고에서 사용되는 크리에이티브의 의미는 다음과 같다.

- 광고 제작, 또는 과정(예: 크리에이티브 프로세스)
- 광고를 만드는 사람들, 또는 부서의 이름(예: 크리에이티브 1팀)
- 창의적인 표현, 광고 제작물(예: "크리에이티브가 좋다.")

광고를 만드는 과정이 광고 크리에이티브이며 광고 제작이다. 크리에이티브를 광고 제작과 관련한 내용으로 제한하여 살펴보면 광고의 크리에이티브 과정을 세 가지로 구분할 수 있다.

(1) 넓은 의미의 크리에이티브

광고물이 만들어지는 전체 과정을 말한다. 먼저, 광고의 목표를 정하고 누구에게 말할 것인가와 무엇을 말할 것인가를 결정한다. 그다음 회의와 발상을 거쳐 아이디어를 구체화하고, 시안의 승인을 거쳐 광고물을 만들어 내는 과정을 포함한다. 따라서 광고회사의 업무 대부분이 광고 크리에이티브다. 무엇을 말할 것인가와 어떻게 말할 것인가를 결정해야 하므로 광고 크리에이티브를 넓은 의미로 본다.

(2) 중간 의미의 크리에이티브

광고 콘셉트가 결정된 이후에 광고 전략과 전술을 세우고, 아이디어 작업과 완성까지를 포함하는 광고회사 크리에이티브 부서에서 담당하는 통상적 업무를 말한다. 광고회사의 업무를 크게 기획과 제작으로 구분할 때 제작에 해당하는 의미이며 일반적인 광고 크리에이티브를 뜻한다.

(3) 좁은 의미의 크리에이티브

광고를 직접 만드는 과정이다. 실제 매체에 집행될 수 있도록 기술적으로 광고물을 만드는 촬영, 편집, 녹음, 제판, 교정, 인쇄, 시사, 심의 등이 포함된다. 신문과 TV, 온라인 등 미디어에 실제 집행될 광고물의 제작 과정이다.

요약하면, 넓은 의미의 크리에이티브는 기획에서부터 크리에이티브 과정까지를 모두 포함한 개념이고, 중간 의미의 크리에이티브는 프로덕션 과정을 포함한 크리에이티브 과정이다. 마지막으로, 좁은 의미의 크리에이티브는 일반적인 프로덕션 과정이다. 그러나 이런 구분은 크리에이티브의 이해를 돕기 위한 것일 뿐 각 영역을 명확하게 구분하기는 어렵다.

3) 프레이저의 일곱 가지 크리에이티브 전략[1]

프레이저는 경쟁 상황을 고려한 여러 가지 광고 전략을 종합하여, 본원적 전략, 선점 전략, USP(고유판매제안) 전략, 브랜드 이미지 전략, 포지셔닝 전략, 공명 전략, 그리고 정서 전략의 일곱 가지 표현 전략 모형을 제시하였다(Frazer, 1983). 이 모형은 여러 후속 연구에서 광고 메시지 전략의 주요 유형으로 지지를 받았으며 광고 표현 전략의 일반적 가이드라인으로 평가되었다. 크리에이티브 전략 연구자인 찰스 프레이저(Charles Frazer)의 정의를 바탕으로 크리에이티브 전략을 살펴보면, 크리에이티브 전략을 "광고 메시지의 속성과 특성을 구체화시키는 하나의 정책(policy) 또는 지침이 되는 원칙(guiding principle)"이라고 정의하고, 크리에이티브 전략을 광고 메시지 내용 및 광고 집행과 관련된 다양한 요소 모두를 포괄하여 설명하고 있다.

따라서 '무엇'에 해당하는 부분을 '크리에이티브 전략' 관점으로, '어떻게'에 해당하는 부분은 무엇을 말한 것인지에 대한 전략 수립 후 구체적인 '실행 가이드라인 또는 전술'로 보았다. 크리에이티브 전략은 특정 전략이 어떤 제품군에 항상 적용될 수 있거나 광고 효과를 극대화시킬 수 있는 유일한 수단은 아니다. 프레이저의 크리에이티브 전략 모형의 제안 이후 광고산업과 미디어 환경, 기술의 발전, 소비자의 행동 및 제품에 큰 변화가 있었다. 즉, 특정 크리에이티브 전략을 활용하여 효과가 높은 광고를 만든다는 목표보다 현재 시장 상황과 매체 활용의 상호 연계 가능성을 고려한 융합, 또는 입체적 버전으로 디지털 미디어와 빅 아이디어 사이에서 구심적 역할을 해 줄 수 있는 가이드라인으로 활용 가능하다. 프레이저의 일곱 가지 크리에이티브 전략의 내용은 다음과 같다(김병희, 2007; 남고은, 2021).

(1) 본원적 전략

같은 상품 범주에 있는 어떠한 브랜드라도 할 수 있는 일반적인 메시지를 구사하는 경우를 본원적 전략(generic strategy)이라고 한다. 여기에서는 상품의 차별적인 특성을 강조하기보다 일반적인 속성을 전달하는 경향이 있으며, 광고주는 자사 브랜드를 경쟁사 브랜드와 차별화시키려고 하지 않으며, 자사 브랜드가 더 우월하다는 주장도 하지

---

1) 이 부분은 김병희(2007)의 『광고카피창작론: 기본원리 편』과 남고은(2020)의 『디지털 시대의 광고 크리에이티브: 한국광고학회 광고지성총서 6』을 참고하였음.

않는다. 이 전략은 주로 어떤 상품군에서 선도하는 브랜드의 광고에서 자주 쓰이고 있으나 후발 브랜드의 광고라고 해서 쓰이지 않는 것은 아니다.

다만, 후발 브랜드에서 이 전략을 사용할 경우에는 본원적 주장(generic claims)이 선발 브랜드의 메시지로 인식되어 오히려 선발 브랜드를 도와줄 가능성이 많기 때문에 메시지 구성에 있어서 세심한 주의를 기울일 필요가 있다. 캠페인을 장기적으로 진행하게 되는 경우, 브랜드 이름 자체가 제품 범주와 가상으로 동의어가 되는 효과를 만들어 낼 수 있지만 제품 차별화 및 시장 세분화와 같은 광고 전략 및 핵심 마케팅 전략 모두를 시장에 공개하게 되는 리스크가 있다.

(2) 선점 전략

어떤 상품 범주에서 경쟁 브랜드 간에 기능적 차이가 거의 없을 경우, 본원적인 주장을 하는 동시에 상품(서비스)의 우월성을 먼저 강조함으로써 이미지를 먼저 차지하려는 경우를 선점 전략(preemptive strategy)이라고 한다. 유사한 제품들 사이에서 자사의 제품이 장점이나 혜택을 선점하여 소비자가 알지 못했던 제품의 특성을 자사 브랜드만의 고유 특성인 것처럼 포장하는 이 전략은 시장 자체가 형성되지 않았거나 물리적으로 제품의 차별성이 거의 없는 신규 또는 저개발 제품 범주에서 적절하다. 제품의 새로운 콘셉트나 경쟁사가 반응할 수 있는 선택권이 제한적일 때 효과적이다.

이 경우 경쟁사는 소비자에게 전달되기 어려운 차별화 메시지를 도입하거나 모방을 하는 등 선택이 제한적이기 때문이다. 이 전략을 활용하면 경쟁 브랜드에서 동일한 주장을 먼저 시도하려 할 때 사전에 그것을 효율적으로 차단할 수 있다. 기능적인 면에서 서로 대체할 수 있는 상품이나 서비스 광고에서 효율적으로 활용될 수 있으며, 상품이나 서비스의 혜택이 유사한 경우에는 광고 메시지를 먼저 노출시켜 이미지를 선점하는 쪽에게 유리한 방안이다. 그러나 광고의 노출량이 너무 미미하면 후발 브랜드에서 쉽게 모방할 수 있기 때문에(me too 전략), 선점 전략을 적용할 경우에는 핵심 광고 주장을 결정한 다음, 이를 일정 수준 이상의 광고 노출을 고려해야 한다.

(3) 고유판매제안 전략

고유판매제안 전략(Unique Selling Proposition strategy: USP)은 경쟁 제품에 없는 우리만의 '독특한(unique) 혜택이나 우월적 특성'을 '판매(selling)'가 이루어지도록 반복적으로 강하고 명확하게 '제안(proposition)'하는 강압적인 판매(hard sell) 중심의 전략이다. 리브스(Reeves, 1961)가 『광고의 실체(Reality in Advertising)』에서 체계화한 광고 전략이다. 자사 제품과 경쟁 제품 간의 물리적이고 기능적인 차이를 바탕으로 메시지 구성을 모색한다. 1960년대 미국 광고계에서 널리 사용된 이 전략은 제품의 특성에서 출발하여 세 가지 원칙에 따라 상품의 고유한 특성을 강조하는 전형적인 경성 판매(hard selling) 전략인데, 이를 나중의 여러 광고인은 '리브스 스타일'이라고 했다.

이 전략의 핵심은 제품의 고유한 특성을 광고에서 소비자 혜택으로 제시한 다음 지속적으로 반복하고 강조해야 한다는 점이다. 경쟁사의 제품이나 브랜드에서 제안하기 어려운 비교우위점(comparative advantage)을 자사 제품의 핵심 메시지로 전달함으로써 장기적으로 메시지의 비교 우위를 확보하는 전략이다. 고유판매제안 전략은 소비자에게 광고 제품과 서비스를 구매해야 할 차별화된 이유를 제공해 주기 때문에 다양한 맥락의 광고 크리에이티브에 적용할 수 있다.

(4) 브랜드 이미지 전략

1960년대 기술 발전과 함께 제품의 평준화 시대가 찾아오면서 제품의 혜택을 소구하는 USP 전략의 약속은 더 이상 소비자의 선택지가 아니었다. 이는 소비자에게 제품이 줄 수 있는 심리적·정서적 차별화가 중요한 요소로 작용하는 브랜드 이미지의 시대를 열었다. USP 전략이 자사 제품과 경쟁 제품 간의 물리적이고 기능적인 차이를 기초로 하는데, 브랜드 이미지 전략(brand image strategy)은 심리적 차별화를 강조한다는 점이 특징이다. USP 전략이 경성 판매(hard selling) 전략이라면, 오길비(David Ogilvy)가 주창하고 나선 이미지 전략은 연성 판매(soft selling) 전략이다. 이 전략은 1960년대 이후 여러 제품이 품질, 가격, 디자인, 포장 등에서 경쟁 제품과의 차별점이 사라지면서 주목을 받았다.

특정 브랜드에 대하여 소비자가 느끼는 인상을 의미하는 브랜드 이미지는 광고가 장기간에 걸친 이미지의 투자라는 전제하에 오랜 시간 동안 이미지의 누적을 강조하며, 자사 제품과 경쟁사 제품의 차별점을 물리적 특성이 아닌 심리적인 특성에 두며 사실보다 감정에 전략적 강조점을 크리에이티브에 활용한다. 브랜드 이미지 전략의 가장 큰 장점은 제품과 관련된 이미지는 물리적 제품 특성과 관련이 없기 때문에 경쟁사가 빠르게 모방할 수 없다는 점과 모든 브랜드는 그 브랜드만의 고유한 특성과 철학을 가지고 있으므로 브랜드가 표현하는 개성과 의미만으로도 구매력을 창출할 수 있다는 것이다. 즉, 브랜드 개성을 중시하는 많은 기호 제품군 외에도 모든 제품의 영역에서 브랜드 이미지는 중요하다.

(5) 포지셔닝 전략

자사의 브랜드를 경쟁 브랜드의 강점과 약점을 비교한 다음 상대적으로 틈새가 보이는 위치에 자리매김하는 포지셔닝 전략(positioning strategy)은 리스와 트라우트(Ries & Trout, 1981)가 개념을 제시한 이후, 광고 실무에서 다양한 맥락으로 활용되고 있다. 이들은 마케팅 관련자들이 시장 점유율을 경쟁 브랜드와의 싸움으로 확장할 수 있다는 잘못된 가정하에 광고 마케팅 전략을 운용하고 있다는 점을 지적했다. 포지셔닝이란 원래 제품 포지셔닝을 뜻하는 것으로, 제조업자가 제품에 부여한 다양한 속성을 통해 특정 타깃에게서 이익을 창출하기 위한 방법이다.

포지셔닝 전략에 의하면, 마케팅이란 현장의 실체적인 시장 구도가 아니며 실제 시장 점유율에 관계없이 소비자들이 어떤 브랜드에 대하여 머릿속으로 어떻게 느끼는가 하는 인식의 싸움이다. 소비자 인식의 영역을 확장시키기 위한 포지셔닝 전략의 수립 방법은 여러 가지가 있다. 따라서 광고인은 자신이 맡은 상품에 가장 적합한 전략을 채택하여 이에 합당한 광고를 만들어야 한다. 포지셔닝 전략은 수많은 경쟁 제품 사이에서 자사의 제품이 소비자의 마음속 어디에 위치하도록 해야 하는가를 전략적으로 접근하는 것은 물론 브랜드가 전달하고자 하는 비전이나 메시지를 포함하여 확장된 방법으로 활용해야 한다.

(6) 공명 전략

공명(울림)이란 물리학에서 주로 사용되는 용어로 대상에 부딪혀 되돌아오는 소리를 말한다. 공명의 사전적 정의를 요약해 보면, 진동과 울림에 의한 음색의 강화 및 풍부함을 의미한다. 이를 마케팅에 적용하면, 고객에게 전달할 수 있는 진정한 울림 등을 통해 브랜드와 고객 간의 관계를 강화하는 것이다. 광고에 있어서 공명 전략(resonance strategy)이란 상품 관련 메시지나 브랜드 이미지 제고에 초점을 맞추기보다 소비자가 모방할 수 있는 상황을 제시하여 소비자 스스로 그 상황을 경험하도록 하는 전략이다. 공명 전략을 활용할 경우에는 광고에서 묘사하는 내용과 소비자의 경험을 조화시키는 데 초점을 맞춘다. 일반적인 광고 전략으로서의 공명은 소비자와 광고물 사이의 정서적 울림과 공감을 의미하며, 수사학적 광고 표현으로서의 공명은 카피와 비주얼 사이의 울림이자 상호 유희(interplay)를 의미한다.

대체로 어떤 광고에서 카피와 비주얼이 절묘하게 만나 독특한 의미를 만들어 낼 때 공명이 일어날 가능성이 높다(McQuarrie & Mick, 1996). 이희복(2005)은 공명에 대하여 "광고 커뮤니케이션에서 카피와 비주얼 사이에 사용된, 동음이의어에 의한 상호 유희로서 커뮤니케이션 효과를 높이기 위해 쓰이는 광고 표현 방법의 하나"로 정의하고, 어떤 광고에서 공명이 일어나려면 동음이의어(同音異議語)의 익살을 활용한 카피가 음운론적 의미론적 작용을 일으켜야 가능하다는 연구 결과를 제시했다. 이 방법을 적용할 경우에는 광고인은 소비자의 마음속에 간직된 정보나 경험을 깊이 있게 이해하여 소비자들이 광고를 본 다음 기억 속에서 긍정적인 연상 작용을 일으키는 상황을 제시해야 효과적이다. 또한 상품 간의 차별점이 거의 없을 때 광고를 본 소비자들이 광고 내용에 공명을 일으킴으로써 광고 브랜드에 긍정적으로 반응하고 다른 브랜드와 차이를 느끼도록 하는 데 유용한 방법이다.

(7) 정서 전략

정서 전략(affective strategy)은 다양한 인간 감정에 소구하는 전략이다. 특별한 메시지나 이미지를 만들어 내기보다 청중의 감성을 고조시키거나 호감을 만드는 것에 중점을 둔 전략이다. '표현의 차별화'를 통해 직관적이고 시대를 반영하는 크리에이티브를 만들 수 있다는 장점이 있다. 인간의 감정은 사랑, 향수, 동정심, 우정, 흥분, 기쁨, 공포, 후회, 혐오 등 긍정적 정서에서 부정적 정서에 이르기까지 다양하게 전개되며 때때로 불규칙한 경향이 있다.

따라서 이 전략에서는 복잡한 인간 감정을 포괄하여 광고 메시지로 구성한다. 정서 전략은 조사 결과보다 광고인의 직감과 언어 감각이 전략 전개의 원동력이 되는 경우가 많다. 이 전략은 식음료, 패션, 보석, 화장품 등 인간의 감정에 호소하는 상품에 적용할 경우에 유용하지만, 상품(서비스)에 관계없이 널리 사용할 수 있다. 그러나 메시지의 전개에 있어서 막연히 정서적이고 서정적인 내용을 담는다고 해서 광고가 되는 것은 아니며 반드시 상품과의 관계를 고려해야 한다.

3. 디지털 캠페인 크리에이티브 사례[2)]

1) 숏폼 콘텐츠의 배경

콘텐츠의 중요성에 대한 인식이 커짐에 따라 많은 사람이 지속해서 언급하는 빌 게이츠(Bill Gates)의 「Content is King」은 1996년에 쓰인 글이지만, 콘텐츠의 힘이 커진 오늘날의 모습을 잘 설명한다. PC와 모뎀만 있으면 누구나 인터넷에 콘텐츠를 게시할 수 있다. 아이디어와 경험, 제품이 거래되는 '콘텐츠의 시장'으로 발전했다. 소수의 전문가가 제작한 콘텐츠가 제한된 채널을 통해서만 제공되던 과거와 달리, 오늘날에는 모바일로 대표되는 기기의 발전 및 보급과 플랫폼의 접근성 확대 등을 기반으로 일반인들도 독자적인 콘텐츠를 생산하고 공유하는 행태가 나타나고 있다. 수많은 사람의 이야기가 콘텐츠의 형태로 거래되었고, 늘어난 콘텐츠는 더 많은 시청자를 불러오면서 시장이 성장했다. 콘텐츠와 미디어를 통해서 해소하면서 콘텐츠 시장은 다시 한번 큰 성장 동력을 얻었다(DMC미디어, 2021).

15초 내외의 짧은 동영상을 제작하고 공유하는 소셜미디어 플랫폼 '틱톡(TikTok)'이 Z세대를 중심으로 인기를 끌며 숏폼 콘텐츠는 대세가 되었다. 틱톡은 2016년 중국 IT 기업인 '바이트댄스'가 출시한 숏폼 콘텐츠 플랫폼으로 전 세계적으로 15억 다운로드 이상을 기록하며 인기를 끌었고, 2020년에는 인스타그램, 메타, 넷플릭스, 유튜브와 같은 기성 플랫폼을 제치고 세계 모바일 앱 다운로드 2위를 달성했다. 짧은 영상을 업로드하기 때문에 춤이나 갑자기 일어난 재미있는 사건이 콘텐츠의 대부분이다.

틱톡은 전체 이용자 중 51%가 MZ세대일 정도로 10~20대의 사랑을 받고 있다. 스마트폰의 보급으로 어디서나 수시로 영상을 볼 수 있게 되었고, 스마트폰으로 어디서나 영상 콘텐츠에 접근할 수 있어 짧은 영상을 선호하게 되었다. 틱톡에 접속하면 1분에 최대 4개의 동영상을 볼 수 있는데, 많아진 정보량 때문에 효율적인 소비를 중시하는 Z세대의 특성이 반영되었다고 볼 수 있다. 최근에는 예능이나 드라마도 전체를 보지 않고 짧게 편집된 영상을 주로 본다. 또한 Z세대는 제품이나 서비스를 선택할 때 '재미'를 최우선으로 고려하는 '편슈머'이며 새로운 경험을 선호하기 때문에 자신이 쉽게 콘

---

2) 이 장은 '모비인사이드(2021. 7. 27.). 대세가 된 숏폼 콘텐츠, 숏폼 콘텐츠의 전망은?'의 내용을 요약 · 정리하였음.

텐츠를 생산할 수 있다는 점에서 인기를 끌었다.

2) 일상 속 숏폼 콘텐츠

Z세대는 음악을 디깅할 때 숏폼 콘텐츠를 이용한다. 영상에서 음악의 하이라이트 부분을 삽입하는 경우가 많고, 숏폼 콘텐츠의 주요 콘텐츠는 음악과 함께하는 댄스 챌린지이기 때문이다. 개인 크리에이터뿐만 아니라 MBC의 '오분순삭', SBS의 '애니멀봐', tvN의 '금금밤' 등 방송사에서도 하이라이트만 편집한 짧은 영상을 올리기 시작했다. 나영석 PD 또한 숏폼 형식의 예능을 시도하고 있다. 〈아이슬란드에 간 세끼〉나 〈라끼남〉 등을 정규편성 프로그램 뒤에 5분간 방영한 뒤, 유튜브 채널인 '십오야'에 풀 버전을 공개한다.

1020 사이에서 유행하는 콘텐츠가 어디서 시작되었는지 살펴보면 대부분 숏폼 콘텐츠다. 독특한 촉감으로 인기를 얻고 있는 '팝잇', 1,700만 명의 인스타 팔로워와 6,300만 명의 틱톡 팔로우를 가지고 있으며, 특유의 표정과 손짓으로 인기를 얻고 있는 일명 '한심좌', 쇼츠와 릴스에 아이돌 커버댄스를 올리며 인기를 얻어 가수들과 콜라보도 진행한 크리에이터 '땡깡' 등 MZ세대 사이의 최신 유행은 대부분 숏폼 콘텐츠 플랫폼에서 시작된다.

3) 숏폼 광고

기업들은 잠재적 구매력을 갖춘 MZ세대를 포섭하기 위해 틱톡을 통해 각종 챌린지를 진행하고 있다. 2019년에는 BGF리테일이 PB 브랜드인 CU를 홍보하기 위한 모델을 틱톡과 협업해서 선발했는데, 참가자들은 헤이루 송에 맞춰 춤을 추고 이를 업로드하는 방식으로 참가했으며, 총 2만 명이 넘게 참가하였고, 해당 영상은 누적 조회 수 630만 뷰를 넘기도 했다. SK텔레콤 역시 휴대폰 요금의 반을 할인해 주는 Z세대를 타깃으로 한 이벤트를 진행했으며, 유명 틱톡커인 '옐언니'를 모델로 선정했다. '옐언니'가 반값송을 부르면서 춤을 추는 영상을 올리자, 2주 만에 #반값송을 단 영상이 6,000여 건이 업로드되었고 영상의 조회수는 총 450만 회를 기록했다.

기업의 마케팅용 광고 동영상의 평균 길이도 점차 짧아지면서 숏폼 콘텐츠와 유사한 양상을 보인다. 디지털 마케팅 솔루션 기업 '메조미디어'에 따르면, 기업의 광고 및 홍보용 영상 길이는 2016년 이후 점차 줄고 있으며, 2020년에는 2분 이하의 영상이 전체의 73%를 차지한 것으로 나타났다. 또한 10대의 11%는 5분 이하 길이의 동영상을 선호했다. 10분 이하까지 더하면 절반이 넘는 56%가 짧은 영상을 즐겨 본다고 답했다. 숏폼 콘텐츠의 광고 효과가 큰 Z세대를 중심으로 마케팅 성공 사례가 증가하고 있으며, 이러한 추세는 앞으로 확대될 것이다. 이에 따라 인스타그램은 '릴스(Reels)', 유튜브는 '쇼츠(Shorts)', 넷플릭스는 '패스트 래프(Fast Laughs)'를 출시했다.

[그림 4-2] BGF리테일이 틱톡과 협업해서 진행한 '헤이루 오디션'

4) 새로운 숏폼 콘텐츠 플랫폼

유튜브에서 출시한 쇼츠에는 307만 개의 채널과 2,694만 개의 동영상이 업로드되었다. 유튜브가 속한 구글의 모회사인 알파벳의 순다르 피차이(Sundar Pichai) 최고경영자(CEO)는 쇼츠가 전 세계적으로 하루 평균 65억 뷰를 기록하고 있다고 했다. 쇼츠에는 광고를 붙일 수도 없고, 조회수가 많아도 광고 수익과는 무관하기 때문에 반응이 저조하지

[그림 4-3] **쇼츠 영상 업로드를 시작한 백종원의 요리비책**

만, 유튜브는 뛰어난 쇼츠를 만든 크리에이터들에게 보상하기 위한 1억 달러(약 1,123억 원) 규모의 '유튜브 쇼츠 펀드'를 운영할 계획이다. 쇼츠는 영상의 길이가 짧아 평소보다 많은 사람이 영상을 조회하고 채널에 방문한다. 동시에 긴 길이의 영상 대비 제작의 부담이 적어 유명 유튜버들은 쇼츠를 활용해 자신의 채널을 홍보한다.

쇼츠에서 자주 볼 수 있는 콘텐츠는 아이돌 영상이다. 아이돌의 매력 있는 부분을 빠르게 압축하여 보여 주기 때문에 많은 팬이 자신이 좋아하는 아이돌을 홍보하기 위해 사용한다. 팬이 아니면 콘텐츠를 보지 않지만, 쇼츠를 한번 보기 시작하면 관련 영상을 자동으로 계속 재생해 주기 때문에 팬이 아닌 사람들도 볼 수 있다.

인스타그램은 '릴스'를 선보였다. 릴스의 UI는 틱톡과 유사한데, 인스타그램의 접근성이 높고, 영상을 탐색 페이지를 통해 광범위하게 공유할 수 있어, 팔로워들이 아니라도 볼 수 있다는 장점이 있다. 릴스에서 유행하는 콘텐츠 역시 틱톡에서 유행하는 콘텐츠와 유사하다. 댄스 챌린지나 레시피 영상이 인기가 많다. 하지만 유쾌한 영상이 대부분인 틱톡과 다르게 기존의 '인스타 감성'을 담은 영상이 많이 업로드되고 있다. 대부분의 기업은 인스타그램 계정을 활발히 운영하는데, 숏폼 트렌드에 맞는 다양한 릴스 게시물을 기획하고 있다. 제품을 소개하거나 인플루언서와 협력하고, 새로운 챌린지를 만들어 내고 팁이나 튜토리얼을 공유한다.

넷플릭스도 '패스트 래프'라는 숏폼 콘텐츠 서비스를 런칭했다. 넷플릭스가 선별한 1분 이내의 영상을 볼 수 있으며, 공유도 가능하다. 현재는 일부 국가에서 iOS 버전 넷플릭스 앱에서만 베타 버전으로 제공하고 있다. 넷플릭스가 숏폼 콘텐츠에 주목하는 이유는 넷플릭스가 제공하는 영상은 대부분 이용자가 긴 시간을 투자해야 하는 '롱폼' 형식이기 때문이다. 짧은 영상을 선호하고, 재미있는 영상을 보았을 때 공유하고자 하는 Z세대의 특성을 활용하여 젊은 이용자를 끌어들이기 위한 새로운 시도로 보인다.

틱톡과 비슷한 세로 영상 형식을 선택해 한 영상을 보면 자동으로 다음 영상으로 넘어가 이용자들이 오래 머무르게 하고, 넷플릭스의 많은 콘텐츠를 홍보한다.

5) 숏폼 콘텐츠의 전망

숏폼 콘텐츠는 문화체육관광부와 한국콘텐츠진흥원이 주최하는 '방송영상콘텐츠 제작지원 사업'에서 기존 중·장편 콘텐츠와 더불어 정식 분야로 선정되어 국가의 지원을 받았다. 틱톡이나 릴스와 같은 SNS뿐만 아니라 라이브 커머스까지 숏폼 콘텐츠의 형식을 택해 시장 규모가 더욱 커질 것으로 전망된다. 짧은 영상을 즐기고, 제작하고, 공유하는 것은 이미 MZ세대에게 하나의 놀이로 자리 잡았다. 영상이 넘쳐나 영화마저 '건너뛰기'로 보는 요즘 같은 시대에 젊은 이용자들을 사로잡기 위해 하이라이트만 보여 주는 짧은 영상은 더욱 인기를 얻을 것이다.

코로나19 팬데믹 이후 디지털 미디어와 콘텐츠는 사람들의 불안감과 외로움, 우울함 등의 부정적인 감정을 해소할 수 있는 정보전달과 오락 제공의 기능을 넘어, 타인과의 연결감 관점에서 큰 관심을 얻었다. 유튜브에서 주목받은 콘텐츠는 타인과 시간이나 감정, 상황 등을 공유하거나, 대상에 대한 깊은 이해와 몰입을 바탕으로 한 것이었다. 채팅이나 댓글과 같은 상호작용이 중요하다. 콘텐츠 제작 특성 이외에 시청자에게 알맞게 전달해야 한다. 목표 대상을 이해하고 콘텐츠 노출을 고민하며 자연스러운 유입이 가능해야 하는데, 전달에 실패하면 콘텐츠는 시청자에게 선택될 기회를 잃게 된다(DMC미디어, 2021). 따라서 디지털 시대의 광고 크리에이티브는 전통적인 커뮤니케이션 효과 모델인 AIDA에서 새로운 미디어와 커뮤니케이션 환경에 적합한 모델을 찾아 이에 적합한 솔루션을 제공할 수 있어야 한다.

4. 마무리

사람의 마음을 움직이는 크리에이티브는 시대와 상황을 넘어서 여전히 중요하다. 더구나 전략적인 마케팅 커뮤니케이션을 위한 접근은 아날로그와 디지털에 구분이 없다. 다만, 타깃 오디언스가 X세대와 Y세대일 때와 MZ세대일 때에는 어떻게 할 것인지, 매스 미디어 시대와 소셜 미디어 시대에 따른 전략에는 어떤 차이가 있는지 고민이 된다.

이를 해결하기 위해서 광고 전략에서 시작하여 크리에이티브 전략, 디지털 광고의 크리에이티브, 디지털 캠페인 크리에이티브 사례, 마지막 AIDA와 AARRR 모델을 설명하며 결론에 갈음했다. 미디어의 급격한 변화와 소비자의 스마트화는 마케팅 커뮤니케이션 실무자와 연구자들에게 많은 과제를 던지고 있다. 변하는 환경과 변하지 않는 전략 사이의 문제점을 찾아 명쾌한 해답을 제시하는 것은 크리에이티브에게 맡겨진 임무다.

광고와 커뮤니케이션 효과모델 중에서 AIDA 모델(Elmo Lewis, 1898)은 초기 모델로서 소비자의 구매행동에 이르는 다양한 단계를 주목-흥미-욕구-구매로 단순화하고, 이를 머리글자만으로 줄여 AIDA(Attention-Interest-Desire-Action)로 불러 왔다. 이를 토대로 소비자의 의사결정 과정을 설명하는 모델은 시대와 상황에 따라 AIDMA, AIDCA, AISAS, AIMSCAS 등으로 발전되어 왔다. 특히 미디어 환경이 변화하고 스마트 소비자가 등장한 최근에 와서 제시된 AISAS 모델은 Attention-Interest-Search-Action-Share의 다섯 단계로 설명하고 있다.

소비자가 광고 메시지에 노출된 후의 반응 과정을 설명하는 이 모델은 각 단계별로 설득의 전략적인 방법을 제시하고 있으나 다양한 변인에 의해 결과는 달라질 수 있다. 전통적인 모델로서 설명력을 갖고 있으나 최근에 와서 소비자의 선택권이 강화되면서 일방향적이고 선형적으로 설명되지 않는 한계가 있다. 광고 전략의 역할이 과거 매스미디어 시대와 달리 새로운 미디어, 소비자, 환경 요인을 이해하고 활용할 필요가 있으므로 단순히 전통적인 미디어 플래닝이나 크리에이티브만으로 해결할 수 없는 영역이 존재한다. 이에 대한 대안으로서 제시된 아르(AARRR) 모델은 소비자행동을 분석한 모델로 소비자 의사결정 과정이 아닌 소비자와 브랜드 관계 형성과 퍼포먼스 마케팅의 핵심인 그로스 해킹(Growth Hacking) 활동을 중심으로 한 모델이다.

첫째, Acquisition(획득) 단계에서는 소비자가 어디에서, 얼마나 많이 유입되었는지 방문자 트래픽 중심의 정보를 획득한다. 둘째, Activation(활성) 단계에서는 브랜드 플랫폼에 방문해서 무엇을, 얼마나 살펴보고, 이탈하는지에 대한 정보를 분석한다. 셋째, Retention(보유) 단계는 한 번 방문한 사용자의 재방문, 방문주기, 활동을 포함한다. 넷째, Referral(공유) 단계는 공유(Share)와 유사한 개념으로 고객이 브랜드에 대한 정보를 다른 소비자에게 얼마나 전파하고 영향을 주는지를 분석한다. 다섯째, Revenue(매출) 단계에서는 방문자가 발생한 수익을 분석하고, 수익이 없으면 단계별 장애가 무엇인지 찾아 개선하여 지속적인 구매 방안을 모색한다([그림 4-4] 참조).

마케팅과 광고를 명확하게 구분하기 어렵고 광고 전략과 광고회사의 역할이 마케팅의 파트너로서 업무를 수행하기 때문에 하나의 특정 행동에 이르는 데 그쳐서는 안 된다. 앞으로의 광고 전략은 소비자를 고객으로 만들어 반복구매와 브랜드 충성도, 그리고 공유 가능성을 높이는 데 초점을 맞춰야 한다. 마케팅의 일부인 프로모션의 하위 개념으로 광고활동을 제한할 것이 아니라 다양한 상호작용 과정을 고려한 아르(AARRR)의 적용이 필요하다. 획득된 소비자가 제품을 구매하고 최종적인 공유행동을 하면서 발생한 데이터를 활용하여 후속 캠페인 전략과 크리에이티브에 활용해야 한다.

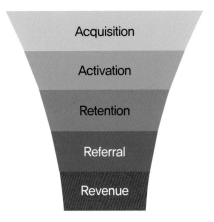

[그림 4-4] AARRR의 프레임워크

출처: 백승록(2021. 8. 11.)에서 재인용.

이미 광고주는 엄청난 양의 소비자와 시장의 데이터를 수집하고 이를 분석하여 인사이트를 얻고 있는데, 광고회사는 깊이 있는 소비자 데이터의 획득과 분석에 한계를 드러내고 있다. 앞으로 광고회사는 아르(AARRR)의 분석과 그로스 해킹으로 소비자를 명확히 파악하고 이를 토대로 전략과 크리에이티브를 개발해야만 광고주에게 팔리는 효과적인 비즈니스를 영위할 수 있다. 궁극적으로 아르(AARRR)는 기존의 아이사스(AISAS)와 결합해 아이사스아르(AISASAARRR)로 통합되어야 한다([그림 4-5] 참조). 전통적인 빅 아이디어 중심의 크리에이티브, 브랜딩은 경험과 직관에 의존해 왔다. 기존의 광고 전략이 커뮤니케이션 전략, 크리에이티브 전략, 미디어 전략과 같은 접근이 주를 이루었다면, 앞으로는 광고, 판매, 반복구매와 같은 마케팅 과정에서 데이터

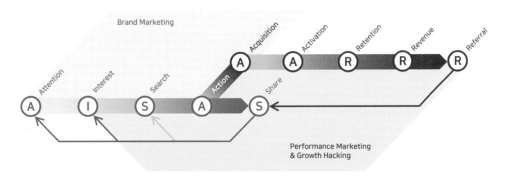

[그림 4-5] AISAS와 AARRR의 영역 비교

출처: 백승록(2021. 8. 11.)에서 재인용.

를 중심으로 한 팩트와 인사이트에 의존할 것이다. 광고회사보다 광고주의 역량이 크게 앞서고 있기에 광고회사의 역량 차별화가 시급한 실정이다. 글로벌시장의 광고와 미디어 그룹이 디지털과 데이터 역량 강화를 위해 노력을 기울이며 공격적인 M&A와 함께 기존 광고회사 조직과 사람, 일하는 방식에서 적극적인 디지털 전환(digital transformation)을 추진하고 있다. 다만, 조직과 구성원의 변화가 없으면 무용지물이다 (백승록, 2021. 8. 11.).

새로운 기술이 기업과 사회의 다양한 문제를 해결하는 혁신적 크리에이티브 사례가 등장하고 있다. 디지털 시대에도 혁신적인 크리에이티브 사례가 캠페인으로 제시되고 있다. 크리에이터가 알아야 할 분야가 더 다양해졌고, 직관과 분석적 사고와 함께 열정적인 추진력으로 문제를 해결할 자질이 요구된다(남고은, 2020). 크리에이터는 변화를 수용하고 다양한 분야와 연결하는 협업 능력과 함께 전략적인 접근이 필요하다. 이희준(2020) 역시 디지털 광고 시대의 소비자 인사이트가 고객행동 데이터로부터 나온다고 했다. 이를 토대로 고객의 미래행동을 예측할 수 있으며, 디지털 기술 발전에 따라 고도화된 타깃팅, 맞춤형 광고로 정교한 광고 메시지와 맞춤형 콘텐츠 제공이 가능하고, 결국 브랜드가 제공할 긍정적인 소비자 경험이 중요하다고 주장했다.

그러나 "인생은 짧고, 예술은 길다. 기회는 순식간에 지나가고, 실험은 위험하며, 판단은 어렵다(Life is short and art long, opportunity fleeting, experience perilous, and decision difficult)."라는 히포크라테스의 고민은 오늘날 전략 개발에 땀 흘리는 크리에이터는 물론 마케팅 커뮤니케이션 담당자들의 것이 되었다. 코로나19 시대 이후 외부활동이 줄면서 디지털 미디어와 TV 시청의 증가, e커머스 활성화 등의 변화가 이어지고 있다. 변화에 맞춰 브랜딩과 ROI를 높이는 미디어 믹스의 중요성도 커지고 있다. 단순히 레거시 미디어와 디지털 미디어의 이분법에서 벗어나 광고주와 소비자, 크리에이티브와 매체의 특징을 잘 살펴 합리적인 전략을 도출해야 한다. 디지털 전환에서는 디지털 환경을 고려한 소비자행동 모델의 적용이나 최신 솔루션, 데이터 플랫폼의 도입 못지않게 광고 전략을 수립할 리더십과 구성원의 일하는 방식과 태도가 중요하다. 광고회사와 광고 전략의 입지가 줄어들 것이라는 예상과 함께 디지털 광고회사의 부상을 기대해 볼 수 있다. 변화(change)에는 기회(chance)와 위기(crisis)가 함께 존재한다. 이제 능동적으로 이끌 것인가, 모르는 척하다 뒤처질 것인가의 선택만 남았다.

강준만(2017). 넛지사용법: 소리 없이 세상을 바꾸는 법. 서울: 인물과사상사.

김병희(2007). 광고카피창작론: 기본원리 편. 경기: 나남.

김영석(2019). 설득커뮤니케이션. 경기: 나남.

남고은(2020). 광고 크리에이티브. 윤일기, 남고은, 김규철, 이희준, 구승회, 이선구, 최승희, 이경아, 한규훈, 김소연, 황보현우 공저, 디지털 시대의 광고 크리에이티브: 한국광고학회 광고지성총서 6(pp. 15-42). 서울: 학지사.

남고은(2021). 광고 창작 과정과 크리에이티브 전략. 김병희, 마정미, 김봉철, 김영찬, 유현재, 유승엽, 최세정, 송기인, 소현진, 유승철, 남고은, 김여정, 한규훈, 정윤재, 윤태일, 정승혜 공저, 디지털 시대의 광고학신론(pp. 347-375). 서울: 학지사.

모비인사이드(2021. 7. 27.). 대세가 된 숏폼 콘텐츠, 숏폼 콘텐츠의 전망은?.

백승록(2021. 8. 11.). AIDA와 AARRR: AISASAARRR 전문가가 필요하다! brunch. https://brunch.co.kr/@adlok09/6

백승록(2021. 9. 15.). 광고와 디지털 트랜스포메이션: 광고회사에도 DX가 필요할까? brunch. https://brunch.co.kr/@adlok09/9

위키백과(2021). https://ko.wikipedia.org/wiki

유종숙(2018). 4차 산업혁명 시대의 광고기획 솔루션. 서울: 한울아카데미.

이희복(2005). 광고의 수사적 비유로서 공명의 커뮤니케이션 효과. 커뮤니케이션학 연구, 13(2), 54-79.

이희복(2020). 광고의 이해. 서울: 한경사.

이희준(2020). 디지털 시대의 광고 인사이트. 윤일기, 남고은, 김규철, 이희준, 구승회, 이선구, 최승희, 이경아, 한규훈, 김소연, 황보현우 공저, 디지털 시대의 광고 크리에이티브: 한국광고학회 광고지성총서 6(pp. 79-107). 서울: 학지사.

한겨레(2019. 9. 10.). 국내 최장시간 이용 앱은 유튜브…10대 월 41시간, 50대 이상 20시간.

DMC미디어(2021). After Corona 1년, 동영상 콘텐츠 트렌드와 전달 전략: 유튜브 콘텐츠 트렌드를 중심으로.

Fog, K. (2010). *Storytelling: Branding in Practice* (2nd ed.). New York: Springer.

Frazer, C. F. (1983). Creative strategy: A management perspective. *Journal of Advertising*, *12*(4), 36-41.

McQuarrie, E. F., & Mick, D. G. (1996). Figures of rhetoric in advertising language. *Journal of Consumer Research*, *22*(4), 424-438.

Reeves, R. (1961). *Reality in advertising* (pp. 46-69). New York: Alfred Knopf.

Ries, A., & Trout, J. (1981). *Positioning: The battle for your mind*. New York: McGraw-Hill.

ZDSNet Korea(2021. 2. 23.). 유튜브 가장 많이 보는 세대는 50대 이상.

제**2**부

광고 크리에이티브의
전개

제5장

창의적인 아이디어 발상법

최은섭
(한라대학교 영상커뮤니케이션학부 교수)

아이디어 발상이 광고 크리에이티브에서 매우 중요한 부분이라는 사실에 대해서는 모두가 동감하지만, 누구나 창의적인 아이디어를 만들어 낼 수 있느냐에 관해서는 생각이 다를 수 있다. 특히 광고를 공부하고자 하는 입장에서는 과연 누구나 쉽게 창의적인 아이디어 발상을 할 수 있을지에 대해 두려움과 호기심을 동시에 갖게 될 것이기 때문이다. 따라서 이 장에서는 먼저 창의적인 아이디어 발상이 이루어지기 위해서는 다양한 경험과 감성을 키우는 것이 매우 중요하다는 점을 강조하고, 아이디어 발상에서 사용할 수 있는 다양한 아이디어 발상법과 그 실행 포인트를 설명한다.

여기에 소개되는 대부분의 발상법이 광고 실무 현장에서 다년간 쌓아온 경험과 연구를 토대로 완성된 것들인 만큼 목적과 방향에 따라 적절히 선택해 실행한다면 광고 크리에이티브를 비롯한 다양한 아이디어 발상에 도움이 될 것이다. 다음으로는 지금도 현재 진행 중인 디지털 시대의 아이디어 발상에 대해 소개하고 대표적인 적용 사례들에 대해 기술한다. 디지털 기술이 빠르게 진화하고 있기는 하지만 아직 상용화되지 않았거나 개발 단계에 있어 실제 우리가 활용할 수 있는 부분은 많지 않으므로, 앞으로의 발전 추이에 관심을 갖고 경험하는 것이 중요할 것이다.

1. 아이디어 발상의 개념과 기법

1) 아이디어 발상이란 무엇인가

아이디어 발상이란 사전적으로는 '어떤 일을 창의적으로 구상하고 실행하는 과정이나 능력'이라는 의미를 지닌다. 하지만 아이디어 발상의 과정을 직접 실행하고 배워야하는 우리는 이 '창의적'이라는 의미에 대해 좀 더 구체적으로 생각해 볼 필요가 있다. 즉, 창의적으로 생각하는 것이 정해진 방법이나 과정을 익힘으로써 누구나 일정한 수준에 도달할 수 있는 것인지, 아니면 몇몇 사람에게만 주어진 특별한 능력을 의미하는 것인지에 대한 이해가 우선되어야 할 것이기 때문이다.

이에 대해 광고회사의 카피라이터였던 제임스 웹 영(James Webb Young)은 "낡은 요소들을 사물의 연관성에 따라 새롭게 조합하는 것"(1975)이라 말한 바 있다. 여기서의 '낡은 요소'란 누구나 알고 있거나 경험해 본 익숙한 것들이고, '조합하는' 과정은 이들을 다시 관련 있는 것들끼리 묶거나 섞어 냄으로써 전혀 새롭게 느낄 수 있는 개념으로 재탄생시킨다는 뜻이므로, 앞서 말한 두 가지 중 전자에 해당한다고 할 수 있다. 다시 말해, 아이디어 발상이란 이 세상에 존재하지 않는 새로운 것을 창조해 내는 것이 아니라, 우리 주변에 있는 것들을 이제까지와는 다른 새로운 느낌으로 여겨지도록 만드는 작업이므로 누구나 훈련과 연습을 통해 실행할 수 있다는 것이다.

그럼에도 불구하고 아이디어 발상의 결과물이 사람마다 다르게 나타나는 것은 여전히 의문으로 남는데, 그 해답도 그가 말한 '낡은 요소'와 '조합하는' 과정에 달려 있다. 즉, 사람마다의 삶의 경험치가 얼마나 풍부한가에 따라, 그리고 얼마나 다양한 시각으로 사물이나 생각을 조합해 볼 수 있느냐에 따라 그 결과물의 '새로움'이 큰 차이를 가져오기 때문이다. 따라서 아이디어 발상은 누구나 실행하고 도달할 수 있는 작업이지만 개개인의 감수성이나 경험의 양과 질에 따라 그 결과물이 다르게 나타날 수 있는 만큼, 평소에 다양한 경험과 새로운 시각을 가지고 즐기려는 사람에게 더 즐거운 작업이 될 수 있다.

그렇다면 아이디어는 구체적으로 어떤 과정을 거쳐서 나오게 되며, 아이디어를 잘 만들어 내는 방법에는 어떤 것들이 있을까? 먼저, 아이디어 발상의 과정에 대한 논의 역시 광고회사 출신의 전문가들에 의해 시작되었다. 즉, 인간의 뇌가 이미 알고 있는 단서들을 조합하고 연결해서 새로운 아이디어를 만들어 내는 데는 일정한 순서를 거치게 된다는 이론으로, 연구자들마다 각각 몇 개의 단계를 거치느냐에 따라 다소의 차이가 있지만 방향성과 순위는 비슷하게 구성되어 있다(이성구, 1999). 아이디어 발상법의 종류 또한 현재까지 상당수가 연구된 바 있는데, 최승희(2020)는 이들을 전통적 아이디어 발상법, 전략 중심 아이디어 발상법, 표현 중심 아이디어 발상법으로 분류했다. 전통적 아이디어 발상법에는 브레인스토밍(brainstorming), 연상력(associative power) 발상법, 영(Young)의 5단계 발상법, 브레인 라이팅(brain writing) 발상법, 스캠퍼 (SCAMPER) 발상법 등 이미 잘 알려져 있는 아이디어 발상법들이 해당된다. 전략 중심 아이디어 발상법에는 Q-5 발상법, 스매싱(smashing) 발상법, I CAN DO 발상법, 마-생-검 발상법, 에디슨 발상법 등 국내 광고 현업 출신 연구자들의 문제해결 중심 아이디어 발상법들이 있다. 표현 중심 아이디어 발상법에는 고든(Gordon)법, 스티븐 베이커(Stephen Baker)법, 스프링(spring)법, 카탈로그(catalog)법, 5스텝(5 steps) 아이디어 발상법 등 구체적인 표현에 적용 가능한 발상법들이 소개되어 있다.

그런데 여기서 구분하고 있는 아이디어 발상법들 중에는 아이디어 발상의 프로세스, 즉 아이디어를 도출해 내는 순서와 특징들을 설명하는 '아이디어 발상 단계'에 해당하는 것들이 있는가 하면, 아이디어를 도출해 내기 위한 구체적이고 세분화된 방식이나 기법을 기술해 놓은 '아이디어 발상 기법'이 있다. 김규철(2013)은 전자를 '아이디어 발상 과정', 후자를 '아이디어 발상법'이라 구분했다. 하지만 이 두 가지를 모두 포함하고 있는 발상법들도 있어 별도로 구분할 필요가 있다. 예를 들어, '영의 5단계 발상법'은 인간의 뇌에서 아이디어가 도출되기까지 어떤 과정을 거치는지에 대한 프로세스를 설명한 것이지, 구체적으로 어떤 발상 방식이나 기법을 활용해야 하는지를 설명한 것은 아니므로 정확히 말하면 아이디어 발상 기법이 아니라 아이디어 발상 단계로 구분해야 한다는 것이다. 반면, '브레인스토밍'은 아이디어 발상을 실행하는 구체적인 진행 방식과 규칙을 설명하고 있으므로 아이디어 발상 기법으로 구분하는 것이 좀 더 명확하다. 이에 따라 이 장에서는 현재까지 개발된 아이디어 발상법들 중에서 대표적인 사례들을 골라 앞에서 설명한 기준에 따라 '아이디어 발상 단계'와 '아이디어 발상 기법'으로 구분하였으며, 이 두 가지가 모두 포함된 발상법은 '아이디어 발상법'으로 분류하여 정리했다(〈표 5-1〉 참조).

아이디어 발상을 학습하고자 하는 우리는 얻고자 하는 아이디어 발상의 목적이나 형태에 따라, 또는 그 참가자들의 특성에 따라 그에 적합한 아이디어 발상의 단계와 기법을 적절히 선택하여 구사할 수 있어야 할 것이다. 즉, 아이디어 발상을 통해 얻고자 하는 것이 광고 목표나 광고 콘셉트처럼 추상적이고 개념적인 것인지, 키워드나 키비주얼처럼 구체적으로 상징화할 것인지, 그 결과물이 브랜드네임이나 슬로건처럼 단어의 형태인지, 스토리구조의 영상물인지에 따라 그에 적합한 아이디어 발상법을 활용할 수 있다. 또한 아이디어 발상을 혼자서 할 수도 있지만 여러 명이 모여서 하는 경우가 대부분이므로 아이디어 발상의 다양한 기법을 이해하고 활용해 봄으로써 적합한 방법을 찾는 것도 중요하다. 이를 위해 각 발상법의 내용을 설명한 후 실행 포인트를 달아 두었으므로 참고하면 되겠다.

〈표 5-1〉 **아이디어 발상법의 분류**

구분	명칭	주창자	내용
아이디어 발상 단계	5단계 발상법	Young (1987)	① 섭취 단계: 자료를 수집, 조사하기 ② 소화 단계: 수집된 자료를 분석, 선별, 분류하기 ③ 부화 단계: 머릿속을 비우고 잊어버리기 ④ 조명 단계: 아이디어 떠올리기 ⑤ 증명 단계: 떠오르는 아이디어를 평가, 정리하기
	마-생-검 발상법	차유철 (2008)	• 마음가짐: 주인의식, 자신감, 즐거움을 가지고 임하기 • 생각방법: 단순화, 문제 파악, 아이디어 발전, 연결고리 찾기 • 검증하기: 보여 주고 눈치 보기, 실제처럼 설명하기
	에디슨 발상법	김병희 (2014)	① 탐색 단계: 유익하고 적합한 자료를 지성, 호기심으로 수집 ② 발견 단계: 인상적이고 공감 가는 혜택을 민감, 진정성으로 계발 ③ 부화 단계: 믿을 만하고 정교한 아이디어를 시간 보장으로 숙고 ④ 구조화 단계: 경이롭고 독창적인 접근으로 새로움과 자신감 추구 ⑤ 조망 단계: 간단명료한 메시지를 위해 자질과 숙련도 발휘 ⑥ 연결 단계: 적용 가능하고 상관성 있도록 융합하고 확장
아이디어 발상 기법	브레인 스토밍	Osborn (1949)	• 5~7명이 팀을 구성하여 진행하는 집단토론 방식 • 오리엔테이션, 개별 발상, 집단토론, 평가의 순서를 거침 • 비판 금지, 자유분방한 분위기, 양에 치중, 기존 아이디어를 조합과 확장하여 새로운 아이디어로 도출
	연상력 발상법	Caples (1957)	• 개인 혼자서 연상되는 단어나 문장을 써 내려가는 방식 • 소화, 단어 도출, 연속 발상, 고갈, 재충전, 정리의 순서를 거침 • 머릿속에서 무의식적으로 연상되는 아이디어를 계속 써 내려가는 작업을 반복
	브레인 라이팅	Rohrbach (1969)	• 6명이 앉아서 3개의 아이디어를 5분 내에 기록하는 방식 • 기록지를 옆 사람에게 돌려 30분간 108개의 아이디어 도출 가능 • 주제 제시, 의견 작성, 기록지 수집과 분류, 제목달기의 순서를 거침 • 브레인스토밍의 집단 방식과 연상력 발상법의 기록 방식이 혼합됨

	마인드 매핑	Buzan & Buzan (1999)	• 머릿속의 생각을 지도로 그리는 방사식 사고 기법으로, 기억력 향상을 위해 개발되었다가 브레인스토밍의 수단으로 활용 • 핵심 단어에서 파생되어 떠오르는 생각을 거미줄처럼 확장하면서 기호, 그림, 사진 등을 기록하는 방식
	스캠퍼법	Eberle (2008)	• 해결하려는 문제를 명확히 정리한 뒤 일곱 가지 질문을 통해 답을 찾음으로써 아이디어를 얻는 방식 • 일곱 가지 질문: 대체하기, 결합하기, 조절하기, 변형 · 확대 · 축소하기, 용도 바꾸기, 제거하기, 역발상 · 재정리하기
	카탈로그법	윤일기, 최민욱 (2011)	• 광고할 제품과 관련된 그림, 사진, 광고, 문서 등의 다양한 자료를 보면서 아이디어를 도출하는 방식 • 광고 콘셉트 확정 – 발상 키워드 도출 – 키워드 숙지 – 시각자료 감상 – 브레인스토밍 – 2차 최적안 선정 – 아이디어 정교화 순서로 진행
아이디어 발상법	Q-5 발상법	오창일 (2001)	• 1단계 콘셉트 도출의 Q-5: 브랜드 인상, 목표고객, 광고 목표, 의사결정 방법, 소비자 혜택 • 2단계 아이디어 창출의 Q-5: 새로운 TPO, 인물, 가치, 주인공, 사회 흐름이 존재하는가 • 3단계 객관적 상관물의 Q-5: 구체적인가, 객관적인가, 적절한가, 차별적인가, 혜택이 있는가 • 4단계 구조화: 사건해결의 스토리텔링, 반전으로 아이디어 숙성 • 5단계 총체적 순인상(키워드, 키 비주얼): 혜택 · 가치, 명분, 광고 목표가 소비자 행동과 태도, 의견을 변화
	스프링법	박용원 (2004)	① 압축 단계: 광고 조사, 인텔리전스, 한 문장 요약, 개념 추출, 개념 다양화 ② 연상 단계: 비주얼 소재 추출, 비주얼 소재 의미풀이(비주얼 소재와 인텔리전스의 공통점, 상관성을 언어로 표현) ③ 확장 단계: 1, 2단계에서 눌러놓았던 스프링을 튕겨 내 아이디어 도출 ④ V-5법 대입(실물법, 작위법, 비교법, 나열법, 주관적 소구법)
	I CAN DO 발상법	김규철 (2013)	① 태도 과정: 할 수 있다는 긍정적 믿음과 자신감 갖기 ② 준비 과정: 제품 문제의 정체성 파악, 신뢰성 검증, 매력성, 새로움, 차별성 발견 등을 명확히 정리하기 ③ 발상 과정: 구체화, 결합, 비유, 응용, 역발상, 스토리텔링하기 ④ 검증 과정: 정체성, 믿을 만한 근거, 새로움, 매력성, 새로움, 차별점, 간단명료한 메시지 등 준비 과정의 광고 목적을 확인하기

2) 아이디어 발상 단계

(1) 5단계 발상법

아이디어 발상의 단계 가운데 가장 대표적인 사례로 알려진 것은 '영의 5단계(Young, 1987)'이며, 자세한 내용은 다음과 같다(김동규, 2003).

첫 번째 단계인 섭취 단계(ingestion stage)는 아이디어를 만들어 내고자 하는 대상과 관련되어 있는 자료를 조사하고 모으는 단계다. 광고를 제작하기 위한 아이디어 발상이라면 제품이나 서비스의 가격, 품질, 소재, 기능이나 효능, 브랜드, 디자인, 유통 등과 같은 직접적인 특징은 물론 관련 제품군이나 경쟁 브랜드가 속해 있는 시장의 특성과 소비자들의 구매 심리 및 행동, 사회적·문화적·경제적인 상황 등 광범위한 자료를 조사해야만 한다. 자료를 수집하는 작업이라고 해서 소홀히 여기게 된다면, 첫 단추를 잘못 끼웠을 경우 결국에는 마지막 단추까지 끼웠다가도 다 풀고 다시 끼워야 하는 것처럼 아이디어가 원점으로 돌아갈 수밖에 없다는 점을 명심해야 한다. 그렇다면 자료 조사의 양과 질을 어느 정도까지 정하는 것이 좋을까? 필자는 광고회사에서 신규 광고를 제작할 당시 광고주가 알고 있는 정도의 정보를 수집하려고 노력한 적이 있다. 따라서 섭취 단계에서는 '아는 만큼 보인다'는 믿음을 갖고 제품의 제조공정이나 판매현장 등을 직접 보거나 소비자와 인터뷰를 해 보는 등의 적극적인 활동이 필요하다.

두 번째 단계인 소화 단계(digestion stage)는 수집된 자료들을 분석, 선별, 분류하고 맞춰 보는 단계로, 광고의 목표에 부합되는 요소들을 걸러 내거나 각기 다른 각도에서 연관시켜 보는 것이다. 이런 작업을 반복하다 보면 섭취 단계에서는 각각 흩어져 있던 자료들 간에 연관성이 보이거나 빈틈이 발견되고, 어떤 부분에서는 급속도로 빠르게 잘 맞춰지던 조각들이 어떤 지점에서는 더 이상 진전이 되지 않고 길을 잃게 되는 경우를 맞이하기도 한다. 따라서 이 단계에서 가장 명심해야 할 것은 방향성을 잃어서는 안 된다는 점이다. 앞서 말했듯이 아이디어 발상의 최종 목적지가 광고 목표에 명시되어 있는 만큼, 중간중간 떠오르는 아이디어의 단상들도 광고 목표에 부합되지 않는 것이라면 잠시 접어 두어야 하며, 더 많은 가능성을 열어 두고 다양한 방법으로 조합하고 연결하도록 노력해야 한다. 이 과정에서 나오는 모든 아이디어는 당장은 쓸모없게 여겨지더라도 잠시 후에 다른 각도에서 더 훌륭하게 다듬어질 수도 있는 만큼, 모든 아이디어는 메모해 두도록 한다.

세 번째 단계인 부화 단계(incubation stage)는 지금까지의 모든 작업을 잠시 멈추고 잊어버리는 단계다. 이 잊어버림의 중요성은 앞 단계에서 너무 몰입되어 있었던 우리의 생각을 냉정하게 객관화시켜 보는 것에 있다. 마치 숲속의 한가운데에 있으면 숲의 모습과 내 위치를 정확하게 파악하기 어렵다가도 숲을 빠져나오게 되면 비로소 전체의 모습과 윤곽이 보이게 되는 이치와 같다. 따라서 이 단계는 아이디어 발상을 위해 주어진 시간이 아무리 짧더라도 반드시 거치는 것이 좋다. 시간에 쫓겨 급하게 마무리를 하는 바람에 냉정을 되찾을 시간을 갖지 못한 채 아이디어를 완성하고 나면, 그때는 알아채지 못했거나 보이지 않았던 것들로 인해 전혀 엉뚱한 길로 아이디어의 방향을 잡게 되는 경우가 종종 있기 때문이다. 이 단계를 두고 다른 학자들은 '숙성 단계', 혹은 '오븐에 넣고 기다리기'라고 말하기도 했는데, 우리 식으로 말하자면, 밥을 지을 때 '뜸 들이는' 과정이라 해도 좋을 것이다. 아무리 맛있게 지은 밥이라도 뜸을 들이지 않으면 설익은 밥을 먹게 되기 때문이다.

네 번째 단계인 조명 단계(illumination stage)는 우리의 뇌 속에서 숙성 과정을 거친 아이디어가 드디어 떠오르는 단계다. 이 단계에 들어서게 되면 캄캄했던 머릿속이 불현듯 밝아지면서 아이디어가 탄생하기도 하고, 서로 무관하게 여겨지던 아이디어들이 짜맞춰지면서 전혀 새로운 느낌으로 다가오기도 한다. 그렇다면, 이러한 아이디어 탄생의 순간에 어떻게 하면 새롭고 기발한 아이디어가 더 자주 떠오르게 할 수 있을까? 여기에는 두 가지의 노력이 필요하다. 우선은 앞서 언급했듯이 평소에 가능한 한 다양한 경험과 감성을 키우고 즐기는 습관을 갖는 것인데, 모든 상상력과 영감은 경험에서 비롯되기 때문이다. 유명한 영화감독들 중에 많은 이가 어려서부터 영화광이었다는 사실만 봐도 오랜 관심과 경험 그 이상의 것은 없다고 하겠다. 그다음은 아이디어 발상의 1, 2, 3단계를 충실히 거치며 우리의 뇌가 일을 잘 할 수 있도록 이끌어 가는 것이다. 결국 아이디어 발상에도 그 이상의 왕도는 없는 셈이다.

다섯 번째 단계인 증명 단계(verification stage)는 최종적으로 정리된 아이디어들을 광고로 완성할 수 있을지에 대한 냉정한 평가를 내리는 단계다. 아이디어는 말 그대로 아이디어이기 때문에 광고로 표현되었을 경우 그 가치가 극대화될 수 있을지에 대한 좀 더 논리적이고 전략적인 판단이 필요하기 때문이다. 따라서 이 단계에서는 아이디어를 낸 당사자가 평가를 내릴 수 있지만, 제3자로 하여금 객관적인 리뷰(review)를 하도록 하는 것도 좋다. 또한 이 단계에서는 아이디어의 부족한 부분을 적극적으로 찾아낼 수 있도록 타인의 비판에 긍정적인 태도를 갖추는 것이 필요하다.

5단계 발상법은 아이디어 발상 단계의 표준이라 할 수 있으므로 처음으로 아이디어 발상에 임하는 사람들에게 특히 유용하다. 다만, 이 발상법은 앞서 말한 대로 단계와 과정에 비중을 두고 있는 만큼, 부화나 조명의 단계에서 이르러서는 좀 더 구체적인 아이디어 발상 기법을 병행해 실행하는 것이 필요하다. 즉, 뒤에 설명할 브레인스토밍이나 마인드매핑, 카탈로그법 등을 각각의 단계에 적용한다면 보다 쉽고 효율적으로 아이디어를 구체화할 수 있다.

또한 광고 크리에이터를 지망하는 사람이라면 5단계 발상법의 첫 단계인 섭취의 단계를 평소 일상생활 속에서 지속적으로 실천해 보는 것을 권유한다. 즉, 사회, 문화, 경제 전반의 뉴스를 자주 접함으로써 마케팅 지식을 넓히고 각종 온·오프라인 매장 방문을 통해 다양한 제품군의 트렌드나 브랜드 관련 소비자 취향 등을 폭넓게 파악해 두는 것도 아이디어 발상의 시간을 절약하고 감각을 유지하는 좋은 방법이 될 수 있다.

(2) 마-생-검 발상법

차유철(2013)이 개발한 아이디어 발상의 3단계로, '마음가짐-생각방법-검증하기'의 첫 자를 따서 '마-생-검 발상법'이라 명명했다.

먼저, 마음가짐에서는 아이디어 발상의 모든 단계에서 아이디어 발상에 임할 때 주인의식과 자신감을 갖고 주도적이고 적극적으로 해야 한다는 점을 강조했다. 그리고 이러한 자신감이 작업에 즐거움을 더해 실행의 몰입도와 좋은 결과를 낼 수 있도록 돕게 된다는 것이다.

그다음 생각방법에서는 네 가지의 방법을 통해 아이디어를 도출하도록 하였는데, 첫째는 단순화다. 즉, 제품의 관련 정보나 문제점 등을 분류하고 우선순위를 매겨 보는 것이다. 둘째는 문제를 파악하는 것인데, 광고주, 소비자, 시장의 관점에서 다양한 해결점을 찾아보는 것이다. 셋째는 고객이나 소비자에게 질문을 던지고 동료들과 충분한 대화를 통해 아이디어를 발전시키는 것이다. 넷째는 아이디어 발상이 더 잘 이루어지기 위해서 소재들의 공통점이나 차이점 등을 찾아 관계를 맺어 봄으로써 연결고리를 찾아보는 것이다.

마지막으로, 검증하기는 아이디어를 객관적으로 검증받고 다듬어 보는 것이다. 이때는 자신의 아이디어를 상대에게 설명 없이 보여 주고 반응을 살피는 눈치 보기 방법, 최대한 상상력을 동원해 실제처럼 설명하는 방법이 있다. 검증 결과 자신의 아이디어가 채택되지 않았더라도 처음으로 돌아가서 다시 시작할 수 있는 여유와 자신감이 필요하다.

이 발상법은 각 단계의 순서에 중점을 두기보다 참가자들이 각 단계별로 어떤 태도와 행동을 취해야 하는지에 관심을 두고 있다. 즉, 마음가짐에 있어서는 진심과 자신감이 있어야 하고, 생각 방법에서는 몰입과 소통이 있어야 하며, 검증하기에서는 냉철함과 여유를 갖추어야 효율적인 성과를 낼 수 있다는 것이다. 또한 생각방법 단계에서 언급한 네 가지(단순화, 문제 파악, 아이디어 발전, 연결고리 찾기)는 광고 기획 단계에서 광고 목표나 광고 콘셉트를 설정하기 위해 필수적으로 거쳐야 하는 사항들이므로 참고하는 것이 좋다.

(3) 에디슨 발상법

김병희(2014)는 '창의주성(creotaxis)'이라는 개념을 아이디어 발상에 도입하여 탐색(exploration), 발견(discovery), 부화(incubation), 구조화(structuring), 조망(outlook), 연결(network)의 여섯 단계를 구성하였고, 각 단계의 첫 글자를 따서 '에디슨(EDISON) 발상법'이라 명명했다.

그는 이에 앞서 창의성의 수준에 따라 수용자의 마음이 끌리거나 회피하는 경향을 설명하는 자극원을 창의주성이라 지칭하였고(김병희, 2002), 여러 가지 창의주성을 구성하는 요인에는 적합성(appropriateness), 공감성(empathy), 정교성(elaboration), 독창성(originality), 명료성(clarity), 상관성(relevancy)의 여섯 가지가 필요하다고 말했다. 이를 자세히 설명하면, 적합성은 광고 메시지가 브랜드의 특성과 얼마나 어울리게 표현되었는지를 뜻한다. 이는 물리적인 특성뿐 아니라 정서적인 느낌에서도 적합해야 한다는 점을 유의해야 한다. 공감성은 광고 표현에 대해 수용자가 얼마나 동의하는지의 정도로, 아무리 창의적이라 하더라도 소비자가 공감하지 않으면 광고 효과가 낮다는 걸 의미한다. 정교성은 광고물이 얼마나 고급스럽고 세련되게 표현되었는지의 정도이며, 레이아웃(layout)이나 색감, 카피의 완성도, 서체 등 모든 면에서 나타날 수 있다. 독창성은 광고물이 얼마나 개성적이고 독특한 재미를 지니고 있는지의 정도인데, 이는 광고 메시지가 소비자의 공감도를 높이는 데 기여하므로 매우 중요한 요소다. 명료성은 광고물의 간단명료함, 즉 간결한 표현 속에 담긴 정확한 메시지 전달력을 말한다. 상관성은 광고 메시지가 브랜드와 관련되는 정도인데, 광고에는 제품 특성이나 소비자 혜택 등이 담겨 브랜드와의 연관성이 느껴져야 한다는 것이다.

김병희(2014)는 이러한 창의주성 구성요인의 여섯 가지를 세로축으로 구성하고, 가로축에는 창의성 영향 요인, 창의주성 구성 요인, 수용자 기대반응, 발상자 계발 요인,

아이디어 발상 단계 등을 나열해 에디슨 발상법의 구조를 완성하였는데, 그 내용은 다음과 같다.

첫 번째 탐색 단계는 아이디어 발상의 시작 단계로서 수용자에게 유익하고 적합한 자료를 확보하는 것이 중요하다. 따라서 아이디어 발상자들은 이 단계에서 최대한 유용한 자료를 활용해 지성(intelligence)과 호기심(curiosity)을 아이디어 발상의 원동력으로 삼아야 하며, 이때 떠오르는 아이디어가 광고 목표에 부합되는지의 적합성을 놓치지 말아야 한다.

두 번째 발견 단계는 수용자, 즉 소비자가 이끌릴 만한 인상적인(impressive) 혜택을 찾아내는 단계다. 이를 위해서는 민감성(sensitivity)과 진정성(authenticity)을 갖추려는 노력을 해야 한다. 즉, 광고를 보는 소비자의 입장에 몰입하여 깊은 사고를 반복해야 한다는 것이며, 이때 떠오르는 아이디어에 대해 소비자의 공감성 여부를 반드시 체크해야만 한다.

세 번째 부화 단계는 앞선 단계에서 떠올랐던 초벌 아이디어들을 수용자들이 믿을 만한(reliable) 아이디어로 발전시키는 단계다. 여기서는 충분한 시간을 보장(time guarantee)받아 심사숙고(deliberateness)하는 것이 중요한데, 이는 아이디어에 고급감과 세련미를 더함으로써 정교성을 높이기 위해서다.

네 번째 구조화 단계에서는 수용자들이 경이로운(surprising) 반응을 나타낼 수 있도록 발전시키는 단계다. 이를 위해서는 새로움(novelty)과 자신감(confidence)으로 아이디어를 발상하는 것이 중요하며, 도출된 아이디어에 독창성이 있는지 점검해 보는 것이 필요하다.

다섯 번째는 조망 단계로서, 지금까지 나온 아이디어가 간단명료(simple)하게 다듬어지도록 하는 단계다. 따라서 자질(talent)과 숙련도(expertness)를 갖추는 것이 필요한데, 얼마나 함축적이면서도 명확한 메시지로 표현되었는지에 대한 명료성을 짚어 보도록 해야 한다.

여섯 번째 연결 단계는 도출된 아이디어가 얼마나 적용할 만한지(applicable)를 평가해 보는 단계다. 따라서 다방면으로의 융합(convergence) 사고와 확장 가능성(extendibility)을 발휘하여 아이디어와 제품 특성, 수용자 혜택 간의 상관성을 고려해 보도록 한다.

에디슨 발상법은 영의 5단계 발상법과 차유철의 마-생-검 발상법을 모두 포괄하는 확장된 아이디어 발상 단계다. 즉, 5단계 발상법이 아이디어 발상의 단계별 실행 내용과 순서를 중시하고 있다면, 마-생-검 발상법은 발상에 임하는 참가자가 어떤 태도와 자세를 가져야 하는지에 중점을 두고 있는데, 에디슨 발상법은 발상의 단계에 필요한 체크포인트와 아이디어 발상에 임하는 사람들이 계발해야 할 태도나 자질을 설명하고 있기 때문이다. 따라서 발상 단계별로 요구되는 내용에 주의를 기울이면서 한 단계 한 단계 실행해 나가는 것이 필요하다고 하겠다.

3) 아이디어 발상 기법

(1) 브레인스토밍

브레인스토밍(brainstorming)은 BBDO 광고회사의 알렉스 오스본(Allex F. Osborn)이 『크리에이티브 파워(Your Creative Power)』(1949)에서 소개한 집단 발상법이다. 오스본은 그의 책에서 "대부분의 아이디어는 다른 아이디어에서 탄생한 아들이다."라고 말했는데, 이것이 곧 브레인스토밍의 핵심이다. 아무리 경험치가 많고 상상력이 풍부한 사람이라 하더라도 혼자서는 생각이 제자리에 머무르기 마련이고 일정한 틀을 벗어나기 어렵지만, 여러 명이 한 주제를 놓고 생각을 나누다 보면 다양한 아이디어가 나오게 되고 처음에는 정리가 덜되었거나 그리 뛰어난 아이디어가 아니더라도 그 뒤에 나오는 아이디어에 의해 빛나는 아이디어로 탄생하는 경우가 많기 때문이다. 진행하는 방법은 다음과 같다(차유철, 2010; 최승희, 2020).

- 참가 인원: 브레인스토밍에는 리더 1명과 기록자 1명을 포함해 5~7명의 인원이 팀을 이루어 참여하는 것이 좋은데, 이보다 인원이 더 적으면 의견을 다양하게 얻기가 어렵고 더 많아지면 회의에 참여하지 않는 사람(free-rider)이 생겨서 효율성이 낮아지기 쉽기 때문이다.
- 주제 설정: 주제는 구체적이고 명확할수록 좋다. 그렇지 않을 경우 아이디어가 한곳으로 집중되지 않으므로 핵심적인 아이디어를 얻기 어려우며 시간이 오래 소요되어 지칠 수 있다. 따라서 리더는 회의를 시작하기 전에 구체적인 주제를 참가자들과 공유하는 것이 좋으며, 주제를 세분화해 놓고 일정 시간이 지나면 다음 주제로 넘어가서 주의를 환기시키는 것도 좋다.

• 아이디어의 기록: 회의가 진행되는 동안 나오는 모든 아이디어는 그날의 기록자가 모두 기록하는 것을 원칙으로 한다. 때로 아이디어의 내용이 중복되어 나오는 경우라도 이를 누락하지 말고 기록하여야 하며, 기록자의 임의대로 수정하지 않아야 한다. 내용상 빈도가 높은 아이디어를 기록하는 목적도 있지만, 아무리 비슷한 아이디어라 하더라도 작은 차이점이 단서가 되어 전혀 새로운 아이디어로 발전하는 경우도 있는 만큼, 있는 그대로 기록하여 각각의 생각의 단초를 잃어버리지 않도록 하는 것이 중요하다.

• 회의 시간과 장소: 회의 시간은 한번에 1~2시간을 넘기지 않는 것이 좋다. 많은 인원이 동시에 집중해서 토론할 수 있는 시간은 그리 길지 않기 때문이다. 만일 단기간에 결과물을 얻기 위해서 회의를 지속해야 하는 경우라도 일단 회의를 마친 뒤 각자 흩어져서 그 정도의 시간을 쉬거나 개인 작업을 한 뒤 다시 모이는 것이 좋다. 일반적으로 한 프로젝트가 진행되는 동안에는 집단 브레인스토밍과 개인 작업의 과정을 반복해 가며 수차례 되풀이하게 된다. 장소는 테이블과 의자가 있어 서로 마주보고 대화를 나눌 수 있는 곳으로, 외부의 소음 등으로부터 방해받지 않을 수 있는 곳이 좋다. 회의 도중 자세가 흐트러지거나 주위가 산만해지는 등의 너무 자유로운 분위기는 오히려 아이디어 도출의 효율성을 떨어뜨릴 수 있으므로 적당한 긴장감을 유지할 수 있는 공간을 택하도록 한다.

• 진행 수칙: 가장 중요한 것은 모든 참가자가 자유롭게 아이디어를 낼 수 있는 분위기를 조성하는 것이다. 즉, 가급적이면 발언의 기회가 골고루 돌아가게 하고 다른 사람이 낸 아이디어를 비판하지 않도록 하는 수용적인 태도를 취하여야 한다. 다른 사람의 아이디어에 대해 좋다, 나쁘다 등의 평가를 내리게 되면 부담 없이 아이디어를 내기 어려울 뿐 아니라, 대부분의 아이디어는 처음부터 완벽하게 좋은 아이디어로 탄생하는 것이 아니라 몇 사람이 덧붙이고 발전시킴으로써 완성되기 때문이다. 이런 이유로, 회의 초반에는 아이디어의 질보다 양에 치중하여 되도록 많은 아이디어를 낸 뒤 그 가운데 몇 개를 질적으로 발전시키고, 이 과정을 반복하여 최종적으로 평가 · 정리하도록 한다.

브레인스토밍 실행 _____ 포인트

브레인스토밍은 광고 콘셉트 도출과 스토리텔링 등 제작에 활용되는 것은 물론 신제품 개발이나 조직 내의 문제해결 등 다양한 목적으로 활용할 수 있는 아이디어 발상 기법이다. 따라서 브레인스토밍의 효율성을 높이기 위해서는 먼저 수집된 정보나 자료 등 오리엔테이션을 진행하고 참가자 개개인이 이를 충분히 숙지한 뒤 진행함으로써 다양한 의견이 참가자 모두에게서 골고루 나오도록 하는 것이 중요하다. 또한 앞에서 설명한 진행수칙 등을 제대로 지켜서 효율성을 높이도록 한다.

앞서 언급했듯이, 아이디어 발상 단계에 중점을 둔 5단계 발상법이나 에디슨 발상법을 실행할 때 아이디어 발상의 한 기법으로 브레인스토밍을 활용하는 것도 좋으며, 뒤에서 소개할 마인드매핑이나 카탈로그법 등을 하위 수단으로 병행한다면 효율성을 높일 수 있다.

(2) 연상력 발상법

연상력 발상법은 존 케이플즈(John Caples, 1957)가 주창한 연상적 사고 기법으로서 인간의 머릿속에 무의식적으로 떠오르는 단어와 문장을 연속적으로 써 내려가는 아이디어 발상 기법이다. 여러 명이서 집단적으로 참여하는 브레인스토밍과는 달리 이 방법은 혼자서도 진행할 수 있다는 장점이 있다(김동규, 2003; 김병희, 2014).

진행 방법은 먼저 해결하기 위한 문제와 관련해 수집된 자료를 충분히 숙지한 후 그와 관련해 떠오르는 단어나 문장을 계속 써 내려가는 것이다. 시간이 흐르면서 속도가 빨라지다가 느려지는 순간이 오고 더 이상 쓸 단어가 생각나지 않는 상황이 되면 추진 기법(booster technique)을 사용한다. 이 추진 기법은 정리된 자료나 앞서 나왔던 결과물들을 검토하면서 머릿속을 재정리하고 초반의 생각으로 돌아가 보는 것을 말하는데, 이렇게 해서 다시 써 내려가는 방법을 반복함으로써 아이디어를 확보하게 된다. 그리고 최종적으로는 이 단어나 문장 등을 정리하고 요약하여 아이디어로 활용하면 된다.

연상력 발상법 실행 _____ 포인트

연상력 발상법은 광고 콘셉트나 크리에이티브 콘셉트 등 한 가지 주제에 연결되는 고리를 도출해 낼 때 사용할 수 있는 방법이다. 특히 혼자서도 실행할 수 있으므로 브레인스토밍 후 혼자서 개인적인 생각을 정리할 때 활용하면 좋지만, 사고의 흐름이 쉽게 막히고 더 이상 진전되지 않는 순간이 빨리 올 수도 있다. 이때는 추진 기법을 활용하는 것 외에도 이 생각에서 완전히 떠나 다른 일을 하거나 영화를 보거나 음악을 듣는 등의 환기를 하는 것도 좋다. 생각의 흐름이 멈추었다가도 다른 자극을 받게 됨으로써 새로운 방향을 찾아 나갈 수 있기 때문이다.

(3) 브레인 라이팅

브레인 라이팅(brain writing)은 브렌트 로르바흐(Bernd Rohrbach, 1969)가 고안한 것으로, 6명이서 3개씩의 아이디어를 5분 이내에 기록하는 방식이다. 브레인스토밍과 다른 점이 있다면, 브레인스토밍은 여러 사람이 말로 아이디어를 내는 동안 한 사람이 기록을 하는 것이지만, 브레인 라이팅은 각자가 종이에 아이디어를 글로 적은 뒤 이를 다음 사람에게 돌려서 이를 토대로 나오는 생각을 다시 그 종이에 이어서 적는 방식으로 진행한다는 것이다(김병희, 2014). 따라서 30분 만에 108개의 많은 아이디어를 얻을 수 있고, 발표에 소극적인 사람들도 쉽게 참여할 수 있으며, 타인의 아이디어를 토대로 새로운 아이디어로 발전시킬 수 있다는 장점이 있다. 이렇게 해서 얻어진 아이디어는 참여자들이 종합해 정리하고 유형화하여 사용할 수 있다.

브레인 라이팅 실행 _____ 포인트

브레인 라이팅은 짧은 시간 내에 많은 단서를 찾아낼 수 있다는 장점이 있는 만큼, 크리에이티브 콘셉트나 브랜드 네이밍, 슬로건 등의 아이디어를 발상할 때 유용하다. 따라서 가능한 한 주제를 명확하게 정해서 주제별로 나누어 반복 시행하고 마지막에 정리를 하는 것이 효율성을 높이는 방법이다.

---

(4) 마인드매핑

마인드매핑(mindmapping)은 토니 부잔(Tony Buzan)이 개발한 방사식 사고 기법으로, 마음속에 지도를 그려 아이디어를 생성하는 방법이다(Buzan & Buzan, 1999). 처음에는 기억강화를 위한 연상학습법으로 시작되었는데, 한 학생이 습득한 자료를 숙지한 뒤 이를 기호, 이미지, 색상 등으로 표현하면 뒤의 학생이 이를 해독하고 다시 연상되는 아이디어를 이어서 기호화하여 지도를 그려 가는 것이다. 이후 이 기법은 브레인스토밍의 도구로 사용되면서 모든 분야의 창의적 아이디어 발상에 활용되었다(장진태, 2016).

진행 방법은 먼저 주제와 관련된 자료를 숙지한 후 이와 관련된 핵심 단어나 기호, 이미지를 가운데 그려 넣는다. 그 다음에는 이와 관련하여 머릿속에서 떠오르는 단어나 기호, 그림 등을 거미줄처럼 연결해 확장하며 지도를 완성해 나간다. 일종의 시각화된 브레인스토밍 기법이라고도 할 수 있다. 이 방식은 여러 사람 또는 단독으로 모두 실행 가능하며, 아이디어를 한 방향이 아닌 방사선 형태의 여러 방향으로 뻗어 나가도록 함으로

써 아이디어의 막힘이 생길 경우 쉽게 다른 방향으로 진행할 수 있다는 장점이 있다. 또한 최초의 문제를 중심으로 시작된 생각들이 파생되고 확장되어 가는 과정을 한눈에 확인할 수 있다는 점에서 전체를 파악하거나 중간에 놓친 부분을 보완할 수도 있다.

마인드매핑 실행 _____ 　**포인트**

마인드매핑은 광고 제작에 도입할 경우 자료정리 단계에서부터 활용할 수 있다. 즉, 참가자들이 각자 수집한 그림이나 도표, 단어 등을 제품, 시장, 소비자와 관련성 있는 것들끼리 연결해 나감으로써 시각적으로 자료를 분류 · 정리할 수 있다는 것이다. 또한 이를 토대로 소비자 혜택을 찾아내고 이를 광고 콘셉트나 크리에이티브 콘셉트로 발전시켜 나가는 과정에서도 이 기법을 활용할 수 있는데, 단어 외에도 도표, 그림, 색상 등으로 표현할 수 있어 구체적인 연상에 특히 유용하다.

---

(5) 스캠퍼법

스캠퍼(SCAMPER)는 오스본의 체크리스트법을 밥 에이벌(Bob Eberle, 2008)이 보완한 것으로, 대체하기(substitute), 결합하기(combine), 조절하기(adjust), 응용하기(adapt), 변형하기(modify), 용도 바꾸기(put to other uses), 제거하기(eliminate), 역발상(reverse) 및 재배열하기(rearrange)의 첫 글자를 따서 만든 아이디어 도출 방법이다.

이 방법을 통해 아이디어를 발상하기 위해서는 우선 해결하고자 하는 문제를 명확하게 정리하는 것이 필요하다. 즉, 아직 정리되지 않은 단서들을 토대로 조금씩 발전시켜 가는 다른 아이디어 발상 기법들과는 달리, 이 방식은 기존의 정리된 사실이나 문제에 여러 가지 질문을 던져 가며 새로운 아이디어를 찾아내는 방식이기 때문이다(신원선, 2012). 이 질문들 중 첫 번째는 대체하기로, 사람이나 사물의 순서, 시간, 재료, 장소, 성분, 역할 등을 바꿔서 생각해 보는 방법이다. 두 번째는 결합하기로, 사람이나 사물을 합치거나 다른 요소와 섞거나 배치를 달리해 보는 방법이다. 세 번째는 조절하기로, 사람이나 사물의 모양이나 조건을 바꿔 보는 것이다. 네 번째는 응용하기나 변형하기로, 형태나 품질, 의미, 색깔, 소리, 향기 등을 변형하거나 확대, 축소해 보는 것이다. 다섯 번째는 용도 바꾸기로, 원래의 용도 외에 다른 용도로 활용할 수 있는 방법을 찾는 것이다. 여섯 번째는 제거하기로, 어떤 사물의 불필요한 부분을 제거하거나 생략, 압축, 분할하는 방법이다. 일곱 번째는 역발상 및 재배열하기로, 기존의 질서나 패턴을 거꾸로 바꿔 보는 방법이다.

스캠퍼법 실행 _____ 포인트

이 방법은 이미 도출된 개념이나 문제를 놓고 일곱 가지 다른 대안을 통해 해결방안을 찾아보는 것이므로, 도출된 개념을 구체적인 대상으로 확장시키고자 할 때나 자유로운 연상이 쉽게 진행되지 않을 때 유용하다. 이는 마치 교통체증으로 길이 막혀 있을 때 다른 길을 선택해서 다시 속도를 내는 것과 같은데, 이 일곱 가지 방법이 목적지까지 갈 수 있는 각각의 대안 도로들인 셈이다. 즉, 해결하고자 하는 문제에 앞의 일곱 가지 패턴을 차례로 대입해 보다 보면 자유로운 연상 방법으로는 나아가지 않던 생각의 흐름이 방향을 바꿔 새로운 아이디어를 낼 수 있게 되는 것이다.

(6) 카탈로그법

카탈로그(catalog)법은 광고실무 현장에서 사용되어 오던 방법을 윤일기와 최민욱(2011)이 재정리한 것으로, 그림, 사진, 광고, 카탈로그, 문서 등을 보면서 아이디어를 도출해 내는 기법이다(최승희, 2020). 즉, 머릿속으로는 광고 목표 등의 해결해야 할 문제를 의식하고 있는 상태에서 눈으로는 각종 다양한 시각자료를 보면서 순간적으로 번뜩이는 생각을 아이디어로 발상하거나 활용 가능한 비주얼을 찾아내어 아이디어로 발전시키는 것이다(윤일기, 2020).

구체적인 진행 방식은 다음과 같다. 먼저, 광고 콘셉트와 발상 키워드를 확정해야 하는데 이는 브레인스토밍과 같은 방식으로 진행한다. 다음으로 도출된 키워드를 머릿속에 담은 상태로 다양한 시각자료를 보면서 두뇌의 응집력과 영감 등을 통해 아이디어로 발전 가능성 있는 자료를 체크해 두도록 한다. 다음으로는 체크해 둔 시각자료나 발상된 아이디어를 2~3개의 후보 안으로 좁힌 뒤 이들을 브레인스토밍을 통해 더 발전시켜 나간다. 최종적으로 2차 최적안을 선정하고 이를 더욱 정교화한다.

카탈로그법 실행 _____ 포인트

이 기법은 광고 목표나 광고 콘셉트 등을 찾아내기 위한 기획 단계보다 크리에이티브 콘셉트의 도출이나 키 비주얼을 찾아내기 위한 제작 단계에서 더욱 효과적이다. 그러므로 비주얼로 이루어진 시각자료를 활용하는 데 그치는 것이 아니라, 서적이나 시집 등 텍스트자료로 확장시켜 적용할수도 있다. 즉, 아이디어 발상의 마지막 단계에서 키워드를 도출해 내야 할 때 각종 서적의 소제목이나 시집, 잡지기사, 노래가사 등 특정 어구나 문장을 읽어 내려가다 보면 평소에 사용하지 않았던 단어가 순간적으로 떠오르거나 새로운 문장 구성 방식 등을 착안해 낼 수 있으므로 키워드나 헤드카피의 표현에 도움을 얻을 수 있다.

4) 아이디어 발상법

(1) Q-5 발상법

오창일(2001)은 광고 크리에이티브를 숙성시키기 위해서는 5단계-5개 질문을 반복적으로 거쳐야 한다는 의미의 'Q-5(Question 5) 발상법'을 제시했다(김병희, 2014).

1단계 콘셉트 도출 Q-5는 새로운 관점을 포착한 것인지, 그리고 공감할 수 있는 콘셉트인지를 체크하는 단계다. 즉, 브랜드 인상은 무엇인지, 목표고객은 누구인지, 광고 목표는 무엇인지, 의사결정 방법은 무엇인지, 소비자 혜택은 무엇인지 하는 다섯 가지 질문을 통해 문제를 해결하는 것이다.

2단계 아이디어 창출 Q-5는 발상 과정에서 다섯 가지 질문을 함으로써 전략적인 아이디어를 창출해 내는 단계다. 즉, 새로운 TPO(time, place, occasion), 새로운 인물, 새로운 가치, 새로운 주인공, 새로운 사회 흐름이 존재하는가 하는 질문을 통해 콘셉트와 아이디어 사이에 연계 순환적 통합시스템을 작동시키는 것이다.

3단계 객관적 상관물의 Q-5는 소비자의 머릿속에서 콘셉트와 아이디어가 하나의 연상으로 기억되도록 하는 연결고리를 체크해 보는 단계다. 즉, 구체적인 사물로 표현되었는가, 다수가 공감하는 객관성이 있는가, 그 브랜드만의 적절한 표현인가, 차별화되어 있는가, 혜택과 명분이 제시되었는가의 다섯 가지를 점검해 보아야 한다.

4단계 구조화는 도출된 아이디어를 스토리텔링의 구조로 흥미롭게 만드는 단계다. 여기서는 사건이나 문제가 주인공을 통해 해결되거나 반전 등의 요소가 필요하다.

5단계 총체적 순인상은 최종 산물이라 할 수 있는 키워드(key word)와 키 비주얼(key visual)의 도출 단계다. 따라서 키워드와 키 비주얼에 광고 목표, 혜택과 가치, 명분 등이 담겨 있어야 하고, 이것이 소비자의 행동과 태도, 의견 등을 바꿀 수 있도록 만들어졌는지가 검토되어야 한다.

Q-5 발상법 실행 ___ 포인트

Q-5 발상법은 광고 크리에이티브 전략에 최적화되어 있는 아이디어 발상법이다. 따라서 콘셉트 도출에서 키워드와 키 비주얼의 도출까지 각 단계별로 구성된 질문을 통해 각각의 아이디어에서 놓치기 쉬운 빈틈들을 찾아내고, 크리에이티브 브리프(creative brief) 작성에 활용한다면 더욱 효과적일 수 있다.

(2) 스프링법

스프링법(spring method)은 박용원(2004)이 언어와 시각화의 구체적인 방법을 접목 시켜 카피와 비주얼로 전개해 나갈 수 있도록 고안해 낸 광고 아이디어 발상 체계다. 이를 위해 그는 압축, 연상, 확장의 3단계를 구성하였는데, 이를 자세히 설명하면 다음 과 같다.

① 압축 단계: 압축 단계는 수많은 정보 가운데 소비자가 관심을 가질 만한 요소 를 찾아내어 하나의 개념으로 만들어 내는 것인데, 광고 조사 → 인텔리전스 (intelligence) → 한 문장 요약 → 개념 추출 → 개념 다양화로 구성된다. 먼저, 광 고 조사에는 제품은 물론, 시장, 소비자, 광고 등 모든 마케팅 관련 자료가 포함된 다. 인텔리전스는 모든 자료를 검토한 후 이들 중 소구력이 가장 강력한 논점을 결정하는 것이다. 한 문장 요약은 인텔리전스의 내용을 함축시켜 한 문장으로 표 현하는 것으로, 명확하고 쉬워야 한다. 개념 추출은 한 문장 요약의 내용을 추상 적인 단어로 표현하는 것이고, 개념의 다양화를 이 단어를 중심으로 비슷하거나 암시적이거나 반대되는 등의 관련 있는 단어들을 찾아내는 것이다.

② 연상 단계: 연상 단계는 압축 단계에서 도출된 개념과 일치하는 비주얼 소재를 찾 아내는 '비주얼 소재 추출', 그것이 인텔리전스와 관련이 있는지를 확인하는 '비주 얼 소재의 의미풀이'로 구성된다. 먼저, 비주얼 소재 추출은 가급적 많은 양을 찾 아내는 것이 좋지만, 주어진 개념에 충실하고, 새롭거나 재미있거나 인상적이어 야 하고, 쉬워야 하며, 엉뚱하면서도 의미가 통하는 것이어야 한다. 다음으로 비 주얼 소재의 의미풀이는 비주얼 소재와 인텔리전스가 어떤 공통점이나 상관성을 지니고 있는지를 언어로 설명하여 이해를 돕도록 하는 것이다.

③ 확장 단계: 확장 단계는 압축과 연상의 단계를 통해 눌러 놓았던 스프링이 튀어 오르듯이 구체적인 아이디어로 발전하는 단계다. 따라서 앞의 두 단계에서는 글 로만 표현되었던 개념들이 확장 단계에 이르러서는 'V(visualization)−5법 발상'을 이용해 글과 그림, 즉 카피와 비주얼로 구체화되고, '업그레이드' 과정을 통해 최 종적으로 보완 · 수정된다.

V−5법 발상은 하나의 개념에서 다양한 시각적 결과를 얻을 수 있는 시각화 방 법으로, 실물법, 작위법, 비교법, 나열법, 주관적 소구법 등이 있으며, 소구력의 극 대화를 통해 카피와 비주얼에 동시에 적용할 수 있다. 먼저, 실물법은 실제 사물

이나 상황, 사실을 그대로 표현하는 방법으로, 사실 그대로의 가치나 속성을 보여 줌으로써 공감을 불러일으킬 수 있다. 작위법은 어떤 대상물을 의도적으로 조작하는 방법으로, 어떤 특징을 강조하거나 변형, 생략함으로써 두드러지게 보이도록 하는 방법이다. 비교법은 공통점이나 차이점을 비교하는 것으로, 쉽고 인상적인 전달 방법이다. 나열법은 세 가지 이상의 비주얼을 연속적으로 보여 주는 방법으로, 흐름에 따른 변화를 통해 소구력을 높일 수 있다. 주관적 소구법은 앞의 네 가지 발상 외에 불현듯 떠오른 아이디어를 활용하는 것으로, 우연하거나 감성적인 발상을 정리하여 얻기도 한다.

스프링법 실행 _____ 〔 **포인트** 〕

스프링법 역시 광고 크리에이티브를 위한 아이디어 발상법이지만, 앞서 소개한 Q-5 발상법이 크리에이티브의 전략에 중점을 둔 반면 이 스프링법은 크리에이티브의 표현에 중점을 두고 있다는 점에서 그 차이가 있으므로 이를 적절히 활용하도록 한다. 다만, 이 스프링법을 직접 실행하기 위해서는 압축 단계의 인텔리전스, 한 문장 요약, 개념 추출 등의 용어가 쉽게 이해되지 않을 수 있는데, 우리가 익히 알고 있는 제품 콘셉트(product concept), 광고 콘셉트(advertising concept), 크리에이티브 콘셉트(creative concept) 등으로 바꾸어 이해해도 무방할 것으로 생각한다.

---

(3) I CAN DO법

이 방법은 김규철(2013)이 광고 실무자들과 학생들을 위해 개발한 아이디어 발상법으로, 태도 과정, 준비 과정, 발상 과정, 검증 과정의 4단계로 구성된다. 그는 아이디어 발상을 잘하기 위해서는 '나는 할 수 있다'는 마음가짐이 필요하다고 강조하였으며, 이런 이유로 'I CAN DO' 발상법으로 명명하고, 각 단계마다 그 여섯 글자로 시작하는 요소들을 넣어 구성했다.

① 태도 과정: 아이디어를 발상하기 위해서는 좋은 아이디어를 만들어 낼 수 있다는 믿음과 자신감을 가지고, 즐기려는 마음으로 임하는 긍정적인 마인드가 필요하다고 했다.

② 준비 과정: 해결하고자 하는 대상에 대해 여섯 가지의 다양한 관점에서 자료를 분석하고 핵심을 찾아내는 과정으로, 이 여섯 가지의 첫 글자를 따면 'I CAN DO'가 된다. 첫 번째는 정체성(identity)을 파악하는 것인데, 제품과 관련된 문제를

정확히 파악하고 그것을 바탕으로 독창성 있는 요소(콘셉트나 메시지)를 발견하는 것이다. 두 번째는 신뢰성(credibility) 검증하기인데, 앞서 발견한 요소가 소비자에게 믿음을 줄 수 있는 근거가 있는지 검증하는 것이다. 근거가 분명할수록 아이디어에 힘이 생긴다. 세 번째는 매력성(attraction) 발견하기인데, 그 요소에 신선함이나 공감 또는 임팩트(impact) 등의 매력이 있어야 한다. 네 번째는 새로움(newness), 즉 혁신성이나 재치 등을 발견하는 것이다. 다섯 번째는 차별성(differentiation) 발견하기인데, 소비자들이 경쟁 제품에 비해 차별점을 느낄 수 있는지를 체크해야 한다. 여섯 번째는 명확하게(obviousness) 정리하기로, 앞에서 점검한 모든 내용이 포함되어 있는 콘셉트나 메시지라 하더라도 최종적으로는 간단하고 명료하게 정리되어야 한다는 것이다.

③ 발상 과정: 준비 과정에서 도출된 내용을 구체화시키는 과정으로, 이 또한 첫 글자가 각각 'I CAN DO'로 시작하는 여섯 가지로 구성된다. 첫 번째는 문제에서 출발하기(information)다. 제품이 가지고 있는 기본 정보가 아이디어 발상의 기본이 되는 것이다. 두 번째는 결합하기(combine)다. 제품 자체만으로 소비자 혜택을 전달하기 어렵다면 제품과 전혀 다른 성질과 결합해 보거나 규칙을 깨 보는 등의 방법을 찾을 수 있다. 세 번째는 응용하기(adapt & apply)로, 제품을 의외의 물건이나 상황에 비유해 보는 것이다. 네 번째는 반대로 생각하기(negative opinion), 즉 거꾸로 생각하기다. 일반적인 상식을 거부함으로써 독창적인 상황으로 발전시키는 것이다. 다섯 번째는 이야기 만들기(dramatize), 즉 스토리텔링인데, 기억하기 쉽고 설득력이 높다는 장점이 있다. 여섯 번째는 처음으로 돌아가기(original)다. 아이디어 발상을 시도하다가 막히면 다시 원점으로 돌아가 전혀 다른 접근을 통해 새로운 아이디어를 얻을 수 있다.

④ 검증 과정: 검증 과정은 도출된 아이디어를 검증하기 위한 체크리스트로, 이 역시 'I CAN DO'로 시작하는 여섯 가지 단어로 구성된다. 즉, 만들어진 아이디어는 '문제가 무엇인지(identity) 분명한가?' '믿을 수 있는(credibility) 근거가 분명한가?' '매력적(attraction)인가?' '새로운가(newness)?' '다른 것과 차별점(differentiation)이 있는가?' '쉽고 단순하여 분명한가(obviousness)?' 등을 확인해 보는 것이다.

┌───┐

I CAN DO법 실행 _____ **포인트**

　　이 방법은 개발 목적에 드러나 있듯이, 아이디어 발상 과정에 대한 상세한 안내뿐 아니라 각 단계별로 여섯 가지씩의 체크사항을 통해 아이디어를 정리할 수 있는 팁을 제공하고 있다. 즉, 4단계로 이루어진 아이디어 발상에 스캠퍼법이 합쳐진 셈이다. 또한 광고 기획에서 제작에 이르기까지 포괄적으로 적용할 수 있으므로 각 단계마다 I CAN DO로 시작하는 여섯 가지 체크사항을 대입하고 점검해 가며 발상을 한다면 광고 아이디어 발상 전반에 도움이 될 것이다.

└───┘

2. 디지털 시대의 아이디어 발상

　　디지털 시대의 아이디어 발상은 디지털 기술의 진보와 이용 정도에서 세 가지로 나누어 볼 수 있다. 첫째, 현재 우리 모두가 활용할 수 있는 수준의 디지털 기술을 기반으로 아이디어 발상을 좀 더 편리하게 하는 방법이다. 즉, 인터넷과 모바일 통신을 비롯해 각종 전자 통신기기와 애플리케이션, 플랫폼 등 디지털 환경을 활용하여 시간과 공간의 제약 없이 아이디어를 발상할 수 있는 것인데, 대표적인 사례로 '웹스토밍(webstorming)'을 들 수 있다(한경돈, 박대우, 2011). 둘째, 기업들이 접근 가능한 고비용 고가치의 정보를 기반으로 아이디어 발상을 빠르고 정교하게 하는 방법이다. 즉, 소비자들이 인터넷이나 모바일에서 검색하거나 소통하는 과정에서 수집된 빅데이터(bigdata)를 활용해 특정 소비자들이 선호하는 요소들을 아이디어 발상에 활용함으로써 광고 효과를 극대화시키는 방법이며, 맞춤형 광고가 이에 해당한다. 셋째, 아직 시작 단계에 있는 미래 기술이지만 아이디어 발상 자체를 사람이 아닌 디지털 기술이 대신하는 방법이다. 즉, 인공지능 AI(artificial intelligence)가 스스로 수집한 자료를 바탕으로 아이디어 발상에서 최종 결과물까지 구성하고 제작하는 방법으로, 우리나라 코바코(KOBACO)의 '아이작(AiSAC)'이나 일본 덴츠(Dentsu)의 '아이코(AICO)'가 대표적인 사례다.

1) 웹스토밍을 활용한 아이디어 발상

　　웹스토밍은 웹(web)과 브레인스토밍(brainstorming)의 합성어로, 온라인상에서 여러 명이 창의적으로 아이디어를 발상하는 시스템(creative group thinking system) 브랜드다

(http://www.webstorming.co.kr). 즉, 인터넷 기반의 브레인스토밍인 셈인데, 별도의 프로그램 설치 없이 웹상에서 아이디어 전개와 구체화가 가능한 통합 아이디어 전개 프로그램(integrated idea processing program)이며, 아이디어 발상, 정리, 평가ㆍ선정의 세 가지 기능을 지원한다(최길동, 김광명, 2011).

먼저, 아이디어 발상 기능은 직접 대면하지 않고도 음성이나 화상 채팅 창을 통해 의사소통은 물론, 글(text), 이미지(image), 드로잉(drawing), URL링크 등 다양한 정보를 활용하여 시간과 장소의 구애를 받지 않고 아이디어를 도출해 낼 수 있도록 하는데, 언어적 발상을 돕는 브레인 라이팅(brain writing)과 시각적 생각을 돕는 브레인 드로잉(brain drawing)을 사용하여 가장 효과적인 아이디어 발상을 진행할 수 있다. 아이디어 정리 기능은 발상한 아이디어를 체계적으로 정리하고 통계적으로 분류, 데이터베이스화(data base)할 수 있으므로 아이디어의 열람과 재가공이 용이하여 아이디어 발상에 적합한 자료로 만들 수 있다. 아이디어 평가ㆍ선정 기능은 도출된 아이디어를 객관적이고 체계적으로 평가하는 기능으로, 별도의 작업 없이 제시 모듈에서 진행된 아이디어 전개 과정의 프레젠테이션을 MS Word나 PPT 등으로 작성할 수 있다. 또한 각각의 아이디어를 점수로 환산 평가하여 최종안을 선정할 수 있다.

웹스토밍을 이용한 온라인 아이디어 발상법은 비대면이라는 단점에도 불구하고 대면 방식의 브레인스토밍에 비해 아이디어 발상량이 많다는 연구 결과가 있다(한경돈, 박대우, 2011). 그 이유는 먼저 자료수집의 간편성에 있는데, 참가자 전원이 각자 실시

[그림 5-1] 웹스토밍 화면 구성

출처: http://www.webstorming.co.kr

간으로 자료를 검색하여 한 화면으로 업로드해서 공유하고 분석, 저장할 수 있기 때문이다. 다음으로는 의사소통이 수월하다는 점인데, 채팅창을 통한 회의 방식이 오히려 자유로운 의견 제시를 가능하게 한다는 것이다. 마지막으로, 시간과 장소의 제약이 없어 접근성이 뛰어나므로 회의 횟수나 몰입도가 높다는 것도 유리한 점이라고 하겠다.

2) 빅데이터와 아이디어 발상

빅데이터란 디지털 환경에서 생성되는 데이터로, 2001년 더그 레이니(Doug Laney)가 처음으로 주장하였으며, 규모(Volume), 속도(Velocity), 다양성(Variety)의 '3V'를 갖추어야 한다고 정의했다(김대욱, 2020). 먼저, 규모는 많은 양의 데이터를 의미하는데, 데이터의 규모가 1테라바이트(terabyte) 이상이라야 빅데이터라고 할 수 있다. 다음으로 속도는 아주 빠르게 데이터를 생성하고 처리해야 한다는 것인데, 현재의 데이터 처리 속도는 1초에 56만 기가바이트(gigabyte)다. 마지막으로, 다양성은 데이터의 형태나 유형이 다양해야 한다는 것인데, 현재는 사진, 텍스트, 소리, 영상 등이 있다.

따라서 빅데이터를 아이디어 발상에 활용하게 된다면 이전의 아날로그식에 비해 정보에 접근할 수 있는 폭을 넓히고, 정보를 분석하는 시간을 줄이고, 시장과 소비자의 예측에 정확성을 높일 수 있는 장점이 있다(김유나, 2020). 즉, 빅데이터를 활용하기 이전에는 소비자의 라이프 스타일이나 구매행동을 분석하기 위해 각 분야에서 기업이나 기관이 수집해 놓은 데이터를 통합하여 예측하거나 소비자에게 의도적으로 질문을 해서 얻어 내는 방식을 취해야 했지만, 빅데이터는 매일매일 소비자들이 인터넷이나 모바일을 통해 직접 남기는 대량의 데이터를 수집하고 분석하여, 사회 전반적인 현상은 물론 특정 소비자가 선호하는 단어나 시간, 장소, 색상 등 광범위하고 구체적인 정보와 인사이트(insight)를 얻을 수 있다.

또한 이렇듯 방대하고도 정확한 정보를 실시간으로 수집하고 즉각적으로 분석함으로써 수집과 분석에 드는 시간과 노력을 줄이는 것은 물론, 이를 발 빠르게 아이디어로 발전시킴으로써 기업으로 하여금 시장과 소비자에게 효율적으로 대응할 수 있는 기회와 타이밍을 제공한다. 가장 중요한 장점은 이러한 정보들이 소수의 샘플을 통해 예측한 것이 아니라 거의 모든 소비자의 심리나 행동을 실제 존재하는 생생한 데이터로 얻어 낸 것이므로 이를 아이디어 발상에 활용해 콘셉트나 키워드, 키 비주얼을 추출해 내고 광고나 마케팅에 활용할 경우 그 효과가 매우 높다는 것이다. 특히 과거의 경우 제품이나 구매에 관한 소비자 설문이나 인터뷰에서 개인적으로 민감한 질문이 있으면 정확한 답변을 하지 않아 왜곡된 결과를 얻기도 했지만, 빅데이터는 소비자들이 일상생활 속에서 자연스럽게 판단하고 행동하는 내용들이 가감 없이 드러나므로, 선호하는 표현은 물론 혐오하거나 대놓고 표현하기 어려운 불만 등까지 포함해서 활용할 수 있다.

〈표 5-2〉 빅데이터의 활용 가치

특성	주요 내용	활용가치
대규모 분석	일부 소비자가 아닌 대부분의 소비자	비용 시간 대비 높은 효율성 확보
빠른 분석	시의성 있는 빠른 분석 결과 도출	즉각적인 의사결정 기회 확보
과거 데이터 추적	과거 데이터를 통한 추이 탐색 및 예측	미래 예측으로 선제적 대응
행동 기반 데이터 분석	인식이 아닌 정확한 행동 패턴 파악	가정이 아닌 사실의 파악
소비자 분석 데이터 분석	구매 및 사용 맥락, 생생한 리뷰, 일상이 담긴 라이프 데이터	소비자 중심의 분석 관점 확대
다양한 데이터 분석	정형에서 반정형, 비정형 데이터로 확장	전방위 소비자 인사이트 확보

출처: 김유나(2020).

3) 인공지능과 아이디어 발상

인공지능, 즉 AI는 1955년 존 매카시(John McCarthy)가 처음 소개하면서 알려졌고, 현재는 "기계에 인간과 같은 생각이나 판단을 할 수 있도록 만든 기술이나 시스템"을 의미한다(김미경, 2020). AI를 구현하는 기술로는 머신러닝(machine learning)과 딥러닝(deep learning)이 있는데, 머신러닝은 인간이 특정 문제에 대한 정보를 분석하고 모델링한 알고리즘을 기계가 학습하도록 하는 기술이다. 그리고 딥러닝은 이러한 머신러닝 기술에 인간의 뇌신경망과 유사한 정보 입·출력 계층을 더해 스스로 입력된 데이터를 학습하고 발전시키는 것으로, 우리가 흔히 알고 있는 '알파고(AlphaGo)'가 바로 이것이다. 다만, 이러한 놀라운 기술은 아직도 계속 발전을 거듭하고 있는데다 기업들이 모든 영역에 도입하기에는 비용이 많이 소요되기 때문에 상용화되기까지는 좀 더 시간이 걸릴 것으로 예상된다.

현재 광고업계에서 가장 많이 사용되고 있는 AI 기술은 맞춤형 광고다. 즉, 소비자들이 자주 검색하는 키워드나 홈페이지 방문기록 등을 빅데이터화하고 여기에 AI의 머신러닝 기술을 더해 소비자들이 궁금해 하거나 선호하는 메시지로 광고를 제작함으로써 소비자의 재방문 또는 구매확률을 높이도록 유도하는 것이다. 이러한 맞춤형 광고는 광고 콘셉트나 키워드, 키 비주얼, 모델 등 아이디어에 적용할 수 있는 것은 물론, 소비자별로 각각 선호하는 여러 편의 광고를 제작한 후 매체 노출 시점에서 특정 소비자가 자주 방문하는 온라인 사이트 등을 선별하여 그에 적합한 광고를 볼 수 있도록 배치하는 전략을 세우는 데 활용된다(김현정, 2020).

그러나 사람이 광고를 제작하는 과정에 AI가 도움을 주는 방식에서 좀 더 진화한 AI는 스스로 아이디어를 내고 광고의 일부분을 직접 제작하는 등 그 비중이 점차 높아지고 있다. 즉, 기존의 빅데이터에 딥러닝 기술을 접목시켜 CM송을 구성하거나 가상의 모델을 합성해 내는 것은 물론, 어떤 카피나 비주얼이 소비자의 구매를 가장 잘 유도해 내는지를 추출하여 스스로 스토리보드를 제작하는 수준에까지 다다른 것이다. 그리고 궁극적으로는 광고 제작의 모든 단계를 AI가 처리해 낼 것으로 전망된다. 국내에서는 한국방송광고진흥공사(KOBACO)가 AI 광고 영상 아카이브 '아이작(Ai analysis System for Ad Creation: AiSAC)'을 개발해 운영 중에 있다(https://aisac.kobaco.co.kr). 아이작은 1만 8천여 건의 광고 영상을 데이터화하고 여기에 AI 영상 인식기술을 접목하여 0.5초 단위로 브랜드, 장면, 인물, 사물 등 1천여 종을 검출해 낸다. 즉, 이용자가 키워드를 검색하면 딥러닝 기술을 통해 원하는 영상 목록과 연관단어 및 마인드맵 등이 자동으로 제공되는 것이다. 또한 아이작은 기존의 광고 데이터를 토대로 직접 광고 스토리보드를 기획 · 제작할 수 있는 기능을 추진 중에 있다.

일본에서는 좀 더 앞선 시도가 이루어지고 있다. 먼저, 일본의 광고회사 덴츠는 시즈오카 대학의 카노 연구소(Kano Laboratory)와 공동으로 AI를 활용한 카피라이터 '아이코

[그림 5-2] **코바코 아이작의 광고 영상 아카이브 개념도와 딥러닝 분석차트**
출처: https://aisac.kobaco.co.kr

(AI+Copywriter: AICO)'를 개발해 상용 중이다. 아이코는 기존의 광고 카피 데이터들을 토대로 하여 한 번의 명령으로 많은 양의 광고 카피를 직접 만들어 낼 수 있다는 것이 핵심이다. 대표적인 사례로는 이세탄(伊勢丹) 백화점 신문 광고 제작에 20여 개의 헤드라인 카피안을 창작해 냈고, 일본 TBS의 라디오 프로그램 주인공들의 별명을 지어 주기도 했다(https://www.dentsu.co.jp).

다른 사례로는 일본 자동차회사 토요타(Toyota)의 렉서스(Lexus) 광고 대본을 IBM의 AI '왓슨(Watson)'이 직접 만든 것을 들 수 있다. 이를 위해 왓슨은 지난 15년간의 도요타 자동차 광고 데이터들을 기반으로 음성, 영상, 대본 등을 분석하였고, 왓슨 스스로 광고 스토리의 흐름과 대본을 작성하였는데, 이를 토대로 광고 전문가가 스토리를 완성하고 제작했다(김미경, 2020).

 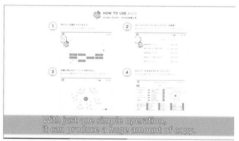

[그림 5-3] 일본 덴츠사의 아이코

출처: https://www.dentsu.co.jp

3. 마무리

이상에서 본 바와 같이 앞으로의 아이디어 발상은 디지털 기술의 진보와 진화에 따라 사람과 기술의 역할이 뒤바뀌는 순간이 올 수도 있을 것으로 예상되며, 광고 제작 분야에도 새로운 패러다임이 전개될 것으로 보인다. 그러나 여러 가지 혁신과 장점에도 불구하고, 몇 가지 해결해야 할 문제점 또한 예상된다.

첫째는 저작권의 문제인데, AI가 스스로 빅데이터를 분석하고 합성하는 과정에서 기존의 창작물들을 그대로 편집하여 사용하게 되는 경우 원작자의 저작권을 보호할 수 있는 대응책을 마련해야 한다는 것이다. 즉, 이를 어느 한도까지 허용하느냐의 문제와 더불어 데이터를 그대로 사용하지 않고 변형하여 사용할 수 있는 기술적 방안도 마련되어야 할 것으로 보인다. 둘째는 AI는 기본적으로 기존 데이터에 의존한다는 점이다. 아직까지 개발된 기술로는 AI가 창작해 낼 수 있는 결과물들은 기존의 데이터를 기반으로 해서 만들어지는 것이므로 엄밀한 의미에서 혁신적인 창작이라 볼 수 없기도 하려니와, 수집해서 분석하는 기존의 데이터들 가운데 사실과 다르거나 의도적으로 개입된 데이터들이 섞일 경우 그 결과물이 엉뚱한 방향으로 나올 수도 있기 때문이다. 셋째는 기술의 역할이 창의적 영역에까지 침범하게 될 경우 수많은 직업이 사라져 버릴 수 있다는 위기감이다. 지금까지 제조나 유통, 서비스 등의 다른 영역에서도 봐 왔듯이, 기술의 진보는 수많은 사람의 일자리를 앗아 갔기 때문이다. 이를 해결하기 위해서는 기술이 대체 불가능한 창의적 활동이나 역할을 재창조할 수 있는 사회 전반의 시스템이 마련되어야 할 것으로 보인다.

따라서 앞으로 우리는 이러한 변화를 받아들이고 활용하는 것은 물론, 그로 인해 발생할 수 있는 모든 상황에 관심을 갖고 다양한 방안을 마련하도록 할 필요가 있다.

참고문헌

김규철(2013). 광고창작자를 위한 새로운 아이디어발상법 제안. 디지털디자인학연구, 13(1), 555-564.

김대욱(2020). 광고PR분야에서 빅데이터의 의의와 활용방안. 정원준, 김대욱, 윤호영, 이형민, 박진우, 김동성, 손영곤, 전홍식, 천용석, 정유미, 박종구 공저, 빅데이터의 분석방법과 활용 (pp. 19-39). 서울: 학지사.

김동규(2003). 카피라이팅론. 서울: 나남출판.

김미경(2020). 인공지능과 광고. 김현정, 최익성, 김미경, 김유나, 박현, 김신엽, 김지윤, 유인하, 이성미, 신일기, 오창일 공저, 스마트 광고 기술을 넘어서: 한국광고학회 광고지성총서 8 (pp. 87-110). 서울: 학지사.

김병희(2002). 광고 창의성의 개념 분석. 광고학연구, 13(4), 47-69.

김병희(2014). 에디슨 발상법: 창의주성 개념에 의한 광고 아이디어 발상법의 탐색. 광고PR실학연구, 7(1), 7-31.

김유나(2020). 빅데이터와 광고. 김현정, 최익성, 김미경, 김유나, 박현, 김신엽, 김지윤, 유인하, 이성미, 신일기, 오창일 공저, 스마트 광고 기술을 넘어서: 한국광고학회 광고지성총서 8 (pp. 113-141). 서울: 학지사.

김현정(2020). 변화하는 광고. 김현정, 최익성, 김미경, 김유나, 박현, 김신엽, 김지윤, 유인하, 이성미, 신일기, 오창일 공저, 스마트 광고 기술을 넘어서: 한국광고학회 광고지성총서 8(pp. 19-51). 서울: 학지사.

박용원(1997). 광고비주얼 아이디어 발상을 위한 압축확장법의 제안. *Archives of Design Research*, 5, 185-196.

박용원(2004). 광고아이디어 발상. 서울: 안그라픽스.

신원선(2012). 스캠퍼 사고유형을 활용한 아트 메이크업 디자인 발상 연구. 한국인체미용예술학회지, 13(2), 139-154.

오창일(2001). 아무나 크리에이티브 디렉터가 될 수 없다. 서울: 청림출판.

윤일기(2020). 광고아이디어 발상 모델과 적용사례. 윤일기, 남고은, 김규철, 이희준, 구승회, 이선구, 최승희, 이경아, 한규훈, 김소연, 황보현우 공저, 디지털 시대의 광고 크리에이티브: 한국광고학회 광고지성총서 6(pp. 223-251). 서울: 학지사.

윤일기, 최민욱(2011). 효과적인 광고 아이디어 발상 모델의 제안. 디지털디자인학연구, 11(2), 359-369.

이성구(1999). 광고 · 크리에이티브론. 서울: 나남출판.

장진태(2016). 마인드매핑을 활용한 스토리텔링 학습기법과 몰입효과 연구. 외국어교육연구, 30(3), 161-186.

차유철(2008). 창의적인 광고 아이디어 발상법. 이희복, 한상필, 이경렬, 이화자, 차유철, 김병희, 신명희 공저, 광고활용교육과 창의력(pp. 143-188). 경기: 한울아카데미.

차유철(2010). 효과적인 카피를 위한 아이디어 발상. 조병량, 오창일, 이희복, 김병희, 이화자, 이현우, 김정우, 최윤식, 권혁렬, 차유철, 구승회, 김운한, 최은섭, 천현숙 공저, (카피라이터 출신 교수들이 쓴) 광고카피의 이론과 실제(pp. 357-391). 경기: 나남출판.

최길동, 김광명(2011). 공간디자인 프로세스에서 웹스토밍 시스템의 활용성 평가. 한국콘텐츠학회논문지, 11(3), 241-253.

최승희(2020). 광고아이디어 발상법. 윤일기, 남고은, 김규철, 이희준, 구승회, 이선구, 최승희, 이경아, 한규훈, 김소연, 황보현우 공저, 디지털 시대의 광고 크리에이티브: 한국광고학회 광고지성총서 6(pp. 177-219). 서울: 학지사.

한경돈, 박대우(2011). 브레인스토밍과 Webstorming의 아이디어 발상량 비교연구. 한국컴퓨터정보학회논문지, 16(8), 189-196.

Buzan, T., & Buzan, B. (1999). *The mind map book*. London: BBC Books.

Caples, J. (1957). *Making ads pay*. New York: Dover.

Eberle, B. (2008). *Scamper: Creative games and activities for imagination development*. Waco, TX: Prufrock Press.

Osborn, A. F. (1949). *Your creative power: How to use imagination*. New York: Charles Scribner's Sons.

Osborn, A. F. (1953). *Applied imagination*. New York: Vintage Books.

Rohrbach, B. (1969). Kreative nach regeln-Methode 635, eine neue technik zum lösen von problemen. *Absatzwirtschaft, 12*(19), October, 73-75.

Young, J. W. (1987). *A technique for producing ideas*. Lincolnwood, IL: NTC Business Book.

아이작 코바코 홈페이지 https://aisac.kobaco.co.kr

웹스토밍 홈페이지 http://www.webstorming.co.kr

일본 덴츠 홈페이지 https://www.dentsu.co.jp/en/business/showcase/ai_planners.html

박인성
(평택대학교 커뮤니케이션디자인학과 교수)

제6장 광고물 창작 과정의 이해

　광고를 보는 다수의 사람 중에서 그 광고가 어떠한 과정을 통해서 세상에 나오는지 알고 싶은 사람은 거의 없을 것이다. 단지 광고를 의식적으로 생각하는 사람은 매우 극소수이며, 광고가 나오면 시선을 던질 뿐이다. 하지만 광고를 제작하는 광고 종사자들은 오늘도 수없이 반복되는 창작 과정을 통해서 고객의 문제를 해결하고 있다. 특히 광고회사의 크리에이티브 부서에 있는 크리에이티브 디렉터, 아트디렉터와 카피라이터, 제작부서에 있는 팀원들은 이러한 어려운 문제를 해결하기 위해 지금도 수많은 아이디어 발상과 브레인스토밍을 하고 있다.

　하버드 대학교의 테레사 아마빌(Teresa M. Amabile) 교수는 발견적 해결책을 근본적인 창의적 해결책으로 보고 있다. 광고물 창작 과정의 이해는 애매하고 모호한 추상적인 개념을 분명하고 명확한 개념으로 설계하고 계획해 나가는 것이다. 일반적으로 광고의 제작 과정은 광고주와 광고회사 관계를 핵심으로 하여 이루어진다. 광고회사의 조직은 크게 기획부서, 제작부서, 매체관리부서, 마케팅부서 등으로 구성되어 있다. 그중에서 광고 제작에 가장 직접적으로 참여하는 제작부서는 각종 매체에 실리는 광고를 만드는데, 광고는 크게 TV 광고와 인쇄 광고로 나뉜다. 이 장에서는 TV 광고의 창작 과정, 인쇄 광고의 창작 과정, 광고 창작 환경의 변화 등 광고 제작의 전반적인 프로세스에 대해 살펴본다.

1. 광고 창작의 과정

1) 광고회사의 광고 창작 과정

광고 창작은 광고회사의 크리에이티브 부서에서 핵심적으로 담당하고 있다. 크리에이티브 부서에는 광고 제작의 모든 과정과 결과까지 관리하고 지휘하는 크리에이티브디렉터(Creative Director)가 있고, 타이포그래피, 포토일러스트, 핸드일러스트 등 비주얼적인 모든 부분을 진행하고 아트워크(Art Work)를 책임지고 있는 아트디렉터(Art Director)와 광고에 포함되는 모든 문안을 작성하는 카피라이터(Copy Writer), 전파 광고에 해당되는 전반적인 계획과 실행을 담당하는 시엠플래너(C.M. Planner) 등으로 이루어진다. 이들은 창의적인 집단에 속해 있으면서 크리에이티브(creative)를 항상 주된 업무로 진행한다. 일반 사람들이 생각하는 것과 차별화된 생각으로 좀 더 색다른 관점에서 소비자들에게 주목률을 높이고 인지 속도를 어떻게 하면 빠르게 할 것인가에 대해 항상 연구하고 고민하고 있다.

일반적으로 광고 창작 과정은 광고주(client)와 광고회사(agency)의 관계 속에서 이루어진다. 광고회사의 조직은 크게 기획부서, 제작부서, 매체관리부서, 마케팅부서 등으로 구성되어 있다. 그중에서 광고 창작에 가장 직접적으로 참여하는 제작부서는 각종 매체에 실리는 광고를 만드는데, 광고는 전파 광고와 인쇄 광고로 크게 나눌 수 있다(김동빈, 2014).

광고 창작은 광고주에 의한 오리엔테이션에서 시작되며, 조사분석을 통하여 다양한 자료를 수집한 후 핵심적인 통계작업을 거친다. 이후 마케팅 전략과 판매 전략을 기준으로 시작하는 것이 원칙이다([그림 6-1 참조]). 이때 광고회사는 회의에서 도출된 핵심 내용을 정확하게 파악해야 함은 물론 광고회사의 광고기획 담당자(AE)는 관련사항 등을 꼼꼼히 챙겨야 하며, 미디어별 매체기획을 통해 TV 광고, 인쇄 광고 등 중요 매체와 해당 브랜드와의 연관성을 파악하여 기획한다. 전략의 타당성을 확인하기 위해 광고 브리프를 검증하여 광고 콘셉트를 도출하고, 표현 전술과 전략을 검증하고 크리에이티브 콘셉트를 만든다.

광고 창작의 과정은 기획(strategy)팀과 제작(creative)팀 간의 합의되고 도출된 표현 콘셉트(creative concept)를 기본으로 하여 아이디어 발상의 핵심적인 역할을 구축함으로써 시작된다. 콘셉트(concept)에는 제품 콘셉트, 광고 콘셉트, 표현 콘셉트의 세 가지

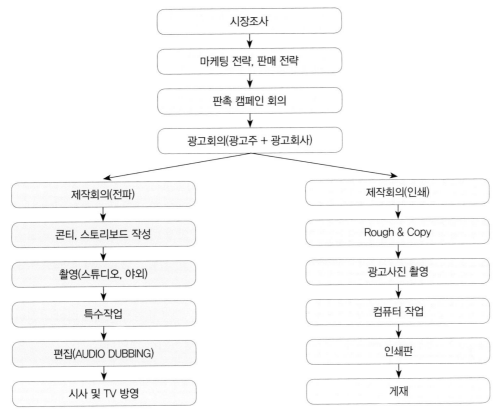

[그림 6-1] 광고 창작의 전체 과정(TV 광고, 인쇄 광고)

가 있다.

첫째, 제품 콘셉트(product concept)는 생산자의 입장에서 소비자에게 전하고자 하는 내용으로 죽어 있는 사실이며, 마케팅 담당자가 제품분석을 통해 알아 낸 사실로서 과학적이고 분석적인 광고 콘셉트의 기초가 된다.

둘째, 광고 콘셉트(advertising concept)는 광고에서 '무엇'을 전달할 것인가에 대한 부분을 구체적으로 분석하는 것으로 광고 목표의 핵심일 뿐만 아니라 크리에이티브의 메시지 부분에 해당되고 포함된다.

셋째, 표현 콘셉트(creative concept)는 소비자의 관심을 주목시키고 그들의 정서적 반응에 영향을 미치며 즉시 행동을 할 수 있도록 영감을 주는 '중요한 핵심 아이디어이며 셀링 포인트(selling point)'다. 표현 콘셉트(creative concept)는 광고를 '어떻게' 전달할 것인가에 대한 부분으로 소비자에게 제시한 약속을 극적으로 표현하는 아이디어다. 즉, 표현 전략의 출발점이기도 하다. 이를 위해 제작팀은 커뮤니케이션 전략과 광고 브리프를 기반으로 문제점 및 시장 상황, 소비자, 채널, 광고 목표에 대한 이해를 통해 콘셉트를 개발한다. 일반적으로 표현 콘셉트는 슬로건, 캐치프레이즈, 헤드라인 및 키 비주얼로 구현된다. 이와 같이 광고 콘셉트는 제품, 소비자, 경쟁 분석의 단계에서 얻어진 사실의 발견이며, 소비자의 눈에 띄게 강조하는 광고활동이다. 전체의 핵이며 소비자 분석을 통해 도출해 낼 수 있다.

표현 콘셉트(creative concept)는 빅 아이디어 개발이 목적이다. 카피라이터와 디자이너 모두 수집된 정보에서 소비자의 인사이트를 추출하고 새롭고 독창적인 아이디어를 만드는 단계에 돌입한다. 이 단계는 광고의 창작 과정 중에서 생각하고 고민하는 단계로, 창작 과정 중에서 매우 중요한 과정이며 크리에이터의 감각적이고 번뜩이는 아이디어 발상이 필요한 단계다. 표현 콘셉트에 걸맞은 창의적 아이디어는 관계에 변화를 주거나, 상상하거나, 사물을 반대로 보거나, 비슷한 것을 결합·연결·비교하는 과정, 모방 또는 패러디를 통해 이미지를 투영시키는 아이데이션 기법들을 활용할 수 있다 (남고은, 2021). 표현 콘셉트는 소비자의 입장에서 바라보는 창조적인 아이디어로 살아 있는 사실이며 크리에이터가 창조적인 아이디어로 탄생시키는 것이다.

2) 광고주, 광고회사, 매체사를 중심으로 한 광고 창작 과정

- 광고의 시작은 광고주에 의한 오리엔테이션으로 광고회사에 제품과 관련된 자세한 정보의 내용을 공유하고 협조하면서 시작된다. 광고회사는 광고주로부터 광고하려고 하는 제품에 대해 시장 상황, 마케팅 전략을 확인한다.
- 광고주가 원하는 시간대와 매체사를 잡기가 매우 힘들기 때문에 광고회사는 매체사에 먼저 시간대를 잡아 놓아야 하는 것이 필수다.
- 매체의 상황에 대해서는 광고주에게 매체의 기획과 관련된 사항을 확인한다.
- 광고회사는 광고주에게 시안을 완성하여 프레젠테이션하고, 제시된 시안 중에서 합의한다.
- 광고회사는 광고주와 합의된 사항을 토대로 하여 전파는 제작 프로덕션에 외주를 의뢰하고, 인쇄는 스틸 촬영스튜디오, 인쇄소 등과 많은 협의를 통하여 제작물을 완성한다.
- 광고주에게는 최종 인쇄본과 시사를 진행한다.
- 전파 광고물과 인쇄 광고물은 방송용 테이프와 필름으로 완성하여 매체사에 전달하는 것으로 마무리된다.

2. TV 광고의 창작 과정

[그림 6-2] **광고회사와 제작프로덕션의 TV 광고 프로세스**

1) 1단계(자료수집, 콘셉트)

[그림 6-2]에서 보는 바와 같이, 1단계는 자료수집과 콘셉트의 추출 과정으로 진행된다. 자료수집 단계에서는 제품에 대한 자료를 수집한다. 실제로 팔고자 하는 것이 무엇인가에 대해 상세히 관찰하고 분석하고, 자신의 제품은 이전의 제품보다 더 좋은 것일 수도 있고 완전히 다른 것일 수도 있다. 무엇보다 제품에 대해 먼저 아는 것이 매우 중요하다. 즉, 제품에 대한 구체적인 정보와 자료 확보가 우선되어야 한다. 자료수집 단계에서는 제품과 소비자와의 관계를 잘 이해하고, 소비자가 제품으로부터 무엇을 원하는지 정확히 파악하는 것이 중요하다. 시장에 대해서 자사의 제품과 여러 경쟁 제품 사이에 들어갈 수 있는 방법은 무엇인가에 대해 면밀히 조사하고 수집한다.

콘셉트 추출 단계는 크리에이티브 브리프를 활용하여 진행되며, 크리에이티브 브리프를 활용하여 소비자가 원하는 핵심 콘셉트를 기준으로 진행함으로써 차별화되고 우수한 작품을 도출할 수 있다. 크리에이티브 브리프는 보다 핵심적인 광고의 콘셉트를 도출할 수 있는 가이드라인이다.

2) 2단계[아이디어 회의, 스토리보드 회의, 시안제시, 연출콘티(촬영콘티)]

정해진 콘셉트를 기준으로 아이디어 회의, 스토리보드 회의, 시안제시, 연출콘티(촬영콘티) 순으로 진행된다.

아이디어 회의는 1단계에서 심도 있게 정리된 단일 콘셉트를 기준으로 개인 팀원의 개인 발상이 먼저 실행된다. 개인 발상에서는 끊임없는 생각이 중요하며 아이디어 자체가 많아야 한다. 이때는 모든 것을 기록해야 한다. 흩어지는 생각들은 과정이 끝날 때까지 끊임없이 흐르기 때문에 생각에 자극을 주는 모든 것을 기록해 두면 발상에 많은 도움이 된다. 스케치북은 위대한 영감의 원천이므로 늘 손에 붙어 다녀야 하고, 영감을 자극하는 창의적인 디자인 개발에 몰두해 활용할 수 있도록 보관해 두어야 한다. 집단 브레인스토밍은 재미있고, 편안하며, 육체적으로 즐겁고, 자극적이어야 한다. 분위기는 안온해야 하며, 모든 것이 용인되는 분위기가 최상의 분위기라고 할 수 있다.

콘티 작성에서 콘티는 촬영(방송)의 대본의 역할을 대신하고, 아이디어를 종이 위에 작은 사이즈로 표현한다. 끊어짐 없이 연속해서 있는 상태가 원칙이다. [그림 6-3]에서 보는 바와 같이, 지면 위에 TV 화면의 비례와 동일하게 선으로 그려진 사각형 안에 시간적 흐름에 따라 그 좌측에는 각 컷에 대한 카메라와 피사체의 움직임을 해설하거나 또는 기술적인 설명을 쓰고 우측에는 출연하는 모델이나 아나운서의 음성이나 효과음 (sound effect) 같은 음(audio)의 요소 등에 대하여 써 넣는다. 콘티는 작은 규격(8절지나 A4용지)으로 사전에 먹으로 인쇄된 일정한 규격 안에 그림을 그려 제작자의 의도를 전달하는데, 여기에는 어느 정도 한계와 무리가 따른다.

콘티는 콘셉트 회의와 아이디어 회의가 진행되는 동안 모든 사항을 기본적으로 하고, 스토리에 의한 구조를 핵심으로 그려 나간다. 콘티를 그릴 때에는 첫 장면의 중요성과 프레임별로 스케일과 앵글의 기본 원칙에 따라 프레임의 화면을 구성하고, 전체

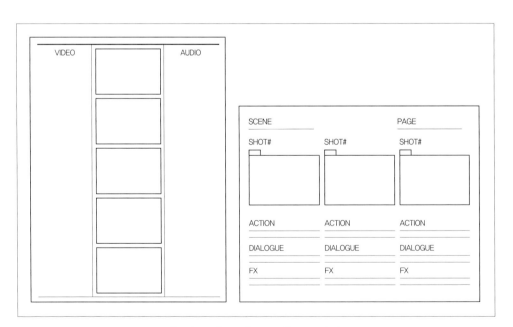

[그림 6-3] **수직형, 수평형 콘티 양식**

광고의 콘셉트에 맞추어 작성한다.

스케일(scale)의 종류에는 익스트림 클로즈업[Extreme close up(E.C.U)], 클로즈업[Close-up(C.U)], 미디엄 샷[Medium shot(M.S)], 아메리칸 샷(American shot), 풀 샷(Full shot)과 롱 샷[Long shot(L.S)]이 있다. 익스트림 클로즈업은 카메라가 주제에 매우 근접해서 촬영한 느낌을 주는 매우 좁은 시야의 샷이다. 사람의 얼굴을 매우 가깝게 잡는다. 클로즈업은 앞의 샷과 같으나 시야가 좀 더 크고 배우의 머리와 어깨가 화면에 포함된다. 미디엄 샷은 롱 샷과 클로즈업의 중간 크기의 샷으로서 카메라는 배우의 허리 이상을 잡는다. 아메리칸 샷은 카메라가 인물을 무릎에서부터 위로 잡는다. 풀 샷은 인물이 화면에 완전히 들어가는 정도로 잡는 샷이다. 롱 샷은 넓은 전망의 시야를 주는 샷으로서 카메라는 주제로부터 멀리 떨어져 있다.

앵글(angle)의 종류에는 에어리얼 샷(Arial shot), 로우 앵글(Low angle), 하이 앵글(High angle), 하이 햇 샷(High Hat shot), 프로파일(Profile)과 캔티드 프레임(Canted frame)이 있다. 에어리얼 샷은 매우 높은 각도의 샷으로, 주로 비행기나 헬기에 탑승해 촬영되는 샷이다. 로우 앵글(앙각)은 카메라가 대상보다 낮은 곳에 위치하여 잡은 샷이다. 하이 앵글(부감)은 대상의 위쪽 각도에서 잡은 샷이다. 하이 햇 샷은 아주 낮은 앵글의 샷으로서 카메라의 위치가 마치 바닥에 놓인 모자의 높이 정도가 된다. ¾ 샷은 정면 앵글과 프로필의 중간에 위치한 샷이다. 프로파일(반면상)은 측면 앵글로부터의 샷이다. 캔티드 프레임(사각화면)은 물체가 수직축에서 벗어나 보이면서 카메라는 옆으로 기울어진다.

콘티 작성은 그 장면에 적절한 컷을 기준으로 다양한 스케일을 적절하게 사용하여 그려야 하며, 핵심적이고 강조하는 장면일 경우에는 클로즈업 장면을 사용하고, 연결만이 필요한 장면에서는 그 외의 스케일을 적절히 사용한다. 또한 앵글도 다양하게 사용하여 콘티가 균형되고 짜임새 있게 한다.

SK ZIC 광고는 손현주, 이성민, 신하균과 김희원이 출연하여 영화 같은 광고를 찍었고, 신제품 엔진오일 SK ZIC X8 티징 영상으로 유튜브에서 69만회, 메타에서 166만회의 조회수를 달성했다. [그림 6-4]의 ZIC Treatment Conti-TEASER, LAUNCHING, [그림 6-6]의 ZIC Treatment Conti-본편은 다양한 스케일과 앵글로 제작된 흑백 콘티의 사례다(자료 출처: 대홍기획).

[그림 6-4] ZIC Treatment Conti-TEASER, LAUNCHING

　　스토리보드는 TV 광고 제작을 위한 아이디어들을 이미지로 시각화하는 작업이다. 촬영에 들어가기 전에 각 장면에 대한 카메라와 피사체의 움직임을 설명하고, 어떤 내용을 어떻게 찍을 것인가를 그림으로 표현하며 촬영에 필요한 모든 것을 미리 파악하게 해 주는 설계도와 같은 것이다. TV 광고의 미장센[1]을 더욱 향상시키기 위해서도 노력해야 한다. 만약 미장센에 논리적인 문제가 있을 경우에는 대안을 제시하여야 한다. 그러면 아이디어를 보다 구체적으로 체계화하여 보다 완벽한 TV 광고를 만들 수 있다. 시나리오는 섬네일, 러프 스케치, 콘티 순으로 구체화되며, 최종적으로 연출콘티로서 스토리보드가 정리된다(함성원, 2008)([그림 6-4] [그림 6-5] [그림 6-6] 참조).

　연출콘티는 광고회사에서 광고주의 승인된 완료된 콘티를 기본으로 하여 제작하는 콘티를 말한다. 연출콘티는 촬영콘티라고도 부른다. 연출콘티는 번벅(William Bernbach)의 주장처럼 창작솜씨의 중요성에 보다 중점을 두어 꾸며지는 콘티로 TV 광고를 제작하는 데 있어 기준 역할을 하게 되어 감독과 전 스태프는 이것을 중심으로 제작협의를 하면서 촬영현장, 필름 마무리까지 제작진들의 의사통일을 도모하는 데 사용한다. 연출콘티는 광고 영상에 필요한 모든 사항이 기록된 연출 대본이다. 카메라의 스

[그림 6-5] ZIC Agency Board Teaser

1) 미장센은 제한된 장면 안에서 대사가 아닌, 화면 구도, 인물이나 사물 배치 등으로 표현하는 연출자의 메시지, 미학 등을 말하며, 다양하게 촬영한 장면들의 편집으로 표현한 영상미를 나타내는 몽타주와 대비되는 개념으로 사용된다.

[그림 6-6] ZIC Treatment Conti-본편

케일, 앵글, 렌즈의 종류, 조명의 위치, 출연자의 동작 등 영상에 필요한 일체의 사항과 오디오에 관련된 사항도 포함하여 자세하게 기록한 연출을 위한 대본을 말한다. 연출콘티는 전체 중에서 로케이션과 관계된 스케줄, 광고 모델의 캐스팅, 무대 및 세트 디자인, 모델의 의상이나 메이크업, 배경 음악은 무엇으로 할 것인지 등에 대해 스토리보드보다 구체적으로 기록된다(그림 6-7] 참조).

촬영 전에는 모든 스태프진과 PPM을 실시한다. 촬영전 회의(PPM) 자리에는 영상 광고의 제작에 직간접적으로 참여하는 핵심 인력들이 참여한다. 감독, 조감독, 크리에이티브 디렉터(CD), 카피라이터, PD, AE, 광고주 측 담당 실무자, 스타일리스트 등이 해당된다. 제작사에서는 촬영을 위한 구체적인 사전 계획이 담긴 PPM Book을 별도로 제작하여 참석자들에게 배포한다. 감독에 의해 설계된 촬영콘티도 PPM에서 처음 공개되며, 연출콘티(촬영콘티)를 비롯해 촬영과 관련한 제반 사항들, 이를테면 촬영 로케이션, 진행 스케줄, 출연 모델, 의상, 헤어스타일, 공간 세팅, 시각적 분위기 등이 이 자리에서 논의된다. PPM에서 논의를 거친 사안은 광고주, 광고회사, 제작사 간의 합의로 간주되기 때문에 사후 갈등이 발생하지 않도록 모든 필요한 사항이 충분히 검토되고 조정되어야 한다(남고은, 2021).

콘티를 기본으로 하여 만든 것이 Image Reference다. 배우와 스태프가 개별 신(scene)의 자세한 사항(액션, 조명, 의상 등)을 미리 준비할 수 있게 만든 것이 특징이다([그림

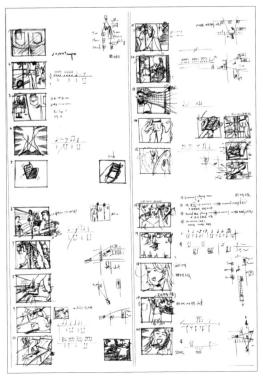

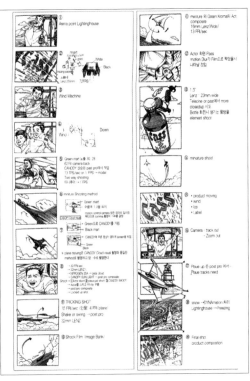

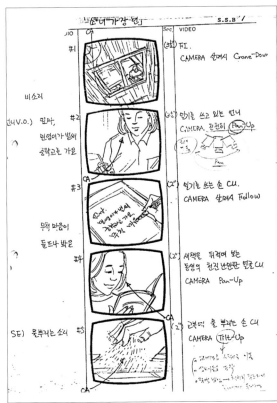

[그림 6-7] 연출콘티(촬영콘티)

[그림 6-8] ZIC Image Reference-본편

[그림 6-9] **촬영장의 스토리보드**

6-8] 참조).

　촬영장에서 스토리보드의 역할은 매우 중요하다. 촬영장에서 각 샷이 촬영되고 나면 촬영이 끝난 프레임은 스토리보드에서 지워야 한다. 그대로 두면 혼동을 일으켜 문제가 발생할 수 있다([그림 6-9] 참조). 또한 촬영용 스토리보드는 잘 보이는 곳에 두어야 제작에 관련된 모든 사람이 작업의 진행 상태를 알 수 있다.

3) 3단계(촬영)

카메라는 계속해서 연결된 필름 위에 프레임(frame)이라는 일종의 정사진이 연속적으로 촬영하는 형태로 사진을 기록하는 역할을 한다. 이러한 방식으로 촬영된 영상들은 그때 사용된 촬영 재료로서는 최대한 높은 수준의 선명도를 나타내야 할 뿐만 아니라 한 프레임에서 다음 프레임으로 이어지는 가운데 그 프레임들의 하나하나가 완전히 균등하게 감광되어야 한다. 이러한 필요성 때문에 기재 조작상의 간편성과 고도의 정확성이 갖추어진 정밀한 기계적 기술과 광학적 기술이 요구되는 것이다(신중현, 2003). 이러한 미세한 작업과 관련된 일들이 종합적으로 관여되어 있기 때문에 고도의 정밀한 기술과 함께 완성되어야 한다.

촬영(shooting)은 완성된 연출콘티와 스토리보드를 근거로 하며, 카메라와 피사체의 거리에 의한 샷의 종류는 2단계에서 얘기했듯이, 스케일(scale)의 종류에서 익스트림 클로즈업, 클로즈업, 미디엄 샷, 아메리칸 샷, 풀 샷, 롱 샷 등 다양한 원칙을 기본으로 하여 촬영된다. 또한 앵글(angle)의 종류에서 에어리얼 샷, 로우 앵글(앙각), 하이 앵글(부감), 하이 햇 샷, $\frac{3}{4}$ 샷, 프로파일(반면상) 등 다양한 원칙을 기본으로 하여 촬영된다.

촬영 방법에서 ① 일반적으로 많이 촬영하는 인물촬영을 기본촬영이라고 하며, 그 외의 특수한 장비를 사용하여 촬영하는 것을 특수촬영이라고 한다. ② 특수촬영은 일반적인 표현보다는 특수한 목적을 띤 화면을 만들기 위한 TV 광고를 표현하는 수단으로 사용한다. ③ 시즐(sizzle)이란 고기를 구울 때 나는 소리인 지글지글의 서양식 표현으로 소비자들이 정육점에서 쇠고기를 살 때 실상은 프라이팬에서 구워지는 모습을 연상하고 있으므로 광고에서는 구울 때 나는 소리를 키포인트로 해야 한다는 데서 개념화한 것이다(함성원, 2008).

4) 4단계(편집, 녹음)

완성 단계에서 편집(editing) 작업은 그동안의 과정을 최종적으로 마무리하는 단계다. 광고주에게 최종본이 시사된 이후 수차례에 걸쳐 발생하는 수정사항은 편집 작업의 기술과 효과에 따라 좋은 결과를 차지한다.

편집 작업은 한 번으로 완성되는 경우는 드물고, 여러 버전의 편집본과 수많은 비교를 통한 선택을 위해 대안이 많은 시안을 제작하는 경우도 적지 않다. 요즘은 동영상

Premiere

[그림 6-10] **영상편집 소프트웨어 프로그램**

편집 소프트웨어(Premiere; [그림 6-10] 참조) 등으로 개인적으로 다양한 영상 편집 작업을 하는 1인 크리에이터가 대세다. 하지만 보다 전문적인 부분이 필요하고, 다양한 영상 광고의 편집은 대개 편집 스튜디오의 전문 편집기사에 의해 수행된다(한규훈, 2021). 편집 작업은 촬영된 영상물을 소프트웨어 프로그램에 입력한 후 전반적인 사항(광고주, 광고회사, 콘셉트, 제작의도, 스케줄 등)을 참고하고 다양한 기능을 활용하여 진행된다.

영상 편집을 위한 전문 프로그램으로는 프리미어(Premiere) 소프트웨어 프로그램이 있다. 이 프로그램은 영상을 입력하고, 영상의 길이 조절, 합성, 색상 보정, 자막 등 영상에 대한 모든 것을 편집하고, 오디오(audio)도 원하는 대로 입력, 수정하고 편집할 수 있다([그림 6-10] 참조). 프리미어는 영상 클립 이어붙이기, 영상 트랙에 레이어 추가하기, 멀티트랙에서 영상 편집하기, 응용 자막 만들기, 색 보정하기, 사운드 편집 등을 다양하게 제작할 수 있는 영상 편집 프로그램이다(김덕영, 심수진, 윤성우, 2019).

지금은 예전과 달리 디지털 녹음기를 사용하고 있으며, 음성과 관련된 모든 사항을 원하는 대로 조절할 수 있게 되면서 제작 환경이 급속도로 빨라졌다. 이러한 녹음(recording) 기술은 전문가의 감각과 인간이 만들어 낸 결과물이기도 하다(신중현, 2003).

3. 인쇄 광고의 창작 과정

1단계		2단계				3단계		4단계
자료 수집	콘셉트	아이디어 회의	러프 회의	시안 제시	시안 제시	핸드 일러스트	포토 일러스트	완성 단계
제품 소비자 경쟁사 분석	크리에이티브 브리프	썸네일 스케치	광고회사 임원에게 리뷰	광고주에게 프레젠테이션	제작 프로덕션 선정	작가/ 디자이너	스튜디오	컴퓨터 작업 후 출력

[그림 6-11] **인쇄 광고의 제작 프로세스**

1) 1단계(자료수집, 콘셉트)

[그림 6-11]에서 보는 바와 같이, 자료수집과 콘셉트의 추출 과정으로 진행된다. 자료수집 단계에서는 제품, 소비자 정보에 대해서 자료를 수집한다.

제품 분석은 ① 외형적 특성에서 패키지, 모양, 색깔, 가격, ① 만들어지는 과정에서 원료, 성분, 제조기술, 물리적 성질, 제조 과정, ③ 기능적 특성에서 성능, 용도, 사용법, 편리성, ④ 감성적 특성에서 브랜드 이미지, 브랜드명, 제품의 의미, 역사 등에 대해 자세히 자료를 수집한다. 따라서 제품 분석은 제품과 관련된 여러 모든 요인을 살펴보는 것이다. 제품의 효용, 포장, 품질, 가격, 판매량, 브랜드 이미지, 유통, 포지셔닝, 제품수명주기를 재검토하는 작업이다. 제품을 자세히 알기 위해서는 제품의 내용이 무엇이며 그것이 어떻게 작용하는지를 배워야 한다. 라벨을 읽고 포장하는 방법에 대해 연구하고, 회사의 정보를 얻기 위해 스마트폰으로 연락을 해 보거나 편지를 쓰고, 제품에 관한 정보를 모두 수집하고, 10분 정도 소매점 주인과 대화한다. 오프라인상으로는 도서관에서 가서 조사해 보고, 온라인으로 컴퓨터화된 정보를 찾아보는 것도 신속하고 빠른 방법이다.

소비자 분석에서는 정확하게 누구에게 팔 것인가에 대해 고민하는 것이 중요하다. 가장 적합한 시장이 되는 사람들을 확보하고 있는지에 대해서 조사한다. 제품판매의 핵심은 제품과 소비자와의 관계를 잘 이해하는 것이며, 소비자가 제품으로부터 무엇을 원하는가를 정확히 파악하는 것이다.

2) 2단계(아이디어 회의, 러프 회의, 시안제시)

기획부서에서 광고주와 제품에 대한 상황을 심도 있게 분석한 후 크리에이티브 브리프(creative brief)가 작성된다. 이것으로 제작팀과 회의가 시작되며 크리에이티브 부서와의 수많은 회의를 통해 시안 작업이 완성된다. 이때부터 기획팀과 제작부서와의 긴밀한 협조를 통해 과정이 진행되며, 최초 업무는 크리에이티브 브리프에 나타난 제품의 특징, 문제점과 주 소구점 등 제품(브랜드), 시장, 그리고 타깃 소비자에 대해 충분히 탐구한 후 아이디어를 발상하는 것이다.

인쇄 광고는 디자인적인 측면이 많이 고려되기 때문에 디자인 프로세스를 참고하는 것도 좋은 방법이다. 디자인 프로세스에서 언어는 매우 중요한 역할을 하고 있으며, 디자인에 있어서 언어가 중요하게 차지하는 장점은 정해진 형태나 모양으로의 고착과 고정을 막아 준다는 것이다. 디자인 프로세스에 있어서 언어는 스케치보다 애매함과 모호성을 가지고 있기 때문이다. 즉, 디자이너는 고정관념을 위험한 적으로 생각해야 하며, 그것에서 탈피하기 위해 논리와 반대되는 창조성을 동시에 가지고 관련된 문제를 해결하기 위해 여러 가지 작업을 하게 된다. 이러한 고정관념에서 탈피하기 위해 언어를 기반으로 한 창의적 발상과 관련된 여러 연구가 있다(허윤정, 2010, p. 302). 여러 학자의 연구에서는 디자인 프로세스에서 언어와 관련되어 출발하고 시작하면 고정관념을 벗어나게 하고, 문제해결에 도움을 준다는 연구 결과가 있다(박인성, 2020).

자료를 수집하는 word 단계는 아직 구체화되지 않고 보이지 않는 추상적인 생각을 좀 더 쉽고 명확하게 도출해 내기 위해 간단한 단어와 글로 표현하는 과정이다. 주제와 정확히 맞는 내용을 참여한 팀원 모두가 토의를 하며 생각나는 단어를 빠르게 적은 후 모아서 아이디어를 확인하는 단계다(나건, 박준홍, 2013, p. 34). 즉, 자료를 수집하는

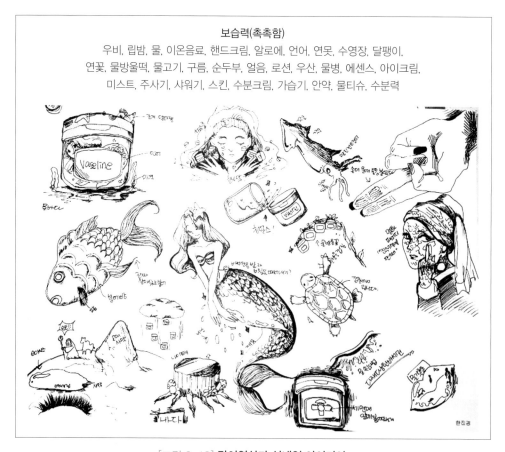

[그림 6-12] **단어연상과 섬네일 아이디어**

word 단계는 아이디어를 빠르게 최초로 수집하는 단계다(박인성, 2020).

아이디어 회의에서 정해진 콘셉트를 기준으로 브레인스토밍(brainstorming) 회의를 시작한다. 이때에는 최대한 많이 도출해 내는 것이 목적이기 때문에 남의 의견에 대해 절대 비판하지 말고, 최대한 평온한 분위기에서 연상 단어를 도출한다. 이후 도출된 연상 단어를 기준으로 섬네일 아이디어를 실시한다. 섬네일 아이디어(thumbnail idea)는 자유분방한 상태에서 실시되어야 하며, 절대로 외압적이어서는 안 되고, 방해를 받지 않아야 빅아이디어가 도출된다([그림 6-12] 참조).

정해진 콘셉트를 기준으로 브레인스토밍 회의를 거쳐 최대한 많은 연상 단어를 도출한다. 이후 폭넓은 사고의 원리를 기본으로 하여 다양한 아이디어의 소스가 될 수 있는 단계다. 자유롭게 발상하는 것과 가능한 한 결정된 콘셉트와 관련된 사물을 생각하는 것이 중요하다. 순서는 다음과 같다. ① 콘셉트를 정한다. ② 구체적인 콘셉트에 맞추어 다양한 단어를 도출한다. ③ 정해진 콘셉트와 관련된 단어들만 선택하여 결정한다. 프리 핸드 스케치(free hand sketch) 접근하기에서는 ① 1단계 연상 단어에서 나온 단어들 중에서 콘셉트와 일치하는 단어를 골라 자유롭게 스케치한다. 최대한 많은 스케치를 통해 비교해 본다. ② 많은 스케치 중에서 개별적으로 구체적인 설명을 해 본다(박인성, 2018; [그림 6-12] 참조).

프리 핸드 스케치 단계에서 나온 다양한 안을 광고 시안의 규격, 레이아웃과 같게 스케치하는 과정이다. 크기는 5×5cm 정도에서 시작하여 10×15cm 정도까지 자유롭게 그리면 된다. 섬네일 스케치(thumbnail sketch)는 본인이 생각한 어느 정도 아이디어가 정리된 상태에서 그리는 것으로 결과물까지도 예상하여 판단할 수 있다. 따라서 좋은 안인지 나쁜 안인지 3단계에서 판가름 날 수 있다(박인성, 2018).

섬네일 스케치는 결정된 크리에이티브 콘셉트에 대해 회의에 참가했던 크리에이터들이 나름대로의 생각을 자유롭게 그림과 문자로 시각화해 보는 것이다. 손톱의 1/4 크기 에스퀴스(esquisse) 완성 원고의 1/8-1/18, 5×7cm로 한 장의 종이에 몇 점을 나란히 그림으로 그려 본인의 생각을 표현하기 위해 표현한 시각물이며, 작고, 간단하게, 빨리, 많이 그려야 하는 것이 원칙이다.

섬네일 스케치에는 광고의 조형적 요소(일러스트레이션, 보더라인, 심벌마크, 회사로고, 제품사진 등)와 내용적 요소(헤드라인, 서브헤드, 본문카피 등)가 모두 포함되어 스케치되어야 한다(박인성, 2018).

[그림 6-13]은 월간잡지인 의학 경제지의 표지디자인을 위한 섬네일 스케치 과정이

다. 이달의 이슈와 콘셉트는 의사들이 인플레이션으로 인해 고통을 당하고 있다는 것이 핵심 콘셉트로, 이를 표지디자인으로 제작한 것이다. 왼쪽의 A안 섬네일 스케치는 의사가 인플레이션으로 인해 힘들어하며 철봉에 힘겹게 한손으로 매달려 있는 모습을 섬네일 스케치로 그린 아이디어가 돋보인다. B안은 바닷속의 상어를 인플레이션으로 비유해서 상어가 밑에서 공격하는 것도 모른 채 위협당하고 있는 의사의 모습을 섬네일 스케치한 것이다. C안은 폭우로 쏟아지는 비를 인플레이션으로 비유하며, 우산에는 덮는 비닐이 없고 우산살만 있어 의사가 무방비로 비를 맞고 있는 모습을 그린 아이디어다. 마지막 안은 의사가 정강이를 얻어맞은 모습을 인플레이션으로부터 공격당하는 장면을 비유하여 나타낸 아이디어로 최종적인 리뷰 과정에서 선택되었다. 오른쪽의 A안은 대형병원을 청소기로 비유하고 환자들을 청소기로 빨아들이는 모습으로 비유하여 나타낸 아이디어 스케치다. B안은 대형병원이 거리의 무법자로 있는 모습을 비유하고 소형병원들 위에 군림하는 모습을 한 스케치다. C안은 대형병원이 무서운 상어의 이빨을 보이고, 앞에 있는 소형병원이 위축되어 있는 모습으로 나타내고 있다. 마지막 안은 팩맨 게임에 비유하여 환자를 먹는 대형병원을 나타낸 아이디어로 최종적인 리뷰 과정에서 채택되었다. [그림 6-13]의 각 4개의 섬네일 스케치는 선별 과정에서 채택된 것만 게재되었다. 실제 광고회사의 팀별 아이디어 회의에서는 1개의 콘셉트를 기준으

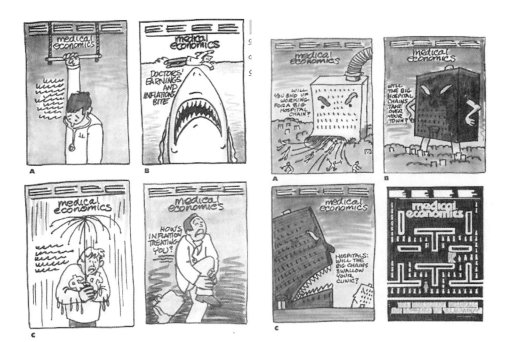

[그림 6-13] **섬네일 스케치**

로 대략적으로 개인별 20개 정도, 하나의 팀에서는 100개 정도의 섬네일 스케치가 도출된다. 섬네일 스케치의 과정을 통하여 최종적인 완성 작품과 동일하게 시안 작업이 완성된다.

러프 스케치(rough sketch)는 섬네일 스케치보다 훨씬 크고 세부적으로 정확해야 한다. 헤드라인과 본문카피 정도는 손으로 쓰는 것보다 컴퓨터로 쳐서 작업하는 것이 적당하다. 러프 스케치는 본 작업을 위한 전 단계로서 모든 요소가 정확하게 있어야 하고 레이아웃도 결정되어야 한다. 러프스케치는 섬네일 스케치를 보다 디테일하게 그린 안이다. 헤드라인은 물론 메인 비주얼도 사진으로 합성 제작한다. 최종 완성물과 거의 동일하게 만들고, 섬네일 스케치로 그린 것을 컴퓨터로 신속하게 제작한다. 지금은 컴퓨터 기술이 놀라울 정도로 향상되어 시안과 최종 결과물이 거의 구분이 되지 않는다.

시안(comprehensive) 작업은 최종 결과물과 거의 똑같이 제작해야 한다. 그렇지 않으면 광고주에게 프레젠테이션을 할 당시의 시안과 전체적으로 디자인(레이아웃, 색채, 타이포그래피, 편집디자인, 비주얼 요소, 모델 관련 등)이 달라질 수 있어 광고주로부터 수정 사항을 요구받을 수도 있다. 광고주 프레젠테이션 당시에 보았던 시안과 다를 경우 광고주와의 관계가 안 좋아질 수도 있으므로 이 점은 매우 주의해야 한다.

[그림 6-14]는 섬네일 스케치를 완성한 후 광고주에게 제시하기 위해 제작한 시안과 비교한 사례다. 맥주 안과 오리 안은 손으로 그려 생동감 있게 하였고, 컴퓨터 작업보다 열정과 감성을 느낄 수 있는 시안이다. [그림 6-15]는 디테일도 완성 작품과 거의 비슷하여 좋은 시안의 예다. 가운데 섬네일 스케치를 시안으로 제작된 안은 사진과 복사물을 활용하여 시안 작업을 한 것으로 열대어의 사진과 모델의 사진 등을 스탁(stock) 이미지를 활용하여 알맞은 이미지를 수차례 검색하고 선택한 후에 이미지 저작권의 소유기관에 사용료를 지불하고 사용한다.

시안 작업에서 무엇보다 가장 핵심적인 역할을 하는 것은 레이아웃(lay out), 색상(color), 타이포그래피(typograpy)다. 최종 시안 작업에서는 이러한 모든 요소를 종합하여 메인 비주얼(main visual)과 서브 비주얼(sub visual)을 구분하고, 텍스트와의 관계, 종합적인 요소들을 심도 있게 분석하고 레이아웃하는 것이 매우 중요하다. 광고 창작 과정에서 디자인 작업이 최종적으로 잘 완성되어야 모든 것이 완벽히 진행되고 마무리되는 것을 볼 수 있다.

첫째, 성공적인 레이아웃을 하기 위해서는 레이아웃 구성 요소들 간의 자연스러운 조화가 매우 중요하다. 레이아웃 구성 요소들 간의 타이포그래피, 사진 및 일러스트레

[그림 6-14] **섬네일 스케치(핸드 일러스트)**

[그림 6-15] **시안 완성**

이선, 여백, 색상 등의 관계성과 조화를 고민해야 한다. 사실 이 문제는 확실하게 해결될 수 없는 매우 어려운 과제다. 결국 디자이너의 오랜 노하우와 경험에서 얻은 감각에 의존할 수밖에 없다. 그러나 레이아웃의 기본적인 구성 원리를 알고 접한다면 그 해결책을 조금은 손쉽게 찾아낼 수도 있다(송민정, 2013). 레이아웃의 구성원리는 통일, 변화, 균형, 강조라고 할 수 있다. 이러한 사실을 기본으로 하여 디자인 작업을 진행하면

[그림 6-16] **섬네일 스케치(박인성)**

큰 차질 없이 진행할 수 있다([그림 6-16] 참조).

둘째, 색상의 선택에서 브랜드가 갖고 있는 성격과 전체 광고의 콘셉트 등을 고려하여 색상을 신중하게 사용해야 한다. 그 색상이 고유하게 갖고 있는 정도를 심도 있게 분석하고 사용해야 한다. 빨간색은 사랑, 정열, 애정, 혁명, 위험, 축제, 흥분, 긴장, 적극성 등을 의미한다. 우리에게 친숙한 코카콜라, 미스터피자, 맥도날드, 신호등, 고추장 등에서 빨간색을 사용하는 이유가 여기에 있다. 오렌지색은 건강, 열정, 활기, 적극, 욕망, 강렬, 친근, 에너지 등을 의미한다(비타500, 오렌지볼 등). 노란색은 햇살, 희망, 광명, 유쾌, 아동, 활력, 소망, 맑은, 집중 등을 의미한다(트라스트, 레모나 등). 녹색은 안전, 평화, 자연, 안정, 신선, 생명, 진화, 신뢰 등을 의미한다(녹십자, 유한양행, 신호등 등). 파란색은 바다, 하늘, 진실, 희망, 젊음, 미래, 안전, 진보, 신뢰, 상쾌, 창공, 성공, 꿈 등을 의미한다(포카리스웨트, 우유, 생수 등).

[그림 6-17]에서 왼쪽의 환경보호를 위한 공익 광고는 '파란 하늘을 보호하자'라는 공익 광고다. 파란 하늘을 상징적으로 부각시키기 위해 권총의 검은색을 사용하여 강하게 대비시켰고, 전체적으로 여백 처리를 하여 깨끗한 환경을 지키자는 의미를 담고 있다. 오른쪽의 '물을 절약하자'라는 공익광고는 자원을 절약하자는 의미로서 자원이 없어지는 것을 보석함 안의 보석과 같은 물로 비유하여 물의 소중함을 강조하고 있다. 보석함 안의 바탕에 깔린 빨간색은 생수병의 흰색과 대비하여 뚜렷하게 보이도록 한 것이 인상적이다.

[그림 6-17]은 인쇄 광고에서 주로 사용되는 소프트웨어인 포토샵 프로그램을 활용하여 완성된 작품이다. 포토샵(Photoshop)은 주로 사진을 활용하여 제작물을 완성하는 프로그램이다. 본 작업을 완성하려면 포토샵을 활용해 광고 아이디어에 대한 최종적인 광고 시안을 완성할 수 있다. 작업의 순서를 살펴보면 다음과 같다. ① 포토샵

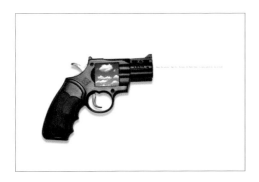 

[그림 6-17] **최종 완성된 제작물(포토 일러스트, 박인성)**

(Photoshop) 프로그램을 연다. ② 새로운 페이지에 파일을 새로 만든다. ③ 이미지의 크기를 정한다. ④ 본 작업을 시작한다(Image > Mode > RGB Color). ⑤ 이미지를 넣는다(File > Open > data). ⑥ 이미지를 추가한 다음 그림자를 넣는다. ⑦ 이미지를 완성한 후 배경처리를 한다. ⑧ 헤드라인과 본문카피를 추가한다. ⑨ Image > Mode > CMYK Color로 저장하여 완성한다(박인성, 2018).

셋째, 타이포그래피는 활자 서체의 배열을 말한다. 타이포그래피는 문자 배열, 문자 디자인과 문자 상형을 수정하는 기술과 예술이다. 전체 광고에서 중요한 부분을 차지하고, 어떤 서체와 크기를 사용하느냐에 따라 광고의 성격이 달라진다.

3) 3단계(핸드 일러스트, 포토 일러스트)

정해진 광고 시안에 사진이 포함되어 있다면 스튜디오에서 촬영하고, 제품이나 모델 등은 광고 시안을 기본으로 세트와 조명을 구성하고 촬영한다. 정해진 광고 시안에 핸드 일러스트가 포함되어 있다면 전문 일러스트 작가에게 광고의 전체적인 콘셉트와 제작의도를 설명한 후 작가에게 일러스트 작품을 의뢰한다.

스튜디오 촬영, 야외 촬영이나 라이브러리에서 구매를 통해 확보된 이미지에 컴퓨터 합성이나 사진 보정 작업으로 퀄리티와 완성도를 높이고, 알맞은 서체를 적용한 카피와 결합하여 최상의 레이아웃과 편집디자인을 하는 과정이다. 비주얼(핸드 일러스트, 포토 일러스트), 헤드라인, 서브헤드, 바디카피, 회사로고, 브랜드 로고, 제품사진 등이 최선의 조화를 이루게 하는 것이 인쇄 광고 디자인의 핵심이다(한규훈, 2021).

4) 4단계(완성 단계)

포토샵 프로그램을 활용한 작업의 순서는 다음과 같다. ① 포토샵 프로그램을 연다. ② 새로운 페이지에 파일을 새로 만든다. ③ 이미지의 크기를 정한다. ④ 본 작업을 시작한다(Image > Mode > RGB Color). ⑤ 이미지를 넣는다(File > Open > data). ⑥ 이미지를 추가한 다음 그림자를 넣는다. ⑦ 이미지를 완성한 후 배경 처리를 한다. ⑧ 헤드라인과 본문카피를 추가한다(박인성, 2018).

사진과 핸드 일러스트가 포함된 인쇄 광고의 시안은 주로 포토샵(Photoshop)과 일러스트레이터(Illistrator) 소프트웨어 프로그램을 사용한다. 포토샵은 포토 일러스트

Photoshop   Illustrator

[그림 6-18] 사진, 그래픽 디자인 소프트웨어 프로그램

(Photo Illust)를 비주얼로 활용할 때 광고물을 완성할 수 있는 프로그램이다. 사진에 관련된 모든 것을 제작할 수 있는 프로그램이다.

포토샵은 자유자재로 선택하고 변형하기, 다양한 방법으로 색상 적용하고 보정하기, 레이어와 채널을 이용한 이미지 합성하기, 필터로 특수효과 적용하기 등에 대해 작업할 수 있는 프로그램이다. 일러스트레이터는 다양한 방법으로 채색하고 편집하기, 문자 디자인하기, 그래픽 스타일 디자인하기 등 그래픽 작업을 할 수 있는 프로그램이다 (민지영, 문수인, 이상호, 2018; [그림 6-18 참조]).

컴퓨터가 보급화되지 않았던 시절에는 수작업을 통해 제판 작업이 진행되었다. 지금은 인터넷의 편리함과 소프트웨어 프로그램의 발달로 다양한 방식을 통해 최종 데이터를 전송한다. 컴퓨터에서 데이터의 최종 저장 방식을 확인하고 이미지 모드(image mode)와 해상도(pixel)의 값을 설정하는 것이 되었다면 EPS 파일이나 TIFF 포맷으로 저장하고 고해상도의 결과물을 출력한다. 전체적으로 편집디자인, 색상, 레이아웃, 서체, 밝기 등 디자인의 사항에 대해 다시 한번 꼼꼼히 확인한 후 이상이 없다면 데이터 전송을 하여 마지막으로 완성한다.

4. 소비자의 생활과 함께 변하는 광고 창작 환경

소비자의 생활 양식(life style)과 가치관이 변화됨에 따라 그들이 현재 있는 상황에서 선호하는 내용의 광고가 나오지 않는다면 의미가 없다. 생활 양식이 달라지고, 뉴미디어(컴퓨터 미디에이티드, 스마트 미디어)와 인공지능의 삶은 인간에게 편리함과 빠른 재미를 주고 있다.

다양한 바이럴 영상이 탈규격 및 비정형성의 특성을 갖는다 할지라도 전형적인 광고처럼 설득 목적의 유료 커뮤니케이션이라는 속성을 띤다면 모두 광고의 형태로 보아도 무방하다고 보았다(한규훈, 2021). 그러한 예로 NORTH FACE의 바이럴 마케팅 사례를

들 수 있다([그림 6-19] 참조). 이 영상은 소비자의 변화하는 인식과 가치관을 활용하여 빠르게 인지시키고 있는 바이럴 영상이다.

손님이 매장에 들어오면 둘러보게 한다. 원하는 스타일의 옷을 고르면 피팅룸에 들어가 옷을 갈아입고, 피팅룸에서 옷을 갈아입는 동안 반대 방향으로 돌아가는지도 모른 채 옷을 갈아입는다. 통을 돌아서 나와 보면 하얀 눈이 뒤덮여 있고 '제한시간 60초 얼음을 깨고 다운재킷을 GET 하세요.'라는 팻말이 보인다. 옆에 있는 얼음 안에는 다운재킷이 있다. 임팩트가 있고 빠르게 소비자에게 웃음과 재미를 준다. 소비자는 얼음을 깨고 다운재킷을 얻어 가며, 놀랍고 즐거워한다.

[그림 6-19] NORTH FACE 바이럴 마케팅 영상

[그림 6-20]의 광고는 수용자에게 재미를 주고 몰입하게 한다. 합성 제작 기술을 하는 회사의 바이럴 마케팅이다. 광고판 안쪽에 들어가 버스 정류장에서 기다리는 사람을 스캔한 후 합성 작업을 한다. 수용자는 자기의 모습이 다르게 나오는 장면을 재미있게 보고 즐거워한다. 수용자는 버스를 기다리는 시간과 장소를 절대로 놓치지 않는다. 강한 임팩트 때문에 흥미로워한다.

[그림 6-20] 버스 정류장 인터렉션 광고

이제 소비자는 더 이상 그대로 머물러 있지 않는다. 미디어의 변화에 맞추어 그들도 같은 속도로 끊임없이 변화할 것이다. ① 소비자는 시간이 없고 집중해야 하는 시간이 부족하다. 주5일 근무로 토요일과 일요일은 쉴 수 있다. 그러나 개인적으로 정해진 일의 양은 주5일 업무 시간 동안 끝내야 하는 것이 현실이다. 상대적으로 주중에 해야 하는 일이 전보다 많아졌다고 할 수 있다. 하지만 주말은 가족과 함께하며 여가를 즐기고, 나를 위해 본캐와 부캐를 갖고 행복해 한다. ② 소비자는 풍부한 정보를 바탕으로 구매하려고 하는 제품의 가격 비교는 물론 관련 구매 후기나 댓글 등을 엄청나게 찾아보고 가치 있는 소비를 한다. 요즘은 공중파 채널 사이의 홈쇼핑도 소비자들의 훌륭한 정보원 중 하나다. ③ 소비자는 참여적이며 독립적이다. 버튼 한 번으로 구매뿐만 아니라 참여공간에도 쉽게 들어갈 수 있다. ④ 소비자는 사이버 네트워킹에 능하여 영상을 찍어 바로 SNS에 올리고, 공유하며, 만족해한다.

새로운 미디어 환경은 소비자들이 미디어를 동시에 이용함으로써 변화가 시작되었다. 스마트 미디어 시대에 미디어 이용자들은 스마트폰이나 태블릿PC, 스마트 TV 등을 통하여 보다 쉽게 컴퓨터에 접근할 수 있으며, 향후에 멀티태스킹은 더욱 빠르고 급진적으로 증가할 것으로 예상된다(김정현, 2015). 광고도 이에 맞추어 변화해야 하는 것은 당연하고, 소비자들이 있는 곳에 광고가 있어야 하는 것은 당연하며, 재빨리 그들과 소통해야 한다.

5. 마무리

지금까지 광고 창작 과정의 이해를 위해 TV 광고의 창작 과정, 인쇄 광고의 창작 과정, 디지털 광고의 창작 과정에 대해 살펴보았다. 인터넷이 처음 나왔을 때를 기억해 보자. 종이신문은 이 세상에서 사라질 줄 알았다. 하지만 아직도 아침에 문 앞에는 신문이 살아 있다. 종이를 만지고 넘기면서 뇌가 자극되어 우리의 기억장치에 쌓여 가는 맛을 사람들은 좋아한다. 인터넷에서 보는 신문은 손가락으로 터치하기 때문에 뇌를 자극할 시간이 거의 없다. 미디어가 다양하게 변화함에 따라 소비자의 생활도 엄청나게 변하고 있다. 소비자는 감성과 이성 모두를 선호하는 것이 사실이다.

오징어 게임의 피코크 블루, 녹색 트레이닝 복은 없어서 못 팔 정도다. '딱지치기' '구슬치기' '달고나' '무궁화 꽃이 피었습니다'는 전 세계적으로 엄청난 열풍을 일으키고 있다. 지금은 PC방과 온라인에서 컴퓨터 게임을 즐기지만, 예전에는 서로 뛰어 놀며 감성을 자극하고 서로에게 공감의 그릇을 키워 나갔던 추억의 놀이가 있었다. LP판(레코드판)도 다시 등장했다. 예전에는 내가 좋아하는 가수의 LP판을 사서 들었다. 집 앞의 레코드 가게에 없으면 청계천에 가서 일명 빽판을 구입하여 지글거리는 소리를 들으며 감성을 키웠다. LP판을 듣기 위해서는 턴테이블이 필요하다. 턴테이블의 매출도 엄청 높아졌다고 한다. 지금은 소리바다 같은 웹사이트에 회원으로 가입을 하면 어떤 음악이든 다운로드 받을 수 있고, 원 없이 들을 수 있다. LP판 위에 바늘을 올려놓으면 음악이 나오는 것이 신기하다. 라디오를 듣고 있다가 DJ의 멘트와 함께 좋아하는 음악이 나오는 순간 카세트테이프를 장전하고 긴장하며 녹음 버튼과 플레이 버튼을 동시에 누른다. 놓치면 안 돼! 아찔한 순간이다. 지금은 깨끗한 음질의 음원을 인터넷에서 원하는 대로 들을 수 있다. 요즘의 신세대에게는 전혀 보지 못한 희한한 것이다.

이와 같이 다양함을 원하는 수용자와 소비자들 때문에 지금은 ATL과 BTL이 버라이어티쇼를 펼치고 있다. TV 광고, 신문 광고, 라디오 광고, 잡지 광고, 교통 광고, 엠비언트 광고, 인터랙티브 광고 등 그 종류도 너무 많아 어지럽다. ATL(avobe the line)은 텔레비전, 인쇄, 라디오 등과 같은 전통적 매체로 구성되며, 매스 미디어를 활용하는 비대인적 커뮤니케이션 활동이다. 지금까지의 BTL(below the line)은 ATL을 제외한 주로 대인 커뮤니케이션적 방법을 활용하는 비매스 미디어 커뮤니케이션이다. 광고 창작 과정을 이해하려면 전통 매체(텔레비전, 인쇄, 라디오 등)의 과정과 원리에 대해 잘 알아야 하는 것과 함께 스마트 미디어 애플리케이션 광고, 모바일 웹페이지 광고, 모바일 쿠폰 광고, 문자 메시지 광고, QR코드 광고, LBS, 증강현실, 모바일 플랫폼 광고도 함께 현재와 미래에 공존하고 있다는 사실을 알아야 한다.

참고문헌

김광규(1994). 빅아이디어를 시각화 하기위한 문제해결법. 서울: 도서출판 정보여행.

김덕영, 심수진, 윤성우(2019). 프리미어 프로 CC 2019. 서울: 한빛미디어.

김동빈(2014). 인쇄 광고 타이포그래피. 서울: 커뮤니케이션북스.

김정현(2015). 설득 커뮤니케이션의 이해와 활용. 서울: 커뮤니케이션북스.

나건, 박준홍(2013). 디자인 프로세스를 기반으로 하는 창의적 발상에 관한 연구: 창의 워크숍을 중심으로. 산업디자인학연구, 7(4), 31-38.

남고은(2021). 광고 창작 과정과 크리에이티브 전략. 김병희, 마정미, 김봉철, 김영찬, 유현재, 유
승엽, 최세정, 송기인, 소현진, 유승철, 남고은, 김여정, 한규훈, 정윤재, 윤태일, 정승혜 공
저, 디지털 시대의 광고학신론(pp. 347-375). 서울: 학지사.

민지영, 문수민, 이상호(2018). **포토샵&일러스트레이터**. 서울: 길벗.

박인성(2018). 광고제작. 김병희, 서상열, 김동성, 김형석, 김민철, 김지윤, 신경아, 허정무, 최문
석, 이진우, 조재형, 손영곤, 주대홍, 오창일, 석중건, 정해원, 유인하, 박인성, 김유나, 변혜
민, 고재영, 이윤재, 김상준, 정차숙, 지원배, 유현중, 김운한, 김현정 공저, 디지털 융합시대
광고와 PR의 이론과 실제(pp. 274-275). 서울: 학지사.

박인성(2020). 단어 연상과 개념적 은유 및 유추를 활용한 공익포스터 디자인 개발 연구. 브랜드
디자인학연구, 18(2), 29-40.

송민정(2013). 레이아웃의 모든 것. 서울: 예경.

신중현(2003). CF제작론. 서울: 커뮤니케이션북스.

한규훈(2021). 광고 디자인과 영상 콘텐츠 제작. 김병희, 마정미, 김봉철, 김영찬, 유현재, 유승엽,
최세정, 송기인, 소현진, 유승철, 남고은, 김여정, 한규훈, 정윤재, 윤태일, 정승혜 공저, 디지
털 시대의 광고학신론(pp. 409-436). 서울: 학지사.

함성원(2008). TV 광고 제작론. 서울: 학현사.

허윤정(2010). 언어기반 시각발상에 있어서 창의적 인지과정에 대한 연구. 기초조형학연구, 11(4),
297-307.

제7장
카피라이팅의 기본 원리

김정우
(고려대학교 문화창의학부 교수)

좋은 카피라이터가 되기 위해서는 기본적으로 글쓰기에 익숙해야 한다. 그리고 세상과 사람에 대한 호기심이 넘쳐야 하고, 광고나 마케팅에 대한 지식도 충분해야 한다. 다른 광고들을 많이 보면서 선배들의 스킬을 내 것으로 만들 수 있어야 하고, 광고 이외의 다양한 콘텐츠를 보면서 아이디어의 단초들을 찾아낼 수 있어야 한다. 제품을 빛내는 참신한 아이디어와 그 아이디어를 잘 표현할 수 있는 카피를 써낼 수 있어야 하고, 거듭되는 아이디어에 대한 스트레스를 이겨 낼 수 있어야 한다. 카피라이터는 부단한 훈련이 필요한 직업이며, 끝없이 공부해야 하는 직업이다.

광고를 전달하는 미디어의 변화는 카피라이팅에서도 변화를 가져온다. 미디어마다 그에 맞는 형식의 광고를 선보이고 있기 때문에, 거기에 맞춰 카피라이팅의 방법도 변화를 해야 하는 법이다. 한때 광고의 대명사이던 인쇄 광고는 점차 영향력이 약해져 가고 있고, TV나 인터넷의 다양한 플랫폼에서 운영되는 영상 광고가 광고의 대세를 이루고 있다. 영상 광고도 TV처럼 짧은 광고들도 있지만, 최근에는 OTT나 인터넷상에서 운행되는 제법 긴 영상 광고들이 늘어나고 있다. 그만큼 카피의 호흡이 달라져야 하고, 소비자들의 주의를 끌고 가는 방법도 달라져야 한다.

1. 카피라이팅과 연관된 기본 개념들[1]

1) 카피란 무엇인가

카피란 무엇인가라는 질문은 이제 매우 낡은 질문이 되어 버렸다. 광고라는 말을 생각하면 자연스럽게 생각나는 말 중의 하나가 카피이고, 카피라는 말을 별다른 고민 없이 자주들 사용하기 때문이다. 그러나 카피라이팅의 기본 원리를 알기 위해서는 먼저 카피라는 대상에 대해 알아야 한다. 그것이 무엇인지를 알아야 카피라이터도 있고 카피라이팅도 있는 법이다.

결국 카피란 광고에서 문자로 표현되는 모든 것이다. 어떤 형태의 광고든 상관이 없다. 더 정확히 말하면 모든 광고에서 언어로 표현되는 것은 모두 카피의 범주에 들어간다. 초창기에 발간된 광고사전들에서 말하는 카피의 정의는 인쇄 광고에 초점이 맞춰져 있다. 그러니까 '문자'로 표현되는 것이라고 설명하고 있다. 그러나 인쇄 광고만이 광고는 아니다. 당연히 TV나 OTT를 통해 방영되는 영상 광고들도 있고, 웹 광고, 혹은 브랜디드 콘텐츠라고 불리는 영상 광고들도 있다. 특히 최근에는 인터넷이 가장 강력한 광고의 전파 수단이 되면서 다양한 아이디어와 놀라운 영상의 광고들을 많이 보게 된다.

그러므로 카피의 정의에 흔히 나오는 헤드라인과 바디카피 등은 인쇄 광고에서 사용되는 용어이지만, 그 밖에도 영상 광고에서 사용되는 성우의 내레이션, 등장하는 모델들의 대사 등도 모두 카피에 들어간다. 어디 그뿐인가. 광고 안에서 사용되는 기업이나 제품의 슬로건, 로고 등도 모두 카피다. 말이 되었든, 글이 되었든 언어를 통해 표현되

〈표 7-1〉 인쇄 광고 카피와 방송 광고에서 사용되는 카피의 비교

구분 매체별	인쇄 광고(신문, 잡지)	방송 광고(TV, 라디오, 인터넷)
헤드라인	헤드라인	키워드(키센텐스)
바디카피	바디카피	내레이션, 대사
슬로건	슬로건	슬로건, 송트(song+ment)
캡션	캡션, 스펙, 아이캐치	아이캐치, 이어캐치
브랜드	로고마크, 캐릭터	로고멘트, 로고송, 징글

[1] 제7장에서 인용된 책들을 보면 지금의 관점에서 볼 때 무척 오래된 것들이다. 그러나 예전이나 지금이나 표현의 방식만 변할 뿐 기본 원리는 변하지 않는다. 그 기본 원리들을 제안하였던 광고 선배들의 관점을 잘 전달하기 위한 목적에서 책들을 골라 인용했다.

는 모든 것이 카피인 것이다. 이희복(2008)은 이러한 내용을 간략하게 〈표 7-1〉과 같이 정리하여 설명했다.

2) 카피라이팅이라는 것은 어떤 일인가

말 그대로 카피를 쓰는 행위가 카피라이팅이다. 정철(2016)은 "당신이 쓰는 모든 글이 카피다."라고 선언하고 있지만, 그렇다고 모든 사람이 쓰는 글들이 카피로서 대접을 받을 수 있는 것은 아니다. 그렇다면 어떤 글들이 카피로서 대접을 받을 수 있을까?

이러한 질문에 대해 대답을 주는 책이 미국의 외과의사 출신 카피라이터 핼 스테빈스(Hal Stebbins)가 1957년에 발표한 『Copy Capsules』다.[2] 이 책에는 광고와 카피에 관한 저자의 생각들이 1,060개의 짧은 코멘트로 담겨 있다. 이들 중 카피라이팅과 관련된 것들을 선별하고, 그중에서 대표적이라고 생각되는 몇 가지 항목의 해설을 통해 카피라이팅이란 어떤 일인가에 대해 설명하고자 한다.[3]

1957년에 나온 책임에도 불구하고, 오늘도 그의 코멘트들이 의미 있는 이유는 "843. 사람들은 변하지 않는다. 마음은 바뀐다. 기분도 바뀐다. 옷도 바뀌고 직업도 바뀐다. 아내와 남편, 집도 바뀐다. 하지만 그들 자신은 변하지 않는다." 때문이다. 영원히 변치 않는 인간의 본질을 잘 파악하고 있는 것들이 바로 이 책 속에 있는 1,060개의 코멘트다. 당연히, 지금도 충분히 유효하고 앞으로도 그럴 것이다.

1. 광고는 지난 반세기 동안 성장했다. 인간 또한 그렇다. 인간의 척추가 그대로인 것처럼 광고의 척추도 그대로다. 광고의 척추는 카피다.

우리 몸에서 척추의 역할을 안다면, 이 말의 의미를 단박에 이해할 수 있을 것이다. 척추처럼 광고의 중심을 잡아 주는 역할을 하는 것이 카피다.

흔히 광고를 만들어 가는 과정을 'Logic to Magic'이라고 표현하곤 한다. 논리적이고 이성적인 전략적 판단(Logic) 위에서 마술처럼 소비자들을 끌어들이는 창의성(Magic)을 발휘할 수 있어야 한다는 것이다. 이는 곧 적절한 전략적 고려 위에서 최대한의 창

---

2) 이 책은 1986년 『광고의 기본원리』(이낙운 역)라는 제목으로 번역된 바 있고, 2018년에 『카피공부』(이지연 역)라는 제목으로 다시 번역된 바 있다.

3) 이 글에서 인용된 항목들은 『광고의 기본원리』와 『카피공부』를 비교하여 더 번역이 적절하다고 생각되는 것들을 골라 수록했다. 몇몇은 두 권의 번역이 모두 매끄럽지 않다고 생각하여 좀 더 자연스럽게 저자가 수정을 한 것도 있다. 그리고 앞에 붙여진 번호는 원저자가 붙여 놓은 것이며, 관련된 설명은 저자가 덧붙였다.

의성을 발휘해야 함을 뜻한다. 그러나 카피라이팅은 'Logic to Magic to Logic'이다. 마술과 같은 자유로운 창의성을 발휘해서 아이디어를 만들더라도, 결국 카피는 '설득논리'를 만들어야 하는 법이다. 그리고 그 설득논리가 광고의 힘을 좌우하는 데 큰 역할을 한다. 그렇기 때문에 카피가 광고의 척추라는 것이다.

척추는 중요하다. 하지만 그렇다고 해서 다른 것들이 중요하지 않다는 것은 아니다. 척추만 가지고는 인간으로서의 삶을 살 수 없듯이, 카피만 가지고 광고가 성립될 수 있는 것은 아니기 때문이다.

417. 카피에서 재치와 팩트 중에 하나만 골라야 한다면 팩트를 골라라.

광고를 자신의 일로 선택하는 사람들은 늘 새로운 아이디어를 내는 일에 매력을 느껴서인 경우가 많다. 그리고 자신이 낸 아이디어가 광고로 완성되어 사람들의 입에 오르내리고, 그 결과 점점 능력을 인정받아 유능한 광고인으로 인정받기를 원한다. 거기에 돈까지 많이 번다면 그것도 더 좋을 것이다.

하지만 핼 스테빈스는 "206. 카피라이터의 임무는 소비자에게 깊은 인상을 남기는 것이지, 내가 인상적인 사람이 되는 게 아니다."라고 말했다. 멋들어진 카피를 써낼 줄 아는 사람, 사람들이 여기저기서 사용하는 유행어처럼 되어 버린 카피를 써낼 줄 아는 사람이 중요한 것이 아니라, 자신이 광고를 통해 팔아야 하는 제품을 팔리게 하는 카피를 써낼 줄 아는 사람이 중요한 것이다. "714. 광고에서 최고의 상은 매출이다."라는 말을 핼 스테빈스가 남긴 이유가 여기에 있다.

로서 리브스(Rosser Reeves, 1961)는 "흡혈귀 같은 비디오(The Vampire Video)"라는 말을 했다. 화려하고 예술적인 영상이 광고의 본질인 메시지를 가리고 있는 경우를 말한다. 영상은 기억에 남으나 제품이 기억에 남지 않는다면 광고로서의 역할을 하지 못하는 것이다. 카피도 마찬가지다. 카피는 기억되나 제품이 기억되지 않으면 그야말로 흡혈귀 같은 카피가 되는 법이다.

재치 있게 팩트를 잘 전달하는 것이 최선이다. 차선은 재치보다 팩트에 초점을 맞추는 것이다. 그것이 카피라이팅의 본질이다.

313. '글쓰기'와 '판매를 위한 글쓰기'에는 큰 차이가 있다. 하나는 '의미'를 전달하고, 다른 하나는 '신념'을 전달한다.

모든 소비자는 이기적이다. 자신에게 아주 작은 이익이라도 생긴다고 생각하면, 그

때서야 비로소 지갑을 연다. 그 이익은 금전적인 이익이 될 수도 있고, 심정적인 이익이 될 수도 있다. 남들보다 좀 더 싸게 산다면 금전적인 이익이 되는 것이고, 가격과 관계없이 큰 만족감을 얻을 수 있다고 생각되어 구매하면 심정적인 이익이 되는 것이다. 어쨌든 소비자에게 가장 중요한 것은 이익이다.

광고에 의해 형성된 것이든 아니든, 소비자들은 누구나 자신의 마음속에 형성된 '신념'을 굳게 믿는다. 그 신념이 합리적인 이유에 의해 형성된 것이든, 자신의 편향에 의해 형성된 것이든 간에 자신의 구매는 그 신념이 좌우한다. 모든 사람은 '인지적 구두쇠 (cognitive miser)'다. 에너지를 써 가면서 깊이 생각하는 것을 기피한다는 뜻이다. 그렇기 때문에 신념을 바탕으로 에너지를 쓰지 않고 쉽게 선택하고 싶어 한다.

그러므로 광고는 소비자들에게 제품과 관련된 긍정적인 신념을 심어 줄 수 있어야 한다. 그래야 지속적인 구매 가능성이 높아질 수 있다. 그 역할을 가장 명확하게 할 수 있는 것은 바로 언어로 된 카피다. 그리고 그 역할을 잘 해내기 위해 카피라이터는 "402. '단순하게, 진실하게, 자연스럽게.'를 기억하라. 카피는 기교를 부리지 않는 것처럼 들릴수록 더 기교를 부린 것이다."라는 핼 스테빈스의 말을 귀담아 들어야 한다.

256. 광고를 공부하는 데 지나치게 많은 시간을 쓰고, 사람을 공부하는 데는 지나치게 적은 시간을 쓰는 광고쟁이들이 너무 많다.

광고라는 일은 끝없이 공부해야 해낼 수 있는 일 중의 하나다. 그러나 광고와 세상에 대한 광활한 지식들도 사람에 대해 이해하지 못한다면 광고에서 아무런 힘도 발휘하지 못한다. 사람에 대한 이해를 위한 가장 중요한 포인트는 "사람은 이성이 아니라 감성으로 움직인다."(Roberts, 2004)라는 사실이다. 웬만한 행동의 기저에는 이성이 아닌 감성이 있다. 누구에게나 있다. 시험 보기 전날 분명히 시험공부를 해야 한다는 것을 이성적으로 알면서도 공부를 하지 않은 경험 말이다. 왜냐하면 하기 싫기 때문이다.

광고를 통해 소비자들에게 '구매'라는 행동을 이끌어 내기 위해서는 논리적으로 설명하는 이성적인 접근도 유용하지만 감성적인 공감을 얻어 내는 편이 훨씬 더 유리하다. 감성적인 공감을 유도하기 위해서는 그 소비자에 대해 알아야 한다. 핼 스테빈스는 "980. 카피를 쓰는 것은 사무실일 수 있지만, 생각해 내는 것은 현장이 되어야 한다."라고 말했다. 자신이 광고하는 제품이 사용되거나 판매되는 현장에서 그 소비자들의 말한 마디, 한 마디를 잘 들어야 하는 것이다. 그것이 바로 사람에 대한 공부다.

당연한 말이지만, 광고는 카피만으로 이루어질 수 없다. 그림이나 사진과 같은 요소

[그림 7-1] 타이포그래피 광고의 예

도 없이 오로지 글자만으로 이루어진 타이포그래피 광고라고 하더라도, 글자체의 선정, 자간 및 행간 조정, 색 지정 등 디자이너의 손길이 필수적으로 들어간다.

그러나 광고의 척추는 카피라는 헬 스테빈스의 말처럼, 카피는 광고의 중심을 잡아 주는 역할을 하고 있으며, 제품이 갖고 있는 팩트를 기반으로 소비자들에게 그 제품을 구매하겠다는 신념을 심어 주는 역할을 한다. 그러기 위해서는 생각할 시간이 있는 한 최대한 많은 양의 카피 아이디어를 생각해 내고, 그중에서 가장 좋은 것을 골라 내야 하며, 가장 좋은 것을 고르는 기준은 사람, 즉 소비자에 대한 철저한 이해로부터 나온다.

그렇다면, 이러한 카피라이팅의 주체인 카피라이터는 어떤 사람인가, 이 부분에 대해 이어서 생각해 보기로 하자.

2. 카피라이터는 어떤 사람인가

1) 카피라이터의 사전적 정의

먼저, 사전에서 정의하고 있는 카피라이터에 대해 살펴보도록 하자. 『고려대한국어대사전』에는 "광고에 쓰이는 문장을 만들어 내는 사람"이라고 정의되어 있다(고려대학교민족문화연구원, 2009). 광고에서 표현된 것을 쓰는 사람을 카피라이터라고 정의하고 있다. 그러나 그것으로 충분한가? 카피라이터의 일을 지나치게 결과론적으로, 혹은 외형적으로만 설명하고 있는 것은 아닌가? 앞서 '2) 카피라이팅이라는 것은 어떤 일인가'에서 카피라이팅에 대해 설명한 내용과 견주어 보면, 그렇게만 정의하기에는 부족함이 많은 것도 사실이다.

이에 대하여, 우에조 노리오(Uejo Norio[植條則夫], 1988)가 제안한 카피라이터의 역할은 카피라이터의 일에 대한 정의이며, 포괄적이기는 하지만 적절하다.

- 광고 전략의 핵이라고 할 수 있는 광고 계획의 입안
- 캠페인 아이디어나 광고 작품 아이디어의 창조
- 구체적인 표현, 즉 카피라이팅 작업

앞서 언급한 바 있지만, 카피라이터의 일은 'Logic to Magic to Logic'이다. 앞의 세 항목을 차례대로 살펴보면 'Logic ⇒ Magic ⇒ Logic'임을 알 수 있다.

광고 계획의 입안은 제품이 갖고 있는 장점, 소비자들의 취향, 시장 상황, 미디어 활용 방안 등을 고려하여 최적화된 광고의 방향을 제안하는 것이다. 물론, 카피라이터만이 할 수 있는 일은 아니지만, 대체로 이런 일들은 카피라이터에게 주어지며, 그럼으로써 자신이 갖고 있는 능력을 발휘할 수 있는 기회도 더 많아지게 된다.

아이디어 창조 역시 카피라이터의 전유물은 아니다. 프로젝트에 참여하는 팀원 모두가 직능과 관계없이 자신의 생각을 자유롭게 설명하고 공유하고, 그것들을 결합하여 새로운 시너지를 창출해 내는 마술과 같은 성과를 내는 것이 중요하다. 카피라이터도 얼마든지 비주얼 아이디어나 영상의 스토리 등을 제안할 수 있고, 협의를 통해 가장 좋은 것을 선택하는 것이 좋은 성과를 내는 지름길이 된다.

카피라이팅 작업이야말로 카피라이터의 전문성이 가장 잘 발휘되는 부분이다. 어쩌면 카피라이터를 가장 협소하게 정의하는 것일 수도 있다. 그러나 앞에서 핼 스테빈스가 말했듯이 카피는 광고의 척추이기 때문에 전문성 높은 카피라이터일수록 건강하고 든든한 척추를 유지할 수 있게 해 주는 법이다. 물론, 척추가 여러 개의 뼈가 연결되어 인간의 움직임에 따라 유연하게 받쳐 줄 수 있듯이, 카피는 딱딱한 논리를 부드러운 감성으로 감싼 것(emotional logic)이어야 한다. 그래야 소비자의 마음을 결정적으로 끌어당길 수 있고, 소비자가 스스로 지갑을 열도록 유도할 수 있다.

이러한 인식을 바탕으로 김동규(2003)는 다음과 같이 카피라이터를 정의했다.

**"광고 목표 달성을 위해 표현 콘셉트와 핵심 아이디어를 만들고(creative),
그것을 말과 글로 쓰는(write) 광고 커뮤니케이션 전문가."**

철저히 맞는 말이다.

2) 카피라이터가 가져야 할 가장 기본적이면서도 필수적인 기능

(1) 너무나 당연하면서도, 너무나 중요한

카피를 쓰는 것은 훈련과 노력이 필요하다. 광고와 마케팅에 대한 공부도 해야 하고, 제품과 소비자에 대해서도 충분히 이해해야 한다. 시장과 사회 트렌드도 알아야 한다. 사람들의 관심사도 무엇인지 파악하고 있어야 한다. 이것들을 잘 엮어서 가장 강력한 광고 카피로 만들어 낼 수 있어야 한다. 좋은 재료들을 모아 맛있는 음식을 만드는 것과 같다.

하지만 카피를 쓰기 이전에 반드시 해야 할 일이 있다. 앞서 보았던 김동규(2003)의 카피라이터에 대한 정의에 나온다. "광고 목표 달성을 위해 표현 콘셉트와 핵심 아이디어를 만들고(creative), 그것을 말과 글로 쓰는(write) 광고 커뮤니케이션 전문가." 강조된 부분을 보자. 무엇이 떠오르는가?

그렇다, 바로 글쓰기 능력이다.

애초에 글쓰기 능력이 빈약한 사람이 카피라이터를 꿈꾸는 것은 아무런 기초체력과 기본기 훈련도 없이 프로선수가 되어 경기를 뛰겠다는 생각과 같다. 근본적으로 안 된다는 뜻이다.

(2) 글쓰기 능력의 유용성

대부분의 대학 교양과정에서는 글쓰기 과목을 운영하고 있다. 고등학교를 졸업한 학생이라면 글쓰기를 배우지 않아도 알아서 잘 쓸 듯도 한데, 왜 새삼스럽게 글쓰기를 가르치는 것일까? 그만큼 글쓰기는 중요한 능력이기 때문이기도 하고, 글쓰기 훈련이 되어 있지 않기 때문이기도 하다.

하나의 언어를 다루기 위해서는 읽기, 듣기, 말하기, 쓰기의 네 가지 능력을 가져야 한다. 이들 중 가장 습득하기 어려운 것이 바로 쓰기다. 쓰기야말로 꾸준한 노력과 훈련이 필요하다. 간혹 외국어로 글을 써야 할 때 사람들은 어려움을 호소하는데(요즘은 번역기가 있어 그 수고를 상당히 많이 덜어 주지만, 번역기를 사용했더라도 자신이 표현하고자 하는 의미가 맞는지를 확인할 수 있어야 한다), 솔직히 말하면 한국어로 글을 잘 쓰지 못하는 사람은 외국어로도 글을 잘 쓸 수 없다. 글쓰기는 언어를 다스리는 행위이기도 하지만, 그 이전에 생각을 다스리는 행위이기 때문이다.

글을 써내기 위해서는 우선 생각을 해야 한다. 어떤 소재를 쓸 것인가, 글을 어떻게 구성할 것인가, 구체적인 표현은 어떻게 할 것인가 등의 생각을 거듭하는 과정이 글쓰기다. 헬 스테빈스도 "405. 글쓰기는 생각(think)이 90%이고 잉크(ink)가 10%다."라고 말했다. 글을 쓰기 전에 깊이 생각하고 준비를 해야 자신의 생각을 잘 전달할 수 있는 글을 쓸 수 있는 법이다.

세계적인 작가, 스티븐 킹(King, 2001)은 "작가가 되고 싶다면 두 가지 일을 반드시 해야 한다. 많이 읽고 많이 쓰는 것이다. 이 두 가지를 슬쩍 피해갈 수 있는 방법은 없다. 지름길도 없다."라고 말한다. 글쓰기는 철저하게 in-put과 out-put이 정확한 법이다. 빈약한 in-put으로는 풍부한 내용이 담긴 out-put을 절대 만들어 낼 수 없다. 슬쩍 피해 갈 수도, 지름길도 없는 노력의 과정이 필요한 것이 글쓰기인 것이다.

하나로 연결되어 있는 '읽기–생각하기–글쓰기'를 반복하게 되면, 결국 글쓰기 능력과 함께 생각하는 힘이 늘어난다. 요즘처럼 세상의 모든 것을 인터넷을 통해 쉽게 찾아낼 수 있는 시대에는 사람들의 생각하는 힘이 많이 떨어져 있다. 그러나 사회에 진출하여 제 몫을 다하기 위해서는 자신에게 주어진 문제를 스스로 해결하는 능력, 즉 생각하기를 통한 문제해결력을 길러야 한다. 우리에게 글쓰기 능력이 필요한 이유는 글을 쓰기 위해서이기도 하지만, 더 큰 이유는 생각하는 능력을 키우기 위해서다. 글쓰기 능력이 카피라이터에게 중요한 이유는 '생각하기'가 카피라이터라면 늘 해야 하는 일이기 때문이다.

(3) 글쓰기 능력의 향상법

① 이해를 위한 어휘력 vs. 활용을 위한 어휘력
스티븐 킹(King, 2001)은 말한다.

> "글쓰기에서도 자기가 가진 최선의 능력을 발휘하려면 연장들을 골고루 갖춰 놓고 그 연장통을 들고 다닐 수 있도록 팔심을 기르는 것이 좋다. 그렇게 해 놓으면 설령 힘겨운 일이 생기더라도, 냉큼 필요한 연장을 집어 들고 곧바로 일을 시작할 수 있다. … (중략)… 자주 쓰는 연장들은 맨 위층에 넣는데, 그중에서도 가장 많이 쓰는 연장은 글쓰기의 원료라고 할 수 있는 낱말들이다."

글쓰기의 기본은 어휘력이다. 어찌 생각하면, 어휘력이 중요하다는 말이 생소할 수도 있다. 한국어를 모국어로 사용하고 있고, 다른 언어도 아닌 한국어로 글쓰기를 해야 하는 사람에게 왜 굳이 어휘력을 이야기하는 것일까. 그것은 바로 어휘력에는 두 가지 층위가 있기 때문이다.

일반적으로 어휘력이 뛰어나다고 하면, 글을 읽을 때 막히지 않고 읽어 내려갈 수 있을 정도로 어휘를 많이 아는 것을 말한다. 맞는 말이다. 어휘를 많이 알고 있으면 그 어떤 외국어도 보다 쉽게 이해할 수 있다. 이런 어휘력을 '이해를 위한 어휘력'이라고 한다. 적어도 한글에 관한 한, 우리나라 대학생들의 '이해를 위한 어휘력'은 세계 최고 수준이라고 해도 과언이 아니다. '이해를 위한 어휘력'이 뛰어나면 주어진 어휘를 보았을 때 자신의 장기기억 속에 저장된 어휘와 일치하면 금세 그 의미와 연결시켜 내용을 파악할 수 있다. 그러니까 '주어진 어휘'라는 힌트가 장기기억 속의 어휘를 찾아내게 하여 쉽게 이해하도록 해 주는 것이다.

하지만 우리가 무엇을 읽을 때에만 어휘력에 의존하는 것은 아니다. 글을 쓰려 할 때도 어휘를 사용해야 한다. 그런데 글을 써야 할 때는 '이해를 위한 어휘력'에서처럼 힌트가 되는 어휘가 주어지지 않는다. 백지 위에 오롯이 자신에게 필요한 어휘를 생각해 내어 써야 한다. 그런데 읽을 땐 쉽게 쉽게 알 수 있던 어휘들을 막상 역으로 생각해 내려면 무척 어렵다. '이해를 위한 어휘력'을 통해 정보를 입력하는 과정은 상대적으로 익숙하지만, 자신의 생각을 써내려 가기 위해 어휘를 생각해 내는 인출 과정은 상대적으로 생소하기 때문이다. 글을 써야 할 때 필요한 어휘를 쉽게 인출할 수 있는 것을 '활용을 위한 어휘력'이라고 한다.

글쓰기를 잘하는 사람일수록 '이해를 위한 어휘력'과 '활용을 위한 어휘력' 간의 차이가 적다. 반대로 글쓰기에 어려움을 겪는 사람이라면 '이해를 위한 어휘력'에 비해 '활용을 위한 어휘력'이 훨씬 떨어지는 법이다. 그 간극을 줄이는 것이 글쓰기 능력 향상의 첫 걸음이다. 스티븐 킹의 말대로, 가장 많이 쓰는 연장이기 때문에 연장통의 맨 위에 놓여 있어야 할 어휘가 부족하다면 무슨 일을 처리해 낼 수 있을까.

어휘력을 증진시키기 위해서는 어휘 하나하나에 집중해서 글을 읽는 습관이 필요하다. 또 모르는 어휘나 의미가 혼동되는 어휘와 만났을 경우, 반드시 사전을 찾아보는 습관도 필요하다. 때때로 주변의 친구들과 가볍게 '끝말잇기'나 '초성게임'[4] 같은 것을

---

4) 문제를 내는 사람이 한글의 초성을 제시하면 맞추는 사람은 그 초성으로 시작되는 단어를 빨리 생각해 내어 대답하는 게임이다. 예를 들어, 'ㄴ, ㅁ'이라는 문제에 대해 '나무'라고 답하는 것이다.

해 보는 것도 좋다. 일상생활 중에는 아무래도 어휘의 사용 범위가 습관과 같은 이유로 제한적일 수밖에 없지만, 그런 게임을 통해 평소에 잘 쓰지 않던 어휘들을 생각해 낼 수 있기 때문이다.

"구슬이 서 말이라도 꿰어야 보배"라는 우리 속담이 있다. 그 의미가 무엇인지는 잘 알고 있다. 그러나 중요한 전제가 하나 있다. 일단 '구슬'이 있어야 '꿸 것'도 있다. 구슬이 없다면 아름다운 목걸이 따위는 기대할 수 없는 법이다. 어휘는 바로 그 구슬과 같다.

② 원고지 10장을 쓰는 힘

사이토 다카시(Saitoh Takashi[齊藤孝], 2004)는 "원고지 10장을 두려워하지 않는 사람이야말로 '글을 제대로 쓸 줄 아는 사람'이다."라고 말하고 있다. 그는 글쓰기를 달리기에 비유하면서, 한번에 10킬로미터를 뛰기는 어려워도 5킬로미터, 7킬로미터, 10킬로미터 등으로 순차적으로 거리를 늘리면 상대적으로 쉽게 뛸 수 있다고 말한다. 마찬가지로 글쓰기도 꾸준히 반복되는 노력을 통해 일단 원고지 10장을 쓸 수 있는 힘을 갖게 되면 그 양을 늘려 가면서 책 한 권을 쓸 수 있는 힘도 이내 생긴다는 것이다.

원고지 10장은 우리가 일반적으로 사용하는 워드프로세서에서 기본 값을 기준으로 타이핑하였을 때 A4용지 1장 정도 되는 분량이다. 사실, 글쓰기에 익숙하지 않은 사람들에게 A4용지 1장 분량의 글을 쓰라고 하면 부담이 되는 것은 사실이다. 그 정도의 분량을 채울 수 있는 내용도 없을 뿐더러, 어떻게 구성을 해야 할지도 감이 잡히지 않기 때문이다. 몇 번 써 본 사람이라면 나름대로의 노하우가 생겨 써낼 수 있겠지만, 그렇지 않은 사람이라면 당혹스러울 수밖에 없다.

사이토 다카시(2004)는 글쓰기를 연습하는 과정에서 쓰는 작문의 양을 일정하게 해야 한다고 말한다. 일정하다고 하는 것은 늘 똑같은 길이의 글만을 쓰라는 것은 아니다. 우선 자신이 조금만 노력하면 쓸 수 있을 만한 분량을 정하고 반복하여 연습을 한다. 그 양에 어느 정도 적응을 하여 정한 분량의 글을 쓰는 것이 수월해지면, 양을 늘려 또 다시 반복하여 연습을 해야 한다는 것이다.

그런데 연습을 해야겠다고 마음을 먹었다고 하자. 그렇다면 무엇을 써야 하는 것인가? 글을 잘 쓰지 못하는 사람들은 늘 쓸 것이 없다고 한다. 하지만 쓸 것을 찾아내는 능력은 글쓰기 그 자체에 익숙해지면 자연스럽게 좋아진다. 일단 생각부터 바꾸자. 글쓰기는 항상 거룩한 내용만을 다루어야 하는 것은 아니다. 자신이 잘 알고 있는 것, 자신이 좋아하는 것, 자신이 원하는 것 등부터 쓴다. 예를 들어, 프로야구를 좋아한다고 하면 요즘의 프로야구에 대해서, 다이어트에 관심이 있다면 다이어트에 대한 정보나 경험에 대해서, 프랑스 파리 여행을 가고 싶다면 파리 여행에 대해서 쓰면 된다. 이 글쓰기의 목적은 자신의 글쓰기 실력을 증강시키는 데에 있는 것이지, 누구에게 검사받거나 평가를 받기 위한 것이 아니다. 부담 없이, 그러나 정해진 분량만은 반드시, 그리고 꾸준히 지키겠다는 마음으로 쓰면 된다. 글쓰기 연습에서는 질보다 양이 중요하기 때문이다.

여기에서 또 다른 질문이 있을 수 있다. 카피라이터가 되기 위해 글쓰기를 연마해야 한다는 것은 이해하겠는데, 왜 원고지 10장, A4용지 1장이나 되는 분량을 써야 하는가? 광고의 카피는 그렇게 긴 글이 아니지 않나? 이러한 질문에 대해서는 이미 앞에서 답을 했다. 글쓰기는 생각하는 힘을 길러 준다. 짧은 글만 쓰면 생각은 그만큼 밖에 자라나지 못한다. 긴 글을 쓸 수 있어야 생각하는 힘도 함께 자라나는 법이다.

3) 카피라이터의 기능적 조건

글쓰기라는 기본적인 조건을 갖추었다고 카피라이터가 될 수 있는 것은 아니다. 세상에는 수많은 라이터가 있다. 르포라이터, 시나리오 라이터, 그리고 카피라이터도 있다. 그러니까 르포를 전문으로 쓰거나 시나리오를 전문으로 쓰는 라이터와는 다른 기능적 조건을 갖출 필요가 있다. 카피라이터에게는 어떠한 기능적인 조건이 필요할까? 이미 많은 선배 카피라이터가 이에 관해 쓴 바가 있다. 몇 가지만 살펴보자.

(1) 데이비드 오길비

1960년대 세계 광고계의 황금기를 개척한 광고인 중의 한 사람으로 손꼽히는 데이비드 오길비(David Ogilvy, 1983)는 카피라이터의 조건을 다음과 같이 여섯 가지로 제안했다.

- 제품, 인간, 그리고 광고에 대한 강박에 가까운 호기심
- 유머감각
- 하드 워크의 습관
- 인쇄 매체 광고에서 재미있는 산문을 쓰고, TV-CM에서 자연스러운 대화체 문장을 쓸 수 있는 능력

- 시각적으로 생각하는 능력
- 남들이 한 번도 쓰지 못한 더 좋은 캠페인을 쓰려는 야망

첫 번째에 제시된 '호기심'의 경우는 카피라이터뿐만 아니라, 광고 제작을 직업으로 갖고 있는 사람이라면 누구나 가져야 할 공통적인 자질이다. 적절한 광고 콘셉트, 소비자를 단숨에 사로잡을 수 있는 아이디어를 찾아내기 위해서는 수많은 기반 지식이 필요하다. 그러한 기반 지식을 머릿속에 풍부하게 쌓을 수 있는 원동력은 바로 호기심이다. 제품을 여러 관점에서 관찰하고, 다양한 인간의 삶을 꼼꼼하게 들여다보고, 광고에 대해 성실히 탐구하는 정신, 그것이 바로 호기심을 통해 받아들인 살아 있는 정보인 것이다. 그것도 '강박에 가까운' 호기심을 발휘하여 받아들일 수 있는 한 최대한 받아들이겠다는 태도를 갖고 있는 것이 성공적인 카피라이터로서 성장할 수 있는 첫 번째 조건이다.

두 번째로 제시된 '유머감각'을 한마디로 말하면, 남을 웃게 할 수 있는 감각이다. 이는 어떻게 하면 남들을 웃게 할 수 있는지에 대해 이해하고, 그것을 상황에 맞게 적절하게 표현해 내는 능력을 말한다. 하지만 오길비가 제안한 유머감각을 단순히 웃기는 능력만으로 파악해서는 곤란하다. 오히려 좀 더 확대해서 '남들이 재미있다고 느끼게 하는 감각'이라고 생각하는 것이 옳을 듯하다. 광고의 아이디어는 반드시 소비자를 웃기는 것만 있는 것이 아니다. 감동적인 것도, 스릴이 넘치는 것도, 대 반전이 있는 것도 있다. 결국 소비자들은 자신을 웃기는 것만을 열심히 보는 것이 아니라, 자신이 재미있다고 느끼는 것을 열심히 본다. 유머감각이란 그런 것이다. 재미있게 만들어 소비자를 광고에 끌어들이고, 그 광고를 몰입해서 볼 수 있게 하는 힘을 말한다.

세 번째로 제시된 '하드 워크의 습관'을 보고, '광고=야근'이라는 등식을 생각했을지도 모른다. 사실, 광고업계가 야근이 많은 직업이기는 하다. 그러나 여기서 말하는 '하드 워크'란 그런 것을 말하는 것이 아니다. 스스로를 채찍질하며 더 좋은 카피, 더 강력한 카피를 써내겠다는 강한 의지를 가지라는 의미다. 굳이 야근을 하지 않더라도 카피는 얼마든지 써낼 수 있다. 하지만 좋은 카피를 써내는 것은 자신의 자존심을 지킬 수 있을 만큼 자신이 얼마나 최선을 다하느냐에 달려 있다. 하드 워크란 그러한 자존심을 지키기 위한 개인의 노력을 말하는 것이지, 단순히 야근을 의미하는 것은 아니다.

네 번째로 제시된 '인쇄 매체 광고와 TV-CM의 차이점'은 자신이 만드는 광고가 집행될 미디어의 특성에 맞는 카피를 써낼 수 있는 능력을 의미한다. 어떤 미디어에 집행될

것이며, 그 미디어를 주로 사용하는 소비자들은 누구인지, 그들은 어떤 것을 원하고 있는지, 그들에게 잘 전달하려면 어떠한 표현을 어떠한 길이와 톤으로 써내야 하는지를 알고 있는 능력을 말한다. 오길비는 신문과 TV만을 얘기하고 있지만, 인터넷을 기반으로 예전에는 없던 다양한 형태의 광고가 소비자들을 설득하기 위해 분투하고 있는 오늘날에도 그러한 능력은 반드시 필요하다.

다섯 번째로 제시된 '시각적으로 생각하는 능력'은 카피라이터가 카피만을 생각해서는 안 된다는 것이다. 물론, 디자이너가 그래픽만, CM 플래너가 영상만을 생각해서도 안 된다. 특히나 추상적인 개념을 실체로 표현해야 하는 경우가 많은 광고에서는 메시지의 시각화도 매우 중요한 부분이다. 콘셉트에 맞기는 하지만, 카피라이터가 시각화는 전혀 고려하지 않은 관념적인 카피만을 써낸다면, 그것은 매우 곤란한 일이다. 디자이너나 CM플래너의 도움을 받아 영상화를 할 수 있겠지만, 카피라이터 자신의 머릿속에 기본적인 시각화 아이디어가 없다면 광고의 전달력은 떨어지게 된다. 함께 일하는 사람들과 협업하기 위해서는 나름대로의 시각화 노하우를 가져야 한다.

여섯 번째는 카피라이터에게 아무리 강조해도 넘치지 않을 중요한 조건이다. 카피라이터의 가장 강력한 무기는 말과 글이다. 남들보다 말과 글을 다루는 솜씨가 월등하게 뛰어나야 한다. 당연히, 카피라이터가 되기 위해서는 카피를 잘 쓰는 노력 이전에 말과 글을 잘 다루기 위한 노력이 뒷받침되어야 한다. 말과 글을 다루는 솜씨가 탁월한 사람이 써낸 카피와 그렇지 못한 사람이 써낸 카피는 그 맛에서부터 차이가 난다. 그리고 그 차이는 광고 효과의 차이와 직결된다.

(2) 우에조 노리오

일본의 카피라이터이자 대학 교수인 우에조 노리오(1988)는 카피라이터의 조건으로 무려 열다섯 가지를 제안했다.

- 제1항 카피라이터는 폭넓은 교양을 갖추어야 한다.
- 제2항 카피라이터는 세상의 움직임에 민감해야 한다.
- 제3항 카피라이터는 광고 이론을 갖추어야 한다.
- 제4항 카피라이터는 광고계의 동향을 파악해야 한다.
- 제5항 카피라이터는 광고 전략을 입안할 수 있어야 한다.
- 제6항 카피라이터는 아이디어의 발상이 풍부해야 한다.

- 제7항 카피라이터는 날카로운 감각을 지니고 있어야 한다.

- 제8항 카피라이터는 카피를 써야 한다.

- 제9항 카피라이터는 예술(아트)을 보는 눈이 있어야 한다.

- 제10항 카피라이터는 사업감각이 있어야 한다.

- 제11항 카피라이터는 인간관계가 좋아야 한다.

- 제12항 카피라이터는 말솜씨가 좋아야 한다.

- 제13항 카피라이터는 인내력이 있어야 한다.

- 제14항 카피라이터는 인간성이 풍부해야 한다.

- 제15항 카피라이터는 건강해야 한다.

이 15항에 이르는 카피라이터의 조건을 가만히 살펴보면, 크게 세 그룹으로 나눌 수 있음을 알 수 있다.

제1~5항까지 다섯 가지의 조건은 광고인으로서 필요한 조건이라고 하겠다. 아이디어는 자신이 갖고 있는 다양한 지식으로부터 나온다. 그렇기 때문에 폭넓은 교양을 갖추어야 한다. 나카무라 타쿠지 등(Nakamura Takuzi et al., 1993)에 따르면, 카피라이터는 '지금'을 산다. 이를테면 소설가라면 '언젠가는' 명작을 써낼 수 있다고 생각하고 열심히 쓸 수 있겠지만, 카피라이터에게 주어진 시간은 오직 '지금'뿐이다. 그렇기 때문에 세상의 움직임에 민감해야 한다. 그리고 다양한 지식과 세상에 대한 이해를 광고 이론 및 광고계 동향과 결합하여 효과적인 광고 전략을 입안할 수 있어야 한다.

제6~10항까지 다섯 가지의 조건은 크리에이터의 한 사람으로서 카피라이터가 가져야 하는 안목이다. 아이디어를 풍부하게 낼 수 있어야 한다는 조건은 크리에이터로서 가장 기본적인 조건이라고 할 수 있다. 그 풍부한 아이디어에는 소비자와 사회를 바라보는 날카로운 감각이 있어야 하고, 디자인적인 부분과 영상의 장점들도 잘 이해하는 안목도 갖고 있어야 한다. 그러나 그들보다 더 중요한 것은 카피라이터가 사업감각을 갖고 있어 어떻게 하면 소비자들에게 제품을 팔 수 있을까를 최우선적으로 고민하고, 그 문제를 해결해 낼 수 있어야 한다는 점이다.

제11~15항까지는 카피라이터라는 한 사람의 직업인으로서 가져야 할 조건들이다. 카피라이터는 다양한 직능의 사람들과 협업을 하게 되므로 좋은 인간관계를 가질 수 있어야 훌륭한 성과를 거둘 수 있다. 그리고 자신의 생각과 아이디어를 설득할 수 있는 말솜씨를 가져야 한다. 프레젠테이션을 해야 할 때 어떤 직능의 사람이 해야 한다는 법은 없지만, 대체로 카피라이터에게 그 기회가 많이 온다. 또한 자신의 실력이 어느 수준에 오를 때까지, 그리고 자신의 실력을 주변 사람들이 알아줄 때까지는 시간이 걸린다. 그것을 참아 낼 수 있는 인내력이 있어야 한다. 풍부한 인간성으로 소비자와 주변 사람들을 충분히 배려할 수 있어야 하고, 건강을 유지함으로써 자신에 대한 배려도 잊지 말아야 한다.

무려 열다섯 가지나 되는 조건은 물론 매우 많은 것처럼 느껴진다. 그러나 하나하나를 살펴보면, 광고인으로서, 크리에이터로서, 그리고 한 사람의 직장인으로서 가져야 할 조건들이다. 마지막 제13~15항에서는 인내력, 인간성, 건강을 말하고 있다. 인내력과 인간성, 그리고 건강은 오로지 자신을 위해 스스로가 해결해야 할 것들이다. 이들이 마지막 3개 항에서 제시되는 이유가 있다. 시간을 가지고 차근차근 이루어 나간다면, 이룰 수 없는 것들은 아니다. 끝까지 최선을 다해 보자는 이야기다.

카피라이터가 갖춰야 하는 기능적인 자질들을 다양하게 살펴보았다. 얼핏 생각하면, 갖춰야 할 자질들이 너무나 많아서 웬만한 사람은 도전해 볼 엄두조차 나지 않을지도 모른다. 그러나 긴 시간과 노력을 투자하여 하나하나 차근차근 도전한다는 마음으로 노력해 볼 가치는 분명히 있다. 왜냐하면 이들 조건들은 이미 현장에서 많은 노력과 경험을 갖춰 나름대로 성공한 카피라이터들이 갖고 있는 조건들이기 때문이다.

아직 현장에 가 보지도 못한 채 카피라이터를 꿈꾸는 이들에게 카피라이터가 되기 전에 이런 조건들을 다 갖추라고 요구하는 것은 지나치게 가혹하다. 자신이 해낼 수 있는 것부터 조금씩 준비해 보자. 실제로 카피라이터가 된 후에 나머지 조건들을 갖기 위해 노력해도 늦지 않다.

누구에게나 카피라이터를 꿈꾸는 시간보다 카피라이터로 일하는 시간이 더 길기 때문이다.

3. 카피라이터의 기본 마인드

우리는 일상생활 속에서 '마인드가 좋다', 혹은 '마인드가 없다'와 같은 말을 많이 사용한다. 이런 말이 사용될 때는 항상 전제되는 것이 있다. 마인드는 늘 '대상'을 전제로 한다는 점이다. 어떤 대상에 대해서 그 사람이 갖고 있는 마인드를 긍정적, 혹은 부정적으로 평가할 때 '마인드가 좋다'라든지, '마인드가 없다'와 같은 말을 사용하는 것이다.

그렇다면, 이렇게 일상적으로 사용되는 마인드란 무슨 의미인가? 그 대상을 대하는 그 사람의 '태도'를 뜻하는 것이라고 생각된다. 당연히도, 특정한 대상에 대한 태도는 사람마다 다를 수밖에 없다. 그러므로 같은 일을 하더라도 시작할 때부터 진행하는 과정에서도 차이가 난다. 결국 태도의 차이는 결과의 차이와 직결된다. 문제는 단순히 결과만이 차이가 나는 것이 아니라, 결과를 통해 이루고자 하는 성과에서도 차이가 나게 된다는 점이다.

카피라이팅에 대한 구체적인 방법론을 이야기하기 전에, 카피라이터의 기본 마인드에 대해 이야기하는 이유가 바로 여기에 있다. 카피라이터를 꿈꾸는 사람들이 좋은 성과를 내기 위한 기본 마인드를 갖고 있어야 능력 있는 카피라이터로 성장해 나갈 수 있다. 만일 기본 마인드가 어긋나 있으면, 제자리로 되돌리는 것이 쉽지는 않다.

〈표 7-2〉에서는 인스타그램 계정 운영자와 카피라이터의 공통점을 통해 카피라이터가 가져야 할 기본 마인드를 구체적으로 설명해 보고자 한다.

〈표 7-2〉 인스타그램 계정 운영자와 카피라이터의 공통점

인스타그램 계정 운영자	구분	카피라이터
계정을 통해 많은 이와 소통하는 것이 즐겁다.	자발적 동기	광고 카피를 통해 많은 소비자와 소통하는 것이 즐겁다.
일상 속에서 게시물 아이디어가 될 수 있을 만한 것들을 찾아다닌다.	소재의 발견	일상 속에서 광고 아이디어가 될 수 있을 만한 것들을 찾아다닌다.
나와 나의 삶을 매력적으로 보이게 하고 싶다	표현 목표	광고 속의 제품을 매력적으로 보이게 하고 싶다.
더 많은 사람이 '좋아요'나 퍼가기를 했으면 좋겠다.	욕구	더 많은 사람이 광고를 보고 구매했으면 좋겠다.
타인의 게시물들을 보며 좋은 점을 배우려 노력한다.	학습	타인이 만든 광고를 보며 좋은 점을 배우려 노력한다.
인스타그램의 특성에 맞춰 게시물을 만든다.	적절성	광고가 전달되는 미디어의 특성에 맞는 광고카피를 쓴다.
더욱 멋진 사진이나 영상을 만들기 위해 노력한다.	기능적 노력	더욱 인상적이고 강력한 카피를 써내기 위해 노력한다.

1) 자발적 동기

사람들이 인스타그램에 몰두하는 이유는 그것이 즐겁기 때문이다. 즐겁지 않다면 그렇게 시간과 노력을 들여 가며 인스타그램을 할 필요가 없다. 그 즐거움은 사람들이 시

간과 노력을 들이는 자발적 동기인 것이다.

카피라이터 역시 스스로 광고라는 일에 대해 즐거움을 가져야 한다. 고심에 고심을 거듭한 끝에 멋진 아이디어를 내고, 강력한 카피를 써냄으로써 소비자들과 잘 소통하였을 때의 즐거움은 겪어 본 사람만이 안다. 즐거움을 가져야 어려운 문제에 닥쳐도 과감하게 달려들 수 있다. 광고라는 일을 통해 느낀 즐거움, 그것이 카피라이터들이 광고에 더욱 몰두하게 하는 자발적 동기인 것이다.

2) 소재의 발견

스마트폰 덕분에 사람들은 손쉽고 가볍게 카메라를 가지고 다닐 수 있게 되었다. 그러면서 필름 카메라 시절과는 다른 촬영 패턴을 갖게 되었다. 필름 카메라 시절에는 사진을 찍을 일이 있어야 카메라를 가지고 와서 사진을 찍었다. 그러나 지금은 카메라를 가지고 다니다가 찍을 것이 생기면 바로 찍는다. 찍을 준비가 되어 있으니, 열심히 찍을 것을 찾는 것이다. 이 차이는 관찰력의 차이로 이어진다.

카피라이터 역시 마찬가지다. 그 어떤 주제가 되었든 카피라이터는 사람의 삶과 관련된 모든 것을 예민한 호기심의 안테나를 통해 끝없이 관찰하고 있어야 한다. 그리고 마음속에 그것들을 차근차근 쟁여 놓고 있어야 한다. 광고의 아이디어를 만들고 카피를 쓰기 위한 소재는 그렇게 오랜 시간과 노력을 통해 발견한 것들 속에서 나온다.

3) 표현 목표

SNS상에서 네트워크를 넓히는 방법은 사람들이 좋아할 만한 게시물을 꾸준히 올리는 것이다. 그러다 보면, SNS는 자연스럽게 '자랑질'을 하는 공간이 된다. 내가 갔던 멋진 장소, 내가 먹은 맛있는 음식, 내가 만났던 반가운 사람 등이 주된 내용이 된다. 결국은 나의 '매력'에 포인트가 맞춰진다. 외형적인 매력이든, 내면적인 매력이든 사람들이 매력적이라고 느낄 수 있는 게시물을 만들기 위해 노력하게 되는 것이다.

광고를 흔히 '매력을 파는 비즈니스'라고 한다. 제품의 판매 과정에서 '매력'은 윤활유와 같은 역할을 한다. 인스타그램이든 카피라이팅이든 그 중심에는 매력이 있다. 소비자들이 제품을 '좋은 제품'이라고 이해하기보다 '매력적인 제품'이라고 느끼게 하는 것, 그것이 바로 카피라이터의 일이다. 매력을 잘 다루는 쪽이 승리하게 되는 법이다.

4) 욕구

인스타그램 계정을 운영하다 보면 늘상 보는 '좋아요' 숫자, 구독자나 팔로워 숫자, 공유한 숫자 등이 의미하는 바는 무엇일까? 그것은 그 숫자들이 단순한 인기를 넘어 게시자의 영향력을 보여 주는 척도가 된다는 점이다. 즉, 게시자의 게시 행위는 영향력으로 작용한다고 볼 수 있다. 그 영향력의 크기만큼 다른 사람들이 반응한 것이다. 인스타그램 사용자들은 크든 작든 영향력을 키워 가는 재미를 놓치고 싶지 않을 것이다. 그것이 인스타그램을 비롯한 SNS의 사용자들이 그 활동을 끊지 못하는 이유다.

광고도 소비자에게 영향력을 미친다. 광고를 본 소비자가 제품에 대한 호감도를 느끼게 되고, 광고를 거듭해서 보면서 호감도가 욕구로 바뀌고, 궁극적으로 그 제품을 구매하는 과정은 인스타그램처럼 그 영향력이 당장 숫자로 드러나지는 않지만, 영향력이 작용하는 것임에는 틀림이 없다. 그리고 자신이 확인한 자신의 영향력은 카피라이터들로 하여금 끊임없이 새로운 콘셉트와 아이디어, 그리고 카피에 도전하게 하는 욕구를 불러일으키게 된다.

5) 학습

인스타그래머블(instagramable)이라는 말이 있다. 말 그대로 '인스타그램에 올릴 만한'이라는 의미다. 그만큼 멋지다는 뜻이다. 그렇기 때문에 인스타그램 계정 운영자는 '도대체 어떤 사진이나 영상이 인스타그래머블한가?'를 끊임없이 연구할 수밖에 없다. 그 연구의 기본은 다른 운영자들이 올린 사진이나 영상을 보면서 학습을 하는 것이다. 학습 결과에 따라 일단 모방을 해 보고, 그것을 점점 발전시켜 나가면서 자신의 실력을 높여 가는 것이다.

광고도 마찬가지다. 카피라이터들은 늘, 그리고 끊임없이 다른 사람이 만든 광고들을 본다. 많이 보면서 그들의 전략을 부러워하고, 그들의 아이디어를 시기하며, 그들의 완성도에 탄복한다. 때로는 그들의 재능에 대한 부러움에 절망하기도 한다. 그러나 그럼에도 불구하고 끊임없이 봐야 한다. 다른 사람들이 만든 광고들을 많이 보면서 그들은 어떻게 그런 생각을 했을까, 왜 그렇게 만들었을까를 끊임없이 생각해야 한다. 그런 비판적 시각의 학습만이 자신의 실력과 자신감을 키워 주는 밑거름이 된다.

6) 적절성

인스타그램에 게시물을 올리기 위해서는 인스타그램에서 허용하는 규격에 맞춰야 한다. 정사각형 사진이 필요하고, 한 게시물당 10개까지의 사진이나 동영상을 올릴 수 있도록 되어 있다. 무슨 내용이든 반드시 그 규격을 지켜야 한다.

광고도 마찬가지다. 초창기 광고의 대부분을 차지했던 신문이나 잡지에 게재되는 인쇄 광고와 짧게 시간이 정해져 있는 TV 광고, 상대적으로 시간이 자유로운 온라인 영상 광고 등에 따라 카피를 쓰는 방법은 달라진다. 카피라이터는 전달되는 미디어에 따라 달라지는 그 모든 형식의 광고에 맞는 카피를 써낼 수 있어야 한다.

그러기 위해서는 각 미디어별 광고가 어떤 특징을 갖고 있는지를 정확히 알아야 한다. 그리고 그 특징에 따라 아이디어를 내는 방법도, 카피를 쓰는 방법도 달라지므로 다양한 형식의 광고를 골고루 보면서 이에 대한 학습을 철저하게 할 필요가 있다.

7) 기능적 노력

인스타그램을 원활하게 운영하기 위해서는 인스타그램에 올릴 만한 참신한 콘텐츠 아이디어를 찾는 것이 중요하다. 그러나 그것이 전부는 아니다. 그에 못지않게 중요한 것은 그 콘텐츠를 얼마나 완성도 있게 만드느냐 하는 점이다. 그것은 콘텐츠 아이디어를 찾아내는 것과는 전혀 다른 차원의 문제다. 콘텐츠를 만드는 기능적인 수준에 대한 문제이기 때문이다.

그렇기 때문에 촬영이 되었든, 편집이 되었든 자신의 콘텐츠를 스스로 만족할 수준만큼 만들어 낼 수 있는 기능적 수준을 갖추는 것이 반드시 필요하다. 그리고 그것을 갖추기 위한 끝없는 기능적 노력도 필요하다. 기능적 수준에는 끝이 없기 때문이다.

카피라이터도 마찬가지다. 카피라이터의 기능적 수준, 즉 언어를 다루고, 언어로 표현해 내는 능력이 떨어지면 카피라이터로서의 자격이 없는 것이다. 그렇기 때문에 늘 최상의 기능적 수준을 갖추기 위해 지속적인 노력이 필요한 법이다. 카피라이터의 기능적 수준에도 끝은 없다. 일정 수준에 스스로 만족한 채 그 수준을 높이기 위한 노력을 게을리하면, 카피라이터의 경력에는 끝이 오고 만다. 그것이 냉정한 현실이다.

4. 카피라이터의 기본적인 기술

1) 기술에 관해 논의하기 전에

(1) 기술의 전제 조건

한 편의 광고가 가져야 할 가장 대표적인 특징은 차별성이다. 차별성은 소비자들로 하여금 광고에 관심을 가지게 하는 요인으로 작용한다. 일단 소비자의 눈을 끌어야 광고 안에 담긴 메시지를 전달할 수 있고, 메시지가 전달되어야 소비자를 설득시킬 수 있다. 그러기 위해서는 소비자가 읽거나 보고 싶은 광고를 만드는 것이 최우선이다. 데이비드 오길비(1963)도 "우리는 사람들이 읽고 싶어 하는 광고를 만든다. 텅 빈 교회에서는 영혼을 살릴 수 없다."라고 말한다. 아무리 좋은 목사가 좋은 설교를 한다고 하더라도, 교회가 텅 비어 있으면 아무런 쓸모가 없는 일이 된다. 소비자들이 읽거나 보지 않는 광고는 역시 아무런 쓸모가 없다.

그러나 차별성만으로 소비자에게 제품을 판매할 수는 없다. 소비자들의 눈에 띄기만 하는 것은 광고의 목표가 될 수 없다. 소비자가 자신의 마음은 닫아 놓은 채 눈길만 슬쩍 돌린 상태이기 때문이다. 중요한 것은 소비자의 마음속으로 들어가는 것이다. 그 방법을 알아야 소비자를 설득할 수 있는 계기를 마련할 수 있다.

소비자의 마음속으로 들어가는 문은 광고의 아이디어와 메시지에 대한 소비자의 공감 속에 있다. 이성적이고 논리적으로 아무리 좋은 제품이라고 말해도, 소비자가 공감하지 못하면 절대로 설득할 수 없다. 앞서 한 번 언급한 바 있지만, 케빈 로버츠(Roberts, 2004)는 도널드 칼네(Donald Calne)의 말을 빌려 다음과 같이 말했다. "이성과 감성의 근본적인 차이는 이성은 결론을 낳는 데 반해 감성을 행동을 낳는다는 점이다." 사람은 이성적으로 냉철하게 판단하여 구매를 하는 것 같아도, 의외로 감성적인 충동에 의해 구매를 하는 경우가 많다. 소비자들의 마음속에 감춰져 있는 감성적인 충동에 불을 지피는 것이 바로 공감인 것이다.

여기에서 말하는 카피라이팅의 기술은 바로 그 지점으로부터 시작한다.

(2) 달라진 기술의 비중

1870년대에 존 E. 파워스(John E. Powers)가 최초의 진정한 카피라이터라는 명칭을 갖게 된 이래(Fox, 1984, 1997), 광고는 전통적으로 전단지, 안내장, 우편주문, 신문, 잡지 등을 기반으로 한 인쇄 광고로부터 시작되었다. 광고 제작, 특히 카피라이팅과 관련된 많은 이론은 카피에 대한 의존도가 높은 인쇄 광고를 제작하는 과정에서 만들어진 것들이 많다. 그러나 이미 우리나라에서는 1979년에 영상 광고인 TV 광고비의 비중이 28.9%로 신문 광고비 34%에 근접하였고, 1980년대에는 컬러 방송에 따른 컬러 광고 도입, 1990년대는 SBS 등의 민방, 케이블TV 개국 등 다매체 방송 시대를 맞이하게 되었다(한국방송광고공사, 2001). 당연히 영상 광고의 비중이 높아질 수밖에 없는 미디어 환경이 된 것이다. 그러니까 카피라이터는 아트디렉터, 디자이너, 일러스트레이터 등 인쇄 광고와 관련이 있는 전문가들과 일하는 것보다 광고감독, CM플래너, 촬영감독, 편집 전문가, 특수효과 전문가, 오디오감독, 음악감독 등과 협업을 해야 하는 경우가 훨씬 많아지게 되었다.

특히 이후 종합편성채널 개국, 디지털 광고의 급상승에 힘입어 광고비에서 차지하는 미디어별 비중에는 큰 변화가 생겨났다. 제일기획이 발표한 2020년도 대한민국 총광고비 조사에서 TV, 라디오, 케이블, IPTV 등을 포함한 방송 광고가 총 28.9%를 기록하고 있고, 신문과 잡지에 게재된 인쇄 광고가 13.5%, PC 및 모바일을 통해 전달된 디지털 광고가 47.6%, 옥외·극장·교통 광고들을 포함하고 있는 OOH(Out of Home) 광고가 6.3%를 차지하고 있다(뉴스핌, 2021. 2. 9.). 디지털 광고가 대부분 영상 광고이고, 방송 광고도 라디오를 제외하면 모두 영상 광고라는 면에서 이제 광고 시장의 판도는 완벽하게 영상 광고가 장악하고 있다.

특히 최근 몇 년간, 디지털 광고의 성장세는 눈부실 정도다. 아마도 많은 소비자가 피부로 느끼고 있을 것이다. TV를 보는 시간이 줄어들고 있다는 것, 그래서 광고도 TV보다 PC나 휴대폰을 통해 보는 시간이 늘고 있다는 것을 말이다. 더군다나, 디지털 광고는 그 이전의 TV에 등장하던 영상 광고와 형식상으로는 유사하지만 젊은층이 많이 본다는 소비자 특성상 보다 더 재치 넘치는 표현들이 많아져 방송 광고와는 또 다른 영역을 만들어 가고 있다. 또한 방영시간이 정해져 있는 TV 광고와는 달리 디지털 광고는 시간의 구애를 받지 않기 때문에 보다 풍부한 내용을 담을 수 있다는 장점도 갖고 있다.

소비자들도 피부로 느끼고 있듯이, 이제 매일 아침 신문을 보는 사람들은 많이 줄어들었다. 한 언론 보도에 따르면, 신문구독률은 1996년 69.3%에서 해마다 하락세를 거듭하다 2019년에는 6.4%까지 떨어졌다(미디어붓, 2021. 3. 17.). 당연히, 신문에 게재되는 인쇄 광고의 영향력도 떨어지게 되었고, 그만큼 카피라이터들의 업무에서 인쇄 광고를 위한 카피를 쓰는 비중도 낮아지게 되었다.

따라서 카피라이팅의 기술은 이제 인쇄 광고 중심의 기술에서 영상 광고 중심의 기술로 바뀌어 가고 있다. 이 장에서 설명하는 카피라이팅의 기술에 대한 비중도 마찬가지다.

2) 소비자의 자기 방어벽을 넘는 법[5]

(1) 소비자 혜택에 집중한다

소비자의 혜택은 소비자가 제품을 사용함으로써 획득할 수 있는 이익을 말한다. 소비자의 혜택은 광고를 본 소비자가 구매를 선택하는 데 중요한 역할을 한다. 그러므로 광고에서 소비자의 혜택을 잘 설명하는 것은 기본 중의 기본이다. 많은 광고가 다양한 방법으로 소비자의 혜택을 설명하고 있다. 문제는 소비자의 혜택을 설명하다 보면 광고가 딱딱해지기 쉽다는 것이다. 딱딱해진다는 것은 곧 재미가 없어진다는 뜻이다. 그럴 경우 소비자가 그 광고가 주는 메시지를 정확히 받아들일 가능성이 줄어든다. 재미가 없으니 관심도 줄어든다. 좋은 것은 알겠지만, 왠지 마음이 당기지 않는 것이다.

이럴 때 카피의 힘이 필요하다. 소비자의 혜택을 잘 설명해 주되, 그것이 소비자의 마음속에 단숨에 박힐 수 있는 한마디를 써냄으로써 소비자들의 공감을 이끌어 낼 수 있어야 한다.

[그림 7-2] 〈우르오스-모이스처라이저〉-1   [그림 7-3] 〈우르오스-모이스처라이저〉-2

---

5) 지금부터 다양한 영상 광고가 사례로 제시된다. 하지만 영상 광고를 책으로 옮기는 데에는 한계가 있기 때문에 가능하면 제시되는 광고를 유튜브를 통해 보고 나서 읽어 나갈 것을 권한다.

카피

여: (전화 목소리로) 오빠, 씻었어요?

남: 네~! 씻었어요.

여: (전화 목소리로) 그럼, 토너, 에센스, 아이크림, 로션, 다 그대로, 알지?

　　안 어렵지?

남: <u>이, 이…… 에이, 까먹었다.</u>

Na/자막: 남자, 어려워하지 말고 우르오스.

Na: 무심한 듯 발라도 하루 종일 촉촉.

　　우르오스 올인원 모이스처라이저.

　　남자를 아니까, 우르오스.

　　전형적인 '문제-해결 구조'의 광고다. 소비자들에게 이런 문제가 있으니, 제품을 통해 해결하라는 메시지를 전해 주고 있다. 여기서의 문제는 남자들이 꼼꼼하게 여러 가지를 바르는 일을 매우 귀찮아한다는 것이다. 전반부가 코믹하게 처리되어 있기는 하지만, 전체적인 흐름은 매우 논리적이다. 그렇기 때문에 소비자들은 그 논리를 이해할 수 있으면서도 광고에 깊이 들어가지 못하는 문제가 발생할 수 있다. 이 광고는 이러한 문제를 한 줄의 카피로 단숨에 해결했다. 밑줄 친 부분을 보자. "이, 이…… 에이, 까먹었다."가 바로 이러한 문제를 해결해 준 카피다. 여자 친구가 하나하나 가르쳐 주었지만, 그대로 할 생각이 별로 없던 남자 주인공은 그래도 여자 친구가 하라고 한대로 해보려 한다. 그러나 그는 이미 순서를 잊어버렸다.

　　그 장면에 등장한 "이, 이…… 에이, 까먹었다."는 광고의 이성적인 흐름을 순식간에 감성적인 흐름으로 바꿔 준다. 소비자들에게 그럴 수 있다는 생각이 들게 해 주기 때문이다. 그것이 바로 공감을 이끌어 낸 것이다. 그리고 그것이 바로 닫혀 있던 소비자들의 마음을 여는 열쇠가 된다.

　　소비자의 혜택에 집중한다고 해서, 단순히 그 혜택만을 나열해서는 안 된다. 소비자가 그 혜택을 나의 문제라고 생각할 수 있도록 광고 속으로 끌어들이는 역할, 그 역할을 해내는 카피를 쓰는 것이 중요하다.

(2) 제품의 특성을 감성으로 감싼다

제품의 특성을 감성으로 감싼다는 말을 이해하기 위해서는 샐러드를 생각하면 쉽다.

샐러드는 기본적으로 재료가 싱싱해야 한다. 그러나 거기에 곁들여지는 드레싱으로 인해 그 맛이 확 달라지는 것을 알 수 있다. 싱싱한 재료처럼 아무리 제품의 특징이 신선하더라도, 드레싱의 역할을 하는 뭔가가 없다면 소비자들에게 받아들여지기는 쉽지 않은 법이다.

[그림 7-4] 〈인사돌 플러스-행복이란〉-1

[그림 7-5] 〈인사돌 플러스-행복이란〉-2

카피

자막: 인사돌 플러스, 행복이란.

남1: 아, 여기야? / 남2: 네, 선생님.

남2 Na: 함께 하는 좋은 사람들이 있고.

자막: 좋은 사람들이 있고.

남1 Na/자막: 맛있는 음식이 있고.

여 Na: 꼭꼭 씹을 수 있는 건강한 잇몸이 있고.

자막: 건강한 잇몸이 있고.

남1: 음~! 이런 게 행복이죠? / 남2: <u>꼭꼭 씹는 행복이지.</u>

남1 Na/자막: <u>꼭꼭 씹는 행복.</u> / 남2 Na: 인사돌 플러스.

남2: 함께 하니 좋구만. / 남1: 저요?

여: 인사돌 플러스요. (함께 웃음)

Na: 동국제약.

세 명의 모델이 한 식당에 모여 식사를 하는 장면으로 구성된 광고다. 대체로 이런 식사 자리에서는 좋은 사람들과 맛있는 음식, 그리고 거기에 더하자면 즐거운 대화가 있을 때 행복감을 느낄 것이다. 그러나 이 광고에서는 즐거운 대화보다 '건강한 잇몸'을 제안한다. 그것도 '꼭꼭 씹을 수 있는 건강한 잇몸'이다.

이 광고의 제품은 소비자들에게 비교적 잘 알려진 잇몸질환 치료제다. 그렇기 때문에 제품의 특징도 소비자들은 잘 알고 있다. 다만, 경쟁 제품과의 차별화가 쉽지 않은 것이 문제다. 이런 상황에서 소비자에게 경쟁 제품과의 차이를 인식시키는 것은 결코 쉬운 일이 아니다. 제품의 특성만을 가지고 경쟁하려 해서는 큰 성과를 거둘 수 없다. 그렇기 때문에 제품의 특성을 감성으로 감싸 준 것이다.

밑줄 친 "꼭꼭 씹는 행복"이 바로 그 역할을 해 주고 있다. 건강한 잇몸을 되찾아 음식을 먹을 때의 불편이 사라진 상황을 '꼭꼭'이라는 의태어와 '행복'이라는 감성 명사를 사용하여 표현하고 있다. 의태어는 그 모습을 상상할 수 있게 해 주는 역할을 한다. 그러니까 "꼭꼭 씹는 행복"은 잇몸의 불편함 없이 기분 좋게 음식을 먹고 나서 행복하게 웃는 누군가의 얼굴을 상상하게 해 준다. 제품이 갖고 있는 특성을 이해하는 것이 아니라, '느끼도록' 해 주는 한 줄의 카피다.

(3) 새로운 트렌드에 집중한다

한 시대의 트렌드는 광고에서 가장 큰 효과를 발휘하는 소재 중의 하나다. 많은 소비자의 마음속에 공통적으로 자리 잡고 있는 트렌드는 소비자들의 가치관을 이끌고 가는 중요한 근거가 된다. 소비와 관련해서 보면, 결국 그 트렌드는 그 시대 소비자들의 소비의 방향을 이끌고 가는 역할을 하는 것이다. 이를 광고에 적용하고, 이것을 날카롭게 카피로 표현하는 일을 마다할 필요는 없다.

[그림 7-6] 〈삼성전자-신혼가전〉-1

[그림 7-7] 〈삼성전자-신혼가전〉-2

카피 [6]

자막: 신혼가전

　　　우리 집이 제일 좋아.

남 Na/자막: 우리가 처음 사랑한 집.

여 Na/자막: 우리가 처음 사랑한 가전.

자막: 우리가 처음 사랑한 가전, 삼성 신혼가전.

　　　<u>가전을 나답게.</u> 삼성전자.

이 광고에서 가장 주목해야 할 카피는 밑줄 친 "가전을 나답게"다. 원래 가전은 '나'다울 수가 없다. 공장에서 대량으로 생산되는 제품들이고, 구분된다고 해 봐야 단순히 냉장고와 같은 백색가전, TV와 같은 흑색가전으로 구분되어 있을 뿐이다. 그러나 최근에 트렌드가 달라졌다. 획일적인 대량 생산만을 이어 오던 가전회사들이 디자인을 위시하여 소비자들이 자신의 취향에 맞춰 선택할 수 있도록 다양한 제품을 생산하고 있다. 사회 전반에서 '개인의 취향'이 중요시되는 것이 오늘날의 트렌드이기 때문이다.

"가전을 나답게"라는 카피는 그 동안 '나답게' 누릴 수 없었던 가전에 대한 새로운 패러다임을 보여 준다. 자신의 개성이나 취향과 같은 일반적인 표현보다 '나답게'를 통해 단숨에 개인화시켜 주고 있다. 그럼으로써 개인의 취향을 중요시하는 소비자들을 향해 날카로운 메시지를 던진다. 트렌드를 읽는 것도 중요하지만, 그것을 어떻게 표현하는 것이 정확한 것인가를 잘 보여 주는 예다.

(4) 시대의 감성에 집중해 본다

근본적으로 감성이란 개별적일 수밖에 없다. 소비자들의 감정을 획일화시켜 조종할 수는 없기 때문이다. 그러나 시대의 감성이라는 것도 엄연히 존재한다. 같은 시대를 살아가는 소비자라면 공통적으로 느끼는 감성이 시대의 감성이다. 시대의 감성 역시 트렌드와 마찬가지로 소비자들의 관심사와 연관되어 있다. 다만, 트렌드가 소비자들에게 큰 영향을 미친다면, 시대적 감성은 그보다 소소한 영향력을 미친다고 할 수 있다. 그런 소소한 감성도 읽어 내야 하는 것이 카피라이터들의 일이다.

---

6) 광고의 내용은 신혼부부가 가정에서 가전제품을 사용하면서 즐겁게 생활하는 모습을 보여 주는 것이다. 제품마다 제품을 설명하는 자막이 나오지만, 불필요하다고 생각되어 생략했다.

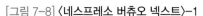

[그림 7-8] 〈네스프레소 버츄오 넥스트〉-1

[그림 7-9] 〈네스프레소 버츄오 넥스트〉-2

카피

Na/자막: <u>나만 알던 카페가 있는데, 지금은 너무 유명해졌어요.</u>

<u>이제, 새로운 곳으로 갑니다.</u>

나의 커피를 찾다. 네스프레소 버츄오 넥스트.

커피 원두를 로스팅하는 장면에 이어, 여러 사람이 스마트폰으로 커피를 찍는 장면이 나온다. 그리고 내레이션과 함께 주인공이 어딘가로 가는 장면이 이어진다. 주인공이 간 곳은 다른 카페가 아닌 집이다. 집에서 제품을 사용함으로써 카페와 같이 맛있는 커피를 마실 수 있게 되었다는 내용이다. 광고 영상의 핵심은 인스타그램에 올리기 위해 사진을 찍는 장면이다. 주인공이 좋아하던 카페를 떠나게 된 결정적인 이유가 그 카페가 인스타그램에서 유명해져 찾아오는 사람들이 많아졌기 때문이다.

인스타그램에 뭔가를 올리고, '좋아요'를 받는 것을 소비자들이 좋아하지만, 그로 인해 자신의 삶이 누려 오던 균형이 깨지는 것은 싫은 것이다. 그러한 시대적 감성을 정확히 표현한 것이 밑줄 친 "나만 알던 카페가 있는데, 지금은 너무 유명해졌어요. 이제, 새로운 곳으로 갑니다."이다. 좀 긴 카피이긴 하지만, 그 안에 담긴 마음에 충분히 공감할 수 있기 때문에, 그리고 그 새로운 곳인지 어디인지 궁금하기 때문에 광고에서 눈을 뗄 수가 없다.

짧고 날카로운 카피만이 효과를 거두는 것은 아니다. 소비자들이 눈을 뗄 수 없다면 얼마든지 길어도 효과를 거둘 수 있다.

(5) 적절한 말장난을 시도해 본다

많은 사람이 카피라이터는 재치 있는 말을 만들어 내는 재주가 뛰어난 사람들로 알고 있다. 사실, 일반인에 비해서는 그런 재주가 뛰어날 필요가 있다. 단순히 사람들

사이에서 재미있는 이야기를 툭툭 잘 던지기 위해서가 아니라, 소비자들을 깜짝 놀라게 하여 광고에 집중하도록 하기 위해서다. 이러한 말장난을 영어로는 말 그대로 'wordplay'라고도 하지만, 주로 'pun'이라는 말을 많이 쓴다. 그 발음이 재미있다는 의미인 'fun'과 유사한 것이 우연인지는 모르겠으나, 광고를 재미있게 만들어 주는 카피라이터의 잔재주라는 면에서는 매우 유용한 방법이다.

[그림 7-10] 〈현대해상-랜선마음〉-1

[그림 7-11] 〈현대해상-랜선마음〉-2

카피

남1/자막: 예비 뮤지션입니다. 이번에 노래 한번 만들어 봤는데

　　　　들어 보시고 많이 많이 혼쭐내 주세요.

남2/자막: 아무래도 벽이 느껴지네요. 완벽!

여1/자막: 이거 완전 거품이네요. 언빌리, 버블!

남3/자막: 좀 허전하네요. 명불허전!

여Na: 마음 + 마음 = 자신감.

　　　누군가에게 힘을 더하는 마음공식.

　　　마음이 합니다. 현대해상.

한 예비 뮤지션이 자신이 만든 신곡을 인터넷에 올리고 주변 사람들에게 평가를 해 달라고 한다. 사람들은 그 음악을 듣고 평을 남기는데, 그 평이 모두 재치 있다. 평들의 공통점은 반전이 있는 말장난으로 예비 뮤지션을 칭찬한다는 것이다.

밑줄 친 카피들을 보면, 이 카피를 쓴 카피라이터의 재치가 잘 드러나고 있다. "벽이 느껴지네요."라는 말을 통해 부정적인 평가라는 인상을 주었다가 "완벽!"이라는 마무리로 반전을 시키고 있다. "거품"과 "언빌리, 버블", "허전하네요"와 "명불허전"도 마찬가지다. 이런 말장난을 통해 광고의 재미를 더해 주고 있다.

하지만 말장난이 말장난으로만 끝나서는 안 된다. 말장난을 통해 재미를 부여하는 것은 소비자들의 관심을 지속적으로 끌고 가는 데 긍정적인 역할을 하지만, 명확한 메시지가 담겨 있지 않은 말장난은 말장난만 남고 메시지는 남지 않는 폐해를 낳는다. 예로 든 광고에서 마무리 내레이션이 있는 이유도 말장난에 의해 광고의 메시지가 희석되는 것을 막기 위한 것이라고 말할 수 있다.

(6) 브랜드를 부각하는 방법을 바꿔 본다

특히 영상 광고에서 카피가 유용한 이유 중의 하나는 브랜드명을 재치 있게 알려 주는 데 효과적이기 때문이다. 영상에서 시각적으로 보여 주는 것도 유용하겠지만, 그것을 있는 그대로 읽기만 하는 수준을 넘어 거기에 창의적인 방법을 더해 주면 브랜드를 더욱 인상적으로 부각시킬 수 있다.

[그림 7-12] 〈SSG 닷컴〉-1

[그림 7-13] 〈SSG 닷컴〉-2

> **카피**
>
> 여/자막: 영어 좀 하죠? 이거 읽어 봐요.
>
> (그녀가 내민 태블릿에는 SSG가 크게 써 있다.)
>
> 남/자막: 쓱!
>
> 자막: 쓱 ⇒ ㅅ ㅅ ㄱ ⇒ S S G (순서대로 바뀜)
>
> 여/자막: 잘하네!
>
> Na: SSG닷컴.

강렬한 색상의 세트에 남녀 모델이 앉아 있다. 말하는 내용은 싱겁기 짝이 없으나, 모델들이 무표정하게, 그러나 진지하게 연기하고 있어 그냥 픽 웃을 수도 없다. 어쨌든 브랜드인 〈신세계〉의 초성만 따서 〈ㅅ ㅅ ㄱ〉로, 그리고 그것을 다시 〈쓱〉으로 표현하여 쉽게 인식할 수 있게 해 주고, 영어 표기인 'Shinsegae'에서 〈ㅅ ㅅ ㄱ〉에 대응하는 〈SSG〉를 따서 사이트 명을 명확하게 보여 주고 있다. 그 과정이 다소 복잡하긴 하지만, 과다하게 근엄한 두 모델의 연기와 마지막에서 여자 모델의 "잘하네!"라는 말이 둘 사이에 흐르는 묘한 긴장감을 풀어 주는 역할을 한다. 이러한 말장난의 재치가 〈신세계〉에서 〈SSG〉로 바뀐 브랜드를 명확하게 기억할 수 있게 해 준다.

(7) 패러디도 효과적인 방법이다

패러디라는 말은 우리가 일상적으로 많이 듣는 말이다. 그런데 정확히 패러디가 무엇인지를 물어보면 정확하게 대답하기 어렵다. 간단히 말하면, 두 가지 조건만 갖추면 패러디가 성립된다. 그것은 반복과 변형이다(한국텍스트언어학회, 2004). 소비자들이 잘 알고 있는 것을 반복하는 것이 패러디의 첫 번째 조건이다. 그리고 변형을 통해 소비자들이 알고 있는 것에서 얼마나 벗어나 있는지를 명확하게 보여 줘야 한다. 다시 말해, 반복되는 대상을 소비자들이 잘 모르거나, 거기에서 확실하게 변형된 부분이 있다는 것을 소비자가 알아차리지 못한다면 패러디로서의 효과를 거둘 수 없다.

[그림 7-14] 〈인스타그램〉-1

[그림 7-15] 〈인스타그램〉-2

카피

자막: 한없이 소심해지는 것도, 한없이 대담해지는 것도,

힘든 것도, 힘이 나는 것도, 다른 사람이 되는 것도,

가장 나다워지는 것도, 순간 가장 망가지는 것도, 순간 가장 빛나는 것도,

혼자서만 하는 것도, 같은 걸 함께 하는 것도,

<u>그냥 다 좋아서그램.</u>

Na: 인스타그램.

뭔가를 열심히 하면서 그 결과를 인스타그램에 올리는 사람들의 모습이 옴니버스로 나온다. 그 행동을 하는 과정에서 사람마다 다양한 감정이 있지만, 결국 그 결론은 하나다. "그냥 다 좋아서그램."

광고의 중간중간에 나오는 사진들의 프레임을 보면 모두 인스타그램에 올라가는 것임을 알 수 있다. 그만큼 인스타그램은 많은 사람에게 잘 알려져 있다. 이것이 바로 반복이다. 그런데 거기에 변화를 주었다. "그냥 다 좋아서그램."이다. '인스타그램'에서 '인스타'를 '좋아서'로, '그래'를 '그램'으로 바꾸었다. 이 말 한 마디가 브랜드로서의 '인스타그램'과 '좋아서' 거기에 몰두하게 되는 '인스타그램'의 특징을 적절하게 보여 준다. 작은 패러디가 만들어 낸 큰 힘이다.

(8) 표현의 관점을 바꾼다

광고의 아이디어를 생각할 때, 관점을 바꿔 보라는 주문을 흔히 받는다. 그러나 관점을 바꾼다는 것은 말처럼 간단한 일이 아니다. 사람들의 머릿속에 고착된 생각의 프레임을 깬다는 것이 쉽지 않기 때문이다. 관점을 바꾸기 위해서는 자신이 고민하고 있는 제품의 광고와는 전혀 다른 제품의 광고들을 보는 것이 가장 좋은 방법이다. 제품마다 접근하는 흔한 관점이 있는 법이기 때문에, 전혀 다른 제품의 광고는 전혀 다른 접근 방식을 갖고 있을 수도 있기 때문이다. 그러한 관점의 변화를 잘 포착해 내고, 그것을 명쾌한 카피로 이해시켜 주는 것이 카피라이터의 일이다.

[그림 7-16] 〈아시아나항공—여행이 떠났다〉-1

[그림 7-17] 〈아시아나항공—여행이 떠났다〉-2

카피

Na/자막: <u>처음으로 여행이 우리를 떠났습니다.</u>

여행이 떠나고 나서야 알게 되었습니다.

여행이 있던 일상의 소중함을.

모든 여행의 마지막은 제자리로 돌아왔듯이

우릴 떠난 여행도, 그리고 일상도 다시 돌아올 것입니다.

자막: 아시아나항공은 코로나19의 빠른 종식을 기원합니다.

Na/자막: 그때, 함께 날 수 있기를. 아시아나항공.

소비자인 우리들의 관점은 이렇다. 여행은 우리들이 떠나는 것이다. 그런 생각으로 늘 비행기를 보며 언제 떠날 수 있을까만 그리워하고 있었다. 그러나 광고는 "처음으로 여행이 우리를 떠났습니다."라고 주장한다. 떠나는 것은 늘 우리만이라고 생각했는데, 그래서 여행을 갈 수 없는 것도 우리라고 생각했는데, 카피라이터는 그 관점을 보기 좋게 바꿔 접근했다. 그리고 후반부에서 과거 여행에서 돌아오는 사람들의 모습을 보여주면서 "모든 여행의 마지막은 제자리로 돌아왔듯이 우릴 떠난 여행도, 그리고 일상도 다시 돌아올 것입니다."를 통해 우리만 떠났다가 제자리로 돌아오는 것이 아니라 여행도 그렇게 돌아올 수 있음을 기대하고 있다.

관점의 변화는 일반적으로 소비자들이 생각하고 있는 것과 조금 다른 주장을 제시할 수 있다. 그렇기 때문에, 관점을 변화시킨 아이디어를 광고에서 소화하기 위해서는 그것을 간결하고 명쾌하게 설명해 줄 수 있는 카피가 필요하다. 그러기 위해서 카피라이터는 생각하는 힘이 좋아야 하고, 제시하는 새로운 관점을 잘 전달하기 위해 끝없이 글쓰기 기술을 연마해야 하는 것이다.

(9) 문자보다 소리의 힘에 의존해 본다

카피라이터에게는 문자에 대한 센스도 중요하지만, 그에 못지않게 소리에 대한 센스도 중요하다. 영상 광고에서 소리는 음악과 음향, 그리고 대사와 내레이션 등으로 구분되는데, 이들 중 대사와 내레이션이 카피라이터의 몫이다. 때로는 시엠송(CM song)을 위한 가사를 쓰는 경우도 있다. 어쨌든 이런 과정에서 카피라이터는 소리에 대한 센스를 발휘할 수 있어야 한다. 영상 광고에서는 우선 좋은 영상이 소비자들의 시선을 붙잡는 데 큰 역할을 하지만, 개성 있는 소리 역시 소비자들의 귀를 붙잡아 광고에 몰두하게 하는 데에 큰 역할을 할 수 있다.

[그림 7-18] 〈마이셰프×영탁〉-1

[그림 7-19] 〈마이셰프×영탁〉-2

카피

남: 영탁이도 셰프됐다!

Song: 탁, 탁, 탁!

재료 탁! 소스 탁! 레시피 탁!

밀키트는 마이셰프~

한식 탁, 탁! 중식 탁, 탁! 양식 탁, 탁!

10분이면 탁, 탁, 탁, 밀키트는 마이셰프.

남: 영탁이가 다 요리했어요~

광고의 카피에서 보이듯이, 이 광고에서는 끊임없이 "탁"이 반복되고 있다. 문맥을 살펴보면 "탁"은 두 가지 의미로 사용되고 있다. 첫 번째는 요리를 하기 위해 완벽하게 준비되었다는 것을 의태어 "탁"을 통해 전달하고 있다. 두 번째는 모델인 영탁의 이름을 반복하기 위해 "탁"이 사용되고 있다. 즉, 소비자의 혜택을 강조하기 위한 "탁"과 모델을 강조하기 위한 "탁"이 함께 사용되고 있다. 밀키트라는 제품이 갖고 있는 속성이 손쉽게 요리할 수 있도록 해 주는 것이기 때문에 "탁"의 사용은 매우 적절하다. 그리고 인기 있는 모델의 이미지를 강조함으로써 제품의 신뢰성을 표현하기 위한 "탁"의 사용도 적절하다고 할 수 있다. 강력한 인상을 가진 소리인 "탁"을 강조함으로써 두 가지 목적을 잘 달성하고 있는 것, 이것이 바로 소리에 대한 센스를 지닌 카피라이터의 힘을 보여 주고 있다.

(10) 빼는 것이 더 좋을 땐 빼야 한다

헬 스테빈스가 카피를 광고의 척추라고 했기 때문에 모든 광고에서 카피가 빠져서는 안 된다는 생각을 버려야 한다. 척추가 없는 연체동물도 동물이다. 카피가 없는 광고도

**카피를 빼는 것이 더 좋다면,
카피를 빼야 한다.**

**반드시 카피가 있어야만
광고가 성립되는 것은 아니다.**

얼마든지 광고로서의 역할을 할 수 있다.

영상만으로도 모든 것을 완벽하게 전달할 수 있다는데도 굳이 들어가 있는 카피는 군더더기가 되기 쉽다. 영상만으로도 소비자들은 충분히 이해할 수 있는데 왜 카피가 필요한가? 그리고 영상을 보면서 소비자들은 더 많은 것을 상상할 수 있는데, 왜 카피가 소비자들의 상상력을 제한하는가? 카피라이터의 일은 좋은 카피를 써서 광고를 빛내는 것이기도 하지만, 때로는 카피를 빼는 결단을 내릴 수도 있어야 한다.

물론, 일반적으로 모든 광고에는 카피의 범주에 포함되는 기업명, 브랜드, 그리고 슬로건 등이 들어가기 때문에 카피가 완벽하게 빠지는 광고는 거의 없다. 그러나 그들은 특별한 경우가 아니라면 그 광고의 주체가 누구인지를 밝히기 위해 필수적으로 들어가는 것들이다. 그 외에 성우의 내레이션, 모델들의 대사, 시엠송 가사 등이 있지만, 어쨌든 빠지는 것이 더 좋으면 빠져야 한다.

카피라이터의 입장에서 자신이 공들여 쓴 카피가 소리가 되었든, 소리와 자막 모두가 되었든 빠진다는 것은 섭섭한 일일 수 있다. 그래도 빼는 것이 더 좋으면 빼야 한다. 왜 그래야 하는지는 앞에서 수차례 등장하였던 헬 스테빈스가 오래전에 명쾌한 해답을 주었다. "206. 카피라이터의 임무는 소비자에게 깊은 인상을 남기는 것이지, 내가 인상적인 사람이 되는 게 아니다."

(11) 핵심만 들여다본 인쇄 광고의 카피

① 인쇄 광고의 핵심은 헤드라인이다

헤드라인은 소비자의 시선을 멈추게 하고, 소비자를 광고 안으로 끌어들이는 역할을 한다. 그렇기 때문에 좋은 헤드라인을 쓰는 것이 효과적인 인쇄 광고를 만드는 첫걸음이다.

231

② 좋은 헤드라인을 쓰기 위해서는……

김병희(2007)는 좋은 헤드라인을 쓰기 위한 요령을 다음과 같이 제안하고 있다.

- 소비자의 참여를 유도하는 **호기심형** 헤드라인을 써 보라.
- 소비자의 행동을 촉구하는 **동사를 활용한** 헤드라인을 써 보라.
- 비주얼과 상승(synergy) **효과**를 일으킬 헤드라인을 써 보라.
- 장기 캠페인으로의 **확장**을 생각하며 주제별 메시지를 전개해 보라.
- 헤드라인 자체로 완벽한 메시지가 전달되도록 **분명하게** 써 보라.
- 크리에이티브 콘셉트를 쉽고 **흥미진진하게** 표현해 보라.
- 광고 수사학에서 제시하는 다양한 **표현 기법**으로 변화시켜 보라.

③ 강력한 헤드라인을 쓰기 위해서는……

데이비드 오길비(1963)는 헤드라인과 관련하여 다음과 같이 말했다.

헤드라인에 자주 등장하는 단어로는 '무료'와 '새로운'이 있다. '무료'라는 단어는 매우 드물게 사용되지만 '새로운'의 경우 언제나 사용할 수 있다고 보면 된다.

(헤드라인에서) 기적을 만들어 내는 다른 단어나 어구로는 다음과 같은 것들이 있다. ~하는 방법, 돌연, 지금, 알립니다, 소개합니다, 여기에 있습니다, 막 도착한, 중요한 발전, 개선, 놀라운, 센세이셔널한, 주목할 만한, 혁명적인, 깜짝 놀랄 만한, 기적, 마술, 권합니다, 빠른, 쉬운, 구함, 도전, 조언합니다. ~의 진실, 비교하세요, 할인, 서두르세요, 마지막 기회.

진부한 표현이라고 외면하지 마라. 진부할지는 몰라도 효과적인 것은 확실하다.

이러한 단어들을 'power words'라고 부른다. 우리말로는 '강력어'로 번역된다. 이들 단어들은 헤드라인을 더욱 강력하게 만들어 준다. 왜 그럴까? 소비자의 이익을 담고 있으면서 약간의 선동을 통해 소비자들로 하여금 조급하게 만들어 주기 때문이다.

좋은 헤드라인을 써내는 카피라이터에게는 '자신만의 강력어'가 필요하다. 그것은 데이비드 오길비가 얘기한 것들 안에 있을 수도 있고, 시대에 맞게 새롭게 개발해 낸 것도 있을 수 있다. '자신만의 강력어'는 단순히 어휘 하나만을 말하는 것은 아니다. '강력어'라고 표현되어 있지만, 거기에는 카피라이터 개인이 갖고 있는 문체, 다양한 수사적 패턴까지 모두 포함된다.

④ 바디카피는 다음의 조건을 갖춰야 한다

이희복(2008)은 제 몫을 다하는 바디카피는 다음의 다섯 가지 조건을 갖춰야 한다고 말했다.

- 통일성: 콘셉트, 헤드라인과의 일관성을 가져야 한다.
- 흥미성: 소비자가 재미있게 접근할 수 있어야 한다.
- 단순성: 한 가지 욕구만 집중적으로 소구해야 한다.
- 강조성: 기억을 촉진하기 위해 임팩트를 주어야 할 곳에 힘을 실어야 한다.
- 설득성: 설득을 통해 소비자의 구체적인 행동을 요구해야 한다.

⑤ 슬로건이란 무엇인가

이희복(2017)은 광고에서 슬로건이 갖는 의의를 다음과 같이 설명한다.

- 슬로건이란 본래 군인들이 전투 직전에 목소리를 모아 힘껏 외치는 함성을 일컬었다.
- 슬로건은 생각이나 주장이 표현된 짧은 문구다.
- 오늘날의 '마케팅 전쟁'에 슬로건이 등장한 것은 사람들을 움직이기 위한 수단으로 활용하기 위해서다.
- 따라서 전쟁과 같은 시장에서 브랜드가 확고한 위치를 차지하려고 싸울 때 총과 칼 대신 흥망성쇠를 다투는 '소리 없는 전쟁'에서의 무기다.

⑥ 좋은 슬로건은 어떻게 쓸까?

이희복(2008)은 좋은 슬로건을 쓰기 위해 점검해야 하는 다섯 가지 가이드라인을 다음과 같이 제시한다.

- 너무 길지 않은가? ⇒ 짧아야 한다.
- 너무 복잡하지 않은가? ⇒ 문장의 의미가 명확해야 한다.
- 문장이 적절한가? ⇒ 문구의 짜임새가 적절해야 한다.

- 독특한 무엇이 있는가? ⇒ 독창적이어야 한다.
- 관심을 끌 만한가? ⇒ 재미가 있어야 한다.
- 너무 어렵지 않은가? ⇒ 기억하기 쉬워야 한다.

5. 마무리

카피라이터의 일은 크게 생각하기와 쓰기로 나뉜다. 생각하기는 광고의 전략을 수립하고, 광고의 콘셉트를 도출하고, 광고의 아이디어를 만드는 과정이다. 그리고 쓰기는 정리된 아이디어를 간명하고 빛나는 카피로 써내는 과정이다. 지금까지 서술된 내용들은 카피라이터가 되고자 하는 사람이 가져야 할 기본적인 마인드에 대한 소개와 '쓰기'에 초점이 맞춰져 있다. 헬 스테빈스의 말처럼 글쓰기는 "90%의 생각(think)와 10%의 잉크(ink)"로 이루어진다. 이제 겨우 10%만을 생각해 본 셈이다.

서두에서도 이야기했지만, 카피라이터는 부단한 훈련이 필요한 직업이며, 끝없이 공부해야 하는 직업이다. 카피라이터는 재기발랄한 아이디어로 무장되어 있어야 하고, 때로는 자신의 등에 얹힌 어려움들을 지고 묵묵히 나아가야 한다. 그런 과정을 통해 나머지 90%를 차근차근 익혀 나가야 한다. 그 90%의 구체적인 내용들은 이 책의 다른 장들 속에 있다. 초등학교 축구선수들 중에 불과 0.8%만이 국내 프로축구 최상위 리그인 K-리그 선수가 될 수 있다고 한다(스포츠니어스, 2015. 8. 12.). 직접 비교는 어렵겠지만, 능력 있는 카피라이터가 되는 것도 그 정도는 되지 않을까? 물론, 그것을 이루어 냈을 때의 성취감도.

참고문헌

고려대학교민족문화연구원(2009). 고려대한국어대사전. 서울: 고려대학교민족문화연구원.
김동규(2003). 카피라이팅론. 서울: 나남.
김병희(2007). 광고카피창작론. 서울: 나남.
뉴스핌(2021. 2. 9.). 올해 국내 광고 시장 '맑음'…디지털 광고비 6조 돌파 전망.
미디어붓(2021. 3. 17.). 신문구독률 70% → 6.4% '추락' 많이 찍어서 '파지'로 내다 판다.

스포츠니어스(2015. 8. 12.). 프로축구 선수로 성공할 확률은 얼마나 될까.

이희복(2008). 이교수의 카피교실. 서울: 한울아카데미.

이희복(2017). 설득의 수사학 슬로건. 경기: 한울아카데미.

정철(2016). 카피책. 서울: 허밍버드.

코래드광고 전략연구소(1996). 廣告大辭典. 서울: 나남출판.

한국방송광고공사(2001). 한국 방송광고의 역사와 문화. 서울: 한국방송광고공사.

한국텍스트언어학회(2004). 텍스트언어학의 이해. 서울: 박이정.

Fox, S. (1984, 1997). *The mrror makers*. 리내룡, 차유철 공역(2005). 廣告 크리에이티브史. 서울: 한경사.

King, S. (2001). *On writing*. 김진준 역(2002). 유혹하는 글쓰기. 서울: 김영사.

Nakamura Takuzi(中村卓司) et al. (1993). コピーライター入門. 東京: 電通.

Ogilvy, D. (1963). *Confessions of an advertising man*. 강두필 역(2008). 나는 광고로 세상을 움직였다. 서울: 다산북스.

Ogilvy, D. (1983). *Ogilvy on advertising*. 최경남 역(2004). 광고 불변의 법칙. 서울: 거름.

Reeves, R. (1961). *Reality in advertising*. 권오휴 역(1988). 광고의 실체. 서울: 오리콤마케팅커뮤니케이션연구소.

Roberts, K. (2004). *Lovemarks*. 양준희 역(2005). 러브마크. 서울: 서돌.

Saitoh Takashi (齊騰孝, 2004). *GENKOUYOUSHI 10 MAI WO KAKU CHIKARA*. 황혜숙 역(2005). 원고지 10장을 쓰는 힘. 서울: 루비박스.

Stebbins, H. (1957). *Copy capsules*. 이낙운 역(1986). 광고의 기본원리. 서울: 나남.

Stebbins, H. (1957). *Copy capsules*. 이지연 역(2018). 카피공부. 경기: 월북.

Uejo Norio(植條則夫, 1988). *Uejo's advertising copy writing seminar*. 맹명관 역(1991). 카피교실. 서울: 들녘.

제**8**장

디자인의
기본 원리

윤일기
(남서울대학교 광고홍보학과 교수)

태권도를 생각해 보자. 태권도의 기본 자세를 배울 때는 이런 걸 언제 써먹지? 상대가 공격해 온다면 이렇게 하나하나 떨어져 있는 방법으로 상대를 이길 수 있을까? 그러나 기본이 되었을 때 실제 상황에서 자신도 모르는 사이에 종합적으로 적재적소에 유용하게 사용하게 되는 것을 발견하게 된다. 디자인도 마찬가지다. 기본 원리를 논할 때는 '이걸 어떻게 광고 상황에 적용하지?'라는 의문을 가질 수 있지만 원리가 완전히 몸에 밴다면 어떤 디자인 상황에서도 잘 사용할 수 있다. '기본으로 돌아가자(Back to the basic).'라는 말은 어떤 상황에서나 잘 쓰이는 말이지만 광고 디자인에서도 마찬가지다. 기본에 충실해 하나하나 원리를 적용하면 광고 수용자에게 흥미를 줄 수 있고 구매의욕을 자극할 수 있다.

이 장의 내용은 광고의 시각화 차원이다. 광고 제작 시 고려해야 할 중요한 조형의 원리를 중심으로 제시했다. 통일성이나 균형, 강조 등의 레이아웃 차원의 디자인 원리와 선, 텍스처, 컬러, 조명 같은 디자인 요소로서의 조형원리를 논의했다. 조형원리는 모든 디자인의 기본이지만 한정된 공간에서 효과를 극내화해야 하는 광고에서는 더욱 필요하다. 크리에이터나 기획자 모두에게 시사점과 가이드, 그리고 체크리스트와 템플릿이 되기를 바란다. 인쇄 광고의 평면 디자인이나 영상 광고 같은 4차원의 영상 디자인에도 그 원리는 상통한다. 아울러 디자인 원리를 무조건 우선시할 필요는 없다. 왜

냐하면 광고는 소비자의 눈에 잘 띄어야 하고 구매의욕을 불러일으켜야 하므로 때로는 디자인이 양보해야 할 파괴의 원리를 적용해야 하는 경우도 자주 발생한다. 그럼에도 같은 조건이라면 디자인 원리가 잘 고려된 광고가 더 효과적이다.

1. 레이아웃 관점에서 고려해야 할 조형원리

디자인이란 말은 무수히 많은 정의가 내려져 있지만 종합해 보면 '계획'이란 의미로 통합된다. 그래서 디자인을 한다는 것은 계획하는 것, 즉 조직하는 것을 의미한다고 볼 수 있다. 데이비드 A. 라우어(David A. Lauer)는 디자인의 접근을 '우연'의 반대라고 하여 의도적인 계획의 의미와는 또 다른 관점으로도 보았다. 규칙이 강조되지 않는 순수 예술과는 달리 커뮤니케이션 과학에 가까운 광고 디자인은 계획적이어야 하고 설득할 때까지 모든 요소가 고려되어야 할 것이다. 물론 법칙에 사로잡혀 창의적인 영역마저 침해되면 다소 경직된 결과물이 될 수 있으므로 중용의 자세는 이 분야에서도 고려할 자세다. 아울러 디자인은 그 자체만으로도 광고 아이디어가 될 만한 자격이 있을 만큼 효율성이 있는 존재다. 이 장에서는 한정된 공간이라는 점을 의식하여 디자인의 원리를 크게 레이아웃 차원과 디자인 요소 차원의 두 방향에서 접근하여 적절하게 예시로 든 광고 디자인의 설명과 함께 중요성을 기술한다.

1) 통일성

통일성(unit)이란 하나의 디자인이 갖고 있는 여러 요소 속에 어떤 조화나 일치가 존재하고 있음을 의미한다. 이러한 구성 요소들은 서로가 전체의 일원인 것처럼 보이며 함께 놓이게 된 단순한 우연 이상의 어떤 시각적 연관이 있는 것처럼 보인다. 이와 마찬가지의 의미를 지닌 다른 말로는 조화가 있다. 만약 다양한 요소가 서로 조화롭지 못하거나 관련 없이 동떨어져 보인다면 그것은 통일성을 잃게 된다. 통일성에서 중요한 점의 하나는 전체가 부분보다 두드러져야 한다는 것이다(Lauer, 1990). 통일성은 결과적으로 나무보다는 숲이 돋보이게 하는 기법이다. 그리고 조형이라는 말이 형태적인 질과 감각적인 형을 통일되고 유기적인 전체로 묶어 냄을 지칭한다고 할 정도로 통일은 여러 디자인 원리의 부분이 이루어진 다음에도 고려해 봐야 할 궁극의 차원이라고

[그림 8-1] 작은 원들의 집합과 줄기를 통해 퍼지는 형상이 반복되어 전체적으로 통일감을 만들고 있는 추상 사진 작품

[그림 8-2] 복잡한 작은 선들을 몇 개의 큰 타원이 질서를 잡아 주고 있다.

해도 무방할 것이다.

[그림 8-1]의 이미지는 불규칙한 모양의 원들이 모여 복잡한듯 보이지만, 유사한 원들의 반복, 선적인 요소, 줄기를 통해 퍼지는 형상이 반복되어 전체적으로 통일감이 느껴지는 작품이다. [그림 8-2]는 면에 가까울 정도의 작은 선들의 배경이 복잡한 구조지만, 몇 개의 타원이 질서를 잡음으로써 전체적으로 통일성이 느껴진다.

이렇듯 통일이란 부분과 부분, 부분과 전체 사이에 질서를 주는 유기적 조화를 의미하며, 형태의 디자인 원리 중 키포인트가 되는 요소다. 조화로운 형태, 선, 질감이 통일성을 지닐 때 공통적인 속성을 가지며, 통일성은 어떤 디자인에 있어서 한 요소를 반복함으로써 얻어질 수 있으며 이러한 노력은 모든 요소를 똑같게 만들어 정형화시키는 것이 아니라 전하고자 하는 이미지를 명확하고도 효과적으로 전달하기 위한 것이다(한의수, 2000).

디자인 구조에서 많은 요소는 언제나 감정상의 경쟁을 하지만 가장 우세한 요소가 주조가 됨으로써 대립은 해결되며 통일을 이룰 수 있다. 구성 요소나 그 부분의 관계에 있어서 이질적 요소가 강하고 극단적으로 치우칠 때에는 혼란과 무질서가 초래된다. 그렇다고 통일에 치우치면 단조롭고 무미건조해지기 쉬우므로 적당한 변화와 통일이 함께해야 한다. 통일성을 주는 기법으로는 인접, 반복, 연속을 들 수 있으며, 이것들을 실제 광고 디자인에 적용하면 조화로운 크리에이티브를 얻을 수 있다.

광고처럼 다양한 성격의 시각적 요소가 많을 경우는 더더욱 전체에 질서를 부여하는 통일성을 고려해야 소비자에게 내용 전달과 함께 더 어필할 수 있다.

(1) 통일성을 주는 방법

① 인접

구성 요소들을 서로 가까이 붙여 놓는 것이다. 약간 다른 형태라 하더라도 함께 그룹으로 놓으면 하나로 보이게 되어 결국 통일된 느낌을 갖게 한다. [그림 8-3]에서 왼쪽에 흩어져 있는 도형들을 볼 때는 서로 관계가 없어 보이지만 오른쪽에서처럼 가까이 놓으면 하나의 그룹으로 보여 통일성이 느껴진다. [그림 8-4]의 할리데이브슨 광고에서는 각각의 오토바이 부품들이 흩어져 있는 것이 아니라 사람이라는 형태로 모아져 조형 요소들을 인접시킴으로써 산만할 수 있는 분위기를 나름대로 안정된 통일감을 주도록 디자인했다.

 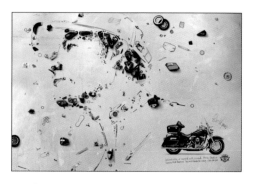

[그림 8-3] 시각 요소 간의 거리에 따라서도 통일감은 다르게 느껴질 수 있다.

[그림 8-4] 인접의 구성 원리로 통일성을 느끼게 한 광고

② 반복

여러 부분을 서로 연결시키기 위해 무언가를 계속해서 반복시키는 것을 의미한다. 반복되는 요소로는 색깔이나 형태, 텍스처나 방향, 각도 등을 들 수 있다. [그림 8-6]은 캘린더의 원형 날짜란의 도형을 반복해 줌으로써 캘린더의 완성도를 더해 주어 요소의 단순 숫자상으로 아주 많음에도 질서가 느껴지는 통일감을 주는 디자인이 되었다. 많은 반복으로 인해 지루함을 줄 수 있기 때문에 공기청정기 제품의 적절한 크기와 배치로, 그리고 카피의 위치를 통해 조화를 꾀한 디자인이다.

[그림 8-5] 연속된 삼각형의
배치가 통일성을 느끼게 한다.

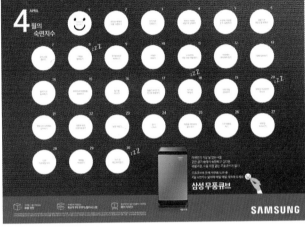

[그림 8-6] 캘린더의 날짜란 반복으로 통일감을 주는 광고

③ 연속

연속은 말 그대로 어떤 것이 '계속되는 것'으로, 우리의 눈길은 어떤 요소에서 그다음 요소로 자연스럽게 옮겨 가게 된다. 연속은 분명한 방법이긴 하지만 인접이나 반복보다 미묘한 방법으로 특히 광고 디자인에서처럼 많은 요소가 등장할 경우는 의도적으로 그 연속의 흐름을 조절하여 조화를 꾀할 수 있다. [그림 8-7]의 경우 외곽 프레임으로 느껴질 정도의 사람 일러스트의 원형 흐름이 자동으로 연속되고 또 왼쪽 사람군으로 이어지다 단절될 만한 분위기에서 수용자의 눈은 다시 중심으로 와 카피군에서 다시 한번 헤드라인에서 바디카피로, 그리고 로고로 연속의 흐름이 유도된다. 결국 많은 비주얼 요소로 인한 복잡함이 물 흐르듯 흘러가는 방향의 연속으로 질서를 잡아 어느 정도의 통일감을 느끼게 되어 질서 있는 안정된 디자인으로 인식되는 것이다. 많은 광고가 이러한 상황에 놓인 것이 분명함은 주어진 공간을 커뮤니케이션 공간으로 최대한 활용해야 하는 광고의 숙명이 있기 때문이다. 따라서 크리에이터는 어느 정도의 레이아웃이 결정된 상태부터는 세세한 요소의 크기나 디테일한 배치, 컬러 등에서 상당한 감각을 발휘해야 완성도 높은 광고 디자인을 얻을 수 있다.

[그림 8-7] 외곽의 사람군 배치와 자동차가
연속으로 이루어져 통일감을 주고 있다.

[그림 8-8] 오브제로 만든 사람의 형태와 왼쪽
카피군까지 형태의 연속으로 통일감을 주는 광고

광고 디자인에 통일성을 주는 팁

- 내 작품이 통일성이 부족해 산만하게 보인다면 전체 요소의 질서를 잡아라.

- 크기, 형태, 위치, 방향 등에서 우선순위를 정하고 배치하라.

- 의미 없이 떨어져 있다면 인접시켜서 통일감을 유도하라.

- 반복은 통일감을 주는 요긴한 방법이며, 그 자체로도 아이디어가 될 수 있다.
  이것은 강조의 효과도 누리는 효율 높은 기법이다.

- 모든 구성 요소가 연속되고 있는지 파악하여 흐름을 시도하라.

2) 균형

균형(balance)은 본래 저울이란 뜻이며, 2개의 물체를 저울에 달아 양자가 똑같은 중앙의 지점을 가리키는 상태를 의미한다. 디자인에서는 시각적인 균형을 의미하며, 시각상으로 힘의 안정을 주면 보는 사람에게 안정감을 준다. 균형은 항상 정적인 것만을 의미하지 않으며, 실제로 움직이는 힘과 긴장에 밀접하게 관련되므로(문 찬, 1992) 디자인에서의 균형은 동적 균형을 잡는 것이며, 이는 형태, 질감, 색채, 위치, 방향 등으로 얻어진다.

[그림 8-9]는 잡지 광고로 스프레드형이다. 이 디자인에서는 의도적으로 양쪽의 균형을 위해 소재의 크기나 위치, 카피의 양이나 스타일에도 균형을 맞추려는 시도가 읽혀진다. 결과적으로 미세한 변화 속에 안정된 구도가 되어 우아한 이미지까지 느끼게 해 준다. [그림 8-10]에서는 좌우 대칭인 인물을 전체적으로 꽉 차게 배치하고 하단에 제품과 로고를 양쪽에 배치하여 역학적인 힘의 균형을 잡으려는 의지가 보이는 광고가 되었다.

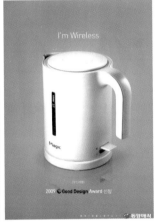

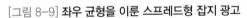

[그림 8-9] 좌우 균형을 이룬 스프레드형 잡지 광고   [그림 8-10] 대칭적인 메인 비주얼에 좌우 요소로 균형을 시도한 광고

균형이 더 복잡한 구도에서도 크리에이터는 배려할 필요가 있다. [그림 8-11]에서는 좌우가 비대칭인 상황에서 오른쪽 인물의 무게감과 좌우 균형을 맞추기 위해 좌측에 커다란 카피군을 배치했다. 결과적으로 어느 한쪽으로 심하게 불균형적인 느낌이 생기지 않고 적절한 균형의 시도로 안정된 느낌을 주게 했다. [그림 8-12]에서도 왼쪽의 비주얼과 오른쪽의 카피군은 힘의 균형감을 주면서 안정된 구도가 되었다. 이렇듯 광고에서는 일반적으로 크리에이터가 어떠한 상황에서도 균형을 잡으려는 시도가 자주 이루어지며, 불안한 구도보다 적절한 변화 속에서 균형감을 주는 시도는 권장할 만하다.

[그림 8-11] 인물과 카피로 균형을 시도한 광고　　[그림 8-12] 메인 비주얼과 카피로 균형을 이룬 광고

(1) 대칭

대칭(symmetry)은 '같다'라는 뜻의 'syn'과 '측정하다'라는 뜻의 'metron'이 합성된 말로, '같은 곳에 측정된 형태', 또는 '함께 측정하다'라는 의미를 가지고 있다. 즉, 점을 중심으로 같은 형태를 갖게 되는 점대칭 형태를 비롯하여 선대칭, 면대칭, 평행으로 그대로 이동시켜 만들어지는 평행 대칭, 그리고 얻는 방법들을 말한다(조열, 김지현, 1999).

대칭은 광고 디자인이나 건축, 패션, 영상 외의 많은 디자인이나 예술에서 자주 시도되고 있는 방법이다. 때로는 질서 정연해 보이고, 즉 통일감이 있어 산만하지 않은 안정된 느낌을 주고 장식인 구성이라 미적인 아름다움까지 선사한다. 물론 아무런 배려없이 대칭을 활용했을 때는 그저 심심하고 정적일 뿐이어서 눈에 띄어야만 살아남는 광고의 속성상 효과가 적을 수도 있다.

신시아 매리스 단치크(Dantzic, 1990)의 예리한 지적, 즉 대칭은 아름다움과 조화라는 측면에서 이루어졌을 때는 힘, 완성도, 우아함, 장엄함을 느끼게 해 주며, 인간에 의해 만들어진 것은 물론 자연의 생성물에서도 통일감과 질서감을 느끼게 해 주는 요소다. 그러나 대칭이 단순히 기계적이고 장식적인 측면에서 시도되었을 때는 딱딱하고 형식적일 뿐 아니라 비인격적이고 지루하고 수학적이며 장식적이어서, 인간의 독특한 창의적인 표현과는 거리가 멀다고 지적하고 있는 점을 감안하면 우리가 대칭의 큰 장점을 활용해야 하면서도 얼마나 사려 깊게 활용해야 그 효과를 볼 수 있는지 시사하는 바가 크다.

[그림 8-13]은 대칭을 충분히 활용하고 있는 광고로 자동차의 기본적인 대칭 외에도 배경의 구성이나 컬러도 대칭으로 배치함으로써 자동차의 아름다움을 강조하는 콘셉트가 더욱 고조되고 있다. [그림 8-14]에서는 대칭인 사람의 얼굴을 평면화시켜 배치하여 독특한 느낌과 함께 소구 포인트를 잘 살리고 있다. 이런 디자인은 대칭의 표현이 단순히 양쪽이 똑같기보다 시각적으로 반복됨으로써 광고 수용자가 볼 때 더 임팩트를 느끼게 될 것이며, 대칭 이상의 효과를 거두고 있는 사례다. 아울러 지각 심리학적으로 분석해 본다면 우리는 거울에 비친 자신의 모습만 봐도 신기해한다. 따라서 세상에 하나밖에 없는 모습이 똑같이 있는 것을 인간이 신기해하는 원리를 볼 때, 양쪽에 똑같이 있는 대칭은 여전히 신비감을 줄 수 있는 크리에이티브 자원이다. 크리에이터는 바로 이런 점을 잘 활용할 필요가 있으며 이는 반복의 방법과도 어느 면에서는 일맥상통한다. 대칭 연구가인 허만 웨일(Hermamn Weyl)이 "광의든 협의든 대칭은 그것으로 하나의 질서, 아름다움, 완벽함을 이해하고 창조하고자 하는 개념"이라고 말했듯이, 대칭의 기법은 광고 크리에이터의 영원한 방법론이 될 수 있다.

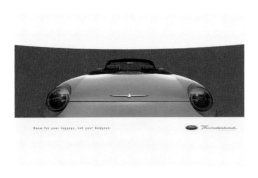

[그림 8-13] 대칭으로 구성된 자동차와 배경 처리가 완전한 균형감을 주는 광고

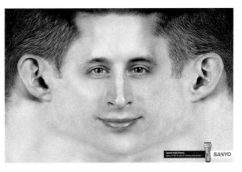

[그림 8-14] 남자의 얼굴을 마치 전개도처럼 대칭으로 펼쳐 균형과 함께 반복의 강조 효과까지 얻고 있다.

(2) 비대칭

비대칭(asymmetry) 또는 부정형의 균형이 가지고 있는 다양성은 정형화된 균형보다 훨씬 매력적이고 은밀한 신비로움을 준다. 대칭적인 균형과 반대로 좌우가 균등하지 않거나 상하를 기점으로 균등하지 않을 때 비대칭적인 균형을 이룬다.

이렇듯 원론적으로 내리는 정의와 함께 우리가 생각해야 할 것은 비대칭은 실제적으로는 내재하는 대칭감을 암시한다는 점이다(Dantzic, 1990). 즉, 대칭을 전제로 하는데 변화가 있어서 대칭이 되지 못하는 상황은 어쩌면 비대칭의 정의에 가깝다는 사실이나. 그러니까 양쪽이 완전히 다른 것은 이미 비대칭이란 평가 자체도 의미가 없을 수 있으며, 얼마나 대칭에서 변화가 있는가가 오히려 비대칭을 논할 가치라는 생각이다. 광고 디자인 상황에서는 대칭의 상황과 함께 더욱 많은 비대칭의 경우를 만나게 된다.

[그림 8-15]의 기사형 광고를 보면 양쪽 손이라는 점에서는 대칭인 것 같지만, 한쪽 손에 붓을 들게 함으로써 대칭을 파괴하고 변화를 주었다. 쭈그리고 앉아 있는 아이의 모습도 옆모습으로 보이게 하는 자세를 취함으로써 화면의 가운데 중심점에 앉아 있지만 세부적으로는 대칭을 파괴했다. 결과적으로 대칭을 전제로 한 큰 구도 속에서 변화를 준 적극적인 비대칭 디자인인 것이다. 당연히 효과는 대칭의 지루함과 정적임을 피하고 안정 속에 운동감을 주어 광고에 시각적 생기를 넣고 있는 디자인이 되었다.

[그림 8-16]에서는 아이의 큰 형태를 좌우 중심에 배치하여 대칭을 전제로 한 것으로 보이지만, 아이의 고개를 한쪽으로 돌리고 전체적으로 손과 발, 허리에 변화를 주어 자연스러운 비대칭이 되었다. 결과적으로 은근히 전제되는 대칭의 장점과 함께 변화라는 비대칭의 맛을 함께 가져가고 있는 디자인이 되었다. [그림 8-17]의 경우는 박스형으로 나누어진 형태는 대칭으로 보이지만, 그 안의 사진 내용에 변화를 줌으로써 대칭 속에 비대칭을 시도한 광고로 대칭의 장점과 비대칭의 장점을 함께 누리는 디자인으로 평가된다.

[그림 8-15] 좌우 약간의 변화를 주는 비대칭의 맛을 살린 광고

[그림 8-16] 언뜻 보면 대칭이지만 미세한 변화가 비대칭을 형성해 광고에 활력을 주었다.

[그림 8-17] 전체 화면 분할은 대칭이지만 세부 내용에 변화를 주어 비대칭을 형성했다.

결론적으로 비대칭은 대칭을 전제로 한 구성에 변화를 줌으로써 긴장감 유발, 흥미적 변화 요소의 개입으로 인한 스토리 생성 등의 효과를 누릴 수 있는 방식이다. 눈에 띄어야 그 진가가 발휘되는 광고 디자인에 다양한 방식으로 적극 활용할 필요가 있다.

(3) 방사형

균형을 주는 방법 중에 방사형 균형이 있다. 여기에서는 모든 요소가 중앙의 한 점에서 방사되거나 중심점으로부터 원형을 이루는데, 이에 대한 좋은 사례가 태양이다. 방사형 균형은 대칭적 균형이나 비대칭적 균형과 다른 것이 아니다. 그것은 초점이 중앙에 있는 대칭적 균형이나 중앙을 벗어나 있는 비대칭적 균형이 보다 세련돼진 것에 불과하다(Lauer, 1990). 또 전면적인 패턴에 의한 결정학적 균형이 있다.

광고 디자인에 균형감을 주는 팁

- 내 작품에 균형감을 주려면 대칭의 원리를 잘 이용하라.
- 양쪽이 똑같은 대칭은 최고로 균형감을 줄 수 있는 방법이며, 안정감과 함께 우아함, 권위, 완성도, 장엄함 신뢰감을 느낄 수 있게 한다.
- 비대칭은 양쪽이 완전히 다른 것이라기보다 변화 있는 대칭이다. 대칭의 장점을 다 활용하면서도 변화를 추구하기 때문에, 미학적으로도 우수해 눈길도 끌지만 시선을 오랫동안 머무르게 한다.
- 방사형 구성은 한 점에서 질서 있게 퍼져 나가는 형상으로 균형감과 함께 속도감도 느끼게 해 주는 역동성도 갖고 있어 흥미까지 유도할 수 있다.

---

3) 규모/비례

규모(scale)와 비례(proportion)는 모두 크기를 일컫는 말로, '큰 규모'는 크다는 것을 의미하고 '작은 규모'는 작다는 것을 의미한다. 비례는 상대적인 크기, 즉 다른 어떤 표준 혹은 기준과 대비되는 크기를 뜻한다. 디자인 원리에서 비례는 전체 형태와 부분 형태 간의 양적인 비교를 포함하는 원리이며, 비례는 '비율, 분할'을 뜻하는 것으로서 대소의 분량, 장단의 차이, 부분과 부분 또는 부분과 전체와의 수량적 관계가 미적으로 분할될 때 좋은 비례가 형성된다. 고대로부터 지금까지 가장 아름다운 비율로서 황금비를 이구동성으로 인정하고 있다. [그림 8-21]의 은행광고에서 화분은 매우 큰 규모로 디자인되어 있어 이를 상징하는 의미, 즉 은행에 맡긴 돈의 이자가 큰 화분처럼 크게 불어남을 표현하고 있다.

　황금분할 혹은 황금비율이란 [그림 8-18]에서와 같이 대략 1:1.618의 비례를 가리킨다. 우리에게 아름답게 느껴지는 이 비율은 소라의 나선무늬 등에도 나타난다. 이 때문에 황금비율은 미가 사물의 객관적 속성이라는 주장을 뒷받침하는 증거로 인용되고 있다. 황금비는 고대 그리스에서 발견되었고, 가장 조화가 잡힌 비(比)로서 일상생활 속에서도 쉽게 찾을 수 있다. 예를 들면 엽서, 담배 갑이나 명함의 치수 등도 두 변의 비가 황금비에 가깝다. 물건을 선택할 때 대부분의 사람은 무의식중에 황금비의 치수를 취하고 있다.

[그림 8-18] **1:1.618의 황금비율**

　황금분할은 홍미가 느껴지고 시각적으로도 가장 안정적으로 보인다. 이 개념은 수세기 동안 많은 화가나 건축가 등에 의해 사용되어 왔으며, 광고 디자인에 적용하면 광고 수용자에게 심미적 어필과 함께 브랜드의 안정된 이미지 형성에도 영향을 미칠 수 있다. 황금비는 광고 디자인 시 의도적으로 구성할 수도 있고, 필요에 따라 파괴할 수도 있는 만큼 상황에 따른 융통성 있는 활용이 필요하다.

　[그림 8-19]의 광고에서는 메인 비주얼인 자동차를 황금비의 위치에 배치시켜 광고가 심미성을 잃지 않는 범위에서 적절한 홍미와 안정감을 구축하고 있다. [그림 8-20]의 이른바 위 사진창의 공간과 아래 카피란의 배분이 황금비에 가까워 자연스러운 안정감과 홍미를 함께 느끼게 해 광고의 생동감을 유지시켜 주고 있다.

　이러한 비례는 광고물 자체의 모양과 조화를 이루어야 하며, 광고면의 각 요소의 분할과 관련해서도 조화를 이루어야 한다. 전자는 광고물의 높이와 넓이가 비례적인가 아닌가 하는 것을 나타내며, 후자는 구성 요소 사이의 비례관계를 나타낸다. [그림 8-21]의 하나은행 광고는 혜택이 크다는 점을 화면을 가득 채울 정도로 큰 규모의 화분을 중심에 두고 그 위에 점으로 보일 정도의 사람을 배치함으로써 규모와 비례에 의한 효과를 충분히 유도하고 있다. 화분의 큰 크기는 작은 개미 크기의 사람을 배치함으로써 상대적으로 큰 규모임을 실감하도록 유도하고 있다. [그림 8-22]의 TV 광고에서는 인간의 수십 배에 달하는 큰 규모의 흑표범 비주얼을 등장시켜 화질의 압도적 우수

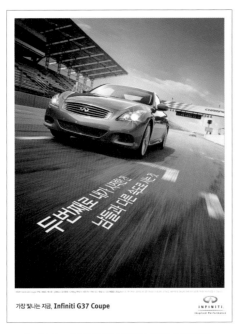

[그림 8-19] 황금비 위치에 메인 비주얼을
배치한 광고

[그림 8-20] 사진창의 비주얼 공간이 황금비에
가까운 광고

[그림 8-21] 큰 규모의 화분 비주얼 표현으로
큰 혜택을 소구하는 광고

[그림 8-22] 사람보다 상대적으로 큰 규모의
비주얼로 화질이 압도적임을 강조하는 광고

함을 강조하여 보여 주고 있다.

결국 한정적으로 주어진 광고 공간에 규모나 비례의 원리를 활용하는 순간 강조하려
는 소구 포인트를 충분히 극대화한 커뮤니케이션이 가능하다. 비례를 논하면서 거론하
지 않을 수 없는 것 중 하나는 광고 화면의 비례 중 세로 화면의 트렌드다. 이제 우리 생
활 속에서 모바일 기계의 영향을 무시할 수 없다. 모바일 화면에 사람들이 점점 익숙해
져서 손에 그대로 든 채로 보는 세로 영상은 [그림 8-23]에서처럼 이제 광고 매체 곳곳

[그림 8-23] 서울 강남의 도로에 설치되어 있는 세로형 빌보드 광고물

에 자리하고 있다. 특히 유튜브 앱이나 옥외 빌보드, 심지어 가정의 TV에서도 좌우 여
백을 블랙으로 처리하기까지 하며 세로 광고의 시도가 눈에 띄고 있다.

비례와 관련하여 고려해야 할 사항 중 여백(white space)은 광고물의 구성 요소가 점
유하지 않은 부분이다.

동양화에서 자주 볼 수 있는 대부분의 자연적 여백보다 광고에서는 의도된 여백을
전략적으로 자주 구성하게 된다. 광고에서는 아무리 작은 공간도 상업적으로 비용이
들어가는데, 이렇게 소중한 곳임에도 비워 둔다는 얘기는 무언가를 채우지 않아도 그
만큼 광고로서의 가치가 있다는 의미다.

[그림 8-24]의 광고에서 여백은 하나밖에 없는 비주얼을 더욱 긴장감 있게 강조하고
있다. 정말 여백은 노는 공간이 아니며 광고의 콘셉트를 극대화시켜 전달해 주는 역할
을 하는 사진이나 어떤 비주얼 못지않은 적극적 공간이다. [그림 8-25]의 광고에서도

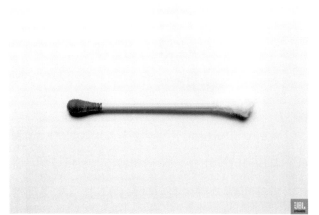

[그림 8-24] 상대적인 물체를 더욱 강조해 주는
여백미를 살린 광고

[그림 8-25] 커다란 여백이 소구
포인트를 적극적으로 도와주는 광고

여백은 큰 의미를 갖고 있다. 상대적으로 훨씬 큰 여백의 공간은 자동차를 더욱 작게 만들어, 그러니까 단순히 여유롭게 차지하는 공간이 아니라 메인 비주얼의 크기 이미지에도 직접적으로 영향을 주어 "Think small"이라는 소구 포인트를 적극적으로 도와주고 있으며, 이 의미 외에 하얀 여백만으로도 사람의 여유 있는 시선을 모으는 데 일조하고 있다.

한편, 서정희(1999)는 여백의 역할과 기능을, 첫째, 주어진 메시지를 극대화하는 데 조형적인 역할, 둘째, 눈에 쉼터를 제공해 주며 본문을 강조해 주는 역할, 셋째, 본문 내에서 여러 요소나 재료를 하나로 묶는 사슬의 역할을 함으로써 전체적인 통일감을 구축하는 역할, 넷째, 주목 효과로 내적 긴장을 유발해 조형의 구성적 역할을 한다고 정리한다.

결국 광고 디자인 시 자주 고려하게 되는 의도된 여백은 시각적인 안정과 정신적인 여유를 주어 시각 커뮤니케이션을 더욱 효과적으로 만들 뿐만 아니라 심오한 내적 본질에 의해 메시지의 의미를 보다 심도 있게 만드는 효과도 기대할 수 있어 현대 디자인에서는 형태만큼 중요하게 여기고 있다(임영한, 2004)

여백을 살림으로써 광고물이 복잡하지 않다는 인상을 줄 수도 있으며, 광고 요소들을 상대적으로 두드러지게 나타나도록 함으로써 주의력을 높여 준다. 여백이 적극적인 공간이 될 수도 있다는 게 전문가들의 평이다. 여백은 30~70% 정도의 공간이 적당하며, 70% 이상을 차지할 경우 공허하며 오히려 역효과를 미칠 수 있다는 조사 결과가 있는 만큼 광고 디자인 시 세심한 배려가 필요하다.

광고 디자인에 규모/비례 원리를 활용하는 팁

- 내 작품에 특정 구성물을 부각시키거나 축소하려면 규모와 비례의 원리를 이용하라.
- 크게 부각시킬 구성 요소에 규모감, 즉 크게 보이려면 극도로 클로즈업된 비주얼을 사용하되 비교 요소를 등장시켜 규모감을 상대적으로 느낄 수 있게 하라.
- 황금비(1:1.618)는 안정적인 비례로 감각적으로 완전히 몸에 배게 하여 다양한 디자인 상황에 적용하라. 시선도 끌지만 미적으로도 쾌감을 줄 것이다.
- 여백은 죽어 있는 공간이 아니라 주제를 돋보이게 하는 작용을 하므로 강조를 할 수 있는 요소로 활용한다. 또한 광고물 주위가 신문의 다른 기사나 다른 환경으로 꽉 채워져 있을 때 시선을 유도하는 작용도 한다.
- 여백은 지나치게 클 경우 오히려 공허하니 가급적 30~70%의 공간으로 구성하라.

4) 리듬

일반적으로 리듬(rhythm)은 연속적으로 흐르는 선의 운동, 방사상의 팽창, 그리고 서서히 진행되는 변환에 의해서 얻어진다. 또한 각 부분 사이에 시각적인 강한 힘과 약한 힘이 규칙적으로 연속될 때에 생긴다. 리듬은 하나의 단위가 규칙적으로 반복될 때 가장 단순한 질서가 형성되며, 되풀이되는 단위의 비례나 균형에 복잡한 변화를 가지며 매우 다채로워진다. 디자인에 있어서 리듬은 선, 형태, 질감, 색과 더불어 밝고 어두운 패턴과 공간과의 간격 등으로 이루어진 패턴이다. 리듬은 디자인의 한 부분에서 다른 부분으로서의 시선 이동을 평이하게 하고, 부분들 간의 시각적 관심의 순환적 흐름을 유지하도록 돕는다(문 찬, 1992). 따라서 규칙적인 반복과 운동감이 강조되는 점이(gradation)로 구분된다.

[그림 8-26]의 사진 작품에서는 연속적으로 반복된 패턴의 힘이 운동감, 즉 리듬감을 만들어 내고 있다. 리듬은 기본적으로 동세와 관련이 있다. 이것은 리듬 고유의 규칙성이 만들어 내는 되풀이되는 모티프를 따라 우리 눈이 이리저리 움직이는 것을 말한다. 리듬은 자연의 본질적인 특성이다. 계절의 변화를 포함하여 낮과 밤, 조수간만의 변화, 그리고 우주의 행성에 이르기까지 모든 것은 규칙적인 리듬을 만들어 내고 있다. 디자인이나 그림에서 우리는 이것을 교차하는 리듬이라고 한다(Lauer, 1990).

이렇게 리듬은 자연계와 생명의 순환성을 확인하고 다시 그것을 긍정하고자 하는 인

[그림 8-26] **연속된 선의 형태가 리듬감을 만들었다.**

간의 욕구를 충족시킨다. 하나의 디자인 원리로서 리듬은 반복에 근거를 두고 있다. 시각적 통일을 이루어 내는 요소로서의 반복은 거의 모든 미술품이나 광고에서 어떤 식으로든 드러나 있다.

(1) 반복

반복(repetition)은 리듬의 가장 기본적인 방법이다. 동일한 요소나 대상 등을 2개 이상 배열시켜 시선이 이동하여 상대적으로 동적인 느낌을 줌으로써 율동감을 나타나게 하는 것으로 모든 요소의 위치를 제외하고 동일할 때에 반복적인 이미지를 주며, 시각적으로는 힘의 강약 효과라고 할 수 있다.

[그림 8-27]에서 눈썹을 상징하는 바코드 선들의 반복은 단순 반복으로 자칫 지루해질 수 있는 상황에서 오히려 운동감을 만들어 내어 시선의 지루함을 없애 주고 있다. [그림 8-28]에서는 텍스트로 이루어진 줄들이 반복되어 리듬감을 형성함으로써 흥미 유발과 함께 시선을 붙잡고 있다.

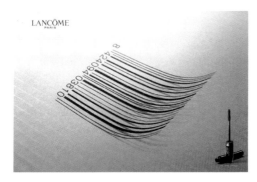

[그림 8-27] 속눈썹을 상징하는 바코드 곡선의 반복 배열이 리듬감을 주었다.

[그림 8-28] 반복된 가로 카피줄로 작품에 리듬감이 생겼다.

(2) 점이

점이(gradation)는 단계적인 변화, 즉 점차적으로 서서히 변화하는 것을 뜻한다. 점이는 반복의 경우보다 한층 동적인 표정을 가지고 있으며 보는 사람에게 힘찬 느낌을 준다. 시각적인 힘의 경사, 즉 힘의 강하고 약함으로부터 경쾌한 율동감을 가져온다.

[그림 8-29]는 살충제 광고로 분무 형태로 뿌려지는 구성물의 크기와 간격 등에 변화를 줌으로써 점이 효과가 되었다. 따라서 비주얼은 더 흥미를 끌게 되며 광고에 운동감을 주어 활력을 불어넣어 주고 있다. [그림 8-30]에서 배경의 점으로 이루어진 패턴

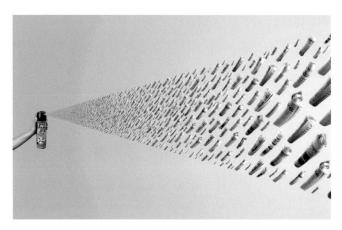

[그림 8-29] 캔에서 뿌려지는 점이식 형태로 인해 리듬감을 주는 광고

[그림 8-30] 모델의 옷과
배경의 점이식 구성은 리듬감을
형성했다.

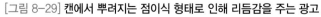

은 크기의 점진적 변화로 운동감을 느끼게 하고 있어 자연스럽게 시선에 흥미를 준다. 더욱이 모델의 옷에서 점이의 기법으로 통일감도 고려한 광고로 보인다.

광고 디자인에 리듬을 주는 팁

• 내 작품이 고인물처럼 정체되어 답답하거나 심심한 느낌이라면 리듬감을 고려하라. 내 작품이 물결처럼 흐르며 음악처럼 흥을 북돋을 것이다.

• 리듬은 우리가 살고 있는 자연계의 생명 순환계와도 관계가 있으므로 리듬을 주는 것은 인간의 생명 흐름과도 조화시킨다고 생각하자.

• 반복은 리듬감을 주는 쉬운 방법이자 강조의 느낌을 줄 수 있으므로 크고 작은 구성 상황에서 잘 활용하라.

• 점이(그라데이션)는 리듬감도 주면서 입체감도 줄 수 있는 기법이다. 주제든, 바탕이든, 컬러든 다양하게 활용하라.

---

5) 강조/초점

강조(emphasis)의 사전적 의미는 '어떤 부분을 특별히 강하게 주장하거나 두드러지게 하는 것'이다. 디자인에 있어서는 조형 요소 중 서로 달라보이게 하는 원리 중 하나다. 강조는 어떤 주변 조건에 따라 특정한 부분을 강조하게 하여 변화를 주는 요소다. 이것은 전체적 통일감을 얻기 위한 부분적이고 소극적인 방법이지만 때에 따라서 가장 강한 통일감을 나타낼 수도 있다. 즉, 모티브의 주제를 어디에 두는가에 따라 강조를 재확인시켜 주거나 강조할 때 쓰이는 원리다. 강조의 방법으로는 검게 하든지, 희게 하든지, 주목성과 명시도가 높은 색을 사용하든지 하는 등의 여러 가지가 있다(김소형, 2012).

강조는 어떤 부분을 강하게 주장하거나 두드러지게 하는 기법으로 특히 광고에서 자주 사용하는 기법이다. 이것은 사람의 시선을 끄는 방법으로서 특정 제품이나 주제를 드러내고자 할 때 효과적인 수단이다. 자본주의의 발달로 더욱 경쟁이 치열해진 광고 세계에서 눈에 띄는 광고를 만들기 위한 노력은 끝이 없는데, 이때 바로 강조의 기법이 중요하다. 강조하는 방법은 다양하지만 대비, 분리, 배치, 반복에 의한 강조가 기본이다.

(1) 대비되는 요소를 활용한 강조

강조를 주는 방법으로 먼저 대비되는 요소에 의해 시선을 집중시키는 것이 있다. 복잡한 것과 한가한 것, 어두운 것과 밝은 것, 큰 것과 작은 것 등 대비되는 요소는 사람들의 시선을 끌게 하여 강조의 효과를 거둔다.

(2) 분리를 활용한 강조

배치에 있어서 방향에 따른 응시의 충동에 의해 시선을 끌도록 하거나, 주변 조건을 일정한 방향으로 향하도록 함으로써 강조를 유도할 수 있다. 의도적으로 주변 다른 요소와 분리함으로써 시각적으로 주목받게 되어 중요한 역할을 하도록 하여 강조할 수도 있다. 이때에 배치 계획은 초점으로부터 시선을 분산시키지 않아야 하고, 중심점이나 주변으로 치우치지 않고 형태의 가변적 상징성에 유의하여 요소의 역할을 최대한으로 보장해야 한다.

(3) 배치를 활용한 방법

배치의 사전적 의미는 '사람이나 물자 따위를 일정한 자리에 나누어 둠'이다. 그러니까 어떤 요소를 어떻게 두냐에 따라 강조를 할 수 있다는 얘기로 그 방법과 경우는 다양하다고 볼 수 있다. 그중의 한 사례가 방사형 배치인데, 방사형은 모든 것이 하나의 초점에서부터 뻗어 나가는 시각적 기법으로 그림이나 공예에서 많이 보게 된다. 자연스럽게 시선은 방사형의 가운데로 초점이 맞춰져 모이게 되어 광고의 경우 콘셉트를 강

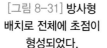

[그림 8-31] 방사형 배치로 전체에 초점이 형성되었다.

[그림 8-32] 방사형 배치를 활용하여 소구 포인트에 시선이 모인다.

[그림 8-33] 방사형의 그래픽 블러 처리로 인해 시선의 초점이 생겼다.

조할 수 있다. 모든 배치가 강조나 초점의 효과를 거둘 수는 없으므로 광고 크리에이터는 탄탄한 스케치와 계획 아래 최종 비주얼을 완성해야 한다.

(4) 반복을 활용한 방법

강조는 반복에 의해서도 이어지는데, 그중 획일적 반복은 통일성과 함께 강조된 효과를 주며 변화적 반복은 비례, 방향 등과 관련되어 조화와 강조를 수반한다.

이와 같이 강조의 방법을 적용할 때에는 여러 요소의 특성을 적절히 이용해야 하며, 단일화할 수도 있고 복합화할 수도 있다. 그러나 강조가 하나 이상 주어지면 그 힘의

[그림 8-34] 십자가 묘비의 반복으로 엄숙함이 강조되고 있는 광고

[그림 8-35] 공식을 뜻하는 비주얼의 반복이 광고 콘셉트의 강조와 함께 중심 초점을 잡아 주고 있다.

발휘가 오히려 작아지는 경우가 있다. 강조의 크기 또한 필요 이상 확대될 수 없는 제한성이 있다. 반면에 강조 부분을 전체 구성에서 하나만을 사용할 때 역시 단조롭고 운동감이 결여되기 쉬우므로 형태, 색채, 질감 등의 강조 요소들을 잘 배치하여 조형 효과를 높일 수 있도록 해야 한다.

광고 디자인에 강조/초점을 만들어 주는 팁

- 광고는 숙명적으로 주제를 부각시켜야 하기 때문에 강조 기법은 필수라고 생각하라.
- 대비는 그 자체로 시선을 모으는 원리로 시선 유도가 가능해 강조가 된다.
- 배치는 구성물을 어디에 놓느냐를 말하는 것으로, 특히 방사형 배치는 주제에 시선이 쏠리게 하여 잘 강조할 수 있다.
- 분리는 상대적으로 떨어져 있어 자연스러운 유도로 강조할 수 있는 기법이 된다.
- 반복은 그 자체로도 강조가 되는 마법 같은 효과를 갖고 있어 강조하려면 반복하라.

---

2. 디자인 요소로서 고려해야 할 조형원리

1) 텍스처

반들반들하게 금속으로 만들어진 자동차의 표면, 동물의 털로 만들어진 코트의 두꺼운 외피, 두툴두툴한 건축물의 주춧돌 등은 촉감의 세계를 보여 주고 있다. 텍스처(texture)는 사물의 표면적 특성을 말하는 것으로서 우리의 촉각에 호소한다. 심지어 어떤 것을 실제로 접촉하지 않았는데도 우리는 감각적 반응이나 촉감을 느낄 수 있다. 사실 다양한 텍스처의 여러 가지 밝고 어두운 패턴은 우리가 텍스처를 느낄 수 있는 시각적 단서를 제공한다. 물론 모든 물체는 그것이 아무리 평평하다 할지라도 어떤 표면적인 특성을 지니고 있는데, 시각적 흥미감을 더해 주기 위해 이 표면감의 대비를 이용할 때 질감 요소가 작품에 나타나게 된다.

순수예술에도 목적이 없는 건 아니지만, 광고는 마케팅의 한 요소로서 소비자에게 눈길을 끌고 궁극의 구매로 이어지게 해야 하는 뚜렷한 목적이 있다. 따라서 텍스처를 고려하는 것은 광고의 콘셉트에 충실하게 따르는 것으로 레이아웃이나 메시지 차원과 함께 조화되어야 목적의 효율을 높일 수 있다. 부드러워야 할 상황에 딱딱한 재질감의 물체를 배치하기보다는 천이나 작은 물방울 같은 촉각적으로도 호소할 수 있는 것을 선택해야 한다.

　[그림 8-36]에서 모래의 텍스처는 바로 내가 모래를 디뎌서 만든 것 같은 친근감이 들 정노로 가족이 함께 놀러간 정겨운 해변의 휴식 같은 분위기를 자아내고 있다. [그림 8-37]의 청바지 속 세계 지도는 청바지라는 젊음과 패기, 힘, 낭만의 느낌을 주기에 적당하다. 실크나 두터운 동물의 털보다 청바지의 텍스처가 콘셉트를 효율적으로 도와주고 있다. [그림 8-38]은 동양화풍의 느낌이 나도록 부드럽게 붓으로 그린 그림처럼 묘사된 풍경 비주얼의 텍스처가 한국 전통의 음식임을 은연중에 풍기게 한다.

[그림 8-36] 모래에 새겨진 발자국의 엠보싱 텍스처 느낌이 정감을 느끼게 한다.

[그림 8-37] 청바지 천에 새겨진 지도가 젊은 세대의 낭만과 열정의 분위기를 주고 있다.

[그림 8-38] 동양화풍의 텍스처로 포근한 고향의 정서를 꾀했다.

　[그림 8-39]의 면도기 광고에서는 남자의 피부가 자연스러운 사람의 피부로 보이되 반질반질해진 텍스처의 피부로 표현되어야 하는 상황에서 윤기 있는 피부의 텍스처 처리는 큰 역할을 한다. [그림 8-40]의 칼슘보충제 광고에서 금속으로 표현된 뼈는 딱딱한 텍스처로 표현함으로써 더욱 탄탄한 뼈로 표현되었다. 당연히 우리의 눈은 의식적이든 무의식적이든 광고되는 제품의 기능을 상당히 기대하게 된다.

　[그림 8-41]에서는 스타일러를 사용해야 하는 옷의 텍스처를 표현하기 위해 더욱 구겨진 표면의 느낌을 시도하고 있으며, 이에 대비되는 것으로서 스타일러에서 나온 옷의 텍스처는 천이 아닌 것 같은 표현으로 매끄러워진 제품 사용 후의 결과를 드러내 주고 있어 이 제품의 기능을 설명하는 데 텍스처가 중심 요소가 되었다. [그림 8-42]에서

는 TV 화질의 선명함을 극대화하기 위해 동물털 특유의 텍스처를 최대한 시각적으로 리얼하게 표현하여 소구 포인트를 배려하였는데, 여기에서도 역시 텍스처는 큰 고려 요소가 되었다.

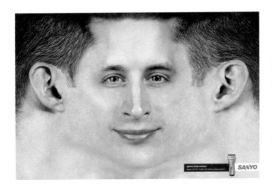

[그림 8-39] 면도 후의 매끈하며 윤택이 나는 깨끗한 피부가 콘셉트를 도와준 텍스처 효과가 되었다.

[그림 8-40] 금속의 재질감이 더 탄탄한 뼈의 느낌을 주고 있다.

[그림 8-41] 구겨진 천과 스타일러에서 잘 처리된 천과의 대비에 텍스처를 활용했다.

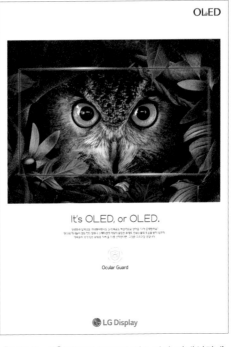

[그림 8-42] 동물털 특유의 텍스처가 디테일하게 묘사됨으로써 제품의 소구 포인트를 살리고 있다.

광고 디자인에 텍스처를 활용하는 팁

• 단지 보았을 뿐인데 만지고 있는 것 같은 실감나는 기법이 텍스처이니 얼마나 가성비가 높은가. 따라서 광고 콘셉트를 충분히 도와주는 텍스처는 모델이든 배경이든 적극 활용할 필요가 있다.

• 텍스처는 그 자체로 아이디어가 될 수 있을 만큼 전달력이 있으며 광고의 분위기를 좌우할 수도 있으니 신중해야 한다.

• 텍스처는 작업자의 포토샵 같은 그래픽 프로그램의 손을 디테일하게 거쳐야 완성도를 기대할 수 있으니 사진 원본을 그대로 사용하기보다 리터칭에 에너지를 쏟아야 한다.

2) 동세감

사람은 움직이고 있는 세상에 살고 있다. 그래서 변화와 운동성은 인간의 기본적인 특성이다. 설령 나는 서 있어서 정지되어 있더라도 나를 둘러싼 세상은 빠르든 느리든 늘 움직이고 변화하고 있다. 물이 위에서 아래로 흐르는 것도 운동이고 바람이 한쪽에서 다른 쪽으로 부는 것도 움직임이다. 운동감은 예술에서 많이 중요하게 고려해야 할 사항으로, 오랫동안 작가들은 동세감(movement)을 주기 위해 부단히 시도했고 지금도 그런 노력은 계속되고 있다.

움직임을 확실하게 보여 줄 수 있는 건 영화와 TV 같은 영상 매체인 것은 분명하다. 그러나 2차원적인 그림이나 포스터, 인쇄된 광고에서 우리는 동세감을 주어 마치 움직이는 효과를 줄 수 있는데 이것 역시 디자이너의 몫으로 생각하고 시도하면 된다.

한편, 동세감의 느낌은 사람들의 기억이나 경험에 따르는 경우가 많은데, 이를테면 자동차가 지나가는 장면을 정지된 2차원 그림이나 사진 광고로 봤다면 사람들은 그 자동차를 움직이는 것같이 느껴 결국 동세감을 갖게 되는 것이다. 이런 사람의 기억이나 경험은 상업 광고에서 당연히 적극적으로 활용해야 하는 포인트다. 적당한 동세감은 작가의 의도를 더욱 잘 전달할 것이며, 2차원의 평면에서 배려된 광고라면 소비자의 눈은 주의를 하게 되며 눈을 떼지 않고 흥미를 갖게 될 것이다.

2차원 평면적 표현에서 동세감을 주는 방법으로는 반복이나 윤곽선을 흐릿하게 처리하는 블러 기법, 이미지를 중첩되게 하여 속도감을 표현하는 방법, 도형에 방향성을 갖게 하여 움직임을 주게 하는 방법 등 다양한 기법이 있으므로 크리에이터는 경험과 새로운 아이디어를 꾸준히 개발해야 한다. 그렇다고 늘 동세감이 있어야 하는 것은 아니다. 때로는 정적인, 즉 움직임을 최소화하거나 아예 움직이지 않아야 할 때는 역으로 동세감을 피해야 한다. 모든 것에는 양면성이 있듯이 동(動)과 정(靜)은 어울려야 할 곳에 적용되어야 한다.

다양하게 제시된 광고 예시에서 보듯이 동세를 주는 방법은 다양하다. [그림 8-43] 처럼 인물의 동적인 자세 연속 구성으로도 가능하며, [그림 8-44]처럼 메인 비주얼 자체가 갖고 있는 형태만으로도 가능하다.

[그림 8-43] 인물의 동세는 광고를 역동적 분위기로 이끌고 있다.

[그림 8-44] 문어의 운동감 있는 곡선 변화는 광고에 생기를 불어넣고 있다.

[그림 8-45] 모델의 치마가 바람에 날리는 형태로 단조로움을 피하면서도 광고를 더욱 미학으로 이끌고 있다.

[그림 8-46] 공룡의 곡선 구성은 강한 역동감과 함께 시선의 방향도 유도하고 있다.

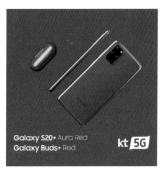

[그림 8-47] 운동감은 제품을 사선으로 배치하는 것만으로도 줄 수 있다.

광고 디자인에 동세감을 살리는 팁

- 사람들은 정적인 것보다 움직이는 것에 흥미를 가진다. 화면 구성에 크든 작든 움직임을 주어라.
- 모델의 형태만 가지고도 얼마든지 동세감을 줄 수 있으니 모델 안에서 동적인 연출을 하라.
- 메인 비주얼이나 움직임을 줄 수 있는 요소를 찾아 끝없이 스케치하여 동세감을 주어라. 없으면 기울여서라도 힘의 움직임을 주어라.
- 컴퓨터그래픽 효과만으로도 동세감은 줄 수 있다. 모션 블러, 레디얼 블러만으로도 동세감을 줄 수 있다.

---

3) 색

색(color)은 색 자체만 가지고도 많은 뜻을 품고 있는 요소라고 할 정도로 중요한 조형 요소다. 본디 색이라 함은 빛에 의해 물체에 흡수되지 않고 반사된 것이 우리 망막에 닿아 지각되는 결과다. 흥미로운 점은 색이 이렇게 빛의 산물이니 빛의 상태에 따라 모든 물체는 색이 바뀌게 된다는 것이다. 아침에 보이는 나무와 초저녁에 보이는 나무의 색은 다르며, 밖에서 본 사람의 얼굴과 실내의 조명 아래에서 보는 사람의 피부색은 다를 수 있다. 그러니 모든 물체는 고유의 색을 갖게 되고 우리는 이런 색에 따라 다양한 감정을 갖게 된다. 물론 동세감과 같이 개인의 기억이나 경험에 의해 사람들이 느끼는 감정은 다를 수 있다.

한색과 난색, 채도, 색상, 보색대비 등 색에는 많은 이론이 있다. 그만큼 색에 대한 인간의 탐구는 끝이 없고, 색은 예술뿐만 아니라 자본주의 거의 전 영역에서 상업적인 것이든 순수한 것이든 활용되고 있다고 보아야 한다. 광고는 단시간에 소비자와 승부해야 하는 절박한 디자인이기에 오차를 최소화하며 디자인되어야 하는 숙명적인 분야라 할 수 있다. 따라서 크리에이터는 색에 관한 정확한 이론으로 무장해야 하며, 시대에 따라 변하는 트렌드에도 계속 주의를 기울여야 한다. 소비자의 마음 역시 한곳에 머무르지 않으며, 소비자를 몸도 마음도 움직이는 존재로 보아야 그들을 설득할 수 있는 방법론이 생긴다.

(1) 색의 특성

색은 빛의 산물이다. 파란 물체는 파란색을 제외하고 나머지를 모두 흡수한 빛의 산물인 것이고, 노란색은 노란색만 반사되고 나머지 모든 것이 흡수된 상태로 보면 된다.

따라서 빛에 의해 띄었던 파란색도 빛의 상황에 따라 다양한 색으로 보일 수 있다. 색은 또한 감산하느냐 가산하느냐에 따라서도 달라진다. 물감을 주로 쓰는 화가들에게는 감산법이, 빛이나 조명을 다루는 영상가에게는 가산법이 중요할 것이다. 즉, 삼원색을 감산하면 무채색이 되고, 삼원색의 빛을 가산하면 백색광이 된다. 빛의 조건이나 상황에 따라 물체가 다르게 보이듯이 동일한 도형도 인접한 색에 따라 다르게 느껴지는 특성이 있다. 노란색은 군청색에 비해 팽창해 보이고, 흰색은 보라색보다 더 가까이에 있는 것처럼 느껴진다. 이렇듯 우리의 지각에 끝없이 풀 수 없는 수수께끼처럼 신비스럽기만 한 것이 색이다.

[그림 8-48] 다소 딱딱할 수 있는 무채색의 메인 모델에 대비하여 밝은 노란색의 헤드라인 처리가 광고에 명랑한 분위기를 주었다.

[그림 8-49] 대비되는 색을 크게 배치하여 광고 주목도를 높였다.

[그림 8-50] 카피가 배치된 바탕에 컬러를 주어 아래 비주얼 박스와도 대비되게 하여 시선을 모으면서 풍부한 느낌이 생겼다.

(2) 색의 3속성

색상, 명도, 채도를 우리는 흔히 색의 3속성이라고 한다. 색상은 노란색, 파란색처럼 색의 차이, 즉 종류를 뜻한다. 명도는 색의 밝은 정도를 말한다. 명도가 높아지면 흰색에 가까워지며 명도가 낮아지면 검은색에 가까워진다. 채도는 색의 선명한 정도를 뜻하는데, 채도가 높아지면 맑은 색이 되고 채도가 낮아지면 탁색이 된다.

(3) 유채색과 무채색

유채색이란 노란색, 빨간색, 파란색처럼 색감에 색이 있는 색이고, 무채색은 검은색, 회색, 흰색처럼 색감이 없는 색이다. 유채색은 다양한 느낌을 만들어 낼 수 있는 특성이 있고, 무채색은 어떤 유채색과도 잘 어울리기 때문에 조화롭게 구성하면 색을 잘 활용하는 셈이 된다.

(4) 배색

색은 어떤 색과 어우러져 있느냐에 따라 많은 느낌을 표현하는 것이 가능하다. 강한 대비를 주어 눈에 띄게 강조를 할 때는 강한 대비의 배색을 해야 한다. 빨간색을 돋보이게 하기 위해 무채색인 흰 바탕을 배치해 눈에 띄게 할 수도 있고, 빨간색 옆에 초록색을 배치해 더 빨간색임을 나타낼 수도 있다. 발랄한 기분을 내기 위해 노란색 글씨 바탕에 무채색을 배치할 수도 있다. 유채색이라고 다 눈에 잘 띄는 것이 아니니 배색 상황에 따라 의도를 다양하게 표현할 수 있다. 인쇄 매체 디자인에서는 특별히 별색을 사용하여 더 디테일한 컬러 디자인을 시도할 수 있는데, 영상 매체에서는 기본 RGB인 색으로 모든 것을 표현해야 한다.

[그림 8-51] 빨간색의 전체 바탕과 절제된 선적 요소의 디자인, 카피로 인해 광고의 주목도가 상승했다.

[그림 8-52] 흑백에는 어떤 컬러라도 대비 효과가 있어 메시지 전달이 유리해진다.

광고 디자인에 색을 활용하는 팁

- 색은 자체 언어를 가질 정도로 이미지를 좌우한다. 색으로 말하는 시도를 끝없이 하라.
- 명도, 채도, 색상 같은 색의 기본 속성을 잘 파악하여 비주얼의 대부분에 걸쳐 의도를 적용해 보라. 메시지만 가지고 전달하는 것은 한계가 있다.
- 색의 대비, 색의 무게, 색의 진출 후퇴 등 여러 색으로 강하게 느낄 수 있는 기법을 숙지한 후 디자인에 적용해 보라. 때로는 그 자체만으로도 시선을 끌며 광고의 주목도를 올린다.

---

4) 조명

조명(lighting)은 협의의 의미로 '의미를 전달하기 위해 빛과 그림자를 인위적으로 조작하는 것'을 말한다. 조명의 근본적인 목적은 주변의 물체들을 지각하도록 외적 환경(시간과 공간)과 내적 환경(감정)을 표현해 하나의 장면을 보고 느낄 수 있게 하기 위함이다. 조명은 빛에서 출발한다. 자연에서 빛은 태양이다. 실내에서는 창가로 들어온 태양빛이나 이를 대체하는 인공적인 전구 또는 여러 발광체일 것이다. 조명은 어떤 위치에서 얼마만큼 비추느냐에 따라 여러 가지 느낌을 나타낸다. 조명은 색이나 중요한 조형 요소와 함께 예술 등의 분야에서 다양한 감각으로 다루어지고 있다. 심지어 '렘브란트 조명'이라는 말이 있을 정도로 특정 화가에게는 조명 자체가 아이디어이자 예술 표현의 큰 도구가 된다. 사진에 자연광 혹은 인공광이라는 구분법이 있을 정도로 조명은 발광체의 근원에 따라 다양한 특성을 갖는다. 색 온도라는 말이 있듯이 조명은 온도로 표기된다. 한낮의 태양광을 대체로 5500k라는 캘빈도로 표기함으로써 빛의 특성을 기호로 소통한다.

(1) 조명의 일반적 기능

첫째, 조명은 공간을 표현한다. 조명은 우리에게 물체의 기본적 형태와 그 위치를 알려 주고, 주광원과 표면그림자는 물체의 기본적 형태를 나타내 준다. 그리고 투영그림자는 그 물체가 어디에 있는지 위치를 나타내 주며, 때로는 투영그림자가 물체의 형태를 짐작할 수 있게 해 주는 경우도 있다.

둘째, 조명은 촉감을 표현한다. 조명의 촉감 기능은 공간 기능과 밀접한 연관을 맺고 있다. 공간 기능이 시각적으로 표현하는 것이라면, 촉감 기능은 인간의 촉각이 조명에 의해서 간접적으로 느껴지도록 하는 것이라는 차이가 있다.

[그림 8-53] 자연광에도 현란한 때를 활용하면 신비하고 화려한 빛을 얻을 수 있다.

[그림 8-54] 절제된 조명은 시선을 한곳으로 모으기에 충분하다.

[그림 8-55] 전체광보다 부분적이거나 특정한 각도로 비치는 조명은 입체감도 살려주며 독특한 분위기를 자아낸다.

셋째, 조명은 시간을 표현한다. 빛과 그림자를 조절함으로써 시간이나 계절을 표현할 수 있다. 즉, 조명을 이용해서 낮과 밤을 나타낼 수 있으며, 몇 시쯤 되었는지, 이른 아침인지 늦은 오후인지 한낮인지를 표현할 수 있다. 그리고 색 온도를 조절함으로써 겨울인지 여름인지를 나타낼 수도 있다.

(2) 조명의 심리적 기능

우리는 조명을 통해서 감정과 정서까지도 표현할 수 있는데 이것을 조명의 심리적 기능이라고 한다. 조명은 마치 음악처럼 우리에게 직접적으로 감정을 느끼게 한다. 어떤 조명은 우리를 행복하게 하고, 어떤 조명은 우리를 슬프게 하며, 어떤 조명은 우리를 불안하게 하거나 무섭게 하기도 한다.

- 하이키(high-key) 조명: 전체적으로 밝고 폴오프를 느리게 하는 조명 기법을 말한다. 텔레비전 뉴스와 오락 프로그램, 그리고 시추에이션 코미디 등에서는 하이키 조명을 주로 하며 전체적으로 밝은 느낌을 준다.
- 로우키(low-key) 조명: 이 조명은 하이키 조명보다 적은 광량을 사용하며 선택적으로 폴오프를 빠르게 하는 기법이며 배경과 장면의 일부를 어둡게 처리한다. 중세의 지하 감옥, 잠수함 내부, 동굴 속, 야경과 같은 장면은 주로 로우키 조명에 속한다.

(3) 광고에서의 조명

[그림 8-56] 대낮의 자연광은 자칫 극적이지 않고 평범한 연출이 될 수 있으나 객관적인 묘사에는 어울린다.

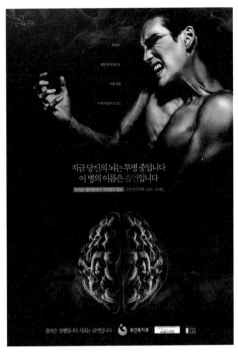

[그림 8-57] 필요한 곳에만 조명을 비추어도 어색할 것이 없으며, 오히려 주제를 부각시킨다.

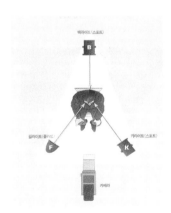

[그림 8-58] 실내촬영 시 조명의 기본은 가급적 지키는 것이 안전하다.

[그림 8-59] 인물의 뒤를 비추는 역광은 배경과 인물을 분리해 주어 입체감을 느끼게 한다.

[그림 8-60] 방향성 있는 조명은 자연광이든 인공광이든 좀 더 극적인 연출을 가능케 한다.

광고에서 조명은 제품이나 모델의 분위기 또는 강조를 표현하는 데 아주 긴요한 요소가 된다. 부드러운 피부 결을 표현하기 위해서는 직접 전구가 비치는 불빛 촬영보다는 한번 걸러져 부드럽게 닿는 확산광을 이용하기도 한다. 아주 밝은 빛으로 표현하는 하이키일 경우는 전체적으로 밝게 찍어야 하며, 묵직한 무게감을 주어야 할 때는 어두운 로우키 조명이 필요하다. 필라이트처럼 전체를 채워야 할 때도 있지만, 부분에만 비춰야 하는 스포트라이트도 광고 상황에서는 자주 다루는 조명이다.

광고 디자인에 조명을 활용하는 팁

• 인류에게 빛이 있어 모든 세상이 보이듯이 조명은 기본적으로 사물이나 사람의 존재감을 느끼게 해 주는 것이므로 빛을 비춰 다루는 전문적 기술을 습득하라.

• 조명에는 심리가 있다. 하이키의 밝음은 명랑함, 긍정적, 젊음 등을 나타낼 때 좋고, 로우키는 보수적이며 강하고 신중하게 전달할 때 유리하니 빛의 양을 조절하라.

• 조명은 방향을 제어할 수 있어 동일한 사물일지라도 빛이나 조명의 방향에 따라 광고 분위기를 좌우할 수 있다. 기본 조명법을 숙지하고 콘셉트에 맞게 응용하라.

---

3. 마무리

우리가 가끔 쓰는 일상 속어 중에 "XX가 밥 먹여 주니?"라는 말이 있다. 한동안은 디자인이 단순 외모로만 여겨져 더 급한 속을 채우는 게 중요하다는 인식이 앞선 시대가 있었다. 그러나 자동차만 봐도 한동안 외국차가 우리보다 성능과 함께 디자인이 훨씬 앞섰던 것이 사실이다. 그래서 우리는 세계 시장에 명함도 못 내밀었다가 이제는 자동차를 당당히 세계 시장에 제값에 내놓고 경쟁한다. 바로 성능은 기본이고 디자인이 뛰어나기 때문이다. 광고에서도 마찬가지다. 디자인이 밥 먹여 준다고 확신한다. 똑같은 디자인이라도 원칙이 배려된 디자인은 눈에도 잘 띄지만 오래 봐도 안 물리고 자주 봐도 밉지 않다. 오히려 충성도로까지 이어질 수 있다. 이것이 바로 디자인의 힘이다.

이 장에서는 디자인의 가장 중요한 기본기를 짚었다. 크게 레이아웃 차원의 조형원리와 디자인 요소로서의 조형원리에 대해 광고 예시를 제시하며 고찰했다. 광고 디자인에 관한 책에서 이런 기본기를 논한 책은 많지 않다. 그만큼 이것을 논할 여유가 없거나 이를 중요하다고 생각하는 사람이 적어서일 수도 있다. 이제 광고를 제작하는 기술은 큰 광고회사든 작은 광고회사든 크리에이터의 수준이 평준화되어 광고의 차이도 없고 그만그만한 수준이다. 이럴 때일수록 기본기를 다지고 응용한다면 상향평준화된 시대에도 한 차원 높은 디자인이 가능해질 것이다.

이 장을 잘 활용하는 방법은 열 가지의 조형원리나 용어를 자주 입에 올려 광고를 시각화할 때 고려해 보는 데 있다. 완성 단계에서는 더더욱 고려해 볼 필요가 있다. 통일성이 확보되어 질서 있게 구성되었는지, 균형감은 있는지, 비례감은 적절한지, 강조할 곳은 충분히 소비자의 눈에 띄겠는지, 텍스처로 광고의 분위기를 배려했는지, 광고가 고인 물처럼 정체되지 않고 살아 움직이는 동세감이 느껴지는지, 비주얼 속의 빛은 의도대로 비춰지고 있는지, 색은 최선의 선택으로 최대의 효과를 내는지 다시 한번 짚어 본다면 자신의 디자인이 우월한 수준이 되며 저절로 소비자의 '좋아요'를 부를 것이다.

참고문헌

김소형(2021). 조형원리에 따른 패션쇼 무대 디자인의 공간구성 표현 특성에 대한 연구. 성균관대학교 대학원 석사학위논문.

문 찬(1992). Industrial Design 기초교육을 위한 조형원리에 관한 연구. 서울대학교 대학원 석사학위논문.

서정희(1999). 편집 디자인에 있어서 여백에 관한 연구. 이화여자대학교 대학원 석사학위논문.

임영한(2004). 비움으로 본 시각커뮤니케이션 디자인에 관한 연구. 홍익대학교 대학원 석사학위논문.

조열, 김지현(1999). 형태 지각과 구성 원리. 서울: 창지사.

한희수(2000). 중등교육과정에서의 형태를 중심으로 한 기초 조형연구에 관한 연구. 국민대학교 대학원 석사학위논문.

Dantzic, C. M. (1990). *Design dimension: An introduction to the visual surface.* 오근재, 박경인 공역(2002). 디자인 디멘션. 서울: 미진사.

Lauer, D. A. (1990). *Design basics* (3rd ed.). 이대일 역(2002). 조형의 원리. 서울: 예경.

제3부

매체별 광고 창작의
세계

인쇄 광고의 창작

최승희
(전북대학교 산업디자인학과 초빙교수)

현대 사회는 디지털 미디어 기반의 이미지 시대라고 할 수 있다. 다양한 형태와 수많은 매체 속에서 하나의 광고물이 소비자의 관심을 끄는 것은 매우 어렵다. 디지털 환경으로의 급속한 변화로 인해 광고 또한 기존 전통 매체 중심에서 웹(Web), 앱(App), SNS(Social Network Service) 등 온라인 매체 중심으로 빠르게 변화되고 있다. 1인 미디어에 의한 소비자의 라이프 스타일 변화와 인터랙션 기반의 시공간을 활용한 디지털 매체의 사용 증가로 기존 전통 매체의 활용에 대한 변화가 필요하다.

앞 장에서는 창의적인 아이디어 발상법, 광고물 창작 과정, 카피라이팅, 그리고 디자인의 기본 원리 등 광고 크리에이티브 전개에 필요한 다양한 내용을 다루었다. 이 장에서는 매체별 광고 창작에서 창의적인 인쇄 광고의 특징과 구성 요소를 살펴보고 디지털 시대 통합미디어 캠페인의 일관성을 위해 그 활용이 더욱 중요해진 인쇄 매체의 표현 유형에 대해 알아본다. 그리고 창의적인 아이디어 발상 모델을 활용한 인쇄 광고 창작 과정과 실제 제작 사례를 살펴본다.

1. 디지털 시대의 인쇄 매체

1) 디지털 시대 인쇄 매체의 특징과 역할

소비자의 라이프 스타일 변화와 미디어 기술의 발달에 따라 광고 크리에이티브의 패러다임에도 큰 변화가 일어났다. 매체 효과 측정이 모호하고 일방향으로 광고 메시지를 전달하던 기존 전통 매체의 사용 빈도는 급격하게 줄어들었으며, 소비자와의 접점에서 양방향으로 커뮤니케이션이 이루어지는 디지털 광고의 활용도는 기하급수적으로 늘어나고 있는 현실이다.

과거 인쇄와 영상 기반의 일방향적 광고 형태는 가상현실(VR), 증강현실(AR), 혼합현실(MR), 체험 미디어, 개인 맞춤형 광고, 온라인 동영상 제공서비스(OTT) 광고 등 모바일과 뉴미디어를 기반으로 한 양방향 소통 중심의 광고 크리에이티브 시대로 변화했다(김병희, 2021). 이와 같이 디지털 미디어가 마케팅 커뮤니케이션의 중심 매체로 자리하면서 인쇄 매체를 포함한 기존 전통 매체들의 활용 빈도는 줄어들고 있다.

인쇄 광고는 전통매체를 대표하며, 가장 오래된 광고 매체다. 현대와 같은 디지털 시대에 구식 매체로 인식될 수 있지만 인쇄 광고의 창의적 가치와 효용성 측면은 여전히 중요하다. 또한 인쇄 광고에 쓰이는 표현 원리는 옥외 광고나 온라인·모바일 광고에도 적용시킬 수 있을 만큼 기본적이면서도 확장성이 높다(한규훈, 2021).

급속하게 변화되는 디지털 시대에는 소비자의 생각과 태도의 변화를 빠르게 예측하고 관심과 참여, 공감을 이끌어 낼 수 있는 창의적이고 일관성 있는 광고 크리에이티브가 필요하다. 디지털 매체의 강세 속에서 인쇄 매체의 활용 빈도는 줄어들고 있지만, 통합미디어 캠페인에서 크리에이티브 일관성을 위한 인쇄 광고 표현 원리의 활용도는 더욱 커지고 있다. 즉, 통합 미디어 캠페인에서 활용되는 수많은 온·오프라인 미디어들이 강력하고 통일된 메시지를 전달하기 위해서는 캠페인이 전달하고자 하는 메시지를 하나의 이미지와 헤드라인으로 함축시켜 표현할 수 있는 인쇄 광고의 역할이 매우 중요하다.

2) 인쇄 광고의 키 비주얼과 핵심 메시지의 확장성

인터넷의 발전으로 우리 생활에서 광고 정보를 전달하는 매체 중 디지털 매체의 비중은 월등히 많아지고 있다. 디지털 매체가 광고 매체로서 등장한 지 30여 년이 지났음에도 불구하고 인쇄 매체가 사라지지 않는 이유는 무엇일까? 또한 수많은 광고 매체 중에서 소비자에게 정확하게 메시지를 도달시키는 매체는 무엇인지 궁금하지 않을 수 없다. 특히 광고 산업에 종사하는 광고인들에게는 매우 중요하다. 즉, 소비자의 기억률과 광고의 도달률에서 어떤 매체가 더 우수한지는 광고인뿐 아니라 광고주에게도 큰 관심사가 된다(박인창, 2018).

광고 크리에이티브는 전략과 표현으로 구체화되고 소비자들은 아이디어가 실체적으로 표현된 광고를 접하면서 메시지를 인지하고 행동이나 태도에 변화를 일으킨다. 즉, 아무리 훌륭한 광고 전략과 기발한 아이디어라도 효과적인 광고 크리에이티브로 표현되지 못한다면 그 광고는 소비자들의 이목을 끌기가 쉽지 않을 것이다(최승희, 2019).

이러한 측면에서 인쇄 광고는 그 어떤 광고 매체보다 시각적인 주목도와 함축성이 큰 광고 매체다. 또한 복잡한 메시지를 단순하면서도 심플하게 하나의 이미지로 시각화시킬 수 있는 그래픽디자이너의 관여도가 높은 분야이며, 사진이나 일러스트, 타이포그래피, 컴퓨터그래픽 등의 효과적인 활용이 중요한 광고 매체다.

[그림 9-1]의 광고 캠페인은 "뜨겁게 즐겨라 젊음도, 버거도"라는 광고 카피와 불꽃 모양으로 타오르는 버거 이미지를 키 비주얼로 표현했다. 이렇게 제작된 인쇄 광고를

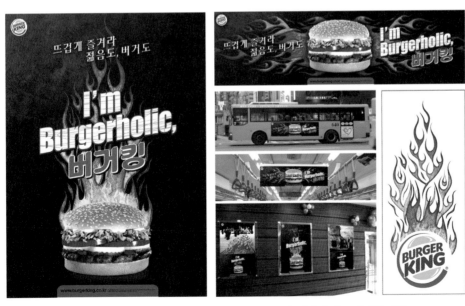

[그림 9-1] 인쇄 매체 키 비주얼 확장으로 제작된 버거킹 광고 캠페인 예시
출처: designspung.

기준으로 버스 광고, 지하철 광고, 배너 광고 등 다양한 매체에 키 비주얼과 카피를 적용하여 일관성 있는 메시지로 확장하여 캠페인을 진행한 사례다.

이와 같이 통합미디어 캠페인을 진행할 때 인쇄 매체를 기준으로 키 비주얼과 핵심 메시지가 정립되는 경우가 많으며, 그것이 기준이 되어 다양한 매체로 확장되어 사용된다. 디지털 시대에 인쇄 매체의 활용 범위는 좁아지고 있지만 통합미디어 캠페인의 일관성 있는 메시지를 효과적으로 전달을 위해서는 시각적 상징성이 함축적이면서도 강력하게 표현되는 인쇄 매체가 중요하면서도 결정적인 역할을 할 수 있다.

2. 인쇄 광고의 특징 및 표현 유형

1) 인쇄 광고의 특징

대부분의 광고는 그 광고를 전달하는 매체의 특성에 따라 제작된다. TV 광고와 같은 영상 광고는 영상 매체의 특성에 따라 제작될 것이며, 디지털 광고는 디지털 매체의 특성과 기술에 따라 제작될 것이다. 인쇄 광고 또한 신문이나 잡지, 포스터 등 다양한 인쇄 매체의 특성에 따라 제작될 수밖에 없다.

인쇄 광고 기획은 별도로 분리되기보다 광고 캠페인 기획의 다양한 매체 중 한 가지에 해당되는 경우가 많다. 그렇기 때문에 전략의 큰 틀과 광고 매체 간 상호 보완 차원에서 아이디어를 점검하고 디자인의 일관성 및 차별화 포인트를 고려해야 한다. 이는 인쇄 광고가 단독으로 집행되기보다 캠페인의 일환으로서 부분적으로 역할을 수행하는 경우가 훨씬 많기 때문이다. 광고 콘셉트가 결정되고 크리에이티브 브리프(creative brief)가 작성되면 제작부서 소속의 크리에이터들에게 과업이 넘겨진다. 이들은 최초의 업무로 크리에이티브 브리프에 의거하여 제품(브랜드), 시장, 그리고 타깃 소비자에 대해 충분히 탐구한 후 아이디어 발상을 시작한다(한규훈, 2021).

광고 제작을 담당하는 크리에이티브 팀은 일반적으로 광고 제작 관련 스태프(staff)를 구성하고 제작 전반을 총괄 지휘하는 크리에이티브 디렉터(Creative Director)와 광고의 시각적 요소인 그래픽 디자인을 중심으로 아트워크를 진행하는 아트 디렉터(Art Director), 강력한 메시지가 함축된 광고 문안을 작성하는 카피라이터(Copywriter), TV-CF 등 전파 매체 광고의 제작과 집행을 담당하는 CM 플래너(C.M. Planner)로 구성되어 있다. 이들은 모두 크리에이티브한 광고를 제작하기 위해 최적화된 역량을 갖추고 있으며, 차별화된 아이디어를 생각하여 소비자들을 설득하고 그들의 공감을 이끌어 내는 데 모든 초점을 맞추고 있다.

인쇄 광고는 디지털 광고보다 더 높은 인게이지먼트(engagement)를 가지며, 소비자들은 디지털 광고보다 인쇄 광고를 더 오랫동안 집중하면서 보게 된다(Sax, 2016). [그림 9-2]를 보면, 인드라 신하(Indra Sinha, 1950)는 1990년 이라크가 쿠웨이트를 침공한 후 전쟁의 참상을 알리는 세계 최대 인권단체 국제엠네스티의 신문 광고 카피를 통해 인쇄된 문자가 상상력을 확장하는 데 있어 TV보다 훨씬 더 큰 힘을 가졌다는 것을 보여 준다(박인창, 2018).

[그림 9-2] '엠네스티'에서 게재한 신문 광고

출처: 박인창(2018), p. 55.

2) 인쇄 광고의 구성 요소

인쇄 광고의 구성 요소는 [그림 9-3]과 같이 크게 광고 주체, 광고 이미지, 광고 카피로 이루어진다. 이 밖에 슬로건이나 이벤트 박스 등을 추가하여 광고의 메시지를 강화할 수 있다. 광고 주체(client)는 기업 및 공공 기관 등 광고를 광고회사에 의뢰하고 비용을 지불하는 광고의 주인을 말한다. 모든 광고는 광고주가 요구하는 목적에 부합되어야 하며, 정해 놓은 예산에 의해 계획되고 실행된다.

광고 이미지(visual)는 헤드라인(headline)과 더불어 인쇄 광고에서 처음으로 소비자의 시선을 끄는 역할을 하며, 시각적 표현을 중심으로 소비자의 주의를 끌고 메시지를 효과적으로 전달하여 광고 효과를 높인다(박혜연, 고한준, 2013). 시각적 요소에 의한 표현이 언어적 표현보다 효과적이며, 시각적 자극을 주는 요소로는 사진, 일러스트, 컴퓨터그래픽, 타이포그래피 등이 있다.

광고 카피는 광고 메시지에서 텍스트로 표현된 언어적 요소를 말한다. 광고 카피 구성 요소 중 헤드라인(headline)은 가장 주목도가 높으며, 구조적으로 읽히기보다는 한 눈에 보이도록 구성하여 소비자들의 관심을 유도하고 광고를 읽게 하는 역할을 한다. 따라서 명확하게 설정되는 콘셉트와는 다르게 상상에 따라 재미있고 재치 있게 표현하는 것이 효과적이다. 헤드라인과 더불어 인쇄 광고 카피의 기본 요소인 바디카피(body copy)가 있다. 헤드라인이 제목이라면 바디카피는 본문이며 헤드라인을 이어받아 호기심을 해소하고 제품이나 서비스의 정보와 전해야 할 구체적인 내용을 전달한다. 바디카피의 분량이 많거나 마무리 요약이 필요할 때는 리드카피(lead copy)를 사용한다. 보통 바디카피를 요약하여 쓰는데, 바디카피를 읽게 만드는 기능도 있지만 바디카피를 읽지 않아도 그 내용을 이해할 수 있게 설득이 강조된 간결한 문장으로 만든다. 이 외에도 헤드라인을 보완하는 역할을 하는 서브헤드나 오버헤드 등이 있는데 최근 인쇄 광고에서는 잘 사용되지 않는다. 헤드라인 못지않게 중요한 카피 요소인 슬로건(slogan)은 인쇄, 전파, 디지털 등 다양한 매체에서 광고를 끝맺을 때 사용된다. 슬로건은 보통 기업이나 브랜드의 정체성을 장기간 반복적으로 전달하는 간결한 말이나 문장이다(최창원, 2017).

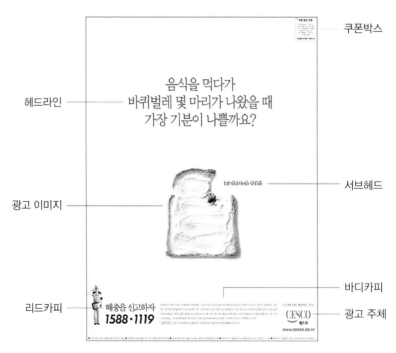

[그림 9-3] 인쇄 광고의 구성 요소

출처: https://www.cesco.co.kr

3) 인쇄 광고의 표현 유형

(1) 광고 사진

우리 일상에서 사용되는 여러 가지 디지털 매체 중에서 가장 대중화된 매체는 디지털 카메라일 것이다. 사진은 디지털 시대 이전부터 존재했지만, 디지털 시대로 접어들면서 더욱 대중화되고 사진을 생산해 내는 방식 또한 크게 달라졌다. 디지털 카메라로 찍는 사진은 단순한 기록이나 예술사진이 아닌 누구나 쉽게 찍을 수 있는 놀이와 흥미를 위한 매개체가 된다. 과거에는 카메라와 사진이 특정 예술인의 기록이나 작품 생산 도구 및 양식으로 사용되었지만 이제는 평범한 사람들의 생각까지도 표현하고 전달해 주는 도구가 되었다. 이것은 디지털 카메라가 보편화되고 1인 미디어가 널리 보급되면서 생겨난 가장 중요한 변화로 디지털 매체가 발달하면서 언어가 표현하기 힘든 것을 보완하기 위해 사진이 사용되거나, 반대로 사진이 표현하기 힘든 것을 보완하기 위해 언어가 사용되고 있다(김지영, 2015).

광고 메시지를 효과적으로 소비자에게 전달할 수 있게 구조화하는 광고 사진의 표현 형식은 사진 속의 표현 요소를 체계적이고 합리적으로 구성하여 소비자의 시선을 자연스럽게 사로잡아야 한다. 또한 소비자가 주목하는 광고 이미지를 위하여 창의적이어야 하며, 판매를 목적으로 하는 설득 커뮤니케이션이기에 소비자의 성향까지 고려하여 제작되어야 한다. 따라서 사진을 주요 표현 요소로 제작하는 광고 이미지는 광고 사진의 이해를 바탕으로 구성되어야 하며, 광고 사진의 표현 형식은 광고 이미지에 대한 좋은 감정을 유발해야 한다. 소비자는 뛰어난 메시지나 콘셉트(concept)보다 감각을 자극하는 광고에 더 호의적인 반응을 나타내기 때문이다(김현정, 정동환, 2012).

인쇄 매체의 광고 이미지는 짧은 시간 안에 순간적으로 소비자의 시선을 사로잡아야 하므로 기억에 남는 이미지에 의한 주제 전달이 더욱 요구되고 있다. 광고 사진은 광고 이미지 표현에서 가장 많이 사용되며 그 효과도 매우 크다. 광고 사진은 시각적 표현을 추구하는 광고 이미지의 주요 구성 요소로서 인쇄 광고 제작에 있어 광고의 성패를 좌우하는 중요한 요인이다. 광고 사진에는 광고의 목적과 함께 표현하고자 하는 주제나 강조해야 할 내용이 함축되어 있어야 하며, 광고 이미지를 구성하는 다른 요소들과도 조화롭게 어울려야 한다.

심현준과 최종인(2021)은 기존의 패션 사진 중심의 표현 형식을 제품 광고 사진의 특성에 맞게 수정하여 제품 표현, 충족 표현, 극적ㆍ충격적 표현, 일상 상황 표현, 감각적 표현, 정감 표현의 여섯 가지 형식으로 구분했다. 또한 제품 광고 사진에 나타나는 제품의 표현 유형을 제품만 표현, 배경 속에 제품 표현, 사용 중인 제품 표현, 제품의 사용 경과 표현, 상황 연출 표현, 비교나 대조 표현, 세부사항 확대 표현, 상징적 관념 표현의 아홉 가지 유형으로 구분했다. 그리고 시각 은유 유형을 원관념 제시, 순수 은유, 병렬 은유, 융합 은유의 네 가지 유형으로 분류했다(〈표 9-1〉 참조).

〈표 9-1〉 광고 사진 표현 형식에 따른 분류

사진 표현 형식	제품 표현	제품을 직접 제시하거나 모델을 사용하여 제품을 제시
	충족 표현	상징적 표현 제시를 통해 제품 이미지를 강조
	극적·충격적 표현	제품과 관련된 상황에서 극적이거나 충격적인 사건의 순간을 표현
	일상 상황 표현	일상생활을 배경으로 모델과 제품을 관련시켜 표현
	감각적 표현	감각적이거나 세련된 분위기와 같은 추상적 이미지로 표현
	정감 표현	사랑이나 포옹, 자연 속의 모습 등의 정감 있는 표현
제품 표현 유형	제품만 표현	제품 광고 사진의 가장 단순한 형태로서 제품 자체만을 표현
	배경 속에 제품 표현	배경이 되는 장면과 함께 제품을 표현
	사용 중인 제품 표현	제품을 사용하는 장면을 표현하거나 작동 상태를 표현
	제품 사용 경과 표현	제품 사용 후 제품의 장점이나 효과를 표현
	상황 연출 표현	제품이 설치된 일상적인 생활 장면이나 제품과 함께 자연스럽고 실용적인 분위기를 연출하는 표현
	비교 표현	유사점을 중심으로 제품이나 관념 간의 우열을 표현
	대조 표현	제품 간의 차이점을 극대화시켜 표현
	세부사항 확대 표현	제품을 확대하여 장점이나 차이를 표현
	상징적 관념 표현	상징적 표현을 통해서 브랜드나 제품의 이미지를 표현
시각 은유 유형	원관념 제시	제품을 있는 그대로 보여 주거나 표현 요소들이 일치하는 경우
	순수 은유	원관념인 제품이 시각적으로 두드러지지 않고 은유하고자 하는 보조관념이 시각적으로 중요하게 부각되는 경우
	병렬 은유	광고에 제시되는 제품과 함께 동시에 주변 상황이 배치 또는 연출되어 분위기나 느낌 또는 감정을 이해하게 되는 경우
	융합 은유	원관념인 제품과 보조관념인 시각적 요소들이 함께 제시되는 형태로서 원관념과 보조관념들이 시각적으로 유추되어 융합되어 보이는 경우

광고 사진은 순수 예술 사진과는 다르게 광고의 효과를 높이는 시각 이미지 언어로서 제품 및 기업의 이미지를 소비자에게 전달하는 상업 사진이다. 광고 사진의 종류는 다방면에 걸쳐 있어 명확하게 구분하기 어렵다. 그러나 일반적으로 [그림 9-4]와 같이 산업 사진, 스틸라이프, 테이블 톱, 푸드 스틸, 패션 스틸의 다섯 가지로 분류할 수 있

다. 산업 사진(industrial photo)은 주로 산업 광고에 쓰인다. 제품을 판매하기 위해 광고에 사용하는 사진으로, 기업과 그 내용의 계몽 및 소개가 목적이다. 스틸 라이프(still life)는 일반인을 대상으로 하는 제품에 대하여 제품 그 자체를 사진으로 보여 주는 것으로, 해당 제품의 우수성을 이해시키기 위한 상업 사진이다. 테이블 톱(table top)은 테이블 위에 제품을 놓고 찍은 사진으로 정물 사진 구성을 목표로 한다. 푸드 스틸(food still)은 식품 광고 사진이다. 요리 사진과는 구별해야 하며, 식품을 대중에게 어필하기 위하여 여러 가지 방법을 모색하고 있다. 패션 스틸(fashion still)은 디자인 그 자체를 표현하는 것으로 모델 중심의 패션 사진과 다른 점은 패션 제품이나 섬유의 상품성을 명확하게 부각하려는 점에 있다(두산백과, 2021).

[그림 9-4] 광고 사진의 종류

출처: https://pixabay.com

최근 온라인 플랫폼의 발달로 광고 사진이나 영상 클립 등을 제공하는 이미지 라이브러리 사이트들이 많이 활용되고 있다. 사진을 포함한 다양한 디지털 콘텐츠를 온라인으로 다운로드 할 수 있는 대표적인 라이브러리 사이트로는 게티이미지(Gettyimages), 토픽이미지(Topicimages), 어도비 스톡(Adobe Stock), 셔터스톡(Shutterstock) 등의 유료 사이트와 픽사베이(Pixabay), 언스플래쉬(Unsplash), 픽셀(Pexel) 등의 무료 사이트가 있다. 최근 디지털 카메라의 보급과 온라인 네트워크 서비스가 발전함에 따라 개인이나 아마추어 사진작가들이 찍은 다양한 사진을 무료로 제공하는 사이트들이 많이 늘고 있는 추세다.

[그림 9-5] 이미지 라이브러리 사이트

출처: https://mbdrive.gettyimageskorea.com; https://www.shutterstock.com/ko; https://pixabay.com

인쇄 광고를 제작할 때 광고 이미지는 제품이나 서비스에 대한 광고 촬영을 중심으로 구성하여 완성한다. 하지만 한 컷의 사진으로 완벽한 광고 이미지를 표현하기는 쉽지 않다. [그림 9-6]과 같이 한 장의 사진으로 표현할 수 없는 광고 이미지는 추가 소스들을 촬영하거나 이미지 라이브러리 사이트에서 대여하여 컴퓨터그래픽 합성 작업을 거쳐 더욱 이상적이고 완성도 높은 광고 이미지를 제작하는 경우가 많다.

[그림 9-6] 완성 광고(좌), 촬영 사진 및 합성용 이미지 소스(우)

출처: https://drvn.co.kr/index/view/2691589

(2) 일러스트레이션

광고의 표현 유형 중 하나인 일러스트레이션은 광고 이미지를 보다 드라마틱하고 다이내믹하게 보여 주고 소비자의 흥미와 재미를 이끌어 낼 수 있는 메시지를 전달하기에 유용하다. 일러스트레이션이 인간의 본성 또는 감정을 자극하는 다양한 표현의 질을 향상시키고 그것을 수용하는 소비자로 하여금 감정적 호응을 불러일으키는 설득력을 발휘하고 있는 만큼, 광고에서 일러스트레이션은 사진과 그래픽을 통한 이미지 표현보다 더욱 다양한 이미지를 표현하고 감성적으로 더욱 친밀감 있게 다가갈 수 있는 표현 요소로 활용되고 있다(이수진, 서인숙, 2008).

일러스트레이션(illustration)은 넓은 의미로 사진이나 회화, 컴퓨터그래픽을 포함하여 도표나 도형 등 문자 이외의 시각적으로 표현된 것을 말하지만, 좀 더 정확하게는 핸드 드로잉(hand drawing)으로 그린 그림을 뜻한다. 예전에는 '일러스트레이션'이라는 말이 '컷(cut)'이나 '삽화'로 불렸는데, 이는 출판 분야에서 이야기를 보조하고 해설 기능을 수행하며 단순히 여백을 채우는 장식적 기능 중심의 그림으로 여겨졌기 때문이다. 그러나 현대에는 '일러스트레이션'의 개념이 달리 해석된다. 즉, 개념이 뚜렷하고 의도된 목적이나 목표 지향적 그림으로서 시각 언어와 커뮤니케이션 아트(communication art)의 독립적인 장르를 의미한다. 일러스트레이션은 구체적 설명 없이 시각적으로 간단명료하게 커뮤니케이션을 할 수 있기 때문에 광고 효과에 큰 영향을 미친다(김성운, 2003). 광고 이미지로서의 일러스트레이션은 사진보다 메시지를 시각적으로 표현함에 있어 자유롭다. [그림 9-7]과 같은 일러스트레이션은 어떤 사실이나 내용을 효과적으

[그림 9-7] **일러스트레이션 활용 인쇄 광고의 예**

출처: https://www.pinterest.co.kr

로 전달할 수 있는 가장 향상된 표현 양식이며, 현실에서 존재하지 않는 다양한 장면을 효과적으로 표현할 수 있다. 즉, 주제나 메시지를 창작자가 의도한 대로 가공하여 조형적으로 명확하게 표현할 수 있는 시각 커뮤니케이션이다.

(3) 타이포그래피

인쇄 광고는 비언어적 표현인 비주얼과 언어적 표현인 타이포그래피가 결합하여 메시지를 전달한다. 타이포그래피는 시각 커뮤니케이션에서 글자라는 기본적인 시각 언어를 통해서 메시지와 정보를 전달하는 가장 본질적인 수단이다. 이와 같이 타이포그래피의 기본적이면서도 핵심적인 역할은 인쇄 광고에서 더욱 명백히 드러난다. 물론 이미지만을 통해 광고 메시지를 소구하기도 하지만 대부분의 인쇄 광고는 시각 이미지와 카피의 적절한 조화를 통해서 메시지를 소구한다(김동빈, 2007). 즉, 사람들은 문자로 표현된 타이포그래피를 통해 시각적으로 지식과 정보를 받아들이고 그 정보를 다른 사람들에게 전달하기 때문에 정보 전달의 매개로서 타이포그래피가 결정적인 역할을 하게 된다는 것이다.

인쇄 광고에서 문자를 통한 언어 전달을 담당하는 타이포그래피는 일반적인 이미지를 지칭하는 시각 언어와는 구별되는 가시 언어에 해당한다. 인쇄 광고에서 타이포그래피의 본질은 카피라이터가 쓴 광고 카피를 가시화된 문자의 다양한 의미를 전달하는 메시지의 시각적 표현 작업이다. 광고 타이포그래피에 있어서 가장 중요한 것은 기업과 제품을 효과적으로 소비자에게 알리기 위하여 정확한 메시지의 시각화가 필요하다(김지현, 1999). 즉, 글자의 강약을 조절하여 광고 속 제품의 개성 및 브랜드가 가진 감정을 표현하고 기업의 특성을 효과적으로 전달해야 한다.

어떤 매체를 막론하고 광고 제작에서 타이포그래피적인 표현은 매우 중요하다. 그것은 사람들이 광고를 대할 때 이미지를 우선으로 보는 것 같지만 대부분의 중요한 정보는 문자를 통해서 습득하기 때문이다. 일반적으로 사람들은 언어 안에서 생각하고 그 생각을 밖으로 표출하기 때문에 문자는 정보 전달에 있어 매우 중요한 시각 요소가 된다. 또한 문자로 표현된 문장이 갖는 언어적 의미나 역할을 통해 이미지가 표현할 수 없는 이성적 메시지나 시적 표현 등의 메시지를 전달할 때는 타이포그래피의 역할이 더욱 중요하다(김동빈, 2014). 타이포그래피는 보이지 않는 말을 보이는 시각 언어로 전환하는 역할을 한다. 즉, 말에 담긴 억양과 감정들을 타이포그래피를 통해 효과적인 시각 언어로 표현한다. 특히 인쇄 광고에서의 타이포그래피는 광고 정보를 소비자에게 어떻게 말할 것인가를 시각적으로 표현하는 과정이자 수단이며 결과가 된다. 타이포그래피를 통해 소비자의 감정을 자극하고 행동의 변화와 구매 욕구를 불러일으킬 수 있다.

최근 한글 타이포그래피의 두드러진 특징은 캘리그라피 형식을 통해 손글씨의 형태를 적극적으로 활용한다는 것이다. 이와 같은 현상은 1990년대 중반 한국 영화 포스터 디자인에서 주도적으로 시작되었고, 현재는 인쇄 광고에서도 많이 사용하고 있는 표현 방법이다. 에밀 루더(Emil Ruder, 2001)는 손글씨가 모든 타이포그래피의 바탕이 되며, 타이포그래피의 본질적인 속성이라고 했다. 즉, 손글씨를 활용한 타이포그래피는 디지털 폰트와는 차별화된 시각적 호소력과 소비자의 정서를 자극하여 감성적 공감을 이끌어 내는 데 매우 효과적이다.

디지털 시대 컴퓨터의 발달로 다양한 디지털 폰트를 활용한 타이포그래피 표현이 가능해졌다. 이러한 폰트들은 저마다 특색 있는 개성을 가지고 있으며, 광고 메시지에 부합하는 다양한 글꼴을 사용하여 전달하고자 하는 메시지를 효과적으로 표현하고 있다. 현대의 타이포그래피는 레이아웃에서 중요하게 작용하는 기준선(baseline)을 벗어나 자유롭게 글자의 레이아웃을 조정하고 유기적인 형태와 리듬감을 부여하여 시각적 메시지를 더욱 강하게 표현할 수 있다. 또한 글자 사이의 간격이나 행간, 크기와 두께 등을 유연하게 조정하거나 의미를 보완할 수 있는 그래픽 아이콘 등을 추가하여 [그림 9-8]과 같이 일반적인 텍스트 메시지가 아닌 메시지를 함축한 강력한 시각적 언어로서 그 중요성은 더욱 강조되고 있다.

  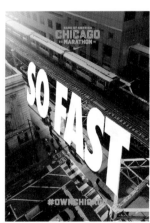

[그림 9-8] **타이포그래피 활용 인쇄 광고의 예**

출처: https://www.pinterest.co.kr

(4) 컴퓨터그래픽

컴퓨터그래픽은 컴퓨터를 활용하여 만드는 모든 시각적 표현물을 지칭한다. 즉, 컴퓨터라는 매체를 사용하여 그린 이미지나 사진을 포함하고 데이터화된 수치, 정보 등 컴퓨터를 이용해 만들어진 모든 시각적 결과물을 말한다(Thomas, 1983, p. 12). 컴퓨터그래픽은 빠른 시간 안에 무한한 아이디어를 다양한 형태로 시각화할 수 있으며, 시뮬레이션(simulation)을 통해 아이디어의 가시화가 용이하므로 체계적이며 효율적인 디자인 작업이 가능하다. 나아가 제품을 직접 생산하지 않고도 컴퓨터그래픽을 통해 가상으로 제작하여 미리 평가해 볼 수 있으며, 제품의 관리 및 판매실적 등의 데이터를 그래프화하여 한눈에 알기 쉽게 표현할 때도 활용된다(전수경, 2004).

컴퓨터그래픽은 제작 표현 기법에 따라 크게 2차원 평면 그래픽과 3차원 입체 그래픽으로 나뉘고, 나아가 시간이라는 개념의 4차원적 요소를 활용하여 동영상으로 표현될 때, 컴퓨터 애니메이션이라는 또 다른 분야로 분류된다(윤지선, 2001). 컴퓨터 그래픽은 존재하지 않는 3차원 물체를 표현하는 것은 물론 눈으로 직접 확인할 수 없는 미지의 세계나 우주의 구조에 대한 상상의 세계를 형상화시킬 수 있어서 광고 이외에도 영화나 애니메이션 분야 등 산업 전반에 걸쳐 광범위하게 사용되고 있다.

오늘날과 같은 디지털 시대에는 컴퓨터그래픽의 활용이 더욱 확대되고 있으며, 커뮤니케이션을 위해 제작되는 대부분의 콘텐츠에 2D, 3D를 포함한 다양한 컴퓨터그래픽 기술이 활용되고 있다. 컴퓨터그래픽 분야 중에서도 3D를 활용한 그래픽 기술은 급속도로 그 영역을 확장하고 있다. 초기 특수효과를 위해 방송이나 영화에서 부분적으로

[그림 9-9] 컴퓨터그래픽 활용 인쇄 광고의 예

출처: https://www.pinterest.co.kr

쓰이던 컴퓨터그래픽은 실사와 같은 이미지를 구사할 정도로 발전되었으며, 방송뿐만 아니라 광고, 출판, 웹, 게임 등의 분야에서 창의적 발상 전개와 표현을 위해 활발하게 사용되고 있다. 특히 인쇄 광고에서는 [그림 9-9]와 같이 무한한 상상력으로 새로운 이미지를 창출하거나 수천만 가지의 컬러를 조정하고, 명도와 형태, 질감 등을 디자이너의 의도에 맞게 컴퓨터그래픽으로 표현하는 것이 가능하게 되었다.

3. 인쇄 광고 크리에이티브 창작

1) 인쇄 광고의 비주얼 리터러시

비주얼 리터러시(visual literacy)는 메시지를 정확하게 해석하고 자신의 의사를 명확하게 표현할 수 있는 시각 메시지를 만들어 낼 수 있는 능력을 말한다(황연주, 2001, p. 140). 또한 이미지를 미적 대상을 넘어, 커뮤니케이션의 중심으로 보고 시각과 연관된 인지 능력과 그것을 활용하는 능력, 능동적이고 창의적인 이미지 제작과 그것을 전달하는 능력을 포함한다. 단순한 이해를 넘어 사고와 학습, 그리고 커뮤니케이션 및 시각적 이미지에 대한 해독을 포함한 창조까지 확대될 수 있다(박유신, 2014).

인쇄 광고에서 이미지의 시각화는 불필요한 구성 요소를 최대한 제거하여 아이디어의 콘셉트를 단순하게 만드는 중요한 과정이다. 광고의 콘셉트는 언어적 요소만으로 전달하기는 부족하며, 단순하게 정리된 콘셉트는 직관적인 비주얼로 소비자에게 전달되어 그들의 마음과 행동을 변화시킨다. 인쇄 광고의 크리에이티브는 글로벌 자유무역 시대에서 더욱 강력하고 효율적인 영향을 보여 주고 있다. 이는 제품이나 서비스가 시공간을 넘어 언어와 문화가 다른 어디에서든 동일한 콘셉트를 소구해야 하기 때문에 단순하면서도 직관적으로 표현되는 인쇄 광고가 효과적인 매체가 될 수 있다.

박인창(2018, pp. 58-59)은 세계 3대 광고제인 칸 국제광고제, 뉴욕페스티벌, 클리오 광고제에 출품된 인쇄 광고 부문 수상작을 분류하여 과장, 은유, 유머, 착시, 공감, 풍자, 궁금의 일곱 가지 비주얼 리터러시 유형을 다음과 같이 제시했다.

(1) 과장의 예시: 제품의 기능을 과장한 비주얼 리터러시

(2) 은유의 예시: 제품의 속성을 주변의 대상에 비유한 비주얼 리터러시

(3) 유머의 예시: 제품의 효용가치를 웃음으로 전달한 비주얼 리터러시

(4) 착시의 예시: 시각 환영을 이용한 비주얼 리터러시

(5) 공감의 예시: 누구나 수긍하는 이미지를 보여 주는 비주얼 리터러시

(6) 풍자의 예시: 잘 알려진 인물을 활용한 비주얼 리터러시

(7) 궁금의 예시: 궁금하게 호기심을 일으키는 비주얼 리터러시

2) 연상에 의한 CVT 시스템 발상 모델을 활용한 광고 창작

CVT(Creative Visual Thinking) 시스템은 주제와 연관되어 자유롭게 연상되는 단어에서 시작하여 임의 결합과 연상적 사고의 접근 방식으로 아이디어를 구체화시키는 창의적 시각 발상법이다(Garchick, 1981).

김영배와 장은석(2008)은 연상에 의한 발상 단계를 다음과 같이 정립했다. 1단계는 주제 명시, 2단계는 제목 세분화, 3단계는 연상되는 단어를 찾아 목록 작성, 4단계는 목록을 임의로 연결하기, 5단계는 4단계에서 임의로 연결된 단어들을 연상하며 다양하게 구성해 아이디어를 스케치하는 단계로 구분했다.

이 장에서는 Garchick(1981)의 'CVT 시스템' 발상법을 중심으로 김영배와 장은석(2008), 그리고 손소영(2016)의 단계별 과정을 참고하여 재정립했다. [그림 9-10]을 보면, 크게 3단계(연상 단계 → 결합 단계 → 시각화 단계)로 구성하였으며, 구체적인 프로세스는 제목 정하기부터 광고 시안 작업 단계까지 총 6단계로 정립했다.

CVT 시스템 발상법을 적용한 인쇄 광고 창작은 〈표 9-2〉와 같으며, J 대학교 시각영상디자인 전공 광고 실습 시간에 진행했던 헌혈 기부 공익 광고를 사례로 들었다.

헌혈 캠페인의 궁극적인 목표는 헌혈 기증에 대한 잘못된 오해를 바로잡고 긍정적인 인식을 일깨워 줌으로써 지속적이고 자발적인 헌혈이 이루어지도록 이끄는 것이다. 헌혈 기부 공익 광고는 헌혈 기증에 다소 거리감을 느껴 참여도가 미비한 청년과 장년층을 타깃으로 설정하고 그들의 자발적인 참여를 유도하는 것을 목표로 했다. 주제와 연

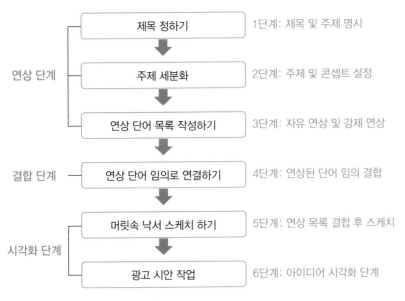

[그림 9-10] CVT 시스템 발상법 진행 단계

상되는 다양한 키워드를 자유롭게 도출한 뒤 콘셉트를 잘 표현할 수 있는 키워드들을 임의로 연결하고 결합하여 핵심 키워드를 도출했다. 충전, 공유, 영웅, 빨간색의 핵심 키워드를 바탕으로 다양한 아이디어 스케치를 전개한 후 최종 스케치를 선정하여 시리즈 광고 시안으로 완성했다.

〈표 9-2〉 CVT 시스템 발상법 모델을 활용한 공익 광고 시안

헌혈 기부 공익 광고		
1단계	제목 정하기	헌혈 기부 캠페인
2단계	주제 세분화	헌혈 기증에 대한 잘못된 오해를 바로잡고 긍정적 인식을 일깨워 줌, 지속적이고 자발적인 헌혈 유도
3단계	연상 단어 목록 작성하기	모으다 쌓이다 따뜻함 행복감 / 가득 찬 충전 결실 온정 / 베풀다 저축 사랑 더하다 / 채워지다 부족 공유 / 나누다 공유 기쁨 / 붙어넣다 새 생명 [헌혈 기부 캠페인 Blood donation campaign] 빨간색 집중 / 살리다 또 하나의 일상의 피 감열함 / 영웅 메타포 / 인식하기 쉬운 익숙한 깊이 있는 간접적 영향력 있는 / 가벼운

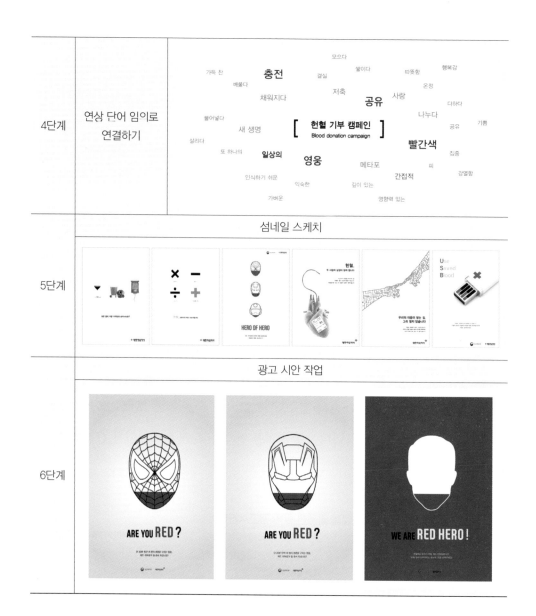

4단계	연상 단어 임의로 연결하기	
5단계		섬네일 스케치
6단계		광고 시안 작업

3) 카탈로그법 발상 모델을 활용한 광고 창작

카탈로그법(catalogue method)은 이론적으로 정립되기보다 광고 실무 현장에서 자연스럽게 사용되다가 윤일기와 최민욱(2011)의 연구에서 체계적으로 정리되었다. 카탈로그법은 집단보다 개인적인 아이디어 발상법으로 활용하기에 용이하며, 분명한 목적의식을 가지고 그림이나 사진, 광고, 카탈로그 등의 자료들을 보면서 순간적으로 떠오르는 아이디어를 잡아내는 시각 표현 중심 아이디어 발상법이다.

카탈로그 발상법은 광고 목표에 맞게 설정된 광고 콘셉트나 발상 키워드를 머릿속에 상기시키면서 다양한 시각자료를 감상한다. 시각자료는 이미지 요소가 많을수록 좋은데, 카탈로그, 인터넷, 신문, 잡지, 사진집 등이 여기에 해당한다. 가능한 한 많은 시각자료를 감상하며 머릿속에 문득 떠오른 생각이나 시각 이미지를 체크해 두었다가 이를 아이디어로 발전시켜 나가는 방법으로 진행한다.

카탈로그법을 활용한 광고 발상 모델의 진행 단계는 [그림 9-11]과 같으며, 단계별 세부 내용은 다음과 같다.

1단계	광고 콘셉트 확정
2단계	발상 키워드 도출 후 기억
3단계	다양한 시각자료 감상(카탈로그, 신문, 잡지, 인터넷 등)
4단계	아이디어로 발전 가능한 시각물, 발상 키워드 선정
5단계	브레인스토밍
6단계	최적안 선정 후 아이디어 정교화
7단계	광고 시안 작업

[그림 9-11] **카탈로그법 진행 단계**

- 1단계-광고 콘셉트 확정: 전략 단계에서 설정된 콘셉트를 보다 더욱 효과적으로 소비자를 설득할 수 있는 광고 콘셉트로 확정한다.
- 2단계-발상 키워드 도출 후 기억: 아이디어 발상이 잘 되는 핵심 키워드를 도출해낸다. 광고할 제품의 콘셉트와 키워드를 머릿속에 넣는다. 경우에 따라 이 단계가 생략되고 콘셉트에서 바로 브레인스토밍 주제를 도출해 낼 수도 있다.
- 3단계-다양한 시각자료 감상: 이 단계는 카탈로그법의 핵심 단계로서 두뇌의 응집력과 개인의 영감 등 고도로 집중된 발상 능력이 요구된다. 머릿속에 기억한 광고 제품의 콘셉트와 키워드를 바탕으로 시각자료를 하나하나 보면서 떠오르는 아이디어를 메모하거나 발전 가능성 있는 시각물을 체크해 나간다.

- 4단계-아이디어로 발전 가능한 시각물, 발상 키워드 선정: 메모한 아이디어나 체크된 시각물 및 발상 키워드를 평가하고 검토하여 러프 스케치로 정리한다.
- 5단계-브레인스토밍: 정리된 아이디어와 러프스케치(rough sketch)를 브레인스토밍 형식으로 검토한 후 몇 개의 후보 안으로 좁혀 한 단계 더 발전시킨다.
- 6단계-2차 최적안 선정 후 아이디어 정교화: 이 단계에서는 광고 목표, 제품의 특장점, 콘셉트, 타깃, 경쟁 광고, 매체 계획 및 예산 등 다양한 부분을 고려하여 최적의 안을 선정한다. 선정된 안들은 섬네일 스케치로 정교화한다.
- 7단계-광고 시안 작업: 최종 선정된 안을 기준으로 광고 이미지와 카피 등을 구성하여 광고 시안 작업을 진행한다. 이 단계에서는 광고의 핵심 내용과 레이아웃 등의 조형적 요소를 고려하여 그래픽으로 제작한 후 광고주 협의를 거쳐 최종 원고 작업을 위한 광고 시안을 선택한다.

브레인스토밍이 특별한 시각자료 없이도 아이디어 발상이 가능하다면, 카탈로그법은 충분한 시각자료에 의존하여 아이디어를 도출하는 방법이다. 브레인스토밍처럼 자유로운 분위기에서 진행할 수 있지만 순간적으로 떠오르는 아이디어를 잡기 위한 고도의 정신력이 필요하기 때문에 집중할 수 있는 환경이나 마음가짐이 요구되기도 한다. 이 방법을 활용할 때는 참고하는 시각자료를 그대로 적용하여 모방하거나 똑같이 카피(copy)하지 않도록 저작권에 주의해야 한다(윤일기, 2020).

카탈로그 발상법을 적용한 인쇄 광고 창작은 〈표 9-3〉과 같으며, J 대학교 시각영상디자인 전공 광고 실습 시간에 진행했던 안전사고 예방 광고를 사례로 들었다.

먼저, 안전사고 예방이라는 주제에 맞는 광고 콘셉트를 확정하고 머릿속에는 광고할 주제의 콘셉트와 키워드 등을 넣는다. 이후 다양한 시각자료를 하나하나 보면서 떠오른 생각이나 참고할 만한 비주얼을 체크하면서 아이디어 발상을 시도한다. 발상 내용이 충분히 도출되었다고 판단되면 팀원들과 브레인스토밍을 진행하여 최적의 아이디어를 선정하고 발전시키는 단계를 거쳐 최종 광고 시안을 완성한다.

안전사고 예방 공익 광고는 수많은 사상자를 발생시키는 위험한 부실공사에 대한 경각심을 일깨워 주고 사고를 미리 대비하는 데 목적을 두고 있다. '안전 속에 아이들의 미래가 있다.'라는 광고 콘셉트를 바탕으로 어린이를 상징할 수 있는 다양한 이미지와 안전 도구를 결합시켜 안전에 대한 경각심 제고와 책임감 부여의 기대 효과에 대한 메시지를 전달하고 있다. 카탈로그법을 통해 찾은 시각 이미지 레퍼런스(reference)를 바

〈표 9-3〉 카탈로그법 발상 모델을 적용한 공익 광고 시안

	안전사고 예방 광고	
1단계	광고 콘셉트 설정	안전 속에 아이들의 미래가 있다
2단계	발상 키워드 도출 후 기억	예방, 안전, 아이, 경각심, 위태, 위험, 부실공사 등
3단계	다양한 시각자료 감상	카탈로그, 신문, 잡지, 인터넷, 다양한 문서 등
4단계	아이디어로 발전 가능한 시각자료 및 발상 키워드 선정	발상 키워드: 안전모, 안전화, 안전복, 보호
5단계	브레인스토밍	
6단계	섬네일 스케치	
7단계	광고 시안 작업	

탕으로 아이디어로 발전 가능한 시각자료와 발상 키워드를 도출했다. 체크된 시각자료를 바탕으로 다양한 러프 스케치로 정리한 후 브레인스토밍을 통해 아이디어를 한 단계 더 발전시켰다. 광고 목표와 제품의 특장점, 콘셉트, 타깃, 광고할 매체 등을 고려하

여 섬네일 스케치로 정리하였으며, 검토 후 광고 이미지와 카피를 추가하여 최종 광고 시안을 제작했다.

4) 스티븐 베이커법 발상 모델을 활용한 광고 창작

스티븐 베이커(Stephen Baker)는 "좋은 아이디어는 우연히 떠오르는 것이 아니라 다양한 관점으로부터 문제를 파악하는 곳에서 시작된다."라며, 대상을 바라보는 다양한 관점을 기준으로 문제를 해결할 수 있는 201가지 발상법을 소개했다(Baker, 1979). 이 발상법은 광고 제작 전반에 걸쳐 사용되고 있으며, 다양한 관점에서 대상을 바라보는 기준을 바꾸면서 아이디어를 도출해 내는 것이 특징이다. 이와 같이 360도 관점에서 입

〈표 9-4〉 스티븐 베이커법 발상 모델

1. 거꾸로 해 보라.	146. 텅 비워 보라.
2. 늘려 보라.	147. 열어 보라.
3. 줄여 보라.	148. 철자를 잘못 써 보라.
4. 색상을 바꿔 보라.	149. 별명을 붙여 보라.
5. 더 크게 표현해 보라.	150. 봉인해 보라.
6. 더 작게 표현해 보라.	151. 변형시켜 보라.
7. 둥글게 표현해 보라.	152. 포장해 보라.
8. 네모로 표현해 보라.	153. 집중시켜 보라.
9. 더 길게 표현해 보라.	154. 펼쳐 보라.
10. 더 짧게 표현해 보라.	155. 교체해 보라.
11. 시각적으로 표현해 보라.	156. 굳혀 보라.
12. 다른 환경을 써라.	157. 그것을 액체화하라.
13. 글로 써 보라.	158. 젤리처럼 해 보라.
14. 음악으로 표현해 보라.	159. 연하게 해 보라.
15. 말과 음악을 붙여 보라.	160. 딱딱하게 해 보라.
16. 말과 음악, 그림을 붙여 보라.	161. 증발시켜 보라.
17. 그림과 음악을 붙여 보라.	162. 읊어 보라.
18. 단어를 삭제해 보라.	163. 좁혀 보라.
19. 그림을 없애 보라.	164. 넓혀 보라.
20. 소리를 낮춰 보라.	165. 웃기게 해 보라.
21. 반복해 보라.	166. 풍자해 보라.
22. 삼차원으로 표현해 보라.	167. 짧은 카피를 써 보라.
23. 이차원으로 표현해 보라.	…(중략)…
…(중략)…	201. 이상의 무엇과 결합시켜라.

출처: Baker (1979).

체적으로 접근하여 문제를 해결하기에 '360도 발상법'으로 불리기도 한다(김동규, 2003).

스티븐 베이커법 발상 모델은 팀 작업뿐만 아니라 개인적으로도 활용도가 크며, 키워드 발상 및 풍부한 시각적 자료가 필요한 것이 특징이다. 팀 작업 시 회의를 주관하고 진행하는 리더가 필요하며, 개인 작업에서도 광고적인 전문성을 갖추고 있어야 발상법을 효과적으로 활용할 수 있다.

스티븐 베이커의 201가지 발상법은 문제를 해결할 수 있는 대부분의 방법으로 구성되어 있으며, 주요 발상 기법은 〈표 9-4〉와 같다.

[그림 9-12] **스티븐 베이커법 적용 광고 사례**

출처: https://www.pinterest.co.kr

스티븐 베이커법은 201가지의 세부적인 발상 기법 중에서 광고 콘셉트에 맞는 기법을 선택하여 진행하는 것이 특징이다. 또한 세부 기법들 자체가 독립적으로 크리에이티브한 내용을 가지고 있기 때문에 활용 기법을 선정하는 과정 또한 아이디어 발상의 연속으로 볼 수 있다(윤일기, 최민욱, 2011). 발상 기법을 선정할 때는 콘셉트에 맞는 한 가지만을 선택할 수도 있고, 때에 따라 두세 가지의 발상 기법을 혼용하여 사용할 수도 있다. 특히 마지막 201번째 기법은 앞에서 열거한 발상 기법들 중에서 몇 가지를 선택하여 상호 결합을 통해 무한한 상상력이 담긴 아이디어의 확장을 만들어 낼 수 있다.

[그림 9-12]는 스티븐 베이커법이 사용된 다양한 인쇄 광고 사례다. 이와 같이 스티븐 베이커법은 시각적으로 표현되는 대부분의 광고 매체에서 자연스럽게 적용되어 사용되고 있다.

스티븐 베이커법을 활용한 아이디어 발상 모델의 진행 단계는 [그림 9-13]과 같으며, 단계별 세부 내용은 다음과 같다.

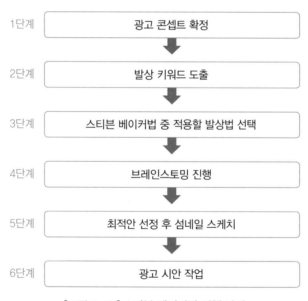

[그림 9-13] **스티븐 베이커법 진행 단계**

출처: 최승희(2019), p. 228.

- 1단계–광고 콘셉트 확정: 전략 단계에서 정립된 콘셉트를 발전시켜 소비자를 설득할 수 있는 광고 콘셉트로 확정한다.
- 2단계–발상 키워드 도출: 광고 콘셉트에 맞는 핵심 키워드를 도출해 낸다.
- 3단계–스티븐 베이커법 중 적용할 발상법 선택: 확정된 콘셉트나 핵심 키워드에 적

합하다고 생각되는 세부 발상 항목들을 선정한다.

- **4단계–브레인스토밍 진행:** 선정된 발상법들을 바탕으로 브레인스토밍을 진행하여 10개 내외의 발상 아이디어를 정리한다. 스티븐 베이커법은 다양한 발상 기법에 따라 세부 진행 항목이 달라질 수 있다. 따라서 두 단계로 구분하여 진행할 수 있는데, 먼저 키 비주얼을 발상하고, 다음으로 선정된 키 비주얼에 맞는 세부 발상법을 적용하여 구체적인 아이디어로 발전시킬 수 있다.
- **5단계–최적안 선정 후 섬네일 스케치:** 광고 목표, 제품의 특장점, 콘셉트, 경쟁 광고, 타깃, 매체 및 예산 등 여러 가지 조건을 고려하여 정리된 아이디어 중 최적안을 선정하여 섬네일 스케치로 진행한다. 이 단계에서는 광고의 핵심 내용은 물론 조형 요소를 활용한 레이아웃까지 고려해야 한다.
- **6단계–광고 시안 작업:** 다양한 섬네일 스케치를 면밀하게 검토하여 클라이언트에게 최종 제시할 수 있는 광고 시안으로 제작한다.

스티븐 베이커법 발상 모델을 활용한 인쇄 광고 창작 첫 번째는 J 대학교 시각영상디자인 전공 광고 실습 시간에 진행했던 락앤락 인쇄 광고를 사례로 들었다.

락앤락은 진공 포장 용기로 밀폐력이 우수하여 물건을 신선하게 오래도록 보관할 수 있고 내용물을 쉽게 확인할 수 있는 제품이다. 〈표 9-5〉와 같이 스티븐 베이커법의 다양한 기법 중에서 '더 길게 표현해 보라, 일부를 바꿔 보라, 극단적으로 표현해 보라' 등의 세부 기법들을 적용하여 다양한 섬네일 스케치를 진행했다. 최종 광고 시안은 딸기의 일부분을 락앤락 뚜껑으로 바꾸고 신선한 딸기를 잘 보이게 극단적으로 표현한 안과 대용량이라는 것을 알리기 위해 사물을 극대비로 축소한 안, 그리고 싱싱한 상태 그대로 보관할 수 있다는 것을 강조하기 위해 사물의 일부분을 바꿔 보는 안까지 세 가지 광고 시안으로 완성했다.

〈표 9-5〉 스티븐 베이커법 발상 모델을 적용한 락앤락 광고 시안

락앤락		
1단계	광고 콘셉트	뛰어난 밀폐력으로 더욱 신선하게
2단계	발상 키워드 도출	원래 그대로, 진공, 신선하게 등
3단계	스티븐 베이커법 세부 기법 선택	일부를 바꿔 보라, 극단적으로 표현해 보라, 결합해 보라 등
4단계	브레인스토밍	• 주제: '뛰어난 내구성과 신선함' • 발상 아이디어 전개
5단계	섬네일 스케치	

섬네일 스케치

9. 더 길게 표현해 보라

25. 일부를 바꿔 보라

85. 극단적으로 표현해 보라

104. 축소해 보라

110. 결합해 보라

124. 조각 내 잘라 보라

광고 시안 작업

6단계

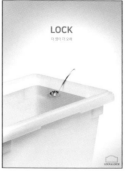

출처: 최승희(2019), p. 228.

스티븐 베이커법 발상 모델을 활용한 인쇄 광고 창작 두 번째는 〈표 9-6〉과 같이 중고서점 알라딘의 인쇄 광고를 사례로 들었다.

〈표 9-6〉 스티븐 베이커법 발상 모델을 적용한 알라딘 광고 시안

알라딘		
1단계	광고 콘셉트	지식과 지혜가 가득 찬 보물창고
2단계	발상 키워드 도출	알라딘, 보물, 지니, 요술램프 등
3단계	스티븐 베이커법 세부 기법 선택	반복해 보라, 모양을 바꿔 보라, 다른 일부로 표현해 보라 등
4단계	브레인스토밍	• 주제: '지식과 지혜의 보물창고' • 발상 아이디어 전개
5단계	섬네일 스케치	
6단계	광고 시안 작업	

출처: 최승희(2019), p. 229.

알라딘 중고서점은 디지털 시대에 전자책이 범람하는 환경 속에서 종이책이 지닌 아날로그적 감성 트렌드를 이끌고 있는 대표적인 브랜드다. 전자책과 새 책에서 느끼지 못하는 지난 시절의 기억을 떠올리게 하는 감성과 오래된 것의 묵직함, 그리고 알라딘 브랜드의 동화와 마법 같은 시간과 소중한 책이 많다는 것을 표현하기 위하여 〈표 9-6〉과 같이 스티븐 베이커법의 기법 중에서 '반복해 보라, 다른 일부로 표현해 보라, 둘러싸 보라, 이상의 무엇과 결합시켜라' 등 세부 발상법을 적용하여 다양한 섬네일 스케치를 진행했다. 최종 광고 시안은 책들을 반복적으로 쌓아올려 알라딘의 요술램프 형태로 표현하였으며, 오래된 추억처럼 소중한 책들이 가득 쌓여 요술 같은 이야기들이 펼쳐진다는 메시지를 광고적으로 시각화했다.

4. 마무리

지금까지 디지털 시대의 인쇄 매체 활용과 인쇄 광고의 특성 및 표현 유형, 인쇄 광고 구성 요소, 그리고 다양한 아이디어 발상법을 적용한 인쇄 광고의 크리에이티브 창작에 대해 살펴보았다.

소비자의 라이프 스타일 변화와 미디어 기술의 발달에 따라 디지털 매체 중심의 광고 크리에이티브 패러다임은 급속도로 변화되고 있으며, 그러한 변화 속에서 인쇄 매체의 활용 빈도는 점점 줄어들고 있다. 일방향적인 인쇄와 영상 매체의 전통적인 광고 형태는 모바일과 뉴미디어를 기반으로 한 양방향 커뮤니케이션 중심의 디지털 매체 환경으로 변화했다. 디지털 중심의 매체 환경에서 인쇄 광고의 활용 빈도는 줄어들었지만 광고 메시지의 시각적인 주목도와 함축성이 크기 때문에 그 역할은 더욱 중요하다. 이는 통합미디어 캠페인에서 인쇄 매체를 중심으로 키 비주얼과 핵심 메시지가 정립되고 다양한 매체로 확장되어 사용되기 때문이다. 통합미디어 캠페인의 일관성 있는 메시지 전달을 위해서는 시각적 상징성이 강력하게 함축된 인쇄 매체의 키 비주얼과 카피가 중요하면서도 결정적인 역할을 하는 경우가 많기 때문이다.

인쇄 광고는 단독적으로 집행되기보다 통합미디어 캠페인의 일환으로서 부분적인 역할을 수행하는 경우가 일반적이다. 그렇기 때문에 인쇄 광고 기획은 별도로 분리되기보다는 광고 캠페인 기획의 다양한 매체 중 한 가지 차원에 해당하는 경우가 많다. 또한 인쇄 광고는 언어적 요소(카피)와 시각적 요소(이미지)를 동시에 보여 주는 형식을 갖추고 있으며, 소비자에게 상당한 관여와 영향을 준다.

인쇄 광고의 구성 요소는 크게 광고 주체, 광고 이미지, 광고 카피의 세 가지 요소로 이루어지며, 인쇄 광고의 표현 유형은 광고 사진, 일러스트레이션, 타이포그래피, 컴퓨터그래픽 등으로 나눌 수 있다. 특히 컴퓨터그래픽으로 표현되는 매체들은 더욱 확대되고 있으며, 커뮤니케이션을 위해 제작되는 대부분의 콘텐츠에는 2D, 3D를 포함한 다양한 컴퓨터그래픽 기술이 활용되고 있다. 컴퓨터그래픽 분야 중에서도 3D를 활용한 그래픽 기술은 급속도로 그 영역을 확장하고 있다.

이 장의 중심이 되는 인쇄 광고 크리에이티브 창작에서는 먼저 이미지를 미적 대상을 넘어 커뮤니케이션의 중심으로 보는 비주얼 리터러시의 개념과 사례에 대해 살펴보았다. 다음으로, 연상적 사고의 접근 방식으로 아이디어를 구체화시키는 창의적 시각 발상법인 CVT 시스템 발상 모델을 활용한 광고 창작 과정과 제작 사례를 알아보았다. 또한 광고 제작 현장에서 일반적으로 많이 사용되고 있는 카탈로그 발상법을 활용한 창작 과정과 제작 사례를 살펴보고, 마지막으로 201가지의 다양한 관점에서 대상을 바라보는 기준을 바꾸면서 창의적인 아이디어를 도출해 내는 시각 표현 중심의 아이디어 발상법인 스티븐 베이커법의 발상 과정과 제작 사례를 알아보았다.

아이디어는 인간의 상상력을 기반으로 목적과 필요성에 맞는 다양한 정보와 만나면서 우연히 떠오르는 경우가 많다. 그렇기 때문에 수학 공식처럼 완벽한 답안을 제공하는 발상법은 존재하지 않으며, 발상법을 활용하는 사용자의 성격이나 자세, 프로젝트의 특성 등 다양한 요인에 따라 다른 결과가 나오기 때문에 특정한 발상법을 고수하기보다는 여러 가지 발상법을 유연하게 결합하여 활용하는 것이 효과적일 것이다. 즉, 프로젝트의 목적 및 성격, 그리고 진행하는 사람에 따라 서로 다른 다양한 아이디어 발상법들이 적절하게 융합하여 사용한다면 더욱 창의적인 성과물을 만들어 낼 수 있다.

미디어 기술의 발달과 디지털 미디어 중심의 광고 환경 변화는 광고 크리에이티브의 패러다임을 급속도로 변화하게 만들었다. 시장과 미디어의 총체적 변화에 따라 수많은 정보 속에서 핵심적인 메시지를 빠르고 정확하게 전달하기 위해서는 창조적인 상상력에 의해 함축된 시각적 표현이 중요하다. 이 장에서 다룬 내용을 바탕으로 급변하는 미디어 환경과 소비자의 라이프 스타일 변화에 능동적으로 빠르게 대처할 수 있는 광고 크리에이티브에 대해 끊임없이 연구하고 정진해야 할 것이다.

참고문헌

김동규(2003). 카피라이팅론(pp. 225-232). 서울: 나남출판.

김동빈(2007). 한국 광고의 타이포그래피 표현 경향 연구: 2000년도 이후 인쇄 광고를 중심으로. 디자인학연구, 20(1), 219-228.

김동빈(2014). 인쇄 광고 타이포그래피. 서울: 커뮤니케이션북스.

김병희(2021). 광고의 정의와 유형. 김병희, 마정미, 김봉철, 김영찬, 유현재, 유승엽, 최세정, 송기인, 소현진, 유승철, 남고은, 김여정, 한규훈, 정윤재, 윤태일, 정승혜 공저, 디지털 시대의 광고학신론(pp. 19-48). 서울: 학지사.

김성운(2003). 디지털시대 광고 디자인론. 서울: 도서출판차송.

김영배, 장은석(2008). 크리에이티브 노트북(p. 205). 서울: 미학사.

김지영(2015). 디지털 시대 '포토랭귀지'의 의미: 김용호 광고 사진을 중심으로. 한국콘텐츠학회논문지, 15(1), 64-73.

김현정, 정동환(2012). 감각 충족 제품 광고의 이미지 소구 차이가 광고 효과에 미치는 영향. 광고연구, 92, 494-542.

박유신(2014). 시각문화교육과 디지털 미디어 시대의 애니메이션 교육의 방향. 만화애니메이션연구, 35, 29-65.

박인창(2018). 창의적인 인쇄 광고의 비주얼 리터러시에 관한 사례 연구. 조형미디어학, 21(2), 53-60.

박혜연, 고한준(2013). 광고의 시각적 요소 표현방식에 따른 광고효과: 시각적 요소의 기대불일치를 중심으로. 사회과학연구, 26(1), 39-73.

손소영(2016). 인쇄 광고의 시각적 아이디어 발상법을 통해 본 사례분석 연구. 조형미디어학, 19(2), 105-111.

심현준, 최종인(2021). 광고사진의 표현 형식이 광고효과에 미치는 영향: 국내 가전제품 인쇄 광고를 중심으로. 현대사진영상학회 논문집, 24(2), 55-85.

윤일기(2020). 광고아이디어 발상 모델과 적용 사례. 윤일기, 남고은, 김규철, 이희준, 구승회, 이선구, 최승희, 이경아, 한규훈, 김소연, 황보 현우 공저, 디지털 시대의 광고 크리에이티브: 한국광고학회 광고지성총서 6(pp. 223-251). 서울: 학지사.

윤일기, 최민욱(2011). 효과적인 광고아이디어 발상 모델의 제안. 디지털디자인학연구, 11(2), 359-369.

윤지선(2001). 3D 컴퓨터 그래픽스를 응용한 패션 일러스트레이션 연구. 한국패션디자인학회지, 1(1), 147-172.

이수진, 서인숙(2008). 인쇄매체 감성광고에 있어서 일러스트레이션 활용연구. 한국디자인문화학회지, 14(2), 344-355.

전수경(2004). 컴퓨터그래픽스를 활용한 패션디자인 연구(p. 8). 성신여자대학교 대학원 박사학위논문.

최승희(2019). 스티븐 베이커법을 활용한 시각적 표현 중심의 광고아이디어 발상법. 상품문화디자인학연구, 59, 221-230.

최승희(2020). 광고아이디어 발상법. 윤일기, 남고은, 김규철, 이희준, 구승회, 이선구, 최승희, 이경아, 한규훈, 김소연, 황보 현우 공저, 디지털 시대의 광고 크리에이티브: 한국광고학회 광고지성총서 6(pp. 179-219). 서울: 학지사.

최창원(2017). 단박에 카피라이터. 서울: 도서출판 린.

한규훈(2021). 광고 디자인과 영상 콘텐츠 제작. 김병희, 마정미, 김봉철, 김영찬, 유현재, 유승엽, 최세정, 송기인, 소현진, 유승철, 남고은, 김여정, 한규훈, 정윤재, 윤태일, 정승혜 공저, 디지털 시대의 광고학신론(pp. 410-436). 서울: 학지사.

황연주(2001). 영상 정보화 시대에 대처하는 미술교육에서의 '비주얼 리터러시(Visual Literacy)' 교육. 미술교육논총, 12, 137-156.

Baker, S. (1979). *Systematic approach to advertising creativity*. New York: McGraw-Hill.

Garchick, M. (1981). *Creative visual thinking: How to think up ideas fast*. 정경선 역(1999). 창의적 시각 발상법. 서울: 예경.

Ruder, E. (2001). *Typographie: A manual of design*. 안상수 역(2001). 타이포그래피. 서울: 안그라픽스.

Sax, D. (2016). *The revenge of analog: Real things and why they matter*. 박상현, 이승연 공역(2017). 아날로그의 반격: 디지털, 그 바깥의 세계를 발견하다(p. 209). 서울: 어크로스.

Thomas, E. L. (1983). Computer graphics: Opportunity for artistic vision. *Art Education, 36*(3), 11-14.

게티이미지 홈페이지 https://mbdrive.gettyimageskorea.com

두산백과(2021). '광고사진' https://terms.naver.com/entry.naver?docId=1064763&cid=40942&categoryId=31766

드리븐 크리에이티브 컴퍼니 홈페이지 https://drvn.co.kr/index/view/2691589

세스코 홈페이지 http://www.cesco.co.kr

셔터스톡 홈페이지 https://www.shutterstock.com/ko

토픽이미지 홈페이지 http://www.topicimages.com

픽사베이 홈페이지 http://pixabay.com

핀터레스트 홈페이지 https://www.pinterest.co.kr

제**10**장

영상 광고의 창작

정상수
(청주대학교 미디어콘텐츠학부
광고홍보전공 교수)

‘무슨 좋은 수가 없을까?’ ‘수’란 ‘일을 처리하는 방법이나 수완’이다. ‘꾀’와도 비슷하다. 꾀란 ‘일을 잘 꾸며 내거나, 해결해 내거나 하는 묘한 수단이나 생각’을 말한다. 그래서 광고인은 ‘좋은 수’나 ‘좋은 꾀’를 찾아내기 위해 끊임없이 생각한다. 광고업계에서는 그것을 ‘아이디어(idea)’라고 부른다. 또 문제를 해결하는 꾀를 내는 일이라 해서 ‘솔루션(solution)’이라고도 부른다. 앞서 소개한 대로, ‘일을 해결하는 묘한 수단’이 솔루션이다. 다른 분야와 마찬가지로, 광고업계에서도 좋은 아이디어를 생각해 내는 사람만 살아남는다. 그저 그런 아이디어로는 상대의 마음을 열 수 없으므로 광고인은 남들보다 한 번 더 생각한다. 그래야 좋은 수가 나온다는 것을 알고 있기 때문이다. 누가 봐도 괜찮은 아이디어가 나와도 절대로 거기서 멈추지 않는다. 그래야 광고 전문가가 될 수 있다. 기업이나 기관이 의뢰한 제품이나 서비스의 문제점을 잘 파악하여 좋은 아이디어를 낼 줄 알아야 광고 전문가다. 이제 막 인턴 과정을 마친 수련의에게 몸을 절개하는 대수술을 맡기는 환자가 어디 있겠는가? 광고 제작을 의뢰하는 기업도 마찬가지다. 광고는 고도의 설득 기술이므로 전문가에게 맡겨야 효과적인 광고를 만들 수 있다. “전문회사는 한 번 더 생각하고 그만큼 앞서갑니다.”라는 신도리코의 광고 카피처럼 좋은 아이디어를 잘 내어 문제를 해결해 주는 사람이 전문가다.

이 장에서는 효과적인 영상 광고를 만드는 과정과 방법에 대해 알아본다. 지금은 누구나 손에 카메라를 하나씩 쥐고 사는 '영상 시대'다. 영화 역사상 이렇게 영상 제작이 쉬웠던 적은 없었다. 영상 광고를 만드는 일도 더 이상 특별한 기술이 아닌 시대가 되었다. 어디 그뿐인가? 유튜브를 비롯한 소셜미디어의 발달로 누구나 영상 광고를 송출할 수 있게 되었다. 하지만 특별한 기업의 문제에 대한 솔루션을 제공해야 하는 영상 광고는 광고 전문가의 영역이다. 꼭 광고 전문가가 되지 않더라도, 영상 광고 창작을 배우면 유용하다. 영상 광고를 잘 만든다는 것은 생각을 짧은 시간에 조리 있게 표현할 줄 안다는 것이기 때문이다. 딱딱해질 수 있는 주제로 스토리를 잘 만들 줄 알게 되고, 그 스토리를 원하는 대상에게 재미있게 전달할 줄 안다는 것이다. 이 장에서는 효과적인 영상 광고의 창작 계획에 대해 알아보고, 좋은 수를 찾는 방법을 공부할 것이다. 좋은 수를 내려면 지금까지 당연하다고 생각했던 익숙한 것들에게 이별 인사를 보내야 한다. '누가 그래? 그런 게 어디 있어?'라고 기존의 아이디어와 질서에 시비를 걸어야 한다. 더 좋은 수를 찾기 위해 마음을 놓아주자(Free your mind).

1. 영상 광고란 무엇인가

1) 영상 광고란

'영상 광고'는 영상으로 만든 모든 광고를 말한다. 이전에는 영상 광고를 주로 TV 방송을 통하여 송출했기 때문에 'TV 광고'라 불렀다. 'TV 광고'라는 용어는 영어의 '텔레비전 애드버타이즈먼트(Television Advertisement)' 혹은 '텔레비전 커머셜(Television Commercial)'을 옮긴 말인데, 미국에서는 'TVC'나 '커머셜(commercial)'이라 줄여서 말하거나, '애드(Ad)'나 'TV 스팟(TV spot)'이라고 부르기도 한다. 영국에서는 '애드버트(Advert)'라고 줄이기도 하고, 일본에서는 'CM' 혹은 '테레비 코마샬'이라 줄여 사용한다. 우리나라에서는 'CF(Commercial Film)' 'CM(Commercial Message)' 'TV 광고' '커머셜' '방송 광고' '전파 광고' '영상 광고' 등 여러 가지로 부르고 있어(윤석태, 정상수, 2012), 이 책에서는 명칭을 '영상 광고'로 통일했다.

TV 광고는 먼저 TV 방송용으로 만들고, 같은 광고를 영화관에서도 볼 수 있게 영화관 영사 시스템에 맞게 변환하는 것이 일반적이었다. TV 광고는 고급 화질을 얻기 위해 영화용 필름으로 촬영했는데, 필름으로 찍은 광고를 비디오 기반의 TV로 방송할 수 없어 특수 작업을 거쳐 비디오 포맷으로 바꾸어 방송했다. 영화관에서는 비디오로 만든 TV 광고를 영화용 영사기로 상영할 수 없어 다시 필름으로 바꾸어 상영했다. 그러다가 TV 광고에 혁명이 일어났다. 1994년 우리나라에 처음으로 인터넷이 상용화되고, 광고업계에 디지털 영상 기술이 급격히 도입되기 시작하면서 다양한 유형의 영상 광고가 등장한 것이다. 이제 더 이상 한 가족이 거실에 모여 같은 TV 프로그램을 보지 않는다. 그래서 마케팅을 할 때 소비자를 대중(大衆)이 아니라 분중(分衆)으로 봐야 한다고도 표현한다(하꾸호도생활종합연구소, 1988). 얼핏 보면, 한 가족이니 똑같은 라이프 스타일을 갖고 있을 것으로 보이지만, 모두 각자의 방식으로 생활한다. 그래서 TV 광고도 시청하는 방식에 따라 다양한 형태의 영상 광고로 진화한 것이다.

2) 매스 미디어에서 퍼스널미디어로

전국을 넘어 전 세계로 송출되는 TV 광고의 위력은 여전히 막강하다. 하지만 매체가 많아지고 다양해짐에 따라 TV라는 말 자체는 중요하지 않게 되었다. 광고를 영상으로 만들어 TV뿐 아니라 컴퓨터 모니터, 스마트폰 모니터, 태블릿 PC, LED(Light Emitting Diode)를 이용한 디지털 사이니지(Digital Signage) 등의 장치로 송출할 수 있기 때문이다. TV는 '대중'을 뜻하는 '매스(mass)'를 상대로 방송하기 때문에 '매스 미디어(mass media)'라 하는데, 이제는 '개인'이 알아서 홀로 즐기기 때문에 '퍼스널 미디어(personal media)'가 된 셈이다. 꼭 TV가 아니어도 영상 광고를 방송할 매체가 많아짐에 따라 영상 광고의 유형도 그 어느 때보다 다양해졌다. 유튜브와 메타, 트위터, 인스타그램 등이 영상 광고 매체가 된 지 오래다. 또 기업들은 무료 매체인 자사의 홈페이지와 블로그에 방영 시간이 긴 영상 광고를 싣는다. 마치 광고를 신문이나 잡지, 뉴스레터 같은 간행물에 싣는 것과 같다고 생각하여 '방송'이나 '송출'이란 말 대신 '퍼블리싱(publishing, 간행)' 한다고 표현하기도 한다. 다양한 홈쇼핑 채널에서는 제품을 시간에 구애받지 않고 오래 설명할 수 있는 '인포머셜(informercial)' 형태의 영상 광고를 내보내기도 한다.

또 '버티컬 스크린(vertical screen)'이 새로운 영상 매체로 등장했다. 기존의 가로로 된 직사각형 TV 모니터에만 싣던 영상 광고를 스마트폰의 세로로 된 직사각형 모니터에 맞추어 퍼블리싱한다. 물론 폰을 옆으로 돌려서 보면 화면이 가로로 바뀌기도 하지만, 그 동작을 귀찮아하는 소비자를 위해 세로 화면용 영상 광고를 개발하는 것이다. 영상 광고 제작자들은 기존의 가로 사각형 모니터에 익숙한 소비자들에게 세로 화면의 영상 문법을 적용한 새로운 영상 광고를 선보이고 있다. 또 AR(Augmated Reality, 증강현실)과 VR(Virtual Reality, 가상현실)을 활용한 영상 광고도 등장하여 소비자에게 실감 나는 브랜드 체험 기회를 제공한다. 비디오게임 속에도 영상 광고를 싣고, 모바일 앱(app) 안에도, 슈퍼마켓 진열대에 붙인 소형 모니터에도, 지하철 차량 모니터에도, KTX의 객실 모니터에도, 비행기의 앞좌석 모니터에도, 택시 내부 천장의 모니터에도 영상 광고를 싣는다. 초창기에 애니메이션을 이용한 배너(banner) 광고를 주로 싣던 검색엔진 사이트에도 '리치 미디어(Rich Media)'라는 이름으로 영상 광고를 보여 준다. 비디오와 오디오가 살아 있어 단순한 배너보다 정보와 표현이 풍부해진 영상 광고를 말한다. 또 기업들은 자사의 홈페이지를 활용하여 방영 시간이 긴 TV 광고 영상을 방송한다. 유튜브 채널에서는 제품을 오래 설명할 수 있는 '영상'을 방송한다.

영상 광고를 실어 나르는 매체와 그 유형이 다양해지고, 앞으로도 새로운 매체는 계속 등장할 것이다. 그러나 아무리 새로운 매체가 등장한다 해도 영상 광고의 모태는 TV 광고다. 제작비와 방송국에 내는 매체 요금이 비싸 매체 점유율은 줄었지만, 대기업 브랜드와 글로벌 브랜드는 여전히 막대한 비용을 TV 광고에 쓰고 있다. 광고를 위한 여러 가지 영상 중 TV 광고가 가장 압축된 형태이고, 영상의 완성도도 뛰어나기 때문이다. TV 수상기의 등장 이후 오랜 세월 동안 세계의 영상 천재들에 의해 축적된 메시지의 압축 기술과 영상미를 배우면 머지않아 영상 광고 전문가가 될 수 있다.

3) '로직'에서 '매직'으로: 영상 광고의 창작 과정

영상 광고의 창작은 '로직(Logic)'을 '매직(Magic)'으로 바꾸는 작업이다. '로직'은 말 그대로 이성적인 것이고, '매직'은 감성적인 것이다. 그러니까 광고 메시지의 선정이 매우 이성적인 작업이라면, 그것을 표현하는 방법을 찾는 일은 마법에 가깝다는 뜻이다. 따라서 영상 광고의 창작 과정은 크게 그 두 단계로 나눌 수 있다. 첫 번째 단계는 '로직 과정'이고, 두 번째 단계는 '매직 과정'이다. 대개 생각하는 과정에 80%의 시간을 쓰고, 표현하는 과정에 20%의 시간을 쓰면 좋은 광고를 만들 수 있다. 그러나 실제 광고 제작 현장에서는 시간에 쫓겨 그 반대로 하는 경우가 많다. 많은 광고인이 영감이 떠오르면 일단 시작하고 진행하면서 고쳐 나간다. 그래도 좋은 작품을 만들 수 있다면 문제없지만, 제대로 뜸 들여 지은 밥과 전자레인지에 데운 즉석밥의 맛의 차이는 누구나 안다.

영상 광고 창작 과정의 첫 단계인 '로직 과정'은 광고 메시지를 확실하게 결정하는 것이다. '무엇을 말할 것인가(what to say)'를 구체적으로 적어 보아야 한다. 그것이 결정되면, '매직 과정'인 '어떻게 말할 것인가(how to say)'를 연구하는 시간으로 넘어간다. 먼저, '무엇을 말할 것인가(what to say)'를 결정하는 좋은 방법은 다양한 장점을 '하나'로 압축하여 표현하는 것이다. 흔히 인쇄 광고나 포스터의 기대수명이 2초 정도라고 한다(탐 카이 멩, 2001). 소비자가 어떤 광고를 보고 2초 안에 고개를 돌린다는 말이다. 물론 평소에 그 제품이나 서비스에 관심이 있는 소비자는 광고를 오래 볼 수 있지만 대부분은 2초 안에 외면한다. 영상 광고도 마찬가지라고 생각하는 것이 좋다. 그래도 영상 광고는 15초나 30초 정도 되니까 좀 더 오래 봐 줄 것이라는 생각을 버리는 것이 좋다. 역시 첫 화면이 뜬 후 2초 안에 소비자는 계속 볼지 보지 않을지를 판단한다. 요즘에도 영상 광고 한 편에서 영양가 높고, 맛있고, 가격도 저렴한 제품이 나왔다고 이야기할 광고인은 없을 것이다. 광고 한 편에는 하나의 메시지만 담아야 한다. 소비자는 한 가지만 기억하기 때문인데, 그것도 그 광고를 봐 주었을 때 그렇다는 말이다. 더 좋은 방법은 영상 광고에서 하고 싶은 메시지를 한 단어로 줄이는 것이다. 이번에 만들 영상 광고의 메시지가 '1894년부터 프로방스의 치즈 장인이 만들어 온 맛있는 치즈'라면 곤란하다. 그 메시지에는 적어도 네 가지 정보가 들어 있기 때문이다. 달리 말하면, 네 편의 광고를 만들어야 한다는 말이다. 즉, ① 1894년부터 만든 치즈, ② 프로방스에서 만든 치즈, ③ 치즈 장인이 만든 치즈, ④ 맛있는 치즈를 주제로 각기 다른 광고를 만들어야 할 것이다. 장점이 많아 모두 말하고 싶고, 그래도 되지만, 한 번에 한 가지 이야기만 하는 것이 좋다. 지금 만들려고 하는 영상 광고의 메시지를 '한 단어'로 표현할 수 있는가? 그렇다면 만들기 전에 이미 '절반의 성공'을 거둔 것이다. 그리고 이 첫 번째 단계는 창의력 훈련이 부족하더라도 약간의 인내심만 갖고 있다면 누구나 무난히 해낼 수 있다. 자랑거리를 다 말하고 싶은 욕심을 참아 내면 되기 때문이다. 여러 가지 장점을 말하지 않고 욕심을 버릴 수 있으면 성공한다. 영상 광고를 왜 만들어야 하는지 생각하고, 어떻게 만들어야 하는지 생각하고, 누구를 보라고 만드는지 곰곰이 생각해 보면 답을 쉽게 찾을 수 있다. 할 말만 하는 기술은 군부대 앞에 있는 야간 검문을 위한 수하(誰何)용 전광판에서 배울 수 있다. 들어오는 차량을 향해 길게 지시하지 않고 할 말만 가장 짧게 요약한 그 표지판에는 '정지. 라이트 꺼. 시동 꺼. 운전자 하차'라고 적혀 있다. 더 이상 줄일 수 있을까?

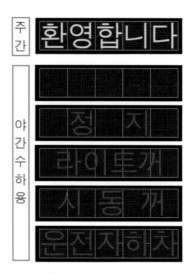

[그림 10-1] 군부대 정문에 설치하는 수하등

출처: https://blog.naver.com/bless0233/222149776407

그것이 결정되면, '어떻게 말할 것인가(how to say)'를 찾는 과정으로 넘어간다. 일단 무엇을 말할 것인가를 '한 단어'로 압축했다면, 어떻게 말할 것인가는 자연스럽게 따라온다. 물론 여러 가지 장점 중 하나만 골라 내는 일에 비해 쉽지는 않다. 하나로 정한 메시지를 잘 표현할 방법은 너무도 다양하고 잘 보이지 않아 어렵지만, 숨어 있는 창의력을 발휘하면 찾을 수 있다. '어떻게 말할 것인가'를 잘 찾아내기 위해서는 우선 '수사법'을 연구하면 좋다. 메시지를 표현하기 위해 국어 시간에 배운 다양한 수사법 중 하나를 이용해 보자. 그러면 밋밋한 이야기에 생명이 생겨 머릿속에 어떤 상황을 담은 그림이 쉽게 떠오를 것이다. 그런 다음 그것을 이어지는 스토리로 엮어 보는 것이다. 예를 들어, '1894년부터 만든 치즈'가 메시지라면 그것을 어떻게 표현할 것인가? 모델이 나와 카메라를 보며 100년도 더 된 옛날부터 만들어 온 치즈니까 맛있다고 말하면 어떨까? 아마 아무도 관심을 기울이지 않을 확률이 높다. 광고는 그렇게 직설적으로 이야기하는 것을 좋아하지 않는다. 좀 더 재미있게 표현할 방법은 없을까? 있다. 그래서 수사법을 활용하는 것이다. 알고 있는 여러 가지 수사법 중 떠오르는 것이 있는가? 비유법? 은유법? 감탄법? 비교법? 이 정도 떠올렸으면 성공이다. 예를 들어, 비유법을 활용해서 '1894년부터 만든 치즈'라는 메시지를 표현해 보자. 1894년 프랑스의 음악가 클로드 드뷔시(Claude Debussy)는 〈목신의 오후에의 전주곡〉이라는 곡을 작곡했다. 그래서 영상의 첫 장면부터 치즈를 보여 주는 대신 드뷔시가 그 곡을 연주하는 모습을 보여 준다. 그러다가 화면이 오래 된 치즈의 모습으로 이어진다. 드뷔시의 음악 선율 위로 성우의 목소리가 흐른다. "1894년 프랑스에는 많은 일이 일어났고, 지금은 대부분 잊혔습니다. 하지만 세월이 흐른 지금에도 변함없이 사랑받는 두 가지는 바로 드뷔시의 이 명곡과 본사의 치즈입니다. 1894년부터 이어 온 명작—XX 치즈." 치즈 제품을 같은 해에 태어난 낭만주의 음악의 거장이 만든 곡에 비유한 것이다. 설명을 위해 급하게 지어낸 스토리지만, 모델이 나와 치즈 제품을 들고 카메라를 보면서 말하는 방법보다 소비자에게 더 나은 인상을 주지 않을까? 저작권만 해결할 수 있다면 아예 제품 이름도 '드뷔시'라고 지으면 더욱 좋지 않을까? 비록 공장에서 생산한 치즈를 먹지만, 먹을 때마다 '나는 명작을 먹는다'는 느낌을 받을 수 있을 것이다. 어떤가? '1894년부터 만든 치즈'라는 '로직'을 '나는 드뷔시의 명곡 같은 명작 치즈를 즐긴다.'라는 '매직'으로 바꾸는 데 성공했는가?

2. 영상 광고의 스토리텔링

1) 드라마의 스토리텔링

영상 광고를 잘 만들기 위해서는 스토리텔링(storytelling)을 먼저 배우는 것이 좋다. 스토리텔링이란 말 그대로 '스토리를 들려주는 것'을 말한다. 똑같은 이야기를 실감 나게 전해 주는 사람이 있고, 끝까지 듣기 어려울 정도로 지루하게 말하는 사람이 있다. 어떤 사람이 인기를 얻겠는가? 효과적인 영상 광고를 창작하고 싶다면 드라마의 스토리텔링을 먼저 배워 재미있게 이야기하는 방법을 연습해야 한다. 마치 뉴스처럼 단순히 사실만 전달하면 재미를 느끼지 못하므로 같은 이야기라도 새롭게 구성하는 방법을 찾아 익혀야 한다.

효과적인 스토리텔링을 위해 도움을 얻을 수 있는 훌륭한 목록이 있다. 1895년, 프랑스의 문예비평가 조르주 폴티(Georges Polti)가 발표한 『드라마에 나오는 36가지 상황(The 36 Dramatic Situations)』이 그것이다. 그는 극작가 괴테와 실러 등의 설을 종합하고 1,200여 편의 소설과 희곡을 읽고 나서 모든 드라마에 나오는 상황은 다음 36가지에 지나지 않는다고 했다(Polti, 1924).

• 제1상황: 청탁

- 제2상황: 구출
- 제3상황: 복수
- 제4상황: 친척 간의 복수
- 제5상황: 도망
- 제6상황: 재난
- 제7상황: 불운
- 제8상황: 저항
- 제9상황: 대담한 계획
- 제10상황: 유괴
- 제11상황: 수수께끼
- 제12상황: 획득
- 제13상황: 친척 간의 증오
- 제14상황: 친척 간의 싸움
- 제15상황: 살인적 간통
- 제16상황: 광기
- 제17상황: 얕은 생각
- 제18상황: 모르고 저지르는 연애의 죄
- 제19상황: 친척인 줄 몰라서 살해
- 제20상황: 이상을 위한 자기희생
- 제21상황: 친척을 위한 자기희생
- 제22상황: 애욕을 위한 모든 희생
- 제23상황: 애인의 희생이 필요
- 제24상황: 강자와 약자 간의 싸움
- 제25상황: 간통
- 제26상황: 연애의 죄
- 제27상황: 애인의 불명예 발견
- 제28상황: 장애가 생긴 사랑
- 제29상황: 적에 대한 애착
- 제30상황: 야망
- 제31상황: 신과의 싸움

- 제32상황: 잘못된 질투
- 제33상황: 잘못된 판단
- 제34상황: 뉘우침
- 제35상황: 잃어버린 자의 발견
- 제36상황: 애인을 잃음

우리가 살면서 맞닥뜨리는 복잡다단한 상황은 훨씬 더 많겠지만, 예나 지금이나 사람의 심리와 살아가는 모습은 크게 달라지지 않았을 것이다. 그러므로 그가 정리한 목록은 영화나 영상 광고 아이디어를 처음 낼 때 유용한 참고서가 된다. 이 목록에 나온 상황 중에서 마음에 드는 상황을 골라 스토리를 만들면 쉬울 것이다. 물론 그가 분류한 극적 상황 중 여러 가지 상황을 섞어서 쓰는 것도 좋은 방법이다. 지금도 할리우드의 시나리오 작가들을 비롯한 세상의 모든 스토리텔러는 이 목록을 유용하게 쓰고 있다. 실제로 아마존 온라인 서점에서는 36가지의 상황을 담은 카드 세트를 판매하고 있다. 작가들이 카드 놀이하듯 중 스토리의 모티브가 될 상황을 마음대로 골라서 쓸 수 있도록 만든 것이다. 우리가 즐기고 있는 할리우드의 블록버스터 영화도 이런 과정을 거쳐 만들어졌을지도 모른다.

[그림 10-2] 아마존에서 팔고 있는 '드라마에 나오는 36가지 상황' 카드.
스토리를 개발할 때 임의로 카드를 골라 그 상황을 갖고 스토리를 꾸밀 수 있다.

출처: The 36 Dramatic Situations-Deck of Cards: Amazon.co.uk: Mike Figgis, Mike Figgis: 5060570660009: Books.

그런데 그가 열거한 '드라마에 나오는 36가지 상황'에는 공통점이 하나 들어 있다. 모든 상황에 '갈등(conflict)'이라는 요소가 반드시 들어가 있다. 평온한 스토리는 드라마가 될 수 없으므로 결국 누군가가 어떤 갈등 요소를 만나 부딪치지 않으면 안 된다. 재미있는 드라마 아이디어를 내기 위해서는 스토리에 반드시 갈등을 만들어 넣어야 한다. 갈등이야말로 드라마 스토리텔링의 필수적 요소이기 때문이다.

2) 영상 광고의 스토리텔링과 플롯

감동적인 스토리는 마음을 움직이지만, 건조한 상황 묘사는 외면당하기 쉽다. 영상 광고에서도 제품이나 서비스에 관한 스토리만 줄줄이 소개하면 소비자는 관심을 주지 않는다. 그러므로 제품의 기능이 아무리 뛰어나도 그것을 있는 그대로 나열하지 말고 재미있는 영화처럼 스토리를 잘 엮어 내야 한다. 재미있는 영화는 구성 단계에서부터 관객을 어느 부분에서 웃게 할지, 어느 부분에서 숨죽이게 할지 미리 철저하게 계산해 놓는다. 그래서 스토리를 전개하는 동안 작가와 관객이 서로 밀고 당기기를 계속한다. 가는 실로 비단 천을 짜듯이 스토리를 잘 짜는 기술을 영화작가에게 배울 필요가 있다. 그렇게 스토리를 잘 짜는 것을 플롯(plot)이라 한다. 소설가 E. M. 포스터(E. M. Foster)는 스토리와 플롯은 다르다고 설명했다. 단순한 시간적 순서에 따른 사건을 서술하는 것은 스토리(story)이고, 거기에 인과관계를 넣은 것은 플롯이라고 했다. 그러니까 스토리는 시간적 순서에 따라 사건을 서술하기 때문에 '그래서 어떻게 됐어?'라는 궁금증을 만든다. 반면에 플롯은 '왜 그렇지?'라는 질문을 이끌어 내면서 인과관계를 따지게 한다. 예를 들어, "왕과 왕비가 살았다. 왕이 죽었다. 왕비도 죽었다."는 스토리다. 그런데 "왕과 왕비가 살았다. 왕이 죽었다. 그러자 슬픔에 잠긴 왕비가 따라 죽었다."는 플롯이다(Forster, 2002). 그러니까 영상 광고의 스토리텔링은 바로 플롯을 정교하게 만드는 일이라 하겠다.

플롯을 잘 짜려면 어떤 연습을 해야 할까? 유명한 문학 작품이나 영화의 구성을 뜯어보면 큰 도움을 받을 수 있다. '초장, 중장, 종장'을 갖춘 한시의 3단 구성을 보라. 또 '기승전결'을 갖춘 네 컷 만화의 4단 구성(또는 1컷이나 2컷짜리의 구성)도 분해해 보라. 또 '발단, 전개, 위기, 절정, 결말'로 이루어지는 소설이나 희곡, 시나리오의 5단 구성을 해부해서 들여다보면 대가들의 플롯 만드는 기술을 배울 수 있다. 최초의 국산 자동차 '시발'은 미군이 버린 지프 자동차를 분해하여 그 얼개를 배웠고, 국산 휴대폰 '애니콜'은

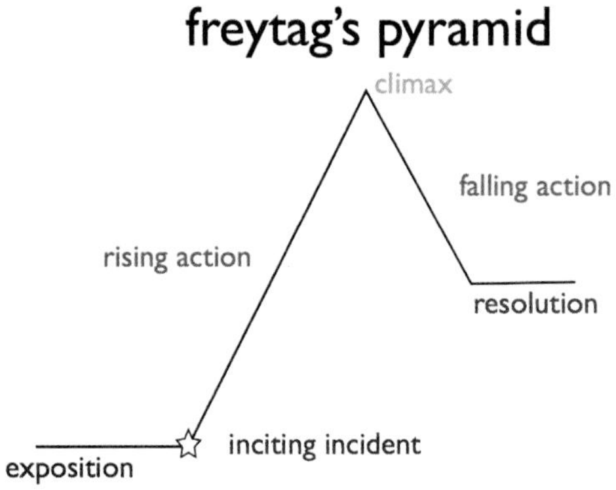

freytag's pyramid

climax

falling action

rising action

resolution

exposition   inciting incident

[그림 10–3] 드라마의 5단 구성을 설명하는 독일의 극작가 구스타프 프라이타크의 플롯 피라미드
출처: The 5 Stages of Freytag's Pyramid: Introduction to Dramatic Structure(https://writers.com/freytags-pyramid).

미국의 휴대폰 '모토로라'를 분해하여 구성을 배웠다고 한다.

　독일의 극작가이자 소설가 구스타프 프라이타크(Gustav Freytag)는 '도입부(exposition), 상승기(rising action), 절정기(climax), 하락기(falling action), 대단원(resolution)'으로 이루어지는 드라마의 5단 구조를 피라미드 모양에 빗대어 설명했다. 수많은 그리스 · 로마 시대의 희곡 작품을 분석했더니 스토리는 마치 피라미드의 삼각형 모양으로 갈등이 시작되는 도입부를 거쳐 갈등이 점점 상승하며 절정에 이르렀다가 해소되기 시작하며 마무리가 되는 과정을 거친다는 것이다(Freytag, 2008). 물론 모든 스토리를 여기에 맞추어 구성할 필요는 없다. 도식적이고 판에 박힌 스토리 구성은 결말을 금방 예측할 수 있으므로 이런 구조를 기반으로 하되 계속 구성에 변화를 주는 것이 좋다. 프랑스의 영화감독 장 뤽 고다르(Jean-Luc Godard)는 "스토리는 시작, 중간, 끝을 갖추어야 한다. 하지만 꼭 그 순서를 지킬 이유는 없다."라고 말했다.

　영상 광고의 구성을 잘하려면 명작의 분해 기술이 뛰어나야 한다. 영상 광고를 처음 배울 때 아무도 제대로 가르쳐 주지 않아 '역(逆) 콘티'를 만들며 공부한 기억이 있다. '역(逆)'이란 '반대, 거꾸로'란 뜻이고, '콘티(conti)'란 '콘티뉴이티(continuity)'의 준말이다. '콘티뉴이티'란 '지속성'이란 뜻인데, 영화나 영상 광고의 장면 연출 계획을 그린 대본을 말한다. 영상 광고는 인쇄 광고나 포스터처럼 한 장면이 정지되지 않고 계속 이어지기 때문에 '콘티뉴이티'라 부르는 것이다. 그러니까 '역 콘티'란 그 이어지는 영상 광고의 속성을 분해해서 거꾸로 추적해 보는 작업을 말한다. 내가 광고 작가가 되어 촬영 계획을 세운다면 콘티를 만든 것이고, 역 콘티는 완성한 다른 감독의 광고를 거꾸로 추적해 보는 것이다. 다시 말하면, 완성된 영상 광고를 뜯어보는 작업을 역 콘티 작업이라 하는 것이다. 이 작업은 의외로 효과가 크다. 역 콘티를 만드는 일은 어렵지 않다. 우선 유튜브에서 가장 마음에 드는 영상 광고를 한 편 고른다. 국내 광고여도 좋고, 외국 광고여도 좋지만, 이왕이면 화제가 된 광고나 국제광고제에서 상을 받은 광고 한 편을 고르면 더욱 좋다. 그다음에는 그 영상 광고를 재생하며 모든 장면을 정지시켜 캡처한다. 영상 광고는 극영화와 달라 길이가 짧기 때문에 30초 광고를 분해해도 30컷(cut)을 넘지 않는다. 그렇게 캡처한 화면을 스토리보드처럼 위에서 아래로 하나하나씩 순서대로 배열한다. 그러면 마치 그 광고를 내가 제작한 것 같은 착각에 빠지기도 한다. 그런 다음에 그 광고를 재생하면서 오디오를 주의 깊게 받아 적는다. 성우의 목소리는 어느 장면에서 시작되는지, 배경음악이 있다면 어디서부터 흘러나오는지, 효과음향이 어느 장면에 들어가는지를 화면 옆에 자세히 적는다. 그러면 광고를 찍기 전에 만들었을 스토리보드가 만들어지는 것이다. 마지막으로, 각각의 화면의 시간을 재서 적는다. 이것이 '역 콘티'다.

3) 몽타주

메리엄 웹스터(Merriam-Webster) 영어사전의 풀이에 따르면, '몽타주(montage)'란 "영화에서 여러 개의 연상되는 아이디어를 보여 주기 위해 이미지를 빠르게 연속적으로 만들어 내는 것"이다. 쉽게 설명하면, 몽타주란 영상의 편집(editing)을 말한다. 영화의 영상을 만들려면 수많은 장면을 촬영하게 되는데, 그 방대한 촬영 영상 중에서 쓸 장면만 골라내어 의도에 따라 잘 연결하는 작업이다. 촬영한 수많은 장면을 시간 순서대로 밋밋하게 이어 붙이면 지루해서 보기 어렵기 때문에 영상의 흐름에 리듬과 템포를 만들기 위해 몽타주 기법을 활용하는 것이다. 미국의 영화감독 스파이크 리(Spike Lee)는 몽타주를 제대로 하면 어떤 효과가 있는지 여섯 가지 장점을 들어 설명했다. 첫째, 시간을 단축할 수 있다. 하루나 한 주, 한 달, 일 년 이상의 시간을 그대로 보여 주지 않고 과감하게 생략할 수 있기 때문이다. 불필요한 스토리를 잘라 내고 시간을 압축하여 영상 작가가 원하는 스토리텔링을 할 수 있다. 둘째, 한번에 많은 정보를 전달할 수 있다. 과감한 생략을 통해 몽타주를 잘하면 스토리 설명 속도를 높이고 단 몇 초 안에 관객을 사로잡을 수 있다. 셋째, 긴장감을 높일 수 있다. 영화에서는 대개 스토리의 2/3 정도가 진행된 클라이맥스 직후 몽타주를 통해 관객이 등장인물이나 스토리에 대해 새롭게 관심을 갖게 하거나 활력을 불어넣을 수 있다. 넷째, 비교와 대조를 보여 줄 수 있다. 때로 영화의 시작 부분부터 몽타주를 통해 두 등장인물의 생활을 대조적으로 보여 주며 관계를 보여 줄 수 있다. 다섯째, 등장인물의 성격을 드러낸다. 예를 들어, 마약에 빠진 인물의 장면에서 시작하여 6개월 이후의 변화 장면을 몽타주를 통해 빠르게 보여 줄 수 있다. 여섯째, 여러 개의 스토리라인을 결합할 수 있다. 몽타주를 통해 영화가 진행되는 동안 풀어 놓은 복잡한 스토리라인을 붙여서 마무리하면서 등장인물들이 마지막에 어떻게 됐는지를 확실하게 설명할 수 있다.

영상 작가는 영화의 탄생 초기부터 선배 작가들이 개발해 놓은 전통적인 몽타주 기법을 익혀 두면 큰 도움을 받을 수 있다. 가장 많이 쓰는 몽타주 기법은 '퀵 컷(quick cut)'이다. 말 그대로, 스토리 전개에 필요 없는 장면들을 빼고 필요한 장면만 연속해서 보여 주는 방법이다. '컷(cut)'이란 영화 카메라가 카메라 스위치를 눌러 촬영을 시작해서 중단한 지점까지의 장면을 말한다. '샷(shot)'이라고도 부르는데, 영화의 장면 중 가장 짧은 단위다. 그런 여러 컷을 빠르게 이어 붙이는 작업을 퀵 컷이라 부른다. 때로 화면만 보여 주고 일체의 대화를 생략하는 몽타주 기법을 쓰면 효과를 볼 수 있다. '말로 하지 말고 직접 보여 주라(Show, don't tell)'는 조언은 영화 창작에서 불문율로 여겨지는데, 등장인물의 대사만 잔뜩 담은 스토리는 지루하게 다가갈 수 있기 때문이다. 혹시 관객이 스토리를 따라잡지 못할까 봐 군이 모든 내용을 대화나 설명을 통해 표현하는 것은 몰입을 방해하여 흥미를 잃게 하는 지름길이다. 또 가장 흔하게 쓰는 방식은 '보이스오버 내레이션(voiceover narration)'이다. '보이스오버'란 영상 위에 직접 출연한 배우나 성우의 목소리를 입히는 작업이다. 앞서 소개한 것과는 반대로 중요한 정보를 명확하고 예술적으로 전달하기 위해 말로 설명을 덧붙이는 방법이다. 또 음악도 몽타주의 필수 도구인데, 빠르게 펼쳐지는 액션과 등장인물들이 경험하는 감정을 강조하기 위해 음악을 사용하면 극적 긴장감을 높일 수 있다. 영상 몽타주에서 '자막(字幕, supers)'도 빼놓을 수 없는 중요한 장치다. '자막'이란 글자를 담은 막을 말한다. 옛날에는 필름으로 영화를 찍었으므로 찍은 필름 한 컷 위에 글자를 넣으려면 글자를 촬영한 또 하나의 필름을 포개서 현상하는 과정을 거쳤다. 그래서 글자를 담은 막을 자막이라 부른 것으로 추정된다. 자막은 화면만으로는 스토리를 전달하기 어려울 때나 전달은 되지만 더욱 강조하고자 할 때 화면 위에 삽입한다. 영상을 담은 화면 위로 글자가 들어간 자막 화면을 겹치는 작업이라 해서 영어로는 '수퍼임포즈(superimpose)'라 부른다. 영화에서는 앞부분의 제목 및 출연진과 제작진의 이름을 넣거나 마지막에 스토리를 마무리하기 위한 설명용으로 자막을 삽입했지만, 요즘은 작가가 원하는 부분에 자유롭게 넣는다. 게다가 다양한 서체가 많이 개발되어 있어 꼭 정보 전달 목적이 아니라 화면의 예술적 구성 요소로 사용하기도 한다. 또 자막을 손글씨로 만들기도 하고, 3D 애니메이션 효과를 넣어 재미있는 동작과 함께 등장하거나 사라지게 만들기도 한다. 다만, 자막으로 스토리를 설명하기 쉽다고 해서 남용하면 영상이 건조해져서 관객의 주의를 분산시킬 수 있으므로 조심해야 한다.

3. 로직(Logic)에서 매직(Magic)으로

1) 사람들은 광고를 보지 않는다

아이디어가 떠오르면 그걸로 영상 광고를 만들면 되지 복잡하게 접근할 필요가 있나 하는 의문을 가질 수도 있다. 그러나 영상 광고는 음악, 무용, 영화, 미술 작품과는 근본적으로 다르다. 자발적으로 정보를 탐색하고 자신의 지갑을 열어 관람료를 지불하고 몸을 움직여 현장까지 찾아가서 감상하는 예술 작품이 아니기 때문이다. 광고를 그런 예술 작품처럼 돈 내고 찾아서 보게 할 수는 없는 노릇이다. 미국의 광고인 하워드 고시지(Howard Gossage)는 이미 오래전에 "사람들은 광고를 보지 않는다. 재미있는 것을 본다. 때로 그것이 광고일 경우가 있다."(Gossage, Goodby, & Bendinger, 2006)라고 동료 광고인들에게 경고했다. 그러므로 사람들이 광고를 보게 하려면 저항감 없이 다가가는 방법을 연구해야 하는 것이다. 자발적으로 보려 하지 않는 광고를 어떻게 하면 보게 할 수 있을까? 그것이 바로 출발점이다. 어떤 스토리를 들려주어야 사람들이 고개를 돌려 들어 줄 것인가? 모든 광고의 첫 번째 숙제는 예상 소비자의 주목을 끄는 일이다. 전통적 소비자 반응모델인 AIDA의 첫 번째 A가 '어텐션(Attention: 주목)' 아닌가? AIDA 모델은 소비자가 광고를 보고 반응하는 단계를 설명하는 모델이다. 소비자가 광고나 제품을 보면 제일 먼저 '어텐션(Attention: 주목)'이 생기고, 그다음에 '인터레스트(Interest: 흥미)'가 생기면, 이어서 '디자이어(Desire: 욕구)'가 생기고, '액션(Action: 구매)'을 한다는 것이다. 최근에는 AIDA 모델에 '서치(Search: 검색)'와 '쉐어(Share: 공유)'의 첫 글자 S를 덧붙인 AISAS 모델도 등장했다(Sugiyama & Andree, 2010). 하지만 여전히 첫 번째 A인 '어텐션(Attention)'이 가장 중요하다. 지금 이 순간에도 세상에는 아무의 주목도 받아 보지 못하고 2초 안에 사라지는 광고가 너무도 많기 때문이다. 그러므로 광고하려는 브랜드를 둘러싼 마케팅 상황이 아무리 복잡하고 해결 불가능하다 해도 광고는 일단 소비자가 신경 쓰이게 해야 하는 임무를 잊지 않아야 한다. 재미있는 자극이 점점 많아지는 시대라 브랜드가 보내는 유혹의 손짓은 그 힘이 계속 약해지고 있는 까닭이다. 게다가 광고 메시지에 대한 소비자의 필터링 기술은 나날이 정교해져 이제 일방적으로 보내는 아름다운 브랜드의 목소리 따위에는 가차 없이 귀를 닫는다. 그들은 바쁘다. 세상 돌아가는 속도에 발맞추느라 바쁘고, 앞서가느라 바쁘다. 그래서 그런 그들의 눈과 귀를 열기 위해 신경 쓰이는 스토리를 끊임없이 발굴해야 한다. 그것이 멀어져 가는 그들의 관심을 얻는 방법이다. 그래서 광고에서는 밤낮으로 스토리를 찾는다. 광고의 경쟁상대는 이제 더 이상 광고가 아니다. 재미있는 스토리의 영화와 경쟁하고, TV 드라마와 경쟁한다. 인터넷과 넷플릭스와 경쟁한다. 누가 더 재미있는가, 누가 더 재미있는 스토리를 전해 주는가가 관건이다. 지금도 전 세계의 광고회사에서는 "뭐 좀 좋은 이야기 없어?"라고 물으며 새로운 아이디어를 찾는다. 또 광고회사에서는 아이디어를 말해 보라고 할 때 "무슨 이야긴데?" 하며 묻는다. 다 듣고는 "그게 이야기가 되느냐?"라고 되묻기도 한다. 방송을 내보낸 후 광고를 본 사람들에게 사후조사를 할 때도 우선 "무슨 이야기인지 기억나십니까?"라고 묻는다. 개인 가게라면 엄두도 내지 못할 어마어마한 광고비와 시간을 투입해서 광고를 집행한다. 그런데 아무도 그 메시지를 기억해 주지 않으면 아무리 심오한 철학으로 정교한 마케팅 전략을 세웠어도 모든 것이 헛일이 되고 마는 것이다. 예상 소비자가 기억조차 해 주지 않는 이야기를 던져 놓고 브랜드나 그것이 주는 혜택까지 기억해 주기를 바랄 수는 없는 노릇이다. 그래서 재미있는 스토리는 광고의 기본이다. '어텐션(Attention: 주목)' 끄는 방법을 쉴 새 없이 연구하자.

2) 애드트루기란

'드라마트루기(Dramaturgy)'라는 용어가 있다. 연극이나 TV 드라마 등의 작법을 말한다. 영화에서는 '시네마트루기(Cinematurgy)'라고 부른다. 그런데 일본의 크리에이터인 야마다 고지(山田浩二)는 『효과적인 광고 발상(效果的 廣告發想)』이라는 저서에서 광고에도 드라마트루기가 필요하다고 했다(Yamada Goji, 1987). 그래서 드라마트루기라는 용어를 원용하여 '애드트루기(Adturgy)'라고 이름 붙였다. 광고 창작을 위한 극작술, 혹은 광고 작법이다. 영상 광고는 길이가 30초나 60초 정도에 지나지 않지만, 연극이나 극영화처럼 치밀한 작법을 써서 구성해야 한다. 스토리의 전과 후를 대비해 2단으로 구성하든지, 초장, 중장, 종장을 갖춘 시조처럼 3단으로 구성하든지, 기승전결 만화처럼 4단으로 구성하든지, 장막극처럼 5단으로 구성하든지 간에 반드시 특별한 작법이 필요하다는 것이다. 보통 러닝타임이 2시간 넘는 영화나 연극에서 관객이 끝까지 흥미를 잃지 않고 스토리의 흐름을 따라오게 하는 것은 대단한 능력이다. 하물며 편당 50분씩, 16부작이 넘는 TV 드라마의 미니 시리즈를 성공적으로 써 나가는 작가의 능력은 부러움을 넘어 경탄할 정도다.

그러나 30초에서 60초 정도 길이의 영상 광고를 창작해 내기 위해 애드트루기를 터득하는 일도 만만치 않은 일이다. 광고 작가라면 어떤 스토리를 긴 호흡을 갖고 펼쳐나가는 지구력과 끈기를 터득하는 일 못지않게 흐르는 강처럼 긴 이야기를 짧게 압축할 줄 알아야 하기 때문이다. 애드트루기에서 가장 중요한 것은 압축 스토리텔링이다. 당신은 2시간짜리 스토리를 30초 안에, 나아가 15초 안에 담을 수 있는가? 또는 유튜브의 범퍼 광고처럼 5초 안에 말할 수 있는가? 그럴 수 없다면 애드트루기를 모르거나 버릴 것을 버리지 못하는 미련 많은 작가일 확률이 높다. 만일 압축 스토리텔링에 자신이 없다면, 스스로 '엘리베이터 테스트'를 자주 해 보면 큰 도움을 얻을 수 있다. 이는 마케팅 컨설턴트를 교육할 때 사용하는 테스트로 유명한데, 요즘은 많은 분야에서 응용하고 있다. 예를 들어, 당신은 시나리오 작가다. 영화로 만들기만 하면 정말 세계를 감동시킬 시나리오를 갖고 있다고 생각하고 있지만, 정작 제작자는 아직 만나지 못했다. 그런데 어느 날, 당신이 그리도 만나고 싶어 하던 할리우드의 거물 영화 제작자를 엘리베이터에서 단 둘이 만났다면 어떻게 말할 것인가? 여기는 1층. 그는 30층에서 내린다. 거기까지 1분이 걸린다고 하자. 과연 당신은 세상을 감동시킬 당신의 아이디어를 그 시간 안에 팔 수 있는가? "어, 어, 그게, 아, 정말 반갑습니다. 그러니까 먼저 제 소개를 하자면, 어어, 정말 감동적인 시나리오를 제가 썼는데요. 그러니까 이건 영화로 만들기만 하면, 그러니까 일종의 사극 비슷한데, 아니 꼭 그렇지는 않고, 실화와 판타지를 섞은⋯⋯." 아이디어를 들은 제작자가 30층에서 함께 내리자고 한다면 성공이지만, 감사 인사를 하고 혼자 내리면 실패이므로 고농축 스토리텔링이 필요한 것이다. 길이가 짧아 덧없이 흘러가 버리는 영상 광고는 광고를 봐 주는 이에게 순간적으로 초강력 펀치를 날릴 줄 알아야 한다. 절대로 잊어버릴 수 없는 이미지나 키워드 하나를 뇌리에 문신처럼 새겨 넣어야 한다. 그래야 영상 광고를 방송한 후에 시행하는 광고효과조사(Ad Tracking Survey)에서 그 광고를 봤다는 대답을 얻을 수 있다. 간혹 광고의 스토리를 잘 기억해 준 소비자도 무슨 제품의 광고인지 물으면 경쟁사의 브랜드네임을 대답하는 일도 생긴다. 순간이라 할 수 있을 15초 안에 하고 싶은 말을 조리 있게 구성하고 재빠르게 던져 전달될 수 있도록 애드트루기를 끊임없이 연습해야 한다.

3) 매혹이 매직이다

광고의 메시지가 로직이라면, 그것을 표현하는 방식을 매직이라 설명했는데, 매직은 매혹적이라서 매직이다. 미국 레브론(Revron) 화장품의 창업자 찰스 렙슨(Charles Revson)은 "우리는 공장에서 화장품을 만든다. 상점에서는 희망을 판다(In the factory we make cosmetics; in the store we sell hope)."라는 말을 남겼다. 화장품 회사니까 실제로 화장품을 팔지만, 그것을 넘어 여성들의 아름다워지려는 꿈을 판다는 것이다. 영상 광고도 마찬가지다. 제품의 우수성을 홍보하는 수준을 넘어 매혹을 팔아야 성공한다. 영상 광고에는 광고 목적의 설정부터 소비자 빅데이터 분석에 따른 타깃 그룹(target group)의 선정, 콘셉트 결정, 효과 측정에 이르기까지 세심한 설계를 뛰어넘는 매혹적 요소를 반드시 담아야 한다. 영상 광고에서 담아야 할 매혹적 요소란 무엇인가? 그것은 기억에 오래오래 남을 카피 한 줄일 수도 있고, 잊을 수 없는 아련한 이미지일 수도, 마음 깊이 스며드는 애잔한 음악일 수도, 만나서 차라도 한 잔 함께 하고 싶은 모델일 수도, 입고 싶은 의상일 수도, 광고 화면의 아름다운 색감일 수도, 현란하게 화면이 바뀌는 편집의 리듬일 수도, 갖고 다니면 저절로 남의 시선을 끌 만한 제품 디자인일 수도, 마음에 드는 가격일 수도 있다. 영상 광고를 보고 구매 욕구가 생기는 것은 제품력 때문만은 아니다. 나열한 매혹의 요소 중 하나, 혹은 둘 이상이 결합해 다가오는 '좋은 느낌' 덕분이다. "모든 광고는 브랜드 이미지라는 복합적인 심벌을 위해 기여해야 한다."라는 데이비드 오길비의 말처럼 바로 그런 것이 브랜드의 이미지를 만든다(Ogilvy, 1998).

영상 광고는 한 마디로, 매혹이다. 신이 물리적으로 존재하지 않는다는 것을 알면서도 사람들은 왜 종교의 세계로 들어가는가? 이유 없이 돈을 줄 리가 없다는 것을 알면서도 왜 카지노에 가는가? 갑자기 큰돈을 벌 수 없음을 알면서도 왜 가상화폐 코인에 투자하는가? 건강하고 젊어서 당장 죽거나 다치지 않을 텐데도 왜 보험에 가입하는가? 여러모로 보아 절대로 유명한 배우가 될 수 없을 것 같은 사람이 배우가 되기 위해 끊임없이 도전하는 이유는 무엇인가? 이런 모든 질문에 명쾌하게 대답하기는 어렵지만, 소비자는 이성적인 이유만으로 구매 결정을 하지 않는다. 세상이 돌아가는 방식을 이성적으로만 풀 수는 없는 노릇이라 매혹의 힘을 인정하는 것이다. 바늘로 찔러도 피 한 방울 흘릴 것 같지 않고, 합당한 이유가 없는 이야기에는 귀도 기울이지 않을 것 같은 사람이 쉽게 넘어가는 것은 매혹 덕분이다. 매직 같은 영상 광고를 창작하려면 제품이나 서비스의 매혹 요소가 무엇인지 찾아내어 그것을 광고에 담아야 성공한다.

그런 매혹 요소를 '소비자 혜택(consumer benefits)'이라 부른다. 소비자 혜택은 말 그대로, 비용을 지불하고 제품이나 서비스를 구입하면 소비자에게 어떤 이익을 주는가를 말한다. '이성적 혜택(rational benefits)'과 '감성적 혜택(emotional benefits)'으로 나눌 수 있는데, 경우에 따라 다르지만, 영상 광고에는 아무래도 감성적 혜택을 담는 것이 좋다. 영상 광고에는 제품의 이성적 혜택을 다 담기에 시간제한이 있기 때문이다. 제품 설명은 브로셔나 해당 홈페이지에 넘기고, 비용이 많이 드는 영상 광고에는 브랜드 이미지 유지를 위한 매혹 요소를 담는 편이 낫다. 물론 시장에 새로 진입하는 신제품이나 마케팅 비용이 적은 제품을 위한 영상 광고를 창작할 때는 제품의 이성적 혜택을 담는 것이 일반적이다. 다만, 매혹 요소 없이 건조한 설명을 영상 광고에 담기에는 투자 비용과 노력이 지나치게 많이 들어가게 된다. 현대의 현명한 소비자는 제품을 구매할 때 항상 물건을 사고 지불한 돈의 가치(value for money)를 따진다. 하지만 동시에 그 물건을 사서 멍청하다는 말을 듣더라도 사고 나서 얼마나 기분이 좋을지, 지금 갖고 있는 문제를 얼마나 명쾌하게 해결해 주는지도 따진다. 그래서 한동안 '가성비'란 말이 인기를 끌다 '가심비'란 말이 등장한 것이다.

광고인들이 바이블처럼 여기는 마이클 르뵈프(Michael LeBoeuf) 교수는 이런 조언을 했다.

• "내게 옷을 팔지 마세요. 세련된 외모, 스타일, 매력을 파세요."
• "내게 보험을 팔지 마세요. 마음의 평화와 나와 내 가족의 행복한 미래를 파세요."
• "내게 아파트를 팔지 마세요. 안락함, 만족감, 효율적 투자, 소유의 자부심을 파세요."

영상 광고에 제품이나 서비스의 매혹을 담자.

4. 영상 광고 창작 비결

1) 영상 광고 창작을 어떻게 시작하는가

영상 광고를 위한 아이디어가 떠올랐다면, 우선 그림부터 그리려고 애쓰지 말고 스크립트(script)를 쓰기 시작하는 것이 좋다. 영화로 말하면 시나리오고, 연극이나 TV 드라마로 하면 대본에 해당한다. 영상 아이디어가 떠올랐다고 해서 바로 그림으로 그리려 하면 스토리라인을 만들기 어렵다. 그림을 열심히 그리다가 스토리의 연속성을 잃을 수 있기 때문이다. 아무리 짧은 영상 광고라 해도 생각을 정리하기 위해서 반드시 스크립트를 먼저 쓰는 연습을 하자. 스크립트를 쓰는 일은 떠오른 스토리 아이디어의 뼈대를 탄탄하게 구성하는 밑 작업이다. 설계도 없이 떠오르는 영감만으로 집을 지을 수는 없는 노릇이다. 그것이 평면 디자인과 다른 점 중 하나다. 인쇄 광고나 포스터 같은 평면 디자인은 움직이지 않는 한 컷으로 승부를 걸지만, 영상 광고의 화면은 쉴 새 없이 움직이므로 연결에 신경을 써야 한다. 게다가 성우의 목소리와 음향효과, 배경음악 같은 다양한 소리도 들어가므로 스크립트를 적으며 그런 모든 요소를 다 기록해 두어야 한다.

물론 글보다 그림이 빠른 사람은 그림으로 시작해도 좋다. 그런 경우에는 선을 사용하여 빠른 시간에 그려 내는 크로키(croquis)가 좋다. 영상 광고 아이디어를 처음 표현할 때는 그림 그리는 데 시간을 많이 들이지 않는 것이 좋다. 아무리 손이 빨라도 끊임없이 샘솟는 생각의 속도를 따라잡기는 어렵기 때문이다. 훌륭한 아이디어는 선 몇 개로도 충분히 표현할 수 있다. 그림에 자신이 없다면 인터넷의 스톡 이미지(stock image) 사이트에 들어가 마음에 드는 이미지를 다운로드 받아 스토리를 구성해도 좋다. 스톡 이미지를 사용하면 화면의 톤(tone)이 일정하지 않거나 머릿속에 떠오르는 이미지에 들어맞는 것이 없다는 단점은 있지만, 이미 발표된 이미지를 모아 쉽게 스토리를 구성할 수 있다. 또는 디지털카메라나 스마트폰 카메라를 이용하여 원하는 영상을 직접 찍어서 스토리를 구성할 수도 있다. 포토샵을 이용해 이미지에 자막을 넣거나 원하는 대로 이미지를 변형하거나 합성하는 것도 좋다. 시안을 구성할 때는 저작권을 보호받는 이미지도 자유롭게 사용할 수 있으나 공중에게 발표되는 실제 영상 광고를 만들 때는 반드시 저작권료를 지불한 후에 사용해야 한다.

2) 영상 광고 창작을 위한 세 가지 비결

영상 광고를 창작하기 위한 첫 번째 비결은 처음부터 한 장의 '포스터 아이디어를 개발한다'고 생각하는 것이다. 영상 광고를 움직이는 포스터로 생각하고, 아이디어를 15초 안에 직접 말로 해 보는 일이다. 시계의 타이머를 켜고 15초라는 시간을 재어 보면 생각보다 길다는 것을 알게 된다. 하지만 그 안에 담을 스토리를 소리 내어 말로 표현한다면 짧은 한두 문장밖에 담지 못한다는 것을 알 수 있다. 영상 광고를 개발하는 초심자의 실수는 마치 영화처럼 스토리를 길게 만드는 것이다. 영상 광고는 성실성을 과시하는 일이 아니다. 혹시 보는 이가 못 알아들을까 봐 조금이라도 설명을 덧붙이면 망가진다. 그런 영상은 아무도 보지 않는다. 스토리를 더 줄여야 하고, 더 숨겨야 하고, 더 빼야 한다. 소비자는 당신보다 똑똑하다. 당신에게 관심이 없을 뿐이고, 허락 없이 당신이 보내는 광고에 관심이 없을 뿐이다. 광고를 연애에 빗댄다면, 아직 서로 친하지도 않은데 만나자마자 사귀자고 덤비는 인물은 매력이 없다. 그러므로 처음 만난 상대에게 하고 싶은 말을 모두 할 필요도 없고, 지나치게 친절할 필요도 없다. 처음부터 모두 다 설명하면 궁금해하지 않기 때문이다. 소개팅에 나간 첫날, 상대에게 학력, 재산 정도, 집안 내력, 취미, 세계관, 잠버릇을 다 이야기하면 다음에 왜 만나겠는가? 소비자는 길게 말하는 것을 참지 못한다. 제작은 어렵고, 스킵(skip)은 쉽다. 그래서 유튜브는 광고 건너뛰기를 하지 말라고 아예 6초짜리 프리롤(pre-roll) 광고를 만든 것이다. 영상 광고에서는 웬만한 건 다 잘라 낼 줄 알아야 한다. 여러 장면을 이어서 만드는 영상 광고지만, 사람들은 한 장면밖에 기억하지 않는다는 것도 기억해야 한다. 그것도 운 좋게 광고를 봐 주었을 때 그렇다는 것이다. 그래서 기승전결로 구성해도 똑똑한 '키 비주얼(key visual)' 하나만 기억하게 만들어야 한다. 소비자는 하나만 기억한다.

두 번째 비결은 '첫 장면부터 놀라게' 하는 것이다. 빈 스토리보드를 한 칸씩 채워 가는 일은 그리 쉽지 않다. 파워포인트 새 슬라이드를 한 장씩 채워 나가는 것도 마찬가지다. 아이디어가 괜찮다고 생각할 때는 잘 풀리지만, 스스로 생각해도 시원치 않은데 그것으로 스토리보드를 그리려면 공포감이 밀려든다. 누군가가 뒤통수를 지켜보고 있다가 유치하다고 금방이라도 망치로 머리를 한 대 때릴 것 같은 느낌이 든다. 하얀 스토리보드를 앞에 두면, '첫 장면을 어떻게 시작하면 좋을까?' '어찌어찌 시작은 했는데, 다음 장면은 어떻게 이어 가지?' 하고 고민이 시작된다. 어렵지 않다. 영상 광고를 만들 때는 '기승전결'을 외면하고, 첫 장면만 신경 쓰자. 예를 들어, 첫 장면에서 경찰이 곤봉을 들고 도둑을 쫓아가는 그림은 절대 그리지 않는 것이 좋다. 거꾸로 도둑이 곤봉을 들고 경찰을 쫓아가는 상황을 그려 보면 훨씬 강력하다. 첫 장면부터 주의를 집중시킬 수 있기 때문이다. 길을 가던 사람이 개에 물리면 뉴스에 나오지 않는다. 길을 가던 사람이 개를 물어야 뉴스에 나오는 것과 같은 원리다. 러닝타임이 긴 영화나 드라마는 기승전결로 구성하면 좋지만 영상 광고는 다르다. 첫 장면에서 상황을 설명하기 위해 천천히 묘사하다 보면 15초의 절반이 지나간다. "소화기 광고를 하려면 첫 장면부터 불이 크게 난 장면으로 시작하라."는 오길비의 조언을 기억하자. 영상 광고의 첫 장면부터 모델이 제품을 들고 나오면 바로 외면당하고 만다. 물론 지금까지 보지 못했던 제품이거나 제품을 조건 없이 무료로 주는 거라면 그래도 좋다. TV 광고와는 달리 유튜브나 모바일용 영상 광고는 작은 섬네일(thumbnail) 화면이 먼저 소개된다. 그러므로 클릭을 유도하려면 첫 장면이라 할 수 있는 섬네일 화면을 강력하게 만들어야 하는 것과 같은 이치다. 굳이 영화처럼 하고 싶다면, 추리 영화나 스릴러 영화의 구성을 배우자. 고급 저택의 수영장에서 열리는 달밤의 멋진 파티. 모두 칵테일 잔을 들고 음악에 맞추어 춤추며 이야기를 나눈다. 갑자기 수영장 물 위로 젊은 여성의 시체가 떠오른다. 수사가 시작된다. 처음부터 그렇게 해야 영상을 보는 이들을 궁금하게 만들 수 있다. 그게 두 번째 비결이다. 그러려면 첫 장면부터 놀라게 해야 한다.

　세 번째 비결은 '두 컷으로 그려 보라'는 것이다. 영상 광고의 스토리보드에는 대개 여러 컷의 빈 칸이 있다. TV 화면의 네모난 창틀 모양이라 '프레임(frame)'이라 부르거나 '컷(cut)'이라고 부른다. 촬영을 위한 청사진이 바로 스토리보드인데, 보드의 그 많은 빈 컷을 다 채우려면 마음속으로 지레 겁을 먹게 된다. 하지만 그리 어려운 일은 아니다. 장편영화를 만드는 것이 아니므로 컷을 많이 그릴 필요가 없기 때문이다. 그럼 15초 영상 광고를 만들려면 스토리보드 몇 컷을 그려야 할까? 10컷 정도? 그럼 한 컷의 평균 시간이 1.5초다. 그래도 장면을 박진감 있게 묘사하려면 20컷 정도는 그려야 하지 않을까? 그럼 한 컷이 1초가 되지 않고 장면 전환이 너무 빨라 복잡해질 수 있다. 복잡해진 김에 30컷 정도 그린다면 한 컷이 0.5초다. 아니면 아예 한 컷만 그릴 수도 있겠다. 15초 영상 광고지만 누가 꼭 여러 컷을 그리라 했는가? 장면 전환 없이 한 컷으로 만들 수도 있지 않을까? 그렇다. 아이디어로 영상 광고를 만드는 데 컷 수를 세한할 필요가 없는 것이다. 15초 광고를 처음부터 끝까지 한 컷만으로 만들어서 마치 연극의 한 장면 같은 느낌을 줄 수도 있고, 15초에 100컷을 집어넣어 무슨 장면인지 모르겠지만 카메라 플래시 터지듯 빠른 느낌을 줄 수도 있다. 실제로 코카콜라 병뚜껑을 클로즈업한 화면 뒤로 다양한 배경 그래픽이 밝은 음악에 맞추어 정신없이 빠르게 바뀌는 외국 광고가 칭찬을 받은 적이 있다. 광고 전체가 마치 현란한 네온사인과 사이키 조명이 번쩍거리는 클럽 느낌을 주었다. 그런데 그 60초짜리 광고에는 각기 다른 느낌의 그래픽 1,200컷이 넘게 들어갔다. 엄밀히 말하면, 그 많은 그래픽 이미지가 전통적 의미의 컷은 아니다. 하지만 영상 광고 한 편의 컷 수를 미리부터 제한하여 표현의 다양성을 잃지 말자는 것이다. 컷 수에 제한 받지 말고 작가 마음대로 만들면 된다.

3) 영상 광고 스토리보드 구성의 '두 컷 공식'

필자가 30년 동안 쓰고 있는 영상 광고의 스토리보드 구성 방법을 소개한다. '두 컷 공식(two frames formula)'이란 이름으로 특허를 내 보려고 한다. 아이디어를 스토리보드로 그릴 때, 딱 두 컷으로만 그려 보라! 그러면 갑자기 자신이 생긴다. 어떤 복잡한 아이디어라도 쉽게 그릴 수 있다. 영상 광고의 길이도 상관없다. 15초짜리건 3분짜리건 결국 영상 광고 스토리의 뼈대는 같기 때문이다. 빈칸을 여러 개 그려 놓은 전통적인 스토리보드 양식 대신 아예 두 칸만 그린 스토리보드를 만들어 쓰면 된다.

첫 번째 컷은 무조건 '임팩트(impact)' 있는 컷으로 강하게 시작한다. 두 번째 컷에서는 반드시 '반전(twist)'을 설정한다. 그리고 화면 구석에 브랜드(brand)를 넣는다. 이보다 더 간단할 수는 없다. 누구나 할 수 있다. 임팩트 강한 첫 번째 컷은 시청자의 주목을 끌기 위한 장치이고, 두 번째 컷은 스토리를 기억하게 만들기 위한 장치다. 때로 두 번째 컷에 브랜드만 넣을 수도 있다. 브랜드 자체가 반전 요소일 수 있기 때문이다. 그러면 더욱 단순해져서 좋다. 예를 들어, 첫 번째 컷에 빵을 급하게 먹다가 목이 막힌 주인공이 황급히 냉장고를 열었는데 우유가 없다. 두 번째 컷에 "우유 있어요?(Got milk?)"라는 자막이 나온다. 미국에서 우유 소비를 촉진하는 데 크게 기여한 캘리포니아 낙농협회의 광고다. 영상 광고 스토리를 스토리보드 두 컷으로만 그려 보는 연습을 계속하면 누구나 영상 광고 작가가 될 수 있다.

예를 들어, 첫 번째 컷에서 물고기가 자전거를 타는 장면을 흑백 화면으로 보여 주며 시작한다. 두 번째 컷은 궁금했던 첫 장면을 풀어 주어야 하니, 왜 그런 장면을 보여 주었는지를 알려 주기 위해 흑맥주 기네스의 클로즈업 컷을 보여 준다. 기네스는 흑맥주라 화면의 반은 흑맥주의 검은색, 나머지 반은 천천히 넘치는 맥주 거품의 흰색이다. 그 위에 자막이 떠오른다. "세상의 모든 것을 흑백으로 설명할 순 없다(Not everything in black and white make sense). —기네스(Guinness) 맥주 빼고는." 물고기가 자전거를 타지 못한다는 것은 고정관념일 수 있다. 오묘한 세상사를 어떻게 흑백으로 단순하게 나누어 생각할 수 있겠는가? 예시로 제시한 이 스토리는 1996년 오길비 앤 매더 런던(Ogilvy & Mather London)이 만든 기네스 맥주의 '흑백(Black and White)' 캠페인을 각색해 본 것이다. 유명한 영화감독이자 광고감독인 토니 케이(Tony Kaye)의 명작이다. 유튜브에서 Famous 'Fish on a Bicycle' Guinness ad라고 검색하면 볼 수 있다.

스토리보드를 '두 컷 공식'에 따라 두 컷으로만 그려 보라. 공식만 알면 바로 대입해 수학 문제를 풀듯 이 공식을 활용하면 아이디어를 처음 낼 때 짧은 시간에 많이 낼 수 있다는 장점이 있다. 겨우 두 컷만 그리면 되니까 스토리를 한눈에 볼 수 있다는 장점도 있다. 되도록 많이 그려 보고, 가장 좋은 걸 고르면 된다. 또는 한 가지 아이디어를 다양한 방식으로 표현해 보기 위해 이 방법을 써도 좋다. 물론 단순한 것도 좋지만, 두 컷만으로는 도저히 표현할 수 없는 아이디어가 있다. 보는 이의 이해를 돕기 위해 아무래도 설명을 좀 더 해야 한다. 그럴 때는 두 컷의 앞뒤로 살을 약간 붙이면 된다. 그러나 컷의 수가 너무 많아져서 그것이 처음 두 컷을 압도하면 곤란하다. 혼란이 생기지 않도록 설명을 위한 컷은 처음 두 컷보다 작게 그려 덧붙여 보는 것이 좋다. 그래야 처음 생각해 낸 오리지널 스토리의 뼈대를 잊지 않고 유지할 수 있다.

효과적인 영상 광고 아이디어를 내는 일은 어렵지 않다. 기획 방향에 맞는 아이디어를 그림과 소리를 이용해 스토리로 구성하면 된다. 하지만 창작에서 변치 않는 사실 하나는 조언 따위는 잊어버리고 마음대로 하면 된다는 것이다. 마음대로 할수록 관심을 받기 쉽기 때문이다.

4) 영상 광고 제작 체크리스트

아이디어를 단순하게 말하고 있는지, 그래서 놀라게 하는지, 그래서 듣는 이가 미소 짓게 하는지 몇 차례건 반드시 점검해야 한다. 이것이 세계적인 광고회사 DDB의 키스 라인하르트(Keith Reinhardt) 회장이 말하는 3S다. 훌륭한 광고가 갖추어야 할 3가지 S는 단순함(Simple), 놀라움(Surprise), 미소(Smile)라는 것이다. 안타깝게도 최근의 영상 광고는 거칠게 말하거나, 멋만 부리거나, 길게 말하는 경향이 있다. 큰 소리로 제품이나 서비스의 장점만 외치거나, 화면은 멋있는데 무얼 말했는지 모르게 만들거나, 재미는 없는데 길이만 길게 만드는 영상 광고가 많다. 인터넷 배너 광고는 적은 돈으로 금방 다시 만들 수 있지만, 영상 광고 제작에는 막대한 돈과 시간이 들어가므로 처음부터 제대로 설계해야 한다. 영상 광고를 만들기 전에 다음의 체크리스트를 보고 한번 점검해 보자. 케네스 로먼(Kenneth Roman)과 제인 마스(Jane Maas)가 『광고를 어떻게 할 것인가(How to Advertise: Building Brands and Businesses in the New Marketing World)』(2005)에서 알려 주는 조언과 필자의 경험을 바탕으로 만들었다.

(1) 스토리보드의 광고 카피를 가려도 이해되는가

사람들은 들은 것보다 본 것을 더 잘 기억하는 경향이 있다. 스토리보드의 카피 부분을 가려 보라. 완성한 광고라면 소리를 죽이고 그림만 보라. 그림만으로 스토리를 제대로 이야기하고 있는가? 그 광고의 메시지는 무엇인가? 메시지가 있기는 한가? 디지털 사이니지나 지하철 영상 광고, 모바일 환경에서 오디오 없이 영상만 보게 되는 경우도 생각해 볼 필요가 있다.

(2) 광고를 보고 '키 비주얼'을 떠올릴 수 있는가

영상 광고는 움직이는 포스터라는 말을 기억하자. 영상 광고의 대표적인 한 컷이 떠오르는가? 유명 모델일 수도 있고, 멋진 남극의 빙하일 수도 있고, 보글보글 끓는 라면일 수도 있다. 메시지를 시각적으로 요약한 한 컷을 기억시켜야 성공이다. 광고는 잘 만들었는데 하나의 키 비주얼을 고르기 어려운 경우가 많다. 영상 광고를 너무 바쁘고, 너무 복잡하고, 너무 빠른 속도로 움직이게 만들면 전체 느낌만 기억나므로 포스터처럼 대표 한 컷을 기억시켜야 한다.

(3) 첫 2초 안에 주의를 집중시키는가

처음부터 '뉴스'를 보여 주라. '문제점'을 빨리 제시하고 해결책도 제안하라. 3분짜리 영상도 15초 광고로 생각하고 구상하라. 기승전결을 따지지 말고 처음부터 강하게 시작하라.

(4) 단순하게 만들었는가

단순하게 구성하라(Be single-minded). 훌륭한 광고는 복잡하지 않아 시청자에게 바로 다가가 정신노동을 하게 하지 않는다. 소셜 미디어에 내보낼 영상 광고라 길이가 더 길어져도 '카피 포인트(copy point)'를 더 넣지는 말아야 한다. 한 광고에는 한 가지 메시지만 담는다. 그리고 반복해서 보여 주는 것이다.

(5) 제품을 사람과 함께 보여 주는가

사람은 사람에 관심이 많다. 제작비가 적어 영상 광고에서 제품만 보여 주려는 기획이 아니라면, 주인공이 제품을 직접 사용하는 모습을 보여 주는 것이 효과적이다. 이왕이면 제품을 사용한 후의 만족감을 보여 주면 더욱 좋다.

(6) 카피가 영상을 설명하고 있지 않은가

영상 광고에서는 오디오와 비디오가 잘 맞아야 하지만, 그렇다고 해서 영상으로 보여 주는 내용을 오디오로 다시 설명할 필요는 없다. 시청자가 스스로 영상을 해석하고 느끼게 해 주어야 한다. 한 발 더 나아가, 광고에 카피가 꼭 필요한지 자문해 보라. 국제 광고제에서 수상한 영상 광고는 스토리를 영상으로 설명하며 카피를 최대한 절제하다가 마지막 장면에 짧게 한 줄 넣는 방식을 즐겨 쓴다.

(7) 클로즈업을 충분히 쓰는가

영상 광고는 '클로즈업(Close-ups)'의 매체다. 최근의 소비자는 초대형 TV를 선호하는 추세라 85인치 크기의 가정용 모니터가 인기있지만, 영화 스크린만큼 커지지는 않았다. 게다가 영상 광고를 TV 모니터보다 모바일 스크린으로 보는 일이 많으니 스크린이 오히려 더 작아졌다고 할 수 있다. 그러므로 영상 광고의 장면을 구상할 때 클로즈업을 많이 쓰는 편이 유리하다. 칼로 얇게 써는 슬라이스 치즈나, 탄산 방울이 컵에서 거꾸로 올라가는 사이다나, 김이 모락모락 나는 피자를 보여 줄 때 가까이 찍어야 먹고 싶어진다. 다크 서클 없는 모델의 얼굴을 보여 주려면 역시 얼굴을 클로즈업해야 한다. 모든 장면을 클로즈업으로만 찍을 수는 없지만, 처음 장면을 구상할 때부터 클로즈업 샷을 염두에 두고 시작하는 것이 좋다. 영화감독은 늘 대형 스크린에 익숙해서 멋있는 풍경이나 장면을 멀리서 잡는 습관이 있어 '롱 샷(Long Shot)'을 많이 쓰는 경향을 보인다.

5) 라디오 광고 체크리스트

라디오는 청취자가 들으면서 상상력을 마음껏 발휘할 수 있는 매체다. 이전에는 라디오 수신기를 통해 방송을 들었지만, 요즘은 스마트폰 앱을 다운로드 받거나, 자동차

라디오를 통해 듣는다. 라디오가 1923년 미국에서 첫선을 보였을 때는 온 가족이 커다란 라디오 수신기 앞에 앉아 들었지만, 이제는 TV와 마찬가지로 혼자 듣는 개인적 매체가 되었다. 또 다른 일을 하면서 들을 수 있고, 읽거나 보지 않아도 듣기만 하면 되므로 요즘에도 사랑받고 있다. 특히 매체 요금이 비싼 아침 시간대 주부 대상 프로그램의 인기는 매우 높은 편이다. 따라서 그런 프로그램에 붙는 라디오 광고 역시 광고주에게 인기가 높다. 제작하기 쉽고, 영상 광고나 인쇄 광고보다 제작 비용도 낮아 마케팅 예산이 적은 광고주도 선호한다. 다만, 보이지 않고 듣기만 하기 때문에 영상 광고에 비해 정보 전달력은 다소 떨어진다는 단점이 있다. 그래서 스튜디오에 비디오카메라를 설치하여 방송 모습을 실시간으로 볼 수 있게 하는 '보이는 라디오'를 도입한 프로그램도 있다. '보이는 라디오'는 아직 라디오 광고에 도입하지 않았으므로 아이디어를 내어 활용하는 것도 새로운 시도가 될 수 있다.

라디오 광고의 길이는 보통 20초다. 그래서 비용 절감을 위해 광고 한 편을 15초, 20초, 30초의 길이로 제작하는 영상 광고 중 20초짜리의 오디오만 뽑아 라디오 광고로 방송하기도 한다. 그래서 성우의 음성과 배경음악, 음향효과만으로 광고 메시지가 잘 전달되지 않는 일도 가끔씩 생긴다. 라디오 광고에는 크게 두 가지 유형이 있는데, 성우가 등장해 제품이나 서비스를 소개하는 내레이션(narration) 방식과 제품 메시지를 귀에 꽂히는 광고 음악으로 만드는 방식이다. 기억하기 좋게 제품의 이름만 음악으로 만드는 로고송(logo song)도 많이 쓴다.

짧은 시간 안에 오디오만으로 청취자의 귀를 사로잡아야 하는 라디오 광고를 제작할 때 녹음하기 전에 점검할 것이 있다. 비즈니스 컨설팅 회사 스타트런그로우(StartRun-Grow)의 체크리스트를 소개한다.

- 메시지를 단순하게 유지하는가? 너무 많은 아이디어로 복잡하게 만들지 말라.
- 라디오 대본이 즉시 청취자의 주의를 끄는가? 대화 스타일로 글을 쓰는 것이 좋다.
- 메시지를 반복하는가? 제품 소개를 반복하면 기억하기 쉽다.
- 라디오 광고 전문가와 만드는가? 라디오 방송국이나 광고회사와 제작하는 것이 좋다.
- 라디오 광고와 다른 광고들이 잘 조화를 이루는가? 다른 매체 광고와 같은 아이디어를 담고 있는지 점검하라.
- 창의적인 아이디어를 담고 있는가? 광고가 청취자에게 좋게 다가가야 주의를 끌

수 있다.

라디오 광고는 영상이 없지만, 소리만 듣고도 영상 광고보다 더욱 실감 나게 만들어야 한다. 마치 라디오 드라마를 감상할 때처럼 청취자가 마음껏 상상할 수 있어야 효과를 볼 수 있다. 혼자 듣는 경우가 많다는 것을 생각하여 제품 이름과 성능, 전화번호만 외치는 것보다 마치 DJ가 부드럽게 방송하듯 만들어야 효과적이다.

5. 마무리

광고는 얼굴도 모르는 소비자를 어려워할 줄 알아야 한다. 광고는 남의 사적 공간과 시간을 허락 없이 침범하는 일이기 때문이다. 지하철에서 스마트폰 게임을 즐기는 이에게 불쑥 찾아가거나 영화의 아슬아슬한 장면을 끊고 찾아간다. 50대 남성의 사무실에 느닷없이 찾아가 립스틱을 사라고 권유한다. 조금 전 잘못 눌러 만들어진 인터넷 쿠키 때문에 검색기록이 남아 그걸 보고 방문했겠지만, 소비자의 불청객이 되지 않게 조심해야 한다. 물론 타깃을 잘못 찾아간 것을 알고 타깃을 바꾸어 '리타깃팅(re-targeting)'하는 시대지만, 무례한 태도로 구매를 강요하면 곤란하다. 특히 비디오와 오디오를 동시에 사용하는 영상 광고는 효과가 강력한 만큼 더욱 조심해야 한다. 소비자의 눈과 귀를 동시에 집중시키기 때문에 갑자기 찾아갔다가는 외면당할 수 있다. 요즘 통화보다 문자나 SNS 메시지를 더 많이 쓰는 이유는 급하다고 느닷없이 전화했다가는 상대를 당황하게 할 수 있기 때문이다. 중요한 회의 중이거나, 운전 중이거나, 혹은 화장실에 있을지도 모르니 문자로 미리 통화할 수 있는지를 묻곤 한다. 일종의 '퍼미션 마케팅(permission marketing)'이다. 허락 없이 전화해서 상대를 당황하게 할 수 있으므로 배려하는 일이다. 평온한 남의 사생활에 목적을 담은 광고를 불쑥 던져 방해하면 바로 배척당한다.

영상 광고의 창작을 한 마디로 말하면, '스토리텔링 기술을 체득하는 일'이다. '체득(體得)'이란 몸으로 익히는 것이다. 머리로 아는 것보다 실제 경험을 통해 아는 것이다. 마치 호흡처럼, 자전거 타는 것처럼, 몸으로 익혔기 때문에 자연스럽게 스토리를 전달하는 것이다. '내가 어떻게 이런 걸 알지?'라는 생각이 들 정도로 메시지만 정하면 자동으로 스토리를 꾸밀 수 있는 능력을 익히는 것이다.

참고문헌

윤석태, 정상수(2012). 텔레비전 광고 제작. 서울: 커뮤니케이션북스.

탐 카이 멩(2001). *The ugly duckling: A cautionary tale of creativity*. 정상수 역(2002). 미운오리 새끼. 서울: 오길비앤매더코리아.

하꾸호도생활종합연구소(1988). 분중의 탄생. 서울: 21세기북스.

Forster, E. M. (2002). *Aspects of the Novel*. New York: Rosetta Books.

Freytag, G. (2008). *Technique of the drama*. Scott, IL: Forsman and Company.

Gossage, H., Goodby, J., & Bendinger, B. (2006). *The book of Gossage* (2nd ed.). New York: Copy Workshop.

LeBoeuf, M. (2000). *How to win customers and keep them for life*. New York: Berkley Book.

Ogilvy, D. (1998). *Quotations of David Ogilvy*. Hong Kong: Ogilvy&Mather.

Polti, G. (1924). *The thirty-six dramatic situations*. Franklin, OH: James Knapp Reeve.

Roman, K., & Maas, J. (2005). *How to advertise: Building brands and businesses in the new marketing world* (Completely Revised and Updated New Edition). New York: Thomas Dunne Books.

Sugiyama, K., & Andree, T. (2010). *The Dentsu way: Secrets of cross switch marketing from the world's most innovative advertising agency*. New York: McGraw-Hill.

Yamada Goji(山田浩二, 1987). 效果的 廣告發想. 서기원 역(1987). 효과적인 광고 발상. 서울: 오리 콤출판부.

군부대 수하등(수화등) 설치 사례 https://blog.naver.com/bless0233/222149776407

MasterClass 홈페이지 https://www.masterclass.com/articles/what-is-montage-in-filmmaking-how-to-create-a-memorable-montage#what-is-a-montage

Quote Wise 홈페이지 https://www.quotewise.com/charles-revson-quote.html

StartRunGrow 홈페이지 https://www.startrungrow.com/information/business/1,1664,4,media-and-types-of-advertising.htm

Writers.com 홈페이지 https://writers.com/freytags-pyramid

제11장

디지털 광고의 창작

전훈철
(애드쿠아 인터렉티브 대표이사)

2000년대에 접어들며 한국을 비롯한 대부분 국가에서 주요한 광고 매체가 기존의 전통 매체(4대 매체)에서 디지털로 확장되거나 이동하는 양상을 보이기 시작했다. 2000년대 초반의 디지털 광고 형태는 주로 포털사이트에 배너를 걸거나, 인기 있는 온라인 게시판에 광고를 게재하는 방식으로 집행되었으며, 자사의 웹사이트를 통한 광고, 홍보의 형태가 많이 이루어졌다. 2010년대에 디지털 광고가 본격적으로 지배력을 강화했는데, 스마트폰의 대중화를 가장 중요한 요인으로 꼽을 수 있다. PC에 이은 모바일 디바이스의 이용률이 높아지며 디지털 광고에 대한 소비자 접근성이 급격히 높아졌기 때문이다. 또한 메타, 인스타그램, 트위터 같은 소셜 미디어는 유저들이 관심 있는 콘텐츠를 즐기는 과정에서 자연스럽게 광고에 노출되게 함으로써 광고 매체로서 지금의 입지를 다질 수 있었다.

특히 유튜브의 등장으로 과거에는 소비자에 머물렀던 일반 대중(유튜버)들이 직접 (광고성) 콘텐츠를 생산하고, 조회 수 등을 통한 수익을 창출하고, 커머스까지 연결 짓는 것들이 본격적으로 가능해지며 새로운 광고 형태로 계속 발전되어 나아가고 있다. 또한 최근 들어 광고 기술(Ad Tech), 빅데이터, 퍼포먼스 마케팅의 영역이 브랜딩과 직접 판매를 가능하게 하고 매체별, 크리에이티브별, 타깃별 마케팅 효과 측정이 가능하게 되는 등 비약적인 발전으로 디지털 광고의 지배력을 하루가 다르게 넓혀 가고 있다.

즉, 광고를 싣는 매체는 양적·질적으로 계속 발전하고 있고, 광고의 효율을 기하는 광고 기술 분야 역시 무섭도록 발전해 나가고 있다. 하지만 광고 창작, 크리에이티브의 영역은 어떠한가? 필자는 학문적 배경과 이론보다 온·오프라인 광고 실무에 20여 년 이상 몸담았던 경험을 토대로, 현업에서 체득한 디지털 광고의 특색과 제작 노하우에 대하여 소개하고자 한다.

1. 디지털 광고 창작, 같거나 혹은 다르거나

1) 같다: 오랫동안 변하지 않은 광고의 본질

디지털 광고 확산 초기에는 오프라인에서 광고를 해 왔던 많은 광고인이 디지털 광고의 영역이 그들의 것과는 많이 동떨어져 있다고 생각했다. 물론 현재도 '종합광고회사'와 '디지털 광고회사'로 구분하지만, 종합광고회사도 많은 디지털 영역을, 디지털 광고회사도 4대 매체의 영역을 넘나들며 광고를 기획하고 집행하고 있다. 디지털 광고가 본격적으로 확장세를 갖던 2010년 전후로 "디지털 광고는 많이 다르지 않을까?" 하고 고민했던 많은 광고인이 기존 광고회사에서 디지털 광고회사로 이동했고, 새롭고 다르다고 느껴지는 디지털 광고의 영역에 '도전'해 보는 광고인이 많았다. 2020년대인 현재 디지털 광고회사의 헤드급 중 상당수가 종합광고회사 출신인 것도 이와 같은 연유다.

광고는 특히 매체의 다양성과 표현 방식에 있어서 실질적으로 많은 변화를 느낄 수 있겠으나, 광고의 본질적 측면(광고의 전략과 제작)에 있어서 그 근본은 변화하지 않았다.

(1) 무엇을 말할 것인가(what to say), 어떻게 말할 것인가(how to say)

디지털 광고의 크리에이티브 발상, 제작 과정, 결과물 등은 디지털 시대 이전과 크게 다르지 않은 부분이 많다. 전통 매체 광고와 디지털 광고 모두 일반적으로 전략 파트(광고 기획)에서 '무엇을 말할 것인가(what to say)'를 정리하면, 고민의 바톤을 이어받아 제작 파트(광고 제작)에서 '어떻게 말할 것인가(how to say)', 즉 전략 방향을 크리에이티브적으로 승화시키는 방법을 고민하는 과정을 거쳐 광고를 제작하게 된다.

CD를 중심으로 한 제작팀은 각자 아이디어를 내기도 하고, 표현 방법에 대해 브레인스토밍을 하기도 하고, 매력적인 키 비주얼로 소비자의 시선을 사로잡기를 원하고, 강렬한 카피로 그들의 마음을 흔들어 놓고자 한다. 반전 있는 시퀀스로 보는 사람들에게 메시지를 강렬하게 전하려 하는 모든 크리에이티브의 발상과 제작 과정이 디지털 광고에서도 이루어진다.

2) 다르다: 디지털 시대와 함께 변한 것들

다만, 집행 매체에 따라 광고물에서 구현할 수 있는 크리에이티브는 달라진다. 전통 광고에 비해 디지털 광고에서는 좀 더 다채로운 크리에이티브가 가능해진다. '어떻게 말할 것인가(how to say)' 측면에서의 변화는 두 가지로 설명할 수 있다.

(1) 어떻게 보여 줄 것인가(how to show)

디지털 광고의 발전으로 매체 선택의 다양성이 생기며 '어떻게 말할 것인가(how to say)'에서 한 단계 더 발전해 '어떻게 보여 줄 것인가(how to show)'를 고민할 수 있게 되었다.

전통 매체, 즉 TV, 라디오, 신문, 잡지는 광고 집행에 있어 정해진 시간(TV는 15초가 가장 많은 시간대이며, 30초와 20초 광고물이 그 뒤로 주를 이룬다. 라디오도 20초를 기본으로 한다)과 지면의 제약을 받는 반면, 디지털 광고의 경우는 그러한 물리적 제약을 뛰어넘는 크리에이티브한 시도가 가능하다. 국내에 디지털 광고 시장이 열리기 전까지는 몇몇 극장 광고물을 제외하고는 스토리텔링 형식의 광고물을 만든다는 것은 매체의 물리적 한계 때문에 거의 불가능했지만, 유튜브, 메타 등의 매체는 영상 길이의 제약이 거의 없기 때문에 스토리텔링 형식 등 다양한 형식 파괴가 시도되었다(윤일기 외, 2020).

예컨대, 2021년 서브웨이(Subway)의 신제품 광고는 같은 영상을 계속해서 반복 재생하는 루프(loop) 형식이 아니라 모델이 제품을 먹게 된 이유들을 나열하며 1시간 20분 이상의 재생 시간을 보이기도 했다. 또한 영상 광고물이 영상을 노출하는 데서 그치는 것이 아니라, 영상 시청 후 이벤트 페이지로 곧바로 넘어가게 하거나, 영상 속 단서들을 바탕으로 브랜드와 관련된 두뇌게임에 참여하게 하는 등 다양한 시도도 해 볼 수 있었다. 최근 유행하는 라이브 커머스를 이용해 상품이나 서비스를 판매할 수 있지만, 브랜드에 관여도가 높은 소비자들을 불러 모아 강력한 브랜드 경험을 제공할 수도 있다. 단순하게 하나의 광고물로 브랜드 메시지를 전할 수 있지만, 여러 개의 시리즈로 광고물을 구성해 SNS 채널에 연속적인 콘텐츠로 발행함으로써 소비자들의 관여도

(involvement)를 높이는 것도 '어떻게 보여 줄 것인가(how to show)'를 고민한 결과, 즉 '어떻게 말할 것인가(how to say)'에서 나아가 '어떻게 보여 줄 것인가(how to show)'를 고민하게 한 디지털 광고의 발전된 영역이다.

광고 집행에 있어 디지털 매체를 활용하는 것은 단순히 미디어 믹스의 개념으로 접근할 것이 아니라 각 디지털 매체의 특성과 영향력을 명확히 파악하고, 이를 전하려 하는 메시지와 잘 결부시켜 구성하는 것이 무엇보다 중요하다고 하겠다. 특히 패션이 그러하듯 디지털 매체도 경향성과 유행이 존재하기 때문에 이를 잘 활용하는 것도 효과적인 광고물을 만들어 낼 수 있는 방법이다.

[그림 11-1] 서브웨이 광고-그래서 먹어썹, 페퍼치킨슈니첼(2021)

(2) 어떻게 만져지게 할 것인가(how to be tangible)

전파 광고는 메시지의 휘발성이 강한 광고 형태라고 이야기한다. 이유는 많은 광고물이 광고물의 홍수 속에, 변별력이 떨어지는 유명 모델들에 의해, 아주 짧은 시간에, (많은) 메시지를 전하기 때문이다. 또한 전통 매체의 경우 커뮤니케이션의 방식이 주로 일방향 커뮤니케이션(one-way communication)이기 때문에 소비자들이 브랜드 메시지를 수동적(비 선택적으로)으로 받아들여야 했고, 그렇기에 메시지의 휘발성도 더 강할 수밖에 없었다.

디지털 시대에는 많은 소비자가 능동적으로 광고를 선택하고, 봤던 영상 광고물을 필요에 의해 언제든 쉽게 찾아볼 수 있고, 다시 보거나 멈춰 보기도 하고, 원하는 제품이나 서비스를 직접 또는 간접적으로 경험해 볼 수도 있다. 이런 과정을 통해 브랜드의 메시지는 '손에 만져지는' 메시지가 되고, 전통 매체 광고가 지녔던 한계(메시지의 휘발성)를 일정 부분 극복할 수 있게 되었다.

또한 매체에 대한 루틴, 예를 들어 TV용 광고물은 TV에서만, 디지털용 광고물은 디지털 매체로만 경계 짓던 것을 넘어선다면 오프라인에서 선보인 광고물을 다시 온라인으로 그 메시지를 경험하게 하거나 혹은 다른 매체를 통해 만들어진 내용을 온라인에 게재해 대리 경험을 하게 하며 메시지가 보다 명확히 만져지게 하는 작업이 디지털 광고를 통해서 가능하게 되었다.

유튜브 등의 매체에 수없이 많은 광고물과 브랜디드 콘텐츠가 기존 4대 매체의 영역을 소화해 내며, 기존 TV를 포함한 4대 매체에서의 클러터(clutter) 현상이 유튜브 등 디지털 매체에서도 보여지고 있다. 이런 디지털 콘텐츠 클러터 시대에는 소비자들에게 각인시킬 수 있는 '경험의 메시지'가 실질적 광고의 효과를 높이는 데 아주 중요한 요소다. 물론 구성하고 집행하고 넓은 확산력을 만드는 것은 결코 쉬운 과제는 아니라 생각된다. 이후 기술되는 내용 중 '만져지는 메시지'를 구현한 몇 가지 사례를 보며 좀 더 자세히 살펴보기로 하자.

2. 전통 매체의 광고 창작과 다른 디지털 광고 창작의 신 요소

전통 매체의 일방향 커뮤니케이션 형식에서는 거의 불가능했던, 하지만 디지털 광고에서는 구현하기에 용이해진 광고 창작의 새 요소들을 사례와 함께 살펴보자.

1) 즉시성

디지털 광고의 여러 특징 중 하나는 즉시성(immediacy)이다. 전통 매체에 광고를 게재하기 위해서는 방송국의 광고 편성에 따르거나, 원하는 발행일에 맞는 신문의 지면을 획득하거나, 매거진의 경우 발행 시기를 기다려야 했기 때문에 즉시성을 갖기 힘들었다. 아이디어의 소재 자체가 소비자들에게 매우 신선하게 다가갈 수 있을 때 광고물을 집행하는 것이 어려웠던 과거와 달리, 디지털의 즉시성과 빠른 확장성은 이를 가능하게 했다.

이어서 언급될 확산성(virality) 측면에 있어서 사람들의 토크 밸류(talk value)가 있는 이야기는 그 이슈를 언급하는 것만으로도 메시지의 폭발력을 가지게 되는데, 이러한 이슈들은 시간이 지나면 소비자들의 주목을 끌지 못하는, 시의성이 강한 이슈이므로 적시성(timeliness)이 매우 중요하다고 볼 수 있다. 적절한 타이밍에 이슈거리를 잘 활용한 광고는 소비자에게 스마트하고 위트 있게 여겨져 (많은 매체비에 의존하지 않더라도) 더 큰 확산력을 가지게 되는데, 이는 미디어의 즉시성이 바탕이 되어야 가능하다. 최근 넷플릭스 오리지널 드라마 〈오징어게임〉(2021)이 미국을 포함한 94개국에서 1위 프로그램으로 화제를 모은 바 있는데, 드라마 속 많은 소재를 패러디한 광고 등 콘텐츠가 디지털에서 가장 빠르게 쏟아져 나온 이유도 즉시성에 기반한다.

2) 기술

크리에이티브 기술(tech) 영역은 협의의 광고 기술(Ad Tech, 미디어 측면에서 개인의 도달률을 높이기 위한 기술의 통칭)과 구분지어 설명하고자 한다. 크리에이티브에 대한 기술 영역은 '경험하는 메시지'를 만들기 위한 필수 요소는 아니지만 효과적인 방법이 될 수 있다. 영상광고물은 '무엇을 말할 것인가(what to say)'를 전달하기 좋은 방식이지만, 대부분이 일방향 커뮤니케이션에 그치기 때문에 전달하고자 하는 메시지를 양방향 커뮤니케이션화시키며 소비자들이 직접적 혹은 간접적으로 경험하게 하고 개인화된 메시지가 전달되도록 하기 위해 온·오프라인에서의 다양한 기술이 광고물 제작에 활용되고 있다.

웹이나 모바일에서 특별한 프로그램이나 앱을 설치하지 않아야 소비자들이 쉽게 접근할 수 있기 때문에 네이티브 앱보다 비교적 가벼운 하이브리드 앱이나 가벼운 프로그래밍으로 진행되는 경우가 많고, 참여나 이용하는 데 있어서 단계가 많지 않아야 참여율이나 이용률이 높아진다.

한편, 비교적 단순한 기술이지만 디지털 광고 분야에서 (적어도 현재는) 효과적으로 활용되는 기술의 영역은 QR코드나 사진 인식 기술 등이다. 소비자가 흥미를 느끼면 바로 반응할 수 있게 고안된 방법인데, 소비자에게 심플하면서도 일정한 행동을 유도하게 함으로써 단순히 브랜드 메시지에 주목하게 하는 것을 넘어서 브랜드에 대한 인식의 변화나 구매행동으로까지 끌어내기도 한다. (물론 그 안에는 뛰어난 특별한 메시지를 전하기 위한 크리에이티브가 놀랍도록 잘 짜여 있다.) 예를 들면, 즉석 추첨과 같은 이벤트는 참여 결과를 빠르게 확인할 수 있게 함으로써 소비자들의 인게이지먼트 (engagement)를 끌어내 참여율을 높이고 이벤트를 확산시키는 데 효과적이다.

디지털 광고의 영역은 전달하고자 하는 메시지의 깊이를 더하는 기술과 쉽고 즉각적으로 반응하게 만드는 기술 이외에도 많은 기술이 개발되고 활용되고 있는데, 이는 기존 광고의 크리에이티브 영역에 새로움과 임팩트를 불어넣고 광고 효과를 높이는 요소다.

3) 미디어 크리에이티브

디지털 광고에 있어 가장 눈에 띄는 영역은 미디어의 변화와 발전이다. 새로운 플랫폼이 (수익 모델 개발을 위해) 새로운 미디어를 만들어 내기도 하고, 새로운 기술이 미디어의 변화를 만들어 내기도 한다(김병희, 2021a, 2021b). 전통 매체에서는 편집자나 데스크, 작가나 연출자에 의해 매체 간 차별점이 나타나기는 하지만, 매체군별로 비교적 같은 성격을 갖고 있다. 공중파 뉴스 간에 다루는 내용이 비슷하고, 한 방송국에서 인기몰이를 한 예능의 형식을 다른 방송국에서도 비슷하게 편성한다(김봉현, 김태용, 박현수, 신강균, 2011).

2022년 현재를 기점으로 디지털 매체 중 특히 SNS로 분류되는 몇 가지 매체를 기존 매체와 비교해 보자. 메타는 텍스트가 주이며, 이미지가 부다. 그래서인지 텍스트에 익숙한 30대 이상이 많이 쓰는 미디어로 포지셔닝 되어 있다. 이와 반대로 인스타그램은 이미지 중심의 플랫폼으로 30대를 포함한 그 이하의 사용자가 주를 이룬다. 특이한 점은 10대들에게는 '페메(페이스북 메신저)'가 많이 쓰이지만, 피드에 직접 콘텐츠를 업로드하는 비율은 낮다는 것이다. 10대와 20대에게는 틱톡의 숏폼 콘텐츠가 인기 있으며, 유저들에 의해 끊임없이 생산되고 소비된다. 팬덤 활동은 트위터에서 가장 활발하게 이루어진다. 말하자면, 소비자들이 각각의 미디어에 대해 기대하는 바가 세분화되고 다양해졌다고 볼 수 있다.

디지털 매체는 매체 자체 형식에 있어 유연성(flexibility)이 매우 높다. 그래서 소비자들에게 인기 많은 형식을 비교적 쉽게 접목시키기도 하고, 효과가 없는 기능은 없애기도 한다. 틱톡의 숏폼 콘텐츠는 인스타그램의 '릴' 기능 탄생에 영향을 주었고, 등장과 함께 폭발적 인기를 구가했던 클럽하우스는 트위터의 '스페이스' 기능 탄생에 영향을 끼쳤다. 영상 플랫폼인 유튜브의 폭발적 인기는 포털들이 영상 콘텐츠 구성 비율을 확대하는 데 영향을 미쳤다. 그 외의 메신저들도 메신저 기능에 다른 영역을 첨가해 미디어의 기능도, 커머스의 기능도 하고 있는 게 현실이다.

이러한 각각의 미디어는 사용자들의 정보나 이용 데이터 등을 통해 광고를 집행하려는 (대형, 중형, 소형 심지어는 개인) 광고주나 광고회사에게 효율적 광고가 가능한 플랫폼을 제공하며, 마케팅 활동의 효율을 높이는 타깃, 비용, 시간 등을 제안하고 효과 분석 등을 제공한다.

포털을 포함한 이러한 미디어들은 최근 15년 전부터 급속도로 발전하기 시작했고, 고도화 작업은 하루가 다르게 끊임없이 이루어지고 있다. (물론 광고의 집행 유형과 결과 측정, 타깃팅의 영역 등도 마찬가지다.) 수십 년을 비슷한 형식 안에서 발전해 온 4대 매체와 비교해 볼 때 수없이 많은 미디어가 생기고 소멸하며 발전해 가는 속도는 기존의 광고 매체와 매우 큰 차이를 보인다.

디지털 미디어의 등장은 새로운 미디어의 탄생을 의미하기도 하지만 그 기술의 영역에 있어서는 미디어의 효율적 집행이나 성과 측정, 미래 예측 등의 깊이를 의미하기도 한다. 먼저, 광고의 타깃팅이 기술적으로 아주 세분화된 영역까지 가능해졌다. 이는 필요에 따라 세분화된 미디어 집행이 가능하다는 의미이며, 개개인이 검색한 내용이나 플랫폼을 이용하며 남긴 흔적이나 댓글, '좋아요'의 내용과 빈도, 휴대폰이나 PC에서 다운로드한 앱 등을 통해 사용자의 취향, 특징, 구매의사 등을 짐작하기도 한다. 또한 일정 타깃군을 페르소나화해 보다 전략적으로 접근하기도 하며, 이들이 광고를 보거나 콘텐츠에 노출됐을 때 그들의 체류 시간, 클릭 횟수, 랜딩 페이지로의 이동, 구매 활동 이력 등의 행동까지 조사하며 그 효율을 측정하기도 한다. 전통적인 미디어와 디지털 미디어가 바톤을 이어 받듯 릴레이(relay)처럼 이어지기도 하고, 날씨의 변화가 미디어의 역할을 하기도 하고, 주목도가 낮은 옥외 광고를 디지털을 통해 확산시키거나 수백 배 이상 주목도를 끌어올리기도 하며, 해외의 사례를 보면 다소 뻔할 수 있는 메시지를 새로운 미디어, 혹은 미디어의 획기적인 활용 등을 통해 폭발력을 더하기도 한다.

디지털 광고 시대의 크리에이터는 변화하는 미디어를 민감하게 학습, 경험하고 이를 응용해야 한다. 미디어의 다변화는 소비자의 트렌드도 그렇게 변하고 있다는 뜻이며, 콘텐츠의 소비 성향을 파악하고, 때로는 다변화된 미디어 환경에 미디어 자체의 (콘셉트나 카피, 영상의 크리에이티브가 아닌) 크리에이티브를 만들어 가야 한다.

4) 데이터

전통적 방식의 광고 기획서는 마케팅, 인문학, 소비자 행동론 등의 이론이나 연구 결과, 사례, 트렌드 등 특정 부문에 대한 조사를 기반으로 설득 요소를 갖춘다. 그러한 전략적 접근에서 출발해 광고의 방향성을 정하고, 이 방향성에서 인라인(inline) 하는 콘셉트(concept), 테마(theme) 등을 도출하고, 크리에이티브한 결과물(광고물)을 만들어낸다.

오늘날 전 세계가 급속도로 디지털화되면서 지금 글을 쓰고 있는 이 순간에도, 이 글을 읽고 있을 시간에도 수없이 많은 데이터(그 양으로만 봤을 때는 감당하기 힘들 정도의)가 쏟아져 나오고 있다. 소비자의 행동을 포함한 수없이 많은 데이터를 (기존의 조사 방식과 큰 격차를 만들며) 아주 촘촘하고 세밀하게 개더링(gathering), 마이닝(mining) 하고 있으며, 이렇게 모인 데이터는 여러 가지 알고리즘에 따라 자동 분석되기도 한다. 이런 방대한 양의 데이터는 효과적으로 분석되고 수집 기간이 길어짐에 따라 그 객관성을 더욱 확보하게 되는데, 때로는 기존의 사례와 다른 양상을 보이는 특이한 데이터들로 분석되며 앞에서 열거한 마케팅, 인문학, 소비자 행동의 이론들이 깨지기도 하고 변화되기도 한다.

전통적 방법의 '조사를 통한 데이터 결괏값'과 현재 '쏟아져 나오는 데이터의 결괏값'은 근본적으로 데이터를 다루는 주체의 의도성 유무로 나뉠 수 있을 것이며, 후자의 데이터 같은 경우 원 자료(raw data, 가공되지 않은 측정 자료)의 가공의 의미가 있다고 볼 수 있다. 이런 데이터는 타깃 소비자를 세분화하거나 미디어 믹스의 최적화 포인트를 찾아내는 등에 효과적으로 쓰이며, 캠페인 집행 후 그 효과에 대한 데이터로서 차기 캠페인을 구상하는 데 도움을 주기도 한다.

가장 기초적인 방법으로 'AB 테스트'를 들 수 있다. 광고의 효율을 최적화하기 위해 2개(혹은 그 이상의)의 광고물을 가지고 그 반응을 테스트해 본 후 가장 좋은 효율을 기록한 광고물을 집중적으로 매체에 집행하는 방법이다. 적은 비용으로 배너뿐 아니라 영상 광고도 2개(혹은 그 이상)의 제작물을 같은 조건의 타깃, 시간 등의 미디어 세팅으로 집행해 본 후 어느 제작물이 더 효율적일지 예측할 수 있게 되고, 이에 따라 카피나 컷의 구성, 디자인의 변경으로 더 효율적인 결과물을 구성할 수 있게 된다. 보통 크리에이티브의 영역과 퍼포먼스 광고의 영역을 다르게 생각하는 경향이 많은데, 디지털 광고 시대에는 이런 영역의 구분 없이 광고물의 최상의 효율을 위해 상호 보완적인 관계를 가져야 한다.

또한 웹사이트, SNS의 정량적·정성적 인게이지먼트, 집행된 광고물의 데이터를 포함한 소비자 매출 등을 통해 그 효과를 측정해 볼 수도 있는데 이 또한 광고 집행의 결과에서 끝나지 않고, 이 데이터들을 면밀히 분석하고 그 안에서 캠페인이나 광고의 테마, 소비자 키워드 등을 찾아 향후 집행할 캠페인의 전략이나 크리에이티브의 단서(clue)로 삼아 메시지의 객관성을 기할 수 있다.

전통적 방식에서는 '로직(logic)에서 출발된 매직(magic)'을 만들어 갔다면, 앞으로의 많은 광고 캠페인은 '데이터(data)에서 출발된 매직(magic)'의 과정을 통해 만들어질 것이며, 광고주에게 전략 방향이나 크리에이티브를 설득하는 요소가 논리와 주장이 아닌 객관적 데이터이기 때문에 '크리에이티브의 객관화'가 가능해질 수 있다.

[그림 11-2] Oh Henry!-Oh Henry! 4:25(2018)

데이터를 활용해 제품의 탄생부터 그 성분의 조합, 마케팅의 영역까지 적용된 캐나다의 사례를 살펴보자. 지난 2018년, 캐나다는 세계에서 두 번째로 기호용 마리화나를 합법화했다. 마리화나를 즐기는 행위가 420(four-twenty)라는 은어로도 불리는데(캘리포니아의 학생들이 대마초를 피우기 위해 4시 20분경에 만나자고 한 것에서 유래되었다는 설), 그래서 캐나다는 4월 20일을 마리화나 합법화 기념일로 여겨 이날 4시 20분에 일제히 마리화나에 불을 붙이는 등 축제가 벌어진다. 스니커즈와 경쟁 관계에 있던 캔디바(초콜

릿바) 브랜드 오 헨리(Oh Henry!)는 마리화나 합법화라는 빅 이슈와 사람들이 마리화나를 피운 상태에서 출출해한다는 점을 이용하기로 했다. 마리화나를 즐기고 난 약 5분 후에 사람들이 허기를 느끼는 점, 그리고 그에 관한 여러 데이터를 조사해 캐러멜과 땅콩을 섞어 '단짠'의 맛을 내며 보통 5g의 단백질을 함유하는 경쟁 제품군 대비 7g의 단백질을 함유하고 있는 매우 적합한(?) 제품을 개발했다. 심지어 브랜드의 이름까지도 4시 20분의 5분 후라는 의미의 '4:25'를 선보이며 시간제한(time limited)의 방식으로 판매해 브랜딩과 매출에 큰 성과를 냈다. 이는 데이터가 제품명, 제품의 성격, 광고의 형식까지에 크리에이티브의 객관성을 준 사례다.

5) 확산성

디지털 광고에 있어서 가장 이상적인 미디어의 운영은 광고물 자체가 확산성(virality)을 갖는 것이다. 특히 오가닉뷰(organic views)에 의한 확산은 더욱 그러한데, 광고물이 스스로 확산성을 가지는 사례는 광고가 토크 밸류를 가지고 있는 경우가 많다. 이러한 토크 밸류는 표적화 타깃을 다시 한번 정보원(source)으로 만들어 광고물을 퍼뜨리거나, 주위의 (메시지에 주의를 기울일 만한) 친구 등을 소환하기도 하고, 자신의 해석이나 평을 덧붙여 부분적으로 재생산하기도 하고, 패러디 등 2차 콘텐츠를 생산하게 만드는 궁극적인 힘이다.

한편, 정보원의 측면에서 최근 광고 시장에 인플루언서라고 불리는 크리에이터들이 그들의 팔로워나 유명세 등을 활용해 공중파 광고 또는 디지털 광고의 모델이 되거나, 그들의 채널에서 광고해 주는 것도 미디어 관점에서 봤을 때는 그들을 기용함으로써 확보된 확산성을 구매(buying)하는 개념으로 볼 수 있다.

공익 광고에서도 이 확산성을 효과적으로 이용하는 경우가 있는데, 타깃들이 의식 있는 행동과 소비를 행하고 자신의 (토크 밸류가 있는) 행동과 소비에 대한 칭찬과 프라이드 등의 감정을 자신의 SNS에 게시하는 현상이 그러하다.

6) 다이내믹 스토리텔링

광고에 있어 디지털이 가져다준 가장 큰 가치는 양방향 커뮤니케이션(two-way communication)이라고 해도 과언이 아닐 것이다. 즉각적 혹은 단기간의 양방향 커뮤니케이션도 큰 의미를 지니지만, 소비자들의 반응과 행동을 관찰하며 이에 최적화된 혹은 수정된 크리에이티브를 구사하는 것도 좋은 크리에이티브를 만들어 가는 데 있어서 중요한 요소다.

다이내믹 스토리텔링(dynamic storytelling)이란 변화되지 않는(현업의 용어로 '팔린') 전략과 크리에이티브를 추구했던 기존 광고 집행 방식과는 다르게 집행된 광고의 피드백을 또 다른 모티브나 크리에이티브의 요소로 여기고 계속 체인처럼 연결해 나가는 방식이라고 할 수 있다. 소비자들은 광고물의 변화 자체를 연속적으로 인지하며 그 전체적인 과정에 흥미를 느끼고 참여하기도 하고, 기대하기도 하고, 제품이나 서비스를 구매하기도 한다.

디지털 광고의 예는 아니지만, 유럽의 지방에 위치한 한 작은 대출 은행의 캠페인을 소개해 보고자 한다. 광고비가 많지 않았던 이 대출 은행은 난데없이 시중의 메이저 은행에 회사 간 축구 경기를 제안했다. 뜻밖의 도전장을 받은 메이저 은행의 은행장들은 한데 모여 그 도전을 받을 것인가 말 것인가에 대해 회의를 했고, 한 은행을 제외한 모든 은행이 그 경기에 참여하지 않기로 했다. 도전을 받아들인 은행은 그 작은 대출 은행과의 경기를 공표했고, 많은 매스컴이 이 경기에 큰 관심을 보이며 경기 실황을 중계하기에 이르렀다. 작은 대출 은행이 대패했다는 결과와 함께 경기는 마무리됐고, 그 경기 며칠 후에 광고가 게재되었다. "우리가 경기에서는 졌지만, 대출의 이자율로는 어느 은행에도 지지 않겠습니다."라는 광고의 메시지는 소비자들의 엄청난 호응을 얻어 냈다. 이 한 편의 드라마 같은 사례가 다이내믹 스토리텔링에 해당한다고 할 수 있다. 이 사례처럼 디지털 시대에는 크리에이티브 자체에 대한 집중도 중요하지만 광고물이 집행되고 난 후의 소비자의 반응 등도 고려하는, 전체적 프레임을 고려하는 크리에이티브가 필요하다.

7) 융합

디지털 시대의 성공적인 광고는 앞에 열거된 요인 중 단 하나의 요소보다 몇몇 (혹은 열거되지 않은) 요소와의 복합적이고 다단한 과정과 그 요소들의 융합, 해체 등을 통해 만들어질 것이다. 많은 요소가 상호 보완적이거나 단계적 캠페인을 구성하는 데 있어서 각 단계에 필요한 요인들의 명확한 역할(role)이 주어지는 경우가 많기 때문에 더욱 그러할 수 있다. 앞으로 기술하게 될 '소비자 구매행동 모델의 변화'에 대해 눈여겨

본다면 각 프로세스에 영향을 미치게 되는 크리에이티브 요인들의 융합(convergence)이 조금 더 쉽게 이해될 것이다. 이러한 융합 과정에서 주의할 것은 여러 요소가 각각의 메시지를 전달해서는 안 될 것이고, 전체적인 활동이 궁극적으로 하나의 메시지에 관통할 수 있게 구성되어야 한다는 것이다.

3. 구매행동 모델의 다변화와 디지털 크리에이티브의 역할

1) AIDMA에서 AISAS로, 파괴되고 있는 소비자 구매행동 모델

앞서 열거한 신 요소와 그 외의 요소들이 디지털 광고에서 크리에이티브적으로 어떻게 소비자 구매행동 과정을 변형하고 파괴해 나가고 있는지를 살펴보고, 몇 가지 사례와 함께 디지털 광고 창작의 방법을 엿보기로 한다.

(1) 소비자 구매행동 모델의 변화

AIDMA는 1924년 미국의 롤랜드 홀(Roland Hall)이라는 경제학자에 의해 제창된 소비자 구매행동 모델로, 소비자 구매행동의 프로세스를 다섯 단계로 나누어 설명한다.

전통적 관점에서 보면 광고 제작에 있어 이 다섯 단계에서 어떠한 요소를 더 강조할 것인가에 따라 제작물의 메시지나 형태가 바뀌곤 한다. '광고의 어떤 자극(비주얼, 오디오, 언어적 메시지 등)으로 타깃 소비자의 주위를 환기해 광고에 주목(Attention)하게 할 것인가?' 또는 '소비자가 어떠한 자극에 흥미(Interest)를 느끼게 할 것인가?' 그리고 '소비자의 어떤 포인트를 자극해 참여, 구매, 이용 등의 욕구(Desire)를 불러일으킬 것인가?' 그리고 이 단계를 거쳐 '실제 구매행위로 이어지는 핵심적 기억(Memory)을 남기게 할 자극 요소를 어떻게 만들 것인가?' 혹은 '어떻게 구매(Action)로 이어지는 포인트를 자극할 것인가?'에 따라 커뮤니케이션 전략이 달라지는 것을 볼 수 있다.

인터넷과 SNS의 등장에 따라 소비자의 구매행동 모델에는 검색(Search), 공유(Share) 등 지금까지의 AIDMA 모델에 포함되지 않는 행동이 나타나게 되었다. 이러한 소비자를 액티브 컨슈머라고 이름 붙여 새로운 구매 모델 프로세스로 2004년에 덴츠로부터 제창된 것이 AISAS이다. AISAS도 AIDMA와 마찬가지로 소비자가 상품 또는 서비스를 알고 나서 구입할 때까지의 일련의 프로세스를 분할해 각 단계의 앞 글자를 취해 나타내고 있다.

기존의 프로세스가 대중 매체에 의한 일방향 커뮤니케이션, 즉 일방적 메시지 전달에 의한 소비자의 구매 결정 과정이었다면, 소비자가 능동적으로 정보를 탐색할 수 있게 된 디지털 시대에서는 그러한 정보 탐색과 구매, 참여, 그리고 그 경험을 온라인에서 공유하는 과정까지가 포함된다.

주목(Attention)과 흥미(Interest)의 경우는 기존과 차이가 없지만, 검색(Search)은 흥미를 느낀 제품, 서비스, 브랜드 메시지에 대해 적극적으로 정보를 획득하려는 소비자의 행동이며, 디지털 시대에는 인터넷을 통해 쉽고 빠르게 정보 획득 과정이 이루어진다. 검색 후 구매하는 것을 포함해, 광고주가 제공하는 이벤트 등에 참여하는 등의 행동까지 묶어 구매(Action)에 포함된다. 디지털 이전 시대의 '구전(mouth to mouth)'은 디지털 시대로 넘어오며 소비자가 경험한 내용에 대해 단순 또는 적극적으로 온라인상에서 공유하거나 소환하는 것 등을 통칭하는 공유(Share)라는 과정으로 확장되었다.

(2) 파괴되고 있는 소비자 구매행동 모델

디지털 세대의 등장과 디지털 크리에이티브의 발달에 따라 소비자 구매행동 모델은 더욱 심화·발전되었다. 이전보다 복잡다단한 과정을 거치거나 그 과정이 축소, 생략되며 이루어지기도 한다.

예를 들어, 디지털 세대에게는 주목(Attention)과 흥미(Interest)의 구분 없이 두 과정이 거의 동시에 이루어지기도 하고, 심지어는 주목(Attention) 이후 흥미(Interest)를 가지기도 전에 광고가 소비자 곁으로 가기도 한다. 여기서 새로 등장하는 개념이 '적극적 소화(Active Digestion: AD, 소비자에게 노출된 정보의 적극적 소화)'다. 검색 후 적극적 소화(Active Digestion)를 하기도 하고, 그 과정이 구매(Action)로 이어지기도 하고, 구매(Action) 후 적극적 소화(Active Digestion)를 거쳐 공유(Share)의 행위를 하기도 한다.

디지털 시대의 좋은 크리에이티브는 소비자의 구매행동 과정을 새롭게 조합하고 건너뛰고 파괴해 나아가는 힘이 있으며, 소비자들은 이러한 크리에이티브를 통해 브랜드, 서비스, 제품, 혹은 브랜드 메시지에 더욱 뜨거운 반응을 보이게 되는데, 이러한 과정 속에 디지털 크리에이티브의 가치가 있다.

2) 디지털 크리에이티브의 역할

앞에서 장황하게 소비자 구매행동 모델을 설명한 것은 마케팅 전략의 초점을 소비자 구매행동 과정의 어느 부분에 두느냐에 따라 크리에이티브의 방점이 다르게 찍힐 수 있다는 것을 보여 주기 위함이다. 이제부터 디지털 광고에 있어 소비자의 구매행동 과정이 크리에이티브와 미디어 등으로 조합되고 파괴되어 가며 새로워지고 그 임팩트를 더해 가는 과정을 소개해 보겠다.

(1) 적시 광고로 주목 획득하기

전통적 광고에서는 소비자의 주목을 끄는 것이 원하는 메시지를 전하기 위해 반드시 필요한 과정이었다. 디지털 시대에서도 당연히 광고가 만들어 내는 주목(Attention)은 필요하겠지만 때에 따라서는 이 주목을 건너뛰며 SNS나 기타 바이럴 매체를 통해 많은 비용을 쓰지 않고도 효율적이고 임팩트 있게 소비자의 흥미(Interest)를 끌어낼 수 있다.

지금의 디지털 시대에는 사회적·문화적 이슈 등이 연관 검색이나 댓글, 리트윗, 공유 등을 통해 놀랍도록 빠른 시간 내에 넓은 범위로 퍼져 나간다. [그림 11-3]의 광고는 세기의 커플이었던 브래드 피트와 안젤리나 졸리가 이혼하던 당시에 게재된 영국의 한 항공사 광고다. 브래드 피트가 이제는 유부남이 아닌 싱글이 되었으니 브래드 피트가 있는 LA까지의 편도 요금을 (LA에서 돌아오지 말라는 의미로) 싸게 해 준다는 인쇄 광고였다.

이런 광고를 일컬어 '적시(timely) 광고'라고 한다. 그 시기에 주목도가 높은 이슈와 제품, 서비스, 브랜드 등을 엮어서 주목(Attention) 과정을 거의 생략하다시피 하고 광고의 포커스를 임팩트 있는 흥미(Interest)로 이끌어 간다.

이 인쇄 광고를 군이 디지털 광고의 크리에이티브에서 언급하는 이유는 이러한 광고의 형태가 SNS나 기타 바이럴을 위한 미디어가 없었다면 시간적·지리적, 비용 등의 제약으로 인해 그 영향력이 적었을 것이고, 바꿔 말하면 현재의 이슈 발생 시기에 그 즉시 이런 미디

[그림 11-3] Norwegian Airline–Brad is single(2016)

어의 특성을 잘 활용한 크리에이티브를 만든다면, 자발적인 바이럴을 일으키는 설계가 가능하다는 뜻이다. 코스메틱 브랜드 리얼베리어의 〈아쿠아 수딩 젤 크림〉 캠페인은 또 다른 방식의 적시 광고로 제작되었다.

리얼베리어의 해당 제품은 '얼음크림'이라는 닉네임을 얻을 정도로 피부온도를 5℃ 나 내려주는 경쟁사 대비 뛰어난 제품력을 가지고 있었다. 인지도가 높지 않았던 브랜 드였기에 적극적인 샘플링으로 소비자들이 제품을 직접 경험해 보게 함으로써 제품력을 입증해 보이고자 했고, 궁극적으로 광고를 통한 브랜딩 효과까지 얻고자 했다. 광고에서는 제품 자체에 대한 메시지보다 제품력이 가장 돋보일 수 있는 '시기'에 집중했다. "폭염특보 발령 시 얼음크림 샘플 증정"이라는 메시지를 담은 광고를 집행했고, 실제로 폭염특보가 내려지던 때마다 샘플을 신청한 잠재적 소비자들은 제품의 기능을 어느 때보다 체감할 수 있는 '가장 더운 날' 샘플을 받게 되었다. 가장 더운 날 시행한 샘플링을 통해 제품력을 가장 효과적으로 경험할 수 있었고, 그 결과 브랜드 인지도

[그림 11-4] 리얼베리어-피부온도 보험(2018)

가 낮았던 제품은 상승 곡선을 그리는 판매량을 만들어 냈다. 이 캠페인 역시 광고에 의해서 주목(Attention)이 만들어지지 않았지만, 폭염특보라는 이슈성과 제품의 혜택 (Benefit)을 연결시켜 임팩트 있는 흥미(Interest)와 적극적 소화(Active Digestion)를 유도하고, 적극적 소화의 경험을 바탕으로 제품의 구매(Action)까지 연결시키는 과정을 만들어 낸 사례다.

(2) 주목과 흥미 단계를 한꺼번에 뛰어넘기

4대 매체가 중심이던 시절의 일방향 커뮤니케이션 방식에서는, 예를 들면 40~50대 주부를 타깃으로 하는 제품의 광고를 아침드라마 방송 이전, 이후 등 주부 시청자가 많은 방송시간대에 집행하고는 했으나 디지털로 광고 매체 집행의 중심축이 이동하면서 그 방식 자체가 많이 변해 가고 있다(박현수 외, 2020).

광고 기술을 통해 소비자의 능동적 검색이나 앱 다운로드 경향 등으로 소비자들을 그룹핑 할 수 있게 되었다. 관심사 타깃팅, 잠재 고객 타깃팅, 유사 고객 타깃팅 등이 그런 방식인데, 크리에이티브의 영역에서는 이렇게 세분화된 잠재적 소비자의 공감을 얻는 크리에이티브, 즉 세분화에 그치는 것이 아닌 세분화된 소비자들에게 작용(working) 할 수 있는 메시지와 표현, 공감을 얻을 수 있는 크리에이티브를 찾아내고 집행하는 것이 중요하다. 예를 들어, 새로 출시되는 휴대폰 판매에 있어서 통신사가 제공하는 혜택이 신제품 가격 할인, 주변기기 할인 제공, 사후 핸드폰 교환 프로그램 등이라고 봤을 때 광고의 타깃은 4개 그룹으로 나누어 고려할 수 있다.

- [A그룹] 가격에 민감하지 않으며 누구보다 빠르게 구매하는 게 중요한 소비자
- [B그룹] 가격에 민감하지 않고 누구보다 빠르게 구매하기를 원하지만 주변기기까지 함께 가지고 싶어 하는 소비자
- [C그룹] 기기 구매에 있어 그 시기와 비용을 신중히 고려하는 소비자
- [D그룹] 가격에 민감해 가장 저렴한 때를 기다려 제품을 구매하고자 하는 소비자

소비자 니즈에 따라 세분화한 각 타깃 그룹에 그들의 니즈를 충족할 수 있는 적합한 혜택 메시지를 전달할 수 있다면, 그 메시지는 보다 큰 공감을 일으키며 소비자에게 파워풀하게 전달될 것이다. A그룹은 신제품 가격 할인, 주변기기 할인 제공, 사후 핸드폰 교환 프로그램에 대해 영향을 받을 수는 있겠으나, 이들에게 더욱 중요한 건 신제품

을 누구보다 빨리 사서 다른 사람들에게 자랑하고 싶어 한다는 것이다. 브랜드에 대한 충성도에서 비롯된 행동이라고도 해석할 수 있으며, 소비자 구매행동 과정에서 공유 (Share)가 중요한 집단이고, 구매행동 단계의 초기 과정들은 생략되거나 빠르게 진행된다. 반면, B그룹에게는 이 통신사가 제공하는 주변기기 할인 서비스를 통해 광고에 대한 탄력도를 더욱 높아지게 만들 수 있다.

일반적으로 좋은 크리에이티브는 화려하고 멋지고 특색 있는 것이라 이야기할 수 있겠으나, 메시지가 소비자들이 원하는 정보로서 주어졌을 때 가장 기억에 남고 실제로 구매까지 연결될 확률이 높아진다.

디지털 시대의 주목(Attention)은 광고가 자극하지 않아도 생기는 경우가 많으며, 흥미(Interest)가 있는 소비자를 찾아내 그들에게 그 정보를 주는 것이 디지털 시대의 좋은 크리에이티브다. 또한 흥미(Interest)를 만들어 주는 것이 아니고, 흥미(Interest)를 이미 가지고 있는 사람들을 찾아서 정확한 채널과 메시지, 크리에이티브를 통해 광고를 하는 것이 효과적이라 하겠다.

(3) 확산성 높은 크리에이티브로 공유의 빈도 높이기

디지털 시대의 초기에는 소비자 구매행동 모델에서 공유(Share)하는 소비자행동이 가장 마지막 단계에서 이루어진다고 여겨졌다. 하지만 최근의 상황을 보면 SNS의 발달로 많은 매체가 자발적 공유에 대한 접근성을 높이고 있다. 그 결과 확산성이 높은 크리에이티브는 정보에 노출됐을 때 이를 습득하고 소화하며, 그 내용에 대해 (구매 활동 이전에) 공유하기도 한다. 물론 확산성이 높은 크리에이티브는 그 제품이나 서비스 등을 구매, 이용한 후 공유하는 비율 또한 더욱 높아지기 마련이다.

〈팔라우 서약(Palau Pledge)〉의 사례에서 이러한 프로세스를 명확히 볼 수 있다. 관광지로서 팔라우의 인기가 높아지며 환경 훼손이 심해지다 보니, 출입국 관리소에서는 팔라우에 입국하는 관광객에게 [그림 11-5]의 사진과 같은 스탬프를 여권에 찍어 주고 자신이 직접 서약하게 했다. 소비자의 구매행동 단계에서 봤을 때 구매(Action) 단계 후 자신의 놀라운 경험, 가치 있는 행동 등으로 느끼며 공유(Share)를 하게 되고, 특히 레오나르도 디카프리오 등 많은 유명인이 동참함으로써 이를 접한 소비자들은 구매(Action) 단계 이전(Interest, Search 단계 후)에 다른 사람들의 공유된 경험을 재공유하며, 실제로 구매(Action) 단계를 거치거나 그 욕구를 표현해 낸다.

피자헛 '더 맛있는 피자'의 〈싱크로율 사진기〉 캠페인 사례를 살펴보자. '더 맛있는

Korean

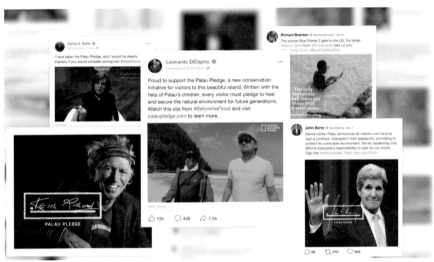

[그림 11-5] Palau Legacy Project-Palau Pledge(2017)

피자 1'이 론칭했을 때 저렴한 가격과 맛있어 보이게 촬영된 광고 이미지 덕분에 제품은 많은 판매량을 기록할 수 있었다. 하지만 소비자들은 실제 배달 온 피자가 광고 이미지와 많이 다르고 맛도 없다는 반응을 보였다. 이에 '더 맛있는 피자 시즌 2'를 출시하면서 〈싱크로율 사진기〉라는 독특한 방법으로 이 문제를 해결하고자 했다. 광고 속의 피자 이미지와 실제 배달된 피자 이미지를 비교할 수 있는 앱을 만든 것인데 피자를 주문한 소비자는 이 앱을 통해 광고와 실제 배달된 피자 이미지를 1:1로 비교할 수 있었고, 놀라운 경험을 자신의 SNS에 업로드하도록 이벤트를 설계했다. 아직 제품을 맛보지 못했던 잠재적 소비자들도 이 피드를 보며 놀라움과 함께 [구매(Action) 단계 이전에] 공유(Share)를 했고, 많은 매출과 함께 점점 더 많은 (구매 후) 공유(Share)가 이루어졌다.

[그림 11-6] 피자헛-싱크로율 사진기(2016)

이 사례들처럼 디지털 시대의 확산성이 높은 크리에이티브는 구매행동 프로세스에 있어서 기존 프로세스와는 다르게 더 자주 공유(Share)를 일으키게 되고, 궁극적으로는 이러한 소비자들의 활동들이 호감도를 주는 등의 강한 인게이지먼트를 만들며 메시지 측면이나 매체 측면에 있어서 광고의 효율을 높이는 데 기여한다.

(4) 적극적 소화

디지털 시대에 디지털 디바이스나 웹, 여러 플랫폼을 통해 구매행동 프로세스상에서 가능해진 것은 직간접 경험을 통한 적극적 소화(Active Digestion)의 과정이다. 아우디 광고의 한 예를 들어 보자.

사막을 가로지르며 질주하는 자동차가 보인다. 드넓은 사막에 작은 커피가게가 있고 질주하던 자동차는 그 앞에 선다. 파자마를 입고 내린 남성이 커피를 주문하다가 지갑을 두고 온 것을 깨달을 무렵, 멀리서 같은 종류의 빨간색 스포츠카가 그 옆에 선다. 빨간 스포츠카에서 내린 여성은 "당신 지갑 또 두고 갔네?"라고 말하며 두 차량은 그 사막을 질주한다. 광고의 가장 뒷부분은 "Death Valley의 에어비앤비를 신청하면 아우디 A8을 시승할 수 있습니다."라는 문구로 마무리된다.

마지막 문구가 없었다면 일반적인 광고 문법을 따른 광고였을 것이다. 하지만 마지막 문구로 인해 광고를 본 소비자들은 손 안의 휴대폰으로 에어비앤비에 접속해 보고, 직접 신청한다면 광고에 나왔던 그 사막에 멋진 스포츠카를 몰고 광고에서처럼 폭풍 질주를 해 볼 수 있다. 직접 그곳에 갈 수 없는 소비자들은 모델이 아닌 소비자들이 광고 속의 집과 그 폭풍 질주를 한 모습을 SNS 등을 통해 보고 간접 경험을 하게 된다. 왜냐하면 에어비앤비 속의 집과 그 앞에 주차되어 있는 아우디 A8은 광고 속의 내용일 뿐 아니라 실제 공간에 존재하는, 그래서 소비자들이 직간접적으로 경험하게 하는 만져지는(tangible) 메시지이기 때문이다. 이러한 만져지는 메시지들은 많은 소비자에 의해서

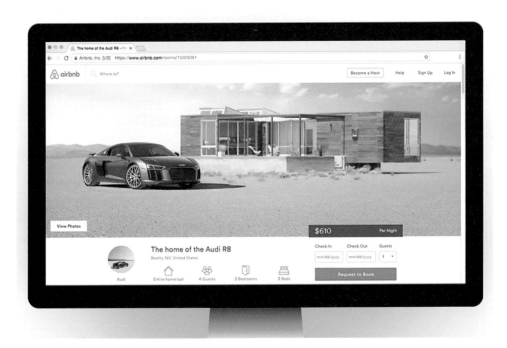

[그림 11-7] Audi and Airbnb Live to Drive(2016)

적극적 소화가 이루어지는데, 그들에게 수동적으로 전해지는 메시지보다 능동적으로 경험하게 하는 그 화력에서 기하는 것이다. 삼성생명의 〈당신에게 남은 시간〉이라는 캠페인을 예로 들어 보자.

캠페인 영상의 배경은 한 건강검진센터 진료실이다. 건강검진 일주일 후, 아무것도 모른 채 검진 결과를 받기 위해 진료실을 방문한 검진자들은 뜻밖의 시한부 선고를 받게 된다. 예상치 못한 결과에 검진자들은 당황하지만, 특별 제작된 검진 결과표를 한 장 한 장 넘기면서 이내 생각에 잠기거나 먹먹해 하는 반응을 보인다. '평균수명 기준 남은 시간―일하는 시간―자는 시간―TV 및 스마트폰 보는 시간―그 외 혼자 보내는 시간 = 가족과 함께 보낼 수 있는 시간', '남은 시간'의 진짜 의미를 알게 된 검진자들은 회한에 잠기고 눈물을 흘리기도 한다.

바쁜 생활에 떠밀려 잊고 있었던 가족의 소중함을 알려 주기 위해 제작된 영상은 영상으로 그치지 않는다. 영상 말미에 "당신에게 남은 [가족과 함께 할] 시간은 얼마나 될까요?"라는 물음과 함께 곧바로 〈가족 시간 계산기〉 웹페이지로 연결되어 영상을 본 누구나 '자신에게 남은, 가족과 함께 할 시간'을 직접 확인해 볼 수도 있도록 했다. 영상 메시지에 공감을 느낄 무렵, 직접 자신의 상황을 대입해 볼 수 있게 함으로써 브랜드가 전하고자 한 가족 사랑의 메시지를 직접 경험할 수 있게 했다.

[그림 11-8] 삼성생명-당신에게 남은 시간 & 가족 시간 계산기(2014)

디지털 시대에서만 가능한, 즉각적인 결과를 뽑아낼 수 있고 확산성을 가진 도구가 바로 이 가족 시간 계산기였다. 소비자들은 이 도구를 통해 스스로가 자신이 가족과 함께 할 수 있는 시간을 계산하고, 스스로를 되돌아보며, 더 많은 시간을 가족과 함께하려 했다. '나'에게 비친 메시지(개인화된 메시지)였기 때문에 스스로가 정보를 더욱 능동적으로 해석하고 소화시키며, 자기의 경험을 주위에 퍼뜨려 가는 적극적 소화의 과정을 만들어 냈다.

2018년 칸 라이언즈에서 핵버타이징(Hackvertising: Hacking+Advertising)이라는 장르로 버거킹의 CD들과 광고주가 강연을 한 적 있다. 그들의 이야기와 필자가 펼치는 내

[그림 11-9] Burger King-Google home of the Whopper(2017)

용과는 다소 차이가 있지만 소비자의 구매행동 프로세스 관점에서 이 캠페인을 바라
보자.

TV 광고에서 "구글~ 와퍼버거란 무엇이지?"라는 질문이 나왔을 때 '구글'이라는 보
이스에 반응하는 개개인의 디바이스들은 TV를 대신해 위키피디아의 와퍼버거에 대한
정의를 (장시간 동안) 설명하게 하는 아이디어였다. 와퍼버거란 무엇이지라는 다소 생
뚱맞은 질문으로 소비자의 주목(Attention)을 끌고 소비자의 흥미(Interest)와는 상관없
이 검색(Search)을 만들어 낸 이 캠페인은 실제로 개인화된 미디어에 메시지를 경험케
하는 좋은 사례였다.

다른 측면에서 이 캠페인을 봤을 때 미디어 릴레이(media relay)를 구현한 미디어 크
리에이티브 영역으로도 볼 수 있다. 또 다른 사례로 버거킹의 〈Burn That Ad〉 캠페인
을 살펴볼 수 있다. 경쟁사의 광고가 집행된 옥외 매체 등의 광고물에 버거킹의 프로모
션용 앱을 활성화시키면 AR 기술을 통해 경쟁사 광고물이 불에 타는 효과를 내도록 고
안되었다. 이렇게 불이 붙은 AR의 광고물은 "Frame-Grilled is always Better"의 메시지
를 전하며 버거킹 제품이 등장하고 참여한 사람들에게 버거킹의 쿠폰을 나눠 주는 것
까지 미디어가 릴레이된 사례다. 경쟁사의 광고물과 버거킹의 광고(앱)를 연결시켜 위

[그림 11-10] Burger King-Burn That Ad(2019)

트 있고 유머러스하지만 의미 있는 경험을 하게 하고, 공유할 만한 가치를 만들어 확산을 가속화시킨 좋은 예다.

(5) 소비자 구매행동의 단계별 효과를 측정해 크리에이티브를 수정 · 발전시키기

디지털 광고의 놀라운 변화는 앞에 열거된 모든 소비자의 구매행동 프로세스에서의 광고나 프로모션 등에 대한 효과 측정이 가능하다는 것이다. [물론 구매(Action) 단계에서는 온라인에서의 판매만이 정확한 효과 측정이 가능하다.] 또한 각 단계에 있어서 여러 가지 새로운 디지털 요소를 더하거나 활용하면서 혹은 그 내용에 새로운 단서를 찾아 그 캠페인의 효율을 최상으로 끌어올릴 수 있다.

디지털 매체 중에는 시간적 제약이 있는 매체도 있지만, 소비자가 스킵(skip) 버튼을 누르지 않는 한 원하는 시간만큼 광고물을 노출시키는 방법도 있다. 이를 크리에이티브의 측면에서 보자면, 강제적으로 노출되는 시간(유튜브 트루뷰 광고 기준 5초) 동안 보는 사람들로 하여금 스킵하지 않고, 노출시키고자 하는 광고물을 끝까지 보게 만드는 크리에이티브 요소가 무척이나 중요하다. 실제로 한 연기자가 광고물의 초반에 아무런 내용도 없이 물끄러미 화면만을 바라보고 아무런 메시지 전달을 하지 않았을 경우 처음부터 메시지를 전달하려 했던 광고물 대비 완독률(View Through Rate: VTR)에 있어서 높은 결과를 가져다준 사례가 있다.

유명 모델이 등장해 "저 ○○○이 이 광고에 나오는데 스킵하시려구요?"라는 메시지의 인트로로 구성된 A 광고물과 논스킵(non-skip)을 종용하는 메시지나 유명 모델의 등장 없이 타깃이 궁금해할 만한 스토리를 바로 보여 주는 B 광고물을 두고 동일한 타깃층에 동일한 컨디션으로 AB 테스트를 시행해 보았다. 당연히 전자의 광고물에 더 많은 완독률을 기대했던 것과 달리 해당 광고물에서 스킵이 더 많이 일어난 것을 트래킹(tracking)할 수 있었다. 이런 결과에 따라 B 광고물을 집중적으로 집행함으로써 더 좋은 효과를 낼 수 있도록 하는 최적화 작업을 진행했다. (크리에이티브 단계에서는 흔하지는 않지만 소재의 구성을 바꾸기도 하고, 댓글이나 '좋아요' 등의 반응을 보고 크리에이티브를 수정하거나 발전시키기도 한다.)

실제 집행된 광고 결과의 실질적 매출은 차기 캠페인 개발을 위한 단서가 되기도 한다. 한 카셰어링 브랜드의 경우 대한민국 전역에 걸쳐 광고를 집행했지만 그 효과는 공항이나 고속철도의 스테이션 위주에서 실질적 매출이 많이 일어난 것으로 나타났다. 이에 따라 다음 캠페인은 그 거점을 중심으로 특화된 크리에이티브를 집행한 것이 그 예라고 할 수 있다.

주목(Attention)과 흥미(Interest) 등을 포함한 소비자의 구매행동 프로세스와 관련하여 가변적 환경에 대한 고려들이 있어야겠지만, 넘쳐나는 디지털 콘텐츠 중 우리 광고물에 대한 주목(Attention)과 흥미(Interest), 그 외의 단계에 보다 높은 효과를 가지기 위해 면밀한 분석과 테스트 등으로 광고의 효율을 높이고 있으며, 앞에서 언급한 AB 테스트, DCO(Dynamic Creative Optimization, 타깃 오디언스에 맞게 자동으로 변형하여 송출하는 맞춤광고 기술) 기법 등 광고물이 라이브된 다음이 곧 시작이라는 생각을 해야 한다. 크리에이터도 집행 과정과 결과에 걸친 결괏값 데이터에 대해 관용도와 속도감을 가져야 하고, 모든 과정에 걸쳐 크리에이티브를 발전시키거나, 매체 집행 방법 등을 수정 · 보완하여 광고 효과의 최적화(optimization) 방안을 생각해야 한다.

이상의 논의를 종합하여 디지털 시대 이전의 광고와 디지털 시대 광고의 차이를 비교하면 〈표 11-1〉에 제시한 내용과 같다.

〈표 11-1〉 디지털 시대 이전의 광고와 디지털 시대 광고의 차이

구분	디지털 시대 이전의 광고	디지털 시대의 광고
커뮤니케이션 방식	일방향 커뮤니케이션	양방향 커뮤니케이션
주요 미디어	4대 매체(TV, 리디오, 신문, 집지) 매스 타깃팅 시간적 · 지리적 제약	4대 매체 + 디지털 매체 타깃 세그먼트, 핀포인트 타깃팅 시간적 · 지리적 자유로움
전략부터 제작까지의 과정	Logic to Magic	Data to Magic
미디어의 가변성	rigid	flexible
미디어 부킹 주체	광고(미디어)회사, KOBACO	광고주, 광고(미디어)회사, 개인
효과 측정	피플미터, 발행부수, 시청률, 조사	미디어 집행 데이터, 세일즈 데이터 등
최근 제작물 게재의 변화	Clutter → 효율적	효율적 → Clutter
메시지 특성	휘발성	비휘발성
소비자 구매행동 모델	AIDMA	AISAS, 구매행동 모델의 다변화

4. 마무리

디지털 시대의 크리에이티브는 전통적 크리에이티브의 핵심적 가치는 닮아 있되, 이를 표현해 나가는 방식, 즉 새로운 매체, 기술과 데이터, 광고 기술 등에 따라 끊임없이 변해 가고 발전해 간다. 변화되는 그것들을 학습을 통해 배우기보다 직접 경험하며 그 방식들과 호흡을 해 나감으로써 크리에이티브의 콘셉트를 보다 효과적으로 표현할 수 있다. 또 다른 하나는 새로운 매체, 기술, 데이터, 그리고 지금도 개발되고 있을 그 무엇인가에 절대 흔들리지 말아야 한다는 사실이다.

'콘셉트(concept).'

이 장에서 설명한 내용은 광고의 본질에 해당하는 콘셉트가 아니라, 이를 잘 표현하기 위한 '방법론'에 대한 이야기였다. 이러한 방법들은 아무리 화려하고 첨단을 걷는다 하더라도 절대로 콘셉트를 앞서가면 안 된다. 좋은 콘셉트가 없다면 광고는 어떠한 의미도 갖지 못할 것이다.

김병희(2021a). 디지털 시대의 광고 마케팅 기상도. 서울: 학지사.

김병희(2021b). 광고의 정의와 유형. 김병희, 마정미, 김봉철, 김영찬, 유현재, 유승엽, 최세정, 송기인, 소현진, 유승철, 남고은, 김여정, 한규훈, 정윤재, 윤태일, 정승혜 공저, 디지털 시대의 광고학신론(pp. 19-48). 서울: 학지사.

김봉현, 김태용, 박현수, 신강균(2011). 광고학개론. 서울: 한경사.

박현수, 김효규, 정윤재, 정차숙, 이형석, 주호일, 김지혜, 황성연, 정세훈, 유승철(2020). 광고 미디어의 현재와 미래: 한국광고학회 광고지성총서 7. 서울: 학지사.

윤일기, 남고은, 김규철, 이희준, 구승회, 이선구, 최승희, 이경아, 한규훈, 김소연, 황보 현우(2020). 디지털 시대의 광고 크리에이티브: 한국광고학회 광고지성총서 6. 서울: 학지사.

제**12**장

BTL 광고의
창작

변혜민
(한국방송광고진흥공사
미디어광고연구소 연구위원)

디지털 사이니지(Digital Signage), 디지털 미디어(Digital Media), 키오스크(kiosk), 디스플레이(Display), 엘리베이터TV, 홀로그램(hologram), 조명, 야간 경관, 극장, 프로모션(promotion), 택시표시등 광고, VR(Virtual reality), 간판, 경관 개선, 「옥외광고물법」, 전광판, 스마트시티 등 유사하지만 상이하게 나열된 단어들을 포괄할 수 있는 단어가 있다.

바로 BTL(Below the Line) 광고다. 미디어가 점차 세분화되는 상황에서 전통적인 매체에 대한 효과가 떨어지기 시작했다. 소비자가 광고를 회피하고 미디어 시청 시간이 줄어들기 시작하면서 광고 효과 역시 낮아지기 시작했다. 이러한 상황에서 BTL의 활용은 광고 효과를 높이고, 통합적 마케팅 커뮤니케이션을 가능하게 할 수 있다. 따라서 이 장에서는 BTL의 개념과 디지털 시대 BTL의 상황, 그리고 사례를 설명함으로써 보다 쉽게 BTL을 이해하는 데 도움을 주고자 한다.

1. BTL 광고의 시작

1) 과거의 BTL 광고

과거 마케팅을 공부한 사람들은 마케팅을 구분할 때, ATL과 BTL이라는 단어를 사용했다. 2000년대까지만 하더라도 4대 매체인 ATL을 중심으로 한 마케팅이 이루어졌기 때문이다. 이후 매체를 중심으로 한 ATL 외에도 이벤트(event), PPL(Product PLacement)과 같은 마케팅이 보조적으로 활용되면서 IMC(Intergrated Marketing Communication) 개념이 대두되었다.

여기서 ATL(Above the Line)은 4대 전통 매체, 즉 TV, 라디오, 잡지, 신문과 같은 전통적인 매체를 활용한 마케팅을 의미한다. 광고의 4대 매체라 불리는 대표 매체이며 주요 수단이었다. 과거 BTL은 이를 보조하는 개념으로 온라인과 오프라인에서 소비자와 직접 접촉하는 마케팅을 의미한다(커넥팅랩, 2019). ATL과 BTL이라는 용어의 사용은 과거 광고회사가 광고주에게 발행하는 비용 청구서에서 유래된 단어다. 매체 사용에 대한 비용이 청구서의 가장 윗줄에 적혀 있는 경우에는 ATL, 반면에 매체를 사용하지 않으며 아랫줄에 위치하는 경우에는 BTL이라 불렀다. 사실상 과거 BTL은 '기타'로 취급당했다고 볼 수 있다.

2) 현재의 BTL 광고

과거 BTL 광고는 전통적인 4대 매체 이외의 모든 매체 광고를 포괄하는 개념이었으나, 2010년 이후 디지털이 본격적으로 확대되면서 광고의 4대 매체 영향력이 줄어들기 시작했다. 또한 과거에 비해 문화·여가생활을 즐기는 사람들의 라이프 스타일 변화는 광고 매체에 대한 업계의 시각을 바꾸는 데 일조했다. 현재 BTL에 대한 관점은 연구자에 따라, 실무자에 따라 다를 수 있다.

이 장에서 언급하고 있는 BTL은 현재의 BTL을 다수의 시각으로 설명하는 것이다. 현재의 BTL은 디지털의 확대와 BTL의 중요성 증가에 따라 ATL과 같은 선상에서 고려되고 있다. 최근에는 TTL(Through the Line), ATL과 BTL을 결합한 통합 광고 마케팅이라는 단어 역시 사용되고 있기도 하다.

현재의 BTL은 미디어를 매개로 하지 않은 대인 커뮤니케이션 활동을 의미한다. 대표적으로 옥외 광고가 이에 속하며, 프로모션, 전시, 이벤트, PPL 등이 포함된다. 최근 우리가 주위에서 쉽게 접할 수 있는 BTL은 옥외 광고, 전단지, 버스 및 지하철 영상 광고, 텔레마케팅, 프로모션, 이벤트 등이다. 이 중 옥외 광고 유형에는 앞서 설명한 전단지, 버스 및 지하철 영상 광고 등이 포함되어 BTL의 여러 유형을 포괄하는 개념이 될 수 있다. 다소 유사하지만 일회성이고, 매체를 이용하지 않아도 소규모 또는 1:1 메시지 전달이 가능하며, 재구매 유도와 충성 고객을 만드는 것이 더 효과적인 개념에는 이벤트, 프로모션이 있다.

이 장에서는 BTL 유형에 대한 설명과 광고의 창작과 사례, 그리고 디지털 확대에 따른 BTL의 변화를 설명하고자 옥외 광고와 프로모션을 구분하여 설명한다.

2. 옥외 광고, 디지털 옥외 광고로의 진화

전통 매체의 영향력이 낮아지면서 옥외 광고는 보조적인 수단을 넘어서 전통 매체와 함께 융합하여 광고를 집행하는 매체로 활용되고 있다. 특히 하나의 광고를 여러 매체에 동시다발적으로 집행하는 데 있어 옥외 광고는 실외 공간에서 광고를 송출한다는 특징을 가지고 있기에 활용도가 높아질 수 있다.

옥외 광고는 디지털화된 형태인 디지털 사이니지로 불리기도 하며, 집 밖의 모든 공간에서 이루어지는 광고 활동이라는 의미에서 OOH(Out of Home) 광고로 불리기도 한다. 이에 옥외 광고를 설명함에 있어 OOH 광고, 디지털 사이니지라는 단어를 혼용하되, 특정 문장이나 사업, 상황에 적합한 단어로 사용하고자 한다. 다음에서는 BTL과 옥외 광고, 그리고 현재 OOH 광고가 사람들의 일상 속에 스며들고 있는지 알아보고, 앞으로 OOH 광고의 미래는 어떻게 나아갈 것인지 살펴보고자 한다.

1) 옥외 광고 시장 상황 및 변화

(1) 코로나19 상황으로 인한 옥외 광고 시장 변화

2022년 초 현재에도 계속되고 있는 코로나19 장기화는 옥외 광고 시장뿐만 아니라 전반적인 광고 시장에 큰 영향을 주었다. 특히 옥외 광고 시장은 극장 광고 시장의 침체, 공항 광고 집행 불가 상황에 직면했다. 빠른 디지털 전환과 다양한 기술이 융합되는 시기를 맞이한 코로나19는 옥외 광고 시장에 큰 어려움을 주었고, 현재도 그 영향이 계속되고 있는 상황이다.

고강도 사회적 거리두기 시행과 집회 제한, 실내 활동 감소 등 코로나19로 인하여 옥외 광고 시장은 많은 제약을 받았다. 이로 인하여 옥외 광고 시장 내에서 교통, 옥외, 극장 광고가 동반 하락하는 모습을 보였으며, 전년 대비 27.2% 감소한 7,560억 원의 광고비를 보였다(제일기획, 2021). 특히 극장의 경우, 코로나19 공포의 영향을 직접적으로 받았다. 모든 국민의 외부 활동이 제한된 상황에서 기업들은 우선적으로 오프라인 마케팅, 즉 광고 활동을 축소하였기 때문이다.

더욱이 코로나19 확진자가 줄어들었던 상황에서도 극장 광고에 대한 사람들의 관심이 떨어지면서 극장 광고의 회복세는 나타나지 않았다. 이에 더하여 델타, 오미크론 변이의 등장은 〈블랙 위도우〉〈이터널스〉 등과 같은 블록버스터 영화의 개봉에도 극장 광고 회복에 도움을 주지 못했다.

그럼에도 불구하고 옥외 광고 시장은 재택근무의 확대, 실외 활동 증가에 따른 교통량 증가, 비대면 주문 및 결제를 위한 소비자 접점 매체의 확대(편의점 및 마트 등의 키오스크 및 사이니지) 등으로 긍정적 전망을 예견할 수 있는 상황이다. [그림 12-1]과 같이 패스트푸드점이나 카페에서도 쉽게 볼 수 있는 키오스크가 코로나19 이후 빠르게 증가하며 비대면 중심 마케팅의 효과를 보고 있다(제일기획 블로그, 2020. 4. 20.).

[그림 12-1] 패스트푸드점 내 키오스크

또한 코로나19를 활용한 광고 콘텐츠가 활성화되면서, 옥외 광고 시장에서도 코로나19 방지를 위한 캠페인을 위해 옥외 광고를 활용하는 모습을 쉽게 접할 수 있게 되었다.

(2) 옥외광고물법 개정으로 인한 변화

옥외 광고는 다른 광고 매체와 달리 별도의 법에 준하여 집행되고 있다. 「옥외광고물 등의 관리와 옥외광고산업 진흥에 관한 법률」(이하 「옥외광고물법」)에 따르면, '옥외광고물'이란 공중에게 항상 또는 일정 기간 계속 노출되어 공중이 자유로이 통행하는 장소에서 볼 수 있는 것(대통령령으로 정하는 교통시설 또는 교통수단에 표시되는 것을 포함한다)으로서 간판·디지털광고물(디지털 디스플레이를 이용하여 정보·광고를 제공하는 것으로서 대통령령으로 정하는 것을 말한다)·입간판·현수막·벽보·전단과 그 밖에 이와 유사한 것을 말한다.

2016년 「옥외광고물법」에서 「옥외광고물 등의 관리와 옥외광고산업 진흥에 관한 법률 시행령」(이하 「옥외광고물법 시행령」)으로 제명이 변경되었으며, 자유표시구역 지정과 디지털 광고물 표시 방법 마련 등에 대한 제도적 기반을 마련하게 되었다.

먼저, 옥외 광고의 디지털화를 가능하게 했다. 2016년 디지털 광고물에 대한 획기적인 개선은 종류, 크기 등 허가 신고 기준이 마련되었으며, 네트워크를 활용한 정보, 광고 제공 및 활용 기준 역시 마련되었다는 점이다(심성욱, 2016). 〈표 12-1〉에서는 「옥외광고물법 시행령」에서 언급하고 있는 디지털 광고물에 대한 정의를 확인할 수 있다.

〈표 12-1〉 「옥외광고물법」의 개정과 '디지털 광고물'의 도입

시행령 제2조의 2(옥외광고물 표시 대상 등) ② 법 제2조 제1호에서 "디지털 디스플레이를 이용하여 정보·광고를 제공하는 것으로서 대통령령으로 정하는 것"이란 디지털 디스플레이(전기·전자제어장치를 이용하여 광고내용을 평면 혹은 입체적으로 표시하게 하는 장치를 말한다. 이하 같다)를 이용하여 빛의 점멸 또는 빛의 노출로 화면·형태의 변화를 주는 등 정보·광고의 내용을 수시로 변화하도록 한 옥외 광고물(이하 "디지털광고물"이라 한다)을 말한다.

또한 디지털 광고물이 가능한 광고물의 범위를 명시하여 디지털 광고물의 종류, 위치, 지역, 규격 등에 관계없이 허가대상으로 규정한 점에서, 법령에서도 디지털로 변해가는 광고산업을 반영하고 이를 공식적으로 다루어 보겠다는 의도를 확인할 수 있다.

다음으로, 자유표시구역의 도입이다. 「옥외광고물법」 제4조의4에서 '광고물 등 자

[그림 12-2] **코엑스 일원 자유표시구역 내 옥외 광고물**

유표시구역'의 지정·운영과 관련한 사항을 세부적으로 규정하고 있다. 국내에서는 코엑스 일원을 중심으로 자유표시구역을 활용하고 있다. [그림 12-2]에서는 국내 자유표시구역 내 광고 매체를 확인할 수 있다. ㈜WTC Seoul은 무역센터의 명소화와 관광객 유치를 위하여 옥외 광고물 자유표시구역을 추진하고 있으며, 매체 역시 점차 확대되고 있다(WTC Seoul 홈페이지 http://www.wtcseoul.com).

이처럼 「옥외광고물법」 개정으로 인한 변화는 옥외 광고의 디지털화를 가능하게 하고, 다양한 트렌드를 만들어 가는 데 도움을 주고 있다. 「옥외광고물법」은 향후에도 새로운 기술을 반영한 광고가 가능하도록, 현 제도적 한계를 벗어날 수 있도록 지속적으로 개정해 가며 다양한 OOH 광고를 포괄할 수 있는 방향으로 나아가고 있다.

2) 옥외 광고 매체 유형

옥외 광고 매체는 다른 매체와 달리 매체 유형의 다양성을 지니고 있다. 방송의 경우 TV라는 단일 매체를 통해 다양한 채널이 구성되어 있다. 라디오나 신문의 경우에도 동일하다. 라디오는 여러 주파수를 통해, 신문은 여러 신문사별로 차이를 보인다. 모바일의 경우에도 휴대폰이라는 단일 매체를 통하여 광고가 전달된다. 여러 매체 중에서도 모바일이 가진 확장성이 가장 크다. 모바일을 통해 TV가 전달하는 정보, 신문 및 라디오, 인터넷, 소셜 미디어 등 다른 매체로의 확장성이 크기 때문이다.

반면, 옥외 광고 매체는 전달하는 매체가 단일화되어 있지 않고 다양하다. 매체가 가지는 개성에 따라 사람들에게 전달되는 인식이 달라질 수 있다. 그렇기에 다른 매체보다도 옥외 광고에 어떠한 매체가 있는지 구분해 보아야 한다.

한국옥외광고센터의 「2020 옥외광고통계」 조사보고서의 산업통계 부문에 따라 옥외광고물을 대분류하면 총 열한 가지다(건물부착 광고, 교통시설 광고, 교통수단 광고, 공공시설물 광고, 지면설치 광고, 공공장소 광고, 여가시설 내부 광고, 스포츠시설 광고, 쇼핑시설 광고, 유동 광고, 광고물 실사출력)(한국옥외광고센터, 2021).

건물부착 광고는 건물 외벽에 부착된 모든 광고물을 포괄한다. 건물 벽면에 가로, 세로 돌출 형태로 부착하는 광고물, 공연장 벽면에 부착하는 광고물, 건물 옥상에 설치된 광고물, 건물 창문에 부착된 광고물 등 우리가 쉽게 접할 수 있는 광고물이 해당 유형에 포함된다. [그림 12-3]에서 해당 유형별 광고 사례를 확인할 수 있다.

| 벽면 이용 간판 | 공연 간판 | 옥상 간판 | 창문 이용 광고물 |

[그림 12-3] **건물부착 광고 사례**

교통시설 광고는 철도역, 지하철역, 경전철역, 지하도, 공항, 버스터미널, 항만 및 선착장, 고속도로 휴게소가 포함되며, 교통수단을 활용하기 위한 건물의 대부분이 이에 포함된다([그림 12-4] 참조). 철도 역사나 지하철 역사 내외부에 설치된 광고물, 지하도나 공항, 항만 내외부에 설치된 광고물을 의미한다.

| 철도역 | 지하철역 | 지하도 | 고속도로 휴게소 |

[그림 12-4] **교통시설 이용 광고 사례**

여가시설 내부 광고는 영화관, 공연장, 전시장, 놀이시설, 숙박시설 등 개인이 여가를 즐기기 위해 활용하는 모든 내부 시설이 포함된다. 일반 옥외 광고와 달리 여가를 즐기는 공간에 위치해 있어 다른 광고 대비 긍정적 효과를 누릴 수 있으나, 이번 코로나19와 같은 위기 상황 발생 시 직접적 타격을 입는 광고이기도 하다([그림 12-5] 참조).

영화관의 옥외 광고는 영화관 로비 또는 상영관에 노출되는 광고를 의미하며, 대표적으로 로비 인쇄형, 로비 디지털, 상영관 내 스크린 광고, 기타 래핑 등이 있다. 공연장과 전시장 광고는 내부에 설치된 광고물을 포괄하며, 놀이시설 및 숙박시설 광고는 놀이동산, 워터파크, 카지노, 호텔 등에 설치된 광고물 전체를 포괄한다.

영화관   공연장   전시장   놀이시설

[그림 12-5] **여가시설 내부 광고 사례**

교통수단 광고는 철도 차량, 지하철 차량, 버스 차량, 자동차, 비행기 및 선박 등이 포함된다([그림 12-6] 참조). 교통수단 광고는 KTX, SRT 등 기차의 모든 광고물과 도심 내 지하철 내외의 광고물, 시내·외 버스 및 관광, 광고 전용 버스의 광고물, 택시 등을 모두 포함한다. 교통수단 광고물의 경우, 다수의 사람이 이용하는 수단에 노출되는 광고물이므로 무의식적인 반복 노출이 가능하다는 점에서 다른 광고 대비 장기기억 효과가 높다.

철도 차량   버스   택시   기타 교통수단

[그림 12-6] **교통수단 광고 사례**

광고물 실사출력은 현수막, 포스터, 전단 등의 인쇄 광고물을 출력하는 것이다. 이는 유동 광고와 연관성이 높다. 유동 광고는 입간판, 현수막, 벽보, 전단 등을 포함하며, 광고물 실사출력을 필요로 하는 경우가 많다. 유동 광고는 다른 옥외 광고보다 보행자의 시선을 유도하는 광고인 동시에 부정적 반응을 유발하는 경우가 높은 편이다([그림 12-7] 참조).

광고물 실사출력   입간판   현수막   전단

[그림 12-7] **광고물 실사출력/유동 광고 사례**

공공시설물 이용광고에는 버스 · 택시 승강장, 버스 노선 안내판, 지정벽보판, 현수막 지정게시대, 육교 현판, 지상 변압기함, 전자게시대, 가로등 현수기가 포함된다([그림 12-8] 참조).

버스 · 택시 승강장

지정벽보판

현수막 지정게시대

육교 현판

지상 변압기함

전자게시대

가로등 현수기

기타 공공시설물

[그림 12-8] **공공시설물 이용광고 사례**

버스 · 택시 승강장 광고는 쉘터를 이용한 광고이며, 지정벽보판이나 현수막 지정게시대 광고는 합법적으로 설치 또는 붙이는 광고시설물 운영 대행을 의미한다. 지상 변압기함 광고는 도로 위의 변압기함을 이용한 광고이며, 가로등 현수기 광고는 가로등 접이식 봉에 매달아 노출하는 배너 형태의 광고를 의미한다. 이 외에도 공공장소, 쇼핑시설, 지면설치 광고 등이 있다. 코로나19가 장기화되는 상황에서 향후 옥외 광고 시장이 나아질 것으로 예측하고는 있으나, 현재 옥외 광고 시장에 현재의 위기를 타개하기 위한 새로움이 필요한 상황임은 분명하다.

3) 디지털 사이니지의 성공 요인

2006년 옥외 광고용 LCD가 출시되면서 옥외 광고 시장은 약 20% 규모로 급성장했다. 특히 옥외 광고의 디지털화는 고정 광고 매체의 디지털 사이니지 형태로 변화를 이끌었다. 디지털 사이니지는 '디지털'과 '사이니지'가 결합되어 디지털 기술로 만들어진 사이니지, 일종의 매체이자 장치를 말한다. 옥외의 공간에 위치한 장치로서 다른 장치와 달리 장소적 특성과 사용자 접촉 방식이 상이하다는 특징을 가지고 있다(심성욱, 박현, 2017). 다음에서는 디지털 사이니지와 옥외 광고의 결합, 그리고 이것이 어떻게 제작되어 다양한 크리에이티브를 보여 주는지 알아보고자 한다.

(1) 장소적 특징

디지털 사이니지의 설치 장소는 많은 사람이 이용하는 곳이다. 하지만 특정 타깃을 대상으로 할 경우에는 설치 장소 역시 특정한 사람이 모이는 곳에 설치되기도 한다. 그렇기에 어떠한 장소에 설치하는 것이 더 효과적인지를 고려하여야 하며, 이를 위해서는 장소의 선택과 매체 운영 방법, 그리고 많은 사람에게 노출하기 위한 네트워크 활용, 광고 제작이 필요하다. 이에 디지털 사이니지에서는 우선 설치 장소와 네트워크를 고려한 광고 집행이 필요하다.

이를 위해서는 넓은 장소에 많은 매체를 확보하여 동시다발적인 광고 집행이 이루어져야 한다. 예를 들어, 강남역 지하상가 중앙에 위치한 디지털 사이니지만 활용하기보다 모든 출구, 중앙 등 사람들이 여러 장소에서 동일한 광고를 볼 수 있는 환경을 조성한다면 그 효과가 더 클 수 있다.

뉴욕 타임스퀘어는 거리를 가득 채운 디지털 광고물이 가득한 곳이다. 타임스퀘어에 특정 연예인의 광고가 노출되었다는 것이 기사화될 정도로 타임스퀘어 거리의 광고 매체 효과는 매우 크다. 과거 우범거리였던 타임스퀘어는 뉴욕에 방문한 사람이라면 한 번쯤 찾아가는 관광명소가 되었다.

특히 연예인 팬덤 문화는 옥외 광고 시장의 주요한 고객으로 자리 잡고 있다. [그림 12-9]의 광고는 글로벌 케이팝 팬덤 플랫폼 '후즈팬(Whosfan)'에서 진행한 투표 결과 1위를 차지한 가수의 생일 축하 광고가 송출되고 있는 모습이다(매일경제, 2021. 7. 23.).

[그림 12-9] 가수 '화사'의 뉴욕 타임스퀘어 대형 전광판 광고

[그림 12-10]의 광고는 가수 방탄소년단(BTS)의 광고가 뉴욕 7번가 에디슨 호텔 외벽 디지털 광고물에 노출된 모습이다. 해당 광고물은 'L'자 형태의 곡면으로 되어 있으며, 높은 해상도를 가지고 있어 유동인구의 주목도가 매우 높은 디지털 광고물이다(텐아시아, 2021. 10. 14.).

[그림 12-10] 가수 '방탄소년단'의 뉴욕 타임스퀘어 대형 전광판 광고

이 외에도 애국마케팅의 일환으로 옥외 광고 매체가 활용되고 있다. 전 세계에 과거의 왜곡된 역사나 한국을 홍보하기 위한 목적에서 타임스퀘어 대형 디지털 광고물이 활용되는 모습이 기사화되는 것도 쉽게 접할 수 있다. 과거 2017년에는 뉴욕 타임스퀘어에 '군함도의 진실'을 알리는 영상 광고가 송출되었으며, 2021년에는 패션 브랜드인 라카이코리아에서 '한복'을 알리는 광고를 송출하기도 했다([그림 12-11] 참조; 서울신문, 2021. 3. 2.).

최근 대두되는 옥외 광고 신매체는 엘리베이터TV다. 아파트와 오피스 공간의 엘리베이터에 설치된 디스플레이인 엘리베이터TV는 입주인과 직장인을 대상으로 한 콘텐츠를 제공하여 그 효과를 높이고 있다. 특히 엘리베이터라는 한정된 공간, 코로나19 상

[그림 12-11] **패션 브랜드 라카이코리아의 '한복' 뉴욕 타임스퀘어 대형 전광판 광고**

황에서 대화가 단절되는 상황 등이 엘리베이터TV라는 신매체 활성화에 기여하게 되었다(포커스미디어코리아 홈페이지 회사소개서). 해당 매체는 매체가 위치한 장소적 특성을 적절하게 활용하여 효과를 얻었으며 빠르게 퍼져 나가는 중이다.

대표적으로 포커스미디어코리아는 엘리베이터TV 매체를 활용하여, 시청자 인사이트를 반영한 콘텐츠를 제작·송출하고 있다. 무엇보다 시간, 장소, 상황(TPO)을 고려한 콘텐츠를 송출하여 엘리베이터를 이용하는 사람이 관심을 가지도록 유도하고 있다.

시간에 따라서는 출퇴근시간, 평일, 주말 등에 맞는 콘텐츠를 송출한다. 장소에 따라서는 지역의 타깃을 위한 상품이나 장소에 따른 콘텐츠를 송출하며, 상황에 따라서는 날씨 정보를 반영한 콘텐츠를 송출하는 것이 가능해진다. 이러한 콘텐츠 송출은 자체 플랫폼을 통한 것으로, 앞서 언급한 신기술, 인공지능 등을 활용하여 가능하게 되는 것이다([그림 12-12] 참조).

다음으로 디지털 사이니지의 관련성을 높이는 것이 중요하다. 디지털 사이니지의 크리에이티브는 간단명료하게 구현되어야 하며, 멀리서도 볼 수 있도록 해야 한다. 특히 옥외 광고 미디어 제작에 있어 고려하여야 할 점은 매체의 크기와 소재, 해상도다. 실외 공간에 위치한 옥외 광고 미디어는 높은 해상도의 이미지와 동영상을 사용하여 광고를 표출하여야 하며, 매체의 크기 역시 크고 높은 곳에 위치하여야 효과가 있다.

[그림 12-12] TPO를 고려한 엘리베이터TV 콘텐츠 사례

그렇기에 설치 위치, 특히 사람들의 시선을 고려한 높이와의 관련성을 고려하여 설치되어야 한다. 또한 전달되는 정보와 소비자와의 관련성이 높다면 광고 효과 역시 높아질 수 있다. 만약 특정 타깃을 대상으로 할 경우에는 이를 고려한 디지털 사이니지 설치가 필요하다. 예를 들어, 헤어제품의 경우 다수를 대상으로 한 넓은 장소보다 미용실, 마트의 헤어제품 진열대 등의 LCD를 활용하는 것이 더 효과적인 광고 집행이라 볼 수 있다.

(2) 콘텐츠와 UI

디지털 미디어 시대에서 무엇보다 중요한 것은 콘텐츠다. 콘텐츠는 소비자의 관심을 끌 수 있는 중요한 부분이다. 어쩌면 매체는 콘텐츠를 보여 주기 위한 도구에 지나지 않을 수도 있다.

다음으로 디지털 사이니지는 UI(User Interface)를 고려하여야 한다. 이는 앞서 언급한 콘텐츠에서 상호작용성을 활용하기 위한 필수 요건이기 때문이다. 다음 사례에서는 디지털 사이니지의 콘텐츠와 UI를 적절하게 활용하여 긍정적 효과를 일으킨 광고를 소개한다.

[그림 12-13]의 버거킹 2019 캠페인은 사람들이 여러 장소에 설치되어 있는 디지털 사이니지를 활용했다. 이는 디지털 사이니지가 가진 장소적 특성을 활용한 것이다. 사

[그림 12-13] 디지털 사이니지와 콘텐츠, 그리고 UI 활용 사례(버거킹 2019 캠페인)

람들이 휴대폰을 이용하여 해당 광고를 접했을 때, 타오르는 듯한 영상이 재생되고 광고를 모두 본 사람들은 무료로 버거킹의 햄버거를 얻을 수 있다. 해당 광고는 사람들이 휴대폰을 이용하여 직접 참여하게 함으로써 재미와 매장 방문 유도 효과까지 일으킨다는 점에서 효과가 크다.

4) 옥외 광고의 제작과 창작

오늘날 옥외 광고를 제작하기 위해서는 과거 전통적 옥외 광고와 달리 디지털화되고 기술이 활용되는 광고 문화를 이해하고 이를 적용하는 것이 필요하다. 또한 콘텐츠가 가지는 힘과 한 명의 소비자가 본 광고가 소셜미디어나 구전을 통해 공유될 수 있음을 이해하고 콘텐츠를 제작하여야 한다.

(1) 옥외 광고와 신기술

모든 광고 시장의 디지털화는 기존의 전통적 옥외 광고와 달리 기술의 활용을 가능하게 했다. 점차 공급자와 소비자 간의 경계를 허무는 광고 문화가 형성되고, 「옥외광고물법」 개정을 통한 명문화는 옥외 광고의 기술 활용을 촉진하고 있다. 옥외 광고와 융합되어 활용되고 있는 대표 기술은 인공지능(AI)과 AR, VR 등이다.

① 인공지능의 활용

인공지능은 기계가 '스스로' 학습하게 하여 예측 가능한 수준까지 도달하게 하는 것이다. 프로그래머의 코딩을 통해 컴퓨터가 만들어 내는 기존 컴퓨터 프로그래밍과 달리 머신러닝과 인공지능의 개념은 컴퓨터가 스스로 인지하여 결과를 만들어 내는 것이다(HS ADzine, 2018. 8. 17.).

머신러닝이 광고에 주는 영향은 크게 세 가지다. 첫째, 기본 분석 방법인 예측분석이다. 개인의 행동을 분석하여 미래의 행동을 예측하는 데 주로 사용되고 있다. 예를 들어, 유튜브(YouTube)는 사용자의 인터넷 사용 이력을 분석하여, 사용자가 해당 채널 접속 시 과거 구입했거나 관심 있는 제품 목록의 광고를 노출한다. 이러한 방법은 고객의 만족을 극대화하여 구매 효과를 높일 수 있는 방법이다.

둘째, 광고주 브랜드의 효율적 타깃팅이 가능하다. 고객의 정보를 정교하게 수집하여, 정확한 타깃을 대상으로 한 광고 노출을 통해 불필요한 예산 낭비를 줄이게 하는 장점이 있다. 수요와 공급을 동시에 가능하게 하는 RTB(Real Time Bidding)가 이에 포함된다. RTB를 통해 광고 구매 단가를 낮추고 정확한 타깃을 선정하게 하며, 효율적인 미디어 구매를 가능하게 한다. 이는 광고의 구매도 점차 자동화할 수 있음을 보여 주는 것이며, 옥외 광고 역시 RTB를 통해 특정 구좌(예: 특정 시간대를 선택하여 광고 집행이 가능하게 함)를 선택하고 구매할 수 있도록 한다.

셋째, 상황에 따른 가격 변동이 가능하다. 수요에 따라 공급 가격을 변동시키게 하여 구매를 촉진하는 알고리즘 개발이 가능해졌다. 상황에 따라 유연한 변동이 가능한 점은 이익을 극대화하는 마케팅의 전통적 기법 중 하나다.

인공지능은 광고가 점차 디지털화되는 상황을 가능하게 하고 있다. 소비자는 상호작용을 통해 적극적인 소비를 할 수 있게 되었고, 광고주는 효율적인 광고 집행을 가능하게 했다. 옥외 광고 역시 RTB의 필요성을 인지하고 이를 플랫폼화하는 부분을 고려하고 있다. 또한 소비자를 분석하여 광고를 노출하는 예측분석은 쇼핑몰, 지하철역, 편의점 등 구매 접점과 유동인구가 많은 장소에서 적용되고 있는 상황이므로 이미 우리가 인지하지 못한 순간부터 우리는 인공지능의 영향을 받고 있다고 볼 수 있다.

2010년 전후로 디스플레이 하드웨어 발달과 더불어 상업용 디지털 디스플레이가 공공시설물(지하철 등) 내에 설치되어 네트워크를 통한 즉시 정보 전달이 가능한 옥외광고물이 생겨나기 시작했고, 현재는 사물인터넷(IoT), 인공지능(AI), 증강현실(AR), 빅데이터 등 다양한 혁신 기술과 융합하면서 새로운 가치를 창출하고 있다(매일경제, 2019.

1. 18.).

이런 흐름은 '디지털 미디어' 시대를 넘어 '스마트 미디어' 시대로 이어져, 온라인 네트워크를 기반으로 한 스마트 기기를 이용해 서비스 사업자와 이용자 간 또는 이용자들 간 상호작용이 가능하며 시공간적 제약이 없는 융합형 서비스를 가능하게 하고 있다. 앞으로 인공지능을 포함한 다양한 정보통신기술(ICT), 실용적(감성 포함) 콘텐츠 등이 옥외 광고 매체와 결합하게 될 것이다.

② AR, VR과 홀로그램의 활용

디지털과 현실을 연결해 주는 증강현실(AR)과 가상현실(VR). 해외와 달리 국내에서 증강현실 기술 구현이나 이를 활용한 광고산업이 활발하지는 않지만, 해외의 주요 성공 사례를 고려했을 때 이러한 기술을 활용한 광고를 쉽게 접할 수 있을 것이라 본다.

특히 증강현실의 경우 시각적으로 현재의 세계에 가상의 콘텐츠를 보여 주는 방식이 대부분이다. 가상현실에 비해 몰입도는 낮지만 별도의 장비가 필요하지 않고, 디지털 경험 기회를 제공한다는 점에서 그 효과가 더 크다. [그림 12-14]는 증강현실을 이용하여 버스정류장에 광고를 집행한 모습이다. 증강현실 모니터를 설치하여 버스를 기다리는 사람이 운석이 떨어지는 경험을 하거나, 동물원을 탈출한 호랑이가 모니터를 통해 갑자기 나타나기도 한다(김병희, 2021). 사람들은 해당 광고에 호기심을 가지고 집중하는 태도를 보이기도 했다. 증강현실 기술 활용은 광고에 대한 부정적 감정을 최소화하고, 체험 기회를 제공함으로써 그 효과가 큰 핵심 기술이라 볼 수 있다.

[그림 12-14] **증강현실 활용 해외 광고 사례**

[그림 12-15]는 날씨 연동 증강현실 OOH 광고다. 이노션 월드와이드가 국내 최초로 날씨를 연동한 증강현실 기술을 활용하였으며, 공공정보인 날씨 정보에 따라 실시간 정보를 전달하는 광고로 주목받기도 했다.

[그림 12-15] **증강현실 활용 국내 광고 사례**

이 외에도 홀로그램 기술 역시 OOH에서 활용되기 시작하는 기술 중 하나다. 홀로그램은 3차원 영상으로 된 입체 사진을 의미한다. OOH 광고에서 홀로그램은 주로 실외의 공간에서 활용되며, 다른 광고 대비 홀로그램으로 노출되는 제품, 정보 등의 시각적 크기가 크다는 점에서 주목도가 높다.

(2) 옥외 광고와 콘텐츠

옥외 광고에서 콘텐츠는 신기술, 매체, 장소적 특성 등 여러 옥외 광고의 장점 요인을 적절하게 활용하여 크리에이티브를 구현하였을 때 그 효과가 더 커질 수 있다.

스타필드 하남에서는 '세상에서 가장 큰 미아 찾기' 공익 캠페인을 론칭하여, 22m 높이 대형 미디어타워에 실제 아이 키만 한 실종 아동의 사진을 비추었다([그림 12-16] 참조). 그 앞을 지나던 사람이 그 아이와 눈을 마주치면 앳된 얼굴의 아이는 10초 만에 쑥쑥 자

[그림 12-16] **스타필드 하남 대형광고판 광고 표출 화면**

라서 어른이 된다. 실종 아동의 현재 모습을 추정하기 위해 아이 사진과 부모님, 친척들의 사진을 모았다. 인공지능 기술의 강화 학습 기법(Deep Learning)을 활용한 것이며, 미디어타워 하단부에는 인터랙티브가 가능하도록 동작 감지 센서를 설치하기도 했다.

도로변에 설치되어 있는 기금조성용 옥외 광고물에도 차량을 인식하여 정보를 제공하는 광고가 집행되었다. 11번가는 명절 기간 동안 많은 물량으로 고생하는 택배기사를 위하여, 올림픽대로에 설치된 디지털 기금 조성용 옥외 광고물을 활용해 인공지능 활용 광고를 송출했다. 평상시에는 일반 광고만 송출되지만, 전방 170미터에 위치한 차량 인식 특수카메라가 택배차량을 인식할 경우, [그림 12-17]과 같은 맞춤형 메시지가 송출되는 방식이다. 다른 광고 매체와 달리 옥외 광고의 효과 측정이 어려움에도 해당 메시지를 송출한 이유는 브랜드 가치, 이미지 제고 차원의 접근이라 볼 수 있다(BrandBrief, 2020. 2. 25.).

[그림 12-17] 11번가 기금 조성용 옥외 광고물 광고 표출 화면

현재 국내 옥외 광고는 네트워크, 디바이스 등 여러 기술의 융합산업으로 발전되어가는 모습을 보이고 있다. 하지만 아직 규제의 한계, 높은 비용으로 인한 진입의 어려움 등이 있는 상황이다. 앞으로 옥외 광고가 인공지능의 활용을 높여 가며, 비용의 조정과 개인정보보호 규제 완화, 신기술에 대한 경쟁력을 확보해 간다면 점차 인공지능과 옥외 광고는 늘 함께 가는 존재가 되어 사람들에게 자연스럽게 선보일 수 있을 것이다.

3. 크리에이티브한 프로모션으로 향하는 시선

광고와 프로모션, 그리고 이벤트는 오늘날 광고가 타깃팅 효과를 누리기 위해 가장 적합한 마케팅 방법이 될 수 있다. 구매 시점에서 이루어지는 프로모션이나 이벤트는 소비자의 입소문을 불러일으켜 그 효과가 더 극대화될 수 있기 때문이다.

유사한 용어처럼 사용되는 프로모션과 이벤트는 다소 성격이 다르다. 우선 프로모션은 주로 프로모션이 이루어지는 장소에서 직접 구매를 유도하기보다 제품이나 브랜드, 특정 메시지를 알리기 위한 홍보 측면의 성격이 강하다. 이벤트는 제품에 대한 직접 구매를 유도하기 위한 성격이 강하다. 하지만 이 2개의 단어는 상이한 개념이라기보다 혼용되고 있으며, 어떠한 성향이 더 강한가에 따라 차이가 있다는 것을 이해하고 접근해 나가는 것이 좋다.

1) 구매 접점에서의 프로모션 활용(가격 프로모션)

프로모션 광고는 소비자의 구매를 유도하기 위해 추가 인센티브를 제공하는 것으로, 여러 형태를 통해 접근할 수 있다. 프로모션은 직접적인 혜택을 제공해 주는 경우가 많아 경험자로 하여금 구매를 유도하고, 고객 충성도가 높아지는 데 도움을 주게 된다.

대표적으로는 판매하는 제품을 제공하는 방법이다. 주위에서 가장 쉽게 접할 수 있는 프로모션 광고는 [그림 12-18]와 같은 '1+1' '1+2' 행사다. 편의점, 마트 등 구매 접점이 있는 모든 곳에서 이루어지는 동일 제품 추가 제공 프로모션은 가장 쉬운 방법으로 소비자의 시선을 사로잡고, 직접적인 혜택을 주게 된다.

[그림 12-18] '1+1' 프로모션 광고 사례

또는 500ml의 우유를 구매하였을 때 250ml의 우유를 증정해 주는 것 역시 이와 같은 경우에 해당된다. 1+1이나 증정을 통해 특정 제품을 체험한 소비자는 프로모션이 끝난 이후에도 제품을 구매할 가능성이 높다. 많은 사람이 이용하고 있는 주류 4캔 만원 행사 역시 구매 접점에서의 프로모션 광고다([그림 12-19] 참조). 코로나19로 인해 '홈카페 열풍' '집콕생활' 등의 신조어가 생겨나고, 재택근무 확대와 실외 활동 인원 감소에 따라 사람들의 편의점 소비가 증가하면서 프로모션 광고 역시 활발하게 소비자 구매를 유도하고 있다(이데일리, 2020. 5. 9.; 한경닷컴, 2021. 4. 30.).

[그림 12-19] **구매 접점 프로모션 사례(동일 제품)**

다른 방법으로는 판매하는 제품 외의 물품을 제공하는 방법이다. 만약 바디워시를 판매하고자 한다면 이에 더하여 샤워타월을 같이 제공하는 방식이다. 인스턴트 커피제품인 '카누'는 대용량의 제품을 구매할 때, 컵이나 텀블러를 제공하는 방식을 취하고 있는데, 이러한 방식이 제품 외의 물품을 제공하는 방법이다([그림 12-20] 참조).

[그림 12-20] **구매 접점 프로모션 사례(다른 제품)**

프로모션 광고는 제품을 사용해 볼 수 있고 또 다른 제품을 제공한다는 측면에서 신제품 광고에 효과가 높다. 특히 프로모션 광고는 직접적인 혜택을 제공한다는 점에서 인간의 욕구를 직접 자극하여 성공 가능성을 높이게 된다. 제품의 가격을 활용하는 구매 접점 프로모션은 소비자들이 보다 가격에 민감하게 반응하기를 유도하고, 프로모션하는 브랜드를 찾게 만든다. 이로 인하여 단기적인 구매 효과를 일으킬 수 있지만, 장기적인 브랜드 충성도가 저하되는 단점이 발생할 수도 있다.

2) 홍보를 위한 프로모션 활용(비가격 프로모션)

직접 구매를 위한 프로모션은 아니지만 제품을 홍보하기 위한 용도로 프로모션을 활용하는 경우도 많다. 이 경우에는 가격적인 부분을 언급하기보다 제품 자체를 알리는 것에 목적을 두어, 사람들의 호기심을 일으키는 것을 중요하게 여긴다. 사람들의 호기심을 유발하기 위해 다양한 매체와 기술을 활용하거나, 사람들의 인식에 정해져 있는 틀을 깨는 프로모션으로 흥미를 유도한다.

[그림 12-21]의 신발브랜드 푸마(PUMA)에서는 신제품을 알리기 위한 홀로그램 마케팅을 진행하였으며, 보행자와 운전자 불특정 다수를 대상으로 신제품을 홍보하기도 했다. 홀로그램이라는 새로운 기술을 활용하여 프로모션 광고를 진행한 것이다.

이 사례를 보았을 때, 앞으로의 프로모션 광고와 BTL은 5G 시대로 가는 상황에서 증강현실과 가상현실 기술이 접목된 몰입형 콘텐츠와 소비자 데이터를 활용한 광고 영역

[그림 12-21] **홀로그램 활용 프로모션 광고 사례(PUMA)**

으로도 확대될 것으로 보인다.

영화관 광고가 활성화되던 시기에는 영화관 내부의 모든 광고가 옥외 광고라는 점에서 그 효과가 크게 작용하기도 했다. 다양한 기술, 다양한 매체, 다양한 전략으로 영화관 광고의 붐을 일으키기도 했다. 영화관 수 자체가 늘어난 부분도 있지만, 사람들을 영화관으로 올 수 있게 하는 변화와 시도 등도 영화관 광고 성장에 일조했다. 이러한 면에서 프로모션 광고 역시 영화관이라는 공간을 활용하기도 한다. 바로, 상영관 자체가 광고의 공간이 되는 것이다.

CGV, 롯데시네마, 메가박스 등은 특정 타깃을 위한 상영관을 별도로 구성하여 운영하고 있으며, [그림 12-22]처럼 특정 타깃을 위한 특별 상영관을 운영하기도 한다. 영국 패션 브랜드 버버리는 메가박스의 부티크관을 통해 20년 만에 바뀐 새로운 로고를 공개했다. 영화가 시작되는 것처럼 커튼이 열리면서 로고가 공개되는 순간 관객들은 잊고 있던 버버리 백 생각이 나지 않을 수 없었을 것이다. 하이엔드 타깃과의 긴밀하고 특별한 접촉을 노리는 프리미엄 브랜드에 맞는 미디어 전략이라 볼 수 있다.

[그림 12-22] 메가박스 부티크관 × 버버리 캠페인 사례

영화 〈보헤미안 랩소디〉는 관객들의 입소문을 타고 꾸준히 관객을 모으면서 장기 상영했다. 이 기회를 놓치지 않고 성공 마케팅 사례를 만들어 낸 브랜드는 내의 전문 브랜드 BYC였다. 프레디 머큐리의 상징과도 같은 흰 러닝셔츠가 CGV 상영관의 좌석을 빼곡히 덮고 있는 사진을 접한 소비자들은 열심히 '좋아요'를 누르며 친구들을 태그하곤 했다.

관객 동선을 고려한 체험 마케팅인 [그림 12-23]의 메가박스 로비에 설치된 멘토스 슬라이드는 탈 때는 약간 창피하지만 너무 꿀잼이라 또 타고 싶다는 사람들의 심리를 자극한다. 이 미끄럼틀은 매점에서 판매되는 멘토스 콤보 상품과 함께 샘플링 중심의 프로모션 행사보다 더 효과적으로 바이럴을 일으키고 있다. 옥외 광고와 영화관, 프로모션, 제품 구매까지 광고를 위한 모든 마케팅을 보여 주는 효과적인 BTL 크리에이티브다.

[그림 12-23] **영화관×브랜드 콜라보 사례**

크리에이티브라는 것이 꼭 '기존과 다른, 창의적인, 새로운, 독특한, 개성 있는'과 같은 용어를 포괄해야 하는 것은 아니라 생각한다. OOH 광고의 크리에이티브는 다른 매체와 다른 점을 부각하고 활용하는 것 자체가 크리에이티브가 될 수 있다.

3) 공공의 이익을 위한 프로모션 활용

프로모션은 상업적 측면뿐만 아니라 공공의 이익을 위하여 사용되기도 한다. 사람들이 알고 있는 공익 광고는 다소 재미가 없고, 많은 정보를 제공하여 지루하다는 인식이 있다. 반면, 옥외 공간에서 이루어지는 광고를 활용한 공익 광고는 좀 더 크리에이티브가 가능해진다. [그림 12-24]의 광고는 지하철 역사에 집행된 마포구청 '미니 환경미화원 스티커' 캠페인이다(HS ADzine, 2017. 12. 4.).

[그림 12-24] **마포구청 '미니 환경미화원 스티커' 캠페인**

홍대입구 지하철 역사는 많은 사람이 이동하는 공간이다 보니 쓰레기 역시 많이 배출되는 곳이다. 특히 쓰레기를 버리는 곳이 아님에도 무단 투기하는 경향이 나타났다. 이를 개선하고자 사람들이 쓰레기를 자주 버리는 공간에 '이곳은 쓰레기통이 아닙니다.'라는 메시지가 있는 작은 환경미화원 스티커를 부착하여, 사람들에게 작은 변화를 유도했다.

[그림 12-25]의 경찰청, 우정사업본부, 한진택배가 함께 진행한 장기실종아동 찾기 캠페인 '호프테이프(Hope Tape)'는 택배 상자 테이프를 이용하여 사람들의 관심을 유도한 프로모션 광고이자 옥외 광고다. 장기실종 아동 28인의 실종 당시 모습과 현재 추정 모습, 실종 장소, 신체 특징을 담은 테이프를 제작하여 택배 상자에 부착함으로써 정보 전달과 관심 유도 모두를 가능하게 했다(한진 홈페이지 보도자료, 2021. 5. 25.).

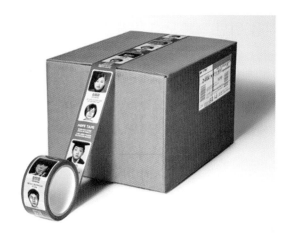

[그림 12-25] **'호프테이프' 캠페인**

이처럼 프로모션 광고는 상업 이익을 위한 것뿐만 아니라 공공의 이익을 위하여 이루어지기도 하며, 정부 부처나 지자체 또는 일반 기업 모두가 활용할 수 있는 광고 활동이다.

4) 프로모션 광고의 제작과 창작

프로모션 광고를 제작하기 위해서는 기본적으로 광고를 기획하고 핵심 메시지 전략을 세운 뒤, 광고물을 제작하는 과정이 필요하다. 주제를 선정하고, 기획하고, 핵심 메시지를 도출하기 위해서는 현재의 시장 상황을 분석하고 파악하여 이를 전략에 녹여 내는 과정이 필수적으로 선행되어야 한다. 이러한 절차는 프로모션 광고뿐만 아니라 옥외 광고, 모든 BTL 광고와 ATL 광고에서도 꼭 필요한 과정이다.

이러한 과정은 심리학과 연관성이 높다. 소비자의 구매 과정을 이해하여 기획 단계 부터 광고물 제작 설치, 사후 관리 과정을 적절하게 활용한다면 프로모션 활동에도 도움이 될 수 있기 때문이다(김희진, 2015).

AIDMA 법칙은 소비자가 제품을 구매하는 과정에 주목(Attention)하고, 흥미(Interest)를 불러일으키며, 사고자 하는 욕구(Desire)를 발생시키고, 해당 제품을 기억(Memory)하게 하여 실제 구매하는 행동(Action)을 일으키는 법칙이다. 이 법칙을 이해하고 프로모션 광고에 적용하면 광고의 활용에 도움이 될 수 있다.

프로모션 광고의 역할은 제품 구매를 위하여 매장에 방문한 고객의 시선을 끌 수 있도록 제작되어야 한다. 크기를 키우거나, 독특한 카피(copy) 사용, 추가 샘플(sample) 제공과 같은 소비자의 구매를 유도하는 광고가 되어야 한다. 또한 그 광고는 독특하고 흥미롭게 제작되어 호감을 형성하도록 해야 한다. 주목과 흥미를 느낀 소비자는 제품을 사고 싶다는 생각을 하게 되고 결국 최종 구매에 다다르게 되는 것이다. 구매 접점의 공간에서 주로 이루어지는 프로모션 광고는 결국 구매행동을 일으키는 것이 중요하다.

이를 위해서는 기본적으로 구매하는 공간을 적절히 활용해야 한다. 앞서 언급한 영화관×브랜드 콜라보 사례와 같이 공간을 어떻게 구성하느냐에 따라 고객이 해당 공간에 오래 머무르게 할 수 있다. 이때 매장은 VMD 전략을 활용해야 한다. 우선 멀리서도 해당 제품이 잘 보이도록 VP(Visual Presentation)하여, 가장 강조하고 싶은 부분을 부각하게 한다. 다음으로 독특한 진열 방식과 연출(Point of Presentation: PP)을 하여 해당 제품에 대한 차별점과 가치를 전달해야 한다. 마지막으로, 쉽게 구매를 결정할 수 있게 구매 결정에 도움을 주는 선택 기준을 알리는 IP(Item Presentation)로 구매 결정을 유도할 수 있다. 이 모든 것을 조합하여 VDM이라 표시하며, 매출 발생을 위해서는 결국 구매에 도움을 주는 IP에 중점을 두어야 프로모션 광고 활동의 기능이 발휘될 수 있다.

4. 마무리

BTL 광고는 하나의 옥외 광고, 프로모션뿐만 아니라 여러 광고 기법이 다양하게 융합·활용되며 발전되어 가고 있다. 옥외 광고의 경우 전통적인 옥외 광고뿐만 아니라 콘텐츠, 플랫폼, 네트워크, 디지털 사이니지와 같은 디바이스 등 모든 기술이 융합되는 융합산업으로 빠르게 변화하는 중이다. 하지만 여러 규제와 비용, 콘텐츠 개발의 어려움 등의 한계를 겪고 있다. 프로모션이나 이벤트의 경우 실외 활동 인원 감소로 인하여 다양한 행사를 펼치지 못하고 시장 전체가 축소되고 있는 위기의 상황이다. 이러한 상황에서 BTL 광고가 사람들을 위한 광고 전달 매체로서 나아가기 위해서는, 플랫폼이나 관련 소프트웨어의 지원과 신기술의 적절한 활용 등이 필요한 시점이다.

이 장에서는 BTL 광고의 과거와 현재를 시작으로 대표적인 BTL 광고인 옥외 광고와 프로모션 광고, 그리고 두 광고 기법을 활용한 사례를 살펴보았다. 옥외 광고가 현재 겪고 있는 위기와 현실적 상황, 그리고 법령의 개정으로 인한 긍정적 변화와 장치적 측면에서 디지털 사이니지의 성공 요인을 알아보았다. 또한 인공지능, VR · AR, 홀로그램과 같은 신기술이 어떻게 활용되고 있는지, 그리고 어떠한 신매체를 보는 것이 필요한지 살펴보았다. 다음으로 크리에이티브한 프로모션 광고 기법이 어떻게 활용되고 있는지 살펴보았다. 구매 접점, 홍보 및 공익을 위한 프로모션 광고로 나누어 어떠한 프로모션 광고 사례가 있고, 옥외 광고나 전단지, 이벤트와 같은 다른 BTL과 결합되어 효과를 나타내는지 살펴보았다.

BTL을 설명할 수 있는 용어와 유형은 매우 다양하다. 혹자는 ATL을 제외한 모든 것이 BTL에 속한다고 말하기도 한다. 여러 용어를 정의하고 유형을 구분하는 교과서적인 접근도 필요하지만, 이 책을 읽는 예비 광고인들에게는 각 용어의 정의나 역사보다 좀 더 쉽게 BTL 광고를 이해하는 데 도움을 주고자 했다. BTL 광고는 이론적이고 어려운 개념이 아니라 다양하고, 어디에서나 볼 수 있으며, 누구든 쉽게 알아 갈 수 있는 광고이기 때문이다.

어쩌면 너무 다양하고 아직 나아갈 길이 많은 광고 분야라는 점에서 쉽게 접근하고 공부하기에 어려움이 있을 수도 있다. 그렇지만 이제 시작하는 광고인들은 광고의 세계에 발을 내딛는 것을 두려워하지 않고 누구보다 창의적으로 바라볼 수 있기에 더 많은 것을 이루어 낼 수 있을 것이다. 크리에이티브한 광고를 제작하는 것이 꼭 '기존과 다른, 창의적인, 새로운, 독특한, 개성 있는'과 같은 용어를 포괄해야 하는 것은 아니라 생각한다. 광고 크리에이티브에서는 다른 매체와 다른 점을 부각하고 활용하는 것 자체가 크리에이티브가 될 수 있다.

광고계동향(2021). [AD Insight] 2020년 광고 시장 결산과 2021년 전망.

김병희(2021). 광고 기술과 경험의 확장. 디지털 시대의 광고 마케팅 기상도(pp. 13-27). 서울: 학지사.

김희진(2015). 세일즈 프로모션의 열 가지 도구(pp. 145-154). 서울: 커뮤니케이션북스.

매일경제(2019. 1. 18.). [Insight] 더 공감하게, 더 실감나게… 옥외 광고의 스마트한 진화.

매일경제(2021. 7. 23.). 화사 생일축하 광고, 뉴욕 타임스퀘어 전광판 등장.

서울신문(2021. 3. 2.). 美 타임스퀘어에 한복 알린 라카이코리아…외신 "한국의 미래가 기대된다".

심성욱(2016). 옥외 광고 법령 개정의 의미와 과제. 옥외 광고 정책 focus, 2016 상반기.

심성욱, 박현(2017). 신 옥외 광고론(2판, pp. 251-262). 서울: 서울경제경영.

이데일리(2020. 5. 9.). 4캔 1만원 vs 3캔+소주 1병…홈술 패키지 고르는 즐거움.

제일기획(2021). 2020년 총 광고비 발표. 제일기획 매거진. https://magazine.cheil.com/49729

제일기획 블로그(2020. 4. 20.). "마케팅도 사회적 거리두기" '언택트(untact) 마케팅'. https://blog.cheil.com/43567

제일매거진(2019. 6. 5.). 극장, 스크린 광고만 해 봤니? https://blog.cheil.com/magazine/38234

커넥팅랩(2019). 모바일 미래보고서 2020. 서울: 비즈니스북스.

텐아시아(2021. 10. 14.). 'Happy Jiminday' 방탄소년단 지민, 뉴욕 타임스퀘어 장악.

한경닷컴(2021. 4. 30.). "1+1 행사"…'제로 칼로리' 음료 줄줄이 할인하는 이유.

한국옥외광고센터(2021). 2020 옥외광고통계.

한진 홈페이지 보도자료(2021. 5. 25.). ㈜한진-경찰청, 장기실종아동 찾기 '호프테이프(Hope Tape)' 캠페인 강화. https://www.hanjin.co.kr/kor/CMS/Board/Board.do?mode=view&board_seq=507&mgr_seq=2&mCode=MN050

BrandBrief(2020. 2. 25.). 광고가 사람을 좇는 시대, 차량도 인식한다… 11번가, 국내 최초 디지털 야립광고 도전.

HS ADzine(2017. 12. 4.). 2017년 옥외 광고 결산 및 2018년 전망 'Better is not enough. Try to be different'. https://blog.hsad.co.kr/2485

HS ADzine(2018. 8. 17.). 데이터 사이언스 in 광고 마케팅 2편: 머신러닝과 인공지능. https://blog.hsad.co.kr/2604

대한민국 행정안전부 공식블로그 https://blog.naver.com/mopaspr

포커스미디어코리아 홈페이지 https://www.focusmediakorea.com

제13장

브랜디드 콘텐츠의 창작

전종우
(단국대학교 커뮤니케이션학부 교수)

브랜디드 콘텐츠(branded content)는 광고주가 만든 콘텐츠로 간단하게 정리할 수 있다. 정형화된 엔터테인먼트 장르를 활용하는 경우 브랜디드 엔터테인먼트(branded entertainment)로 불리기도 하지만 사용자들이 직접 제작하는 일반적인 영상이나 콘텐츠를 포함하기 위해서는 보다 넓은 의미에서 브랜디드 콘텐츠로 사용된다. 브랜디드 콘텐츠는 콘텐츠에 광고를 살짝 포함한 것이 아니라 기업이 순수하게 제품이나 서비스를 광고하기 위한 목적으로 제작한 콘텐츠다. 상업적인 목적을 보다 앞세우는 콘텐츠라고 볼 수 있다. 이는 전통적인 의미에서의 콘텐츠와는 차이가 있고, 순수한 광고와도 다르다. 기존 광고가 기업이나 제품/서비스에 대한 메시지를 효과적으로 전달하기 위해 엔터테인먼트 요소를 활용했다면 브랜디드 콘텐츠는 광고 메시지가 보다 적극적으로 표출되는 것을 의미한다. 엔터테인먼트의 목적이 광고 메시지 전달인 경우다.

브랜디드 콘텐츠의 특징 중 하나는 메시지를 실어 보낼 매체가 따로 필요하지 않다는 것이다. 전통적인 광고와 달리 소비자들의 자발적인 참여를 통해 능동적인 소비를 이끌어 낸다는 점이 전통적인 광고와 차별화된다. 집행 초기에 일부 유료 매체를 통해 유통시키는 경우도 있지만 본래의 목적은 소비자의 자발적인 유통에 의지하는 것이다. 따라서 재미있는 광고나 감동적인 광고로 알려지며 유튜브에서 지속적으로 인기를 얻는 광고도 브랜디드 콘텐츠로 구분할 수 있다.

1. 브랜디드 콘텐츠의 이해

광고가 더 이상 효과적이지 않다는 지적이 많다. 전통적으로 TV와 라디오, 신문, 잡지는 4대 매체로 불리며 광고에서 핵심적인 역할을 해 왔다. 하지만 미디어가 다양해지면서 과거 인기 있었던 광고 매체의 위상에는 많은 변화가 일어났다. 여기에 더해 일방향적인 콘텐츠는 소비자를 설득하는 데 있어 한계를 보여 주고 있다. 소비자들은 광고를 신뢰하지 않는다. 광고가 재미있지도 않다. 광고를 볼 이유가 사라진 것이다. 더욱 문제가 되는 것은 소비자들이 광고에 대해 부정적인 태도를 보인다는 것이다. 광고에 대한 부정적인 태도는 밀레니얼 세대로 일컬어지는 MZ세대에서 더욱 두드러진다. 인터넷상에서 광고라는 표현이 들어가면 스팸으로 처리되는 일이 많다. 이메일에서도 광고라는 표현은 기피의 대상이다. 이러한 환경에서 브랜디드 콘텐츠는 전통적인 광고의 대안으로 등장한 것이다.

브랜디드 콘텐츠가 보다 상업적인 목적으로 콘텐츠를 제작한다는 것은 광고주의 입장에서 마음에 드는 일이다. 하지만 광고주가 하고 싶은 이야기를 하게 되면 소비자들이 광고 메시지에 귀를 기울여 줄까 하는 의문이 생긴다. 기존 광고도 상업적인 메시지라는 특성으로 인해 소비자들이 회피하는 경우가 많이 발생한다. 여기서 핵심은 콘텐츠가 소비자들에게 매력적으로 제작되어야 한다는 것이다. 기존 광고의 경우도 재미있거나 감동을 주는 경우 지속적으로 찾아보게 되고, 시간이 지나도 하나의 엔터테인먼트 콘텐츠로 소비된다. 따라서 브랜디드 콘텐츠는 소비자에게 어필할 수 있는 확실한 크리에이티브가 포함되어야 한다.

브랜디드 콘텐츠를 이해하기 위해서는 몇 가지 개념에 대한 이해가 선행되어야 한다. 브랜디드 콘텐츠는 기존 광고와 어느 정도 유사하지만 소비자들의 거부감을 줄이고 콘텐츠에 집중하게 만들어야 한다. 따라서 그러한 목적을 달성하기 위해 몇 가지 개념에 대해 이해하면 실무적인 제작에 있어서도 도움을 받을 수 있다. 소비자들의 입장에서 메시지에 대한 설득지식, 콘텐츠의 유희성, 제작에 있어 스토리텔링이 그것이다. 각각의 개념에 대해 간단하게 살펴보기로 한다.

1) 설득지식

브랜디드 콘텐츠에서 가장 중요한 것은 소비자들의 설득지식(persuasion knowledge)을 촉발하지 않는 것이다. 설득지식이란 설득을 하고자 하는 설득자의 설득 의도를 소비자가 파악하느냐의 여부를 말한다(Friestad & Wright, 1994). 설득이 이루어지는 상황에서 설득하려는 사람(agent)과 설득의 대상(target)이 있고, 설득하려는 사람은 대상자에 대한 주제지식(topic knowledge), 설득지식(persuasion knowledge), 설득대상자지식(target knowledge)을 보유하며 이러한 지식으로 설득을 하고자 한다. 반대로 설득대상자도 설득하려는 사람에 대한 주제지식(topic knowledge), 설득지식(persuasion knowledge), 설득하려는 사람에 대한 지식(agent knowledge) 등의 지식을 가진다. 이들의 상호작용을 통해 설득 대처 행동(persuasion coping behaviors)이 일어나고, 결과적으로 설득의 성공 여부가 판가름 난다.

상대방이 자신을 설득하고자 하는 의도를 간파하게 되면 소비자는 방어적인 자세를 취하게 되고 설득 효과도 떨어진다. 광고가 소비자들에게 잘 받아들여지지 않는 이유가 상업적인 메시지라는 인식으로 인해 기본적인 신뢰가 하락하고 설득지식이 촉발되기 때문이다. 이는 브랜디드 콘텐츠 제작에 있어서도 마찬가지다. 일반적인 콘텐츠는 소비자들이 거부감 없이 소비하지만, 광고주에 의해 제작되었다는 점이 알려지면 콘텐츠 자체에 대한 매력이 감소할 수밖에 없다. 물론 광고라고 일부러 표방하지는 않지만 광고라는 것을 숨기고 콘텐츠를 만드는 것은 아니다. 최근 1인 미디어들이 후원받은 제품을 공지하지 않아 뒷광고라고 지적받는 경우가 종종 있다. 이는 궁극적으로 소비자의 신뢰를 허무는 일이며 장기적으로 봤을 때 제작자 입장에서도 바람직하지 않다.

브랜디드 콘텐츠의 제작에 있어서도 소비자들의 설득지식을 건드리지 않는 전략이 필요하다. 광고가 아니라고 거짓말을 하는 것이 아니라 광고라고 느끼지 못하게 만드는 것이 중요하다. 광고라는 것을 드러내지 않지만 숨기지도 않는 표현 전략이 중요하다. 더 나아가 광고인 것을 알고도 즐길 수 있는 콘텐츠 제작이 이루어져야 한다. 그러기 위해서는 광고라는 것을 알더라도 콘텐츠 소비에 큰 지장을 주지 않는 크리에이티브가 필수적이며 이는 유희성이라는 개념으로 설명할 수 있다.

2) 유희성

인간은 기본적으로 놀이를 좋아한다. 일부 학자들은 놀이를 부수적인 도구가 아니라 목적 그 자체로 보아야 한다고 주장하기도 한다. 이는 놀이 이론(play theory)으로 설명할 수 있다(최고원, 2011). 대표적으로 요한 호이징거(Johan Huizinga)와 로제 카이와(Roger Caillois)가 놀이 이론에 바탕을 둔 학자들이다. 소비자들이 엔터테인먼트 콘텐츠를 좋아하는 이유는 재미있기 때문이다. 특정한 콘텐츠를 보면서 정보를 얻거나 고유한 목적을 달성하기도 하지만, 부가적인 이유로 콘텐츠를 보는 것은 인간의 궁극적인 욕구와 차이가 난다는 것이다. 이는 광고와 같은 상업적인 콘텐츠에도 적용된다. 설득이라는 목적을 가진 광고는 소비자들의 거부감을 줄이기 위해 소비자들에게 더욱더 유희적인 만족을 제공하는 것이 필수적이다. 놀이 이론에서 중요한 개념이 유희성이다. 유희는 사람들이 놀이를 통해서 추구하는 목적을 의미하며 내재적인 동기와 관련된다. 유희성은 다양하게 정의되지만 광고 분야에서는 콘텐츠를 이용하면서 경험하는 즐거움으로 볼 수 있다(홍다현, 전종우, 2020).

유희성(playfulness)을 활용하여 소비자들에게 쉽게 다가가기 위해서는 기본적인 감정 표현인 즐거움을 제공하는 것이 우선적이다. 즐거움을 추구하는 인간의 기본적인 욕구를 이해하면 마케팅 커뮤니케이션 메시지를 거부감 없이 전달할 수 있다. 브랜디드 콘텐츠에 놀이 이론을 적용하면 권력으로서의 놀이(play as power), 정체성으로서의 놀이(play as identity), 환상으로서의 놀이(play as fantasy), 시시한 놀이(play as frivolity)의 네 가지 세부놀이 차원으로 구분할 수 있다(Zhang, 2010). 광고 효과에 대한 연구에서도 유희성은 소비자들의 태도(홍다현, 전종우, 2020)와 구매의도(김종기, 남수태, 2012), 구전의도(이주환, 전종우, 2016)에 영향을 미치는 중요한 요소로 이야기된다. 따라서 브랜디드 콘텐츠 제작에서 고려해야 할 요인 중 유희성이라는 개념을 이해하고 소비자들이 유희적인 만족을 느낄 수 있는 콘텐츠를 제작해야 한다.

3) 스토리텔링

재미있는 콘텐츠를 만들기 위해서는 다양한 요인이 필요하다. 유명 배우가 출연하는 콘텐츠는 배우 자체만으로도 이용 동기를 제공할 수 있고 재미있다고 느낄 것이다. 영화와 같은 콘텐츠는 감독을 보고 관람 여부를 선택하기도 한다. 경험재인 엔터테인먼트 콘텐츠들은 시청하기 전까지 내용을 알 수 없기는 하지만 줄거리가 재미있는 경우 콘텐츠에 대한 만족감이 상승한다. 여러 요인 중 핵심적인 것은 탄탄한 스토리다. 스토리는 플롯과 같이 다른 용어로도 표현된다. 플롯은 운명과 사상으로 구분할 수 있다(Friedman, 1967). 운명은 비극, 징벌, 감상, 찬탄, 성장, 개선, 시련, 퇴보로, 사상은 교육, 계시, 정감, 환멸로 구분한다. 토비아스는 플롯을 추구, 모험, 추적, 구출, 탈출, 복수, 수수께끼, 라이벌, 희생자, 유혹, 변신, 변모, 성숙, 사랑, 금지된 사랑, 희생, 발견, 지독한 행위, 상승과 몰락 등으로 구분했다(Tobias, 1967). 폴티는 36가지 플롯 유형을 제시하고, 청탁, 구출, 복수, 친척 간의 복수, 도망, 재난, 불운, 저항, 대담한 계획, 유괴, 수수께끼, 획득, 친척 간의 증오, 친척 간의 싸움, 살인적 간통, 광기, 얕은 생각, 모르고 저지르는 연애의 죄, 친척인 줄 몰라서 살해, 이상을 위한 자기희생, 친척을 위한 자기희생, 애욕을 위한 모든 희생, 애인의 희생이 필요, 강자와 약자 간의 싸움, 간통, 연애의 죄, 애인의 불명예 발견, 장애가 생긴 사랑, 적에 대한 애착, 야망, 신과의 싸움, 잘못된 질투, 잘못된 판단, 뉘우침, 잃어버린 자의 발견, 애인을 잃음 등으로 표현했다(Polti, 1924). 중요한 것은 소비자들이 흥미를 느낄 수 있도록 재미있는 스토리를 만드는 것이다. 스토리텔링(storytelling)은 일상적인 말하기라는 행위를 좀 더 구조적으로 설명하는 개념이다. 스토리는 전달하는 화자가 필요하고, 그러한 스토리가 전달되는 상황이 스토리텔링에 포함된다.

브랜드 자체에 스토리를 부여하는 것은 전통적인 광고 전략으로 활용되어 왔다. 그만큼 마케팅 커뮤니케이션에 있어서 스토리텔링은 중요한 요인이다. 광고에서 스토리텔링을 구성하는 요소는 내레이션(narration), 캐릭터(character), 플롯(plot) 등이다(Deigtion, Romer, & McQueen, 1989). 콘텐츠에 브랜드를 자연스럽게 녹여 내는 것이 브랜디드 콘텐츠의 성공을 위한 중요한 작업이라는 점을 고려하면 브랜드에 대한 이야기를 전체적인 줄거리에 어떻게 연결할지에 대한 고민이 필요하다. 이는 스토리텔링이라는 개념으로 설명이 가능하며, 콘텐츠의 완성도를 높이고 브랜드 메시지를 효과적으로 전달하기 위해 중요한 고려 요인이다.

2. 유형

브랜디드 콘텐츠는 다루는 콘텐츠에 따라 다양하게 구분이 가능하다. 가장 쉽게 구분할 수 있는 방법으로 기존의 콘텐츠를 활용하여 브랜디드 콘텐츠를 만드는 경우와 새로운 콘텐츠를 창작하는 경우로 나눌 수 있다. 기존의 콘텐츠를 활용하면 브랜드가 부수적인 요인으로 기능하는 경우가 많고, 브랜드만을 위한 콘텐츠를 제작하면 보다 적극적인 메시지 전략이 가능하다. 또한 콘텐츠의 물리적인 특성을 기준으로 아날로그 콘텐츠와 디지털 콘텐츠로도 구분할 수 있다.

1) 아날로그 콘텐츠

콘텐츠의 원조는 아날로그 콘텐츠다. 하지만 미디어 환경 변화와 함께 전통적인 아날로그 미디어의 콘텐츠는 위상이 많이 하락했다. 방송이 그러하고 신문이나 잡지와 같은 인쇄 매체는 특히 많이 위축되었다. 하지만 전달하는 매체로서의 기능이 디지털에 비해 떨어지는 것일 뿐 정보와 흥미를 전달하는 기본적인 능력에는 변함이 없다. 지상파 방송의 영향력이 예전만은 못하지만 미디어 시장에서의 위상을 무시할 수는 없다. 종합편성채널이나 유료방송을 포함하면 아직까지 방송은 산업적으로 경쟁력을 유지하고 있다. 수많은 인터넷 사이트가 정보를 제공하지만 신문기사는 지금도 중요하고, 상대적으로 신뢰를 제공하는 콘텐츠로 인정된다. 책도 읽는 사람들이 많이 감소하였지만, 콘텐츠 원형으로서의 가치를 인정받는 것을 보면 쉽게 이해할 수 있다. 따라서 인쇄 형태의 콘텐츠도 소비자들에게 즐거움을 제공할 수 있고, 브랜디드 콘텐츠로 활용이 가능하다.

(1) 지면 광고

지면 광고도 소비자들의 흥미를 불러일으킬 수 있다. 물론 기존의 단순한 인쇄 광고가 아니라 소비자들이 관심을 가지고 콘텐츠로 소비하는 경우만을 브랜디드 콘텐츠로 볼 수 있다. 인쇄 광고와 같은 형식으로 만들어지는 경우 신문이나 잡지에 집행이 가능하고, 옥외 포스터 광고로도 활용할 수 있다. 충주시에서 집행한 B급 감성을 활용한 키치 광고는 지역을 넘어 많은 사람에게 사랑을 받았다. 이는 콘텐츠의 완성도가 중요한 것이 아니라 소비자들에게 콘텐츠를 소비할 수 있는 이유를 제공하는 것이 중요하다는 것을 보여 준다. 포스터 형태의 광고는 물론 디지털 형태로 전환되어 SNS와 같은 미디어를 통해 공유된다.

[그림 13-1] 충주시 포스터

(2) 아트 인퓨전

전통적인 광고와 브랜디드 콘텐츠는 엔터테인먼트 콘텐츠를 사용하는 방법에 따라 달라진다. 광고 중에서도 아트 인퓨전(art infusion)과 같은 유형은 예술 작품을 광고에 삽입하여 소비자들의 콘텐츠 관여를 불러일으킨다는 차원에서 초기적인 브랜디드 콘텐츠로 구분할 수 있다. 예술 작품을 광고에 활용하면 1차적으로 소비자의 주목을 끌수 있다. 광고를 즐겨 보지 않는 사람들에게도 예술 작품이 광고에 포함되면서 광고가 하나의 콘텐츠로 변화하게 된다. 더 나아가 예술 작품에 대한 소비자의 이미지가 콘텐츠로 구현되면서 브랜드 연상으로 연결되기 때문에 브랜드의 아이덴티티 구축에 효과적이다. 과거 LG가 집행한 명화시리즈는 지금까지도 아트 인퓨전의 성공 사례로 회자되고 있다.

[그림 13-2] LG의 아트 인퓨전 사례

(3) 이벤트

기업들은 자사의 제품을 알리고 소비자들에게 직접적인 체험을 제공하기 위해 이벤트라는 마케팅 도구를 종종 활용한다. 이벤트에 참가하는 즐거움이 브랜드나 제품에 전이되는 것이다. 많은 돈을 들여 올림픽이나 월드컵과 같은 스포츠를 후원하거나 문화행사를 후원하는 것이 그러한 이유 때문이다. 더 나아가 직접적으로 이벤트를 기획하여 집행하는 경우도 있다. 오프라인에서 이루어지는 이벤트도 소비자들이 즐거움을 추구하기 위한 목적으로 소비된다는 차원에서 브랜디드 엔터테인먼트의 범주에 포함될 수 있다. 예를 들어, 지방자치단체가 지역 홍보를 위해 개최하는 지역 축제는 도시를 홍보하기 위한 브랜디드 콘텐츠로 볼 수 있다. 영국의 에딘버러 페스티벌 같은 경우는 스코틀랜드에 위치한 에딘버러를 전 세계적으로 유명한 도시로 알리는 데 일조한 것으로 평가받는다. 국내에서도 부산국제영화제와 같이 지역에 기반한 이벤트가 많이 개최되고 있으며, 함평 나비대축제는 기초지방자치단체의 지역 축제로서 성공 사례로 볼 수 있다.

[그림 13-3] **함평 나비대축제**

(4) 전시

기업들은 자사의 신제품을 소개하기 위해 다양한 전시회에 참여한다. 대규모 전시회에 가면 기업부스에서 기업관을 운영하는 것을 볼 수 있다. 이는 소비자들이 전시회에 방문하여 기업의 신제품을 체험하고 즐거운 경험을 할 수 있는 기회를 제공해 주고 기업이나 제품에 대한 태도를 호의적으로 만들기 위한 전략적인 브랜디드 콘텐츠다. IT 관련 전시회에 전 세계 유명 기업이 참여한다. 국내 대기업도 다양한 국제 전시회에 참가한다. 자동차 회사는 모터쇼를 신제품이나 콘셉트카를 선보이는 중요한 기회로 생각한다. LG가 운영하는 LG사이언스홀은 대기업이 운영하는 과학관으로 관람객들에게 즐거움을 제공하고 전자기업으로서의 기술력을 보여 주어 기업 이미지 제고 작업을 하고 있는 독특한 사례다.

[그림 13-4] LG사이언스홀

(5) PPL

브랜디드 콘텐츠의 원조는 PPL(product placement)이라고 할 수 있다. PPL은 영화나 드라마에 제품이나 브랜드를 삽입하여 노출 효과를 기대하는 것을 말한다. 영화 〈E.T.〉에 등장하는 리세스 초코렛이 PPL의 원조로 이야기되며, 미국의 경우 영화와 방송에 PPL을 적극적으로 활용하고 있다. 국내에서는 과거 영화에서만 허용되다가 방송으로 확대되어 다양한 제품과 브랜드가 영상 콘텐츠에 PPL로 등장한다. 최근에는 PPL이 진화하여 제품이나 브랜드 로고를 삽입하는 단순 노출을 넘어 대본 단계에서 후원 기업을 물색하여 스토리에 연결시키기도 한다.

PPL의 성공을 위해서는 제품이나 브랜드가 콘텐츠에 자연스럽게 동화되는 것이 무엇보다 중요하다. 2021년 가을에 방영된 tvN 드라마 〈지리산〉의 경우 김은희 작가와 이응복 감독의 작품으로 관심을 끌었다. 배우 전지현이 광고 모델로 활동하는 네파라는 브랜드가 적극적인 투자를 했는데, 스토리에 자연스럽게 녹아들지 못해 성공을 거두지 못한 사례로 이야기된다. 조난구조대원인 레인저스의 경우 전문적인 산악인들과

네파 등산복

산속의 샌드위치 가게

[그림 13-5] 드라마 〈지리산〉의 PPL

같은 수준의 전문가들임에도 너무 깨끗한 등산복을 자주 갈아입어 드라마에 대한 몰입을 방해했다는 비판을 받기도 했다. 또한 산속에 샌드위치 가게가 있다는 설정도 문제점으로 지적되었다.

(6) 애드 무비

애드 무비는 광고주의 투자로 독립적인 드라마나 영화를 제작하는 것을 말한다. 일반적인 드라마나 영화와 다른 점은 제품이나 브랜드가 주인공으로 등장한다는 것이다. 주인공이 아니더라도 PPL보다 훨씬 더 콘텐츠 내에서 중요한 역할을 담당한다. PPL을 확장하여 콘텐츠를 만드는 유사한 시도는 몇 번 있었지만 대규모 투자를 통해 완성도 있는 영상을 제작한 것은 BMW의 〈The Hire〉로 이야기된다. 유명 감독들이 영상 제작에 참여하였고, 상당한 제작비가 투입되어 애드 무비의 대표적 사례로 이야기된다.

[그림 13-6] BMW의 〈The Hire〉

2) 디지털 콘텐츠

지금까지 아날로그로 제작되는 브랜디드 콘텐츠에 대해 설명했지만, 최근에 제작되는 브랜디드 콘텐츠는 주로 디지털화된 형식을 말한다. 디지털 브랜디드 콘텐츠의 경우 언론기사 형태와 엔터테인먼트 콘텐츠를 활용하는 경우, 그리고 1인 미디어가 제작하는 독립적인 콘텐츠 등이 있다.

(1) 기사형 광고

디지털로 제공되는 브랜디드 콘텐츠로는 기사형 광고를 우선적으로 들 수 있다. 인터넷 신문에 실리는 정보는 기사와 광고로 이루어진다. 이 두 가지 콘텐츠 사이에 기사형 광고가 존재한다. 쉽게 말하면 광고 정보를 기사 형식으로 제공하는 것을 말한다. 기사형 광고는 소비자들이 기사로 받아들이는 경우가 많아 설득에 효과적이다. 하지만 기사로 오인하게 되면 윤리적인 문제가 발생하여 집행에 주의가 필요하다. 광고라는 것을 인지하더라도 도움이 되는 정보를 제작하여 제공하는 것이 중요하지만 현실적인 어려움이 따르게 된다. 특히 기사형 랜딩광고를 기사처럼 제작하는 것은 문제점으로 지적된다. 랜딩 광고는 기사형 광고를 클릭한 후 랜딩되는 2차 페이지를 말하며, 언론 형식을 차용하여 소비자에게 개인정보를 요구하는 경우가 많기 때문이다. [그림 13-7]과 같은 기사형 랜딩 페이지는 기사인지 광고인지 쉽게 구분이 가지 않는 사례를 보여 주고 있다.

일반적인 기사형 광고는 제공되는 형식에 따라 네이티브 광고나 브랜드 저널리즘 등으로 불리기도 한다. 네이티브 광고는 인터넷 사이트에 정보 형식으로 제공되는 콘텐츠를 의미한다.

[그림 13-7] 인터넷신문의 기사형 랜딩 광고

401

광고주가 직접 스폰서로 참여한다는 것이 일반 기사와는 다르다. 하지만 직접적으로 광고를 표방하는 것은 아니다. 소비자들이 좋아하는 내용을 정보 형태로 제시하고, 광고주 기업이나 제품은 정보를 뒷받침하는 도구로 이용되는 경우가 많다. 예를 들어, 여행 정보나 맛집 정보 같은 경우가 대표적인 정보형 브랜디드 콘텐츠라고 볼 수 있다.

[그림 13-8] 한겨레의 네이티브 광고

브랜드 저널리즘은 기업이 소유하고 있는 미디어를 통해 정보 기사를 제공하는 것을 말한다. 과거에는 기업들이 매스 미디어에 보도자료를 제공하여 자사의 기업 소식이나 제품에 대한 정보를 제공하여 기사로 다루어지도록 요청했다. 이러한 작업을 자신들의 미디어를 통해 직접 관리하는 것을 브랜드 저널리즘이라고 한다. 대기업들은 보통 자사 사이트를 보유하고 있고, 오프라인 홍보책자를 발행하는 경우도 많다. 이러한 보유 매체(owned media)를 효과적으로 활용하면 소비자들이 자발적으로 찾아보는 미디어를 운영할 수 있고 메시지를 거부감 없이 전달할 수 있다. 자사 제품과 관련한 기사의 경우도 가치가 있으면 소비자들이 정보로 인식한다. 자동차 회사들이 자동차 정비에 대한 정보를 제공하거나 다양한 종류의 차량 브랜드를 기사로 제공하는 경우가 대표적이다.

[그림 13-9] **삼성전자 뉴스룸**

(2) 브랜드 웹툰

한국에서 웹툰은 인기 있는 콘텐츠다. 웹툰은 다른 엔터테인먼트 콘텐츠와 마찬가지로 브랜드와 협업이 가능하다. 웹툰에서도 제품이나 브랜드의 PPL이 가능하다. 웹툰 장면에 브랜드를 삽입하거나 줄거리에 제품을 연결시키는 것은 드라마의 PPL과 유사하다. 하지만 브랜드 웹툰은 광고주의 의뢰를 받아 독립적인 웹툰을 제작하는 것이다. 기존 작가의 캐릭터가 주인공으로 등장하는 웹툰을 추가적인 에피소드로 제작할 수도 있고, 브랜드와 어울리는 새로운 캐릭터와 주인공을 개발하는 것도 가능하다. 광고주의 목적에 따라 단편으로 제작하는 경우도 있고, 보다 장기적인 안목에서 시리즈물이 기획되기도 한다.

[그림 13-10] 한화생명의 온슈어 브랜드 웹툰 〈2024〉

(3) 애드버 게임

애드버 게임은 광고주가 게임을 제작하여 소비자에게 배포하는 것을 말한다. 게임은 하나의 콘텐츠이며 즐기는 사람이 많아 광고라고 인식하는 것보다 놀이로 인식하는 경우가 많아 소비자들의 심리적인 장벽을 우회할 수 있는 장점을 제공한다. 다만, 유저들의 게임에 대한 기대치가 높은 현실에서 완성도가 높지 않으면 커뮤니케이션 목표를 달성하기 힘든 경우가 많다. 게임의 완성도에 따라 부정적인 결과를 불러올 수도 있으니 주의가 필요하다. 최근에는 게임을 기반으로 메타버스를 활용한 광고도 브랜디드 콘텐츠로 활용하고 있다.

웬디스의 'Feast of Legends'

KFC의 'I Love You, Colonel Sanders'

[그림 13-11] 애드버 게임의 예시

(4) 1인 미디어 콘텐츠

기존 엔터테인먼트 형식을 활용하지 않더라도 소비자에게 도달하는 콘텐츠 제작이 가능하다. 온라인 콘텐츠는 실사 영상이 될 수도 있고, 애니메이션이나 만화 형식으로도 제작 가능하다. 이러한 콘텐츠는 주로 1인 미디어 콘텐츠로 제작되는 경우가 많다. 1인 미디어 콘텐츠는 일반적으로 자신의 영상에 제품이나 브랜드를 PPL하는 방법을 많이 사용한다. 인기 있는 유튜버들과 협업하여 제품을 협찬하는 경우가 대부분이다. 식품 기업이 먹방 콘텐츠에 협찬하고, 화장품 기업이 뷰티 콘텐츠에 협찬하는 것이 대표적이다. 기존에 정기적으로 제작되는 영상에 협찬을 받기도 하고, 광고주의 브랜드만을 위한 클립을 따로 제작하는 경우도 있다.

지금까지 다양한 브랜디드 콘텐츠에 대해 소개를 했는데, 디지털 형태의 브랜디드 콘텐츠라고 하면 일반적으로 1인 미디어 콘텐츠를 말하는 경우가 많다. 기존 엔터테인먼트 콘텐츠를 활용하는 경우 투자 비용도 만만치 않고 완성도를 높이는 데에도 많은 노력이 들어간다. 1인 미디어는 유튜버 개인의 능력으로 콘텐츠의 완성도가 좌우되기 때문에 유저에게 소구하기는 어렵지만, 아이디어가 뒷받침되면 제작은 상대적으로 수월한 경우가 많기 때문에 자주 활용된다. 경우에 따라 타깃 소비자들과 코드가 맞으면 기존 형식을 파괴한 영상물도 효과를 거둘 수 있다. 이럴 경우 광고주의 허락을 득하는 과정에서 MZ세대에 대한 이해도 필수적이다. 대기업이나 공공기관에서 형식에 벗어난 온라인 콘텐츠 광고를 집행하여 성공을 거두는 사례도 종종 소개된다.

[그림 13-12] LG 빡치게 하는 노래

3. 창작

브랜디드 콘텐츠를 만들기 위해서는 전통적인 광고와 같이 기획 단계와 제작 단계가 포함된다. 기존 광고와 같이 정확한 소구 대상을 선정하고 목표에 따라 제작을 하는 것은 유사하다. 하지만 브랜디드 콘텐츠는 기존 광고와는 다른 크리에이티브 접근이 요구된다. 브랜디드 콘텐츠가 등장한 것은 기존의 문법으로 현재의 소비자를 설득하는 것이 어렵기 때문이다. 따라서 독특하고 기발한 아이디어가 필요하다. 앞서 소개한 다양한 사례를 보면 전통적인 광고와는 다르다는 점을 알 수 있다. 기존에 없던 새로운 형식의 콘텐츠가 구상되기도 하고, 기존의 엔터테인먼트 장르라 하더라도 고상한 제작 스타일을 탈피하는 경우가 많다. 기획, 아이디어 발상, 제작 등 기존의 제작 단계도 새롭게 작동한다. 제작 아이디어를 먼저 발상한 후 거꾸로 기획 단계로 넘어가는 것도 가능하다.

브랜디드 콘텐츠의 제작에 있어 가장 중요한 것은 기존에 없는 아이디어를 발상하는 것이다. 과거의 광고 제작 방식을 완전히 무시하고 바닥에서 아이디어를 시작하는 것도 하나의 방법이다. 젊은 층 소비자, 특히 밀레니얼 세대들은 기존의 제도화된 형식에 반감을 가지고 있는 경우가 많다. 격식을 파괴하고 효율을 중요시하며 효과적인 방법을 찾기 위해 노력한다. 예를 들어, 광고에 대해 부정적인 태도를 가진 밀레니얼 세대들에게 광고라는 인식을 우회하는 것도 전략 중 하나이지만 광고라는 사실을 대놓고 드러내고 소구하면 의외의 성공을 거두는 경우가 많다. 그들에게 해당 콘텐츠를 소비할 이유만 제공해 주면 된다.

또 한 가지는 기존 아이디어와 새로운 아이디어를 융합하는 것이다. 이러한 접근법은 기존에 없던 아이디어를 생각해 내기 위해서는 기존의 엔터테인먼트 콘텐츠에 대한 이해도 물론 필요하다는 점이다. 이는 전통을 이해한 후 전통을 새롭게 해석하고 적용하는 것을 의미한다. 기본적인 작업으로는 기존의 아이디어를 숙성시킨 후 새로운 시각과 융합하여 독창적인 표현 기법을 생각해 내는 것이다. 독창적인 장르를 구현할 수도 있다. 독창적인 전달 방법을 고안하는 것도 가능하다. 브랜디드 콘텐츠에 아이디어의 제한은 없다. 당신이 새로운 장르를 창출하고 광고 제작의 새로운 문법을 만드는 것도 가능하다.

1) 기획

브랜디드 콘텐츠는 독창적인 아이디어를 기반으로 하더라도 그 기저에는 정확한 목표를 가지고 기획되어야 한다. 먼저, 브랜디드 콘텐츠도 전통적인 광고와 같은 일반적인 목표를 가지고 집행될 수 있다. 소비자들에게 정확한 정보를 제공하고 호의적인 태도를 형성하는 것이 그것이다. 반면, 소비자들의 관심을 끌어 많은 수의 이용자에게 노출되고 입소문을 타는 것이 목표가 될 수 있다. 많은 사람이 이용하고 유명해진다는 것은 긍정적인 면을 전달하는 것은 물론 부정적인 이슈를 통제하기 힘든 경우도 발생한다는 것을 의미한다. 따라서 그에 대한 전략적인 고려를 충분히 한 후 기획에 돌입할 필요가 있다. 다만, 전통적인 광고와 달리 기획의 방향성을 잡은 이후에는 새로운 아이디어가 접목될 수 있도록 보다 운신의 폭이 넓게 바운더리를 규정하는 것이 중요하다.

(1) 커뮤니케이션 목표

브랜디드 콘텐츠의 기획에 있어서도 커뮤니케이션 목표가 필요하다. 신제품의 경우 단순한 노출이 목표가 될 수 있다. 일반적인 기업에서 신제품에 브랜디드 엔터테인먼트를 활용하는 것은 이슈를 창출하여 적은 비용으로 많은 노출을 달성함으로써 브랜드를 고지하고자 하는 경우가 많다. 또 한 가지는 제품에 대한 상세한 정보를 콘텐츠로 제공하여 소비자들이 해당 제품을 사용하는 데 있어 만족감을 제공하는 것이다. 기술적으로 복잡한 제품이나 기존에 존재하지 않았던 제품, 혹은 그동안 주목받지 않았던 새로운 기능을 설명하고자 하는 목적으로 집행되는 경우가 많다. 혹은 자사의 제품에 대해 소비자들의 인식도 높지 않고 태도도 호의적이지 않다면 일단 제품을 알리고 보자는 목표를 세울 수도 있다. 이럴 경우 부정적인 인식을 감수하고 노이즈 마케팅과 같이 일단 알리고 보는 것을 목표로 하는 것도 가능하다.

일반 광고의 경우 행동 유발은 구매의도를 의미하는 경우가 많다. 하지만 브랜디드 콘텐츠에서 행동을 유발하는 목표를 가지는 경우는 사람들이 해당 콘텐츠를 찾아보게 하고 공유하게 만드는 것이다. 물론 유명 유튜버와 협업을 진행하여 콘텐츠가 방송되는 실시간에 제품 구매를 유도하는 커뮤니케이션 전략도 가능하다. 이럴 경우 1인 미디어 콘텐츠라기보다 홈쇼핑과 유사한 콘텐츠로 제작되기도 한다.

(2) 밀레니얼 세대의 이해

브랜디드 콘텐츠는 주로 젊은 층 소비자들을 대상으로 하는 경우가 많다. 효과적인 브랜디드 콘텐츠를 제작하기 위해서는 최근 소비의 중심으로 떠오른 밀레니얼 세대에 대한 이해도 필요하다. 밀레니얼 세대들은 기성세대들과 다른 문화적인 특성을 보여 준다. 그들은 자기 자신을 소중히 여기며 개인의 생활을 중요시한다. 또한 과거의 권위주의적인 문화를 배척하는 경향을 보인다. 조직에서도 수평적인 대인관계를 구축하여 회사 내에서 갈등을 일으키기도 한다. 밀레니얼 세대 직장인이 대기업 회장에게 직접 성과급에 대한 불만을 제기하는 것도 밀레니얼 세대만의 특징이라고 할 수 있다. 하지만 권리와 함께 의무도 중시하고 공동체에 대한 기여도 중요한 덕목으로 생각하기 때문에 자신만을 생각하는 세대라고 비난할 수는 없다(Neil & William, 2007).

밀레니얼 세대들은 자신과 코드가 맞으면 기존의 어떠한 대상도 희화화하여 자신만의 문화로 수용한다. 정치인에 대한 생각도 기성세대들과 달라 새로운 정치적 세력으로 성장할 가능성도 무시하지 못한다. 앞으로 선거에서 20~30대 유권자들이 결과를 좌우하게 될 날이 얼마 남지 않았다. 이들은 공정이라는 가치를 중요시하며 과거의 불합리한 제도를 받아들이지 못한다. 밀레니얼 세대들은 새로운 유권자로, 시청자로, 소비자로 부상하고 있다. 이들을 정확하게 이해해야 그들이 좋아하는 콘텐츠를 제작할 수 있고, 마케팅 목적을 달성할 수 있다.

(3) 미디어 채널 활용 여부

브랜디드 콘텐츠를 제작하는 데 있어 기획 포인트 중 하나는 전통적인 매체를 통해 제작물을 집행할지, 아니면 자발적인 콘텐츠 소비를 유도할지 여부다. 소비자들이 콘텐츠 자체를 좋아하는 경우 자발적으로 소비될 수 있고, 유료 미디어를 구매하지 않고 광고주 홈페이지나 유튜브 채널을 통해 유통시킬 수 있다. 반면, 전통적인 광고와 다른 형식으로 제작되었다고 할지라도 방송이나 온라인에서 비용을 지불하고 매체를 구매하여 집행하는 것도 가능하다. 아무리 재미있는 콘텐츠를 만들었다고 하더라도 소비자들이 자발적으로 콘텐츠의 가치를 알아보기는 힘들다. 초기 인지를 유도하기 위해서는 일정 부분 매체 집행을 통해 콘텐츠를 알리는 것도 필요하다. 물론 초기에 유료 매체에 집행한 후 입소문을 타고 자발적인 소비로 이어지는 것도 가능하다.

2) 제작

브랜디드 콘텐츠를 제작하기 위해서는 독특한 크리에이티브가 요구된다. 가장 먼저, 명백한 설득의도를 노출하지 말아야 한다. 이는 사람들이 설득지식을 유발하지 않아야 한다는 의미다. 설득지식을 건드리지 않는 방법은 다양하게 존재하지만 가장 쉬운 것은 재미있는 아이디어로 구성하는 것이다. 반면에 기존의 틀을 깨고 광고라는 사실을 직접적으로 표방하고 소비자의 상상 수준을 뛰어 넘는 것도 하나의 표현 전략이 될 수 있다. 하지만 그 경계를 정확하게 이해하고 규정하는 것이 쉽지 않기에 그에 대한 의사결정도 전략적으로 이루어져야 한다.

(1) 콘텐츠 선정

먼저, 마케팅 메시지를 실어 보낼 콘텐츠를 선정한다. 콘텐츠 선정에서 가장 중요한 것은 자체적인 콘텐츠를 제작할 것인가, 아니면 인기 있는 콘텐츠와 협업을 할 것인가다. 내부 인력으로 아이디어가 모아지는 경우 직접적으로 콘텐츠를 제작하여 유통시키는 일도 가능하다. 한국의 콘텐츠 시장이 경쟁력을 인정받으면서 다양한 글로벌 성공 콘텐츠가 등장하고 있다. 브랜드와 관련한 콘텐츠도 아이디어만 구현된다면 새로운 시각으로 소비자에게 다가갈 수 있는 콘텐츠 제작이 가능하다. 특히 브랜디드 콘텐츠는 신인 작가나 감독에게 기회를 제공할 수도 있다.

기존에 존재하는 인기 콘텐츠와 협업을 하기로 결정했다면 콘텐츠의 내용과 브랜드나 제품의 역할, 노출 범위 등에 대한 자세한 협의가 필요하다. 최근 인기 유튜버의 경우에는 영향력이 커져 광고주의 의지대로 협업이 되지 않는 경우가 많다. 브랜드 웹툰을 제작하는 경우도 웹툰 작가와 업무 범위에 대해 사전에 협의가 필요하다. 기존에 존재하는 콘텐츠라 하더라도 전체적인 줄거리를 차용할 것인지, 등장인물 캐릭터만 사용하여 새로운 이야기를 만들어 갈 것인지 등 기존 콘텐츠 사용 범위에 대해서도 의사결정이 이루어져야 한다.

(2) 콘텐츠 장르

콘텐츠 장르의 경우도 전통적인 콘텐츠 장르를 활용할 수도 있고, 새로운 장르의 콘텐츠를 기획할 수도 있다. 기존 엔터테인먼트 장르의 경우 정해진 틀 안에서 제작이 가능하며, 브랜드의 역할에 대한 조정이 이루어지면 된다. 하지만 새로운 장르를 도입하는 경우 기획 단계부터 새로운 시각으로 접근할 필요가 있다. 브랜디드 콘텐츠가 기존 광고의 문법을 파괴하고 소비자들에게 뭔가 새로운 메시지를 전달하고자 한다면 장르를 넘어서는 콘텐츠도 효과적으로 제작될 수 있다. 앞서 언급한 것처럼 B급 감성을 활용한 1인 미디어가 대표적인 사례이며, 제작 방향에 따라서는 기대를 넘어서는 인기를 얻는 경우도 많다. 하지만 성공하는 콘텐츠는 소수이며, 모험적인 콘텐츠를 제작하는 데 있어 브랜드가 처할 수 있는 위험도 감수해야 한다는 점도 같이 고려해야 한다.

(3) 광고주의 비중

콘텐츠에서 광고주의 비중이 어느 정도 차지하는가도 중요한 의사결정 사항이다. PPL에서 제품이 중요한 역할을 하는 온셋(on-set) 배치와 단순하게 노출되기 위해 배치만 되는 크리에이티브(creative) 배치로 제품의 역할에 대해 구분을 한다. 단순하게 제품이나 브랜드가 콘텐츠에 노출만 되는 경우 제품의 선정과 위치에 대한 결정만 필요하다. 하지만 드라마와 같은 영상 콘텐츠에서 제품이 줄거리에 깊이 관여되어 스토리를 구성하는 하나의 중요한 소재로 채택되는 경우는 대본에 영향을 미치기 때문에 사전준비가 필요하고 기획 단계에서부터 제품을 고려한 줄거리가 구성되기도 한다.

브랜디드 콘텐츠의 경우도 스토리와 관계없이 집중적인 노출을 목적으로 할 수 있다. 스토리가 크게 중요하지 않은 콘텐츠에서는 시각적으로 두드러지게 표현되고 자주 반복되는 것이 중요한 경우도 있다. 반면, 스토리가 있는 콘텐츠 자체를 브랜드를 위해 제작하는 경우는 콘텐츠의 시각적 표현이나 스토리의 흐름에서 중요한 역할을 부여할 수도 있다. 광고주의 욕심만으로 제작할 수 없는 일이기에 콘텐츠의 완성도, 브랜드와 제품의 역할에 대해 복합적인 고려가 필요하다. 광고주의 의지가 강하다면 추가적인 재정적 투자를 통해 제품을 중요하게 표현하면서 줄거리와 어울리는 콘텐츠 제작을 할 수도 있다.

(4) 콘텐츠 시리즈

단기적인 콘텐츠만을 제작할 것인가, 장기적으로 브랜드 아이덴티티를 유지할 것인가에 대한 의사결정이 필요하다. 광고와 달리 브랜디드 콘텐츠는 제품이나 브랜드에 강력한 연상을 제공하게 된다. 광고가 항상 성공할 수는 없지만 가끔 의도하지 않았던 성공을 포함하여 크게 인기를 끄는 경우가 종종 있다. 이럴 경우는 단건의 행운으로 치부할 것이 아니라 긍정적인 연상을 유지하는 것이 중요하다.

효과적인 브랜드 관리를 위해 긍정적인 연상은 장기적인 차원에서 관리될 필요가 있다. 따라서 1차 콘텐츠가 성공하면 시리즈로 콘텐츠를 제작할 수 있다. 브랜드가 리뉴얼되거나 새로운 브랜드가 출시되면 새로운 시즌으로 브랜디드 콘텐츠를 제작하는 것도 가능하다. 브랜디드 콘텐츠를 장기적인 브랜드 자산으로 전환시킬 수 있는 전략적 고려가 필요하다.

4. 마무리

1인 미디어 콘텐츠의 경우 뒷광고로 인해 문제점을 지적받았다. 자신이 직접 돈을 지불하고 구매한 제품이라고 말을 했지만, 기업으로부터 후원을 받았던 사례로 이용자들의 불만을 일으켰다. 외부의 영향력이 없는 상태에서 유튜버의 공정한 평가를 바랐던 소비자들의 기대를 저버린 것으로 소비자들의 외면을 받았다. 브랜디드 콘텐츠는 절대 소비자들을 현혹하는 광고가 아니다. 소비자들이 자발적으로 선택해서 즐기는 콘텐츠라는 점을 잊지 말아야 한다.

브랜디드 콘텐츠를 제작할 때 독특한 콘텐츠 창작이 중요하지만, 그 반대편에서는 너무 새로운 형식의 콘텐츠만 고집할 필요가 없다고도 할 수 있다. 앞서 설명한 몇 가지 전통적인 광고 유형도 브랜디드 콘텐츠의 원형으로 이해할 수 있으며 효과적인 콘텐츠로 활용할 수 있다. 특히 오프라인에서 소비자들과 직접적으로 만날 수 있는 이벤트는 중요한 도구가 된다. 테마파크에서 기업의 제품이나 서비스를 직접적으로 경험할 수 있는 기회를 제공하는 것은 더욱 효과적인 브랜디드 콘텐츠로 고려될 수 있다. 미국의 디즈니월드는 전 세계인이 몰려오는 테마파크로 여러 놀이기구가 갖추어져 있다. 그중 몇 가지 놀이기구에는 라이드를 마치고 나오는 길에 스폰서 기업의 제품이 전시되어 있는 경우가 많다. 방금 짜릿한 경험을 마치고 나오는 관람객들에게 놀이기구와 관련된 제품은 소비자들의 직접적인 관심을 끌기에 효과적이다. 자동차와 관련된 놀이기구의 탑승을 마치고 나오면 GM의 자동차들이 전시되어 있는 경우가 대표적인 테마파크의 브랜디드 콘텐츠 사례다.

새롭게 등장하는 디지털 미디어를 활용하는 전략이 필요하다. 메타버스는 새로운 소비자 경험을 제공할 수 있다. 광고주는 메타버스에서 경험할 수 있는 브랜디드 콘텐츠 제작에 대해 고민하는 것이 필요하다. 가장 쉽게 생각할 수 있는 것은 오프라인에서 제공되던 전통적인 브랜디드 엔터테인먼트를 메타버스로 옮기는 것이다. 메타버스 내에서 이벤트나 전시를 할 수 있다. 지방자치단체 같은 경우 지역 축제를 메타버스에서 진행하는 것도 가능하다. 메타버스 내에서의 일상적인 활동에는 PPL을 통해 브랜드나 제품의 배치가 가능하다. 메타버스는 자신의 분신인 캐릭터를 활용한다는 점에서 1인칭이 아닌 새로운 차원의 몰입감을 제공할 필요가 있다.

VR이나 AR과 같은 실감미디어를 활용한 브랜디드 콘텐츠도 고려할 수 있다. 디바이스의 가격이 내려가면서 개인적으로 디바이스를 구입하는 것이 크게 부담이 되지 않는다. VR은 소비자들에게 깊이 있는 몰입감을 제공하여 경험을 풍부하게 한다. 가상현실상에서는 다양한 경험이 가능하고, 그러한 경험과 브랜드 및 제품이 실질적으로 융합되어 제공되어 소비자에게 긍정적인 경험을 제공한다. 실감 미디어 콘텐츠는 제대로 제공되면 기업이나 제품에 효과적인 마케팅 커뮤니케이션 도구가 될 수 있다.

지상파 방송 광고 시장이 축소되면서 방송사들이 경영에 많은 어려움을 겪고 있다. 미디어 산업을 진흥하기 위해 제도적인 지원책에 대해 고민을 하고 있는 실정이다. 여기에는 방송에 대한 규제를 완화하는 내용이 포함된다. 방송에 대한 규제가 완화되면 브랜디드 콘텐츠를 방송에 편성하는 것도 가능하다. 과거에 방송되었던 기업의 브랜드를 사용하는 프로그램 타이틀 스폰서십도 가능할 수 있다. 지상파 방송에서는 쉽지 않겠지만 브랜디드 콘텐츠를 시리즈로 제작하여 방송에서 편성하는 것은 채널의 입장에서도 매력적인 일이다. 장기적으로 OTT도 광고를 수익모델로 도입할 움직임을 보이고 있다. 브랜디드 콘텐츠는 하나의 콘텐츠로서, 하나의 광고로서 새로운 수익모델로 기능할 수 있다.

브랜디드 콘텐츠는 매체를 넘어 유통되는 장점을 지니고 있다. 콘텐츠의 완성도만 높으면 대기업이 만들었든 외국 기업이 만들었든 크게 중요하지 않은 것이 사실이다. 브랜디드 콘텐츠로 영화 제작도 생각해 볼 수 있다. 예를 들어, 국내 대기업을 주인공으로 2시간 분량의 실사영화를 만들었다고 하자. 영화가 재미도 있고 감동적이라고 하면 사람들은 볼 것이며, 극장 개봉도 가능하다. 중요한 것은 얼마나 매력적으로 재미있는가다. 국내 영화 제작비가 200억 원 내외인 것을 고려하면 매체비가 들지 않는 장편 애드무비는 소비자들에게 다가갈 수 있고 하나의 콘텐츠로서도 기능할 수 있다. 이러한 콘텐츠는 극장 개봉은 물론 OTT에 판매도 가능할 것이다.

김종기, 남수태(2012). 스마트폰의 특성이 지속구매의도에 미치는 영향. 대한경영학회지, 25(4), 2021-2045.

이주환, 전종우(2016). 미디어 아트를 활용한 구전 마케팅의 소비자 효과 모델, 광고연구, 108, 64-86.

최고원(2011). 놀이이론과 문화분석: J. 호이징어와 R. 카이와의 놀이이론을 중심으로. 존재론연구, 25, 25-52.

홍다현, 전종우(2020). 감정욕구와 콘텐츠 선호유형의 웹툰에 대한 이원 태도에서의 역할. 미디어 경제와 문화, 18(2), 87-112.

Deigtion, J., Romer, D., & McQueen, J. (1989). Using drama to persuade. *Journal of Consumer Research*, *16*(3), 335-343.

Friedman, D. N. (1967). Forms of the plot. *The Journal of General Education*, *8*(4), 241-253.

Friestad, M., & Wright, P. (1994). The persuasion knowledge model: How people cope with persuasion attempts. *Journal of Consumer Research*, *21*(June), 1-31.

Neil, H., & William, S. (2007). *Millennials rising: The next great generation*. New York: Ransom House, Inc.

Polti, G. (1924). *The thirty-six dramatic situations*. Franklin, OH: James Knapp Reeve.

Tobias, R. B. (1967). *20 MASTER Plots: And how to build them*. Cincinnati, OH: Writers' Digest Books.

Zhang, J. (2010). To play or not to play: An exploratory content analysis of branded entertainment in Facebook. *American Journal of Business*, *25*(1), 53-64.

제**4**부

통합 캠페인과
광고 기술

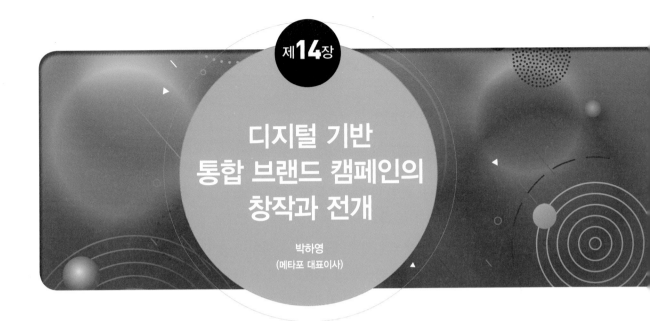

제14장

디지털 기반 통합 브랜드 캠페인의 창작과 전개

박하영
(메타포 대표이사)

    통합적 마케팅 커뮤니케이션(IMC)에 기반을 두면서 브랜드의 중요성을 고려해 진화된 개념인 통합 브랜드 커뮤니케이션(IBC)은 브랜드 관리의 패러다임이나 기업 커뮤니케이션의 변화로 인해 자연스럽게 대두되었다. 통합 브랜드 커뮤니케이션을 기반으로 한 기업들의 통합 브랜드 캠페인의 창작과 전개는 제도권 매체인 ATL과 비제도권 매체인 BTL 매체를 포괄하여 진행되어 왔다. 그러나 2020년부터 계속된 코로나바이러스 감염증(코로나19)의 확산으로 초래된 비대면 상황으로 인해 자연스럽게 디지털 기반의 캠페인 활동이 전개되고 있다.

    기업 브랜드에서 공익 추구 성향을 기대하는 소비자의 요구도 거세지고 있다. 소비자의 요구에 부응하기 위해 기업들은 브랜드 자체를 하나의 인격체로 설정하고 이슈가 되는 사회 문제에 대해서 해결 방식을 제시하고 지지를 끌어내는 브랜드 전략을 사용하고 있다. IMC가 타깃 시장에 대한 커뮤니케이션을 과제의 목적으로 삼고 평가 기준을 단기적으로 설정하는 데 비해, IBC는 브랜드 관리까지 확장하려는 목적에 따라 진행하며, 캠페인도 장기적으로 기획하고 평가한다. 이 장에서는 디지털 기반의 통합 브랜드 캠페인의 창작과 전개를 학습하고, 통합 미디어 및 트랜스 브랜딩을 적용한 이론과 사례를 바탕으로 실제 마케팅 활동에 어떻게 적용할 것인지 살펴본다.

1. 브랜드 캠페인의 변화

1) 통합적 마케팅 캠페인의 진화

오랫동안 마케팅 및 브랜드 커뮤니케이션 계획은 제품 및 서비스의 단기적인 판매 창출에 중점을 두었다. 특히 마케팅 커뮤니케이션은 소비자가 듣고 싶어 하는 것보다 브랜드가 이야기하고 싶어 하는 내용을 전달하는 방식으로 진행되어 왔다. 디지털 자동화 및 대량 공급 시스템으로 인해 제품의 성능 차이는 점차 사라지고, 디자인도 비슷해져 감에 따라 소비자는 브랜드를 선택하는 데 있어 더욱더 많은 선택지를 갖게 되었다. 이러한 흐름에 따라 기업의 마케팅 방향성은 소비자의 관심을 유도하고, 즉각적인 판매를 창출하는 방식으로 발전되었다.

1990년대에 돈 슐츠(Donald Schultz)가 제안한 통합적 마케팅 커뮤니케이션 (Integrated Marketing Communications: IMC)은 기업의 목표를 구현하는 데 다양한 커뮤니케이션 수단이 크게 또는 작게 함께 작용해야 한다는 개념이다. 즉, 마케팅이 통합된 기업 활동으로 보고, 기업 경영에 있어 종합적인 관점에서 판단하고 전략 목표를 달성하는 것이 핵심이라는 뜻이다.

실행의 측면에서 IMC는 일체화 마케팅으로 정의할 수 있으며, 광고, 홍보, 판촉, 직판, CI, 포장 등을 메시지 채널로 보고, 소비자의 구매 행동에 직접적인 영향을 주는 것을 목표로 한다. 다시 말해, 기업이 브랜드에 대한 통합적이고 일관된 메시지를 여러 커뮤니케이션 수단을 통해서 확산하는 방식이다. 해당 커뮤니케이션 수단은 제도권 매체 ATL(Above the Line)과 비제도권 매체인 BTL(Below the Line) 매체로 나뉜다. 휴대기기가 나오기 전이었던, 돈 슐츠가 해당 제안을 주창할 당시에는 ATL은 4대 매체(TV, 라디오, 신문, 잡지)를 포함하고, 옥외미디어(Out of Home: OOH), 판촉과 PR, MPR(Marketing PR), DM(Direct Mail) 등을 BTL 매체로 구분했으나, 현재는 모바일, 스마트 미디어 등 디지털 광고 매체까지 모두 BTL 매체로 포함한다. IMC는 여러 수단이 하나의 목적을 위해 일관되고 보완적인 커뮤니케이션을 해야 한다는 관점으로, 광고를 포함한 여러 커뮤니케이션 메시지 및 수단의 일관성과 보완성을 핵심으로 본다.

그러나 다양한 미디어 시스템의 증가에 따라 마케팅 조직이 모든 시스템을 장악할 수 없고, 통합 마케팅 캠페인에 있어 미디어 단편화의 문제를 인식한 마케터들은 브랜드 커뮤니케이션의 개념을 바꾸기 시작했다. 오늘날 새로운 시장에서 마케터는 모든 브랜드의 접점, 소비자가 갖는 모든 브랜드의 경험에 대해 지속적인 관계를 고려하는 전체 커뮤니케이션 계획 및 시스템이 필요하다고 간주한다(Schultz, Barnes, Schultz, & Azzaro, 2015). 이렇게 등장한 통합 브랜드 커뮤니케이션(IBC)의 기반이 되는 네 가지 요소를 [그림 14-1]에서 살펴보자.

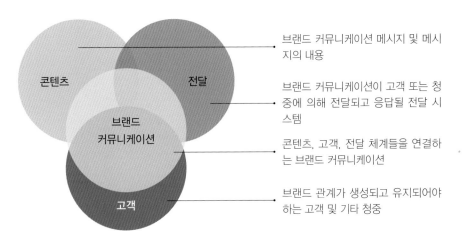

[그림 14-1] **통합 브랜드 커뮤니케이션 모델**

기술의 변화와 디지털화, 브랜드가 활용할 수 있는 미디어 채널의 범위와 방식이 확장됨에 따라 브랜드의 소통 방식은 통합 브랜드 커뮤니케이션 모델로 진화 중이다. 해당 접근 방식은 콘텐츠(브랜드 커뮤니케이션의 메시지 및 메시지의 내용), 전달 시스템(브랜드 커뮤니케이션이 고객 또는 청중에 의해 전달되고, 응답할 전달 체계), 고객(브랜드 관계가 생성되고 유지되어야 하는 고객 및 기타 청중), 브랜드(콘텐츠, 고객, 전달 체계들을 연결하는 브랜드 커뮤니케이션)의 네 가지 요소로 구성된다. 해당 요소들은 브랜드를 유지하고 성장시키기 위한 통합 브랜드 커뮤니케이션의 주요 목적을 위해 통합적으로 활용된다. 브랜드 자체를 부각하는 것보다 타깃인 소비자를 커뮤니케이션의 중심에 두는 해당 모델은 소비자가 경험하는 미디어 여정의 모든 접점에서 통합적으로 미디어 채널을 활용하는 포괄적인 접근 방식이다.

해당 접근 방식에서 가장 중요한 점은 소비자의 여정에서 브랜드와 연결된 소비자의 경험, 그리고 소비자의 브랜드 경험 속에서 얻는 '공감'을 가장 핵심 가치로 둔다는 점이다. 디지털이 활성화되기 이전에는 브랜드 커뮤니케이션의 '전략적 통합'이 중요했고, '전략적 일관성'이 기본 요건이었다. 그러나 지금은 고객 여정의 틀, 고객 접점, 문화적 함축 및 경쟁사와의 관계를 고려한 브랜드의 위치에 기초한 '어떻게'라는 측면을 신중하게 고려한다. 특히 공감 브랜드 경험 구축을 위해서는 다음 사항들을 실행해야 한다. 핵심 가치인 고객 여정, 그리고 그 경험에서 얻는 '공감' 브랜드 경험을 구축하기 위해서는 다음 사항을 고려해야 한다([그림 14-2] 참조).

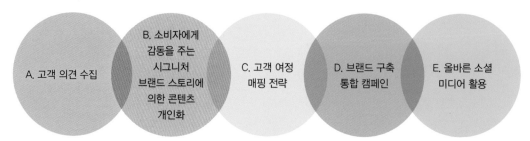

[그림 14-2] **공감 브랜드 경험 구축 수립**

A. 고객 의견 수집: 고객의 의견에서 콘텐츠를 발굴하고, 의견과 개선해야 할 영역을 통합해서 전략을 개발한다. 고객 유지와 더 많은 가치를 제공하기 위한 고객 데이터의 올바른 관리와 사용, 그리고 콘텐츠 개발 및 메시지 전달 전략과 전술을 기반으로 데이터 중심의 개인화 확대가 고려사항이다.

B. 소비자에게 감동을 주는 시그니처 브랜드 스토리에 의한 콘텐츠 개인화: 시그니처 스토리는 고객에게 감동을 주는 브랜드 비전, 유산, 영감으로 구성된 독자적인 브랜드 스토리로 구성된다. 이를 활용해 로열티 고객의 충성심 유지를 위한 맞춤형 개인화 방법을 구현하고, 타 고객들에게는 핵심 브랜드 이미지가 희석되지 않도록 고유성을 지키며 커뮤니케이션 할 수 있다.

C. 고객 여정 매핑 전략: 목표 고객 집단의 생활 방식 등을 파악해 브랜드 노출과 참여가 일어나는 고객들과의 접점을 파악한다. 브랜드 커뮤니케이션, 제품 기획, 미래 사업 경로를 고려한 목표 고객 설정과 개인화 평가가 요구된다.

D. 브랜드 구축 통합 캠페인: 고객에 대한 통찰력이 반영된 핵심 가치 및 플랫폼 통합 전술을 담은 혁신적 브랜드 구축 캠페인을 진행한다. 다채널 캠페인 관리 및 모바일 활용과 최적화 방법이 요구된다.

E. 올바른 소셜 미디어 활용: 목표로 삼은 디지털 도구를 사용하여 올바른 콘텐츠로 참여할 수 있는 최적의 소셜 미디어 플랫폼을 설정하고, 고객 관계관리 및 로열티 구축 프로그램, 제품 제안, 서비스 등을 진행한다. 올바른 소셜 미디어 참여와 분석 도구를 선택하고, 잘못된 확대와 희석을 방지하기 위한 콘텐츠 관리, 올바른 방

법으로 데이터 기반 개인화 확대, 브랜드 캠페인의 매출 전환율 최적화에 관한 효과 측정 방법, 미디어 어트리뷰션(고객 접점별 마케팅 기여도 분석 도구)을 고려한다 (Koh, 2021).

2) 통합적 마케팅 캠페인에서 통합 브랜드 캠페인으로

때때로 정보 공개와 디지털화로 인해 소비자는 제품을 구매하기 전에 기업 및 브랜드보다 더 많은 정보를 소유하게 되었다. 소비자는 더 이상 일방적인 정보 수신자가 아니다. 소비자는 본인이 경험한 기존의 사실들을 바탕으로 새로운 정보를 부가하여, 정보를 재해석하고, 가공하고, 확산하는 정보 창조자와 전달자이다. 이러한 분별 있는 소비자들로 인해 기업 및 브랜드의 커뮤니케이션 방식도 자연스럽게 민주화가 일어나게 되었다.

정보를 창조하고 재창조하는 독립적인 미디어 기능을 가진 소비자인 청중을 우리는 미디언스(media+audience)라고 한다. 미디언스는 미디어(media)와 청중(audience)의 합성어다. 앞에서 언급한 바와 같이, 미디언스 시대에는 기업의 모든 활동과 콘텐츠는 기업이 의사와 관계없이 대중에게 커뮤니케이션 되며 이를 사후적으로 관리하는 것도 불가능하다.

따라서 모든 소스(source)를 사전에 기획하고 원활하게 관리할 수 있는 과정과 경영 방식이 필요하게 되었다. 이처럼 기업의 브랜드 관리의 측면, 미디어와 청중, 그리고 기업 커뮤니케이션의 변화가 필요함에 따라 등장한 통합 브랜드 커뮤니케이션 (Integrated Brand Communications: IBC)은 앞서 설명한 IMC에 기반을 두면서 브랜드 관리의 중요성을 고려한 진화된 주장이다.

〈표 14-1〉에서 보는 바와 같이 IMC와 IBC는 관점과 주체에서 큰 차이점을 보인다. 기업 정보를 통제하고 소비자에게 기업이 원하는 메시지와 콘텐츠만 전달할 수 있다고 생각하던 시각에서 청중이 함께 참여해 브랜드의 스토리를 완성하고 함께 발전할 수 있다는 시각으로 진화해 왔다. 기업과 브랜드만을 커뮤니케이션의 주체로 삼았던 IMC는 IBC로 넘어오며 커뮤니케이션의 주체 역시 기업, 브랜드, 사용자, 내부 구성원 및 이해관계자로 확대했다. IMC와 IBC는 평가 기준에서도 큰 차이가 있다. 판촉 및 직접 마케팅 수단의 실행에 대한 평가 기준에서 IMC가 상대적으로 단기적인 데 비해 IBC는 장기적으로 기획하고 평가한다.

〈표 14-1〉 IMC와 IBC의 공통점과 차별점

	IMC	IBC
공통점	ATL과 BTL의 통합적 접근 커뮤니케이션에 역점	
관점	기업 정보 통제 가능	기업 정보 통제 불가
주체	기업, 브랜드	기업, 브랜드, 사용자, 내부 구성원, 이해관계자
영역	마케팅 프로모션 도구 차원의 통합 강조	마케팅을 포함해 경영, 인사, 재무, 생산 등 경영 전반에 걸친 브랜드 통합 강조
역할	단기적 평가 마케팅 차원에서 통합 커뮤니케이션 기대 채널의 최적화 및 시너지 효과	장기적 평가 커뮤니케이션과 브랜드 관리의 균형 브랜드 진화를 위한 로드맵 제시 디자인 효과 포괄

두 패러다임의 근본적인 차이점은 통합을 바라보는 관점이다. IMC는 기업이 소비자와 소통하며 비용을 줄이고 이윤을 극대화하기 위해 통합(통일된 마케팅, 일체화 마케팅) 전략을 활용한다. 해당 전략 아래에서 다양한 매체의 우위를 파악해 판촉 및 광고 비용을 낮추고, 채널 노출의 최적화 및 시너지 효과를 최우선 과제로 삼는다. 반면에 IBC는 여기에 추가로 브랜드 관리와 경영 전반적인 과제 달성을 포함한다.

3) 통합 브랜드 캠페인의 환경 변화

(1) 기업의 인격 부여, 브랜드 품격

브랜드는 '제품과 서비스를 구분 짓고, 차별화할 수 있는 표식이나 활동 일체'를 지칭한다. IBC는 브랜드가 자신을 경쟁자와 구분하고, 차별화시킬 수 있는 경영자의 의지가 브랜드를 정의 내리는 데에 가장 중요하다고 말한다. 제품과 서비스 제공을 넘어 전사적인 경영 행동을 모두 포괄하는 통합적 전사적 경영 행동, 브랜드 경영의 새로운 패러다임으로 바라보는 것이다(박준형, 2012).

브랜드 가치 관리(Brand Value Management)에서 출발한 관점인 IBC는 브랜드의 최대 가치를 창출하기 위한 경영 관리를 핵심으로 삼는다. 물론 통합 브랜드 커뮤니케이션 (IBC) 경영의 성공을 위해서는 CEO 이하 전사 차원에서 IBC의 방향성을 결정하고 관리하는 경영 마인드가 요구된다. IMC는 마케팅 커뮤니케이션의 관점에서, IBC는 비즈니스의 관점에서 출발하기 때문에 경영 마인드는 당연한 요건이다. 이들은 시장에서 전체적인 사업 모델을 점검하고, 최고의 자산인 브랜드를 어떻게 발전시키고, 통합적인 커뮤니케이션을 바탕으로 기업이 원하는 목표를 향해 브랜드를 이끌어 갈 것인가에 집중한다.

여기에서 등장하는 것이 브랜드의 품격인 인테그러티(integrity)다([그림 14-3] 참조). 기업의 인격 부여, 캐릭터 구축 현상에 대해 필립 코틀러(Philip Kotler)는 "똑똑하고 현명해진 소비자들은 이제 제품 기획자이자 서비스의 이행자이자 마케터이자 홍보대사로서, 기업의 목줄을 쥔 새로운 오너가 되었다."라고 말한다. 디지털화, 정보의 개방성, 개인화, 세분화된 취향을 가진 소비자의 변화 및 기업의 인격(캐릭터) 부여를 배경으로 IBC와 진정성 마케팅은 많은 기업 및 브랜드의 '내일 할 일'에서 '오늘 할 일'로 자리 잡게 되었다.

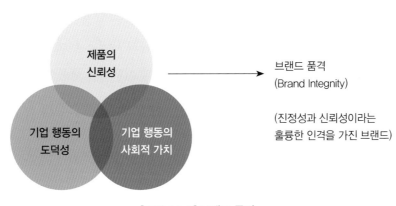

[그림 14-3] **브랜드 품격**

강력한 하나의 개념이나 아이디어로서 브랜드를 정의하는 것은 외형적이고, 좁은 의미에서 볼 때 모든 브랜드 활동의 출발점이라 할 수 있다. 그런데 불쑥 단어 하나를 던지고, 그것을 소재로 광고 캠페인을 하나 만들어 내는 것으로는 브랜드가 일시적 성공을 거둘 수는 있겠지만 장기적인 의미에서 진정한 브랜드로 설 수는 없다. IBC의 핵심은 바로 그것이다. 기업이 한 방향으로 사업을 추진하고 기업 전체가 해당 목표를 위해 함께 움직이겠다는 합의가 선행되어야 한다. 그런 합의를 끌어내야 하는 조직 내에서 모두가 공유하는 의식, 그것이 바로 브랜드 마인드다.

(2) 아웃사이드 인에서 인사이드 아웃으로

"A brand is simply trust."라고 말했던 스티브 잡스(Steve Jobs)는 일찍부터 이러한 브랜드 마인드를 보유하고 있었다. 그의 말처럼 이제 시장에는 브랜드 및 브랜드의 활동과 관련해서 '신뢰'라는 개념이 매우 잘 자리 잡고 있다. 그러나 그것은 소비자에 의해 자발적으로 생성된 개념이어야 하며, 브랜드가 소비자에게 '신뢰'를 강요할 수는 없다. [그림 14-3]에서처럼, 브랜드의 품격, 즉 총체적 인격은 제품과 서비스에 대한 신뢰성과 더불어 기업 행동의 도덕성 및 사회적 가치의 합이다. 진정성 및 신뢰성이라는 훌륭한 인격을 가진 브랜드만이 소비자의 자발적인 호응을 이끌어 낼 수 있다.

오랜 기간 브랜드가 소비자에게 메시지를 전달하는 방식은 '어떻게 영향을 줄 것인가'에 맞추어 진행되었다. 그들은 제품, 브랜드의 소식과 같은 메시지의 내용에 집중했는데, '무엇을 말할 것인가'를 필두로 브랜드의 마케팅이 시작되었기 때문이다. 다음으로 브랜드는 제품 차별화 및 다른 콘텐츠, 스토리, 다양한 채널을 통해 '어떻게 말할 것인가'에 집중했다. 마지막 순서가 되어서야 브랜드는 이유, 브랜드나 회사의 존재 목적 등 '왜 그것에 대해 말하고자 하는가'에 대해 고려했다. 많은 브랜드가 이러한 아웃사이드 인(Outside In) 스토리텔링 방식을 채택했으나, 그들의 목적은 브랜드의 인지도를 높이고, 판매량을 늘리고, 수익을 극대화하기 위한 결과 지향적인 행동이었지, 브랜드의 존재 이유를 알리기 위함은 아니었다.

그러나 오늘의 스마트한 소비자는 '무엇' 때문에 제품을 구매하지 않는다. 특히 Z세대를 필두로 한 '의식 있는 실용주의 소비자'군은 '왜'라는 신념에 의해 브랜드를 선택하고 구매한다(Sinek, 2010, May 1). 소비자가 브랜드가 존재하는 '이유'와 '왜'에 귀를 기울이고, 브랜드에 '공감'하게 되면 우군이 된다. 변화된 미디어 환경과 소비자에 의해 인사이드 아웃(Inside out) 스토리텔링 방식이 우세해지고 있다([그림 14-4] 참조).

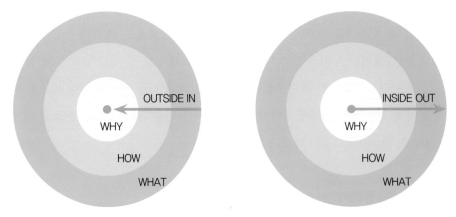

[그림 14-4] 아웃사이드 인 방식과 인사이드 아웃 방식 비교

(3) 기업 브랜드에 공익 추구를 기대하는 소비자의 요구

① 미닝아웃 현상과 브랜드 액티비즘 흐름

코로나19의 확산으로 인한 불확실성의 시기를 겪으며 소비자들은 예전보다 기업에 대해서 적극적인 사회공헌 활동을 요구하고 있다. 소비자들은 사회공헌 활동에서 나아가 사회 문제라고 인식하는 사안에 대해 적극적으로 해결하려 하는 기업이나 브랜드에 대해서 적극적인 지지와 소비 의사를 나타냈다. 기업들도 브랜드 자체를 하나의 인격체로 설정하고 소비자들에게 쟁점이 되는 사회 문제에 대해서 해결 방식을 제시하고 지지를 끌어내는 브랜드 전략을 사용하고 있다(박하영, 이철한, 2021a).

소비자들은 브랜드를 소비하는 것이 아니라 진정성을 소비한다는 명제로, 사회 문제를 인식하는 것을 뛰어넘어 소비를 문제해결의 하나의 방식으로 간주한다. 또한 기업이 적극적이고 능동적으로 사회적 책임 활동을 이행하는 것을 기대하고 지지하기도 한다. 브랜드 액티비즘(brand activism)은 기업 및 브랜드가 커뮤니케이션을 통해 사회적 쟁점의 해결 방식과 브랜드의 핵심 가치를 일치시키고 사회 문제에 대해 적극적으로 지지를 표명하여 소비자들이 브랜드를 긍정적으로 생각하는 데에 영향을 미친다.

이렇듯 브랜드의 철학이나 신념, 사회적 쟁점에 개입하는 목소리에 대한 지지를 소비의 기준으로 삼는 미닝아웃(meaning out) 현상이 밀레니얼 세대와 Z세대를 중심으로 중심적인 소비 트렌드로 자리 잡았다. 밀레니얼 세대와 Z세대 소비자들의 미닝아웃 경향에 부응하여 기업들은 소비자들의 마음에 좋은 가치를 추구하는 기업으로 자리 잡기 위해 적극적으로 브랜드 액티비즘(brand activism)을 추구했다. 브랜드 액티비즘의 기업들이 브랜드에 인격적 특성을 부여하여 사회 시민(corporate citizenship)으로서 사회적 논란이나 쟁점에 대해서 목소리를 내고 적극적으로 문제를 해결하려는 노력을 마케팅 차원에서도 고려하여 실행한다는 것이다.

미국에서 시장 점유율 1위 기업인 아이스크림 회사 벤앤제리스(Ben & Jerry's)가 브랜드 철학으로 세상에 더 이로운 가치를 제공하겠다고 하며([그림 14-5] 참조), 인종차별과 성차별 문제를 해결하는 데 자사 수익의 7.9%를 사용하겠다고 선언했다.

[그림 14-5] 세상을 바꾸는 아이스크림 '벤앤제리스'의 홈페이지

② 기업 평가에 활용되는 ESG

브랜드 액티비즘과 더불어 2000년대 초반 국내에서 시작된 ESG(Environments, Social, Governance)의 실행이 최근 가속화되고 있으며, 이에 기업은 ESG의 정착을 위해 조직을 신설하고, 전략 수립 및 실행 계획을 마련하고 있다. 기업들이 ESG에 대한 활동을 강화하고 사회적 실천 과제에 대한 성과를 나타내기 위해서 브랜드 액티비즘을 활용하고 있다. 기업이 관심을 가지고 있는 각 분야에 해당하는 것으로 블룸버그가 기업 평가에 활용하고 있는 항목은 환경-사회-지배구조 영역에 걸쳐 다양하다(〈표 14-2〉 참조).

〈표 14-2〉 블룸버그사의 ESG 평가 항목

ESG 항목	정책 분야
환경	에너지 효율, 친환경, 지속가능 물질사용, 기후변화대응, 생물 다양성, 친환경 상품 개발
사회	협력사 존중, 지역사회관계, 인권, 직장 내 여성 비율, 안전 및 보건, 윤리경영
지배구조	이사회의 다양성, 이사회의 독립성, 주주권리, 주총 의결권 행사 결과

소비자들은 사회 쟁점에 대한 실질적인 해결 방안 제시 및 이슈에 대한 브랜드의 적극적인 개입을 요구하고 있으며, ESG 지표대로 향후 기업에 대한 투자를 수행하는 데에도 기업의 사회적 참여와 사회 문제 해결의 진정성 지표를 반영할 예정이다. 이러한

경향으로 인해 브랜드 액티비즘의 적극적 수행이 사회적으로나 마케팅적으로도 필요한 시점에 이르렀다(박하영, 이철한, 2021a).

선한 영향력의 확산, 비대면 이후 서비스 지원, 소상공인 지원, 디지털 교육 지원, 젠더 및 인종 다양성 지원, 고령화 지원 등의 사례들을 통해 살펴본 결과 사회적 '목적'을 중심에 둔 기업, 브랜드와 사회적 '목적'을 실현하는 기업, 브랜드를 소비자가 지지하는 상황은 국내외 모두에서 유사하게 나타난다. 코로나19를 경험한 소비자들은 '수단'을 넘어 '목적' 중심으로 소비하는 현상을 보여 주었고, 해당 이슈에 혁신적이거나 진정성 있게 대응한 브랜드의 제품을 최근에 새로 사용하기 시작하거나, 적절히 대응하지 못하는 브랜드의 제품을 그만 사용하자고 설득했다는 의견을 보여 주었다. 소비자는 이처럼 기업과 브랜드의 사회적 기여 및 대응 행태를 보고 기업과 브랜드에 대한 태도를 결정한다(박하영, 이철한, 2021b).

(4) 기업 브랜드가 선보인 소비자의 요구에 대한 화답

팬데믹 이후 기업 브랜드에 공익 추구 성향을 기대하는 소비자의 요구에 응답하듯 기업은 통합 브랜드 캠페인 중 브랜드 액티비즘을 기반으로 실제 소상공인을 지원한다든지, 제도를 개선한다든지, 새로운 라이프 스타일 등의 가치관을 제시해 의식의 전환을 도모한다든지 하며 구체적인 사회적 참여를 통해 기여하려는 노력을 보인다.

다른 곳도 마찬가지겠지만 라틴 아메리카 지역의 소규모 상점들도 코로나19가 확산되는 시점에서 운영에 큰 어려움을 겪게 되었다. 이들을 돕기 위해서 세계적인 주류회사인 에이비인베브(A. B. InBev)사는 팬데믹 기간에도 소규모 상점들이 계속 운영되고 소비자들에게도 필수 소비재의 배송 서비스를 제공할 수 있도록 무료 온라인 배송 플랫폼인 '가까운 가게(Tienda Cerca)' 서비스를 개발하여 배포했다([그림 14-6] 참조). 소비자들은 모바일 앱이나 온라인을 통해 식료품 배달 주문을 할 수 있었고 소비자나 상인 모두에게 비용은 청구되지 않았다. 해당 플랫폼은 콜롬비아, 에콰도르, 페루, 멕시코, 엘살바도르, 도미니카 공화국, 파나마, 온두라스에서도 출시되어 현재 중남미에서 약 40만 개의 소규모 상점이 해당 서비스를 무료로 사용하고 있다. 기업의 전문지식과 자원을 활용한 무료 플랫폼 제공을 통해 디지털로 의미 있는 지역 관계를 맺고 캠페인을 성공적으로 이끌어 내었다. 진정한 의미의 통합 브랜드 캠페인 창작 및 전개를 보여준 것이다.

[그림 14-6] Tienda Cerca 서비스 구현 장면

　　코로나 이전에는 제품의 품질, 기능 등 특장점을 강조하는 광고성 캠페인이 주를 이루었다. 최근에는 브랜드가 고객에게 새로운 가치관을 제시하거나 새로운 삶의 방식을 제시하기도 한다. 또한 사회 문제에 참여하는 것을 독려하는 캠페인도 속속 선보이고 있다. SK텔레콤은 지속 가능한 일상을 지키려고 노력하는 모습을 담은 영상 캠페인을 통해 고객들의 실질적인 실천을 독려했다. 캠페인 슬로건은 '위잉'으로 우리가(WE), 더 나은 세상을 위해 다양한 서비스와 기술, 그리고 ESG 활동을 계속해 나가겠다(ING)는 의미를 담고, 언더바(_) 속에는 사회, 환경을 지키는 어떤 활동이든 포함될 수 있다고 한다. 캠페인은 SKT의 대표 ESG 활동인 동반성장, 친환경, 인공지능, 모빌리티 등 4개 영역으로 구성되었다([그림 14-7] 참조).

[그림 14-7] SK텔레콤 ESG 캠페인 WE_ING(위잉)

2020년 팬데믹으로 도시 봉쇄가 이루어진 기간 동안에도 나이키는 수많은 중국인을 나이키 커뮤니티 멤버로 전환하는 동시에 중국에서의 디지털 비즈니스를 약 30% 성장시켰다. 지난 해 팬데믹으로 자가격리가 시행되자 나이키 차이나(Nike China)는 SNS 더우인(Douyin)과 위챗(WeChat)을 통해 나이키 라이브를 중계하고, 나이키 라이브는 집에서 혼자서도 운동을 할 수 있도록 돕는 트레이닝 영상과 함께 나이키 제품을 구매할 수 있는 이커머스 채널을 제공했다([그림 14-8] 참조). 존 도나호(John Donahoe) 나이키 CEO는 디지털은 나이키가 일하는 방식이자 우선시하는 것으로 나이키가 고객들과의 관계를 유지하는 것부터 제품 공급망을 운용하는 방식, 시장에서 소비자에게 서비스를 제공하는 방식에 대한 모든 일에 디지털이 담겨 있다며 디지털 트랜스포메이션 기업으로서 나이키의 면모를 강조했다.

[그림 14-8] 나이키 차이나의 나이키 라이브 중계

코카콜라는 코로나19 시국을 맞아 새로운 프로그램으로 유튜브에 '콕콕콕'을 론칭했다. 지난 2월 공개한 영상에서는 20~30년 전, 청장년 세대가 어린 시절 즐겨 부르던 '코카콜라 맛있다' 노래를 요즘 어린이들도 똑같이 따라 부르는 것을 통해 88년도 마케팅 담당자, 유치원 선생님, 구전민요 전문가를 만나는 등 코로나블루로 인한 무력감과 불안감에서 벗어나 과거와 현재 세대를 잇는 환기 프로그램을 제공하고 소비자의 호응을 얻기도 했다([그림 14-9] 참조).

[그림 14-9] 코로나19 이후 세대 소통 콘텐츠로 호응을 얻은 코카콜라

　2020년부터 계속된 코로나19 확산에 따른 비대면 상황으로 인해 자연스럽게 디지털 기반으로 캠페인 전개가 진행되었다. 기존에는 제품의 품질이나 기능을 강조한 브랜드 캠페인을 주로 내세웠다면, 최근에는 기업들이 물리적인 기여와 정서적인 배려를 통해 소비자들의 삶 전반을 케어하고, 진정성을 드러내는 캠페인에 창작과 전개에 집중하고 있다.

2. 통합 브랜드 캠페인과 미디어 환경

1) 통합 미디어 환경

　통합 브랜드 캠페인 환경의 변화에서 살펴본 바처럼 디지털 환경과 시대 흐름의 변화에 따라 소비자가 주인이 되고, 브랜드가 활용할 수 있는 미디어 채널의 범위가 확장되고, 방식이 다변화되고 있다. 해당 캠페인들은 고객들과 유기적인 관계를 가져가기 위해 자연스럽게 통합 미디어를 통한 확대 및 트랜스 브랜딩을 통한 재확산을 도모하고 있다.[1]

---

1) 통합 미디어 환경과 연관된 부분 중 디지털 트랜스포메이션의 핵심은 제15장에서, 트랜스 미디어의 핵심은 제16장에서 자세히 다루기로 한다. 이 장에서는 트랜스 브랜딩에 대해서만 기술한다.

여러 미디어의 확장 속에서 현재 패러다임을 읽어 앞서 나가는 전략이 필요하고, 미디어의 영향력으로 커뮤니케이션 환경이 빠른 속도로 변모하고 있기 때문에 트랜스 미디어라는 개념이 등장했다. 진화하는 미디어 환경을 파악하고 예측하여 변화에 따른 기회와 위협을 파악하기 위해서다.

트랜스(Trans)는 현대의 어렵고 복합적인 현상을 대변하며, 주체와 객체를 구분하지 않고 능동적인 상호작용을 통해 서로 영향을 미치면서 초매체적으로 연결되는 모든 변화 속의 다양성을 포괄하고 있다. 지속해서 변화하는 미디어 환경에서 과거와 다른 방식의 브랜딩이 요구되기 때문이다(장대련, 장동련, 권승경, DBR, 2015). 이것은 새로운 사건이라기보다는 과거에도 있었던 매체에 대한 새로운 시각의 통찰력이라고 볼 수 있다(〈표 14-3〉 참조). 다양한 분야에서 시간의 흐름에 따라 다양한 모습으로 변화를 거듭하며 진화하게 되는 모습을 말한다.

〈표 14-3〉 트랜스, 복합 현상을 예견한 여덟 가지 징후

Analog to Digital	① 아날로그에서 디지털로
Stationary to Mobile	② 고정된 모습에서 이동성을 띤 모습으로
Singular to Network	③ 개인에서 다수의 네트워크로
Direct to Indirect	④ 직접적인 방법에서 간접적인 방법으로
Solid to Liquid	⑤ 고체 형태에서 유동적인 형태로
Vertical to Horizontal	⑥ 수직에서 수평으로
Zero time to Time Based	⑦ 제로 타임에서 시간축 경쟁으로
Commercial to Open Source	⑧ 상업적인 것에서 오픈 소스로

트랜스 현상이 일어나게 되는 다양한 움직임에 대한 원리를 '트랜징(Transing)'이라고 한다. 트랜징은 다이내믹한 변화를 수용하는 일종의 메타 콘셉트다. 프리즘이 빛을 스펙트럼으로 분리할 때 분산과 굴절이 일어나듯 다양한 미디어가 혼재하는 상황에서 공존과 융합을 위해 다양한 형태로 분화하고 발산되는 것을 지칭한다(그림 14-10] 참조).

트랜징의 특징을 정리해 보면 다음과 같다. 먼저, 브랜드 마케팅의 방향성이 기업 중심에서 소비자 중심으로 트랜징되며 찾아온 변화로 분산(dispersion)을 들 수 있다. 소비자의 '취향' 존중에 집중하여 타깃의 기호를 고려하는 세분화 마케팅의 예를 보면, 기업은 소비자 취향의 다각화, 고급화를 인지하고 시장 세분화로 인해 소규모 집단에 대한

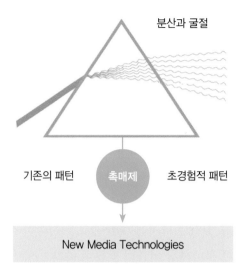

분산과 굴절

기존의 패턴 　　촉매제　　 초경험적 패턴

New Media Technologies

[그림 14-10] **트랜징의 개념**

마케팅으로 체제를 전환해야 한다. 다음으로, 새로운 트렌드가 부상할 때 과감하게 대응해야 한다는 점이다. 굴절(refraction)을 트렌드에 적용하면, 프리즘처럼 굴절에 의해 새로운 트렌드가 나타났을 때 변화 속에서 새로운 코스를 발견한다면 우리는 이를 예측하고 대응할 수 있게 된다. 즉, 분산된 소비자의 패턴에 굴절이 있다는 것은 평균 자체가 바뀌었다는 뜻이며, 획기적인 변화는 대부분 새로운 기술의 발명과 응용을 통해서 찾아온다. 기존의 불특정 다수를 타깃으로 막대한 비용이 들었던 ATL 중심의 미디어 생태계에서 BTL 매체라는 신생 매체를 통해 소수의 타깃까지 저렴한 비용으로 접근할 수 있게 되었다. 이 또한 매체의 굴절을 활용하여 광고주와 분산된 소수 소비자를 연결하게 된 계기라고 볼 수 있다. 마지막으로, 변화에는 오픈마인드로 대응해야 한다. 소비자의 욕구는 계속해서 변화하고, 획기적 기술은 계속해서 등장하고 있다(장대련, 장동련, 권승경, DBR, 2015). 기업은 지금의 수요와 기술은 변화되고, 분리되고, 합쳐서 새로운 것으로 만들어질 수 있다는 오픈마인드를 가지고 변화의 웨이브를 따라야만 한다.

2) 트랜스 브랜딩의 등장

(1) 트랜스 브랜딩

트랜스, 트랜징, 그리고 미디어가 새로 융합하여 사용자가 원하는 모습으로 언제든지 유기적으로 연결하여 새로운 경험을 가능하게 하며, 인쇄물과 영상을 융합하는 미디어를 트랜스 미디어라고 칭한다. 트랜스 미디어는 새로운 문화 인터페이스를 구성하는 대다수의 상호작용 환경을 나타낸다. 급변하는 기회를 따라가기만 하면 뒤처지는 결과를 반복할 수밖에 없다. 이에 트랜스 브랜딩(Trans Branding)은 기술적인 혁신을 통해 소비자의 행동과 태도를 애자일(agile)하게 반영하는 기술이다. 브랜딩의 기조는 오랜 시간 동안 '일관성'이었다. 일관성과 지속성만이 확고한 브랜딩을 유지할 수 있다는 기본 전략이다.

그러나 트랜스의 의미에 브랜딩이 더해진 트랜스 브랜딩은 브랜드를 통하여 다른 시장과의 연결을 도모한다. 기존의 브랜딩에서 진화해 강력한 변화 관리의 효율성을 위한 방법이다. 오늘날의 트랜스 브랜딩은 혁신에 대응하면서도 브랜드의 적절하고 '유연한 일관성'을 지니고 있어야 한다(장동련, 장대련, 2014).

소비자가 미디어를 자유롭게 넘나들며 브랜드를 경험하게 하고, 트랜스-디서플린(trans-discipline)이라는 개념을 반영해 소비자에게 강력한 브랜드 이미지를 심어 줄 수 있도록 총체적 브랜드를 구성해야 한다. 또한 고객과 함께 공동가치를 만들면서 브랜드의 진정성을 소비자가 경험으로 인식할 수 있도록 메타 콘셉트(meta-concept)를 활용하는 것이 중요하다. 트랜스 브랜딩은 최신의 브랜드 캠페인 관점으로, 트랜스 미디어는 해당 캠페인을 담는 그릇이 된다.

요약하면, 트랜스 브랜딩의 탄생 배경은 불확실한 미래는 예측하거나 답을 구하기 쉽지 않으며, 소비자와 소비자의 기호는 빠르게 변화하고 브랜드가 이러한 기호를 뒤쫓기만 한다면 결국 뒤처진 결과만 반복하게 될 것이라는 불안감이다. 그러므로 다양한 미디어 환경에 놓여 있는 소비자와의 접점을 자유롭게 넘나드는 통합적인 브랜드 관리가 필수적이다.

(2) 트랜스 브랜딩 커뮤니케이션

필립 코틀러는 "고객은 제품이나 서비스를 사는 것이 아닌 경험을 사고 있다."라고 저서 『마켓 3.0: 모든 것을 바꾸어 놓을 새로운 시장의 도래(Marketing 3.0: From Products to Customers to the Human Spirit)』에서 밝혔다. 그 이후 『마켓 4.0: 4차 산업혁명이 뒤바꾼 시장을 선점하라(Marketing 4.0: Moving from Traditional to Digital)』에서 "디지털화로 인해 변화된 고객의 의사결정 경로와 고객과의 접점을 이해하고, 이들로부터 브랜드를 옹호하도록 만들 더 나은 고객 경험을 제공하도록 노력해야 한다."라고 설명했다. 즉, 더 나은 고객 경험으로 인해 구매 단계의 어디서든 기업의 옹호자로 전환될 수 있다는 개념이다. 이 관점은 계속해서 진화하며 브랜드의 커뮤니케이션 활동을 뒷받침하고 있다.

소비자가 구매 활동을 하는 모든 과정에서 만나는 광고, 프로모션, 이벤트 웹사이트, 모바일 앱 등의 다양한 마케팅 커뮤니케이션 요소를 브랜드 체험이라고 한다. 앞서 IBC를 다루며 소비자의 브랜드 체험 및 공감의 중요성에 대해 강조한 바 있다. 소비자는 점차 '나눔, 경험, 참여'를 선호하며 브랜드 이미지를 중요하게 여기고 있다. 트랜징 환경 속에서 마케팅 키워드를 인식하고 대응함으로써 기업의 생존 전략을 강화하고 있는 것이다. '나눔, 경험, 참여'라는 기조에 소셜미디어의 등장은 더욱 고객과의 유기적 상호작용을 가능하게 했다(장대련, 장동련, 박세범, 2015).

트랜스 브랜딩 커뮤니케이션(Trans Branding Communication, 이하 TBC)은 소비자 지향의 다양함에 대한 유연성 관리를 강조하여, 기존의 IMC 이론을 일정 부분 반영하되, 더욱 확장된 개념으로 효과적으로 대응하기 위한 유연성까지도 포함할 수 있다. 기술 격차 감소, 매체 환경의 변화, 소비 행동에 있어 경험적인 측면을 강조하는 감성 소비 트렌드로 인해 유연성과 체험을 강조하는 TBC가 호응을 얻고 있으며, 크로스오버와 컨버전스를 넘어서는 트랜스 기조로 인해 온·오프라인의 물리적인 구분에서 벗어나 이를 통합적이고 연계적인 시스템으로 파악하여 TBC가 실행되고 있다. 소비자의 관심을 끌고 즐거움을 주며 직접 체험이 가능한 브랜디드 엔터테인먼트를 위시하여, 게이미피케이션, 온·오프라인 브랜드 체험 공간 등 트랜스 사조의 진화로 브랜드 체험의 기회 및 확대가 가속화되고 있다. 이는 참여를 이끄는 디지털 캠페인의 바탕이 된다.

3. 디지털 기반의 통합 브랜드 캠페인 사례

IBC와 TBC의 발전으로 통합 캠페인은 제도권 매체인 ATL과 비제도권 매체인 BTL 매체를 포괄하여 진행되었고, 팬데믹 시국에서 위드 코로나가 시행되면서 디지털 기반으로 통합 브랜드 캠페인 전개가 확장되고 있다. 디지털 기술을 기반으로 한 통합 브랜드 캠페인 역시 기존에는 제품의 품질이나 기능성을 강조하는 세일즈 마케팅 캠페인을 위주로 캠페인이 전개되었다면, 이제는 오프라인 활동의 결핍을 극복하여 새로운 체험 방식을 제공하거나, 역 일상성에 새로운 에너지를 부여하는 캠페인을 제공하는 방식으로 변화하고 있다. 디지털 기반의 통합 브랜드 캠페인 사례들을 살펴보자.

1) 가상 매장 내에서 핼러윈 이벤트를 진행한 패스트푸드 브랜드

멕시칸 패스트푸드 브랜드 '치폴레(Chipotle)'는 메타버스 플랫폼인 로블록스(Roblox)에 최초의 가상 레스토랑을 열고 '부리토(Boorito)' 이벤트를 개최했다. 미국 최대 축제인 핼러윈(Halloween) 파티도 현실과 가상이 어우러진 메타버스로 주요 무대를 옮겼다. 패스트푸드 체인인 치폴레는 메타버스 플랫폼 로블록스에 최초의 가상 레스토랑을 열고 핼러윈을 진행했다. 핼러윈을 앞둔 매년 10월 28일에 치폴레는 연례행사인 '부리토' 이벤트를 20여 년째 진행해 왔다. '로블록스' 이용자들은 '치폴레' 가상 매장에 입장해 '치폴레'가 제공하는 다양한 먹거리를 가상으로 체험하고, 실제 '치폴레' 매장에서 사용할 수 있는 무료 부리토 코드 및 할인 코드를 제공했다([그림 14-11] 참조).

가상 현실 속 '치폴레' 매장을 경험한 고객들을 실제 '치폴레' 매장으로 끌어들이는 전략을 펼친 것이다. 또한 '치폴레'는 '로블록스' 게임 판매 수익금의 일부를 젊은 농부 지원금으로 기부한다고 밝혔다. 치폴레의 최고 마케팅 책임자(Chief Marketing Officer: CMO)는 "우리는 디지털 혁신가로서 고객이 있는 곳에서 고객과 만나기 위해 새로운 플랫폼을 실험하고 있다."라고 밝혔다.

[그림 14-11] **가상 매장 내 핼러윈 이벤트를 진행한 패스트푸드 브랜드 '치폴레'**

2) '프로필 등록' 캠페인으로 가상현실 길거리를 제공한 매거진

코로나19로 인해 영국의 도시 전체가 봉쇄된 상황에서 길거리 판매를 주요 세일즈 수단으로 사용하는 빅이슈 잡지 역시 첫 번째 록다운 기간 동안 단 한 권도 판매되지 않았다. 판매자와 구매자가 만나고 교감을 느껴 구매로 이어지는 방식을 가진 빅이슈는 단순히 온라인 몰을 개설하는 것이 답이 될 수 없다고 판단하고, 소셜 네트워크 플랫폼 링크드인과 파트너십을 맺어 판매자들의 계정을 직접 개설하도록 하는 '프로필 등록 (Raising Profiles)' 캠페인을 마련했다([그림 14-12] 참조).

'프로필 등록' 캠페인을 통해 가상현실 속 길거리를 제공한 빅이슈는 디지털 매체 사용 경험이 부족한 판매자들을 위해 태블릿을 기부받기도 하고, 링크드인을 통해 3개월 간의 교육프로그램도 진행했다. 빅이슈 판매원들은 해당 플랫폼에 개인 계정을 등록한 후 그들이 잡지를 판매했던 실제 거리를 기반으로 이전 구매 고객들을 발견하고, 해당 위치를 기반으로 새로운 고객도 발굴하게 되었다. 범유행 이전 오프라인 길거리 판매에서 50명을 만나 1권을 판매했다면, 링크드인에서는 10명당 1권의 판매가 이루어졌다. 그 결과 캠페인 론칭 이후 빅이슈 잡지 판매는 약 400%까지 증가했고, 링크드인을 통한 빅이슈 구독률은 약 96%를 기록했다.

[그림 14-12] '프로필 등록' 캠페인을 통해 가상현실 속 길거리를 제공한 매거진 '빅이슈'

3) 디지털 기반의 VR 드라이빙 센터로 체험 서비스 제공

고관여 제품인 자동차 판매에 있어 체험은 구매로 이어지는 필수 과정이다. 자동차 브랜드 기아(KIA)는 현장 체험에 의존했던 과거와 달리, 비대면 상황에서도 디지털 기반으로 소비자와 상호작용할 수 있는 체험 서비스를 제공하는 디지털 경험 플랫폼 서비스인 'VR 드라이빙 센터'를 오픈했다.

기아의 전기차 EV6의 출시와 함께 공개된 'VR 드라이빙 센터'는 시승 과정에 VR 기술을 접목하여 소비자들이 가상공간에서 시승을 체험할 수 있도록 제작된 신개념 시승 서비스다. 몰입감 있는 가상 시승 경험은 제품 및 브랜드의 인지도 향상과 출시 차량 모델의 사전 예약 전환에 높은 성과를 불러왔다. 해당 VR 드라이빙 센터는 일반 소비자를 대상으로 한 EV6 글로벌 출시 행사, 내부 딜러 교육 및 판매 자료 등에도 다양하게 활용되었다([그림 14-13] 참조).

[그림 14-13] **가상 드라이빙 센터를 통해 체험 이벤트를 진행한 'KIA'**

4) 현지인을 통한 365일간의 메시지를 전달한 관광청

뉴질랜드관광청은 매년 뉴질랜드만의 독특함을 보여 주는 동시에 휴가지로 뉴질랜드를 떠올릴 수 있도록 진행하는 '100% 퓨어 뉴질랜드' 프로젝트의 일환으로 '굿모닝 월드(Good Morning World)' 캠페인을 기획했다. 매일 뉴스를 통해 부정적인 메시지를 접하는 전 세계인에게 세계에서 해가 가장 빨리 뜨는 나라 중 하나인 뉴질랜드의 현지인들이 매일 아침 따뜻함과 환영이 깃든 메시지를 전하는 것이 '굿모닝 월드' 캠페인의 핵심이다([그림 14-14] 참조).

뉴질랜드 원주민인 마오리족의 새해 첫 날인 2019년 6월을 시작으로 1년간 매일 하나의 영상을 소셜 채널에 공유함으로써 뉴질랜드만의 특별함을 지속적이고 효과적으로 표현했다. 캠페인 론칭 이후 코로나19로 도시를 봉쇄하기 전까지 뉴질랜드 여행을 고려한 사람들이 3~9%p가량 증가했다. 스페셜그룹은 "코로나19로 2020년 3월 국경이 폐쇄됐음에도 불구하고 6월 말까지 뉴질랜드 여행을 고려하는 사람들이 많았다."라고 전했다.

스파이크스 아시아 측은 "굿모닝 월드에서 보여 준 단순함, 인류애, 그리고 진정성이 좋았다. 국가 전역이 하나의 작품을 위해 이처럼 통합되는 것은 쉽지 않다고 본다. 이 캠페인은 우리에게 메시지를 전달하는 것뿐만 아니라 새로운 감동을 준다."라고 통합 부문 그랑프리 선정 이유를 밝혔다. 갈 수 없는 그곳에서 세계로 전해진 메시지 덕분에 비대면 상황에서도 뉴질랜드는 세상에 따뜻한 영향을 미쳤다.

[그림 14-14] 매일 아침 세계인에게 따뜻한 메시지를 전달한 굿모닝 월드 캠페인

5) 새로운 브랜드 경험을 제공한 자동차 브랜드

현대 엘란트라는 자동차 브랜드로서는 처음으로 게임 라이브 스트리밍 플랫폼인 몹

크러쉬(Mobcrush)를 활용해 라이브 스폰서드 브레이크(Live Sponsored Breaks)와 게이머 라이브 리드(live reads)를 통해 브랜드 메시지를 전달했다. 언락베터(Unlock Better), 음악, 게임, 리테일을 넘나드는 새로운 브랜드 경험을 제공한 것이다.

엘란트라 인사이더(Elantra Insider)에서는 쇼룸 라이브(Showroom Live, AR 쇼케이스)를 진행하고, 디자이너 및 기술 전문가와 함께 엘란트라를 구매하기 전에 살펴보고 원하는 옵션으로 차량을 최적화시키는 서비스를 가상으로 구현했다([그림 14-15] 참조).

[그림 14-15] 새로운 브랜드 경험을 제공한 자동차 브랜드 엘란트라

6) 디지털 기반의 통합 브랜드 캠페인 창작과 전개를 위한 제언

앞에서 살펴본 캠페인들에서 볼 수 있듯이, 새로운 콘텐츠 도구, 데이터 세트, 광고 및 마케팅 전략의 등장으로 디지털을 기반으로 한 통합 브랜드 캠페인의 범주는 지속적으로 확장되고 있다. 소비자에게 다가갈 수 있는 방법이 다양해짐에도 불구하고, 마케터들은 이러한 기술들의 완전한 효과를 아직 보지 못하고 있다. 이는 바로 '연관성'이라는 핵심 키워드가 자주 간과되기 때문이다. 고객이 공감과 연관성을 최대한 느낄 수 있도록 개인화된 경험 제공이 필요한데, 여기서 마케터들이 주목해야 할 것은 무엇인가? 디지털 기반의 통합 브랜드 캠페인 창작과 전개를 위해 마케터들이 고려해야 할 시장의 개인화 전략은 다음과 같다.

(1) 소비자의 인사이트 및 피드백을 반영하라

다수의 마케터는 캠페인 개발 시 소비자의 입장 대신 자사가 말하고자 하는 메시지를 전달하는 것에만 초점을 둔다. 고객의 니즈를 파악하기 위해 그들의 직접적인 피드백에 귀를 기울이고, 그들의 인사이트를 기반으로 계획 및 전략을 개발해야 한다.

(2) 업계의 트렌드와 이슈를 이해하고 설명하라

디지털 도구, 매체의 변화, 브랜드 캠페인의 흐름과 잠재적 이슈까지 파악해서 고객들에게 어떻게 대비해야 할지 설명과 가이드를 줄 수 있어야 한다. 또한 트렌드의 원인이 무엇인지, 소비자에게 어떠한 영향을 미치는지를 충분히 이해하고 있다는 것을 보여 주어야 한다.

(3) 소비자와 커뮤니케이션을 강화하라

소비자들의 관심을 끌기 위해서는 소비자들에게 유용한 내용을 제공해야 한다. 어떤 소비자들은 추세 트렌드, 기술, 데이터 등 장기적이고 거시적인 것에 주목하는 반면, 또 다른 고객들은 당장 일상생활에서의 쓰임과 사회적 목적을 더 중요시한다. 아무리 간단한 아이디어라도 전략적으로 활용하면 큰 효과를 볼 수 있으며, 소비자가 '공감'할 수 있는 콘텐츠를 제공하고, 캠페인을 기획하는 데 초점을 맞춰야 한다. 이러한 다양한 니즈에 부응하는 방식으로 커뮤니케이션을 개인화할 필요가 있다.

(4) 소비자와 아젠다를 공유하고 함께 기획하라

소비자들에게 브랜드의 캠페인을 기획 단계부터 오픈하고, 소비자들의 니즈를 반영하여 함께 기획하는 것도 방법이다. 앞서 살펴본 대로 브랜드가 소비자들의 관심을 끌고 즐거움을 주기 위해서 기획한 '나눔-경험-참여'의 과정을 통해 소비자는 브랜드와 '만남-소통-공유'로 이어지는 결과를 경험하게 된다. 사례에서 설명한 직접 체험이 가능한 브랜디드 엔터테인먼트(Branded Entertainment), 게이미피케이션(gamification), 온·오프라인 브랜드 체험 공간의 경험 등 '트랜스' 관점에서 접근해 소비자와의 공감을 형성하기 때문이다. 보다 적극적으로 아젠다를 공유하고 함께 기획하라. 통합 브랜드 경험을 통해 소비자를 브랜드의 개인 로열 고객으로 이끌 수 있다.

4. 마무리

기술 격차는 감소하고, 새로운 매체는 계속 다양한 방식으로 우리를 찾아온다. 소비 행동에 있어 경험적인 측면을 선호하는 이른바 감성소비의 시대다. 소비자의 감성소비 니즈를 파악하기 위해 기업들은 데이터에 집중한다. 데이터를 잘 읽는 것이 브랜드 마케팅의 생명이고, 모두가 메타버스와 코딩에 집중한다. 당연히 시대마다 소비자와 마케팅 환경이 달라지듯 브랜드 캠페인의 모습도 달라지기 마련이다. 특히 디지털을 기반으로 하는 통합 브랜드 캠페인은 매체의 다각화 및 진화에 따라 방법을 달리하게 되어 매해 그 모습을 달리한다. 그러나 중요한 사실은 본질은 달라지지 않는다는 점이다. '소비자와 브랜드의 연결'과 '공감'이란 본질은 유효하기 때문이다.

물론, 디지털 기반의 통합 브랜드 캠페인을 위해서 더 큰 생태계를 끌어안아 혁신을 주도해야 한다. 융합은 기술적 통합과 함께 고객 경험이라는 핵심 가치를 포함한다. 이를 통해 개인화 마케팅뿐 아니라 불편함 없는 소비자 경험을 실현시키고 소비자 참여를 이끌어 낼 수 있어야 한다. 또한 통합 브랜드 캠페인이 펼쳐질 장인 트랜스 미디어, 트랜스 브랜딩 캠페인을 위해서는 다원성과 다양성을 기반으로 정보를 공유할 수 있는 효과적인 정보 전달 체계의 의사소통 수단인 오픈 소싱, 객체 간의 상호소통 작용을 기반으로 새로운 메타 지식과 정보가 공존하는 조화로운 통합을 중시하는 집합성, 효율적인 자율 규제가 주어지는 가운데 독립적인 생각과 도구를 가지고 공통의 목적으로 형성된 다중의 집단 지성을 이끄는 창의성 등을 결합해 상호작용과 디지털 기술을 접목하여 융합에 이르는 과정을 거쳐야 한다.

파괴적 혁신, 기술적 융합, 소비자 중심의 요구 그리고 변화관리 패러다임의 진화로 찾아온 트랜스 브랜딩은 V-S-A(Vision-Strategy-Action) 모델을 기반으로 한다. 기업이 장기적으로 달성하고자 하는 목표와 전략을 거시적인 비전을 기반으로 좀 더 구체적인 방향으로 풀어내는 작업 일체를 의미한다는 뜻이다. 즉, 해당 작업을 통해 트랜스 브랜딩 로드맵을 그리고, 사업 전략, 다각화 전략, 비전에서 비롯된 전략 방향을 구체적인 행동으로 실천하게 된다. 트랜스 미디어가 단순하게 다양한 매체를 활용한다는 뜻은 아니다. 매체 간의 최적 통합을 이루어 내는 것을 핵심으로 하며, 상황마다 어떤 미디어 믹스가 시너지 효과를 가장 크게 낼 수 있을지에 대해 브랜드와 소비자 커뮤니케이션 측면에 중점을 두고 파악하는 것이 필요하다. 소비자의 능동적인 참여가 가능하도록 차별화된 브랜드 미디어 콘텐츠를 구성하는 것도 중요하다. 특히 온라인과 오프라인 간 경험을 연계하는 것이 효과적이며, 이를 통해 소비자 참여를 이끌어 낼 수 있는 디지털 기반의 통합 브랜드 캠페인의 완성이 가능하다. 실행 측면에서는 소비자의 관심을 끌고 즐거움을 주기 위한, 브랜디드 엔터테인먼트 요소에 주목하거나, 게이미피케이션, 온·오프라인 브랜드 스페이스를 통해 소비자 참여 플랫폼을 운영하는 것도 가능하며, 그 방법은 나날이 다양해지고 있다.

퍼포먼스 중심의 마케팅 역시 이제는 연령대, 젠더를 가늠하기보다 개개인의 관심사와 취향에 맞추어 퍼포먼스 플랜을 디자인한다. 마케터들이 어떻게 하면 소비자에게 더 세밀하고 정확하게 타깃팅을 통해 접근하여 브랜드의 목적을 달성할까를 고민하는 만큼, 시장 및 소비자의 요구에도 귀를 기울여야만 한다.

통합적인 브랜드는 전체로서 하나가 된 브랜드를 의미한다. 즉, 통합 브랜드는 사용자인 소비자와 기업이 함께 만들어 가는 것이지 매체를 집행하는 기업 혼자만의 힘으로 만들어 낼 수 있는 것이 아니다. 팬데믹 이후의 소비자들은 여러 문헌 조사에서 '수단'을 넘어 '목적' 중심으로 소비하는 모습을 보여 주었고, 팬데믹에 혁신적 혹은 진정성 있게 대응한 브랜드의 제품을 최근에 새로 사용하기 시작하거나 적절히 대응하지 못하는 브랜드를 그만 사용하자고 설득했다는 의견을 밝혔다. 소비자는 이처럼 기업, 브랜드의 팬데믹에 대한 대응 행태를 보고 기업, 브랜드에 대한 태도를 결정한다. 이처럼 기업이 고객과 대화를 나누는 방식도 아웃사이드 인(Outside In)에서 인사이드 아웃(Inside Out) 방식으로 변화하고 있다. 소비자는 '왜'에 공감하는 스토리에 귀를 기울이며, '왜'가 뚜렷하면 메시지와 스토리는 다양하게 변주될 수 있다. 브랜드 캠페인의 힘은 콘셉트가 아니라 'WHY'에 대한 소비자의 공감이 힘이다.

최고의 마케팅은 통합 브랜드 관리(Integrated Brand Management)를 통해서만 가능하고, 이는 전사적인 이슈가 된다. 기획과 전략뿐 아니라 제작, 영업에서도 기억하고 가야 할 부분이 통합 브랜드 매니지먼트 커뮤니케이션이다. 개인화 마케팅을 위해 디테일한 수치, 시장조사 자료도 중요하다. 그러나 시장조사 자료는 잘 듣고, 돌아서면 잊어버리라는 말이 있다. 실제로 참고하지 말라는 뜻이 아니라 디테일한 수치에 집착한 나머지 큰 흐름이나 소비자와의 공감대를 놓칠 수 있다는 점을 지적한 것이다. 제대로 된 조사라면 소비자를 위한 기업의 가치를 담고 있어야 하며, 소비자와의 공감 지점을 제대로 짚어내야 한다. 때로는 숫자와 자료는 잊어도 좋다. 그러나 통합 브랜드 캠페인에 담긴 소비자와의 연관성이라는 그 가치는 잊지 말아야 한다. 결국 기본을 지키는 브랜드가 디지털 기반의 통합 브랜드 캠페인의 창조와 전개에서도 소비자의 '공감'을 얻을 수 있다.

더피알뉴스(2021. 4. 16.). 역주행을 만드는 브랜드 저널리즘 전략.

문영미(2010). 디퍼런트: 넘버원을 넘어 온리원으로. 서울: 살림Biz.

박준형(2012). 통합 브랜드 커뮤니케이션: 미디언스 시대의 새로운 패러다임. 서울: 이콘.

박하영, 이철한(2021a). 브랜드 액티비즘의 구현방식 연구: 브랜드 담당자의 심층 인터뷰를 중심
　　으로. 한국콘텐츠학회논문지, 21(10), 194-203.

박하영, 이철한(2021b). 코로나 시대의 브랜드 행동: 공공캠페인 디지털 사례를 중심으로. 한국
　　PR학회 정기 이사회.

브랜드브리프(2022. 1. 17.). 나이키가 코로나 이후에도 성장할 수 있었던 비밀… '디지털 트랜스
　　포메이션'.

이명식, 양석준, 최은정(2018). 전략적 브랜드 마케팅(2판). 서울: 박영사.

장대련, 장동련, 권승경, DBR(2015). NO.178. 미디어경계 허물어진 트랜스시대, 트랜스 브랜딩으로
　　대응하라.

장대련, 장동련, 박세범(2015). 통합 브랜드 커뮤니케이션. 서울: 북넷.

장동련, 장대련(2014). 트랜스 시대의 트랜스 브랜딩: 세계 최초의 트랜스 브랜딩 전략서. 서울: 이야
　　기나무.

EBN 산업경제신문(2021. 9. 23.). 코로나 2년차, 브랜드 캠페인 '도전·실천' 대세.

Keller, K. L. (2016). Unlocking the power of integrated marketing communications: How
　　integrated is your IMC program? *Journal of Advertising*, *45*(3), 286-301.

Koh, S. (2021). *Empathy brand building*. 신현승 역(2021). 다시 브랜딩을 생각하다: 대전환의 시대
　　를 살아남는 브랜딩 제1원칙을 찾아서. 서울: 청림출판.

Kotler, P. (2010). *Marketing 3.0: From products to customers to the human spirit*. 안진환 역(2012).
　　필립 코틀러의 마켓 3.0: 모든 것을 바꾸어 놓을 새로운 시장의 도래. 서울: 타임비즈.

Kotler, P., Kartajaya, H., & Setiawan, I. (2017). *Marketing 4.0: Moving from traditional to
　　digital*. 이진원 역(2017). 필립 코틀러의 마켓 4.0: 4차 산업혁명이 뒤바꾼 시장을 선점하라. 서
　　울: 더퀘스트.

Kotler, P., Kartajaya, H., & Setiawan, I. (2021). *Marketing 5.0: Technology for Humanity*. 이진
　　원 역(2021). 필립 코틀러의 마켓 5.0: '휴머니티'를 향한 기업의 도전과 변화가 시작된다. 서울:
　　더퀘스트.

Schultz, D., Barnes, B., Schutlz, H., & Azzaro, M. (2015). *Building customer-brand
　　relationships*. New York: Routledge.

Sinek, S. (2009). *Start with why: How great leaders inspire everyone to take action*. 윤혜리 역

(2021). 스타트 위드 와이(Start With Why): 나는 왜 이 일을 하는가. 서울: 세계사.

Sinek, S. (2010, May 1). *Simon Sinek: How great leaders inspire action* | Video on TED.com.

TED: Ideas worth spreading. Retrieved September 14, 2012, from http://www.ted.com/talks/
simon_sinek_how_great_leaders_inspire_action.html

Teixeira, T. S., & Piechota, G. (2019). *Unlocking the customer value chain: How decoupling drives consumer disruption.* 김인수 역(2019). 디커플링. 서울: 인플루엔셜.

제15장

브랜드 유니버스와 크리에이티브의 창작과 전개

김유나
(서울예술대학교 광고창작과 교수)

마케팅 커뮤니케이션에서 '미디어'와 '메시지'는 불가분의 관계를 띠는 매우 중요한 요소다. '그릇'과 그릇에 담긴 '내용물'과 같다고 할까? 그릇에 담긴 내용물은 그릇에 따라 변화한다. 마찬가지로 메시지 역시 미디어에 따라 달라진다. 이렇게 떼려야 뗄 수 없는 미디어와 메시지가 4차 산업혁명으로 인한 기술의 발전에 따라 최근 다른 모습으로 변화하는 중이다. 4차 산업혁명의 핵심 기술인 빅데이터와 AI(artificial intelligence)로 인해 디지털 환경이 개인 중심으로 고도화되면서 디지털 미디어에 대한 '소비자 여정(consumer journey)'이 마케팅 전략의 화두가 되고 있다. 또한 2020년 CES 기조연설로 '경험의 시대(Age of Experiences)'가 언급될 만큼, 디지털 공간을 채우는 일은 메시지를 전달시키는 이상의 것이 되고 있다. '미디어(media)'와 '메시지(message)'에 대한 논의는 이제 디지털 공간에서 '플랫폼(platform)'과 '콘텐츠(content)'의 이슈로 진화하고 있다. 디지털 트랜스포메이션(digital transformation) 시대에 걸맞게 마케팅 커뮤니케이션 자체에도 변화의 바람이 일고 있다.

디지털 트랜스포메이션의 핵심은 많은 비즈니스가 플랫폼 구조로 옮겨 가고 있다는 점이다. 미디어와 플랫폼은 기능이 다르다. 달라진 미디어 환경만큼 마케팅 커뮤니케이션을 하는 업무에도 본질적인 변화가 생기고 있다. 새롭게 떠오르고 있는 플랫폼 비즈니스에서 마케팅 커뮤니케이션을 한다는 것은 어떤 일을 말하는가? 플랫폼 공간에서는 어떻게 디지털 콘텐츠를 기획하고 전개할 수 있을까? 디지털 트랜스포메이션이 심화될수록 플랫폼 경쟁은 점차 콘텐츠 전쟁으로 무게 중심이 이동하고 있다. 광고 전략은 데이터 분석으로 대체되고, 광고 크리에이티브는 점점 더 기상천외한 크리에이티비티(creativity)를 요구하고 있다. 이 장에서는 끝을 알 수 없는 디지털 공간에서 브랜드가 살아남기 위해서 알아야 할 디지털 생태계의 본질과 요즘 뜨는 플랫폼 비즈니스의 실체, 그리고 그 안에서 브랜드 플랫폼을 구축하고 운영하는 방안을 크리에이티브 관점에서 살펴보고자 한다.

1. 디지털 전환으로 인한 뉴노멀 마케팅 생태계의 등장

1) 디지털 생태계의 본질

지금 일어나는 모든 변화의 중심에는 '디지털'이 있다. 2021년 디지털마케팅연구회가 발표한 디지털 마케팅 트렌드 키워드 맵을 살펴보면, '데이터 드리븐 기반 개인화 및 실시간 마케팅' '고객 경험 및 퍼포먼스 강화' '콘텐츠 마케팅 역량 및 미디어 커머스 기반 확보'가 최근 디지털 마케팅의 세 가지 화두로 언급된다. 이 키워드들은 최근 디지털 마케팅에서 확보하고자 하는 핵심 역량이지만, 실질적으로 이는 디지털 마케팅을 수행하기 위한 수단일 뿐 디지털 마케팅의 본질을 설명해 주지는 못한다. 그렇다면 디지털 마케팅의 본질은 무엇일까? 과거에도 온라인 마케팅을 거쳐 디지털 마케팅이 활용되고 있었지만, 4차 산업혁명이 일어나고 있는 지금, 디지털에 대한 접근은 어느 때보다 새롭다. 디지털은 오프라인과 다른 세상이다. 마케터들이 주목해야 할 것은 기술이 아닌 우리가 살아가는 새로운 환경이기 때문에, 새로운 디지털 기술에 대한 연마에 앞서 디지털 생태계의 변화를 제대로 알고 대응하는 것이 필요하다.

이런 관점에서 '뉴노멀(new normal)'이라는 말은 의미가 있다. 뉴노멀은 '새로운 세계의 질서'다. 지금 시점에 굳이 뉴노멀이라고 하는 키워드를 사용하는 것도 세상이 돌아가는 질서가 달라졌기 때문이다. 우리의 소비자들이 어떤 환경에서 살고 있는지를 알아야 적절한 마케팅 대응이 가능해진다. 마케터들은 오프라인에서 배웠던 마케팅 지식과 경험을 온라인에 그대로 적용하는 오류를 더 이상 범하지 말아야 한다. 그러기 위해서는 먼저 새로운 세계의 질서인 디지털 생태계의 본질을 이해하고 있어야 한다.

(1) 디지털은 '초연결된 유기적인 공간'이다

디지털은 초연결된 유기적인 공간이다. 여기서 중요한 키워드 2개가 나온다. 바로 '초연결(hyper-connection)'과 '유기적(organic)'이다. 디지털은 기본적으로 네트워크로 형성된 세계다. 사람들이 네트워크로 연결되어 있기 때문에 개인들이 각자 미디어(media) 역할을 한다는 것이 오프라인 생태계와 다른 점이다. 메타에서 친구가 올린 피드에 '좋아요(like)'와 '공유(share)'를 누르면 내 피드에도 친구의 메시지가 뜨는 것처럼, 디지털에서는 무수히 많은 순간이 네트워크의 연결 구조를 따라 실시간으로 공유되고 확산된다. 이런 디지털의 성격에서 디지털 생태계의 세 가지 특성이 나온다.

첫째, 연결성(connectivity)이다. 연결성의 구조는 과거의 수직적 커뮤니케이션 환경과는 달리 앞뒤, 위아래 없이 산만한 소비자들의 결합으로 구성되어 있다. 그만큼 디지털 커뮤니케이션은 수평적인 성격을 띤다. 그리고 연결의 구조로 인해 마케팅 활동에서 나타나는 변화는 마케팅 예산의 확대 효과다. 과거에는 마케팅 예산을 쓴 정도로 그 효과를 기대할 수 있었지만, 디지털 공간에서는 얼마나 소비자의 연결성을 활용하는지에 따라 그 이상의 효과를 얻을 수 있다. 따라서 디지털 공간에서는 어떻게 소비자 확산을 만들어 내는지가 마케팅 성과의 중요한 변인이 된다.

둘째, 이동성(mobility)이다. 이동성은 모바일로 인해 생겨난 특성이다. 우리는 하루 24시간 휴대폰을 들고 생활하므로 매 순간 온라인에 접속되어 있다고 할 수 있다. 따라서 우리의 모든 행동은 실시간 디지털에 기록된다. 소비자의 움직임이 실시간으로 파악되는 만큼 마케팅도 실시간으로 움직여야 한다. 애자일(agile) 마케팅이 주목받는 이유가 여기에서 나온다. 앞으로의 마케팅은 얼마나 지속적으로 디지털 공간을 활성화시킬 수 있을 것인지가 관건이 될 것이다.

셋째, 참여감(participation)이다. 참여감은 굉장히 적극적인 소비자행동을 의미한다. 웬만하면 자발적으로 움직이지 않는 소비자를 스스로 참여시키기 위해서는 자기 관련성(self-relevance)이라는 변수가 필요하다. 디지털에서 자기 관련성이란 무엇인가? 이는 개인화 마케팅(personalized marketing)과 맥이 닿아 있는 개념이다. 단순히 구매 이력 기반의 개인화가 아닌, 취향 기반의 개인화가 구현되어야 자기 관련성은 힘을 얻게 된다. 유튜브의 다양한 채널 중에 내가 관심 있고 보고 싶은 채널에 유독 '구독하기(subscribe)' 버튼을 누르는 것처럼, 디지털에서 선택은 개인의 관심과 취향을 반영한다. 이렇게 취향이 비슷한 사람들끼리의 모임이 커뮤니티(community)다. 이러한 커뮤니티는 '유사한 우리끼리'라는 소속감을 만들어서 네트워크상의 개인들에게 영향력을

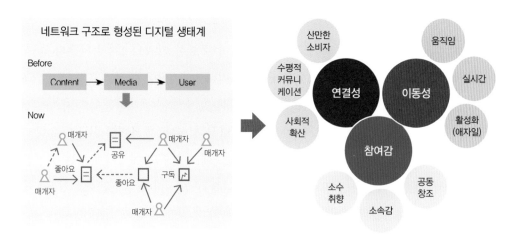

[그림 15-1] 네트워크 구조의 디지털 생태계 핵심 특성

행사한다. 기업과 소비자가 함께 생산 활동을 한다는 필립 코틀러(Philip Kotler)의 '공동 창조(co-creation)' 역시 참여감에서 나오는 행위다.

(2) 디지털은 '로그온(Log-on)'으로 존재하는 공간이다

디지털에는 점차 더 많은 플랫폼과 콘텐츠가 생겨날 예정이다. 디지털 마케터의 숙명은 무수히 늘어나는 디지털 공간에서 실시간 이동하는 소비자의 시선을 사로잡는 일이다. 디지털은 로그온(Log-on)을 하지 않으면 존재하지 않는 세계다. 따라서 디지털에서 가장 중요한 일은 사이트를 구축하고 콘텐츠를 제작하는 것이 아니라, 트래픽(traffic)을 만드는 일이라 할 수 있다. 트래픽은 자발적으로 우리 사이트를 방문할 이유를 만드는 일이다. 바로 접속(access)을 시키는 것이다. 이런 트래픽을 생성하고 관리하기 위해서는 접속의 3단계를 잘 활용해야 한다. 즉, 디지털 마케팅은 1단계 유입, 2단계 체류, 3단계 유지의 싸움이라고 할 수 있다.

트래픽을 만든다는 것은 마케팅적으로 어떤 의미가 있을까? 트래픽은 사람을 모으는 일이다. 오프라인 생태계에서는 모집 따로 판매 따로, 즉 마케팅팀과 영업팀이 각자의 중요도를 가지고 병렬적으로 움직였다. 반면, 디지털에서는 모집이 판매에 우선한다. 즉, 판매를 목적으로 하는 것보다 모집을 우선으로 해야 생태계가 돌아간다는 이야기다. 많은 기업이 디지털을 매출 관리의 장으로 여기는 경우가 많다. 하지만 디지털에서는 일단 사람부터 많이 모아야 매출로 연결이 가능하기 때문에, 매출보다 유입을 목표로 마케팅을 펼치는 것이 효과적이다. 우리 사이트로 유입을 일으키지 못하면 우리의 마케팅 활동은 디지털상에서 존재하지 않는 것과 같기 때문이다. 효과적인 유입을 위해서는 제품을 하나라도 더 팔기 위한 프로모션을 펼치는 것보다 소비자의 공감을 일으키는 콘텐츠 마케팅이 무엇보다 중요하다. 그래야 소비자들이 콘텐츠를 중심으로 모이고, 이러한 콘텐츠는 '좋아요'와 '구독'을 유발하며 네트워크를 타고 확산되기 때문이다. 디지털에서는 제품 정보보다 콘텐츠가 강력한 무기가 되므로, 유통 채널로서의 역할보다 미디어로서의 역할이 더 우선적인 영향력을 갖는다. 따라서 디지털이 목표로 하는 트래픽은 '많이 유입시키고, 오래 체류시키고, 오래 유지시키는' 전략을 통해 효과적으로 확보될 수 있다.

(3) 디지털은 '구매'가 아닌 '생활'의 공간이다

보통 디지털 마케팅을 한다고 하면 퍼포먼스를 기반으로 매출 효과를 기대하는 경우가 많다. 하지만 아이러니하게도 디지털은 판매를 전면에 내세울 경우 기대만큼 매출이 발생하기 어려운 공간이다. 이는 디지털이 제품 판매 이상의 공간이기 때문이다. 보통 기업은 디지털을 제품을 판매하기 좋은 접점으로 바라보는 경향이 있는데, 디지털은 생활과 쇼핑이 함께 어우러지는 공간이라는 본질을 잊지 말아야 한다. 그동안 마케터들은 소비자의 구매에 관심이 많았다. 제품의 구매 환경을 연구하는 유통이 그랬고, 제품을 구매하게 만들기 위한 광고가 그랬다. 이런 맥락에서 보면 마케팅의 많은 이론이 소비자의 구매 전과 구매 시점을 다루고 있다는 것을 알 수 있다. 반면, 지금까지 마케터들은 제품을 구매하고 난 이후 소비자의 일상생활에 대해서는 그다지 관심이 없었다. 하지만 생활과 쇼핑이 공존하는 디지털에서 승부를 볼 생각이라면 이제는 소비자의 생활로 침투하는 마케팅 전략을 구사할 수 있어야 한다. 최근 소비자 구매 여정이 뜨는 이유도 일상 속 삶의 순간(moment)에서 소비자의 시간을 점유하는 것이 무엇보다 중요해지고 있기 때문이다.

디지털이 구매가 아닌 생활의 공간이라는 점을 깨닫는 것은 마케팅에 큰 함의를 준다. 오프라인에서는 시장세분화가 마케팅의 큰 무기였고, STP 전략은 마케팅의 꽃이었다. 하지만 디지털에서는 STP 전략이 무색해진다. 유사 범주 내의 경쟁이 무의미해진 대신, 개인의 하루 일상 속에서 어떻게 타깃의 시간 점유를 할 것인지가 중요한 마케팅 이슈가 되었다. 이러한 흐름에 따라 개인의 일상으로 들어가기 위한 TPO가 중요한 변수로 등극했다. 더 나이가 맥락 데이터(contextual data)를 활용하여 소비자가 처한 상황을 자세히 파악하고, 심지어 거기에 따른 감정까지 분석해서 마케팅 인사이트를 얻고자 하는 흐름이 생기고 있다. 지금은 인공지능 기술이 점차 진화하면서 마케터가 소비

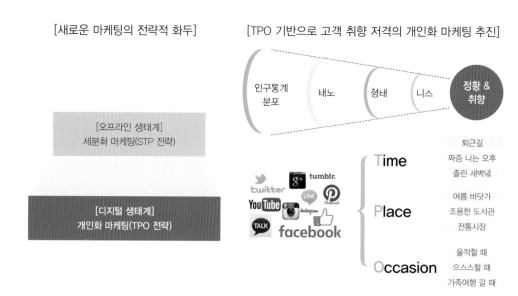

[그림 15-2] 소비자의 일상으로 침투하는 디지털 마케팅 전략

자 개인의 디테일한 취향을 저격할 수 있도록 돕고 있다. 이러한 움직임으로 인해 마케팅 전략도 '제품을 시장에 포지셔닝' 시키는 일에서 점차 '소비자의 일상으로 스며드는' 일로 변화의 흐름을 타고 있다.

(4) 디지털에서는 제품이 아닌 소비자가 주인공이다

오프라인이 대세였던 시대에는 제품과 브랜드를 소비자에게 어필시키는 것이 마케팅의 주된 목표였다. 그러기 위해서 우리 브랜드가 돋보여야 했고, 경쟁 우위를 찾는 차별화 전략을 구축하는 것이 무엇보다 중요했다. 당시에는 자사 제품이 경쟁 우위를 차지할 만한 시장을 찾기 위해 STP 전략을 중요하게 활용했다. STP는 규정된 시장 내에서 시장세분화(segmentation)를 진행하고, 세분된 시장 중에 타깃 시장(targeting)을 선정해서, 우리 브랜드를 그 시장에 포지셔닝(positioning) 시키는 전략이다. 이는 완전히 '제품 중심(product-centric)'의 접근이라고 할 수 있다.

디지털에서는 이러한 관점이 완전히 바뀐다. 디지털은 소비자 개인이 매개로 작용하여 소비자를 중심으로 네트워크로 연결된 생태계이므로, 제품이 아니라 소비자가 주인공이 된다. 하루 24시간 모바일을 들고 생활하는 소비자에게 한정된 제품 범주는 더 이상 의미가 없으므로, 디지털 안에서 어디로 튈지 모르는 고객의 시간을 점유하는 것으로 전략의 방향이 바뀌게 된다. 연결이 심화될수록 고객의 디지털 여정(customer digital

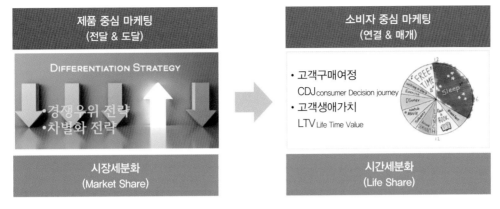

[그림 15-3] 디지털 생태계에서 마케팅 전략의 변화

journey)은 점점 중요해지고, 고객의 생애 가치(life time value) 또한 고객의 트래픽을 유지하기 위해 중요하게 다루어지고 있다. 제품의 장점을 어필하는 접근이 아닌, 고객의 라이프를 플래닝하는 새로운 접근이 나타나게 된 것이다. 이처럼 디지털은 완전히 '소비자 중심(consumer-centric)'의 공간이다. 소비자가 주인공인 디지털 공간에서는 제품이 배경이 되고 연결의 매개물로 작용될 때 오히려 주목받을 수 있다는 아이러니가 발생한다.

(5) 디지털은 '미-월드(Me-world)'로 돌아가는 개인화된 공간이다

궁극적으로 디지털에서 구현하려는 마케팅의 종착점은 개인화 마케팅(personalization marketing)이다. 지금은 다양한 데이터와 인공지능이 개인화 마케팅의 완성도를 높이기 위해서 퍼포먼스 기반으로 움직이고 있지만, 디지털 생태계에서 개인화가 소비자에게 영향력을 행사할 수 있는 수준이 되려면 다음과 같은 것이 작동되어야 한다. 진정한 개인화가 가능하려면 우리의 마케팅 활동이 개인 또는 개인의 삶에 의미를 부여할 수 있어야 한다. 그들의 정체성과 맞닿아 있어야 하고, 그들의 스타일에 부합되어야 하고, 그들과 관계를 맺을 수 있어야 하며, 궁극적으로는 그 사람의 브랜드가 되어야 한다. 디지털 생태계에서의 개인화는 '나의 ○○'을 만들어 주는 일과도 같다. 고도화된 개인화 마케팅을 위해 인공지능이 활용되고 있지만 진정한 의미의 개인화는 기계에 의해 실현될 수 있는 것이 아니다. 개인화 마케팅을 인공지능에 모두 의존하기에 앞서, 마케터가 개인화된 경험을 정의하고 설계하는 일이 개인화 마케팅을 성공시키는 비결이다.

이상에서 보았듯이 디지털 생태계는 오프라인에서 마케팅을 했던 환경과는 완연히 다른 속성을 보인다. 디지털은 철저히 개인의 일상이 실시간 노출되는 곳이고 이러한 개인들이 모두 연결되어 있는 곳이다. 디지털의 네트워크 연결성에 대한 깊은 이해를 가질 때, 4차 산업혁명으로 인한 뉴노멀 마케팅에 대한 실체를 파악할 수 있다. 디지털로 인해 달라지는 뉴노멀 마케팅의 특징은 〈표 15-1〉에서 확인하길 바란다.

〈표 15-1〉 전통 마케팅 vs 뉴노멀 마케팅

구분	전통적 마케팅	뉴노멀 마케팅
마케팅 관점	제품 중심	소비자 중심
마케팅 접근	전달 & 도달	연결 & 매개
제품 역할	솔루션	매개물
소비자 역할	제안 수용	제안 참여
제공물	제품 & 니즈 충족	서비스 & 경험
마케팅 목표	시장 점유율(market share) 확보	시간 점유율(time share) 및 라이프셰어(life share) 확보
전략 기획	마켓 플래닝(market planning)	라이프 플래닝(life planning)
전략 도구	세분화 마케팅(STP 전략)	초 개인화 마케팅(TPO 전략)
전략 목표	깔때기형 목표 설정 (인지 → 친숙 → 선호 → 구입 → 충성)	나비넥타이형 목표 설정 (인지 → 호감 → 질문 → 행동 → 옹호)
전략 방식	유도 전략(퍼스널 전환 관리)	유인 전략 + 유도 전략
업무 프로세스	분리형 (기획팀/연구팀/영업팀/마케팅팀)	일체형 마케팅 플랫폼 (기획 → 제조 → 유통 → 촉진)
업무 방식	기획 · 분석을 중시하는 Top down 방식	실행 · 반응을 중시하는 Bottom-up 방식

2. 플랫폼 비즈니스의 구조와 작동 원리

1) 플랫폼 비즈니스로의 전환

디지털에서 구현해야 하는 비즈니스 모델은 '플랫폼'이다. '글로벌 시가총액 Top10 기업 중 7곳이 플랫폼이다(2021년 1월 기준).'라는 이야기가 있을 만큼, 디지털에서는 플랫폼 비즈니스 구조를 만드는 것이 중요하다. 이러한 흐름에 따라 마케팅 역시 새로운 비즈니스 모델인 플랫폼 위에서 어떻게 트랜스포메이션을 진행해야 할지 고민해야 할 타이밍이 되었다. 그렇다면 플랫폼 생태계에는 어떤 마케팅 원리가 적용되고 있을까?

플랫폼의 작동 원리를 알기에 앞서 플랫폼의 구조적 특징부터 살펴볼 필요가 있다. 첫 번째 특징은 '경계 없는 수평 확장'이다. 최근 들어 많이 들리는 것이 이종 업종 간 합종연횡(合從連衡) 기사들이다. 유통업계 간의 인수합병, 유통업계와 미디어업계 간의 전략적 제휴, 플랫폼 기업과 콘텐츠 기업의 MOU 체결 등 업의 경계가 사라지고 각자의 역량을 합치는 일이 잦아지고 있다. 이는 디지털에서 살아남기 위해서는 소비자 동선을 확보하고 소비자의 시간을 점유할 수 있는 오픈 콜라보레이션(open collaboration)이 꼭 필요해졌기 때문이다. 플랫폼 기업 역시 '자사가 가진 비즈니스 역량 이외에 이종 산업으로 비즈니스 모델을 수평 확장'하는 전략을 통해 디지털 생태계에 대응한다.

그러다 보니 최근에는 생활 서비스를 중심으로 기업들 간에 콜라보레이션을 진행하는 사례들이 늘어나고 있다. 네이버가 텍스트 기반 검색에서 출발해서 종합 생활 플랫폼으로 진화하고, 유튜브가 동영상 스트리밍에 그치지 않고 엔터테인먼트 기반으로 계속 사업을 확장하며 종합 플랫폼화를 추진하고 있는 것처럼, 많은 기업이 업의 유형을 제조 기반이 아닌 라이프 스타일 중심의 서비스 기반으로 확장하는 추세다.

두 번째 특징은 '원스톱(one-stop) 수직 확장'이다. 원스톱 수직 확장은 경계 없는 수평 확장과는 달리 대내적인 확장을 의미한다. 일반적으로 기업의 업무 프로세스는 제품 기획에서 시작해서 마케팅과 영업에 이르기까지 각기 다른 팀에서 별도의 업무로 진행된다. 하지만 플랫폼 위에서는 이 단계들이 모두 수직 확장을 통해 하나로 연결·통합되어 진행된다는 특징을 보인다. 이러한 변화를 빠르게 수용한 업종이 바로 광고업계다. 광고주의 브랜드를 가장 잘 판매하던 그들이 몇 년 전부터 직접 제품을 판매하기 시작했다. 시초는 '바디럽(bodyluv)' 브랜드를 판매하는 '블랭크 코퍼레이션(Blank Corporation)'이라는 미디어 커머스사였다. 그 뒤로 에코마케팅, 애드쿠아 같은 디지털 마케팅 기업, 제삼기획(제일기획 자회사), 오지랖(이노션 자회사) 같은 종합광고회사에서도 다양한 라이프 스타일 상품을 기획해서 판매하면서 이러한 흐름에 동참하고 있다.

이러한 움직임이 기업 구조에도 큰 변화를 가져왔다. 각자 진행되었던 기획, 제조, 마케팅, 판매의 업무가 플랫폼 위에서 통합되면서 효율적으로 움직이게 된 것이다. 과거에는 각 조직 운영을 위해 개별 비용을 쓰다 보니 높은 수익률을 만들어 내기가 어려웠는데, 플랫폼 구조에서는 중간 마진이 많이 사라져서 수익 구조가 개선되는 장점이 생긴다. 플랫폼 위에 떨어지는 고객 데이터를 상품 개발에 활용하면 제품 개발비가 줄어들게 되고, 더 나아가 자체 플랫폼에서 판매까지 하게 되면 20~30%의 유통 마진도

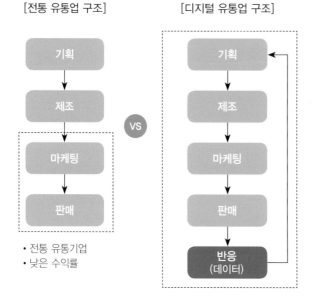

[그림 15-4] 플랫폼 기업의 원스톱 수직 확장 구조

줄일 수 있다. 여기서 얻은 영업이익은 마케팅 비용으로 투자되니 더 큰 수익을 만들어 낼 수 있다. [그림 15-4]와 같이, 이러한 업무 구조의 변화가 중국에는 마케팅의 4P를 결합시키기에 이르렀다. 따라서 앞으로 기업 효율을 높이고 더 높은 가치를 창출하기 위해, 디지털로 전환하려는 많은 기업이 플랫폼의 통합 비즈니스 모델을 적극적으로 수용할 것으로 전망된다.

2) 플랫폼이 가져온 마케팅 환경의 변화: 4P 통합

플랫폼으로 인해 비즈니스 환경이 달라진 만큼 마케팅에도 변화가 생기기 시작했다. 마케팅 관점에서는 무엇이 달라졌을까? 미국마케팅협회에서는 마케팅을 '고객, 파트너, 사회 전반을 위해 가치 있는 제품을 만들고 전달하고 소통 및 교환하는 일련의 과정, 제도, 활동'이라고 정의하고 있는데, 여기서 변화가 일어나는 두 가지 대목이 나온다. 하나는 '제품을 만들고 전달하고 소통 및 교환하는 일련의 과정'이라는 점이다. 이는 앞서 마케팅의 4P가 플랫폼 위에서 하나의 흐름으로 통합된다는 이야기로 설명된다. 또 다른 하나는 '가치 있는 제품'이다. 여기서의 가치는 고객가치를 의미한다. 즉, 디지털 플랫폼에서는 기업이 소비자에게 가치를 전달하는 내용이나 방법이 과거와는 다르게 일어남을 뜻한다.

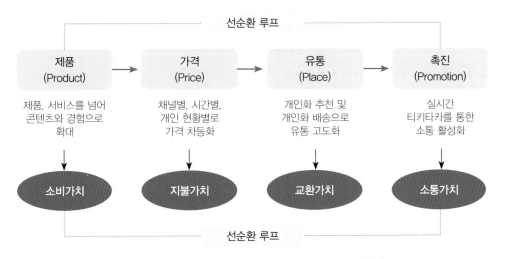

[그림 15-5] 플랫폼 비즈니스에서 변화하는 4P의 고객가치

그럼, 구체적으로 플랫폼 생태계에서는 기업이 소비자에게 어떤 가치를 전달해야 하는지 마케팅의 4P 차원에서 살펴보도록 하자. 먼저, 제품(product)이다. 디지털은 쇼핑만을 위한 공간이 아니다. 쇼핑과 생활이 어우러지는 공간이다. 우리가 모바일을 들고 24시간 살고 있는 생활의 모든 영역을 비지니스화할 수 있어야 한다. 디지털에서 일상의 전반이 펼쳐지고 있는 만큼, 기업이 소비자에게 제공해야 하는 가치 역시 상품의 범주를 넘어서야 한다. 디지털 세계에서는 나이키(Nike)도 제품 자체를 파는 것이 아닌 '나이키 트레이닝 클럽(Nike Traning Club)'이라는 홈 트레이닝 서비스를 판다. 디지털 트랜스포메이션의 핵심도 제조에서 서비스로 전환하는 것이다. 따라서 앞으로 디지털에서 기업이 갖춰야 할 것은 상품, 서비스를 넘은 콘텐츠와 경험을 서비스화하는 역량이다.

다음은 가격(price)이다. 디지털에서 가격은 어떻게 책정되는가? 가격은 수요와 공급 곡선에 의해서 결정된다. 수요와 공급이 만나는 적정 지점에서 거래가 성사되는 것이다. 디지털에서의 가격은 참 애매모호하다. 채널에 따라서 가격이 다르게 보여지기도 하고, 때로는 판매되는 시간에 따라서 가격이 조정되기도 하고, 개인 상황에 따라 각기 다른 가격이 보이기도 한다. 구독 서비스를 진행하게 될 경우는 구독 서비스 기획안에 따라서 다른 가격이 적용될 수도 있다. 고객이 접하는 채널이 많아졌기도 하거니와 채널 자체가 개인화되었기 때문이다. 여기에 시간이라는 변수까지 붙으면 가격은 그때그때 다른 양상으로 나타난다. 더 나아가 우리가 상품만 파는 것이 아니라 서비스, 콘텐츠, 경험을 팔게 될 경우에는 가격은 그야말로 부르는 게 값이 될 수 있다. 디지털에서의 가치는 우리가 만들어 제공하는 고객 경험의 크기에 따라 결정된다.

그다음은 유통(place)이다. 매체가 다채로워짐에 따라 유통은 변화가 극심해 왔다. 과거 유통 채널의 패러다임은 '싱글채널(single channel) → 멀티채널(multi channel) → 크로스채널(cross channel) → 옴니채널(omni channel)'로 진화되어 왔는데, 모바일이 핵심 채널로 등극함에 따라 미디어가 소비자를 중심으로 재편되기 시작했다. 그 당시만 해도 채널 전략은 미디어를 중심으로 설계되었지만, 최근에는 데이터를 통해 고객의 동선을 쫓아갈 수 있게 되면서 채널 전략에서 '고객 여정(customer journey)' 전략으로 접근이 바뀌게 되었다. 채널에서 고객 여정으로 흐름이 바뀌면서 유통의 모습도 변화하고 있다. 과거에는 소비자가 제품을 구입하기 위해 유통점을 찾았다면, 지금은 데이터에 기반하여 유통이 고객들을 찾아가는 흐름으로 전환되고 있다. 중고서점인 알라딘의 '양탄자 배송 서비스'도 TPO를 중심으로 고객의 일상으로 침투하는 전략을 쓴다. 제품이 매장의 매대를 떠나 고객의 일상으로 들어가면서 교환가치는 더욱 고도화되는 중이다.

마지막으로, 촉진(promotion)을 살펴보자. 촉진은 마케팅의 4P 중에서 변화가 가장 극심하고 영향력이 높아지고 있는 부분이다. 소비자의 목소리가 제품 구매와 사용에 미치는 영향이 점점 더 커지게 되면서, 고객의 리뷰가 그동안 제품 메시지를 보냈던 광고의 위상을 위협하고 있다. 2017년 엠브레인 조사에서 소비자 리뷰에 대한 중요성이 증가하고 있다는 결과가 이를 반증한다. 마케팅 커뮤니케이션은 소비자와의 '밀당(push and pull) 커뮤니케이션'이라고 해도 과언이 아니다. 과거에는 광고로 당기고(pull) 프로모션으로 밀기(push)를 시도했는데, 최근에는 콘텐츠로 당기고 추천으로 미는 양상으로 바뀌고 있다. 브랜드 메시지나 세일즈 톡(sales talk)도 브랜드 떡밥을 던지고 다양한 리뷰를 양산해 내는 것이 더 중요해지고 있다. 실행과 성과 보고에서 '지속 활성화'가 더 중요한 과업이 되고 있다. 실시간 '티키타카(빠르게 주고받는 대화)'를 통해 지속적으로 고객과 소통을 하는 것이 비즈니스에 있어서 무엇보다 중요해졌다.

3) 플랫폼의 구성 요소

플랫폼 비즈니스를 하는 데 있어서 가장 중요한 통찰은 플랫폼이 바로 '디지털 시장'을 만드는 일임을 깨닫는 것이다. 플랫폼 비즈니스를 한다는 것은 사이트를 구축하고, 콘텐츠를 올려서 우리를 알리고, 제품을 판매하는 일이 아니다. 정확하게는 '생산자와 소비자가 만나 상호작용하는 가치가 교환되는 디지털 시장'을 만드는 일이다. 여기서 시장을 만든다는 의미를 잘 이해해야 한다. 과거에는 제품을 만들면 시장에 내다 팔기만 하면 되었다. 디지털에서는 시장에 물건을 내다 파는 것이 아니라 시장 자체를 만드는 것에서부터 비즈니스가 시작된다.

그럼 플랫폼이 말하는 디지털 시장이란 어떤 곳일까? 에어비앤비(Airbnb)나 우버(Uber)를 살펴보면 그 생태계를 이해할 수 있다. 에어비앤비는 호텔 방 하나 없이, 호텔 직원 한 명 없이 호텔 비즈니스를 하는 기업이고, 우버는 자동차 한 대 없이, 운전기사 한 명 없이 택시 사업을 하는 기업이다. 에어비앤비가 했던 일은 현지 호스트와 여행객을 모바일 앱으로 중개해 주면서 수수료를 취한 것이었으며, 우버가 했던 일은 차량을 가지고 있는 운전기사와 승객을 모바일 앱을 통해 중개해 주면서 수수료를 수익으로 가져간 것이었다. 이렇게 시설, 장비, 기술력 없이도 가치를 창출할 수 있는 곳이 플랫폼 비즈니스다. 이것이 디지털 시장을 만드는 일이다. 플랫폼에서는 직접 생산−유통−관리하지 않아도 된다. 대신, 공급자와 수요자를 어떻게 잘 매칭시켜 줄 것인지를 구상하는 것이 더 중요한 문제가 된다.

디지털 시장인 플랫폼 생태계를 돌리기 위해서는 세 가지 기본 요소가 필요하다. 생산자와 소비자가 만나서 상호 가치를 교환하는 장인 '양면 시장(context)', 플랫폼에서 거래가 되는 콘텐츠인 '교차보조 도구(content)', 플랫폼 생태계를 선순환으로 돌릴 수

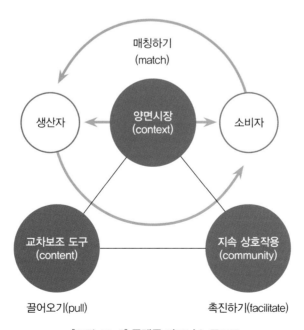

[그림 15-6] 플랫폼 비즈니스 구조도

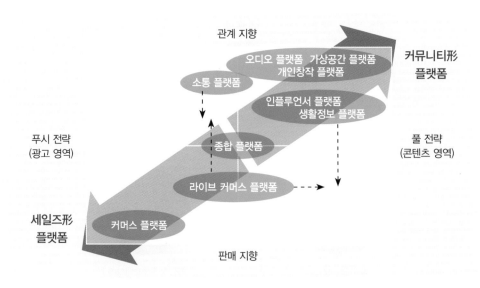 있는 '지속 상호작용(community)'이 그것이다. 적어도 이 세 가지를 갖추고 있어야 디지털 시장이 형성될 수 있다. 각 요소를 돌리기 위해서는 핵심 전략이 필요하다. 양면시장을 잘 구축하기 위해서는 생산자와 소비자가 각자 원하는 것들을 얻을 수 있도록 짝지어 주는 '매칭하기(match)' 기술이 필요하고, 교차보조 도구를 잘 사용하기 위해서는 플랫폼 사용의 결정적 이유(trigger)를 제시하는 '끌어오기(pull)' 기술이 필요하다. 또한 플랫폼의 지속 상호작용을 위해서는 플랫폼의 활성화를 담당하는 커뮤니티를 통해 플랫폼을 '촉진시키는(facilitate)' 기술을 써야 한다.

4) 플랫폼으로 다양해지는 디지털 생태계

디지털 트랜스포메이션이 화두가 되면서 많은 기업이 플랫폼으로 전환하고 있다. 기존의 플랫폼 기업 외에 새로 생겨나는 스타트업, 그리고 제조사까지도 신규 비즈니스로 플랫폼 사업에 뛰어들면서 디지털상에는 하루가 다르게 다양한 플랫폼이 넘쳐나고 있다. 그야말로 플랫폼 전쟁이다. 플랫폼으로 교체가 일어나고 있는 디지털 생태계에서 브랜드는 어떻게 살아남아야 할까? 브랜드 플랫폼의 위치를 탐색해 보기에 앞서, 디지털상에 어떤 플랫폼들이 생겨나고 있는지부터 살펴보자.

새로운 기술의 발전과 더불어 플랫폼 유형도 다양화되겠지만, 현재까지 존재하는 플랫폼들은 크게 아홉 가지 형태로 유형화될 수 있다. 네이버나 카카오 같이 생활 전반을

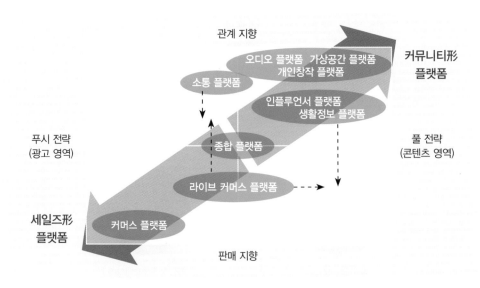

[그림 15-7] 디지털 시장 관점에서 본 다양한 플랫폼 유형

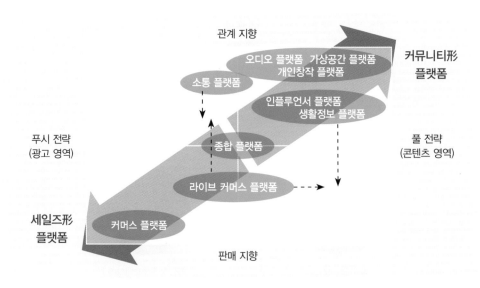

다루는 ① 종합 플랫폼, 메타나 인스타그램처럼 지인 중심으로 일상을 나누는 ② 소통 플랫폼, 아마존이나 배달의민족처럼 상품 유통을 담당하는 ③ 커머스 플랫폼, 오늘의 집이나 무신사처럼 라이프 스타일을 이끌고 있는 ④ 생활정보 플랫폼, 유튜브를 중심으로 취향 콘텐츠를 제작하는 ⑤ 개인창작 플랫폼, 인플루언서나 셀럽의 매력으로 팬들을 보유하고 있는 ⑥ 인플루언서 플랫폼, 청각 자극으로 SNS상의 소통을 만들고 있는 ⑦ 오디오 플랫폼, 유통업계의 새로운 비즈니스 모델로 각광을 받고 있는 실시간 쇼핑의 ⑧ 라이브 커머스 플랫폼, 제페토 같이 가상현실 속에서 새로운 세계를 재건하고 있는 ⑨ 가상공간 플랫폼이 그것이다.

아홉 가지 플랫폼은 그 성격에 따라 크게 판매 지향의 푸시형(push) 플랫폼과 관계 지향의 풀형(pull) 플랫폼으로 양분될 수 있다. 판매 지향의 푸시형 플랫폼은 기업이 주도하는 플랫폼으로 보통 커머스 플랫폼이 대표적이다. 반면, 관계 지향의 풀형 플랫폼은 소비자가 주도하는 플랫폼으로, 소통 플랫폼, 생활정보 플랫폼, 인플루언서 플랫폼, 개인창작 플랫폼, 가상공간 플랫폼 등으로 다채로운 편이다. 푸시형 플랫폼은 개인의 구매 이력과 취향 데이터를 함께 분석해서 고객이 원하는 스타일에 따라 제품을 밀어 넣으려고 하고, 관계형 플랫폼은 개인의 취향 커뮤니티 안에서 이들의 관심 콘텐츠를 제공하며 이들이 원하는 라이프 스타일의 삶을 살 수 있도록 지원한다. 디지털은 본질적으로 유기적인 성격을 띠고 있어서 플랫폼은 시간이 지날수록 변화·진화하게 마련이다. 따라서 플랫폼 시장이 발전할수록 푸시형 플랫폼은 풀형의 방향으로, 풀형 플랫폼은 푸시형의 방향으로 기능이 통합되는 경향을 보인다. 시작은 다르지만, 많은 플랫폼이 지향하는 것은 판매와 관계를 모두 아우르는 개인화된 라이프 스타일 플랫폼일

양쪽이 보완·결합하는 방식으로 플랫폼은 진화 중

세일즈형 플랫폼	⇄	커뮤니티형 플랫폼
판매 지향 푸시형 플랫폼		관계 지향 풀형 플랫폼
자사몰 이외의 판매 접점 확보		고객 유입 & 지속관계 형성
자동화를 통한 추천		지인을 통한 추천
빅데이터를 통한 개인화 중시		콘텐츠 & 커뮤니티 중시
행태 기반의 퍼포먼스 마케팅		취향 기반의 브랜드 마케팅

[그림 15-8] 플랫폼 이원화 운영 전략

것으로 전망된다.

5) D2C 전략과 함께 성장하는 브랜드 플랫폼

플랫폼 무한경쟁 시대, 그 안에서 우리 브랜드는 어디에 위치해야 할까? 최근 제조사들 사이에서 붐이 일고 있는 것이 자사몰의 구축이다. 브랜드들도 자체 플랫폼을 구축하려는 움직임을 보이고 있다. 이러한 흐름이 나타나게 된 배경에는 D2C 전략이 있다. D2C는 'Direct to Customer'의 약자로 제조업체가 중간 유통상, 오프라인 매장, 온라인 플랫폼 등을 거치지 않고 바로 소비자에게 직접 제품을 판매하는 방식을 말한다. 왜 기업들은 D2C로 비즈니스 모델을 바꾸려고 할까? D2C는 다음과 같은 세 가지의 이점을 제공한다. 첫째, 수수료 절감으로, D2C는 가격 경쟁력을 확보해서 수익으로 연결시킬 수 있게 해 준다. 둘째, 고객 데이터를 통해서 제품 개발과 플랫폼 운영에 효율적인 가이드를 제공한다. 셋째, 브랜드 체험을 강화하여 고객과의 관계를 장기적으로 유지시키는 데 도움을 준다.

많은 제조사가 비즈니스에 실질적인 이익을 기대하며 자사몰 구축을 고려하지만, 이들이 섣불리 일을 추진하기에는 중요한 고민이 따른다. '자사몰을 만들면 과연 고객이 방문할까?' 하는 트래픽의 문제가 우려되기 때문이다. 편리한 유통 플랫폼들과 유용한 생활 플랫폼들을 제치고, 고객들이 우리 플랫폼에 방문이나 할지가 걱정되는 것이다. 그럼 자사 플랫폼으로 디지털로의 전환에 성공했던 나이키의 사례를 통해서 자사몰 전략을 어떻게 구축하는 것이 좋을지 살펴보자.

나이키는 D2C 전략을 통해 아마존에 납품을 중단하면서 코로나19(COVID-19)에도 불구하고 큰 영업이익을 올리고 있는 기업이다. 이들이 플랫폼 비즈니스를 운영하는 방식을 보면 철저히 제조가 아닌 서비스에 집중했다는 점이 눈에 띈다. 나이키는 원래 신발을 만드는 제조 브랜드인데, 디지털에서는 NTC(Nike Training Club)라는 홈 트레이닝 앱을 론칭하며 고객의 운동 라이프 스타일을 지원한다. 소비자가 NTC를 유료로 구독하게 되면 다양한 실내 운동 프로그램을 제공받을 수 있는데, 나이키는 고객의 운동 라이프 스타일 데이터를 활용하여 신제품 개발, 제품 생산주기 단축, 자사몰로의 연계를 통한 직접 제품 판매 등의 이점을 누린다.

최근 주목받고 있는 플랫폼 기업들을 살펴보면 나이키와 유사한 흐름으로 시장의 승기를 잡고 있다. '오늘의집' '당근마켓' '스타일쉐어' 같은 라이프 스타일형 플랫폼을 살

퍼보자. 이들은 과거에 없던 혁신적인 디지털 기술로 지금의 입지를 구축했다기보다, 과거에는 충족시키지 못했던 고객의 니즈를 어떻게 충족시켜 더 나은 삶을 살게 할 것인지를 제시하며 대박을 터뜨렸다. 이들은 삶의 편의를 개선하거나 새로운 라이프 스타일을 제안하기 위해 플랫폼을 이용하여 비즈니스를 펼친다. 이들은 제품을 사고팔기 위한 유통의 장이라기보다 다양한 생활 정보를 제공하고 이들의 편의와 니즈를 충족시켜 주는 '생활의 장'으로 플랫폼을 발전시킨다.

앞으로 플랫폼 기업들이 추구하는 방향은 '라이프 스타일 플랫폼'이다. 이때의 라이프 스타일은 피상적인 개념의 것이 아니다. 소비자의 생활권 데이터를 확보하여 이들의 삶에 밀착한 개인화된 라이프 스타일을 구현하는 것이다. 즉, 라이프 스타일 플랫폼을 구축한다는 것은 소비자의 생활에 밀착되어 본인이 관심을 갖는 정보와 콘텐츠에 쉽고 편하게 접근해서 관심과 취향이 맞는 사람들과 교류하며 그들이 원하는 삶을 살아갈 수 있도록 고객의 삶을 리드하는 것이다.

이렇듯 자사몰을 꾸린다는 것은 단순히 자기 브랜드의 판매 채널을 갖는다는 의미 그 이상을 뜻한다. 자사몰을 운영한다는 것은 브랜드 생태계를 만드는 일이다. 우리가 만들어야 할 디지털 생태계는 브랜드라는 절대가치를 중심으로 더 멋진 삶을 제시해 주는 라이프 스타일 플랫폼이어야 한다. 이는 제품과 브랜드에 어떤 역할을 부여해서 어떤 놀이의 장을 만들 것인지, 제품과 브랜드를 매개로 어떻게 디지털 네트워크에 소비자를 참여시킬 것인지를 고민하는 문제와도 같다. 이를 위해서는 우리의 독보적인 디지털 경험을 담을 '브랜드'라는 그릇이 필요하다. 과거에 브랜딩은 고객 머릿속에 우리가 원하는 이미지를 심어 주는 일이었지만, 앞으로의 브랜딩은 고객이 원하는 경험의 라이프 스타일을 담는 더 큰 그릇이 되는 일이다.

3. 브랜드 유니버스의 출현과 콘텐츠 창조

1) 브랜드 유니버스, 브랜드 생태계의 구축

브랜드는 어떻게 라이프 스타일 플랫폼을 구축하고 운영해야 할까? 브랜드 유니버스(Brand Universe)는 브랜드 중심의 라이프 스타일 플랫폼을 구축하고 운영하는 전략이다. 이는 디지털 생태계에서 강력한 존재감을 발휘할 수 있는 우리만의 고객 경험을 설계하고 작동시켜 나가는 방법, 즉 우리만의 디지털 생태계에 관한 이야기다. 각자의 주기로 은하계 안을 돌고 있는 행성들을 떠올려 보자. 더 강한 인력을 가지고 있는 행성이 약한 행성을 끌어당기듯이, 매력적인 브랜드는 더 강하게 생태계 중심에서 많은 소비자와 인근의 서비스를 끌어당긴다. 이처럼 디지털에서는 '자기'를 중심으로 스스로 작동하는 생태계를 만드는 것이 새로운 마케팅의 법칙이 된다. 브랜드 유니버스는 디지털 플랫폼 위에 구축하는 브랜드 뉴노멀 전략이다. 지금까지는 브랜딩을 하기 위해 소비자 머릿속에 브랜드 개념에 대한 구조물을 세우는 데 집중해 왔지만, 이제는 플랫폼이라는 디지털 생태계에서 우리만의 독보적 가치를 중심으로 고객을 끌어당기면서, 외부 플랫폼과 연계해서 더 큰 생태계로 진화해 가는 새로운 브랜드 전략이 필요하다.

브랜드 유니버스를 만들고, 운영하고, 성장시키는 과정은 4개의 창조 과정을 거친다. 첫 번째는 시장을 만들기 위한 '고객가치 창조(value creation)'다. 고객가치는 소비자 니즈에 집중해서 이를 브랜드 미션으로 승화시키는 과정을 담고 있으며, 거래의 본질인 가치를 만드는 방법을 다룬다. 두 번째는 거래의 장을 만드는 것으로 플랫폼 구조를 형성하는 '플랫폼 창조(platform creation)'다. 플랫폼을 제대로 작동시키기 위해서는 거래 대상자들을 규정하고, 거래의 이점을 명확히 설정해서 이를 매칭시켜 주는 과정이 필요하다. 세 번째는 '콘텐츠 창조(content creation)'다. 콘텐츠는 기본적으로 소비자에게 유용하고 관심을 끌 수 있는 거래의 실체(고객 경험)를 토대로 이들을 거래의 장으로 이끈다. 네 번째 '커뮤니티 창조(community creation)'는 브랜드의 철학 안에서 어떻게 소비자와 함께 장기적으로 거래를 지속시킬 것인지에 대한 활성화 전략을 다룬다.

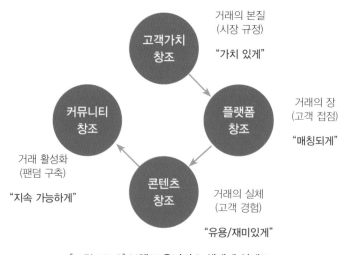

[그림 15-9] 브랜드 유니버스 생태계 설계도

디지털은 더 이상 퍼포먼스로만 존재하는 공간이 아니다. 이곳은 우리 고객들의 삶의 현장이다. 디지털을 성과 중심의 매출 채널로만 보지 말고, 고객의 삶을 도울 생활의 장으로 바라보는 자세가 필요하다. 디지털 공간 안에서 고객이 더 멋진 라이프 스타일을 살 수 있도록 브랜드가 도움을 주기 위해서는 우리만의 경험 아이덴티티를 브랜드라는 큰 그릇에 담아 규정하고, 이를 디지털 경험으로 풀어낼 수 있어야 한다. 브랜드 유니버스는 브랜드를 구심점으로 하여 고객들과 함께 놀 수 있는 우리만의 놀이터를 만드는 설계도다. 이것은 제품 이상으로, 우리의 생태계에 무엇을 담고 어떻게 고객과 함께 소통하며 어떻게 고객과 함께 우리만의 놀이 문화를 만들어 나갈 것인지에 대한 창조의 영역이다. 살아 숨 쉬는 유기체와 같은 디지털 생태계, 무수한 네트워크를 이루는 개개의 소비자와 함께 우리만의 브랜드 유니버스를 만들어 나가는 일은 마케터가 할 수 있는 아주 멋진 일이다.

2) 브랜드 유니버스를 작동시키기 위한 콘텐츠의 힘

콘텐츠 창조는 우리 브랜드라는 그릇에 담을 '고객 경험(customer experience)'을 기획하는 과정이다. 플랫폼은 컨테이너(container)에 해당하는 것이기 때문에 그 안에 담을 내용물(content)이 꼭 필요하다. 콘텐츠는 플랫폼에서 수요자를 불러들이고, 공급자와 수요자를 연결시키는 역할을 하면서 플랫폼 생태계를 유기적으로 활성화시키는 주축이 된다. 따라서 플랫폼 경쟁이 심해질수록 마케팅의 무게 중심이 플랫폼에서 콘텐츠로 이동하는 것은 당연한 수순이다.

콘텐츠가 가진 힘을 살펴보면 우리가 왜 디지털에서 콘텐츠에 집중해야 하는지를 알 수 있다. 첫째, 콘텐츠의 '유입 효과'다. 디지털 마케팅의 숙명은 끊임없이 발생하는 스킵(skip)과의 싸움이다. 사이트를 만들었는데 방문자가 없거나, 광고를 올렸는데 5초 스킵을 당해 비용을 쓰고도 효과를 못 봤다든가, 상품 추천을 했는데 차단당해 매출로 연결시키지 못하는 일이 비일비재로 일어난다. 이렇게 5초 스킵을 극복하는 길은 콘텐츠뿐이다. 좋은 콘텐츠는 시선을 사로잡고, 타깃이 저절로 모이게 하며, 자생적으로 유통되는 효과를 갖는다. 타깃이 이동하는 여정을 따라 어떤 미디어에 노출할지를 고민하는 것도 중요하지만, 그것보다 더 효과적인 것은 얼마나 공감 가는 좋은 콘텐츠를 만드느냐다.

둘째, 콘텐츠가 가지고 있는 '관계를 맺는 힘'이다. "콘텐츠는 왕이다. 그러나 (이로 인해 형성되는) 관계는 여왕이다. 그리고 집을 지배하는 건 여왕이다."라는 마리 스미스(Marie Smith)의 유명한 말이 있다. 콘텐츠는 콘텐츠 자체의 소비에 그치기보다 고객과의 관계를 강화하는 것으로 작동되어야 본래의 의미를 다하게 된다. 마케터는 어떻게 하면 더 많은 이가 공감하게 할 것인지, 어떻게 자사 제품과 브랜드의 경험들을 널리 퍼뜨릴 것인지, 어떻게 이들을 팬이 되게 만들 것인지를 고민하면서, 콘텐츠를 통해 소비자와 소통하기에 나서야 한다. 보통 콘텐츠는 재미있고 흥미를 유발하는 것으로 만들어 올리면 된다고 생각하는데, 콘텐츠가 해야 할 역할은 궁극적으로 고객과의 관계를 형성하는 일이다. 따라서 콘텐츠는 만들어질 때부터 고객과의 관계를 염두에 두고 제작되어야 한다.

셋째, 디지털 콘텐츠는 '판매를 촉진'하는 힘을 가졌다. 디지털 콘텐츠는 오프라인에서 콘텐츠를 생산하고 유통하는 것과는 다르다. 디지털 콘텐츠는 품질이 아니라 공감을 일으키는 생리를 따른다. 공감을 일으키면 판매로 연결된다. 이러한 디지털 특성을 아는 기업들은 디지털에서 무조건 판매를 앞세우지 않는다. 이들은 보통 공감을 일으키는 콘텐츠를 앞세운다. 더 나아가 최근에는 플랫폼 안에서 소비자가 놀면서 구매를 할 수 있도록 유도하는 쇼퍼블 콘텐츠(shoppable contents) 제작에 힘을 기울인다. 따라서 콘텐츠의 궁극적인 역할은 공감을 통한 판매 촉진이라고 할 수 있다.

3) 브랜드 유니버스와 마케팅 크리에이티비티

플랫폼을 작동시키기 위해서 어떻게 디지털 콘텐츠를 기획하는 것이 좋을까? 브랜드를 중심으로 디지털 콘텐츠를 만드는 데는 크게 세 가지 요소가 활용될 수 있다. 바

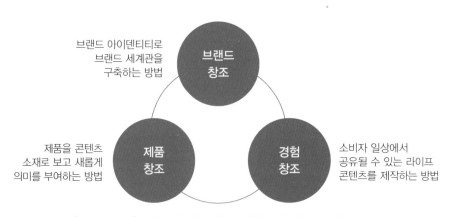

[그림 15-10] **브랜드 플랫폼 구축을 위한 콘텐츠 창조의 세 가지 요소**

로 브랜드, 제품, 경험이다. 이러한 요소를 중심으로 콘텐츠를 기획하는 것을 세 가지 창조 방식으로 구분해 볼 수 있다. '브랜드 창조(brand creativity)'는 브랜드 아이덴티티를 기반으로 브랜드 세계관을 구축하는 방법이고, '제품 창조(product creativity)'는 제품을 콘텐츠 소재로 보고 새롭게 의미를 부여하는 방법이며, '경험 창조(experience creativity)'는 소비자 일상에서 공유될 수 있는 라이프 콘텐츠를 제작하는 방법이다.

(1) 브랜드 창조

플랫폼 안에 채워 넣을 콘텐츠를 기획하는 데 있어서 빠질 수 없는 것이 바로 '브랜드'다. 이때의 브랜드는 과거에 소비자 머릿속에 세웠던 지극히 평면적인 인지적 구조물과는 양상이 다르다. 브랜드는 제품에 기능적 가치 이상의 정서적 가치를 부가하여 고객에게 제공할 목적으로 활용되어 왔다. 따라서 브랜드 커뮤니케이션은 기업이 지향하는 가치와 제품이 가진 차별적 강점에 집중해서, 이를 소비자의 니즈로 풀어서 전달하는 포맷으로 진행되었다. 당시 브랜딩의 주요 채널은 매스 미디어(mass media)였다. 하지만 디지털상의 플랫폼은 단순히 메시지를 전달하는 메신저 역할만 하지 않는다. 그렇기에 플랫폼을 기획하는 데는 공간을 채울 콘셉트가 필요하다. 그리고 이는 브랜드를 중심으로 설계되어야 한다. 플랫폼 기획을 하는 데 있어서 최근 주목받고 있는 것이 '세계관 마케팅'이다. 이때의 세계관은 기존의 브랜드 아이덴티티를 서사 구조로 확장한 것이라고 이해하는 것이 좋다. 제품과 서비스를 스토리텔링 하기 위해서는 캐릭터, 캐릭터가 사는 환경 맥락, 그리고 기승전결의 서사가 필요하다. 브랜드 아이덴티티가 지닌 미션은 예전과 다를 바가 없지만, 디지털 세계에서는 그 실체가 공간을 채우는 콘텐츠로 드러나도록 구체화되어야 한다.

세계관 마케팅이 브랜딩에 어떤 역할을 하게 되는지 대표적인 사례를 통해 살펴보자. 세계관 마케팅을 가장 빨리 도입한 분야는 엔터테인먼트 산업이다. 독보적인 세계관으로 성공 가도를 달리고 있는 것은 방탄소년단(BTS)이다. 일찍이 엔터산업에서는

[그림 15-11] 브랜드 창조를 위한 브랜드 세계관 구축

청중의 호기심을 자극해 팬으로 유입시키고, 팬들의 소속감과 유대감을 형성시킬 수 있는 무언가가 필요했다. 이때 세계관은 팬들에게 '우리끼리 아는' 이야기로 들리기 충분한 시나리오였다. 최근에는 이렇게 아이돌 문화의 꽃이 된 세계관이 기업 마케팅으로 스며들고 있다. 세계관 마케팅으로 유명한 것이 MZ세대들에게 도른자(돌은 자) 마케팅으로 잘 알려져 있는 빙그레의 '빙그레우스 더 마시스' 사례다. 빙그레는 기존의 올드한 이미지를 벗고 젊은 세대들과의 활발한 소통을 위해, 빙그레 왕국을 설립하고 꽃보다도 멋진 빙그레우스 더 마시스 라는 왕자님을 탄생시켰다. 이들의 세계관은 MZ 세대들을 열광시킬 만큼 상당히 매력적인 요소들을 담고 있다. 빙그레의 세계관에는 빙그레우스 왕자의 탄생 배경부터 빙그레 왕국을 물려받을 왕위 계승에 대한 도전의 스토리가 잘 녹아 있다.

[그림 15-12] 빙그레 브랜드 세계관: 빙그레우스 더 마시스

빙그레의 세계관을 만든 '스튜디오좋'의 대표는 "모든 브랜드는 이미 세계관을 가지고 있다. 세계관은 기업의 대표가 기업을 어떻게 이끌고 싶은지, 세상에 어떤 것을 보여주고 싶은지에 기반해서 만들어진다."라고 언급한다. 브랜드 세계관은 '브랜드가 가진 철학, 가치, 미션 등을 기반으로 제품, 서비스, 시스템 등을 통해 구현하려고 하는 하나의 사상'이다. 기업들은 고객들이 브랜드와 함께 할 수 있는 디지털 장을 만들고, 그 장으로 우리 브랜드에 열광할 소비자를 불러들이기 위해 브랜드의 지향점이 담겨 있는 멋진 세계관을 활용해야 한다. 소비자가 기꺼이 몰입해서 함께 즐기기 위해서는 기승전결의 서사가 필요하다.

(2) 제품 창조

디지털 콘텐츠를 만드는 두 번째 요인은 '제품'이다. 그동안 우리는 제품을 판매의 대상으로만 여겨 왔다. 마케터가 주목했던 바도 고객에게 제품의 속성, 장점, 혜택을 어필하는 것이었다. 그렇다면 디지털에서 제품의 위상은 어떠한가? 우리는 메타의 피드에 올라오는 제품이 광고가 아닌 우리의 일상 속 배경으로 놓였을 때 공유가 가능해짐을 알고 있다. 따라서 디지털에서는 제품이 놀이의 대상이 되어야 하고 콘텐츠의 소재가 되어야 한다. 그럼 어떻게 제품을 콘텐츠로 만들 수 있을까? 제품의 콘텐츠화는 제품의 일차적 가치, 즉 기능적 가치를 뛰어넘을 때 가능해진다. 제품을 색다른 차원에서 바라보며 이를 비틀고 창조했을 때, 디지털 콘텐츠로 재탄생되는 즐거움을 맛볼 수 있다.

[그림 15-13] 제품 창조를 위한 제품의 콘텐츠화

예를 들면 이런 방식이다. '죠스푸드'는 어묵 티를 만들어서 한정판으로 팔고, '바르다 김선생'은 다양한 분식을 소인국 테마파크 콘셉트의 미니어처로 만들어 어필한다. 또 있다. '더클럽 홈플러스'는 온라인 창고형 할인매장인데, 대량판매라는 업태의 특성을 소재로 하여 '소비패턴'이라는 크리에이티브를 만들었다. 이들이 시도한 제품의 콘텐츠화는 SNS에서 소위 대박을 쳤다. 디지털 생태계에서는 필요만 존재하는 것이 아니다. 이제는 제품도 본연의 무게감을 덜어 내고, 좀 더 가벼운 움직임으로 소비자와의

[그림 15-14] '죠스 떡볶이'와 '바르다 김선생'의 콘텐츠 마케팅 사례

소통에 적극적으로 뛰어들어야 한다.

디지털 생태계에서 제품을 콘텐츠로 승화시키는 과정은 [그림 15-15]와 같이 설명된다. 일단 브랜드 철학을 담은 세계관이나 스토리텔링이 전제되어 있어야 한다. 브랜드 세계관이 정립되고 나면 이를 바탕으로 제품을 스토리의 소재로 활용할 수 있는지 살펴본다. 그리고 전체 테마와 소재가 결정되면 이를 어떻게 브랜디드 콘텐츠로 풀어낼 것인지 다양한 표현 기법을 적용하는 것이다. 제품과 크리에이티브의 연관성이 높아질수록 콘텐츠는 더욱 의미가 깊어지며, 소비자들의 환호를 불러일으키는 동시에 제품에 대한 애정과 구매 욕구까지 유발하게 된다.

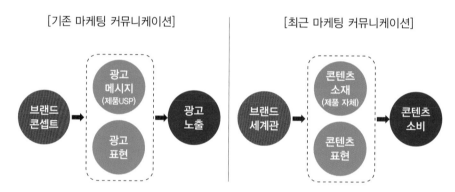

[그림 15-15] 플랫폼 기반 라이프 콘텐츠 기획 방법

(3) 경험 창조

세 번째 요인은 '경험' 창조다. 고객들이 플랫폼에 체류하면서 겪는 모든 것이 브랜드 경험이다. 따라서 플랫폼 안에 업로드되는 경험의 유형을 나누고, 각 유형별로 경험의 콘텐츠를 제작하는 접근이 필요하다. 우리의 고객이 플랫폼 안에서 어떤 구매 고민을 하는지, 제품 사용 시에는 어떤 경험을 하고 또 사람들과 함께 나누는지, 일상 속에 녹아든 제품 소비의 장면에서는 어떤 경험들이 이들의 삶을 채우는지, 결국 플랫폼 안의 디지털 경험을 다루는 것은 고객의 일상을 살피는 것과 같다고 할 수 있다.

이런 관점에서 봤을 때, 경험 창조는 구매 경험, 사용 경험, 소비 경험으로 나누어 접근하는 것이 효과적이다. '구매 경험'은 소비자를 구매로 유입시키는 구매 동기를 다루는 작업이다. 소비자는 많은 제품의 홍수 속에서 가급적 자신의 취향에 맞는 제품을 찾고자 하므로, 이때의 마케팅은 개인화된 필요와 취향을 충족시켜 주는 방향으로 움직여야 한다. 여기서는 구매 동기를 유발하기 위해서는 검색 데이터, 구매 이력 데이터,

로그 데이터, 개인정보 데이터 등의 다양한 빅데이터가 활용된다.

'사용 경험'은 제품을 사용하는 다양한 상황(TPO)을 다루는 작업이다. 사용은 '일정한 목적이나 기능에 맞게 쓰는 행위'를 말하며, 개인마다 각자의 사용 상황을 갖는다. 일단 구매된 제품은 소비자의 생활 맥락에 놓이게 되므로, 마케터는 사용 맥락이나 사용 혜택 속에서 콘텐츠의 소재를 찾아야 한다. 이 단계에서는 검색이나 리뷰 데이터, 또는 구매 데이터를 활용하여 다양한 사용상의 니즈에 접근할 수 있다.

마지막으로, '소비 경험'은 고객이 원하는 라이프 스타일을 기획하는 작업이다. 우리의 일상은 많은 소비의 순간으로 이루어져 있으므로, 소비는 곧 일상이라고 할 수 있다. 따라서 이 단계에서는 소비자가 자신이 원하는 개성과 스타일로 일상을 살 수 있도록 지원해 주는 것이 마케터가 집중해야 할 일이다. 소비자의 일상 속 취향과 니즈를 파악하기 위해서는 소셜 데이터, 검색 데이터, 공공 데이터 같은 다양한 맥락 데이터를 활용하여 경험을 창출하는 경험 브랜딩(experiential branding)과 이를 추종하는 팬덤 마케팅(fandom marketing)을 진행할 수 있다. 앞으로의 마케팅 범위는 경험의 창조를 통해 제품과 브랜드를 넘어 고객의 전체 여정에 걸친 모든 경험을 기획하고 관리하는 것으로 확대되어야 한다.

〈표 15-2〉 **경험 창조를 위한 경험의 3단계**

경험 위계	구매 경험	사용 경험	소비 경험
경험 설계	구매 동기 설계	사용 TPO 설계	라이프 스타일 설계
경험 내용	개인화된 필요 및 취향 충족	사용 맥락의 발견 사용 혜택의 발견	개성과 스타일 경험
마케팅 전략	개인 맞춤 마케팅	리뷰 추천 마케팅	경험 브랜딩 팬덤 마케팅
주요 분석 데이터	구매 이력 데이터 검색 데이터 로그 데이터 개인정보 데이터	리뷰 데이터 검색 데이터 구매 데이터	소셜 데이터 검색 데이터 공공 데이터

4) 브랜드 생태계 형성을 위한 마케팅 크리에이티비티

앞으로 디지털 생태계는 더욱 다양하고 복잡해질 것이다. 디지털 공간 안에 브랜드 플랫폼을 만들더라도, 계속 늘어나는 외부 플랫폼들과의 연계를 통해 우리 브랜드의 옴니 생태계를 만드는 것이 중요해진다. 과거에 트리플 미디어(Triple Media) 전략을 썼던 것처럼, 플랫폼 시대에는 이에 맞는 온드 플랫폼(owned platform), 언드 플랫폼(earned platform), 페이드 플랫폼(paid platform)을 다채롭게 운영할 수 있어야 한다. 개별 플랫폼들은 각자의 역할을 수행하겠지만 디지털 공간이 본디 유기적인 확장성을 가지고 있으므로, 플랫폼의 역할도 미디어, 커뮤니티, 커머스, 가상현실 등으로 확대되어 전개될 것이다. 그리고 다양해진 플랫폼의 유형만큼 각 플랫폼에 담은 내용도 제품, 콘텐츠, 스타일, 라이프 등으로 다채로워질 것이다.

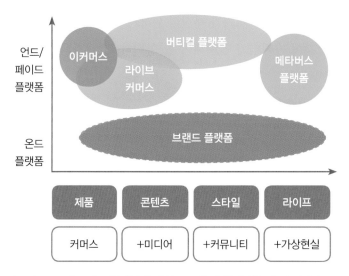

[그림 15-16] 브랜드 플랫폼을 중심으로 옴니 생태계를 만드는 방법

디지털 경험을 설계하는 라이프 스타일 플랫폼 구축 전략은 새롭게 펼쳐질 메타버스(metaverse) 생태계에도 적용이 가능한 방법론이다. 메타버스가 차세대 마케팅 테크놀로지로 각광받고 있는 만큼, 현재는 메타버스가 가져올 완전히 다른 방식의 광고 포맷에 대한 기대도 크다. 메타버스는 새로운 기술이 가져온 새로운 포맷의 디지털 생태계이나, 결국 이 안을 채우는 것은 '고객 경험'이라는 콘텐츠이기 때문이다. 이제 마케터는 오프라인, 온라인, 가상공간이 연결된 새로운 세계에서 브랜드라는 가치를 통해 새로운 라이프 스타일을 제안할 수 있어야 한다. 인기 채널들 사이에 광고를 끼워 넣으면서 브랜드를 어필했던 시대는 점점 저물고 있다. 이제 마케팅은 콘텐츠 안으로 들어가든가 스스로 콘텐츠가 되어야 하는 변화의 기로 앞에 서 있다. 미래의 마케팅은 비즈니스 차원을 넘어 우리의 문화, 콘텐츠, 라이프로 그 역할이 확대되어야 한다.

소비자들이 원하는 라이프 스타일을 제안해 주는 브랜드 플랫폼에는 사람이 모여들게 되어 있다. 왜냐하면 소비자가 원하는 것은 제품 사용이 아닌 멋진 삶이기 때문이다. 이것이 앞으로의 마케팅이 '마켓-팅(Market-ing)'이 아닌 '라이프-디자이닝(Life-Designing)'이 되어야 하는 이유다. 기술이 점점 더 고도화되고 있지만, 아이러니하게도 마케팅은 점점 더 크리에이티브하게 진화하고 있다. 4차 산업혁명으로 빅데이터와 인공지능이 비즈니스의 새로운 패러다임을 열었지만, 그 열매는 마케팅 크리에이티비티(Marketing Creativity)를 통해 구현될 것이다.

4. 마무리

디지털 세계에서의 행보는 과거 오프라인 세계와는 크게 달라야 한다. 앞서 언급한 바대로 디지털은 자극과 반응이 쉴 새 없이 일어나는 살아 있는 유기체 같은 공간이기 때문이다. 생명체를 움직이게 하기 위해서는 끊임없는 자극이 필요하다. 그 자극 역할을 하는 것이 바로 콘텐츠다. 디지털로 무게 중심이 옮겨 가던 초창기에는 데이터에 기반한 퍼포먼스 마케팅이 강세였는데, 디지털 생태계의 모습이 플랫폼 구조로 변화되면서 플랫폼 안을 채울 콘텐츠에 대한 중요도가 점차 증가하고 있다. 플랫폼을 채울 콘텐츠는 브랜드라는 큰 우산 아래 우리의 시공간이라는 명확한 콘셉트를 가지고 운영되어야 한다. 즉, 디지털 콘텐츠는 흥미 있고 눈길을 끄는 동영상을 SNS에 올리는 것 이상으로, 우리 브랜드 세계관에 부합하는 디지털 경험으로 양산되어 우리의 생태계를 지속해서 활성화시킬 수 있는 동력을 갖추어야 한다.

마지막으로, 브랜드 플랫폼을 구축하고 운영하기 위한 콘텐츠 전략에 대해 중요한 다섯 가지 가이드를 제시하며 이 장을 마치고자 한다. 첫째, 디지털 콘텐츠는 광고 커뮤니케이션의 포맷을 탈피해서 마케팅 영역으로 확장되어야 한다. 이는 플랫폼의 역할이 단순히 미디어에 그치지 않고, 커뮤니티를 넘어 커머스까지 확장되고 있기 때문이다. 따라서 우리 플랫폼의 구조와 역할을 살펴서 이에 맞는 콘텐츠를 기획할 수 있어야 한다. 둘째, 디지털 콘텐츠는 제품과 서비스 이상으로 고객 경험을 다루고 있어야 한다. 디지털은 생활과 구매가 모두 일어나는 공간이기 때문에, 우리 플랫폼에서의 체류를 늘리기 위해서는 이곳을 생활의 장으로 만들 수 있는 콘텐츠가 필요하다. 그러기 위해서는 고객의 일상을 면밀히 연구해서 그들의 24시간을 채울 수 있는 콘텐츠를 기획할 수 있어야 한다. 셋째, 디지털 콘텐츠는 2차원을 넘어 3차원을 다룰 수 있어야 한다. 그동안의 광고 크리에이티브는 평면적인 기획이 대부분이었다. 15초의 짧은 TV 광고나 유튜브의 1분짜리 동영상은 마케터에 의해 짜인 프레임 안에 비주얼을 담는 방식으로 기획되었다. 하지만 과거와 달리 디지털 플랫폼은 시공간이라는 마케팅 필드(field)를 제공한다. 라이브 커머스만 보더라도 준비된 무대에서 1시간을 넘는 러닝타임을 끌고 갈 수 있는 콘텐츠를 운영할 수 있어야 한다. 그 시간과 공간을 채울 콘텐츠 기획은 과거의 광고 크리에이티브와는 양상이 다르다. 따라서 앞으로의 마케팅 크리에이티브는 다양한 디지털 공간의 성격에 맞도록 여러 장르의 콘텐츠를 다채롭게 활용할 수 있어야 한다. 넷째, 디지털에서는 고객과의 소통을 위해 공감을 일으키는 콘텐츠 제작을 할 수 있어야 한다. 제품의 메시지를 전면에 내세우기보다 그들의 공감을 살 수 있는 디지털 감수성이 그 어느 때보다 필요하다. 이러한 디지털 감수성은 디지털 공간을 채우고 있는 다양한 소비자 데이터를 활용하며 키워 나갈 수 있다. 데이터는 타깃팅과 미디어 최적화에만 쓰이는 것이 아니다. 데이터에 기반해서 지금 소비자가 원하는 것을 찾아, 이를 그들의 표현 방식에 맞춰 디지털 콘텐츠로 구현해 낼 수 있어야 한다. 다섯째, 디지털은 항상 새로움을 추구해야 한다. 뜨는 콘텐츠는 금방 유사한 카피캣(copycat)이 따라 나오고 디지털 소비자들은 새롭고 신선한 자극에 끌리기 마련이므로, 항상 열린 마음으로 고객을 바라보며 그들에게 유의미한 콘텐츠를 기획하기 위해 창의적인 시도를 그치지 말아야 한다. 이것이 앞으로의 디지털 콘텐츠가 더욱 크리에이티브하게 진화할 수밖에 없는 이유다.

참고문헌

김유나(2021). 브랜드 유니버스 플랫폼 전략. 서울: 학지사.

김종식, 박민재(2019). 디지털 트랜스포메이션 전략. 서울: 지식플랫폼.

김진영, 김형택, 이승준(2017). 디지털 트랜스포메이션 어떻게 할 것인가. 서울: e비즈북스.

김현석(2020. 1. 3.). [기고문] 새로운 10년, '경험의 시대'를 말하다. 삼성 뉴스룸. https:// news. samsung.com/kr/%EA%B8%B0%EA%B3%A0%EB%AC%B8-%EC%83%88%EB% A1%9C%EC%9A%B4-10%EB%85%84-%EA%B2%BD% ED%97%98%EC%9D%98- %EC%8B%9C%EB%8C%80%EB%A5%BC-%EB%A7%90%ED%95%98%EB%8B%A4

김형택, 이승준(2020). D2C 시대 디지털 네이티브 브랜드 어떻게 할 것인가. 서울: e비즈북스.

도준웅(2017). DT 시대 마케팅 뉴노멀. 서울: 지식노마드.

리완창(2015). 박주은 역(2015). 참여감: 샤오미가 직접 공개하는 창의성과 혁신의 원천. 서울: 와이즈베리.

박재민(2020). 디지털 트랜스포메이션 사례: 나이키. 서울: 브런치.

윤지영(2017). 오가닉 마케팅. 서울: 오가닉미디어랩.

최원준(2020). 콘텐츠를 왕으로 모신 다섯 브랜드를 만나다. 서울: 폴인.

폴인(2020). 2020 폴인 트렌드 세미나: D2C, 디지털 시대 브랜드의 생존 전략.

CMS(2021). 2021 Content Marketing Summit.

Digital Transformation(2021). 2021 디지털마케팅 트렌드 및 10대 키워드. https://digitaltransformation.co.kr/2021-%EB%94%94%EC%A7%80%ED%84%B8%EB%A7%88%EC%BC%80%ED%8C%85-%ED%8A%B8%EB%A0%8C%EB%93%9C-%EB%B0%8F-10%EB%8C%80-%ED%82%A4%EC%9B%8C%EB%93%9C

DMC미디어(2019). 소셜미디어 이용행태 및 광고 접촉 태도 분석 보고서.

DSM(2021). 2021 Digital Marketing Summit.

Kotler, P. (2017). *Marketing 4.0: Moving from traditional to digital*. 이진원 역(2017). 필립 코틀러의 마켓 4.0: 4차 산업혁명이 뒤바꾼 시장을 선점하라. 서울: 더퀘스트.

Van Alstyn, M. W., Choudary, S. P., & Parker, G. G. (2016). *Platform revolution: How networked markets are transforming the economy and how to make them work for you*. 이현경 역(2017). 플랫폼 레볼루션: 4차 산업혁명 시대를 지배할 플랫폼 비즈니스의 모든 것. 서울: 부키.

제16장

광고 기술과 크리에이티브의 미래

김신엽
(한양대학교 광고홍보학과 겸임교수)

광고의 디지털 전환이 거세지는 지금, 연결과 융합의 기술 디지털은 광고 크리에이티브 실행을 소비자 반응에 따라 지속적인 변경과 갱신이 필요한 동태적인 과정으로 전환하는 한편, 메타버스(Metaverse)로 칭해지는 브랜드의 새로운 경험 공간을 구축하며 인공지능(AI)을 통해 크리에이티브 혁신을 도모하고 있다. 혁신을 넘어 혁명의 시대다. 이 같은 변혁의 시기에 있어 주목할 것은 커뮤니케이션과 기술이 결합하는 양상이다. 커뮤니케이션과 기술의 결합은 새로운 담화 양식을 불러온다.

따라서 이 장에서는 기술과 결합한 광고의 변화를 살피며 인공지능(AI)과 대비한 인간의 고유정신, 스토리텔링의 가치를 확인한다. 스토리텔링은 세계를 구축하는 힘이자 담화가 또 다른 담화로 바뀌어 가는 과정이다. 모든 담화가 존재할 수 있는 세계관(Narrative Universe)은 메타버스 시대에 적응하는 힘이자 브랜드 재현을 넘어 브랜드 세계를 구축하는 서사 전략으로서 광고의 미래를 제시할 수 있다.

1. 이미 도착한 미래

1) 새로운 규범

4차 산업혁명의 열기가 거세다. 4차 산업혁명은 2016년 1월 20일 스위스 다보스 포럼에서 열린 '세계경제포럼[1]'에서 '클라우스 슈밥(Klaus Schwab)' 회장이 '4차 산업혁명의 이해'를 주요 의제로 설정한 이후 현재의 디지털 트랜스포메이션(Digital transformation: DT)으로 이어진 시대의 '화두'다.

4차 산업혁명은 본디 독일이 2010년 발표한 '하이테크 전략 2020'의 10대 전략 중 제조업과 정보통신의 융합을 '인더스트리 4.0(Industry 4.0)'으로 명명한 후 세계경제포럼에서 4차 산업혁명이란 의제로 설정하며 대중화되었는데(오창일, 2020), 핵심은 가상(Cyber)과 물리적 현실(Physical)의 융합을 의미하는 '가상 물리 시스템(Cyber Physical System: CPS)'이라고 할 수 있다.

가상 물리 시스템, 즉 CPS는 로봇, 의료기기 등 물리적인 실제의 시스템과 사이버 공간의 소프트웨어 및 주변 환경을 실시간으로 통합하는 시스템을 일컫는 용어다.

복잡하고 어려운 개념일 수 있으나 실은 우리가 오래전부터 사용하고 있는 자동차 내비게이션(navigation)이 CPS의 쉬운 사례가 된다. 우리가 운전할 때 참고하는 내비게이션 속의 지도는 가상이다. 그러나 우리는 그 지도를 진실(물리적인 실재)이라고 믿지 않는가? 내비게이션은 위성항법장치(GPS)로부터 수신받은 위치 데이터를 지도로 재구성한 가상의 이미지를 제공하지만 실재하는 현실로서 기능한다. 가상과 현실의 결합이다.

CPS는 현재 소프트웨어(가상)로 통제한 생산설비와 공정으로 다양한 분야에서 활용되고 있는데, 독일 스포츠웨어 기업인 아디다스(ADIDAS)가 설립한 신발 제조공장, '스피드 팩토리(Speed Factory)'는 4차 산업혁명의 대표적 사례로 손꼽힌다. 스피드 팩토리는 로봇을 이용해 신발 생산 공정을 자동화한 공장으로 2016년 '독일 안스바하'에 이어 2017년 '미국 애틀란타'에 두 번째 공장이 세워졌다. 운영 인력 약 10여 명으로 연간 50만 켤레의 신발 생산이 가능한 스피드 팩토리는 소프트웨어로 통제된 자동화된 생산설비를 통해 생산 시간 단축과 소비자 맞춤형 현지 소량 생산이 가

---

1) The World Economic Forum: 세계경제포럼(다보스 포럼).

능하다는 것을 내세워 큰 주목을 받았다(한겨레, 2019. 11. 14.). 그러나 스피드 팩토리는 생산할 수 있는 품목이 제한되어 있다는 한계점으로 인해 2020년 운영을 중단하고 생산기지를 중국과 베트남으로 이전한 것으로 알려졌다. 하지만 이를 실패로 단정 짓기는 어렵다. 스피드 팩토리는 분명 4차 산업혁명의 지향점이며 의미 있는 '실험'의 하나라고 봐야 한다는 견해가 설득력을 얻고 있다.

CPS와 관련하여 '사물인터넷(Internet of Things: IoT)'을 구분해서 살펴볼 필요가 있다. IoT란 인터넷을 기반으로 유형과 무형의 모든 사물을 연결하여 정보를 상호 소통하는 지능형 기술 및 서비스로서 좋아하는 취향의 음악을 검색해 들려주는 인공지능 스피커에서 고속버스터미널 디지털 사이니지에서 표출되는 도착할 여행지 날씨와 미세먼지 정보, 나아가 자율주행 자동차까지도 말할 수 있다. IoT가 평소에는 꺼져 있다가 적외선 센서를 통해 사람이 지나가는 것을 확인하고 불이 켜지는 가로등처럼 주변 환경 변화나 요구사항에 대응하는 것을 중심으로 한다면 CPS는 소프트웨어(가상)를 통해 물리적인 사물(객체)을 실시간으로 제어하는 것에 관점의 차이를 둘 수 있다. 물론 둘의 공통점은 가상을 통한 실재의 능동적인 변화 추구다.

마케팅 측면에서는 온라인과 오프라인, 모바일 등의 다양한 경로가 통합적으로 연결된 옴니채널(Omni-channel)을 통해 능동적인 경험을 제공하는 것이 중요하다. 디지털 시대의 브랜드는 소비자를 개입시키고 공감과 참여를 통해 실재감과 몰입의 체험을 유발한 후 그 체험을 구매로 연결하는 것이 중요하다. 구매는 그 순간 자극에 대한 반응(충동, impulse)일 수도, 새로 깨닫게 된 지식(인식, reflective)의 실천일 수도 있다. 우리는 지금 특정 소비자의 웹사이트 방문 기록(데이터)을 토대로 그가 관심 있는 브랜드를 알리고 구매를 유도하려 한다. 이것은 필요를 환기시키고 구매충동을 불러일으킬 수 있는 자극이 된다. 하지만 소비자는 다음을 기약할 수 있다. 어쩌면 브랜드에 관한 확신이 조금 더 필요할 수도 있다. 이에 그 소비자를 기억하고 다시 마주칠 수 있는 접점에서 능동적인 변화를 유발할 경험을 준비할 필요가 있다. 소비자는 자주 찾는(혹은 또 다른 접점) SNS 인플루언서를 통해 그때 망설인 브랜드의 혜택을 실감한 후 구매를 결심할 수 있다.

디지털이란 '연결과 융합'의 기술로서 기존 가치의 연결과 융합을 통해 새로운 가치 탄생을 목적하며 그를 위한 구조적 기반을 다지는 작업이 현재의 디지털 트랜스포메이션이다. 결국 앞으로의 커뮤니케이션 지향점은 연결과 융합에 기반한 개인화된 고객 경험이 될 수 있다. 긍정적인 고객 경험은 혁신의 대상이자 융합의 목표이고 결과로서

[그림 16-1] **디지털 시대의 고객 경험 경로**

개별 접점의 구체적 체험을 총체적인 브랜드 경험으로 완성시켜 줄 수 있는 것이 앞으로의 중요한 전략 방향이 된다.

2) 가시성의 시대

IBM 마케팅 클라우드에 따르면 현재 세상의 모든 데이터 중 약 90%가 2015년 이후 생산되었다고 밝히며, 2025년에는 170ZB(제타 바이트)가 생성될 것으로 전망했다(문화일보, 2018. 1. 17.). 과히 상상되지 않는 크기다.

데이터는 21세기의 새로운 원유(oil) 혹은 비즈니스를 위한 원천 소스로 일컬어지며, 연결과 융합을 위한 디지털 기술의 핵심으로 지금의 패러다임을 이끌고 있다. 디지털 시대는 모든 것이 드러나는 가시성의 시대와도 다름없다. 웹사이트의 방문기록, 체류 시간, 관심 있게 시청한 동영상과 시간, 클릭했던 광고와 지금 장바구니에 담겨 있는 구매 예정 품목, 심지어 내비게이션에서 최근 검색한 여행지, 마트에서 할인받았던 품목의 캐시백 정보 등 모든 것이 데이터로 기록되고 저장되어 읽힌다. 당신이 어떤 브랜드를 사용하고 좋아하는지 알려 주면 당신이 누구인지 알려 주겠다는 광고계의 오랜 격언은 당신이 어떤 웹사이트 혹은 앱 콘텐츠를 이용하는지 알려 주면 당신이 누구인지 알려 주겠다로 바뀌어도 이상하지 않은 시대다.

그 중심에는 데이터가 있다. 하지만 데이터란 그 자체로는 어떤 의미도 전해 주지 않는다. 지금 기온이 짧은 소매가 필요한 영상 30도다. 그냥 좀 더운 것뿐일까? 그러나 지금이 1월 15일이고 장소는 대한민국 서울이라면? 아마 뉴스에서는 이상고온과 지구 온난화 현상에 관한 특집을 준비할지도 모르겠다. 이처럼 데이터는 다른 데이터와 결합될 때 가치 판단의 기준이 될 수 있는 정보로 전환되며, 정보와 정보가 결합될 때 우리의 사고와 행동의 방향을 제시하는 지식이 된다. 데이터는 입수 경로에 따라 세 가지 분류로 나뉠 수 있으며(〈표 16-1〉 참조), 데이터 분석과 관련된 모든 것이 현재 트렌드의 핵심이 되고 있다. 분석의 흐름은 현재 우리 고객 혹은 알고 싶은 특정 사안에 관한 특성과 분포를 확인하는 단계에서 특성을 이루고 있는 요인들이 어떤 관계로 연결되어 있는지, 그리고 광고 반응만을 확인하던 단계에서 광고 반응과 고객 특성의 관련성을 밝히는 단계로 발전하고 있다. 데이터 분석이 평균과 특성의 분포 양상 파악에서 인과관계를 규명하는 통계적 추정으로 변하는 시점이다.

〈표 16-1〉 데이터 입수경로에 따른 분류

1st 파티 데이터	2nd 파티 데이터	3rd 파티 데이터
기업이 보유하고 있는 데이터	제휴된 협력업체, 미디어로부터 습득한 데이터	외부에서 구입한 데이터
CRM/POS 등	오디언스 데이터, 디바이스 타입/OS 등	구매행동, 온라인/실시간 점포 구매, 소셜 미디어, TV 시청 데이터 등

출처: 최민욱, 김운한, 김현정, 손영곤(2017), p. 196을 추가하여 수정 적용.

3) 플랫폼

데이터에 기반한 연결의 기술, 디지털 시대는 플랫폼 경제를 특징으로 한다. 플랫폼이란 컴퓨터 시스템의 기본이 되는 특정 프로세서 모델과 운영체제를 뜻하는 개념에서 다양한 상품을 판매하거나 판매하기 위해 공통으로 사용하는 기본구조, 응용 프로그램을 개발할 수 있는 인프라, 정치적 · 사회적 · 문화적 합의나 규칙을 일컫는 개념으로 확대되고 있다. 개별 판매자들에게 판매 장소를 제공하는 쇼핑몰, 음식 배달 중개 사업자, 이들 모두가 플랫폼 사업자다.

현재의 플랫폼 개념이 보편화된 것은 '애플(Apple)'이 아이폰에 관한 앱 서비스 경쟁력을 강화하기 위해 '앱스토어'를 구축한 후 다양한 애플리케이션 개발자가 참여하면서부터다. 다양한 가치를 제공하는 앱이 많아질수록 아이폰에 매력을 느낀 소비자가 증가한다. 공급자가 증가하면 소비자가 증가하고 소비자가 증가하면 공급자가 증가하는 상호작용성, 이를 양면시장(two-sided marketing) 전략이라 한다(Eisenmann, Parker, & Van Alstyne, 2006).

플랫폼은 연결을 핵심으로 하며, 광고를 포함한 마케팅 커뮤니케이션 전략에 있어 변화를 촉구한다. 플랫폼 전략은 '알게 한다'를 넘어 직접적인 관계를 형성하는 전략으로 노출을 넘어 체험할 수 있는 공간으로, 그리고 개별 체험을 브랜드라는 경험적 기반으로 통합시킬 수 있는 아이디어가 필요하다.

〈표 16-2〉 브랜드 중심 전략과 플랫폼 중심 전략 비교

브랜드 중심 전략	플랫폼 중심 전략
• 마케팅 이론에 근거한 전략	• 데이터 분석에 근거한 전략
• 소비자 인식의 설계	• 소비자행동의 설계
• 브랜드를 통한 품질 보증	• 실시간 퍼포먼스 최적화
• 브랜드 이미지 및 가치로 어필	• 개인화 맞춤 서비스 추천

출처: 김유나(2020), p. 119.

그러나 플랫폼 중심 전략이 브랜드 중심 전략을 대체한다는 관점은 성급하다. 인식은 선험적으로 체득된다는 합리론과 인식은 감각적 체험으로 체득된다는 경험론을 통합한 '칸트(Immanuel Kant)'가 인식을 형식과 내용으로 나눈 후 감각적 체험인 내용을 형식이라는 틀로 고정시켜 인식이 만들어진다고 선언했듯이(김근배, 2014), 인식(형식)과 체험(내용)이 상호작용할 수 있는 양면 전략이 디지털 시대의 고객 경험 전략이 될 수 있다.

물이 새지 않는 밀폐 용기의 개념을 소개했다면 유튜브 영상을 통해 직접 물에 담가 보고 물이 새지 않는 것을 보여 주며 증명하는 방식이라고 할까? 여기에 더해 제품 사용에 관한 소비자의 체험을 제공할 수 있다면 제3자 증명을 통한 신뢰성을 확보할 수 있다.

이처럼 앞으로의 광고는 다양한 체험과 소비자를 연결하는 고객 경험 플랫폼의 체험 공급자가 될 수 있다. 그러나 단지 체험의 전달자가 아닌 개별 체험을 긍정적인 브랜드 경험으로 통합할 수 있는 플랫폼의 주체가 되어야 하며, 그 안에서 브랜드와 소비자를 연결할 수 있는 양면 전략이 필요하다.

2. 미래 크리에이티브의 변화

1) 커뮤니케이션과 기술의 결합

'애드테크(AD Tech)'란 광고(AD)와 기술(Technology)의 합성어로 광고와 관련된 기술 전반을 포괄하는 한편, 온라인과 모바일 사용자가 남긴 데이터를 기반으로 구매를 예

측하고 광고에 적합한 최적의 소비자를 선정한 후 실시간으로 효율을 측정하여 대응하도록 하는 기술을 뜻한다(최익성, 2020). 애드테크는 광고의 디지털 전환에 관한 대표적인 사례로서 디지털 기술 발전에 따라 광고 인벤토리(inventory)[2]를 제공할 수 있는 웹사이트 및 모바일 앱이 폭발적으로 증가하고 소비자 역시 관심사와 취향에 따라 다양하게 분화함에 따라 소비자가 필요로 하는 광고를 효과적으로 연결하기 위해 등장했다(김신엽, 2021).

이에 따른 기술 발전은 광고 청중의 반응이 높을 것으로 예측되는 매체와 게재 지면을 선정한 후 광고 수요자(광고주 혹은 광고회사)와 매체의 개별 계약으로 이루어지던 전통적인 '지면 구매 방식(placement buying)'을 유효한 반응이 높을 것으로 예측된 청중을 구매하는 '오디언스 구매 방식(audience buying)'으로 전환시켰다. 오디언스 구매는 성·연령, 최근 방문 사이트 및 검색기록, 위치와 지역, 장바구니에 담긴 상품 리스트 등 광고 청중의 특성과 행동 정보에 기초해 타깃을 특정하고 분석된 특징에 따라 적합한 광고를 제공하여 목표하는 반응을 유도한다.

〈표 16-3〉 지면 구매와 오디언스 구매

지면 구매(placement buying)	오디언스 구매(audience buying)
• 매체/지면(Slot)을 선정하여 구매한다. • 디지털 환경의 경우 해당 지면 방문자에 한정하여 성·연령, 지역별 타깃팅 및 노출 시간 선정 등이 가능하다.	• 광고 청중 데이터를 분석해 구매 가능성이 높은 특정 타깃층을 구매한다. • 선정된 타깃에게 표출되는 광고는 특정 매체에 한정되지 않는다.

출처: 김신엽(2021), p. 47.

애드테크 기술에 따라 등장한 '프로그래매틱 광고(programmatic advertising)'는 오디언스 구매를 특징으로 한다. 프로그래매틱 광고란 컴퓨터 프로그램이 자동으로 이용자의 검색 경로, 검색어 등의 빅데이터를 분석해 이용자가 필요로 하는 광고를 띄워 주는 광고 기법으로, 이를 가능하게 한 자동화된 거래 방식을 '프로그래매틱 바잉(programmatic buying)'이라고 한다(김신엽, 2021).

프로그래매틱 바잉은 광고 구매자와 공급자가 자동화된 광고 플랫폼(거래 중개소)을 통해 연결되어 거래를 체결하며 보통 광고 수요자와 공급자 간의 실시간 입찰(Real

---

2) 매체에서 판매할 수 있는 광고 지면을 말한다.

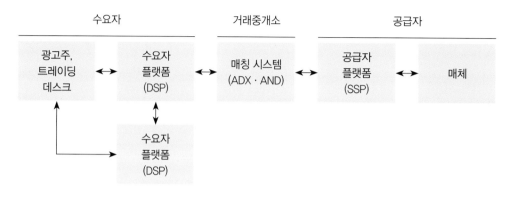

[그림 16-2] **프로그래매틱 광고 구조**

Time Bidding: RTB) 방식으로 이루어진다. 광고 수요자와 공급자는 애드 익스체인지 (AD Exchange: ADX) 및 애드 네트워크(AD Network: ADN)로 구성된 거래중개소로 연결되며, 각 매체는 공급자 플랫폼(Supply Side Platform: SSP)과 연결되어 있다. 광고 수요자는 수요자 플랫폼(Demand Side Platform: DSP)을 통해 광고를 구매하며, 수요자 플랫폼은 적합한 고객 선별과 특성 이해를 위한 데이터 관리 플랫폼(Data Management Platform: DMP)과 연결되어 있다. 트레이딩 데스크는 프로그래매틱 광고 전략을 기획하고 운영을 담당하는 광고주 혹은 광고회사의 전문 조직을 말한다.

최근 노트북에 관한 정보를 검색하고 전문 커뮤니티에 지속적인 방문을 했던 소비자를 확인하여 다른 사람이 아닌 바로 그에게 노트북에 대한 매력적인 제안을 할 때 브랜드 인지 및 구매 확률이 좀 더 높아지지 않을까? 프로그래매틱 광고의 제안이다. 이 제안이 효과적일 수 있는 이유로 사용자와의 관련성, 즉 매체 맥락 정보성(media context information)을 말할 수 있다.

매체 맥락 정보성은 미디어와 미디어 이용자 사이에 있는 상황과 환경에 관한 맥락 정보들이 일치하는 정도를 말하며, 매체 맥락 정보성이 높을수록(관련성이 높을수록) 미디어 이용 동기와 태도에 긍정적인 영향을 준다(Schmidt, Beigl, & Gellersen, 1999).

광고의 플랫폼화, 그리고 매체 맥락 정보성에 기반 한 프로그래매틱 광고는 현재 TV와 디지털 옥외 광고로 범위를 넓히며 광고의 디지털 전환을 확장하고 있다.

'어드레서블 TV 광고(addressable TV advertising)'란 TV를 시청하는 가구의 특성과 관심사에 따라 가구별로 각기 다르게 송출하는 맞춤 광고를 말하며, 주소처럼 색인 조건을 갖춘(addressability) TV 광고다. 어드레서블 TV 광고는 TV가 인터넷에 연결됨에 따라 등장한 새로운 형태의 가구별 타깃 광고로서 셋톱박스를 기반으로 한다. 현재 KT,

LG유플러스, SK브로드밴드 등 IPTV 3사가 어드레서블 TV 광고 사업을 본격화하며 KBSN, SBS미디어넷, SKY 등 10여 개 PP채널(Program Provider)에서 어드레서블 TV 광고를 시작했고, 2021년 8월 기준으로 하루 평균 300만 개의 광고 인벤토리가 시청자에게 도달하는 것으로 집계되었다(전자신문, 2021. 8. 22.).

디지털 옥외 광고의 경우 역시 우리가 흔히 목격하는 아파트 엘리베이터 내 디지털 사이니지를 설치한 포커스미디어 코리아가 이를 네트워크로 묶어 시간과 장소, 상황에 따라 적합한 광고 콘텐츠를 전송하고 있다. 자신이 거주하고 있는 아파트의 시세와 함께 다른 아파트의 시세를 표출한다거나 인근 지역의 미세먼지 정보와 이사 시기에 맞는 메시지를 전송하는 청소 용역업체, 계절 메뉴를 제안하는 일일 식품 배송 쇼핑몰 등에서 집행하는 광고는 목표 소비자의 눈길을 끈다. 이어서 디지털 사이니지 매체사를 중심으로 개별 장소의 디지털 사이니지를 네트워크로 연결한 후 광고 노출을 공유하여 도달률(reach)을 높이는 방식이 선보여지고 있는데, 이를 '프로그래밍 광고(programming AD)'라고 한다. 프로그래밍 광고란 특정 디지털 사이니지에 한정하지 않고 복수의 디지털 사이니지에 걸쳐 광고나 콘텐츠 노출을 공유하는 방식을 말하며, 효과 지표를 통해 실시간 거래가 이루어지는 프로그래미틱 바잉의 이전 단계로서 디지털 사이니지가 네트워크로 연결되어 여러 지면을 공유할 수 있는 상품 기획이 선결되어야 한다.

소비자 행태와 실시간 반응을 추적할 수 있는 디지털 기술은 '애자일(agile)' 기법과 결합해 미디어 최적화라는 광고 운영 프로세스를 탄생시켰다. 애자일 기법이란 2000년대부터 주목받기 시작한 소프트웨어 개발 방식으로 최종 결과물을 산출하기 위해 규정된 프로세스의 단위 공정마다 프로그래밍으로 구현된 데모(demo) 버전 테스트를 통해 오류사항 및 개선점을 발견하고 향상시키는 기법으로, 현재 소프트웨어 개발 방법론을 넘어 목표 시장에 성공적으로 적용하기 위한 독립된 방법론으로 활용되고 있다.

미디어 최적화는, 첫 번째로 그동안의 경험 데이터와 직관을 바탕으로 광고 메시지를 전달하기 위한 최적의 미디어를 선정하는 일에서부터 시작한다. 선정 미디어는 메시지 노출을 위한 의미 있는 트래픽(traffic)을 보유해야 하며, 무엇보다 소비자의 개입(engagement)을 유도하기 위한 표현 전략(크리에이티브)과도 적절한 관련성을 지녀야 한다. 두 번째는 실제 미디어를 운영하며 지속적으로 크리에이티브와 결합된 미디어 효과 지표를 확인한다. 노출은 지속적으로 이루어지는지, 그에 대한 반응(CTR 혹은 CPA 등[3]) 및 커뮤니케이션 효과 등을 살핀다. 세 번째는 상황적 요소를 고려하여 선정

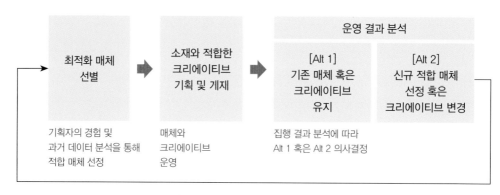

[그림 16-3] 미디어 최적화 과정

된 매체를 계속 운영할지, 다른 미디어로 교체해야 할지, 크리에이티브 소재를 교체해야 할지에 관한 의사결정을 상시적으로 수행한다.

애자일 기법의 도입은 광고 크리에이티브 실행을 소비자 반응에 따라 지속적인 변경과 갱신이 필요한 동태적인 과정으로 전환한다. 캠페인은 기획된 내용을 실행한 후 측정하는 것(종료 후 측정)이 아니라 목표한 성과에 이를 때까지 지속적인 변경과 갱신이 이루어지는 과정이 되며, 대화하며 반응한다의 관점이 필요하다. 이를테면 반응 데이터에 기반한 '혁신의 일상화'라고 할까? 크리에이티브를 위한 기획과 실행이 통합되었다.

2) 경험 공간과 세계관

페이스북이 '메타버스(Metaverse)' 시대를 준비하며 기업명을 '메타(Meta)'로 변경했듯이, 가상세계와 실감 미디어는 디지털 시대의 새로운 가능성으로 주목받고 있다. 메타버스란 가상, 초월 등을 뜻하는 메타(Meta)와 우주를 뜻하는 유니버스(Universe)의 합성어로, 가상현실(Virtual Reality: VR)을 즐기는 데 그치지 않고 현실세계와 같은 사회·경제·문화 활동이 이루어지는 가상세계를 뜻한다(오수연, 2021).

메타버스는 우리의 경험 공간이 디지털 기술에 따라 가상과 실재가 결합된 제3의(새롭게 창조된) 혼합현실(Mixed Reality: MR)을 지시하며 비대면 활동이 일상화되고 MZ세대가 체험을 중시하는 만큼 관련된 마케팅 역시 활발해지고 있다. 메타버스는 모든 가능한 세계를 의미하는 유니버스에서 파생되었듯이, 연결될 수 있는 다양한 가능세계에 관한 서사 이론인 '트랜스 미디어(Trans Media)'와 실재와 같은 감각을 재현하는 방식으

---

3) CTR(Click Through Rate): 노출대비 클릭 비율, CPA(Cost Per Action): 목표하는 소비자 행위 1건당 비용

로서 '실감 미디어(VR · AR · MR)' 기술에 관한 이해가 필요하다.

트랜스 미디어의 트랜스(trans)는 초월 · 횡단 · 주파 · 전이를 의미하며, 어원적 측면에서 복수의 상태를 상정하는 멀티(multi), 두 개체 간의 상호작용을 중심으로 하는 인터(inter)와는 달리 복수의 개체에 관한 시공간적인 움직임을 강조한다(김신엽, 2016).

트랜스 미디어는 미디어 넘나들기를 통해 콘텐츠를 소비하는 이용자의 체험을 강화하기 위한 서사 전략으로서 현재의 미디어 통합을 효과적으로 이해할 수 있는 개념이다. 미디어에 이야기를 실어 전달하는 것이 아닌 이야기를 통해 미디어를 조직화한다는 관점으로 미디어에 공개된 하나하나의 독립적인 이야기가 연결되어 또 하나의 커다란 세계가 구성되는 것이 특징이다. 개별 미디어는 소비자의 경험 공간으로 기능한다.

크로스 미디어(Crossmedia)가 TV 광고 안에 웹사이트 검색을 유도하는 내용처럼 복수 매체의 교차 활용을 통해 이야기하는 방법이라면, 트랜스 미디어는 다양한 미디어에서 공개된 이야기를 통해 세계를 구축해 나가며 시공간(영역)을 확대하여 사용자를 획득하는 방법이다. 개별 미디어의 다양한 이야기는 하나의 세계로 연결 · 통합되며, 이를 '세계관(Narrative Universe)'이라고 한다. 말 그대로 이야기가 가득 찬 우주다.

〈표 16-4〉 OSMU, 크로스 미디어, 트랜스 미디어의 비교

OSMU	크로스 미디어	트랜스 미디어
성공한 원작 콘텐츠를 기반으로 순차적으로 다른 미디어로 옮기는 과정	복수의 매체에 대한 교차 활용을 통해 이야기하는 방법	동시다발적으로 각각의 콘텐츠가 개별의 세계를 표현하는데, 결과적으로는 통합된 세계로 수렴
하나의 콘텐츠를 다양한 미디어 특성에 맞게 변환	미디어를 통해 표현하는 각각의 스토리의 결말이 비어 있어 전체를 결합시켜야만 이야기를 완성할 수 있음	미디어를 통해 표현하는 각각의 스토리가 독자성과 완결성을 가지고 있음 (원천이 되는 '세계관'의 기반하에서 각각의 이야기를 풀어냄)
이익 실현이라는 마케팅 측면에 초점을 맞춘 개념	능동적인 행동을 유발시키는 것을 중시	스토리 창작 과정의 확산에 초점
디즈니 캐릭터가 애니메이션, 어린이 학용품 등의 캐릭터 라이선스 등으로 확대	TV 광고 안에 웹사이트 검색을 권유하는 내용	스타워즈 에피소드 등의 프리퀄. 마케팅적 효시로는 블레어 윗치 프로젝트
미디어 도약 관점	미디어 결합 관점	미디어 전이 관점

출처: 김신엽(2016), p. 251.

프랑스 항공사 '에어프랑스(Air France)'가 TVC를 통해 편안한 항공서비스를 알리고 웹사이트를 통해 개별 서비스 품질을 상세하게 소개했다면, 이는 크로스 미디어다. 그러나 이륙 당시 비행기 소음과 압력차로 귀에 통증을 느끼는 고객을 위해 껌(La gomme à mâcher)을 출시했다면, 이는 트랜스 미디어로서 브랜드를 재현하는 방식에 보다 적극적인 입장을 취하는 것이다.

[그림 16-4] 에어프랑스, La gomme à mâcher

출처: 유튜브 캡처(Air Francs, TVC).

세계관을 기반으로 하는 트랜스 미디어는 브랜드를 광고하는 관점이 아닌 브랜드와 광고가 결합된 프로덕타이징(productising)을 출현시키며 소비자의 체험과 브랜드가 결합한 새로운 공간을 창출한다. 새로운 공간은 브랜드와 연결된 세계다.

세계적인 맥주 브랜드 '앤호이저 부시(AB in BEV)'는 코로나19의 영향으로 생활이 어려워진 콜롬비아를 비롯한 라틴 아메리카의 수많은 영세 자영업자를 위해 해당 각 지역 매장을 연결하는 온라인 주문배달 서비스 'Tienda Cerca'를 구축했다. 이를 번역하면 '근처 매장'이라는 뜻인데, 위치 기반으로 매장을 연결하며 서비스 개시 첫 주에 약 6만여 개의 매장이 등록했고, 등록한 매장의 70%가 매출이 증대되는 효과를 올릴 수

[그림 16-5] 앤호이저 부시, Tienda Cerca

출처: 유튜브 캡처(TIENDA CERCA)-칸 라이언즈 2021. 크리에이티브 이커머스, Grand Prix.

있었다. Tienda Cerca는 지역과 앤호이저 부시가 연결된 플랫폼이자 세계로서, 자영업자들의 생존을 도모하는 한편, 앤호이저 부시 역시 맥주 판매 기회를 잃지 않았음은 물론이다.

'버거킹'은 유명선수 혹은 구단이 아닌 영국의 4부 리그 축구팀, '스티버니지 FC'와 스폰서십을 체결한 후 실제 구장이 아닌 인구 축구 게임인 'FIFA 20'을 통해 브랜드를 노출하는 위트 있는 캠페인을 진행했다. 게임 사용자가 '스티버니지 FC'로 플레이하며 우리가 알고 있는 슈퍼스타를 영입해 득점에 성공한 상황을 SNS에 공유하면 햄버거를 주는 #Stevenagechallenge 캠페인은 약 2만 5천 건 이상의 골 득점 게시물이 공유되었으며, 스티버니지 FC는 게임 내 가장 많이 플레이되는 팀이 되는 동시에 구단 역사상 최초로 팀 유니폼이 매진되었다. FIFA 20는 사용자가 스티버니즈 FC를 선택한 순간 버거킹의 세계관과 연결된 '메타버스'가 된다.

[그림 16-6] 버커킹, #Stevenagechallenge
출처: 유튜브 캡처(Stevenage Challenge)-칸 라이언즈 2021. 브랜드 익스피리언스 & 액티베이션, Grand Prix.

미국 주식시장에서 공매도 논란에 따라 '래딧(Reddit)' 커뮤니티에 모인 개인 투자자자들이 이에 대항해 주식을 구매하며 헤지펀드에 반격한 일이 화제가 되었는데, 국내에서는 '동학개미운동'에 비교되는 '서학개미운동'으로 소개되기도 했다. 이에 고무된 래딧은 그들의 약 1년여간의 마케팅 비용을 총 투입하여 슈퍼볼 광고에서 5초간 "약자들도 공통된 생각을 가지고 있다면 모든 것을 이룰 수 있다."라는 메시지를 전달할 수 있었다. 해당 광고는 강렬한 인상과 함께 호기심을 자극하며 약 300여 개가 넘는 언론매체에 보도되었고, 사이트 트래픽은 25% 증가, 구글 광고검색은 1위를 달성했다. 비록 래딧은 5초만 광고할 수 있었던 약자였지만, 해당 광고를 통해 약자라도 모든 것을 이룰 수 있음을 보여 주었고 수많은 사람과 연대감을 형성할 수 있는 경험적 기반(세계)을 구축할 수 있었다.

[그림 16-7] 래딧의 슈퍼볼 광고

출처: 유튜브 캡처(래딧, Cannes 20:21)-칸 라이언즈 2021, 소셜 & 인플루언서, Grand Prix.

이처럼 크리에이티브의 양상은 브랜드 재현 방식을 브랜드와 소비자 체험이 결합된 방식으로 확대하고 있는데, 매력적인 이야기를 가진(세계관) 체험 공간을 구축하고 능동적으로(횡단하고 주파할 수 있는) 참여시킬 수 있는 기술로서 실감 미디어가 주목받고 있다.

실감 미디어는 일찍이 행정안전부와 한국정보화진흥원이 2018년 주목해야 할 10대 유망 기술의 하나로 체감형 서비스 분야 중 혼합현실 기술(AR과 VR 기술을 통합·확장하는 몰입 기술)을 선정하는 한편(이아름, 2018), 2019년 가트너는 10대 디지털 전략 기술 중 하나로 몰입 경험 기술을 차세대 디지털 비즈니스 생태계 구축을 위한 핵심 미래 기술로 선정했다(심성욱 외, 2019). 실감 미디어는 크게 VR(Virtual Reality, 가상현실)과 AR(Augmented Reality, 증강현실), MR(Mixed Reality, 혼합현실)로 구분된다.

가상현실(VR)은 컴퓨터 그래픽을 통해 실제가 아닌 환경 혹은 상황에서 그것을 사용하는 사람이 실제인 것처럼 느끼며 상호작용할 수 있는 인간과 컴퓨터 간의 인터페이스를 말한다(이아름, 2018). 가상현실(VR)의 대표적인 장치인 헤드 마운트(Head Mount Display: HMD)는 1968년 이반 서덜랜드(Ivan Sutherland)가 최초로 개발하였으며, 1989년 재론 래니어(Jaron Lanier)가 '가상현실'이란 단어를 대중적으로 사용하기 시작하면서 VR 장갑 및 고글 등의 VR 제품을 처음 제작한 것으로 알려졌다(오정석, 윤호창, 전현주, 고상미, 2019).

증강현실(AR)은 가상현실(VR)에서 파생된 것으로 실제 환경 또는 사물에 가상의 정보와 사물을 합성하여 실제 환경에 존재하는 것처럼 보이게 하는 기술을 말한다(이아름, 2018). 기본적으로는 현실이 주가 되며 가상의 정보와 사물은 이를 보조하는 수단인데, 2016년 닌텐도의 증강현실(AR) 기반 게임인 '포켓몬 GO'의 출시에 따라 대중에게도 널리 알려졌다.

혼합현실(MR)은 현실세계와 가상현실이 접목되어 현실의 물리적 객체와 가상의 객체가 상호작용할 수 있는 환경을 말하며(이아름, 2018), 현실과 가상이 겹쳐진 모든 환경 혹은 시스템을 말할 수 있다. 혼합현실(MR)은 가상에서의 경험이 현실과 연결되며 실재하지 않지만 마치 실제로 존재하는 현실처럼 느끼게 할 수 있다(안태영, 윤혜정, 2019). 메타버스 역시 혼합현실(MR)을 기반으로 한다.

이와 관련하여 폴 밀그램(Paul Milgram)은 실제 세계(Real World)와 가상현실(VR) 사이에 존재하는 모든 것을 혼합현실(MR)이라 정의했다(조희경, 김성훈, 2019).

[그림 16-8] **폴 밀그램의 실제-가상 연속체(Reality-Virtuality Continuum)**
출처: 조희경, 김성훈(2019), p. 445에서 재인용.

그에 따르면 증강현실(AR)이란 현실에 가상이 겹쳐진 것을 말하고, 증강가상(Augmented Virtuality: AV)이란 가상에 현실이 겹쳐진 것을 말하는데, 이를테면 영화 〈매트릭스(The Matrix)〉(1999)처럼 인공지능(AI)에 의해 그려진 거대한 가상세계를 현실로 알고 살아가는 인류의 모습을 말할 수 있다. 그러나 사실 증강가상(AV) 개념을 실제 현실의 사례로 추상하기는 어려워 그동안은 헤드마운트(HMD)를 쓴 어떤 사람이 가상현실(VR)에 몰입하는 광경을 외부에서 관찰하는 시점(가상에 몰입하는 어떤 이의 의식 작용) 정도로 비유할 수 있었다. 그러나 스타벅스 앱을 통해 커피를 주문하고 실제 매장에서 찾아가는 것처럼 옴니채널을 통한 온·오프라인 통합은 가상과 현실의 교차이며, 네이버의 메타버스, '제페토(ZEPETO)'의 구찌 매장에서 구매한 아이템을 착용한 아바타는 가상을 통해 현실의 감각을 재현하는 체험을 제공한다. 스타벅스 앱을 통한 주문, 제페토의 사례는 가상의 이야기(디지털)에 현실이 참여하는 증강가상(AV)이다.

바로 여기가 서사 전략으로서 경험 공간을 확보하는 트랜스 미디어와 메타버스, 그리고 광고가 연결될 수 있는 지점이 된다. 트랜스 미디어는 개별 대상이 존재할 수 있는 개별 세계를 구축한 후 세계관으로 연결하는 서사 전략이다. 그리고 메타버스는 가상세계에 현실의 참여를 유도하는(증강가상, AV) 서사 전략이다. 이 가상세계는 매력적인 이야기가 가득해야 할 것이다. 브랜드를 재현하는 서사 전략으로서 광고는 "수프를 모르는 사람에게 캠벨수프를 이해시키려면, 먼저 수프를 먹는 것이 당연한 세계에 대해 이해시켜야 한다."라는 앤디 워홀(Andy Warhol)의 말처럼 광고히는 대상이 존재할 수 있는 매력적인 세계를 만들 수 있어야 한다. 디지털 시대는 바로 증강가상(AV) 시대의 시작으로, 매력적인 세계를 구축할 수 있는 능력이 소비자와 연결할 수 있는 능력이 된다.

3) 인공지능과 범주화

2016년 구글의 '딥마인드 챌린지 매치'로 기획된 인공지능(AI)과 이세돌 9단과의 대국은 인공지능이 우리에게 성큼 다가오는 계기가 되었다. 인공지능은 1955년 존 매카시(John McCathy)가 다트머스 대학교 콘퍼런스에서 인공지능을 "지능형(Intelligence) 기계를 만들기 위한 과학 및 공학"으로 정의하며 처음 소개했다(송기인, 2019). 인공지능의 개념은 초기의 연산을 위한 컴퓨터 개념에서 분야마다 다르게 해석되고 있으나 인간의 학습능력과 추론능력, 지각능력, 자연언어의 이해능력 등을 컴퓨터 프로그램으로 실현한 기술(김대호, 2016)로 좁힐 수 있으며, 크게 약한(weak) 인공지능과 강한(strong) 인공지능으로 나뉜다. 약한 인공지능은 특정 영역의 문제를 푸는 기술로서 단어를 입력하면 검색 결과를 보여 주거나 음성을 듣고 어떤 의미인지 인식하는 등과 같은 것을 말하며, 강한 인공지능은 공상과학 영화 등에서 등장하는 것처럼 스스로 학습하며 어떤 문제든 해결할 수 있는 인공지능을 말한다(NAVER 지식백과 '인공지능'). 물론 현재의 기술 수준을 고려할 때 강한 인공지능은 아직 많은 시간이 필요한 것이 사실이다.

광고에 있어 인공지능 활용 역시 빼놓을 수 없는 흐름으로, 먼저 고객 타깃팅을 말할 수 있다. 인공지능의 핵심은 데이터이며, 이를 구현하는 기술로서 '머신러닝(Machine Learning)'과 '딥러닝(Deep Learning)'을 들 수 있다. 머신러닝은 지도학습으로서 인간이 데이터를 통해 학습시킨 내용으로 패턴을 읽고 판단과 예측을 하는 기술이며, 딥러닝은 비지도학습으로서 인간이 학습에 개입하지 않으며 자율주행 자동차처럼 주행을 통해 접촉 사고 및 돌발 상황 발생 등에 관해 스스로 학습하여 판단과 예측을 하는 기술을 말한다. 이와 같은 인공지능의 학습 능력을 활용해 많은 기업이 소비자의 디지털 행동 데이터를 학습시켜 새로운 세그먼트를 발견하고 유망한 잠재 고객을 예측할 수 있는 알고리즘을 서비스하고 있으며, 어도비 및 구글 등에서도 웹과 앱의 행동 데이터 및 고객 CRM 데이터 등을 연결하여 가망 고객을 발굴할 수 있는 자동화된 솔루션을 제공하고 있다.

인공지능은 광고 효과 측정에 있어서도 높은 가능성을 가지고 있다. 국내 디지털 사이니지 전문 기술기업 '사운드 그래프'는 인공지능을 활용한 안면 분석으로 디지털 사이니지 주목 효과를 측정할 수 있는 솔루션을 개발한 후 ㈜한국DS연구소와 함께 2021년 9월 디지털 사이니지 규제 샌드박스 사업의 승인을 얻어 현재 상용화된 서비스를 제공하고 있다. 안면인식 측정 방안은 「개인정보 보호법」의 규제(초상권 침해 및 개인 식별)에 따라 일부 공익적 목적 외에 엄격히 금지되어 있으며, 별도의 허가가 필요한 사항으로 외국의 경우에도 일부 국가(혹은 일부 주나 자치단체)에 한정되어 있다. 그러나 사운드 그래프는 안면인식을 통해 유동인구수와 디지털 사이니지 주목 효과를 실시간으로 측정하고 개인정보 침해를 최소화한 방법으로 디지털 사이니지 규제 샌드박스 승인을 얻었으며, 수도권을 대상으로 본격적인 사업을 펼칠 예정이다. 측정 방식은 카메라를 통해 얼굴을 인식하되 이미지나 동영상으로 저장하지 않고 실시간으로 얼굴 각도, 입 모양, 눈 크기 등을 수치화한 데이터(얼굴 복원이 불가능한)로 추출하며, 엣지 컴퓨팅(edge computing) 방식을 활용, 검출된 얼굴을 클라우드 등에 저장하지 않는다. 분석한 지표는 디지털 사이니지를 목격할 수 있는 잠재 청중(유동인구)과 실제 주목한 청중 수를 구별한다.

〈표 16-5〉 인공지능에 의한 실시간 디지털 사이니지 주목 효과 측정 방식

카메라	얼굴인식	얼굴분석	클라우드 전송	실시간 대시보드
• 셋톱박스와 연결된 웹 카메라 • 1초 주기 얼굴인식	• 1회에 10개까지 서로 다른 얼굴 인식 • 마스크 및 안경 착용자 인식 가능	• 실시간 화면에서 검출된 얼굴별 ID 부여 • 눈의 크기, 얼굴 각도(좌우, 상하, 입 모양 등	• 이미지가 아닌 측정된 수치값 전송	• 실시간 측정 결과 집계 및 지표 산출 • 송출 시간과 매핑하여 광고구좌별 파악 가능

출처: 사운드 그래프(2021).

이제 광고는 우리의 길목을 지키는 것이 아니라 우리를 직접 찾아온다. '현대퓨처넷'은 '인티그리티'와 함께 서울 여의도 더현대 서울백화점에 인공지능을 통해 주변 환경을 실시간으로 파악하고 대상의 연령, 감정, 반응 등을 파악해 적절한 정보와 콘텐츠를 제공할 수 있는 미디어 로봇 '큐브릭'을 도입했다. 큐브릭은 고성능 라이더와 비전 카메라, 적외선 센서 등을 결합한 퓨전 센싱과 클라우드 플랫폼을 활용해 세밀한 자율주행

방역 안전 캠페인
Prevention through fever check and facial recognition

위치기반 타깃 광고
Commercial AD Push based micro location & Facial recognition

[그림 16-9] **미디어 로봇 '큐브릭'**
출처: 유튜브 캡처(Integrit, AI Robotics).

을 구사한다(ZDNET Korea, 2021. 3. 18.).

그렇다면 과연 인간의 창의성까지 인공지능이 대체할 수 있을 것인가?

광고 크리에이티브 제작에 관해 인공지능이 대중적으로 알려진 계기는 2016년 일본에서 벌어진 인간과 인공지능의 창의성 대결을 들 수 있다. 대결은 일본 껌 브랜드 '클로렛츠(Clorets)'의 '민트탭'이라는 제품에 대해 '상큼한 10분간'이라는 키워드로 인간과 인공지능이 각각 광고를 만든 후 투표를 통해 승자를 결정하는 방식으로 이루어졌다. 투표 결과 인간이 54:46이라는 근소한 차이로 승리했다(한경오피니언, 2021. 6. 3.). 해당 이벤트는 '맥켄 에릭슨 재팬(McCann Erickson Japan)'이 개발한 인공지능 CD, 베타(β)를 통해 가능했던 일로 베타는 지난 10년간 광고상을 수상한 광고물의 데이터를 분석하여 광고를 제작했다(김미경, 2020).

신속하게 상쾌하게 말끔히 씻어내고

[그림 16-10] **클로렛츠 민트탭 광고**
출처: KBS 명견만리 Q100 화면 캡처(57회)-인공지능이 제작한 광고(좌), 인간이 제작한 광고(우).

그 뒤를 이어 2018년 일본의 자동차 브랜드 '렉서스(Lexus)'는 런던의 광고회사 '더 앤 파트너십(The & Partnership)', 기술 회사인 '비주얼 보이스(Visual Voice)', 그리고 'IBM 인공지능 왓슨'과 협력하여 〈직관에 의한 주행(Driven by Intuition)〉이라는 광고를 선보였다. IBM 왓슨은 국제광고제 '칸 라이언즈'를 수상한 역대 작품들을 대상으로 영상과 텍스트, 오디오 등 광고를 구성하는 요소를 분석하여 유쾌한 이야기의 공통 요소를 식별할 수 있었고, 분석 내용을 시나리오에 반영하여 광고 제작을 할 수 있었다(IBM 코리아 블로그, 2018. 12. 10.). 같은 시기 중국의 전자상거래 업체 '알리바바(Alibaba)'는 일본 광고회사 '덴츠(Dentsu)'의 인공지능 카피라이터 아이코(AICO)에 이어 1초에 2만 줄의 광고 카피를 쓸 수 있는 카피라이터 개발에 성공했다고 발표했다. 알리바바의 인공지능 카피라이터는 딥러닝과 자연어 처리 기술을 통해 알리바바의 전자상거래 플랫폼인 티몰(Tmall)과 타오바오(Taobao)의 수백만 줄의 광고카피를 학습하여 카피를 생산하고, 사용자는 결과물 중 가장 마음에 드는 것 하나를 선택한다(전자신문, 2018. 7. 4.).

이제 인공지능에 의한 광고 제작은 사용자의 반응을 확인하며 자동화된 광고 크리에이티브(배너) 생성과 게재가 가능한 플랫폼으로 발전하고 있다. 일본의 광고회사 덴츠는 2021년 5월, "드디어 크리에이티브 AI를 해방한다! 자동생성 솔루션 CXAI"를 선보이며 트렌드 분석 솔루션과 카피 및 그래픽 제안이 가능한 크리에이티브 AI, 효과예측 AI를 결합하여 사용자에게 적합한 광고 크리에이티브를 제안(광고 자동 생성툴)할 수 있는 CXAI(Customer Experience AI)를 공개했다. CXAI란 트렌드 분석(Trend sensor), 크리에이티브 생성(AICO), 소셜광고 효과예측(MONALISA), 자동화된 광고 퍼블리싱(Advenced Creative Maker)과 챗봇(Kiku-Hara)의 5개 모듈이 결합된 형태로, 덴츠는 "사람은 크리에이티브에 관한 본질적인 물음에 집중할 수 있고 인공지능과 사람이 협력하여 새로운 가치를 창출할 수 있으며 새로운 가치는 광고뿐만 아니라 홍보, 매장 및 사내 커뮤니케이션 등 기업 전 영역으로 확대할 수 있다."라는 기대감을 밝혔다(덴츠보, 2021. 5. 18.).

이처럼 인공지능에 의한 크리에이티브 착안은 소비자 관심 사항과 선호 요소의 객관적인 데이터 분석을 통해 수많은 선택 대안을 제시함으로써 향후 광고 크리에이티브 분야를 크게 변화시킬 것으로 예측된다. 산업혁명이 일반적으로 효율성 개선을 통해 효과성을 얻는 것이라면, 인공지능은 분명 크리에이티브의 효율성 개선 도구로서 활용이 더욱 높아질 전망이다.

그러나 한 가지 의문이 남는다. 모두가 인공지능을 통해 광고 크리에이티브를 제작한다면 이 순간 우리에게 보이는 광고는 모두 비슷하지 않을까? 물론 인공지능의 제작물을 선택하는 사람의 주관에 따라 달라질 수도 있고, 효율성 개선 도구로 활용하여 인공지능이 제안한 광고물을 다시 가공하고 수정하는 역할을 할 수도 있다. 그런데 선택까지도 인공지능이 한다면? 아니 선택을 인공지능이 할 수 있을까? 그리고 덴츠가 말한 크리에이티브의 본질적인 영역이란 과연 무엇을 말하는 것일까?

이는 결국, 광고 크리에이티브에 관한 인간의 고유성을 생각하게 한다. 우리는 모두 서로 다른 개성을 지닌 개체지만 인간이란 개념으로 묶을 수 있듯이 여러 가지 상이한 요소를 하나로 묶을 수 있는 개념화 혹은 범주화는 인간 고유의 정신 구조다. 인공지능이 개별 개체의 유사성에 기초하여 범주화를 시도한다면 인간은 유사성과 함께 차이에 기반한 맥락으로 범주화한다. 유사성과 차이를 기반으로 이루어진 범주화는 서로 닮았다(유사)를 넘어 닮지 않은 것(대립), 닮았으나 닮지 않은 것(모순), 어느 정도 닮았다고 묶을 수 있는 것(함의)을 포괄한다. 이러한 관계 구조는 이항대립에서 정반합의 변증법으로 발전했으며, 인간의 지식 저장 장치이자 담화 장치인 스토리텔링이 이루어지는 기본적인 구조다. 이를 그레마스(A. J. Greimas)의 구조주의 관점에서 예를 들어 보면, 로미오와 줄리엣은 명망 있는 두 가문의 자제로서(유사) 서로에 대한 증오로 가득 찬 두 가문(대립)과 달리 영원한 사랑을 약속했지만(모순), 결국 두 가문의 비극으로 끝나는 (함의 → 증오로 가득 찬 두 가문의 대립으로 회귀하는) 이야기로 구조화된다.

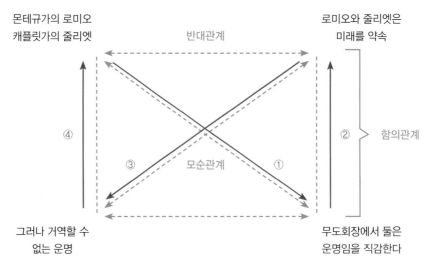

[그림 16-11] **로미오와 줄리엣의 기호학적 사각형 해석**

참고: 이야기의 흐름은 ① → ② → ③ → ④다.
　　　①의 몬테규가와 캐플릿가는 여전히 원수지만 로미오와 줄리엣이 상실된 가문 ④로 회귀한다(변화).

여름철에 인기 있는 비빔면에 관한 광고를 예로 들어 보자. 오뚜기는 2020년 여름 비빔면 시장을 겨냥하며 '진비빔면'을 출시했다. 브랜드 로고가 상단에 노출되며 소비자는 오뚜기 비빔면 광고임을 짐작한다. 이때 광고모델인 '백종원'은 음식을 준비하며 한마디 툭 던진다. "비빔면이 다 거기서 거기인 거 같쥬? 그럼 드시던 거 드셔야쥬." 순간 시장은 진비빔면과 그저 다른 비빔면으로 구별된다. 타마린드 소스는 비빔면으로서의 특별한 자격을 부여하며, 그저 똑같았던 비빔면류에서 진비빔면은 차별적인 혜택의 소유자로 부각된다. "비빔면이 다 거기서 거기인 거 같쥬?"라는 광고의 '핵심 주장(key claim)'을 스토리텔링에서는 '결여적 대립항'이라 칭한다. 결여적 대립항은 평범한 세계에 균열을 일으키며 문제의식을 제기하는 장치로 안정에서 불안정으로 이끈다. 안정과 불안정의 대립은 갈등 해소 장치를 통해 다시 안정으로 회귀하나 안정은 처음과는 달리 변화된 상태다. 진비빔면 광고는 그저 무차별했던 비빔면류에 관한 인식을 특별한 진비빔면과 평범한 비빔면이 함께 존재하는 세계관으로 변화시킨다. 갈등 해소 장치를 광고 용어로 풀면 '주장의 이유(reason why)'에 해당한다.

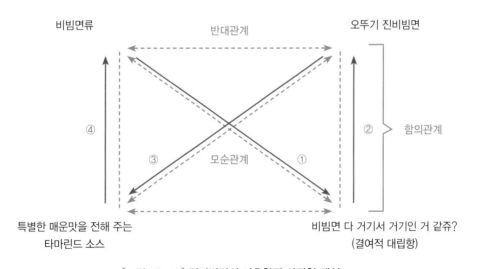

[그림 16-12] **진비빔면의 기호학적 사각형 해석**

참고: 이야기의 흐름은 ① → ② → ③ → ④다.

이러한 스토리텔링이야말로 인간의 마음을 뛰게 하며 충동시킬 수 있는 크리에이티브의 원천이 되며, 개별 미디어의 이야기를 통합시킬 수 있는 세계관의 기반이자 세계 구축의 원리로 아직은 인간만이 가능한 영역으로 남아 있다.

그러나 인공지능은 이 또한 극복할지도 모른다. 앞서 강한 인공지능을 이야기했듯이, 어쩌면 그 순간이 레이먼드 커즈와일(Raymond Kurzweil)[4]이 말한 특이점 (singularity), 즉 인공지능이 비약적으로 발전해 인간의 지능을 뛰어넘는 기점일 수도 있다. 하지만 그때는 광고 크리에이티브의 미래가 아닌 인간 삶의 방식에 관한 전혀 다른 차원의 논의가 필요할 것이다.

3. 마무리

디지털은 연결과 융합의 기술로서 데이터를 기반으로 한다. 데이터가 연결되어야 의미를 가지듯 연결은 새로운 가치생산으로서 융합을 목표로 한다. 가야금으로 팝송을 연주하는 음악회, 동양과 서양 음식의 만남 등 같은 장르 안에서 연결되어 융합된 것을 '퓨전(fusion)'이라고 한다. 그다음 융합으로는 전화기, 인터넷 브라우저, 카메라, MP3 플레이어 등이 탑재된 스마트폰을 들 수 있다. 이를 '컨버전스(convergence)'라고 하며, 별개의 요소를 하나의 토대(플랫폼)로 연결하여 융합한 것을 말한다. 스티브 잡스(Steve Jobs)는 컨버전스 시대의 스타다.

컨버전스를 넘어 이제 우리가 준비해야 할 연결과 융합은 무엇일까? 힌트는 1917년 미국 독립예술가협회에서 주최한 미술전에 출품한 마르쉘 뒤샹(Marcel Duchamp)의 작품 〈샘(Fountain)〉을 통해 읽을 수 있다. 욕실용품 제조업자의 이름으로 출품된 어느 소변기는 전시회에 출품됨으로써 그럴듯한 작품이 되었다. 화장실에서는 흔한 소변기에 불과하지만 전시회라는 공간에서 사람들은 이를 예술로 받아들인다. 예술에 대한 발칙한 도발과 천재적인 발상을 본 논의에서 모두 다룰 수는 없겠지만 이같이 서로 다른 맥락을 연결해 기존에 존재하지 않았던 가치를 창조하는 것을 '데페이즈망(dépaysement)'이라고 한다.

데페이즈망의 증거는 2017년 뉴욕 월스트리트의 명소인 〈돌진하는 황소(Charging Bull)〉 앞에 세워진 〈겁 없는 소녀(Fearless Girl)〉에서 찾을 수 있다. 〈겁 없는 소녀〉는 남성 중심의 증권가를 상징하는 황소상과 대립 구도를 형성하며 여성 권리의 상징으로 더욱 위풍당당한 자신감을 드러낸다. 세계적인 화제를 유발하며 칸 라이언즈에서 Glass, PR, Outdoor, Titanium의 4개 부문 그랑프리를 석권한 이 작품은 광고회사 '맥

---

4) 대한민국 영창뮤직의 고문이자 구글의 엔지니어링 이사다.

켄 뉴욕(McCann New York)'이 'SSGA'라는 자산 관리회사가 여성임원 비율이 높은 회사, 즉 여성 차별이 덜한 회사에 집중 투자하는 펀드 상품을 출시하며 의뢰한 커뮤니케이션 전략의 일환으로 기획되었고, 조각가 크리스텐 비스발(Kristen Visbal)과 협의를 거쳐 디자인을 완성했다(한국일보, 2019. 11. 28.).

[그림 16-13] **겁 없는 소녀(Fearless Girl)**

출처: 플리커(Anthony Quintano). Creative commons–You are free.

황소와 소녀는 다르다. 즉, 의미를 공유하지 않는다. 그러나 둘의 대립을 통해 새로운 맥락을 형성하며 의미를 생산한다. 새로운 의미는 구조적으로 연결되어 세계를 구축한다. 세계를 구축할 수 있는 힘. 인간만이 가진 스토리텔링의 힘이 우리가 효율적인 혁신 도구로서의 인공지능과 연결되어 강화될 수 있는 지점이다. 새로운 세계는 소비자의 체험과 브랜드가 결합하는 공간이 되며, 그 세계 위에서 우리는 인공지능과 함께 삶을 이루어 나갈 것이다. 유발 하라리(Yuval Noah Harari)가 그의 저서 『사피엔스: 유인원에서 사이보그까지 인간 역사의 대담하고 위대한 질문(Sapiens: A Brief History of Humankind)』에서 이야기했듯이 "미래는 이미 도착해 있다".

참고문헌

김근배(2014). 끌리는 콘셉트의 법칙: 세계적 히트상품 속 정교한 컨셉의 비밀 17. 서울: 중앙북스.

김대호(2016). 4차 산업혁명. 서울: 커뮤니케이션북스.

김미경(2020). 인공지능과 광고. 김현정, 최익성, 김미경, 김유나, 박현, 김신엽, 김지윤, 유인하, 이성미, 신일기, 오창일 공저, 스마트 광고 기술을 넘어서: 한국광고학회 광고지성총서 8(pp. 87-110). 서울: 학지사.

김신엽(2016). 트랜스미디어 콘텐츠 마케팅. 김기홍, 김신엽, 김희경, 남정은, 박치완, 신광철, 신정아, 유제상, 임동욱, 조소연 공저, 문화콘텐츠와 트랜스미디어: 어벤져스에서 오즈의 마법사까지(pp. 242-268). 서울: 한국외국어대학교출판부.

김신엽(2021). 애드테크놀러지의 발견과 확장. 김병희, 김신엽, 김용환, 김운한, 최민욱, 오현정, 김상현, 차영란, 차원상, 김활빈 공저, 디지털 변화 속 광고PR 산업: 현재와 미래 KAFDPR 지식총서 7(pp. 43-68). 서울: 학지사.

김유나(2020). 빅데이터와 광고. 김현정, 최익성, 김미경, 김유나, 박현, 김신엽, 김지윤, 유인하, 이성미, 신일기, 오창일 공저, 스마트 광고 기술을 넘어서: 한국광고학회 광고지성총서 8(pp. 113-141). 서울: 학지사.

덴츠보(2021. 5. 18.). 덴츠가 드디어 크리에이티브 AI를 해방시켰다! 자동생산 AI 솔루션 'CXAI'. https://dentsu-ho.com/articles/7769

문화일보(2018. 1. 17.). 2025년엔 170ZB 생성…데이터 량 증가속도 '상상초월'.

사운드 그래프(2021). 디지털 사이니지 규제 샌드박스 실증특례 신청 제안서. 세종: 산업통상자원부.

송기인(2019). 인공지능과 광고기획. 최민욱, 송기인, 이희복, 정상수, 이수범, 김찬석, 오세성 공저, 광고홍보 산업의 현재와 미래(pp. 97-144). 서울: 한경사.

심성욱, 김운한, 신일기, 김신엽, 김상현(2019). 인터랙티브 광고론. 서울: 서울경제경영.

안태영, 윤혜영(2019). 5G시대에 혼합현실(MR)기술 기반을 활용한 도시재생: 청주 이정골 신항서원 축제를 중심으로. 글로벌문화콘텐츠학회 학술대회 논문집, 33-37.

오수연(2021). 또 하나의 세상, 메타버스. 마케팅, 55(10), 51-60.

오정석, 윤호창, 전현주, 고상미(2019). 가상현실의 새로운 인식에 관한 사유. 한국콘텐츠학회 종합학술대회 논문집, 171-172.

오창일(2020). 애드테크를 넘어 초경험 초재미로 경계 파괴. 김현정, 최익성, 김미경, 김유나, 박현, 김신엽, 김지윤, 유인하, 이성미, 신일기, 오창일 공저, 스마트 광고 기술을 넘어서: 한국광고학회 광고지성총서 8(pp. 321-355). 서울: 학지사.

이아름(2018). 혼합현실(Mixed Reality, MR) 시장 및 산업동향. 서울: KIST 융합정책연구센터.

전자신문(2018. 7. 4.). [국제] 中 알리바바, "인공지능(AI) 카피라이터가 초당 2만줄 카피 작성".

전자신문(2021. 8. 22.). IPTV, 어드레서블TV 광고 본격…KBSN · SKY 등 10여 PP 송출.

조희경, 김성훈(2019). 증강현실(AR) 기반 교육용 콘텐츠 디자인에 나타난 에듀테인먼트 콘텐츠 요소 연구. 한국디자인문화학회지, 25(1), 441-452.

최민욱, 김운한, 김현정, 손영곤(2017). 온라인 동영상 광고 현황조사 및 정책연구. 서울: 한국인터넷 진흥원.

최익성(2020). 애드테크. 김현정, 최익성, 김미경, 김유나, 박현, 김신엽, 김지윤, 유인하, 이성미, 신일기, 오창일 공저, 스마트 광고 기술을 넘어서: 한국광고학회 광고지성총서 8(pp. 55-84). 서울: 학지사.

한겨레(2019. 11. 14.). 아디다스 로봇공장 실험은 왜 실패했나.

한경오피니언(2021. 6. 3.). [김병희의 광고 · 마케팅 기상도] 창의성 영역까지 넘보는 인공지능.

한국일보(2019. 11. 28.). [기억할 오늘] 겁 없는 소녀(11. 28).

Eisenmann, T., Parker, G., & Van Alstyne, M. W. (2006). Strategies for two-sided markets. *Harvard Business Review OnPoint*. Boston, MA: Harvard Business Review.

IBM 코리아 블로그(2018. 12. 10.). IBM 왓슨, 렉서스 광고로 전격 데뷔! https://blog.naver.com/ibm_korea/221414598779

Schmidt, A., Beigl, M., & Gellersen, H. W. (1999). There is more to context than location. *Computers & Graphics, 23*(6), 893-901.

ZDNET Korea(2021. 3. 18.). 방송 떼낸 '현대퓨처넷'…현대백화점그룹 신사업 실험대 기대.

유튜브 버거킹 https://www.youtube.com/watch?v=7qjIcK-cvbg

유튜브 래딧 https://www.youtube.com/watch?v=rrTNf8D8wqM

유튜브 Air Francs, TVC https://www.youtube.com/watch?v=uDIQu1Ayzkg

유튜브 Integrit, AI Robitics https://www.youtube.com/watch?v=PDe6XY0UnPQ

유튜브 Stevenage Challenge https://www.youtube.com/watch?v=GiPGSpjqxa4

유튜브 TIENDA CERCA https://www.youtube.com/watch?v=sSMncWgIJjA

플리커(Anthony Quintano) https://www.flickr.com/photos/quintanomedia/33648376311

KBS 명견만리 Q100(57회)
https://vod.kbs.co.kr/index.html?source=episode&sname=vod&stype=vod&program_code=T2014-0867&program_id=PS-2017031552-01-000&broadcast_complete_yn=Y&local_station_code=00&section_code=05&section_sub_code=08#more

NAVER 지식백과 '인공지능'
https://terms.naver.com/entry.naver?docId=3580383&cid=59088&categoryId=59096

찾아보기

내용

저자 소개

김병희(Kim Byoung Hee)

현재 서원대학교 광고홍보학과 교수다. 서울대학교를 졸업하고 한양대학교 광고홍보학과에서 광고학박사를 받았다. 한국광고학회 제24대 회장, 한국PR학회 제15대 회장, 정부광고자문위원회 초대 위원장, 서울브랜드위원회 제4대 위원장으로 봉사했다. 주요 저서 및 논문으로는 『디지털 시대의 광고 마케팅 기상도』(학지사, 2021), 「Analysis of the Interrelationships among Uses Motivation of Social Media, Social Presence, and Consumer Attitudes in Strategic Communications」(Asian Communication Research, 2019) 등 다수가 있다. 한국갤럽학술상 대상(2011), 제1회 제일기획학술상 저술 부문 대상(2012), 교육부·한국연구재단의 우수 연구자 50인(2017) 등을 수상했고, 정부의 정책 소통에 기여한 공로를 인정받아 대통령 표창(2019)을 받았다.

이메일: kimthomas@hanmail.net

오현숙(Oh Hyun Sook)

현재 평택대학교 광고홍보학과 교수다. 연세대학교 신문방송학과에서 학사와 석사를 취득하고 광고회사 코래드에서 AE로 근무했다. 이후 미국 USC(University of Southern California)에서 커뮤니케이션 매니지먼트를 전공하고 싱가포르 NTU(Nanyang Technological University)에서 광고학으로 박사학위를 받았다. 한국광고홍보학회, 한국광고PR실학회, 한국OOH학회에서 연구이사, 일반이사, 편집이사 등을 역임했으며, 한국광고PR실학회 학술대회 조직위원장으로 활동했다. 또한 한국방송통신위원회 법정위원회인 방송시장경쟁상황 평가위원회 위원(2019~2020)으로 2년간 활동했다. 『옥외광고 이론과 실제』(공저, 한경사, 2019), 『감성 설득 전략』(공저, 커뮤니케이션북스, 2016) 등의 저서를 출간했고, 「소셜 미디어가 여대생의 신체 이미지 형성에 미치는 영향: 페이스북의 소셜 그루밍(social grooming) 활동을 중심으로」(광고연구, 2017)를 비롯해 미디어와 여성 신체 이미지 관계에 대한 다수의 논문을 발표했다.

이메일: hsoh@ptu.ac.kr

류진한(Ryu Jin Han)

현재 계명대학교 언론광고학부 광고홍보학전공 교수다. 광고학박사로서, 한국광고PR실학회 제8대 회장, 서울브랜드위원회 부위원장, 문화체육관광부 자문교수, 중소벤처기업부 자문교수, 대구브랜드위원회 위원 및 수성구 작은문화공간 조성사업 자문위원장으로 활동하고 있다. 대한민국유공광고인 표창, 문화체육관광부장관 표창, 대한민국광고대상, 대한민국광고윤리대상 등을 수상했다. 주요 저·역서로는 『광고 지성과 철학의 지평선: 한국광고학회 광고지성총서 10』(공저, 학지사, 2020), 『로꾸거』(저, 가람과뫼, 2018), 『광고 크리에이터 성공 백서』(공역, 한경사, 2016), 『광고홍보학 캡스톤디자인』(공저, 계명대학교출판부, 2014) 등이 있다. 광고 언어와 관련한 『슬로건 창작의 기술: 멀티미디어 시대를 이기는 솔루션』(저, 한경사, 2012)은 대한민국 학술원 사회과학분야 우수학술도서에 선정되었다. 한화그룹 ㈜한컴 등의 종합광고회사에서 21년간 카피라이터와 크리에이티브 디렉터로 근무했다. 한국광고PR실학회, 한국광고학회, 한국광고홍보학회, 한국OOH광고학회에서 정회원으로 활동하고 있으며, 한국음악저작권협회 회원으로 대중음악 작사가로 활동하고 있다.

이메일: 101ogilvy@kmu.ac.kr

이희복(Lee Hee Bok)

현재 상지대학교 미디어영상광고학과 교수다. 한국외국어대학교에서 신문방송학 학사, 대학원 광고홍보 석사, 경희대학교에서 언론학박사(광고PR 전공) 학위를 취득했다. 업계에서는 MBC애드컴과 오리콤, FCB한인 등 카피라이터로 캠페인을 기획하고 제작했었다. 학계에서는 한국광고PR실학회 회장·편집위원장, 한국광고홍보학회, 한국광고학회 편집이사와 이사, 공익광고협의회 위원, 미국 캘리포니아 주립대학교 풀러턴 방문교수, 한국광고자율심의기구, KT스카이라이프 시청자위원회, 제약바이오협회 외부위원을 역임했다. 건강기능식품협회, 체육진흥공단 광고심의위원, 대한적십자사 자문교수, 보건복지부 혈액관리위원, 준정부기관 경영평가위원으로 있다.

이메일: boccaccio@daum.net

최은섭(Choi Eun Sob)

현재 한라대학교 영상커뮤니케이션학부 교수다. 고려대학교 국어국문학과를 졸업하고 중앙대학교에서 광고학박사 학위를 받았다. 광고 카피라이터로 15년간 일하며 "아모레 마몽드-산소 같은 여자" "유한킴벌리 화이트-깨끗함이 달라요" 등의 광고카피를 남겼다. 2005년부터 대학에서 광고 크리에이티브와 브랜드매니지먼트 관련 수업과 연구를 해 오고 있으며, 한국광고PR실학회 제5대 회장, 한국광고학회 제24대 부회장 등 학회 활동을 했다. 주요 저서로는 『화장품 광고와 아름다움의 문화사』(공저, 커뮤니케이션북스, 2019), 『(카피라이터 출신 교수들이 쓴) 광고카피의 이론과 실제』(공저, 나남, 2010) 등이 있고, 주요 논문으로는 「국내 광고 산업 10년간의 연구 동향: 2010년에서 2019년 상반기까지」(광고연구, 2019), 「TV광고에 나타난 양성적 성역할 분석」(광고PR실학연구, 2017) 등 다수가 있다.

이메일: mrsrah@hanmail.net

박인성(Park In Seong)

현재 평택대학교 커뮤니케이션디자인학과 교수다. 성균관대학교 및 동 대학원(시각디자인 전공)을 졸업하고, 한양대학교 광고홍보학과에서 광고학박사를 수료했다. 종합광고회사 ㈜대홍기획에서 GD, AE로 근무했다. KSDS International Fall Invitational Exhibition 'Special Prize' 수상(2018), 2016 경기도 디자인 나눔 프로젝트 활성화 표창(경기도지사상), VIDAK PRIDE 대상 수상(2011), 한국디총(kfda) 주관 '2010 KOREA DESIGN YEAR BOOK CREATIO'에 작품이 등재되었고(2010), 한국언론진흥재단 정부광고 심사위원(2020~)으로 있다. 대표 논문으로는 「단어연상과 개념적 은유 및 유추를 활용한 공익포스터 디자인 개발 연구」(브랜드디자인학연구, 2020), 「대학 이미지의 역사적 특성을 활용한 심볼마크, 로고 디자인 개발 연구」(브랜드디자인학연구, 2018), 「SNS(소셜네트 워크서비스) 서비스 디자인의 평가방안 및 활성화에 관한 연구」(한국디자인포럼, 2014)가 있다.

이메일: ispark@ptu.ac.kr

김정우(Kim Jung Woo)

현재 고려대학교 세종캠퍼스 문화창의학부 문화콘텐츠전공 교수다. 고려대학교에서 '광고 언어의 전달구조에 대한 연구'로 문학박사 학위를 받았다. 광고회사 ㈜LGAd(현 HSAd)에서 카피라이터로 일했고, 이후 크리에이티브 부티크 ㈜NOCA에서 크리에이티브 디렉터로 일했다. 대학으로 자리를 옮겨 한성대학교 한국어문학부 교수를 거쳐, 현재 고려대학교에 재직 중이다. 카피라이팅에 대한 저서로는 『카피라이터 출신 교수들이 쓴 광고 카피의 이론과 실제』(공저, 나남, 2010), 『광고언어 창작론』(공저, 집문당, 2007), 『문화콘텐츠 제작: Thinking & Writing』(커뮤니케이션북스, 2007), 『카피연습장 1』(커뮤니케이션북스, 2006), 『카피연습장 2』(커뮤니케이션북스, 2006) 등이 있고, 광고 언어에 대한 연구서로는 『광고 언어』(커뮤니케이션북스, 2015), 『광고언어론』(공저, 커뮤니케이션북스, 2006), 『광고언어연구』(공저, 박이정, 2003), 『방송언어와 국어연구』(공저, 월인, 2003) 등이 있다. 2015 광주하계유니버시아드대회 공식 슬로건인 "Light Up Tomorrow"를 썼으며, 이에 대한 공로로 2017년 국가로부터 근정포장을 수상하기도 했다.

이메일: kkk1223@korea.ac.kr

윤일기(Yoon Il Ki)

현재 남서울대학교 광고홍보학과 교수다. 서울대학교 산업디자인과를 졸업하고 PR광고 석사, 중앙대학교대학원 광고홍보학과 박사과정을 졸업했다. 종합광고회사 오리콤 자회사인 덴츠영앤드루비컴코리아에서 크리에이터, BOB커뮤니케이션즈에서 이사로 근무하였으며, 대학에서 광고디자인, 영상광고 이론과 실무, 크리에이티브 발상 등을 가르치고 있다. SNS 광고 대행을 주로 하는 교수기업 ㈜비씨컴을 운영하고 있으며, 사진과 디지털 아트 작업에 관심이 많아 사진 개인전 5회와 다수의 국제 초대전에 참여했다. 대외봉사활동으로 한국여자프로골프협회(KLPGA)에서

명예기자로 활동했으며, 농림축산식품부의 자문 활동을 활발히 하고 있다. 스승의 날 교육부장관 표창을 수상했으며, 광고심리에 호기심이 많아 「자아존중감 수준에 따른 시기심유발광고의 커뮤니케이션 효과」(2005)와 같은 주요 논문을 비롯한 다수의 논문을 발표했다.

이메일: adlove77@hanmail.net

최승희(Choi Seung Hee)

현재 전북대학교 산업디자인학과 초빙교수다. 홍익대학교에서 광고홍보 박사를 받았다. 오리콤 등에서 실무 프로젝트를 진행하였으며, 대학에서 시각영상 디자인 분야를 강의하고 있다. 『디지털 시대의 광고 크리에이티브: 한국광고학회 광고지성총서 6』(공저, 학지사, 2020), 「스티븐 베이커법을 활용한 시각적 표현 중심의 광고아이디어 발상법」(상품문화디자인학연구, 2019) 등 다수의 저서 및 논문을 발표하였으며, 한국브랜드디자인학회 2017 우수연구자상을 수상했다. 뉴욕페스티벌 금상 및 파이널리스트, 대한민국 광고대상 디자인부문 대상, 공익광고제 우수상, 대한민국미술대전 최우수상 등의 수상 경력이 있다. 대한민국미술대전 디자인부문 초대작가로서 개인전 8회와 국제 초대전 및 그룹전 등 90여 회에 참가했다.

이메일: sopungcsh@naver.com

정상수(Chong Sang Soo)

현재 청주대학교 미디어콘텐츠학부 광고홍보전공 교수다. 중앙대학교 연극영화학과와 대학원에서 연극영화연출 전공으로 문학석사학위를 받았다. 광고회사 오리콤과 린타스를 거쳐 금강오길비그룹 부사장으로 일했다. 뉴욕페스티벌, 에피 등 국제광고제 심사위원, 부산국제광고제 부집행위원장, 한국광고PR실학회 제2대 회장, 대한적십자사, 중앙선거관리위원회, 서울시뉴미디어, KOBACO광고교육원 등의 홍보자문위원을 역임했다. 주요 저서로는 『스매싱—아이디어가 막힐 때 돌파하는 힘』(해냄, 2010)과 『텔레비전 광고 제작』(공저, 커뮤니케이션북스, 2012) 등이 있다. 대한적십자사 총재 표창(2015)과 유공광고인 국무총리 표창(2017)을 받았다.

이메일: sangsoo@cju.ac.kr

전훈철(Chun Hun Chul)

디지털 기반의 종합광고회사 애드쿠아 인터렉티브의 창업자이자 대표이사다. 한양대학교 광고홍보학과를 졸업하고, 2000년 지금의 애드쿠아 인터렉티브를 창업했다. 오리콤, 이노션 월드와이드에서 PD로, 피플웍스에서 CD로, 아프리카 픽쳐스에서 감독으로 재직했다. 2021 한국광고총연합회 광고위상제고위원회 위원, 2021 에피 어워드 코리아 심사위원장, 2020 대한민국 대학생 광고대회(KOSAC) 심사위원장, 2019 대한민국광고대상 본선 집행위원, 2014년과 2016년에 한국IDG 디지털 마케팅 컨퍼런스 연사 등으로 참여했으며, 2015년부터 2021년 현재까지 한양대학교 광고홍보학과 디지털광고실습 과정 강의를 개설해 운영하고 있다.

이메일: chc@adqua.co.kr

변혜민(Byeon Hye Min)

현재 한국방송광고진흥공사 미디어광고연구소 연구위원이다. 한양대학교 광고홍보학과에서 광고학박사를 받았다. 한국광고홍보학회 신진학술이사이며, 리서치와 옥외광고 매체사, 공공 옥외광고사업 실무와 연구조사 업무를 경험했다. 한국OOH광고학회 총무간사와 한국광고PR실학회, 한국광고홍보학회 학술지의 편집간사로 봉사했다. 주요 논문으로는「디지털 사이니지 매체태도가 설치 기대효과와 장소성 형성에 미치는 영향 연구: 안전, 빛공해 문제의 조절효과」(광고연구, 2021),「소셜미디어 플랫폼에 따른 인게이지먼트와 광고 인게이지먼트의 관계: 인스타그램, 페이스북, 유튜브 비교를 중심으로」(광고PR실학연구, 2020) 등이 있다. 주 연구 분야는 디지털 미디어, OOH광고, 광고 효과, 뉴미디어다.

이메일: hyemin.hmb@kobaco.co.kr

전종우(Jun Jong Woo)

현재 단국대학교 커뮤니케이션학부 교수다. 미국 플로리다 대학교(University of Florida)에서 매스커뮤니케이션 전공으로 박사학위를 마쳤다. 공부를 시작하기 전에 광고회사인 LG애드(현 HS애드)에서 일하는 등 광고업계에 종사했다. '멀티 컬처 마케팅' '엔터테인먼트와 광고'를 강의하고 있고, 연구 관심 주제는 브랜드 커뮤니케이션, 엔터테인먼트 마케팅, 신기술 광고 등으로 소비자의 유희 등에 대한 연구를 주로 하고 있으며, 이들 주제에 대한 글로벌 차원의 연구를 선호한다. 현재 한국엔터테인먼트학회 회장을 맡고 있다.

이메일: jwjun@dankook.ac.kr

박하영(Park Ha Young)

현재 광고홍보회사 메타포의 대표이사로, 경희대학교 미디어 커뮤니케이션 대학원 겸임교수다. 고려대학교에서 언론학석사 및 EMBA 경영학석사를 받았고, 동국대학교 광고홍보학과에서 박사과정을 수료했다. 20여 년간 글로벌 브랜드의 마케팅 커뮤니케이션을 리드했다. 에델만(Edelman) 부사장으로서 통합 브랜드 디지털 부문 대표, 아태지역 브랜드 운영개발 및 삼성전자 클라이언트 리드를 역임하고, 티비더블유에이(TBWA)의 통합 브랜드 커뮤니케이션 리드 등 삼성전자, SK텔레콤, GS칼텍스, 기네스, 존슨앤드존슨, 아큐브 등 다양한 글로벌 브랜드를 담당했다. 스파이크스 아시아 통합부문 심사위원 겸 PR 부문 심사위원장(2019), 와크아시아, 에피어워드, 부산국제광고제 등 국내외 유명 광고제의 심사위원 및 콘퍼런스 연사를 역임했다. 캠페인 아시아의 '우먼 리딩 체인지 어워드(Women Leading Change Awards 2018)' 올해의 혁신가(Innovation of the Year) 부문을 수상했고, PRovoke Innovator 25 APAC(2020) 및 캠페인 '우먼 투 와치(Women to watch 2017)'에 선정되었다.

이메일: christine.hayoung.park@gmail.com

김유나(Kim Yu Na)

현재 서울예술대학교 커뮤니케이션학부 광고창작과 교수다. 이화여자대학교에서 수학 학사, 고려대학교에서 심리학 석사, 한양대학교에서 광고홍보학 박사를 받았다. TNS Korea(현 칸타코리아)에서 데이터로 소비자를 읽고 마케팅의 자원으로 활용하는 기술을 익혔으며, 하쿠호도제일과 대홍기획에서 소비자와 브랜드를 연결시키는 전략적 정교화를 터득했다. 대홍기획에서 빅데이터마케팅센터장을 역임하는 중 4차 산업혁명의 파고에서 마케팅의 새로운 질서를 찾고자, 학교로 적을 옮겨 MZ세대와 함께 디지털 마케팅 생태계의 작동 원리에 대해 연구하고 있다. 현재 한국마케팅협회 자문교수를 겸하면서 현업의 마케팅을 디지털 트랜스포메이션하는 일에도 역량을 펼치고 있다. 디지털 마케팅 커뮤니케이션 전략, 디지털 트랜스포메이션 전략, 브랜드 플랫폼 구축, 데이터 기반 고객 경험 설계에 대해 연구 중이다.

이메일: kkuna76@naver.com

김신엽(Kim Shin Youp)

현재 ㈜한국DS연구소 소장 및 한양대학교 광고홍보학과 겸임교수다. 서울과학종합대학원(aSSIST)에서 디지털 마케팅을 전공하였으며(경영학박사), 디지털 광고회사 및 종합 광고회사, 브랜드 매니저로 이어지는 경로와 함께 현재 부산국제광고제 디지털 위원장 및 한국광고홍보학회 이사로도 활동하고 있다. 2016년 부산국제광고제를 통해 글로벌 '애드:텍' 콘퍼런스를 국내 최초 기획·개최하여 애드테크 대중화에 공헌하였으며, 디지털 옥외 광고의 프로그로매틱 광고 구현 및 인공지능에 의한 광고 효과 측정 기술을 발전시키고 있다. 국내 최초로 AI에 의한 안면인식 분석을 통한 디지털 사이니지 시청 효과 측정에 관한 디지털 사이니지 규제 샌드박스 사업을 승인받아 관련 연구를 추진 중으로, 주요 연구 분야는 광고의 디지털 전환, 트랜스 미디어와 광고융합, 디지털 옥외 광고 효과측정 표준화다.

이메일: rush1226@nate.com

디지털 시대의 광고 크리에이티브 신론
Advertising Creativity in the Digital Age

2022년　3월　10일　1판　1쇄　인쇄
2022년　3월　20일　1판　1쇄　발행

지은이 • 김병희 · 오현숙 · 류진한 · 이희복 · 최은섭 · 박인성
　　　　김정우 · 윤일기 · 최승희 · 정상수 · 전훈철 · 변혜민
　　　　전종우 · 박하영 · 김유나 · 김신엽
펴낸이 • 김진환
펴낸곳 • ㈜**학지사**
　　　　04031 서울특별시 마포구 양화로 15길 20 마인드월드빌딩
대표전화 • 02-330-5114　　팩스 • 02-324-2345
등록번호 • 제313-2006-000265호

홈페이지 • http://www.hakjisa.co.kr
페이스북 • https://www.facebook.com/hakjisabook

ISBN 978-89-997-2606-4　93320

정가 27,000원

출판 · 교육 · 미디어기업 **학지사**

간호보건의학출판 **학지사메디컬** www.hakjisamd.co.kr
심리검사연구소 **인싸이트** www.inpsyt.co.kr
학술논문서비스 **뉴논문** www.newnonmun.com
교육연수원 **카운피아** www.counpia.com